# MOSER BIKE GUIDE

| | |
|---|---|
| *idee* | |
| *autor* | |
| *layout* | |
| *satz, grafik, karten* | **Elmar Moser** |
| *photography* | Bösch, Endler |
| *druck* | Kunst- und Werbedruck<br>Bad Oeynhausen |
| © *copyright* | Delius, Klasing & Co.<br>Bielefeld<br>Printed in Germany |
| *ISBN* | 3-7688-1130-1<br>2. Auflage |

*Die Deutsche Bibliothek – CIP-Einheitsaufnahme*

**Moser, Elmar:**
Bike-Guide / Autor: Elmar Moser. - Bielefeld : Delius Klasing

Bd. 7. Genußtouren Oberbayern. - 1. 40 leichtere Bike-Touren Alpenvorland und in den Bergen, Münchener Süden: Isartal, Loisachtal, Bad Tölz, Kochelsee, Walchensee. - 2000
ISBN 3-7688-1130-1

Vervielfältigungen und Nachdruck nur mit Genehmigung des Verlags! Inhalt und Touren sind nach bestem Wissen zusammengestellt, eine Gewähr für die Richtigkeit der Angaben kann nicht gegeben werden. Die Befahrung der Routen erfolgt auf eigene Gefahr, jegliche Haftung durch Autor oder Verlag aus der Benutzung dieses Guides ist ausgeschlossen. Dies gilt insbesondere für Unfälle, durch das Befahren verursachte Beschädigungen und die Begehung von Ordnungswidrigkeiten. Vorgeschlagene Wegabschnitte oder Touren können einem Fahrverbot unterliegen oder nur für Fußgänger zugelassen sein. Solche Verbote sind zu beachten, das Bike muß auf diesen Strecken geschoben werden.

**Das Impressum**

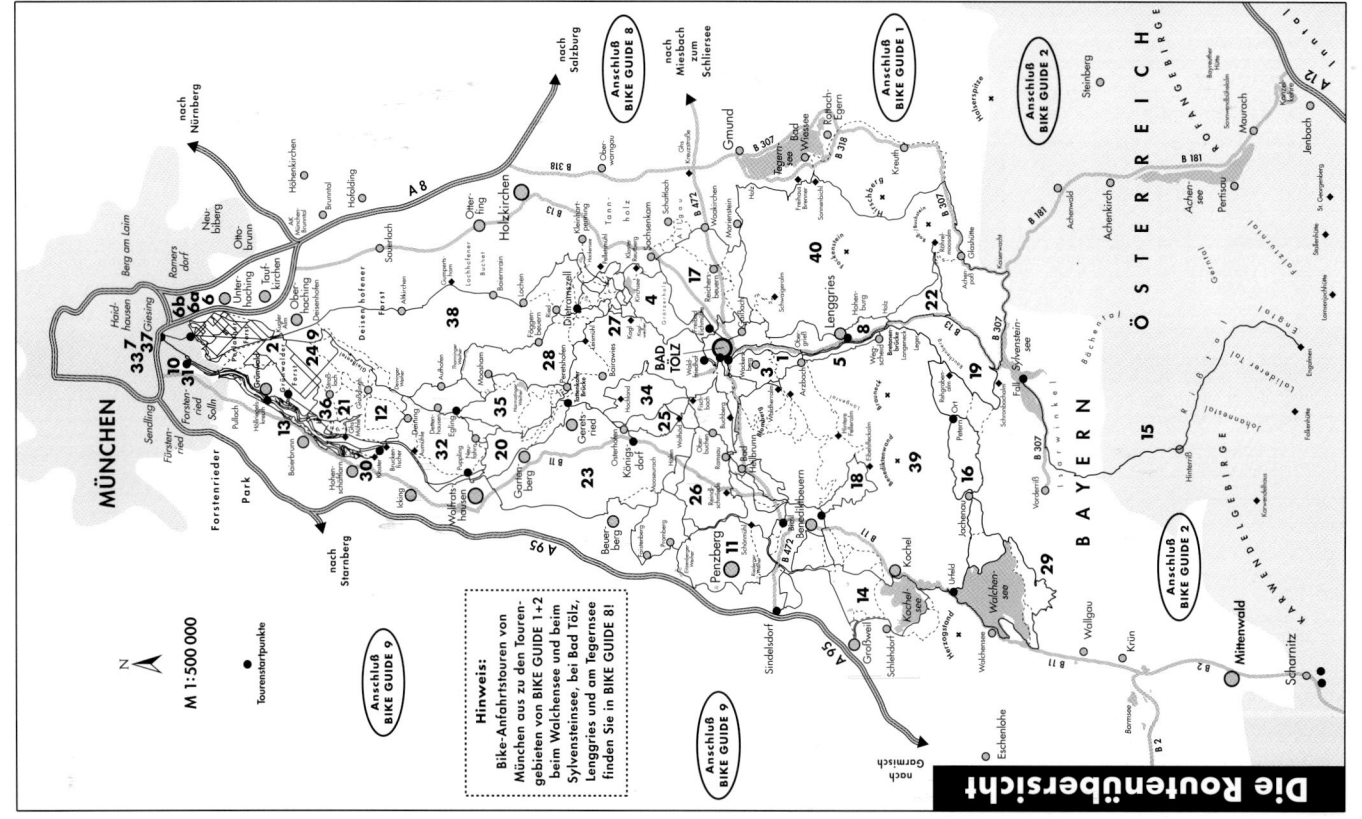

|  |  | km | Std | Hm |
|---|---|---|---|---|
| 1 | Tölzer Isartal-Tour | 26,3 | 1:30 | 107 |
| 2 | Münchner Forste-Tour | 28,4 | 1:50 | 103 |
| 3 | Tölzer Waldherralm-Tour | 14,9 | 1:02 | 173 |
| 4 | Tölzer Kirchsee-Tour 1 | 23,3 | 1:28 | 240 |
| 5 | Tölzer Waldherralm-Isartal-Tour | 28,8 | 1:55 | 276 |
| 6 | Münchner Perlacher Forst-Trails | 23,9 | 1:38 | 67 |
| 6a | *Münchner Perlacher Muggl-Trail* | *18,9* | *1:20* | *86* |
| 6b | *Münchner 16er Wiese-Trail* | *13,5* | *0:58* | *37* |
| 7 | Münchner Isarhochufer-Tour | 43,0 | 2:38 | 332 |
| 8 | Tölzer Isartal-Rundfahrt | 37,6 | 2:28 | 360 |
| 9 | Münchner Forste-Gleißental-Trailtour | 34,6 | 2:18 | 170 |
| 10 | Münchner Isartal-Tour | 34,0 | 2:16 | 334 |
| 11 | Benediktbeurer Loisachtal-Tour | 42,6 | 2:36 | 465 |
| 12 | Münchner Gleißental-Isar-Tour | 46,2 | 2:47 | 375 |
| 13 | Grünwalder Georgenstein-Trail | 8,3 | 0:48 | 135 |
| 14 | Sindelsdorfer Loisach-Kochelsee-Trail | 41,9 | 2:41 | 206 |
| 15 | Faller Riß- und Engtal-Fahrt | 66,7 | 3:45 | 645 |
| 16 | Jachenauer Rundtour zum Walchensee | 30,1 | 2:05 | 342 |
| 17 | Tölzer Kirchsee-Tour 2 | 36,2 | 2:25 | 433 |
| 18 | Benediktbeurer Lainbachtal-Tour | 16,1 | 1:42 | 480 |
| 19 | Lenggrieser Isarwinkel-Tour | 31,5 | 2:00 | 424 |
| 20 | Münchner Tattenkofer Brücke-Tour | 74,3 | 4:13 | 434 |
| 21 | Grünwalder Mühltal-Trail | 14,0 | 1:20 | 192 |
| 22 | Lenggrieser Röhrelmoosalm-Tour | 25,3 | 2:02 | 521 |
| 23 | Pupplinger Loisach-Isar-Tour | 63,9 | 4:04 | 467 |
| 24 | Münchner Forste-Isar-Trailtour | 48,2 | 3:22 | 403 |
| 25 | Königsdorfer Buchberg-Tour | 28,2 | 2:12 | 501 |
| 26 | Bichler Loisachfilzen-Tour | 45,7 | 2:52 | 607 |
| 27 | Dietramszeller Zeller Wald-Tour | 26,8 | 2:15 | 625 |
| 28 | Eglinger Kirchsee-Tour | 47,0 | 3:10 | 654 |
| 29 | Urfelder Walchensee-Rundfahrt | 33,6 | 3:02 | 623 |
| 30 | Schäftlarner Birg-Trail | 21,3 | 1:40 | 419 |
| 31 | Münchner Isartal-Trails | 33,6 | 2:44 | 421 |
| 32 | Münchner Pupplinger Au-Tour | 60,7 | 4:00 | 493 |
| 33 | Münchner Isar-Trainingstour 1 | 39,1 | 2:55 | 455 |
| 34 | Tattenkofer Buchberg-Tour | 40,8 | 3:04 | 657 |
| 35 | Münchner Peretshofer Höhe-Tour | 76,3 | 4:48 | 677 |
| 36 | Grünwalder Römerschanzen-Trail | 33,8 | 3:13 | 590 |
| 37 | Münchner Isar-Trainingstour 2 | 49,0 | 3:50 | 704 |
| 38 | Münchner Kirchsee-Tour | 84,0 | 5:12 | 721 |
| 39 | Tölzer Benediktenwand-Rundfahrt | 70,6 | 4:58 | 850 |
| 40 | Tölzer Fockenstein-Rundfahrt | 86,6 | 6:06 | 1397 |

# Die Touren

# Die Tourenbewertung

| | | km | Std | Hm | Erlebniswerte Bike-Spaß | Erlebniswerte Landschaft | Anforderungen Kondition | Anforderungen Fahrtechnik | Gesamt-Erlebniswert | Gesamt-Schwierigkeitsgrad |
|---|---|---|---|---|---|---|---|---|---|---|
| 1 | Tölzer Isartal-Tour | 26,3 | 1:30 | 107 | ★★☆☆☆ | ★★★☆☆ | ●○○○○○ | ●○○○○○ | ②-③ | ❶ |
| 2 | Münchner Forste-Tour | 28,4 | 1:50 | 103 | ★☆☆☆☆ | ★☆☆☆☆ | ●○○○○○ | ●○○○○○ | ① | ❶ |
| 3 | Tölzer Waldherralm-Tour | 14,9 | 1:02 | 173 | ★★☆☆☆ | ★★☆☆☆ | ●○○○○○ | ●○○○○○ | ② | ❶ |
| * 4 | Tölzer Kirchsee-Tour 1 | 23,3 | 1:28 | 240 | ★☆☆☆☆ | ★★★★☆ | ●○○○○○ | ●○○○○○ | ③ | ❶ |
| * 5 | Tölzer Waldherralm-Isartal-Tour | 28,8 | 1:55 | 276 | ★★★☆☆ | ★★★☆☆ | ●○○○○○ | ●○○○○○ | ③ | ❶ |
| 6 | Münchner Perlacher Forst-Trails | 23,9 | 1:38 | 67 | ★★★☆☆ | ★☆☆☆☆ | ●○○○○○ | ●●○○○○ | ② | ❶ |
| * 7 | Münchner Isarhochufer-Tour | 43,0 | 2:38 | 332 | ★★☆☆☆ | ★★☆☆☆ | ●●○○○○ | ●○○○○○ | ② | ❶ |
| 8 | Tölzer Isartal-Rundfahrt | 37,6 | 2:28 | 360 | ★★☆☆☆ | ★★★☆☆ | ●●○○○○ | ●○○○○○ | ②-③ | ❶ |
| * 9 | Münchner Forste-Gleißental-Trailtour | 34,6 | 2:18 | 170 | ★★★★☆ | ★★☆☆☆ | ●○○○○○ | ●●○○○○ | ③ | ❶ |
| *10 | Münchner Isartal-Tour | 34,0 | 2:16 | 334 | ★★★★☆ | ★★☆☆☆ | ●○○○○○ | ●●○○○○ | ③ | ❶ |
| 11 | Benediktbeurer Loisachtal-Tour | 42,6 | 2:36 | 465 | ★☆☆☆☆ | ★★★☆☆ | ●●○○○○ | ●○○○○○ | ② | ❶-❷ |
| *12 | Münchner Gleißental-Isar-Tour | 46,2 | 2:47 | 375 | ★★★☆☆ | ★★★☆☆ | ●○○○○○ | ●●○○○○ | ③ | ❶-❷ |
| *13 | Grünwalder Georgenstein-Trail | 8,3 | 0:48 | 135 | ★★★★☆ | ★☆☆☆☆ | ●○○○○○ | ●●○○○○ | ③ | ❶-❷ |
| *14 | Sindelsdorfer Loisach-Kochelsee-Trail | 41,9 | 2:41 | 206 | ★★★★☆ | ★★★☆☆ | ●○○○○○ | ●●○○○○ | ③-④ | ❶-❷ |
| 15 | Faller Riß- und Engtal-Fahrt | 66,7 | 3:45 | 645 | ★☆☆☆☆ | ★★★★★ | ●●○○○○ | ●○○○○○ | ② | ❶-❷ |
| *16 | Jachenauer Rundtour zum Walchensee | 30,1 | 2:05 | 342 | ★★★★☆ | ★★★☆☆ | ●○○○○○ | ●●○○○○ | ③-④ | ❶-❷ |
| 17 | Tölzer Kirchsee-Tour 2 | 36,2 | 2:25 | 433 | ★★☆☆☆ | ★★★☆☆ | ●●○○○○ | ●○○○○○ | ②-③ | ❶-❷ |
| 18 | Benediktbeurer Lainbachtal-Tour | 16,1 | 1:42 | 480 | ★☆☆☆☆ | ★★★☆☆ | ●●○○○○ | ●○○○○○ | ② | ❶-❷ |
| 19 | Lenggrieser Isarwinkel-Tour | 31,5 | 2:00 | 424 | ★☆☆☆☆ | ★★☆☆☆ | ●●○○○○ | ●○○○○○ | ①-② | ❶-❷ |
| *20 | Münchner Tattenkofer Brücke-Tour | 74,3 | 4:13 | 434 | ★★★☆☆ | ★★★☆☆ | ●●●○○○ | ●○○○○○ | ③ | ❷ |
| *21 | Grünwalder Mühltal-Trail | 14,0 | 1:20 | 192 | ★★★★★ | ★☆☆☆☆ | ●○○○○○ | ●●●○○○ | ③ | ❷ |
| 22 | Lenggrieser Röhrelmoosalm-Tour | 25,3 | 2:02 | 521 | ★☆☆☆☆ | ★★☆☆☆ | ●●●○○○ | ●○○○○○ | ①-② | ❷ |
| 23 | Pupplinger Loisach-Isar-Tour | 63,9 | 4:04 | 467 | ★★☆☆☆ | ★★★☆☆ | ●●●○○○ | ●○○○○○ | ②-③ | ❷ |
| *24 | Münchner Forste-Isar-Trailtour | 48,2 | 3:22 | 403 | ★★★★★ | ★★☆☆☆ | ●●○○○○ | ●●○○○○ | ③-④ | ❷ |
| *25 | Königsdorfer Buchberg-Tour | 28,2 | 2:12 | 501 | ★★★☆☆ | ★★★★☆ | ●●○○○○ | ●●○○○○ | ③-④ | ❷ |

| Nr. | Tour | km | Zeit | Hm | Bike-Spaß | Landschaft | Kondition | Fahrtechnik | Erlebniswert | Schwierigkeitsgrad |
|---|---|---|---|---|---|---|---|---|---|---|
| 26 | Bichler Loisachfilzen-Tour | 45,7 | 2:52 | 607 | ★★☆☆☆☆ | ★★★☆☆☆ | ●●○○○○ | ●●○○○○ | ②-③ | ❷ |
| 27 | Dietramszeller Zeller Wald-Tour | 26,8 | 2:15 | 625 | ★★☆☆☆☆ | ★★☆☆☆☆ | ●●○○○○ | ●●○○○○ | ② | ❷ |
| *28 | Eglinger Kirchsee-Tour | 47,0 | 3:10 | 654 | ★★★☆☆☆ | ★★★☆☆☆ | ●●○○○○ | ●●○○○○ | ③ | ❷ |
| *29 | Urfelder Walchensee-Rundfahrt | 33,6 | 3:02 | 623 | ★★☆☆☆☆ | ★★★★☆☆ | ●●○○○○ | ●●○○○○ | ③ | ❷ |
| *30 | Schäftlarner Birg-Trail | 21,3 | 1:40 | 419 | ★★★★★★ | ★★☆☆☆☆ | ●●○○○○ | ●●●○○○ | ④ | ❷-❸ |
| *31 | Münchner Isartal-Trails | 33,6 | 2:44 | 421 | ★★★★★☆ | ★★★☆☆☆ | ●●○○○○ | ●●●○○○ | ④ | ❷-❸ |
| *32 | Münchner Pupplinger Au-Tour | 60,7 | 4:00 | 493 | ★★★★☆☆ | ★★★☆☆☆ | ●●●○○○ | ●●○○○○ | ④ | ❷-❸ |
| *33 | Münchner Isar-Trainingstour 1 | 39,1 | 2:55 | 455 | ★★★★★☆ | ★★★☆☆☆ | ●●○○○○ | ●●●○○○ | ④ | ❷-❸ |
| *34 | Tattenkofer Buchberg-Tour | 40,8 | 3:04 | 657 | ★★★☆☆☆ | ★★★★☆☆ | ●●●○○○ | ●●○○○○ | ③-④ | ❷-❸ |
| *35 | Münchner Peretshofer Höhe-Tour | 76,3 | 4:48 | 677 | ★★★☆☆☆ | ★★★★★☆ | ●●●○○○ | ●●○○○○ | ④ | ❷-❸ |
| *36 | Grünwalder Römerschanzen-Trail | 33,8 | 3:13 | 590 | ★★★★★★ | ★★☆☆☆☆ | ●●○○○○ | ●●●○○○ | ④ | ❸ |
| *37 | Münchner Isar-Trainingstour 2 | 49,0 | 3:50 | 704 | ★★★★★☆ | ★★★☆☆☆ | ●●●○○○ | ●●●○○○ | ④ | ❸ |
| *38 | Münchner Kirchsee-Tour | 84,0 | 5:12 | 721 | ★★★☆☆☆ | ★★★★☆☆ | ●●●●○○ | ●●○○○○ | ④ | ❸ |
| *39 | Tölzer Benediktenwand-Rundfahrt | 70,6 | 4:58 | 850 | ★★★☆☆☆ | ★★★★★☆ | ●●●●○○ | ●●○○○○ | ④-⑤ | ❸ |
| *40 | Tölzer Fockenstein-Rundfahrt | 86,6 | 6:06 | 1397 | ★★★☆☆☆ | ★★★★★☆ | ●●●●●○ | ●●○○○○ | ④-⑤ | ❸-❹ |

\* = Auswahl der besten Touren

### Bike-Spaß / Landschaft — Erlebniswerte

★☆☆☆☆☆ = geringer Erlebniswert
★★☆☆☆☆
★★★☆☆☆
★★★★☆☆
★★★★★☆
★★★★★★ = hoher Erlebniswert

### Kondition / Fahrtechnik — Anforderungen

●○○○○○ = geringe Anforderung
●●○○○○
●●●○○○
●●●●○○
●●●●●○
●●●●●● = hohe Anforderung

### Erlebniswert

① = gering
② = normal
③ = schön
④ = sehr schön
⑤ = super
⑥ = traumhaft

### Schwierigkeitsgrad

❶ = leicht
❷ = mäßig schwer
❸ = mittelschwer
❹ = schwer
❺ = sehr schwer
❻ = extrem

# Die Tourenbewertung

# Die Benutzerhinweise

**D**ieser BIKE GUIDE bietet Ihnen **alle** Bike-Routen der beschriebenen Region. Fülle und Genauigkeit der Infos und die praxisorientierte Konzeption ermöglichen den optimalen Einsatz des Guides bei der Tourenplanung und beim Biken. Die Touren sind wie ein Netzwerk übers Gebiet verteilt. So lassen sich mühelos beliebige individuelle Routen oder Mehrtagestouren zusammenstellen. Zur Mitnahme gibt es für jede Tour eine faltbare Streckenkarte mit Wegweiser und exaktem Höhenprofil. **ACHTUNG:** Der Maßstab der Höhenprofile auf den Strecken-karten ist bei diesem Genußtouren-Band gegenüber den normalen BIKE GUIDES halbiert, die Höhenprofile sind also doppelt so groß *(die diversen Linien des Höhenprofil-Routenverlaufs bedeuten: <u>Doppellinie</u>: Befestigte Fahrbahnen wie asphaltierte Straßen, Wege, Radwege. <u>Schwarze Linie</u>: Unbefestigte, gute Fahrbahnen wie Schotter-, Forst-, Wald-, Alm- und breite Radwege sowie „Pisten", d. h. schlechtere, hol-prige und schmälere Wege. <u>Gestrichelte Linie</u>: Gut fahrbare Trails, d. h. Pfade, Fußwege und sehr schmale Wald-, Karren-, Zieh- und Rad-wege sowie schwieriger zu befahrende Trails, also die Trials. <u>Keine Linie</u>: Unfahrbare Abschnitte, also Schiebe- oder Tragepassagen. Die Raststationen der Tour sind fett gedruckt. Prozentzahlen zeigen ungefähre Fahrbahnsteigungen über längere Abschnitte, bei Markierung mit Pfeil sind es kürzere Steigungsspitzen).* **Garantie:** Mit dem Wegweiser können Sie alle Touren auch ohne Landkarten fahren! Er beschreibt lückenlos alle Stationen einer Tour die der Wegweisung bedürfen. Dazwischen bleiben Sie stets auf der eingeschlagenen Hauptroute und ignorieren sämtliche Abzweige, Kreuzungen etc. Hilfreich ist ein Kilometerzähler am Bike, den Sie am besten auf einer echten 400 m-Bahn eichen *(z. B. auf dem Trainingsplatz nahe der Radsporthalle des Münchner Olympiageländes, eine Innenbahn-Runde).* Lediglich zur allgemeinen Gebietsübersicht ist die Mitnahme einer Landkarte sinnvoll, die diversen Karten sind bei jeder Tour angegeben. Die **KOMPASS-Karten** *Nr. 180 und 182* decken fast das gesamte Tourengebiet ab, bei einigen Touren kann man alternativ auch die Blätter *Nr. 7 und 8* verwenden, für eine Tour benötigt man die Karte *Nr. 6*. Von den Umgebungskarten im Maßstab 1:50.000 des **Bayerischen Landesvermessungsamtes** *(Bayerische Topographische Karte, BTK)* eignen sich die Ausgaben *Ammersee-Starnberger See, Bad Tölz-Leng-gries, Pfaffenwinkel-Staffelsee, Mangfallgebirge* und *Karwendelgebirge,* manche Touren sind allerdings nicht vollständig enthalten. Als übersichtliche Alternative zu diesen Einzelblättern kann die Karte *München und Umgebung* im Maßstab 1:100.000 dienen, die mit Aus-nahme der südlichsten Routenabschnitte fast alle Touren enthält. **A**lle Touren sind in aufsteigender Folge nach Schwierigkeitsgrad nume-riert. Die **Tourenlänge** beinhaltet auch die Trage-/Schiebepassagen. Die großzügig bemessene **Fahrzeit** wird für Einsteiger etwa die reine Rollzeit des Bikes darstellen *(ohne die für Rast und Orientierung benötigte Zeit),* für trainierte Biker wird sie oft die gesamte Tourenzeit sein *(also Rollzeit und Zeit für Rast bzw. Orientierung).* Die **Höhenmeter** umfassen sämtliche Bergauf-Höhendifferenzen. Die Kurzinfos auf der Kartenseite *(und die Tabelle „Tourenbewertung")* informieren subjektiv über **Erlebniswert** und **Schwierigkeitsgrad** jeder Tour, Art der **Fahr-bahnen**, **Schiebe- bzw. Tragestrecken** *(Pfeile markieren Bergauf-, Bergab- und Flachpassagen),* **Raststationen** und die benötigten **Karten**.

# 1 Tölzer Isartal-Tour

**26,3** km · **1:30** Std · **107** Hm

## Sehr leichte Tour!

Kleine Schleife von Bad Tölz auf reizvollen Radwegen und Trails durch die idyllischen Flußauen des von schönen Bergkulissen umsäumten Isartals südwärts bis zur Bretonenbrücke.

**V**on der Tölzer Isarbrücke zwischen Altstadt und Kurviertel zweigt man zum Isartal-Radweg ab und folgt diesem auf sehr idyllischer Route durch die Flußauen nach Süden in Richtung Berge und Lenggries. Ab Arzbach wird die Piste zum herrlichen, bald schmalen Isarwanderweg. Diese als Fußgängerweg beschilderte Route kann man alternativ entweder auf dem Höhenweg oder nach Überquerung des Isarstegs auf dem offiziellen Radweg am jenseitigen Flußufer umfahren. Nach Unterquerung der Lenggrieser Isarbrücke bleibt man auf dem schmalen Isarwanderweg oder steuert von hier die Ausweichroute des Höhenwegs an. **D**ie Bretonenbrücke bei Wegscheid markiert den Umkehrpunkt dieser Isartalschleife. Nach der Brücke geht es flott auf der jenseitigen Schotterpiste des Isartal-Radweges über Lenggries wieder flußabwärts. Bei Obergrieß kann man auf Wunsch den Isarsteg überqueren und auf der bereits bekannten Radwegroute durch die Isarauen zurück ins Kurstädtchen gelangen. Die hier beschriebene Tour bleibt jedoch auf der rechten Flußseite und verläuft auf den Schotterweglein und Asphaltsträßchen durch die Dörfer jenseits der B 13 nach Tölz.

| km | Ort | Höhe | Zeit |
|---|---|---|---|
| 0,0 | **Bad Tölz** | 644 | |
| | *Isarbrücke* | | |
| 0,2 | Isartal-Radweg | **642** | |
| 3,9 | Isartal-Radweg | 656 | |
| | *(Abzweig Bibermühle)* | | |
| 6,4 | Isarsteg | 666 | 0:20 |
| | *(nähe Arzbach/Obergrieß)* | | |
| 6,5 | Abzweig | 666 | |
| | Isarwanderweg Lenggries | | |
| | *(bei Arzbach,* | | |
| | <u>*alternativ*</u> *auf der* | | |
| | *Höhenweg-Route nach* | | |
| | *dem WW von Tour 5 zur* | | |
| | *Bretonenbrücke)* | | |
| 8,1 | Schlegldorf | 670 | |
| 8,6 | nähe Ghs Isarburg | 669 | |
| 9,9 | Isarbrücke Lenggries | 674 | 0:32 |
| | *(weiter auf Isarwanderweg,* | | |
| | <u>*alternativ*</u> *von hier zum* | | |
| | *Höhenweg West)* | | |
| 10,7 | nähe Untermurbach | 678 | |
| 11,6 | Wegscheid | 683 | 0:38 |
| 13,0 | an Bretonenbrücke | 684 | 0:43 |
| | *(Fuß-/Radwegedreieck)* | | |
| 13,2 | Bretonenbrücke | **690** | |
| 13,3 | Isartal-Radweg | 683 | |
| | *(flußabwärts)* | | |
| 16,2 | bei Lenggries | 674 | 0:55 |
| 19,7 | Isarsteg | 663 | 1:06 |
| | *(bei Obergrieß, rechts* | | |
| | *durch B 13-Unterführung)* | | |
| 20,0 | Obergrieß | 665 | |
| 22,3 | Anger | 662 | |
| 22,5 | Untergrieß | 657 | |
| 23,6 | Bad Tölz | 650 | 1:20 |
| | *(Radweg an der B 13,* | | |
| | *Lenggrieser Straße)* | | |
| 24,4 | McDonalds | 640 | |
| 25,2 | Sportplatz | 646 | |
| 25,4 | B 472-Isarbrücke | 651 | |
| 25,6 | Arzbacher Straße | 644 | |
| 26,1 | Isartal-Radweg | **642** | |
| 26,3 | Bad Tölz | 644 | 1:30 |
| | *(Isarbrücke)* | | |

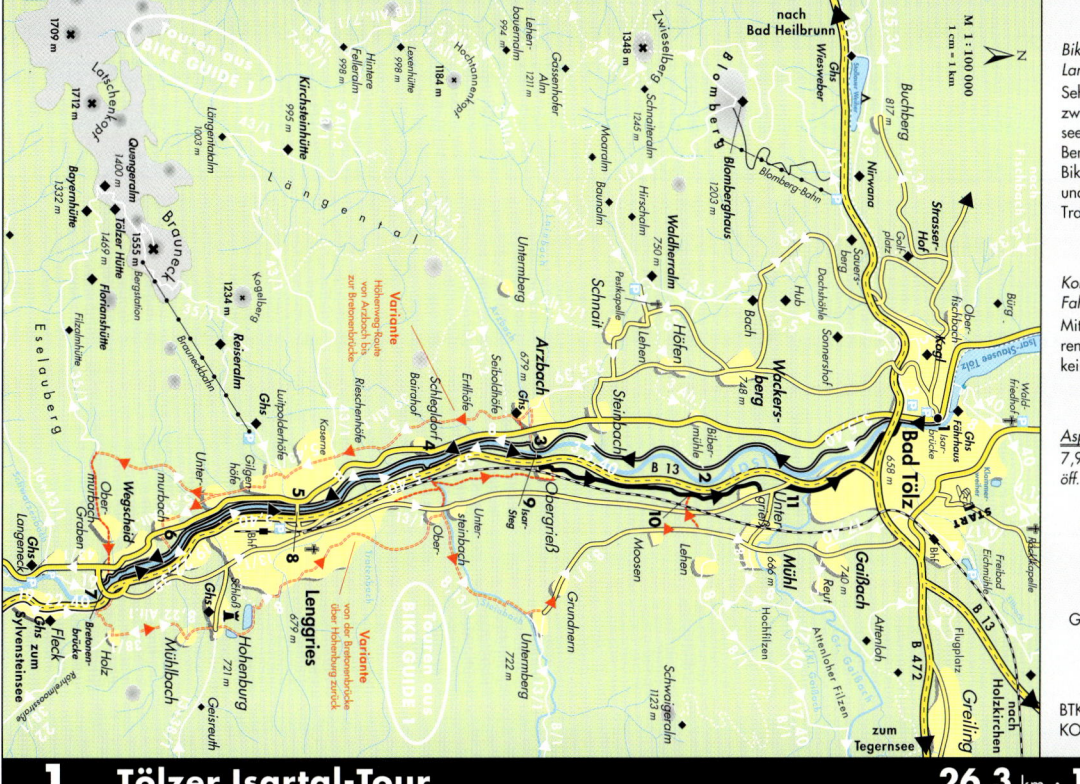

## Erlebniswert

*Bike-Spaß:* ★☆☆☆☆☆
*Landschaft:* ★★★☆☆☆   ②

Sehr reizvolle Bike-Tour in Flußnähe zwischen den Erhebungen der Tegernseer Berge sowie des Brauneck- und Benediktenwandmassivs. Gemußvolles Biken überwiegend auf den Radwegen und den besonders schönen, schmalen Trails durch die Isarauen.

## Schwierigkeitsgrad

*Kondition:* ●○○○○○   ①
*Fahrtechnik:* ●○○○○○

Mit Ausnahme von teils etwas schmäleren, aber stets bestens fahrbaren Trails keinerlei besondere Schwierigkeiten.

## Fahrbahnen

| *Asphalt* | *Schotter+Pisten* | *Trails+Trials* |
|---|---|---|
| 7,9 km | 6,5/3,6 km | 8,3/0,0 km |

*öff. Verkehr:* 0,0 km   *Mautverkehr:* 0,0 km

## Schiebe-/Tragestrecken

keine

## Rast

Gasthäuser in Tölz, Lenggries sowie im gesamten Isartal

## Karten

BTK Bad Tölz-Lenggries   M 1:50.000
KOMPASS Nr. 182   M 1:50.000

**1 · Tölzer Isartal-Tour**   **26,3** km · **1:30** Std · **107** Hm

# 1 Tölzer Isartal-Tour

**26,3 km · 1:30 Std · 107 Hm**

## Wegweiser

**km 0/644 m** Durchfahrt Bad Tölz/Isarbrücke: Nach der Isarbrücke (von Altstadt kommend) rechts bergab auf den Asphaltweg zur Isar abzweigen (an "Ghs Parapluie", Fußgängerweg, Biken erlaubt). **Nach 30 m** Abfahrt am Asphaltdreieck rechts Ri. **"Isar-Wanderweg Lenggries, RS Arzbach, Lenggries"** (unter der Brücke durch flußabwärts). **Nach 190 m** (auf Höhe Zentral-Parkplatz) auf dem Gehsteig weiterfahren (direkt an der Fahrtstraße entlang). **Nach ca. 500 m** geradeaus auf den Schoferfuß-/Radweg in Ri. **"RS Arzbach, Lenggries"**. Diesem Haupt-Radweg stets isaraufwärts folgen.

**2 km 3,9/656 m** Weiter auf dem Hauptweg geradeaus bleiben (verläuft stets nahe Isar, rechts Weg abzweig Ri. "Über Biebermühle, Wackersberg, W 9").

**3 km 6,4/666 m** Am Isarsteg (nähe Obergrieß und Arzbach) geradeaus auf Schoterpfad weiter Ri. **"Fußweg Lenggries"** ("Bald durch die Rechtskehre, → **alternativ für Kurztour** links übern Steg Ri. "RS Lenggries", Fußweg Lenggries" + "Rad- u. Fußweg Lenggries" abzweigen, nach dem Steg rechts auf Radweg durch B 13-Unterführung nach Obergrieß weiter von W 9/Hauptour). **Nach 60 m** links über die Arzbachbrücke Ri. **"Isarwanderweg Lenggries"** abzweigen (Route später als Fußgängerweg beschildert, → **alternativ** geradeaus Ri. "Rad- u. Fußweg Höhenweg Lenggries".

**4 km 8,1/670 m** Durchfahrt in Schleglsdorf: Man mündet bei der Fahrtstraße ("an "Feuerwehr Schleglsdorf") und zweigt gleich wieder links auf Pfad Ri. **"Lenggries"** ab (als Fußgängerweg beschildert), bei km 8,7 fährt man nähe Ghs Isarburg vorbei, **bei km 9,3** mündet man an Asphaltstraße, bleibt geradeaus und zweigt **nach 50 m** wieder links auf Fußweg ab).

**5 km 9,9/674 m** Durchfahrt an der Lenggrieser Isarbrücke: Die Isarbrücke unterqueren und **nach 60 m** am Pfadedreieck links/geradeaus auf dem Fußweg weiter stets isaraufwärts (linksseitig an den Tennisplätzen vorbei. **Info:** Hinweisschilder: Radler sollen andere Uferseite benutzen, → **alternativ** deshalb für evtl. Fortsetzung der Route auf dem Höhenweg nach Wegscheid und zur Bretonenbrücke am o. g. Pfadedreieck rechts, nach 60 m mündet man an der Fahrtdreieck beim "Hotel Alpenrose", fährt man an der Fahrtstraße rechts, nach 160 m rechts Ri. "Braunneck-Bahn" ab. Nach 350 m und einer Auffahrt links auf den "Gilgenhöfe"-Asphaltweg Ri. "RS Wegscheid, leger" + "Höhenweg West ..." abzweigen und weiter nach WW 14-18/Tour 5).

## Alternative Startorte

Arzbach, Wegscheid, Lenggries

## Anfahrt

**Auto:** Von München nach Grünwald und dort geradeaus stets auf der Staatsstraße 2072 weiter in Ri. **"Bad Tölz"** über Straßlach, Deining und Egling bis nach Bad Tölz (45 km, 0:50 Std).

**Bahn:** Von München/Starnberger Bhf. nach Bad Tölz, mit dem Bike vom Bahnhof durch den Ort zur Isarbrücke.

## Fahrt zum Startplatz

In Bad Tölz an der ersten Ampel rechts Ri. "P1 Kolbergarten" in die "Nockhergasse". Nach 700 m rechts ab über die Isarbrücke Ri. "Schongau, Wolfratshausen" und nach der Brücke (am "Amorplatz", im Kurviertel) links Ri. "Fernverkehr" + "P3 Zentralparkplatz" abzweigen. Nach ca. 150 m rechts auf dem beschilderten "P3 Zentralparkplatz A" parken (alternativ geradeaus bleiben und entweder den "P2 Zentralparkplatz B" oder den "P1 Arzbacher Straße" benutzen, siehe auch Anfahrt/Tour 3). Mit dem Bike wieder ca. 150 m auf dem Anfahrtweg zurück zum Startplatz an der Isarbrücke fahren.

**Die Tour beginnt** an der Isarbrücke in Bad Tölz, von der Altstadt kommend direkt nach Überquerung der Brücke.

390 m nach Arzbach, dort geradeaus die Fahrtstraße queren und nach 180 m links über die Bachbrücke auf die Höhenweg-Route zu WW 7 an der Bretonenbrücke bei Wegscheid, siehe auch WW 13-18/Tour 5).

**Nach 140 m** links auf das Schoterwegelein abzweigen und **nach 80 m** an der Kreuzung der Wegelein links halten (jetzt eine schmälere Piste).

6. **km 11,6**/683 m Durchfahrt Wegscheid: Man mündet am Asphaltsträßchen *(bei ersten Häusern)* und folgt ihm geradeaus. **Nach 1,0 km** *(Rechtskehre in der Neubausiedlung)* links Ri. *„Bretonenbrücke, Fleck, Lenggries, Langeneck, Leger"* abzweigen *(Schotterweg, evt. schon Asphalt)*. **Nach 60 m** über die Bachbrücke auf Fußgängerweg.

7. **km 13,0**/684 m Am Fuß- u. Radwegedreieck *(unterhalb der Bretonenbrücke)* rechts **30 m** hoch zur Fahrstraße *(in Ri. „Über die Brücke nach Fleck oder Lenggries")* und auf dem Radweg links über die Bretonenbrücke. **Nach 270 m** links bergab auf den Asphalt-Radweg Ri. *„Lenggries, Bad Tölz"* abzweigen *(bald durch B 13-Unterführung, später ein Schotterweg, <u>diesem Radweg stets isarabwärts folgen</u>)*.

8. **km 16,3**/674 m Durchfahrt an der Lenggrieser Isarbrücke: Bei Lenggries weiter geradeaus auf dem Radweg isarabwärts *(Isarbrücke unterqueren)*.

9. **km 19,7**/663 m Durchfahrt am Isarsteg/Obergrieß: Am Isarsteg dem Radweg rechts durch die B 13-Unterführung folgen *(→ **alternativ** übern Steg und auf Radweg links der Isar nach Tölz)*. **Nach 140 m** mündet man an eine Querstraße und fährt links. **Nach 260 m** *(kurz nach Bahnübergang)* links Ri. *„Bad Tölz, Untergrieß"* abzweigen *(in „Bacherwaldstraße", nach 220 m am letzten Haus Schotterweg, später teils Pfad, **bei km 20,7** Bahngleis unterqueren)*.

10. **km 22,3**/662 m Durchfahrt Anger/Untergrieß: Am Asphaltdreieck links/geradeaus Ri. *„Untergrieß, Bad Tölz"*. **Nach 240 m** dem linken Straßenzweig in Ri. *„Bad Tölz, Kranzer, Mühl"* folgen. **Nach 510 m** mündet man eine Straße und fährt links *(aus Straße „Am Schneiderbachl" kommend)*.

11. **km 23,6**/650 m Durchfahrt Bad Tölz: Kurz vor der B 13 geradeaus/rechts auf Fuß-/Radweg abzweigen *(bald auf dem Gehsteig stets an der B 13 entlang, später an McDonalds vorbei)*. **Nach 940 m** bergab zur Unterführung, links unter B 13 durch und nach der Auffahrt links weiter auf dem Gehweg *(an Straße entlang)*. **Bei km 25,0** *(vor der „AGIP"-Tankstelle)* links Ri. *„Sportplatz"* abzweigen *(„Kohlstattstraße", weiter auf Gehweg)*. **Nach 130 m** geradeaus auf Asphalt-Fuß-/Radweg *(später bergauf und an B 472 entlang über die große Isarbrücke)*. **Bei km 25,5** *(nach der Isarbrücke, beim Denkmal bzw. Brunnen)* auf dem Pflasterweg weiterfahren, **nach 30 m** rechts bergab auf den asphaltierten Fuß-/Radweg, **nach 40 m** Abfahrt am Asphaltdreieck links bergab, **nach 30 m** rechts über die *„Arzbacher Straße"* und dann nach links auf dem Gehsteig bzw. Radweg in Ri. *„Bad Tölz-Altstadt"* auf der bekannten Route zum Ausgangspunkt bei der Isarbrücke **(km 26,3)**.

---

**Variationen**

Leichter:

*1. Kleine Spritztour bis zum Isarsteg:* Eine sehr kleine, gemütliche Spritztour ergibt sich, wenn man bereits bei WW 3 auf dem Steg die Isar überquert und jenseits des Flusses dann weiter nach WW 9-11 über Obergrieß, Anger und Untergrieß zurück nach Bad Tölz fährt *(siehe auch Hinweis bei WW 3)*.

Schwerer:

*2. Von Arzbach oder Lenggries auf der Höhenwegroute zur Bretonenbrücke bei Wegscheid (zur evt. Umfahrung der als Fußgängerwege beschilderten Trails zwischen Arzbach/Lenggries sowie Lenggries/Wegscheid):* Statt der sehr schönen Trails nähe Isar kann man jeweils auch auf der Höhenwegroute mit leichteren Auf- und Abfahrten nach Wegscheid zur Bretonenbrücke gelangen. Dazu bei WW 3 geradeaus bis in den Ort Arzbach bleiben, dort die Fahrstraße queren und weiter geradeaus an Arzbach entlang, dann links über einen Bachsteg und weiter nach der Waldherralm-Isartal-Tour auf den Pfad zur Höhenweg-Route nach Wegscheid *(siehe Hinweis bei WW 3 und WW 13-18/Tour 5)*.

*3. Erweiterung von der Bretonenbrücke in Richtung Sylvensteinsee:* Schöne Ergänzung weiter durchs Isartal und über Schronbach- und Röhrmoostal, Leger und Langeneck wieder zur Bretonenbrücke. Dort weiter nach der Haupttour zurück nach Tölz *(WW siehe Tour 19)*.

---

**1** Tölzer Isartal-Tour **26,3** km · **1:30** Std · **107** Hm

# 2  Münchner Forste-Tour

**28,4** km · **1:50** Std · **103** Hm

## Sehr leichte Tour!

Eine der Standard-Radl-Touren vor den Toren Münchens,
die auf den schönsten breiten Schotterwegen und in Form einer
Doppelschleife durch die Perlacher und Grünwalder Forste führt.

**A**m Säbener Platz beim Giesinger Waldhaus ist der Einstieg in sämtliche Touren durch den Perlacher Forst. Schon nach wenigen Metern Fahrt auf einem Schotterweg zweigt man auf eine schöne Parcours-Piste ab, die bald als Tannenzipfel-Weg weiterführt. Utzschneider- und Einfangweg leiten als Forst-Autobahnen nähe Unterhaching und Taufkirchen vorbei nach Deisenhofen. Am Ende geht es auf tollem Bike-Trail direkt an der Bahnlinie entlang zum Wirtshaus und Biergarten Kugler Alm. **D**er Deisenhofener Ortsrand markiert den Übergang in den Grünwalder Forst, den man auf den Schotterpisten von Hompesch-, Budick- und Link-Weg in einem weiten Rechteck durchfährt. Im Verlauf gibt es eine Verbindung zu den Touren des nahen Isarhochufers. Über das Forsthaus Wörnbrunn geht es zu den Villen des Grünwalder Nobelviertels Geiselgasteig. Hier folgen einige nette Trails und die herrliche Fahrt auf dem Rechberg-Weg, der stets am idyllischen Kanälchen entlangführt. Der Kiosk Nußbaum-Ranch an der Bahnlinie bietet eine schlichte Rast, bevor nach wenigen Metern Asphalt wieder diverse Forstautobahnen und am Ende noch der schöne Sulz-Weg zurückführen.

| | | | |
|---|---|---|---|
| 0,0 | **München** *Säbener Platz beim Giesinger Waldhaus (am Perlacher Forst)* | **552** | |
| 0,2 | Trimm-Parcours | 552 | |
| 1,4 | Tannenzipfel-Weg *(am Schießplatz)* | 553 | |
| 2,1 | Utzschneider-Weg | 553 | |
| 2,9 | Kreuzung Winkelweg | 557 | |
| 4,5 | Harthauser-Weg *(nähe Hartmann-Stern)* | 565 | |
| 4,8 | Einfang-Weg *(nähe Taufkirchen)* | 567 | 0:18 |
| 7,0 | Bahn-Trail | 580 | |
| 8,0 | Deisenhofen *(nähe Whs Kugler Alm)* | 586 | 0:32 |
| 8,8 | Hompesch-Weg | 588 | |
| 10,5 | Kreuzung Laufzorner | 602 | |
| 12,1 | Asphaltstraße *(Straßlach-Deisenhofen)* | 624 | 0:48 |
| 12,5 | Budick-Weg | **627** | |
| 13,0 | Kreuzung Ludwig | 617 | |
| 13,8 | Link-Weg *(an der Fahrstraße Grünwald-Straßlach)* | 613 | 0:53 |
| 14,3 | Schilcher-Stern | 610 | |
| 14,6 | Sauschütt | 607 | 0:56 |
| 15,1 | Yrsch-Stern | 601 | |
| 15,5 | nähe Grünwald | 597 | |
| 16,3 | Kreuzung Fahrstraße *(Grünwald-Deisenhofen)* | 594 | |
| 16,9 | Forsthaus Wörnbrunn | 585 | 1:05 |
| 17,1 | Forstdienststelle | 583 | |
| 17,3 | Ketten-Weg | 582 | |
| 17,6 | Kreuzung Forsthausstraße | 583 | |
| 18,5 | Ortsrand-Trail | 578 | |
| 18,8 | Forsthausstraße | 577 | |
| 19,2 | Parkplatz *(Grünwald/Geiselgasteig)* | 573 | 1:15 |
| 19,5 | Rechberg-Trail/Weg | 572 | |
| 19,8 | Kreuzung Perlach | 574 | |
| 21,7 | Kiosk Nußbaum-Ranch | 578 | 1:25 |
| 22,0 | Schilcher-Stern *(auf Diensthütten-Weg)* | 576 | |
| 23,4 | Hermann-Stern *(auf Harthauser-Weg)* | 564 | |
| 24,6 | Kreuzung Oberbiberger Asphaltweg | 563 | |
| 26,3 | Sulz-Weg | 563 | |
| 28,4 | Säbener Platz | **552** | 1:50 |

# 2 Münchner Forste-Tour

**28,4** km · **1:50** Std · **103** Hm

## Wegweiser

**1** **km 0**/552 m Auf den Asphaltweg Ri. *„RS Deisenhofen, Perlacher Forst"* und **nach 10 m** links auf Schotterweg abzweigen *(an Info-Tafel vorbei).* **Nach 150 m** rechts auf Parcoursweg *(„VITA-Trimm-Parcours",* → *alternativ 1,3 km auf Hauptweg bleiben, dort rechts auf Perlach-Asphaltweg 420 m zu WW 2).*

**2** **km 1,4**/553 m Den Asphaltweg *(„Perlach", am Trafohäuschen/umzäunten Schießplatz)* queren und geradeaus weiter auf *„Tannenzipfel"*-Weg.

**3** **km 2,1**/553 m An einer Kreuzung rechts abzweigen *(auf den Utzschneider-Weg).*

**4** **km 2,5**/555 m An Kreuzung *(kleine Bauminsel, schräg rechts zweigt Wörnbrunner-Weg ab)* geradeaus bleiben *(weiter auf Utzschneider-Weg,* → *alternativ 1,4 km auf Harlachinger-Weg, nach 340 m rechts auf Wasserleitung-Weg, nach 310 m am P nähe AB-Unterführung Unterhaching vorbei 1,7 km zu WW 6).*

**5** **km 4,5**/565 m Man mündet in einen weiteren Forstweg ein und fährt links *(Harthauser-Weg,* **nach 130 m** diesem Hauptweg durch die Rechtskehre folgen).

**6** **km 4,8**/567 m Durchfahrt nähe Taufkirchen: Man mündet an weiterem Forstweg und fährt rechts *(Einfang-Weg, an Kreuzung nähe Taufkirchen, Fortset-* zung des hier von links ankommenden Wasserleitung-Weges, die o. g. Variante, siehe Hinweis bei WW 4). Nun stets auf diesem Haupt-Forstweg bleiben.

**7** **km 6,6**/582 m Man mündet an einem Querweg und folgt ihm nach rechts *(geradeaus führt ein Grasweg weiter zu einem umzäunten Gebäude).*

**8** **km 7,0**/580 m Man mündet beim Bahngleis an einen Querweg und fährt links *(bald ein Pfad).*

**9** **km 7,6**/584 m Durchfahrt Deisenhofen/Kugler Alm: Man mündet an Asphaltweg und folgt ihm nach rechts *(links Einfahrt/Gebäude der „Stadtwerke München").* **Nach 60 m** *(nähe Fahrstraße und Parkplatz)* rechts auf den Asphalt-Fuß-/Radweg abzweigen *(durch Unterführung).* **Nach 130 m** und Auffahrt aus der Unterführung geradeaus auf Radweg bleiben *(*→ *alternativ für den Rastabstecher rechts ab ca. 50 m zum Whs/Biergarten Kugler Alm).* **Nach 170 m** am Radwegedreieck *(bei dem Marterl/Brunnen)* geradeaus Ri. *„Grünwald"* bleiben. **Nach 150 m** links auf den Schotterweg in Ri. *„Oberbiberg"* abzweigen. **Nach 320 m** rechts auf den Forstweg abzweigen *(bei den ersten Wohnhäusern, links zweigt „Grünwalder Weg"-Straße ab).*

**10** **km 8,8**/588 m An der 5-Wege-Kreuzung auf den ganz linken Forstweg abzweigen *(Hompesch-Weg).* Stets diesem Hauptweg geradeaus folgen.

## Anfahrt

**Auto:** In München zum Säbener Platz in München-Neuharlaching *(direkt am Perlacher Forst gelegen, nähe Forstdienststelle Giesinger Waldhaus).*

### Fahrt zum Startplatz

An der großen Kreuzung am Stadion Grünwalder Straße in München-Giesing in Ri. *„Bad Tölz, Grünwald"* auf die *„Grünwalder Straße"* fahren. Nach ca. 250 m an der ersten Ampel am Wettersteinplatz links in die Seitenstraße abzweigen, bald der Rechtskehre folgen und dann stets der *„Säbener Straße"* bis zum Säbener Platz bei den Tennisplätzen direkt am Perlacher Forst folgen *(bei Forstdienststelle Giesinger Waldhaus).*

Für eine Anfahrt mit dem Bike bis zum Säbener Platz siehe WW 1/Tour 12.

*Die Tour beginnt* am Abzweig des vom Säbener Platz in Ri. „RS Deisenhofen, Perlacher Forst" in den Forst führenden Oberbiberger Asphaltweges.

### Alternative Startorte

Stadion an der Grünwalder Straße *(von dort mit dem Bike auf dem Radweg zum Säbener Platz, siehe z. B. WW 1/Tour 12),* Taufkirchen, Oberhaching-Deisenhofen *(z. B. beim Whs Kugler Alm),* Forsthaus Wörnbrunn, Grünwald

**11** **km *12,1*** /624 m  Man mündet an eine Asphaltstraße *(an HS-Leitung)*, fährt rechts und zweigt **nach 110 m** wieder rechts auf Forstweg ab *("Budick")*.

**12** **km *13,8*** /613 m  An der Kreuzung rechts auf den *"Link"*-Forstweg abzweigen *(kurz vor Fahrstraße Grünwald-Straßlach, → alternativ die Straße queren und 810 m zum Isarhochufer, dort Anschluß an diverse Isar-Touren/Trails.* Stets diesem Hauptweg folgen.

**13** **km *16,3*** /594 m  Die Fahrstraße Grünwald-Oberhaching queren *(in Gegen-Ri. ist "Sauschütt" beschildert)* und weiter auf dem Forstweg bleiben.

**14** **km *16,8*** /585 m  Durchfahrt Wörnbrunn: Man mündet an Asphaltstraße, fährt rechts und zweigt **nach 110 m** *(in Kehre am Ghs)* links in Sackgasse ab. **Nach 90 m** an der Verzweigung dem rechten Asphaltweg folgen *(am Reitplatz, → alternativ für direkte Route nach Geiselgasteig ohne die Pfad-Trails auf den linken Asphaltzweig und 1,95 km zu WW 17)*. **Nach 120 m** *(an der "Forstdienststelle Wörnbrunn")* geradeaus auf den Schotterweg. **Nach 170 m** an der Kreuzung links abzweigen *(auf Ketten-Weg)*.

**15** **km *17,6*** /583 m  Einen Asphaltweg *("Forsthausstraße")* queren. **Nach 340 m** der Rechtskehre folgen *(jetzt schmälerer Weg, wird **nach 70 m** zu Pfad, **nach 140 m** der Pfad-Rechts-/Linkskehre folgen, **nach 230 m** weiter an den Grundstückszäunen entlang)*.

**16** **km *18,5*** /578 m  Man mündet an Schotterwegkehre und fährt leicht rechts/geradeaus *(bei Häusern/Geiselgasteig)*. **Nach 290 m** mündet man an der asphaltierten Forsthausstraße und fährt links.

**17** **km *19,2*** /573 m  Durchfahrt bei Geiselgasteig: Am Ortsschild *"Grünwald"* vorbei und **nach ca. 20 m** von der Straße rechts auf den Waldpfad abzweigen. **Nach 180 m** über den Holzsteg und dem Pfad nach rechts folgen *(am Kanalgräblein)*. **Nach 400 m** den Asphaltweg queren und geradeaus bleiben *(Rechberg-Weg, stets am Kanal lang)*.

**18** **km *21,7*** /578 m  Durchfahrt an Kiosk: Man mündet am Kiosk *(nach Pfadpassage)*, fährt links bergab auf den Asphaltweg *(durch Bahnunterführung)*. **Nach 300 m** rechts auf den Schotterweg abzweigen und gleich **nach 20 m** dem linken Wegzweig folgen *(Diensthütten-Weg, am Schilcher-Stern)*.

**19** **km *23,4*** /564 m  An der dritten Kreuzung *(Hermann-Stern)* links auf den Forstweg abzweigen *(**"Harthauser"**-Weg, diesem Haupt-Forstweg nun stets folgen, bei km 24,7 und 25,1 die Asphaltwege queren)*.

**20** **km *26,3*** /563 m  An der Kreuzung rechts auf den querenden *"Sulz"*-Weg abzweigen. Diesem stets bis zur Mündung am Oberbiberger-Asphaltweg beim Giesinger Waldhaus folgen und dort links zum Ausgangspunkt *(**km 28,4**)*.

---

### Variationen

Schwerer:

*1. Größere Fahrten durch den Perlacher/Grünwalder Forst ins Gleißental und weiter in Richtung Deininger Weiher:* Die Fahrt durch den Perlacher bzw. Grünwalder Forst läßt sich mit den entsprechenden Touren durchs Gleißental hinaus ins Alpenvorland oder ins Isartal nach Belieben ausdehnen *(siehe auch bei den Touren 12, 20, 24, 32, 35 oder 38)*.

*2. Kombination mit den Isartal-Touren oder -Trails:* Es gibt zahlreiche Kombinationsmöglichkeiten der Perlacher bzw. Grünwalder Forst-Tour mit den Touren des Isartals, z. B. beim Link-Weg nähe Sauschütt die Fahrstraße queren, zum Isarhochufer und dort weiter nach einer der Isar-Routen *(siehe z. B. Touren 7, 10, 13, 31, 36, 37)*.

*3. Kombination mit den Trails des Perlacher Forstes:* Nach Belieben kann man die Forstweg-Tour durch Perlacher und Grünwalder Forst in vielfältiger Weise mit den diversen Trail-Passagen im Perlacher Forst kombinieren *(siehe Tour 6)*.

Auch probieren:

*4. Weitere Pisten im Perlacher Forst:* Die beschriebene Fahrt durch Perlacher und Grünwalder Forst ist eine Zusammenstellung der schönsten Wege zu einer sinnvollen Route. Selbstverständlich eignen sich aber auch die meisten der zahllosen weiteren Forstpisten zum Biken und zum Kombinieren zu vielfältigsten, individuellen Routen.

---

**2**  **Münchner Forste-Tour**  **28,4** km · **1:50** Std · **103** Hm

# 3    Tölzer Waldherralm-Tour     14,9 km · 1:02 Std · 173 Hm

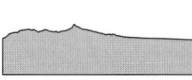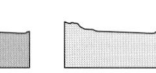

## Sehr leichte Tour!

Kleine Tölzer Bike-Spritztour über die Wackersberger
Hochfläche zur beliebten Raststation Waldherralm,
mit Rückfahrt über Arzbach und den Isartal-Radweg.

| | | | |
|---|---|---|---|
| 0,0 | **Bad Tölz** | 656 | |
| | *P Arzbacher Straße* | | |
| 0,4 | Brücke über B 472 | 685 | |
| 0,5 | Trail | 690 | |
| 1,9 | Sonnershof | 721 | 0:10 |
| 2,5 | nähe Dachshöhle | 708 | |
| 3,0 | nähe Hub | 718 | |
| 3,5 | Bach | 706 | |
| 4,2 | Pfadabzweig | 706 | 0:21 |
| | zur Waldherralm | | |
| | *(nähe Pestkapelle)* | | |
| 5,2 | **Waldherralm** | **755** | 0:27 |
| 5,3 | Parkplatz | 740 | |
| 5,7 | Lehen | 723 | |
| 6,3 | Schnait | 710 | 0:32 |
| 7,5 | Lain | 685 | |
| 8,2 | Arzbach | 676 | 0:40 |
| | *(nähe Alpenbad)* | | |
| 8,7 | Abzweig | 666 | |
| | Isarwanderweg Lenggries | | |
| 8,8 | Isarsteg | 666 | |
| 11,3 | Isartal-Radweg | 656 | |
| | *(Abzweig Bibermühle)* | | |
| 14,5 | Bad Tölz | **643** | |
| 14,9 | P Arzbacher Straße | 656 | 1:02 |

**G**leich hinter dem Parkplatz an der Arzbacher Straße zieht von Tölz ein Weglein hinauf zu einer Brücke über die B 472. Jenseits der Bundesstraße beginnt eine nette Trail-Passage, bevor es auf breiteren Asphaltwegen und Schotterpisten weiter zum Sonnershof geht. Diverse sehr schöne Trails, Wege und Asphaltsträßchen queren die hügeligen Weide- und Waldflächen der Wackersberger Hochebene und bieten eine hübsche Bike-Route über Hub und Bach zur Raststation der Waldherralm. Erst ganz am Ende muß man noch einige wenige Meter auf steiler Wiesenpfadspur aufsteigen, bis man schließlich auf der Wirtshausterrasse sein verdientes, gemütliches Plätzchen einnehmen kann. **S**tets leicht abschüssige Asphaltsträßchen leiten in gemächlicher Rollfahrt über Lehen und Schnait in Richtung Isartal, alles umrahmt von herrlichen Bergpanoramen. Auf einem reizvollen schmalen Wiesen-Trail biked man über Lain nach Arzbach und gelangt durch den Ort arzbachabwärts zu dem beim Isarsteg beginnenden Isartal-Radweg. Dieser führt auf genußvoller Route – teils nahe am Wasser, teils durch idyllische Flußauen – in sehr schöner Fahrt zurück nach Tölz.

### Alternativ-Route 1
Von Lehen auf kürzerer Route über Höfen und Bibermühle zum Isartal-Radweg:

| | | | |
|---|---|---|---|
| 5,7 | Lehen | 723 | 0:29 |
| 6,5 | Höfen | 712 | |
| 7,7 | Bibermühle | 669 | 0:38 |
| 8,9 | Isartal-Radweg | 656 | 0:42 |
| | → *weiter nach der Haupttour* | | |

### Alternativ-Route 2
Große Waldherralm-Tour über Lexenhütte, Hintere Felleralm und das Längental:

| | | | |
|---|---|---|---|
| 5,3 | Parkplatz | 740 | 0:28 |
| | nähe Waldherralm | | |
| 8,8 | nähe Lehenbauernalm | 982 | 1:02 |
| 10,0 | *(höchster Punkt)* | **1002** | |
| 10,9 | Lexenhütte | 998 | |
| 12,0 | Hintere Felleralm | 998 | 1:25 |
| 13,6 | Längental | 925 | |
| 16,1 | Arzbachbrücke | 738 | 1:42 |
| 18,3 | Seiboldhöfe | 678 | |
| 18,5 | Ghs Zur Schweiz | 680 | |
| 18,7 | Arzbach | 675 | 1:50 |
| | *(Ortsmitte/Arzbachbrücke)* | | |
| | → *weiter nach der Haupttour* | | |

# 3 Tölzer Waldherralm-Tour

**14,9 km · 1:02 Std · 173 Hm**

## Karten
BTK Bad Tölz-Lenggries M 1:50.000
KOMPASS Nr. 182 M 1:50.000

## Rast
Waldherralm, Gasthäuser in Bad Tölz, Arzbach und im Isartal

## Schiebe-/Tragestrecken
Kurze Passage zur Waldherralm

## Fahrbahnen
| | Asphalt | Schotter+Pisten | Trails+Trials |
|---|---|---|---|
| | 3,4 km | 7,4/1,2 km | 2,5/0,4 km |

öff. Verkehr 2,3 km   Mautverkehr 0,0 km

## Schwierigkeitsgrad
Kondition: ● ○ ○ ○ ○ ○ ○   ❶
Fahrtechnik: ● ○ ○ ○ ○ ○ ○

## Erlebniswert
Bike-Spaß: ★★ ☆☆☆☆☆   ②
Landschaft: ★★ ☆☆☆☆☆

Mit Ausnahme einer kurzen Schiebepassage zur Waldherralm, einiger weniger etwas holpriger Trail-Meter sowie etlichen kleinen Aufführten keine besonderen Schwierigkeiten.

Fahrt auf schönen, oft idyllischen kleinen Bike-Pisten und Trails durch das von hohen Bergen umrahmte Isartal südlich von Bad Tölz.

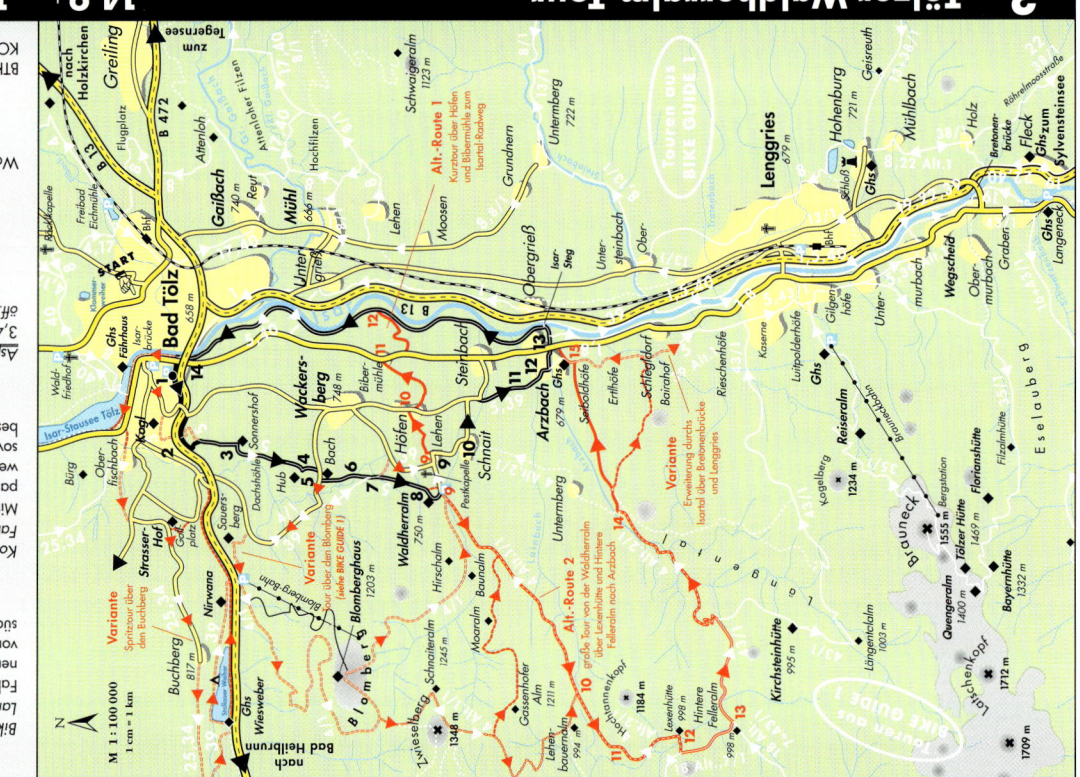

# 3 Tölzer Waldherralm-Tour

**14,9** km · **1:02** Std · **173** Hm

## Wegweiser

**1 km 0**/656 m Die *„Arzbacher Straße"* queren und dem Asphaltweg *(Fuß-/Radweg-Schild)* bald bergauf Ri. *„Wackersberg, ..., Waldkundepfad, Café Forsthaus, Wanderweg nach Lenggries"* folgen. *Nach 440 m* mündet man an einer Asphaltstraße, fährt links über die Brücke *in o. g. Ri.* und zweigt nach der Brücke rechts auf den Pfad ab *(führt direkt oberhalb der B 472 entlang)*.

**2 km 1,0**/699 m Den Asphaltweg queren *(rechts eine Brücke über die B 472)* und geradeaus weiter auf dem Pfad. *Nach 130 m* links hoch auf den Pfad abzweigen *(vor der Abfahrt zur Bundesstraße)*. *Nach 180 m* mündet man an ein Asphaltwegedreieck und fährt rechts Ri. *„Rundweg Wackersberg, Waldherralm"* *(später ein Schotterweg)*.

**3 km 1,9**/721 m Durchfahrt Sonnershof: An der Wegekreuzung rechts Ri. *„Dachshöhlen, Waldherralm"*. *Nach 100 m* links auf das schmälere Weglein *in o. g. Ri.* abzweigen *(bei km 2,5 geradeaus Ri. „Waldherralm, Zur Pestkapelle" bleiben)*.

**4 km 3,0**/718 m Man mündet an einen Asphaltweg *(an Holzschrein nähe Hub)* und fährt links in Ri. *„Zur Waldherralm über Pestkapelle"*. *Nach 240 m* mündet man an einem Asphaltsträßchen und folgt ihm rechts bergab *in o. g. Ri.*

**5 km 3,5**/706 m Durchfahrt Bach: Beim *„Bach"*-Hof links auf Schotterweg *in o. g. Ri.* abzweigen.

**6 km 3,9**/699 m An der Wegekreuzung geradeaus in Ri. *„Zur Waldherralm"* und *nach 70 m* rechts auf den Pfad *(übers Bächlein)* in Ri. *„Über Waldherralm, Blomberg, Zwiesel"* abzweigen.

**7 km 4,2**/706 m Man mündet an einen Schotterweg, fährt links und zweigt *nach 30 m* rechts auf den Wiesenpfad Ri. *„Zur Waldherralm"* ab.

**8 km 5,0**/729 m Durchfahrt Waldherralm: Am Waldrand/Weidezaun rechts hoch auf die steile Graspfadspur abzweigen *(kurze Schiebepassage)*. *Nach 200 m* mündet man am Whs Waldherralm und fährt auf dem Betonweg bergab. *Nach 140 m* mündet man beim P am Asphaltsträßchen und folgt ihm links leicht bergab *(→ alternativ für die große Waldherralm-Tour rechts, siehe Alt.-WW 2)*.

**9 km 5,7**/723 m Durchfahrt Lehen: Geradeaus Ri. *„Steinbach"* bleiben *(→ alternativ für Kurzroute über Bibermühle zum Isaruferweg siehe Alt.-WW 1)*.

**10 km 6,4**/710 m Durchfahrt Schnait: Am Asphaltdreieck der Linkskehre folgen. *Nach 550 m* mündet man an eine Straße, fährt rechts und zweigt *nach 140 m* rechts auf den Schotterweg Ri. *„Arzbach, Lenggries"* ab *(bald über Bachbrücke)*. *Nach 100 m*

## Anfahrt

**Auto:** Von München nach Grünwald und dort geradeaus stets auf der Staatsstraße 2072 weiter in Ri. *„Bad Tölz"* über Straßlach, Deining und Egling bis nach Bad Tölz *(45 km, 0:50 Std)*.

**Bahn:** Von München/Starnberger Bhf. nach Bad Tölz, mit dem Bike vom Bahnhof durch den Ort und über die Isarbrücke zum P Arzbacher Straße.

## Fahrt zum Startplatz

In Bad Tölz an der ersten Ampel rechts Ri. *„P₁₁ Kolbergarten"* in die *„Nockhergasse"* abzweigen. *Nach 700 m* rechts ab über die Isarbrücke Ri. *„Schongau, Wolfratshausen"* und nach der Brücke *(am „Amortplatz" im Kurviertel)* links Ri. *„Fernverkehr" + „P₃ Zentralparkplatz"* abzweigen. *Nach 600 m* rechts in Ri. *„Peißenberg, Miesbach, Garmisch"* abzweigen *(„Arzbacher Straße")* und *nach ca. 120 m* Auffahrt *(in Linkskehre kurz vor der B 472)* rechts Ri. *„Wackersberg, Alpamare, ..." + „P₁ Arzbacher Straße"* abzweigen. Hier gleich rechts auf dem beschilderten Parkplatz an der Arzbacher Straße parken *(alternativ die zuvor passierten Plätze „P₃ Zentralparkplatz A" oder „P₂ Zentralparkplatz B" benutzen)*.

*Die Tour beginnt* beim Parkplatz Arzbacher Straße an dem o. g. Abzweig in Ri. *„Wackersberg, Alpamare, ..."*.

## Alternative Startorte

P Waldherralm, Arzbach

eine Asphaltstraße queren und geradeaus auf den schmalen Schotterpfad *(durch die Wiesen)*.

**11** **km 7,6/685 m** <u>Durchfahrt Lain</u>: Am Kapellchen bzw. Schrein geradeaus auf dem Schotterweg weiter, **nach 50 m** den Asphaltweg queren und **nach 110 m** *(in der Rechtskehre bei dem Bauernhof)* geradeaus/links auf den Pfad abzweigen.

**12** **km 7,9/686 m** <u>Durchfahrt Arzbach</u>: Am ersten Haus dem Schotterweg folgen. **Nach 90 m** das Asphaltsträßchen queren und geradeaus übers Bauernhofgelände *(am großen Baum vorbei)*. **Nach 30 m** mündet man *(durch Öffnung in Hecke)* an eine Asphaltstraße und fährt links *(bei Haus Nr. „9")*. **Nach 50 m** in der Linkskehre rechts bergab auf den Asphaltpfad abzweigen. **Nach 120 m** mündet man an eine Asphaltstraße und folgt ihr nach links *(→ alternativ für eine Erweiterung der Tour geradeaus über die Brücke Ri. „Höhenweg Lenggries", siehe WW 13-20/Tour 5)*. **Nach 180 m** *(km 8,3 an Arzbachbrücke)* die Fahrstraße queren und geradeaus auf den Dammpfad in Ri. **„Isaruferweg Lenggries, Obergries, Tölz"** *(direkt am Arzbach entlang)*.

**13** **km 8,7/666 m** An der kleinen Arzbachbrücke geradeaus bleiben. **Nach 60 m** am Isarsteg *(nach einer Linkskehre)* geradeaus auf breitem Schotterweg weiter Ri. **„RS Bad Tölz, Wolfratshausen"**. <u>Diesem Radweg nun stets isarabwärts folgen.</u>

**14** **km 14,5/644 m** <u>Durchfahrt in Bad Tölz zum P Arzbacher Straße</u>: Am Ende des Schotter-Radweges geradeaus weiter auf dem Gehsteig *(an der Fahrstraße entlang)*. **Nach 100 m** *(am Abzweig der „Arzbacher Straße" Ri. „Miesbach, Penzberg, ...")* links über die Straße und gleich links hoch auf den Asphalt-Fuß-/Radweg Ri. **„Wackersberg, Ehrenmal, Waldkundepfad, ..."**. **Nach 30 m** rechts hoch abzweigen. **Nach 40 m** steiler Auffahrt rechts übers Straßenbrücklein und danach gleich links zum Ausgangspunkt *(km 14,9)*.

### Alternativ-Wegweiser 1
*Für eine <u>Kurzroute</u> mit Fahrt von Lehen auf schönem Feldweg bis Höfen, <u>über Bibermühle zum Isaruferweg</u> (Gesamttour dann: 12,5 km/0:54 Std/166 Hm):*

**9** **km 5,7/723 m** <u>Durchfahrt Lehen</u>: Geradeaus Ri. **„Steinbach"** durch den Weiler. **Nach 120 m** *(in der Rechtskehre, beim Haus „Lehen 2")* links auf den Weg abzweigen. **Nach 70 m** am Wegedreieck rechts. **Nach 220 m** auf dem Hauptweg bergauf bleiben. **Nach 60 m** an der Eisensperre links auf dem Weglein weiter *(Feldweg-Allee)*.

**10** **km 6,5/712 m** <u>Durchfahrt Höfen</u>: Man mündet an der Fahrstraße, folgt ihr nach rechts und zweigt gleich **nach 30 m** links auf das Schotterweglein in Ri. **„Über Bibermühle Isar-Wanderweg"** ab.
*– weiter siehe WW auf dem Höhenprofil –*

### Variationen
Schwerer:

*1. Große Waldherralm-Tour über die Lexenhütte und durch das Längental:* Schöne Erweiterung der relativ kleinen Waldherralm-Runde zur größeren Bike-Tour. Auf längerer, nur abschnittsweise etwas steiler Forstweg-Auffahrt geht es von der Waldherralm bis in die Nähe der Lehenbauernalm. Am Ende leitet ein Trail zur Lexenhütte, wo man mit kurzer Schiebepassage zum Forstweg quert. Dieser führt über die Hintere Felleralm und durchs Längental zurück ins Isartal nach Arzbach. Dort weiter nach der normalen Haupttour zurück nach Bad Tölz *(siehe Alt.-WW 2, nur auf den HP!)*.

*2. Erweiterung der Fahrt durchs Isartal über Lenggries zur Bretonenbrücke bei Wegscheid:* In Arzbach kann man die Fahrt entweder auf der Höhenweg-Route *(siehe WW 13-20/Tour 5)* oder auf den Fußgängerwegen nähe Isar *(siehe WW 3-9/Tour 1)* nach Lenggries und zur Bretonenbrücke bei Wegscheid erweitern.

*3. Erweiterungsschleife von der Bretonenbrücke über Sylvenstein, Schronbach- und Röhrmoostal sowie Leger:* Zusätzliche Erweiterung bei Fahrt nach Variante 2, von der Bretonenbrücke aus weiter isaraufwärts *(WW siehe Tour 19)*.

Auch probieren:

*4. Kürzere Tour von Lehen über Höfen und Bibermühle zum Isartal-Radweg:* Ebenfalls nette Fahrt für eine insgesamt etwas kürzere Bike-Tour *(siehe Alt.-WW 1)*.

---

**3** **Tölzer Waldherralm-Tour**     **14,9** km · **1:02** Std · **173** Hm

# 4 Tölzer Kirchsee-Tour 1

**23,3** km · **1:28** Std · **240** Hm

## Sehr leichte Tour!

Genußvolle Bike-Runde von Tölz durch das Ellbachmoor und den Grötzerholz-Wald und über das bekannte Wirtshaus des Kloster Reutberg zum schönsten Badesee dieser Region.

**V**om Freibad Eichmühle begleitet man kurz den idyllischen Ellbach, dann die Bahnlinie bis Obermühlberg und fährt quer durchs Ellbach-Moor nach Ellbach. Auf schöner Route mit vielen stillen und idyllischen Waldweglein geht es durch das Grötzerholz in Richtung Sachsenkam. Beim Neuweiher, kurz vor dem Kloster Reutberg, kann man einen sehr lohnenden Abstecher durch die Kirchsee-Filzen zum reizvollen abgelegenen und einsamen Südufer des Badesees fahren. **N**ach Rast auf der beste Ausblicke gewährenden Terrasse des Kloster-Wirtshauses führt ein schmales Asphaltsträßchen zum Kirchsee weiter. Es endet bei den Parkplätzen der oft stark frequentierten Hauptbadeplätze. Ein Schotterweg leitet nun auf herrlicher Fahrt an den Ausläufern des Zeller Waldes, später direkt am Kirchseeufer und am größeren Wampenmoos entlang zum Koglweiher. Fast autofreie Sträßchen führen über Abrain und Kirchbichl wieder nach Ellbach. Dort nimmt man den schönen Radweg nach Tölz und fährt zum Abschluß den kleinen Super-Trail über die Röckl-Kapelle zum Freibad.

| km | Ort | Höhe | Zeit |
|---|---|---|---|
| 0,0 | **Bad Tölz** *Städtisches Freibad Eichmühle* | 685 | |
| 0,7 | Bahnweg | 694 | |
| 1,7 | nähe Obermühlberg | 701 | |
| 2,3 | Ellbach-Moor | 685 | |
| 3,0 | Ellbach | 700 | 0:12 |
| 5,1 | Grötzerholz *(Wegabzweig)* | 705 | |
| 5,6 | Grötzerholz *(Lichtung)* | 714 | |
| 7,6 | nähe Sachsenkam *(Ende Grötzerholz)* | 716 | 0:31 |
| 9,4 | am Neuweiher *(von hier ein lohnender, schöner Abstecher durch die Filzen zu den ruhigeren Badeplätzen des Kirchsee-Südufers möglich)* | 711 | 0:37 |
| 10,1 | Ghf Kloster Reutberg | 718 | 0:40 |
| 12,0 | Kirchsee *(bei Hauptbadeplätzen/P)* | 699 | 0:47 |
| 12,6 | Kirchsee *(Forstweg in Zeller Wald, weiter am Seeufer entlang)* | 700 | 0:50 |
| 15,1 | nähe Kogl | 705 | |
| 15,5 | Koglweiher | 700 | |
| 16,3 | Abrain | 712 | |
| 16,9 | Straßenkreuzung | 713 | |
| 17,5 | Kirchbichl | 718 | 1:09 |
| 18,3 | nähe Reut | **727** | |
| 20,4 | Ellbach | 702 | 1:18 |
| 21,0 | Abzweig auf Tölzer Radweg | 708 | |
| 21,9 | Abzweig Trail | 695 | 1:22 |
| 22,2 | Röckl-Kapelle | 711 | |
| 22,3 | Fahrstraße | 707 | |
| 23,0 | Ellbachbrücke | **682** | |
| 23,3 | Freibad Eichmühle | 685 | 1:28 |

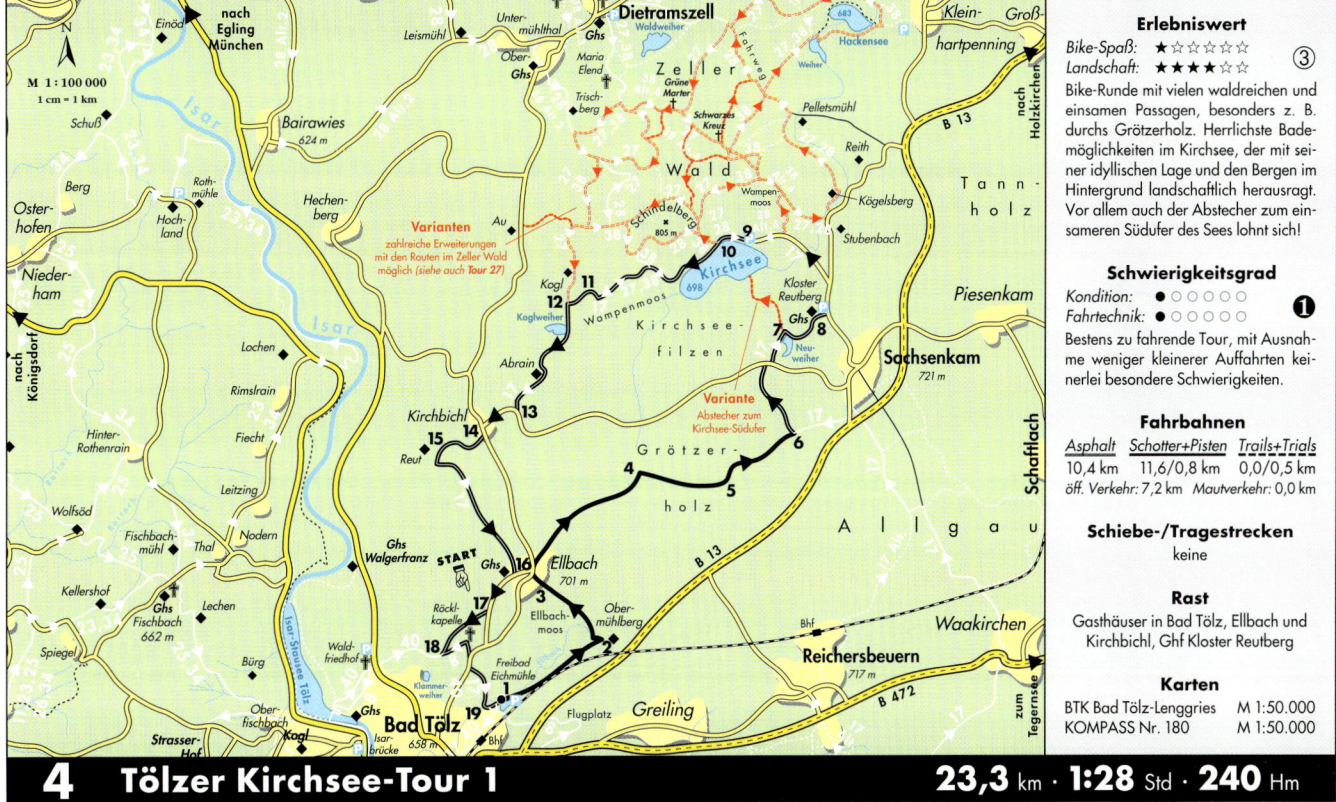

# 4 Tölzer Kirchsee-Tour 1

**23,3** km · **1:28** Std · **240** Hm

## Wegweiser

**1** *km 0/685 m* Vom Freibad-Eingang der Straße zum Großparkplatz und an diesem vorbei folgen *(nach 340 m als „Eichmühlstraße" beschildert, später am Bahngleis entlang, ab km 1,1 ein Schotterweg).*

**2** *km 1,7/701 m* Man mündet *(nähe Obermühlberg)* am Asphaltweg und fährt links bergab in Ri. *„Übers Ellbacher Moor, Bad Tölz, ..."* *(bald an Fischteichen vorbei, später quert man das Ellbach-Moor).*

**3** *km 2,8/685 m* Ortsdurchfahrt Ellbach: Der *„Bachstraße"* bergauf in den Ort folgen. *Nach 120 m* rechts zur Hauptstraße hin abzweigen und *nach 30 m* dieser rechts in Ri. *„RS Sachsenkam, Dietramszell"* folgen *(„Tölzer Straße")*. *Nach 130 m* rechts Ri. *„Kloster Reutberg"* abzweigen *(„Reutbergstraße")*. *Nach 180 m* an der Kreuzung leicht links/geradeaus *in o. g. Ri.* ortsauswärts *(nach 200 m am Verzweigung geradeaus, bei km 4,7 am Wegedreieck auf Hauptweg durch leichte Linkskehre kurz bergauf bleiben, rechts Weg mit Schrankenhinweis).*

**4** *km 5,1/705 m* Am Wegedreieck *(mit Bauminsel, am Wiesengelände, Mini-Schildchen „K 13" am Baum)* rechts auf den Weg abzweigen. *Nach 220 m* und *nach 280 m* an den Verzweigungen jeweils auf rechten Wegzweigen halten, dann stets dem Hauptweg durch den Grötzerholz-Wald folgen.

**5** *km 6,4/718 m* Dem Hauptweg weiter durch eine Linkskehre folgen *(rechts zwei verwachsene Wegabzweige)*. *Nach 270 m* am Wegedreieck rechts.

**6** *km 7,7/716 m* Durchfahrt nähe Sachsenkam: Nach dem Wald links auf den Schotterweg abzweigen *(bei Asphaltbeginn, nicht mit einem ca. 100 m zuvor kurz nach dem Waldrand links abzweigenden Weg verwechseln!)*. *Bei km 8,8* mündet man an der Fahrstraße, folgt ihr rechts Ri. *„Fußweg zum Kirchsee"* und zweigt *nach 100 m* wieder links auf den Schotterweg *in o. g. Ri.* ab.

**7** *km 9,4/711 m* Am Wegedreieck rechts fahren *(→ alternativ für einen sehr lohnenden Abstecher zu den schönen, ruhigen Badeplätzen des Kirchsee-Südufers hier links hoch auf den Weg mit den Betonplatten-Fahrspuren, nach 70 m rechts bergab auf den Schotterweg abzweigen und 1,0 km bis zum Seeufer fahren)*.

**8** *km 9,9/708 m* Durchfahrt Kloster Reutberg: An der Wegverzweigung *(unterhalb des Klosters)* links leicht bergauf zum Kloster. *Nach 250 m* über den kleinen Parkplatz *(unterhalb des Kloster-Biergartens vorbei, zur Rast links kurz hoch zum Whs)* und auf einem Asphaltweg hinab zur Fahrstraße. *Nach 120 m* mündet man an der Fahrstraße und folgt ihr links in Ri. *„Dietramszell, ..., RS Kirchsee"*. *Nach 370 m* links auf das Asphaltsträßchen in Ri. *„Kirchsee"* abzweigen *(„Kirchseestraße")*.

## Anfahrt

**Auto:** Von München nach Grünwald und dort geradeaus stets auf der Staatsstraße 2072 weiter in Ri. *„Bad Tölz"* über Straßlach, Deining und Egling bis nach Bad Tölz *(45 km, 0:50 Std)*.

**Bahn:** Von München/Starnberger Bhf. nach Bad Tölz, mit dem Bike vom Bahnhof zum nahen Freibad Eichmühle.

## Fahrt zum Startplatz

Den Ort Bad Tölz stets auf der Hauptstraße in Richtung B 13/B 472 durchqueren und im Verlauf links Ri. *„Bahnhof, Schwimmbad"* abzweigen. Nach ca. 400 m am Bahnhof vorbei, *nach weiteren 800 m auf den Parkplatz am „Städt. Freibad Eichmühle" parken.*

*Die Tour beginnt direkt vor dem Eingang des „Städt. Freibad Eichmühle".*

## Alternative Startorte

Sachsenkam oder Kloster Reutberg, Kirchsee, Ellbach

9. **km 12,0/699 m** 1. Durchfahrt am Kirchsee: Am Asphaltende geradeaus weiter auf Schotterweg *(kurz nach letztem P, hier und ca. 80 m zuvor links zwei Fußwegabzweige zum nahen Kirchseeufer, nach ca. 500 m vor WW 10 weitere, ruhigere Badeplätze).*

10. **km 12,6/700 m** 2. Durchfahrt am Kirchsee: Links auf den Schotterweg abzweigen *(am Seeufer entlang, Hauptweg führt bergauf Ri. "Dietramszell" in den Zeller Wald).* **Bei km 13,6** dem Hauptweg durch eine Linkskehre übers Bächlein und stets weiter folgen *(rechts ein Graswegabzweig).*

11. **km 14,8**/711 m Auf einem jetzt asphaltierten Weg links leicht bergab halten *(am Holzstadel).*

12. **km 15,1**/705 m Man mündet an ein Asphaltsträßchen und folgt ihm nach links Ri. **"RS Koglweiher, Ellbach, Bad Tölz"** *(bald am Koglweiher vorbei, später den Weiler Abrain durchqueren).*

13. **km 16,9**/713 m An einer Asphaltstraßenkreuzung rechts fahren *(auf die "Nik.-Rank-Straße").*

14. **km 17,5**/718 m Durchfahrt Kirchbichl: Man mündet im Ort an der Fahrstraße *(am "Gasthaus Jägerwirt")* und fährt links in Ri. **"RS Ellbach, Bad Tölz"**. **Nach 130 m** *(kurz vor dem Ortsendeschild)* rechts auf den Asphaltweg in Ri. **"Fußweg Bad Tölz, Gut Reut"** abzweigen.

15. **km 18,3**/727 m Am Asphaltende *(kurz vor Reut)* links auf Schotterweg Ri. **"Bad Tölz, Ellbach, Gaststätte Schützenhaus"** abzweigen. **Nach 180 m** der Linkskehre folgen *(später Asphalt, bei km 19,7 geradeaus Ri. "Ellbach, Gaststätte Schützenhaus" bleiben).*

16. **km 20,4**/702 m Durchfahrt Ellbach: Man mündet an einer Querstraße und fährt rechts *(nach 120 m an der "Gaststätte Schützenhaus" vorbei, nach 80 m an der Asphaltverzweigung links halten).*

17. **km 21,0**/708 m Rechts auf den Schotterweg Ri. **"RS Bad Tölz, Lenggries"** abzweigen *(Radwegroute,* → *alternativ für Asphaltroute geradeaus bleiben, nach 480 m mündet man an der Fahrstraße, folgt ihr nach rechts, zweigt nach 410 m links auf Asphaltweg Ri. "Freibad Eichmühle, Bahnhof" ab, weiter WW 18).*

18. **km 21,9**/695 m Vom Radweg links hoch auf Pfad Ri. **"Röckl-Kapelle, Freibad Eichmühle, Bahnhof"** abzweigen. **Nach 320 m** *(an Röckl-Kapelle)* der Rechtskehre folgen. **Nach 160 m** mündet man an der Fahrstraße, fährt rechts und zweigt **nach 150 m** links auf Asphaltweg Ri. **"Freibad Eichmühle, Bahnhof"** ab *(bald bergab, später Schotter).*

19. **km 23,1**/682 m Durchfahrt Tölz/Eichmühle: Nach der Abfahrt über die Ellbachbrücke, gleich links auf den Schotterweg abzweigen, hinauf zur Asphaltstraße und links zum Freibad **(km 23,3)**.

---

### Variationen

Schwerer:

*1. Etwas größere Kirchsee-Route über Gaißbach, Attenloher Filzen und durchs Gaißachtal sowie über Reichersbeuern, Waakirchen, Sachsenkam zum Kirchsee:* Ähnliche, etwas weitläufigere Tour mit Fahrt auf der o. g. Route über Waakirchen zum Kirchsee *(WW siehe Tour 17).*

*2. Kombination der Kirchsee-Tour mit den Touren im Zeller Wald und beim Hackensee:* Es gibt beste und vielfältigste Kombinationsmöglichkeiten vom Kirchsee aus mit den zahlreichen Forstwegen und Trails der Touren im Zeller Wald und rund um den Hackensee *(siehe auch Touren 27 und 38 sowie die entsprechenden Touren in BIKE GUIDE 8).*

*3. Erweiterung der Tölzer Kirchsee-Tour bis nach München:* Durch Kombination der Tölzer Kirchsee-Tour mit der großen Münchner Kirchsee-Tour kann man diese Fahrt zu einem echten Bike-Marathon durch das Alpenvorland bis nach München ausdehnen *(WW siehe Tour 38).*

Auch probieren:

*4. Lohnender Abstecher zu den etwas ruhigeren Badeplätzen des Kirchsee-Südufers:* Kurz vom Kloster Reutberg kann man von der Hauptour den kleinen Abstecher zu den schöneren, ruhigeren, abgelegeneren Badeplätzen des nur zu Fuß oder per Bike auf idyllischem Weglein erreichbaren Kirchsee-Südufers fahren *(siehe auch Hinweis bei WW 7).*

---

**4** Tölzer Kirchsee-Tour 1 — **23,3** km · **1:28** Std · **240** Hm

# 5 Tölzer Waldherralm-Isartal-Tour

**28,8** km · **1:55** Std · **276** Hm

## Sehr leichte Tour!

Fahrt über den hoch über Tölz thronenden Kogl zur Waldherralm, nach Arzbach und dann auf der Höhenweg-Route isaraufwärts zur Bretonenbrücke, mit Rückfahrt auf dem Isartal-Radweg.

**V**on der Isarbrücke durchquert man das Tölzer Kurviertel hinauf zu dem auf einem reizvollen Hügel hoch überm Ort stehenden Café Kogl. Am tollen Fußweg über den Kogl steht ein Bike-Verbotsschild. Deshalb geht es kurz vor dem Café links auf einem Wiesen-Trail und Pfad zur Brücke über die B 472, dann wie bei Tour 3 zum Sonnershof und in schöner Bike-Fahrt auf diversen Pisten über die Wackersberger Hochebene zur Raststation Waldherralm. Nach gemächlicher Querung auf Sträßchen und gutem Wiesen-Trail bis Arzbach steuert man dort auf den landschaftlich reizvollen Höhenweg, der durch eine Vielzahl von Weilern und Bauernhöfen südwärts über Wegscheid zur Bretonenbrücke führt. **D**ie Brücke ist der Umkehrpunkt dieser Isartal-Schleife, auf Wunsch kann die Fahrt in Richtung Sylvensteinsee und über Schronbach- und Röhrmoostal wieder zur Bretonenbrücke erweitert werden. Stets auf dem geschotterten Isartal-Radweg rollt man nun flott über Lenggries wieder flußabwärts. Bei Obergrieß überquert man den schmalen Isarsteg und fährt weiter auf dem jenseitigen Isartal-Radweg teils näher am Fluß, teils durch die idyllischen Auen zurück nach Bad Tölz.

| km | Ort | Höhe | Zeit |
|---|---|---|---|
| 0,0 | **Bad Tölz** | 644 | |
| | *Isarbrücke* | | |
| 0,3 | Max-Höfler-Platz | 653 | |
| | *(im Kurviertel)* | | |
| 1,1 | nähe Café Kogl | 695 | |
| | *(Abzweig auf Wiesen-Trail)* | | |
| 1,4 | Brücke über B 472 | 699 | |
| 2,4 | Sonnershof | 721 | 0:13 |
| 2,9 | nähe Dachshöhle | 708 | |
| 3,5 | nähe Hub | 718 | |
| 3,9 | Bach | 706 | |
| 4,7 | Pfadabzweig | 706 | 0:24 |
| | zur Waldherralm | | |
| | *(nähe Pestkapelle)* | | |
| 5,6 | Waldherralm | **755** | 0:30 |
| 5,8 | Parkplatz | 740 | |
| 6,1 | Lehen | 723 | 0:32 |
| 6,8 | Schnait | 710 | |
| 8,0 | Lain | 685 | |
| 8,6 | Arzbach | 676 | 0:43 |
| | *(nähe Alpenbad)* | | |
| 8,8 | Ghs Zur Schweiz | 681 | |
| 9,1 | Höhenweg | 678 | |
| | *(Seiboldhöfe)* | | |
| 9,5 | Ertlhöfe | 669 | |
| 9,9 | nähe Bairahof | 676 | |
| 11,4 | Kaserne | 693 | |
| 11,9 | bei Lenggries | 694 | 0:56 |
| 12,5 | Abzweig | 696 | |
| | Höhenweg West | | |
| 13,2 | Untermurbach | 691 | |
| 14,2 | Wegscheid | 687 | |
| | *(Querung zum Isaruferweg)* | | |
| 15,3 | Wegscheid | 688 | |
| 15,6 | an Bretonenbrücke | 684 | 1:11 |
| | *(Fuß-/Radwegedreieck)* | | |
| 15,8 | Bretonenbrücke | 690 | |
| 15,9 | Isartal-Radweg | 683 | |
| | *(flußabwärts)* | | |
| 18,9 | bei Lenggries | 674 | 1:23 |
| 22,3 | Isarsteg | 665 | 1:34 |
| | *(bei Obergrieß)* | | |
| 22,4 | Isartal-Radweg | 666 | |
| | *(am Isarsteg nähe Arzbach)* | | |
| 24,9 | Isartal-Radweg | 656 | |
| | *(Abzweig Bibermühle)* | | |
| 28,6 | Isartal-Radweg | **642** | |
| 28,8 | Bad Tölz | 644 | 1:55 |
| | *(Isarbrücke)* | | |

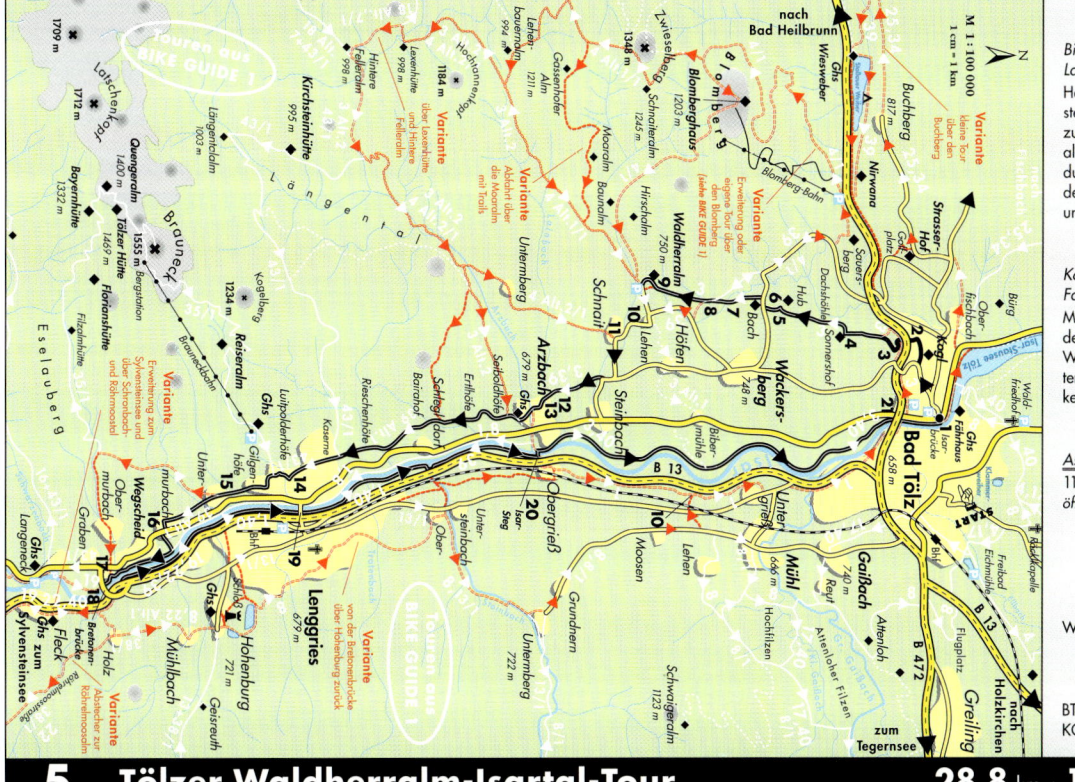

## Erlebniswert

*Bike-Spaß:* ★★★☆☆☆ ③
*Landschaft:* ★★★☆☆☆

Herrliche Bike-Route durch die schönsten Ecken südlich von Bad Tölz und zur beliebten Raststation Waldherralm. Dann eine weite Bike-Schleife durchs Isartal mit vielen Ausblicken von der Höhenweg-Route über das Flußtal und zu den umliegenden Bergkulissen.

## Schwierigkeitsgrad

*Kondition:* ● ○○○○○ ①
*Fahrtechnik:* ● ○○○○○

Mit Ausnahme einiger Auffahrten und der kurzen Schiebepassage bis zur Waldherralm sowie kleineren Auffahrten im Verlauf der Höhenweg-Route keinerlei besondere Schwierigkeiten.

## Fahrbahnen

| *Asphalt* | *Schotter+Pisten* | *Trails+Trials* |
|---|---|---|
| 11,1 km | 8,7/3,0 km | 5,5/0,5 km |

*öff. Verkehr:* 4,4 km  *Mautverkehr:* 0,0 km

## Schiebe-/Tragestrecken

keine

## Rast

Waldherralm, Gasthäuser in Bad Tölz, Arzbach, Lenggries und im Isartal

## Karten

BTK Bad Tölz-Lenggries   M 1:50.000
KOMPASS Nr. 182   M 1:50.000

**5 Tölzer Waldherralm-Isartal-Tour**  **28,8 km · 1:55 Std · 276 Hm**

# 5 Tölzer Waldherralm-Isartal-Tour

**28,8** km · **1:55** Std · **276** Hm

## Wegweiser

**1** **km 0/644 m** <u>Ortsdurchfahrt Bad Tölz</u>: Von der Isarbrücke der Straße Ri. **„Wackersberg"** folgen *(Beschilderung erst nach ca. 30 m, bald bergauf ins Kurviertel)*. **Nach 300 m** rechts Ri. **„Wackersberg"** abzweigen *(in die „Schützenstraße")*. **Nach 510 m** rechts hoch in Sackgasse Ri. **„Café Kogl, Rundweg nach Wackersberg"** abzweigen. **Nach 290 m** Auffahrt links durch die Weidesperre auf den Wiesenpfad abzweigen *(am Schild „Café Kogl", Route am Ghs vorbei über den Kogl mit Bike-Verbot)*.

**2** **km 1,3/704 m** Man mündet *(vom Wiesenpfad)* an einen Schotterpfad und fährt links. **Nach 60 m** die Brücke über die B 472 überqueren und danach dem Asphaltweg links bergauf folgen.

**3** **km 1,6/708 m** Nach der Auffahrt mündet man an einen Asphaltweg und fährt rechts bergauf in Ri. **„Über Sonnershof, Dachshöhlen, über Waldherralm, …"** *(nach 130 m am Asphaltwegedreieck geradeaus in Ri. „Rundweg Wackersberg, Waldherralm" bleiben, wird später zu einem Schotterweg)*.

**4** **km 2,4/721 m** <u>Durchfahrt Sonnershof</u>: An der Wegekreuzung rechts Ri. **„Dachshöhlen, Waldherralm"**. **Nach 100 m** links auf das schmälere Weglein **in o. g. Ri.** abzweigen *(bei km 2,9 geradeaus Ri. „Waldherralm, Zur Pestkapelle" bleiben)*.

**5** **km 3,5/718 m** Man mündet an einen Asphaltweg *(an Holzschrein nähe Hub)* und fährt links Ri. **„Zur Waldherralm über Pestkapelle"**. **Nach 240 m** mündet man an einem Asphaltsträßchen und folgt ihm rechts bergab **in o. g. Ri.**

**6** **km 3,9/706 m** <u>Durchfahrt Bach</u>: Beim „Bach"-Hof links auf Schotterweg **in o. g. Ri.** abzweigen.

**7** **km 4,4/699 m** An der Wegekreuzung geradeaus in Ri. **„Zur Waldherralm"** und **nach 70 m** rechts auf den Pfad *(übers Bächlein)* in Ri. **„Über Waldherralm, Blomberg, Zwiesel"** abzweigen.

**8** **km 4,7/706 m** Man mündet an einen Schotterweg, fährt links und zweigt **nach 30 m** rechts auf den Wiesenpfad Ri. **„Zur Waldherralm"** ab *(→ alternativ für etwas bequemere Fahrt ohne die Waldherralm-Route auf Weg Ri. „Zur Pestkapelle" bleiben, nach 410 m mündet man an ein Asphaltsträßchen, fährt rechts Ri. „Waldherralm", bleibt nach 300 m weiter auf diesem Sträßchen Ri. „nach Lehen", mündet nach 430 m in Lehen an eine Querstraße und fährt links Ri. „Steinbach" weiter nach WW 10)*.

**9** **km 5,4/729 m** <u>Durchfahrt Waldherralm</u>: Am Waldrand/Weidezaun rechts hoch auf die steile Graspfadspur abzweigen *(kurze Schiebepassage)*. **Nach 200 m** mündet man am Whs Waldherralm und fährt auf dem Betonweg bergab. **Nach**

## Anfahrt

**Auto:** Von München nach Grünwald und dort geradeaus stets auf der Staatsstraße 2072 weiter in Ri. „Bad Tölz" über Straßlach, Deining und Egling bis nach Bad Tölz *(45 km, 0:50 Std)*.

**Bahn:** Von München/Starnberger Bhf. nach Bad Tölz, mit dem Bike vom Bahnhof durch den Ort zur Isarbrücke.

## Fahrt zum Startplatz

In Bad Tölz an der ersten Ampel rechts Ri. „P₁₁ Kolbergarten" in die „Nockhergasse" abzweigen. Nach 700 m rechts ab über die Isarbrücke Ri. „Schongau, Wolfratshausen" und nach der Brücke *(am „Amortplatz" im Kurviertel)* links Ri. „Fernverkehr" + „P₃ Zentralparkplatz" abzweigen. Nach ca. 150 m rechts auf dem beschilderten „P₃ Zentralparkplatz A" parken *(alternativ geradeaus bleiben und entweder den „P₂ Zentralparkplatz B" oder den „P₁ Arzbacher Straße" benutzen, siehe auch Anfahrt/Tour 3)*.
Mit dem Bike wieder ca. 150 m auf dem Anfahrtsweg zurück zum Startplatz an der Isarbrücke fahren.

*Die Tour beginnt an der Isarbrücke in Bad Tölz, von der Altstadt kommend direkt nach Überquerung der Brücke.*

## Alternative Startorte

P Waldherralm, Arzbach, Wegscheid, Lenggries

**140 m** mündet beim Parkplatz an ein Asphaltsträßchen und folgt ihm links leicht bergab.

10 **km 6,1**/723 m Durchfahrt Lehen: Geradeaus in Ri. **„Steinbach"** durch den Weiler *(links mündet Sträßchen der o. g. Variante, siehe Hinweis WW 8).*

11 **km 6,8**/710 m Durchfahrt Schnait: Am Asphaltdreieck der Linkskehre folgen. **Nach 550 m** mündet man an eine Straße, fährt rechts und zweigt **nach 140 m** rechts auf den Schotterweg Ri. **„Arzbach, Lenggries"** ab *(bald über Bachbrücke).* **Nach 100 m** eine Asphaltstraße queren und geradeaus auf den schmalen Schotterpfad *(durch die Wiesen).*

12 **km 8,0**/685 m Durchfahrt Lain: Am Kapellchen bzw. Schrein geradeaus auf dem Schotterweg weiter, **nach 50 m** den Asphaltweg queren und **nach 110 m** *(in der Rechtskehre bei dem Bauernhof)* geradeaus/links auf den Pfad abzweigen.

13 **km 8,3**/686 m Durchfahrt Arzbach: Am ersten Haus dem Schotterweg folgen. **Nach 90 m** das Asphaltsträßchen queren und geradeaus übers Bauernhofgelände *(am großen Baum vorbei).* **Nach 30 m** mündet man *(durch Öffnung in Hecke)* an eine Asphaltstraße und fährt links *(bei Haus Nr. „9").* **Nach 50 m** in der Linkskehre rechts bergab auf den Asphaltpfad abzweigen. **Nach 120 m** mündet man an ein Asphaltsträßchen und fährt geradeaus über die Brücke Ri. **„Höhenweg Lenggries"** *(→ alternativ für eine Kurztour ohne die Höhenweg-Route über Wegscheid und Bretonenbrücke links auf die Asphaltstraße, nach 180 m an der Arzbachbrücke die Fahrstraße queren und gerdeaus auf den Dammpfad Ri. „Isaruferweg Lenggries, Obergrieß, Bad Tölz", nach 390 m an der kleinen Arzbachbrücke geradeaus bleiben und nach 60 m und einer Linkskehre am Isarsteg geradeaus auf den Schotterweg Ri. „RS Bad Tölz, Wolfratshausen" und auf diesem Radweg stets isarabwärts weiter nach WW 20 zurück nach Tölz).*
**Nach 30 m** *(und Überquerung der Brücke)* geradeaus auf den Asphaltweg **in o. g. Ri.** und **nach 60 m** rechts auf den Wiesenpfad abzweigen *(kurz vor Gebäude, Pfad führt bald bergauf).* **Nach 150 m** an der Kreuzung *(am „Ghs Zur Schweiz")* geradeaus auf dem Schotterweg weiter **in o. g. Ri.** Nun stets der beschilderten Route in Ri. **„Höhenweg"** oder in Ri. **„RS Wegscheid, Leger"** folgen.

14 **km 11,9**/694 m Durchfahrt Luitpolderhöfe und Gilgenhöfe: Am Asphaltdreieck *(ca. 190 m nach dem Schild „Luitpolderhöfe")* rechts fahren, gleich **nach 20 m** links halten, **nach 50 m** auf Schotterweg weiter, **nach 110 m** links abzweigen *(über den Hof der Tennishalle, bald am Ghs „Lahnerstub'n" vorbei, dann weiter auf Asphalt).* **Nach 200 m** mündet man an eine Straße *(führt rechts zur Brauneck-Bahn)* und folgt ihr links Ri. **„RS Wegscheid, Leger".** **Nach 180 m** rechts auf den Asphaltweg Ri.

## Variationen

Schwerer:

*1. Erweiterung der Fahrt von der Bretonenbrücke bei Wegscheid aus weiter isaraufwärts Richtung Sylvenstein und über Schronbach- und Röhrmoostal sowie Leger und Langeneck zurück zur Bretonenbrücke:* Schöne Erweiterung zu einer großen, landschaftlich sehr reizvollen, abwechslungsreichen Bike-Schleife durch das Isartal bis zum Sylvensteinsee *(siehe auch Tour 19).*

*2. Erweiterung der Tour oder der o. g. Variante zur Röhrelmoosalm:* Durch die Fahrt auf dem überwiegend asphaltierten Almsträßchen zur Röhrelmoosalm läßt sich die Tour zu einer deutlich schwereren Bike-Unternehmung ausbauen *(WW siehe Tour 22).* Nach Abfahrt von der Röhrelmoosalm auf Forstwegen mündet man am neuen Radweg an der B 13 und folgt ihm links in Richtung Sylvenstein weiter nach o. g. Variante 1.

*3. Erweiterung der o. g. Varianten (zur Röhrelmoosalm und über Sylvenstein sowie Schronbach- und Röhrmoostal) mit der schönen Überquerung nach Glashütte,* von dort dann über den Achenpaß zum Sylvensteinsee und weiter nach Variante 1 über das Schronbach- und Röhrmoostal sowie Leger zurück zur Bretonenbrücke: Bei o. g. Variante 2 kann man auf der Abfahrt von der Röhrelmoosalm die Route des teilweise neuen Forstweges aufnehmen, der anfangs extrem steil zu einer einsamen Waldsattelüberquerung nach Glashütte

---

**5**  **Tölzer Waldherralm-Isartal-Tour**  **28,8** km · **1:55** Std · **276** Hm

# 5   Tölzer Waldherralm-Isartal-Tour    28,8 km · 1:55 Std · 276 Hm

*„Höhenweg West Wegscheid, Kotalm, Brauneck, RS Wegscheid, Leger"* abzweigen.

**15**   *km 13,2/691 m* <u>Durchfahrt Untermurbach</u>: An der Asphaltkreuzung *(nach kurzer Abfahrt, an dem Sägewerk)* geradeaus wieder bergauf in Ri. *„RS Wegscheid, Leger"* bleiben. **Nach 140 m** an der Asphaltverzweigung links *in o. g. Ri.* halten.

**16**   *km 14,2/687 m* <u>1. Durchfahrt Wegscheid</u>: Am Asphaltdreieck *(nach steiler Abfahrt)* links Ri. *„zum Isaruferweg, RS Wegscheid, Leger"*. **Nach 80 m** mündet man an der Fahrstraße, folgt ihr nach rechts *in o. g. Ri.* und zweigt **nach 80 m** links auf den Asphaltweg in Ri. *„Isaruferweg"* ab. **Nach 110 m** an Verzweigung rechts *(bald Schotterweg)*. **Nach 120 m (km 14,6)** rechts auf den querenden Asphaltweg in Ri. *„Bretonenbrücke, Leger"*.

**17**   *km 15,3/688 m* <u>2. Durchfahrt Wegscheid</u>: In einer Rechtskehre *(in der Neubausiedlung)* links Ri. *„Bretonenbrücke, Fleck, Lenggries, Langeneck, Leger"* abzweigen *(Schotterweg, evt. schon Asphalt)*. **Nach 60 m** über Bachbrücke auf Fußgängerweg.

**18**   *km 15,6/684 m* Am Fuß- u. Radwegedreieck *(unterhalb der Bretonenbrücke)* rechts **30 m** hoch zur Fahrstraße *(in Ri. „Über die Brücke nach Fleck oder Lenggries")* und auf dem Radweg links über die Bretonenbrücke. **Nach 270 m** links bergab

auf den Asphalt-Radweg Ri. *„Lenggries, Bad Tölz"* abzweigen *(bald durch B 13-Unterführung, später ein Schotterweg, diesem Radweg stets isarabwärts folgen)*.

**19**   *km 18,9/674 m* <u>Durchfahrt an der Lenggrieser Isarbrücke</u>: Bei Lenggries weiter geradeaus auf dem Radweg isarabwärts *(Isarbrücke unterqueren)*.

**20**   *km 22,3/665 m* <u>Durchfahrt am Isarsteg nähe Obergrieß/Arzbach</u>: Am Isarsteg rechts hoch auf den asphaltierten Fuß-/Radweg in Ri. *„RS Bad Tölz, Wolfratshausen"* abzweigen und den Steg überqueren. **Nach 90 m** *(am Radwegedreieck nach dem Steg, nähe Arzbach)* rechts auf den Schotterweg *in o. g. Ri.* und <u>diesem Haupt-Radweg nun stets flußabwärts bis Bad Tölz folgen</u>.

**21**   *km 28,1/644 m* <u>Durchfahrt Bad Tölz</u>: Am Ende des Schotter-Radweges geradeaus bleiben *(jetzt weiter auf dem Gehsteig an der Fahrstraße entlang)*. **Nach 510 m** rechts kurz bergab und wieder auf dem Isar-Radweg weiter flußabwärts. **Nach 190 m** *(nach Unterquerung der Isarbrücke)* links bergauf zum Ausgangspunkt an der Isarbrücke in Bad Tölz abzweigen **(km 28,8)**.

führt. Am Beginn des Downhills folgen einige Trials auf wilden Waldpisten, dann geht es auf breiten Forstautobahnen flott hinab nach Glashütte. Abseits der Fahrstraße überwindet man den Achenpaß, bevor man auf der Bundesstraße über Kaiserwacht zum Sylvensteinsee gelangt und dort weiter wie bei Variante 1 durch die idyllischen Almtälchen von Schronbach und Röhrmoos sowie über Leger und Langeneck wieder zurück zur Bretonenbrücke fährt *(siehe Alt.-WW 2 und 3/Tour 22)*.

Leichter:

*4. Kurztour über die Waldherralm bis Arzbach und auf dem Isartal-Radweg zurück nach Bad Tölz:* Für eine kleinere Spritztour mit dem Hauptziel Waldherralm läßt man die Höhenweg-Route zur Bretonenbrücke bei Wegscheid *(und von dort über Lenggries wieder zurück)* aus und steuert in Arzbach direkt den Isartal-Radweg zurück nach Bad Tölz an *(diese Fahrt entspricht der Route von Tour 3)*.

Auch probieren:

*5. Bequemere Route zur Waldherralm ohne den Wiesensteig zum Wirtshaus:* Für eine bequemere Route auf Schotterwegen und Asphaltsträßchen fährt man am besten über die Pestkapelle und Lehen zur Waldherralm. Der beschriebene Wiesen- und Waldpfad der Haupttour erfordert am Ende eine kurze, steile Schiebepassage und ist bei feuchter Witterung nur bedingt zu empfehlen *(siehe auch Hinweis bei WW 8)*.

# 6 Münchner Perlacher Forst-Trails

**23,9** km · **1:38** Std · **67** Hm

| km | Ort | Höhe | Zeit |
|---|---|---|---|
| 0,0 | **München** | 552 | |
| | *Säbener Platz beim* | | |
| | *Giesinger Waldhaus* | | |
| | *(am Perlacher Forst)* | | |
| 0,8 | Pfadabzweig nähe | **548** | |
| | Münchner-Kindl-Weg | | |
| 1,8 | Wald-Trail | 551 | |
| 2,5 | Kreuzung Perlach | 553 | 0:09 |
| | *(auf Tannenzipfel-Weg,* | | |
| | *am Schießplatz)* | | |
| 2,9 | Jägersteig | 553 | |
| 4,1 | Kreuzung Mitter | 559 | 0:15 |
| | *(am Perlacher Muggl)* | | |
| 5,0 | Hartmann-Stern | 563 | 0:19 |
| | *(auf Harthauser-Weg)* | | |
| 5,4 | Wörnbrunner-Weg | 561 | |
| 6,6 | Kreuzung Winkelweg | 557 | |
| 7,0 | Harlachinger-Weg | 556 | |
| 7,4 | Wasserleitung-Weg | 557 | |
| 7,7 | nähe Unterhaching | 558 | 0:30 |
| | *(P bei AB-Unterführung)* | | |
| 7,8 | Brunnen-Trail | 558 | |
| 9,1 | Harthauser-Weg | 562 | |
| 9,8 | nähe Taufkirchen | 566 | 0:25 |
| 10,0 | Stiegel-Trail | 567 | |

## Leichte Tour!

Eine kreuz und quer fast ausschließlich auf den unvermutet schönen Bike-Trails und -Pisten des Perlacher Forstes verlaufende Durchquerung dieses südlichen Münchner Hausforstes.

**V**om Säbener Platz fährt man kurz am Münchner-Kindl-Weg entlang und zweigt dann auf schöne, südwärts durch den Forst führende Trails ab. Auf dem Tannenzipfel-Weg passiert man den Schießplatz zweigt bald auf den rechts beginnenden Jägersteig ab. Zunächst noch Waldweg, mutiert die Piste zum stets reizvoller werdenden Trail, der erst am Hartmann-Stern hinter dem Perlacher Muggl endet. Der Harthauser-Weg führt nach Taufkirchen, dazwischen fährt man zwei tolle Trails auf dem Wörnbrunner Weg und dem Brunnen-Pfad. Bei Taufkirchen folgt mit dem Stiegel-Pfad ein Super-Trail, der am Ende direkt am Bahngleis bis zum Wirtshaus und Biergarten Kugler Alm führt. **Ü**ber das Kiosk Nußbaum-Ranch und durch die Bahnunterführung gelangt man wieder zu der nun in nördliche Richtung führenden Bahnpiste. Ab dem Geiselgasteig-Weg entfernt sich ein idyllisches Weglein vom Gleis und leitet zum Ortsrand von Menterschwaige. Dort geht es auf diversen herrlichen Trails und Pisten Nähe Sanatorium und Harlachinger Krankenhaus über die 16er Wiese und kreuz und quer durch die Trimm-Parcours-Region des Forstes wieder zurück zum Säbener Platz.

| km | Ort | Höhe | Zeit |
|---|---|---|---|
| 11,9 | Bahn-Trail | 580 | 0:48 |
| 12,9 | Deisenhofen | **586** | 0:53 |
| | *(nähe Whs Kugler Alm)* | | |
| 14,1 | Kiosk Nußbaum-Ranch | 578 | 0:58 |
| 14,2 | Bahnweg/-Trail | 576 | |
| 17,1 | Kreuzung Geiselgast. | 566 | |
| | *(Abzweig auf Trail)* | | |
| 17,9 | Kreuzung Harthauser | 563 | |
| 18,3 | Menterschwaige | 559 | 1:13 |
| | *(Trails am Trambahn-Gleis und* | | |
| | *nähe Sanatorium/Harla. Krhs)* | | |
| 19,7 | Kreuzung Sulz | 558 | |
| 16,7 | 16er Wiese | 560 | 1:21 |
| 20,6 | Harlachinger-Weg | 554 | |
| 21,0 | diverse Wald-Trails | 554 | |
| 23,3 | Trimm-Parcours | 551 | |
| 23,9 | Säbener Platz | 552 | 1:38 |

### Alternativ-Tour 6a

Ein etwas kürzerer Perlacher Forst-Trail mit allen Trails rund um die beiden Muggl.

### Alternativ-Tour 6b

Ein etwas kürzerer Perlacher Forst-Trail mit allen Trails rund um die große 16er Wiese.

*– siehe auf Wegweiser-Seiten –*

# 6 Münchner Perlacher Forst-Trails

**23,9** km · **1:38** Std · **67** Hm

## Wegweiser

**1** **km 0**/552 m Gleich am Abzweig in den Forst links auf den Schotter-Fuß-/Radweg abzweigen *(am Wiesengelände und bald nähe Münchner-Kindl-Weg entlang)*. **Nach 830 m** rechts auf Waldpfad abzweigen *(→ alternativ bereits ca 490 m rechts auf Schneisenpfad oder nach 690 m rechts auf Waldpfad abzweigen, dann jeweils dem bald querenden u. g. Schotterweglein nach links folgen)*. **Nach 100 m** dem querenden Schotterweglein nach links folgen. **Nach 250 m** den breiteren Weg *(Geiselgasteig)* queren und weiter auf dem schmalen Weglein bleiben.

**2** **km 1,8**/551 m Den Forstweg queren *(kurz nach Giesinger-Schneisenpfad)* und weiter auf dem nun schmäleren Waldweglein. **Nach 80 m** geradeaus bleiben *(Richt-Waldweglein quert, Piste wird bald zu schmälerem Pfad, bei km 2,3 – kurz vor Mündung an Forstweg – leicht links weiter auf Wald-Trail halten)*.

**3** **km 2,4**/552 m Man mündet an einen Forstweg *(Tannenzipfel)* und fährt links. **Nach 40 m** den „Perlach"-Asphaltweg queren *(an Trafohäuschen und dem eingezäunten Schießplatz)* und geradeaus weiter auf dem **„Tannenzipfel"**-Weg bleiben.

**4** **km 2,8**/553 m Vom breiten Tannenzipfel-Weg rechts auf einen Weg abzweigen *(„Jägersteig", später schäleres Weglein)* und <u>nun stets geradeaus</u>.

**5** **km 4,1**/559 m <u>Durchfahrt am Perlacher Muggl</u>: Am Wiesengelände beim Muggl den Forstweg *(„Mitter")* queren und geradeaus weiter auf dem Graspfad. **Nach 60 m** geradeaus auf dem flachen Pfad bleiben *(→ alternativ auf rechten Pfadzweig bald bergauf für Schleife über die Muggl-Hügel. Bei der Abfahrt vom zweiten Hügel mit der Hütte links bergab auf den Pfad abzweigen, man mündet wieder an der Haupttour, kurz vor dem u. g. „Isar"-Forstweg)*. **Nach 380 m** den Forstweg *(„Isar")* queren und geradeaus <u>weiter auf dem Jägersteig-Trail</u>.

**6** **km 4,9**/563 m Man mündet an einen Schotterweg und fährt rechts. **Nach 40 m** *(am Oberbiberger-Asphaltweg, kleiner Pflasterplatz, am „Hartmann-Stern")* gleich wieder links auf den Schotterweg Ri. **„Taufkirchen"** abzweigen *(Harthauser-Weg)*.

**7** **km 5,4**/561 m Links auf den **„Wörnbrunner"**-Weg abzweigen. <u>Diesem stets geradeaus folgen</u> *(später diverse Forstwege queren, → alternativ für eine Abkürzung geradeaus auf Harthauser-Weg bleiben, nach 420 m mündet links „Brunnen"-Trail/WW 10)*.

**8** **km 7,0**/556 m Man mündet an einer Kreuzung *(kleine Bauminsel, Ende des „Wörnbrunner"-Weges)* und fährt schräg rechts auf den Harlachinger-Weg *(**nicht** ganz rechts auf den Utzschneider-Weg!)*. **Nach 340 m** mündet man *(nähe AB)* an einen Querweg und fährt rechts *(Wasserleitung-Weg)*.

## Anfahrt

**Auto:** In München zum Säbener Platz in München-Neuharlaching *(direkt am Perlacher Forst gelegen, nähe Forstdienststelle Giesinger Waldhaus)*.

## Fahrt zum Startplatz

An der großen Kreuzung am Stadion Grünwalder Straße in München-Giesing in Ri. „Bad Tölz, Grünwald" auf die „Grünwalder Straße" fahren. Nach ca. 250 m an der ersten Ampel am Wettersteinplatz links in die Seitenstraße abzweigen, bald der Rechtskehre folgen und dann stets der „Säbener Straße" bis zum Säbener Platz bei den Tennisplätzen direkt am Perlacher Forst folgen *(bei Forstdienststelle Giesinger Waldhaus)*.

Für eine Anfahrt mit dem Bike bis zum Säbener Platz siehe WW 1/Tour 12.

*Die Tour beginnt am Abzweig des vom Säbener Platz in Ri. „RS Deisenhofen, Perlacher Forst" in den Forst führenden Oberbiberger Asphaltweges.*

## Alternative Startorte

Stadion an der Grünwalder Straße *(von dort mit dem Bike und der Radweg zum Säbener Platz, siehe z. B. WW 1/Tour 12)*, Unterhaching, Taufkirchen, Oberhaching-Deisenhofen *(z. B. beim Whs Kugler Alm)*, Menterschwaige

**9  km *7,7*/558 m** <u>Durchfahrt nähe Unterhaching</u>: An der Kreuzung *(am Parkplatz an der AB-Unterführung nähe Unterhaching)* rechts auf den *"Winkelweg"* abzweigen. **Nach 60 m** links auf den *"Brunnen"*-Pfad abzweigen *(nun stets diesem Trail folgen, dabei diverse Wald- und Forstwege queren)*.

**10  km *9,1*/562 m** Man mündet am *"Harthauser"*-Forstweg und folgt ihm nach links.

**11  km *9,8*/566 m** <u>Durchfahrt nähe Taufkirchen</u>: Dem Forstweg durch leichte Rechtskehre folgen *(geradeaus führt Harthauser als Grasswegspur weiter)*. **Nach 160 m** *(etwa auf Höhe der links ca. 20 m entfernten Kreuzung, kurz vor weiterer Wegekreuzung bei Taufkirchen)* rechts auf den unscheinbaren, schmalen, durchs Grasdickicht führenden Pfad abzweigen *(Stiegel)*. **Nach 340 m** den *"Weiher"*-Forstweg queren und geradeaus weiter auf dem Pfad.

**12  km *10,7*/571 m** Man mündet an einer Wegekreuzung *("Grenz"-Forstweg quert)* und fährt geradeaus gleich wieder weiter auf Pfad *("Stiegel")*.

**13  km *11,6*/576 m** Man mündet an Querpfad und folgt ihm nach links *(nähe Bahnlinie und parallel dazu verlaufendem Weglein,* → *alternativ ohne Fahrt über Kugler Alm rechts, nach 170 m am kleinen Pflasterplatz auf Weg weiter, nach 190 m Oberbiberger-Asphaltweg queren und geradeaus auf den Weg am Bahndamm entlang weiter nach WW 16)*. **Nach 250 m** *(kurz nach einer Linkskehre)* mündet man an eine Schotterwegkehre und fährt rechts. **Nach 30 m** mündet man beim Bahngleis an einen Querweg und fährt links *(bald ein Pfad, immer parallel zum Gleis)*.

**14  km *12,5*/584 m** <u>Durchfahrt Deisenhofen/Kugler Alm</u>: Man mündet am Asphaltweg und folgt ihm nach rechts *(links Einfahrt/Gebäude der "Stadtwerke München")*. **Nach 60 m** *(nähe Fahrstraße und Parkplatz)* rechts auf den Asphalt-Fuß-/Radweg abzweigen *(durch Unterführung)*. **Nach 130 m** und Auffahrt aus der Unterführung geradeaus auf Radweg bleiben *(→ **alternativ** für einen Rastabstecher rechts ab ca. 50 m zum Whs/Biergarten Kugler Alm)*. **Nach 170 m** am Radwegedreieck *(bei dem Marterl/Brunnen)* rechts in Ri. *"**Giesinger Waldhaus**"* abzweigen *(über die Fahrstraßenbrücke und dann auf dem Schotterweg weiter)*.

**15  km *13,6*/578 m** Den Asphaltweg queren und geradeaus weiter auf dem Waldpfad. **Nach 150 m** mündet man am Asphaltweg und fährt rechts *(am Abzweig "Taufkirchner"-Weg nach Wörnbrunn)*.

**16  km *14,0*/578 m** <u>Durchfahrt an Kiosk</u>: Am Kiosk vorbei auf dem Asphaltweg bergab *(bald durch die Bahnunterführung)*. **Nach 170 m** *(nach Auffahrt aus der Unterführung)* links auf den direkt am Bahndamm entlangführenden Weg abzweigen.

---

### Variationen

Auch probieren:

***1. Perlacher Muggl-Trail:*** Ein nur geringfügig kürzerer Trail im Perlacher Forst, der als *"Höhepunkt"* über die beiden kleinen, aber im flachen Forst dennoch markanten Hügel des Perlacher Muggl führt. Er enthält neben etlichen schönen, auch in der Haupttour enthaltenen Trails noch einige weitere kleine Pfade und Weglein *(siehe WW Tour 6a)*.

***2. 16er Wiese-Trail:*** Der kürzeste der drei Perlacher Forst-Trails führt nur bis in die Gegend einer großen Freiwiese, die nach ihrer räumlichen Lage in jenem Planquadrat des Perlacher Forsts 16er Wiese heißt. Dieser Trail enthält sämtliche interessante und schön zu fahrenden Bike-Pfade und -Weglein rund um die große Wiese sowie jene ebenfalls sehr interessanten Pisten, die im Randbereich des Forstes entlang des Münchner Ortsteils Menterschwaige und in der Nähe des Harlachinger Krankenhauses sowie des Sanatoriums Menterschwaige liegen *(siehe WW Tour 6b)*.

*Die drei beschriebenen Perlacher Forst-Trails enthalten praktisch all jene fürs Biken besonders interessanten kleinen Weglein und Pfade des Perlacher Forstes. Am besten fährt man diese drei Touren einmal (etwas mühsam!) nach dem Wegweiser durch und fügt sich dann die bevorzugten Pisten zum "persönlichen" Lieblings-Trail zusammen.*

---

## 6 Münchner Perlacher Forst-Trails   23,9 km · 1:38 Std · 67 Hm

# 6 Münchner Perlacher Forst-Trails

**23,9** km · **1:38** Std · **67** Hm

**17** **km 17,1**/566 m Direkt vor Mündung am Geiselgasteig-Schotterweg (vor kurzer Abfahrt, nähe Bahnunterführung) rechts auf den Pfad abzweigen. **Nach 40 m** den o. g. Schotterweg queren und gegenüber weiter auf dem grasigen Weglein.

**18** **km 17,8**/563 m Man mündet an einen breiten Forstweg (Harthauser-Weg), fährt geradeaus und zweigt **nach 30 m** rechts auf den Pfad ab.

**19** **km 18,2**/559 m Durchfahrt bei Menterschwaige: Man mündet an Querpfad (am Tram-Gleis nähe „Geiselgasteigstraße"), fährt rechts und zweigt **nach 40 m** wieder rechts auf den Waldpfad ab. **Nach 250 m** mündet man am Asphaltsträßchen (am Zaun nähe Sanatorium), fährt links und zweigt gleich **nach 5 m** wieder rechts auf den Pfad ab.

**20** **km 18,8**/560 m Der Pfad mündet an einem schmalen Weglein, diesem nach rechts folgen (links nach wenigen Metern eine Wegverzweigung). **Nach 190 m** (ca. 70 m vor dem Sanatorium) links auf das Waldweglein abzweigen.

**21** **km 19,6**/559 m Durchfahrt an der 16er-Wiese: Man mündet am Sulz-Forstweg, fährt links und zweigt gleich **nach 10 m** wieder rechts auf den Waldpfad ab. **Nach 60 m** an der Verzweigung dem linken Pfad folgen. **Nach 200 m** mündet man an der 16er-Wiese an ein Schotterweglein

und fährt links. **Nach 150 m** einen Forstweg queren (Winkelweg, bei dem Infotafel-Rondell) und geradeaus weiter auf einem Waldpfad.

**22** **km 20,5**/554 m Man mündet am Schneisenpfad (Harlachinger), fährt rechts, quert **nach 30 m** den Oberbiberger-Asphaltweg und fährt geradeaus weiter auf der schmalen Harlachinger Piste.

**23** **km 21,0**/554 m Von der Harlachinger Piste links auf den Waldweg abzweigen. Dieser Route stets in eingeschlagener Richtung folgen (im Verlauf diverse Trimm-Parcoure und Wald-/Forstwege queren, am Ende ein abschnittsweise sehr wurzliger Wald-Trail).

**24** **km 22,3**/548 m An der Pfad-/Schotterweglein-Kreuzung links auf dem schmalen Schotterweglein weiter (geradeaus mündet Pfad von der Münchner-Kindl-Straße, Route vom ersten Teil der Tour).

**25** **km 22,9**/550 m Man mündet am Geiselgasteig-Forstweg, fährt rechts und bleibt **nach 10 m** an der Wegekreuzung geradeaus (→ alternativ rechts auf den Forstweg 590 m zum Ausgangspunkt). **Nach 380 m** rechts auf den querenden Trimm-Parcours abzweigen. **Nach 380 m** (kurz vor dem Oberbiberger-Asphaltweg) rechts auf den Pfad abzweigen. **Nach ca. 120 m** mündet man beim Brunnen und fährt geradeaus die letzten Meter zum Ausgangspunkt Säbener Platz (**km 23,9**).

## Alternativ-Tour 6a

Ein etwas kürzerer Perlacher Forst-Trail mit allen Trails rund um die beiden Muggl:

| | | | |
|---|---|---|---|
| 0,0 | **München** | 552 | |
| | Säbener Platz | | |
| | beim Giesinger Waldhaus | | |
| | (am Perlacher Forst) | | |
| 0,2 | Parcours-Weg | 552 | |
| 1,1 | Trimmplatz | 552 | |
| 1,2 | Hügel/Treppen | 554 | |
| 1,3 | Tannenzipfel-Weg | 552 | |
| 1,4 | Abzweig auf | 552 | |
| | Richt-Trail | | |
| 2,3 | Querung Winkelweg | 555 | |
| 2,9 | Mitter-Weg | 559 | |
| 3,0 | Querung Perlach | 559 | |
| 3,2 | Perlacher Muggl | 559 | 0:14 |
| | (Überquerung der Muggl) | | |
| 3,6 | Muggl/Hütte | **586** | |
| 4,4 | Mitter-Weg | 559 | |
| 4,5 | Abzweig Wald-Trail | 559 | |
| 5,4 | Querung Harlachinger | 554 | |
| 5,9 | Tannenzipfel-Weg | 553 | |
| 6,2 | Perlach-Asphaltweg | 553 | 0:29 |
| | (am Schießplatz) | | |
| 6,7 | Abzweig Gras-Trail | 555 | |
| 7,1 | Querung Trail | 555 | |
| | (eben gefahrene Route) | | |
| 7,2 | Querung Jägersteig | 555 | |
| 7,6 | Querung Wörnbrunner | 556 | |
| 7,7 | Utzschneider-Weg | 556 | 0:35 |
| 8,0 | Kreuzung Winkelweg | 557 | |

## Wegweiser Tour 6a
*Für <u>Perlacher Muggl-Trail</u> (18,9 km/1:20 Std/86 Hm):*

**1** **km 0**/552 m  Auf den Asphaltweg in Perlacher Forst und **nach ca. 10 m** auf den linksseitigen Schotterweg wechseln *(parallel zu Asphaltweg, an Brunnen vorbei)*. **Nach 140 m** links ab aufs Waldweglein. **Nach 40 m** an Verzweigung <u>nun stets geradeaus</u> *(später diverse Wald-/Forstwege queren)*.

**2** **km 1,1**/552 m  An der Holzstange *(Trimmplatz)* dem Pfad durch Linkskehre folgen. **Nach 140 m** *(und Überquerung des Trimm-Parcours-Hügels)* mündet man am Tannenzipfel-Weg und fährt links. **Nach 170 m** links aufs Richt-Weglein abzweigen.

**3** **km 2,3**/555 m  Winkelweg queren und **nach 40 m** links auf Waldpfad abzweigen *(bei km 2,7 an Waldwege-/Pfadkreuzung <u>leicht rechts weiter auf Pfad</u>)*.

**4** **km 2,9**/559 m  Man mündet an Mitter-Weg und fährt links *(nach 140 m den Perlach-Asphaltweg queren)*.

**5** **km 3,3**/559 m  <u>Durchfahrt am Perlacher Muggl</u>: Am Wegedreieck am Muggl rechts und **nach 40 m** links hoch auf das Weglein zum ersten Muggl abzweigen. **Nach 100 m** Auffahrt *(am Pistendreieck auf dem ersten Muggl)* rechts bergab. **Nach 110 m** *(in der Senke)* geradeaus bergauf bis zur Hütte auf dem zweiten Muggl. <u>Dort umdrehen</u> und zum Forstweg abfahren *(Pfad-Rechtskehre folgen)*. Man mündet am Forstweg **(km 3,8)**, fährt rechts und zweigt **nach ca. 150 m** wieder rechts hoch auf den Trail zum Muggl ab. Nach 120 m Auffahrt in der Senke *(zwischen Muggln, Route von eben)* links hoch wieder zum ersten Muggl abzweigen. **Nach 110 m** *(Pistendreieck auf erstem Muggl)* nun rechts bergab. **Nach 110 m** Abfahrt der Pfad-Linkskehre folgen. **Nach 80 m** mündet man am *„Mitter"*-Forstweg, folgt ihm nach links und zweigt **nach 180 m (km 4,5** kurz vor dem Wegedreieck/WW 5**)** rechts auf ein Waldweglein ab *(später ein Pfad)*.

**6** **km 5,4**/554 m  Den zweiten Forstweg queren *(Harlachinger)* und weiter auf dem Pfad. **Nach 120 m** am Zaun entlang *(Schießplatz)*. **Nach 80 m** an der Zaunecke links, **nach 110 m** dem Pfad vom Zaun weg folgen. **Nach 160 m** mündet man am Tannenzipfel-Forstweg und folgt ihm nach links.

**7** **km 6,2**/553 m  Links auf *„Perlach"*-Asphaltweg *(an Trafohäuschen/eingezäuntem Schießplatz)*. **Nach 570 m** links auf schmalen Graspfad abzweigen. <u>Diesem stets geradeaus folgen</u> *(bei km 7,1 den Trail vom Muggl her, bei km 7,2 den Jägersteig-Trail queren)*.

**8** **km 7,6**/556 m  Man mündet am Wörnbrunner-Weg *(an Schneise)*, quert ihn und fährt geradeaus auf dem Trampelpfad weiter. **Nach 50 m** mündet man am Utzschneider-Forstweg und fährt rechts.

| km | | m | |
|---|---|---|---|
| 8,2 | nähe Unterhaching | 558 | 0:37 |
| | *(nähe P/AB-Unterführung,* | | |
| | *rechts ab auf Brunnen-Trail)* | | |
| 9,6 | Harthauser-Weg | 562 | |
| 10,5 | Hartmann-Stern | 563 | 0:44 |
| | *(beim Oberbiberger* | | |
| | *Asphaltweg, Abzweig* | | |
| | *auf Jägersteig-Trail)* | | |
| 10,9 | am Perlacher Muggl | 561 | |
| | *(Qerung Isar)* | | |
| 11,3 | am Perlacher Muggl | 559 | 0:48 |
| | *(Querung Mitter,* | | |
| | *weiter auf Jägersteig)* | | |
| 12,6 | Tannenzipfel-Weg | 553 | |
| 13,0 | Querung | 553 | 0:55 |
| | Perlach-Asphaltweg | | |
| | *(am Schießplatz)* | | |
| 13,6 | Wald-Trail | 551 | |
| | *(Querung Richt-Trail)* | | |
| 13,7 | Querung | 551 | |
| | Giesinger-Schneise | | |
| 14,2 | Querung Geiselgasteig | 548 | |
| 14,5 | Wald-Trail | 548 | |
| | *(nähe Stadtrand und* | | |
| | *Münchner-Kindl-Weg)* | | |
| 14,9 | Querung | 550 | |
| | Giesinger-Schneise | | |
| 15,1 | Geiselgasteig-Weg | 550 | 1:03 |
| 15,3 | div. Trimm-Parcoure | 551 | |
| | und Wald-Trails | | |
| 18,1 | beim Mü.-Kindl-Weg | **548** | |
| 18,9 | Säbener Platz | 552 | 1:20 |

**6** **Münchner Perlacher Forst-Trails**  **23,9** km · **1:38** Std · **67** Hm

# 6 Münchner Perlacher Forst-Trails — 23,9 km · 1:38 Std · 67 Hm

**9** **km 8,0**/557 m  Durchfahrt nähe Unterhaching: An Kreuzung links Ri. **„Unterhaching"** („Winkelweg"). **Nach 270 m** (kurz vor P an AB-Unterführung) rechts auf **„Brunnen"**-Pfad abzweigen (stets diesem Trail folgen, dabei diverse Wald-/Forstwege queren).

**10** **km 9,6**/562 m  Man mündet am **„Harthauser"**-Forstweg und folgt ihm nach rechts.

**11** **km 10,5**/563 m  Am Asphaltweg gleich wieder rechts auf Schotterweg (am „Hartmann-Stern") und **nach 40 m** links auf Pfad abzweigen (Jägersteig).

**12** **km 10,9**/561 m  Am Perlacher Muggl den „Isar"-Forstweg queren und weiter stets dem **„Jägersteig"** folgen (nach 440 m den „Mitter"-Weg queren).

**13** **km 12,6**/553 m  Man mündet am Tannenzipfel-Forstweg und fährt links (in Gegen-Ri. „Jägersteig" beschildert, gegenüber führt ein Grasweg weiter).

**14** **km 13,0**/553 m  Den „Perlach"-Asphaltweg (an Trafohäuschen/eingezäuntem Schießplatz) queren, geradeaus auf **„Tannenzipfel"**-Weg und **nach 40 m** rechts auf den Wald-Trail abzweigen.

**15** **km 13,6**/551 m  Das Richt-Weglein, **nach 80 m** einen Forstweg und **nach ca. 60 m** den Giesinger Schneisenpfad queren (bei km 14,2 den Geiselgasteig-Weg, bei km 14,9 den Schneisenpfad queren).

**16** **km 15,1**/550 m  Man mündet am Geiselgasteig-Forstweg, fährt rechts und bleibt **nach 10 m** an der Wegekreuzung geradeaus (→ alternativ evt. rechts abzweigen und auf diesem Forstweg 590 m zu WW 17). **Nach 230 m** rechts auf den querenden Trimm-Waldweg abzweigen. **Nach 360 m** mündet man an einen Forstweg und folgt ihm nach links (in Gegen-Ri. „VITA Trimm-Parcours" beschildert).

**17** **km 15,8**/552 m  Durchfahrt an Giesinger Waldhaus: Kurz vor Mündung am Asphaltweg (nähe Säbener Platz beim Ausgangspunkt, → alternativ Tour hier beenden) links auf den Schotterpfad/Weg abzweigen. **Nach 40 m** am Brunnen links auf den Waldpfad abzweigen. **Nach 120 m** mündet man an ein Weglein, fährt links und **nach 20 m** an der Verzweigung rechts. **Nach 280 m** auf dem rechten Pfad halten. **Nach 150 m** mündet man am Geiselgasteig-Forstweg, fährt rechts und zweigt gleich **nach 10 m** wieder links auf Waldpfad ab (später breiteres Weglein). **Nach 210 m** (km 16,7) an der Pfade-/Wegekreuzung links. Nun dieser Route stets in eingeschlagener Richtung folgen (im Verlauf diverse Trimm-Parcoure bzw. Wald-/Forstwege queren, am Ende ein teils wurzliger Wald-Trail).

**18** **km 18,1**/548 m  Man mündet an einen Schotterweg (an Wiesen bei Neu-Harlaching, nähe Münchner-Kindl-Straße) und fährt links zum Ausgangspunkt am Säbener Platz (km 18,9).

---

### Alternativ-Tour 6b

Ein etwas kürzerer Perlacher Forst-Trail mit allen Trails rund um die große 16er-Wiese:

| km | Ort | Hm | Zeit |
|---|---|---|---|
| 0,0 | **München** Säbener Platz beim Giesinger Waldhaus (am Perlacher Forst) | 552 | |
| 0,4 | Am Perlacher Forst (Abzweig auf Wald-Trail) | 554 | |
| 1,1 | Sulz-Weg (rechts auf Waldweg/Trail) | 558 | |
| 1,4 | Querung Mitter-Schneise | 558 | |
| 1,8 | nähe Sanatorium | 560 | |
| 2,0 | nähe Harlach. Krhs | 560 | |
| 2,6 | Menterschwaige (am Trambahn-Gleis) | 559 | 0:10 |
| 2,9 | Querung Harthauser | 560 | |
| 3,5 | Bahnweg | 564 | |
| 4,0 | am Geiselgasteig-Weg (Abzweig auf Trail) | 566 | 0:16 |
| 4,4 | Querung Sulz | 564 | |
| 4,7 | Harthauser-Weg | 563 | |
| 5,1 | Menterschwaige (am Trambahn-Gleis) | 559 | 0:21 |
| 5,4 | nähe Sanatorium (Querung Asphalt, auf Wald-Trail) | 559 | |
| 5,7 | nähe Harlach. Krhs | 560 | 0:24 |
| 5,9 | Querung Mitter-Schneise | 559 | |
| 6,2 | nähe Ortsrand Harlaching (Tafel) | 558 | 0:26 |

## Wegweiser Tour 6 b

*Für 16er Wiese-Trail (mit fast allen Trails rund um die 16er Wiese im Perlacher Forst, 13,5 km/0:58 Std/37 Hm):*

**1  km 0**/552 m  Vom Säbener Platz der Asphaltstraße weiter am Perlacher Forst entlang folgen *(Straße "Am Perlacher Forst")*. **Nach 380 m** *(auf Höhe von Haus-Nr. 178, zwischen zwei Parkbuchten)* links auf den Schotterpfad abzweigen und diesem gleich in einer Rechtskehre folgen *(geradeaus zweigt der Harlachinger-Schneisenpfad ab)*.

**2  km 1,1**/559 m  Man mündet am Sulz-Forstweg, fährt rechts und zweigt **nach 70 m** rechts auf den zweiten Waldweg ab *(ca. 10 m zuvor bereits rechts ein Waldweg- und links Pfadabzweig zur 16er-Wiese, nach 230 m quert man die Mitter-Schneise, jetzt Trail)*.

**3  km 1,8**/560 m  Man mündet an einem Weglein und fährt rechts *(links geht's nach 70 m zu dem Asphaltsträßchen beim Sanatorium)*. **Nach 190 m** an der Verzweigung geradeaus. **Nach 50 m** links auf den Pfad bzw. das Weglein abzweigen.

**4  km 2,4**/559 m  Durchfahrt bei Menterschwaige: Das Asphaltsträßchen *(zu Sanatorium)* queren und weiter auf Waldpfad. **Nach 140 m** mündet man an weiterem Pfad und fährt links *(am Tram-Gleis lang)*. **Nach 620 m** *(kurz nach Kiosk, bei der Tram-Wendeschleife)* weiter auf jetzt breiterem Weg.

**5  km 4,0**/566 m  Kurz vor Mündung am Geiselgasteig-Forstweg *(bei Sitzbank/Tisch, nähe Bahnunterführung)* links auf einen Pfad abzweigen. **Nach 40 m** mündet man am Geiselgasteig-Forstweg, fährt links und zweigt gleich **nach ca. 10 m** wieder links auf das grasige Weglein ab.

**6  km 4,7**/563 m  Man mündet an einen breiten Forstweg *(Harthauser-Weg)*, fährt geradeaus und zweigt **nach 30 m** rechts auf den Pfad ab.

**7  km 5,1**/559 m  Durchfahrt bei Menterschwaige: Man mündet an Querpfad *(am Tram-Gleis nähe "Geiselgasteigstraße")*, fährt rechts und zweigt **nach 40 m** wieder rechts auf den Waldpfad ab. **Nach 250 m** mündet man an ein Asphaltsträßchen *(am Zaun nähe Sanatorium)*, folgt ihm links und zweigt gleich **nach 5 m** wieder rechts auf den Pfad ab.

**8  km 5,7**/560 m  Der Pfad mündet an schmales Weglein, kurz links fahren und gleich **nach 5 m** an der Verzweigung dem rechten Weglein folgen *(→ alternativ geradeaus, bald an Zaun bei Helikopter-Landeplatz entlang die Mitter-Schneise querend, 480 m bis Mündung an Straße nähe Harlachinger Krankenhaus, dort rechts und nach 100 m, auf Höhe Haus-Nr. 196 A/196 B, rechts in den Forst abzweigen, nach 70 m an der Holztafel mündet von rechts der Pfad der Haupttour, weiter auf dem Hauptweg nach WW 9 der Tour)*.

*– weiter siehe auf dem Höhenprofil –*

| km | | m | Std |
|---|---|---|---|
| 6,5 | Querung Sulz *(auf Wald-Trail)* | 559 | 0:28 |
| 6,8 | 16er-Wiese *(Schachplatz)* | 559 | 0:29 |
| 7,0 | Querung Geiselgasteig *(auf Mitter-Trail)* | 560 | |
| 7,4 | Richt-Weg | 558 | |
| 7,6 | Querung Oberbiberger Asphaltweg *(auf Richt-Trail)* | 558 | |
| 7,9 | Querung Winkelweg | 555 | |
| 8,5 | Trimm-Parcours | 552 | |
| 8,7 | Trimmplatz | 552 | |
| 8,8 | Hügel/Treppen | 554 | |
| 8,9 | Querung Tannenzipfel-Weg | 552 | 0:36 |
| 9,3 | Wald-Trail *(Querung Richt)* | 551 | |
| 9,5 | Querung Giesinger Schneise | 551 | |
| 10,0 | Querung Geiselgasteig | 548 | |
| 10,2 | nähe Mü.-Kindl-Weg | 548 | 0:43 |
| 10,8 | Geiselgasteig-Weg | 550 | |
| 11,4 | Harlachinger-Trail | 554 | |
| 11,5 | Querung Oberbiberger Asphaltweg | 555 | |
| 11,6 | Abzweig Wald-Trail | 553 | |
| 12,0 | Querung Winkelweg *(Info-Tafeln an 16er-Wiese)* | 558 | |
| 12,4 | Sulz-Weg | 559 | |
| 13,4 | Oberbib. Asphaltweg | 553 | |
| 13,5 | Säbener Platz | 552 | 0:58 |

**6  Münchner Perlacher Forst-Trails**   **23,9** km · **1:38** Std · **67** Hm

# 7 Münchner Isarhochufer-Tour

**43,0** km · **2:38** Std · **332** Hm

## Leichte Tour!

Eine vorwiegend über die breiteren Rad- und Schotterwege
der Hochufer beidseits der Isar führende Bike-Tour,
mit vielen Einkehrmöglichkeiten in den schönen Biergärten.

**D**er Hochufer-Asphaltweg führt vom 60er-Stadion in München-Giesing nach Harlaching, wo der Radweg am Biergarten Menterschwaige und der Großhesseloher Brücke vorbei nach Geiselgasteig beginnt. Auf den Schotterweglein direkt am Isarhochufer fährt man weiter bis Grünwald und gelangt über die Eierwiese zum Georg-Pröbst-Weg, der als Wiesenpfad zum Waldrand führt. Auf schöner Hochuferroute mit diversen Parcours-Wegen und Trails geht es über die Römerschanze und die Straßlacher Siedlung Frundsbergerhöhe bis in die Nähe des Hailafinger Golfplatzes, auf dem der Münchner Golfclub residiert. **H**ier leitet ein nur leicht abschüssiger Schotterweg sanft hinab ins Isartal, wo etwas abseits das Gasthaus Zur Mühle erreichbar ist. Auf sonnigem Asphaltweg am Isarwerkkanal geht es nach Dürnstein, am Gasthaus Bruckenfischer über die Isar, man folgt kurz dem Isar-Trail und quert dann zu dem hinauf nach Hohenschäftlarn führenden Forstweg. Durch die Wälder und auf den Rad- und Schotterwegen des linken Isarhochufers geht es über Baierbrunn, Höllriegelskreuth, Pullach und an der bekannten Waldwirtschaft vorbei zurück zur Großhesseloher Brücke.

| km | Ort | Hm | Zeit |
|---|---|---|---|
| 0,0 | **München** | 535 | |
| | *Stadion an der* | | |
| | *Grünwalder Straße* | | |
| 0,2 | Hochufer-Asphaltweg | **532** | |
| 2,0 | Harlaching | 545 | |
| | *(Ghs Harlachinger Einkehr)* | | |
| 3,9 | Hochufer-Radweg | 556 | |
| | *(Biergarten Menterschwaige)* | | |
| 4,7 | Großhesseloher Brücke | 564 | 0:16 |
| 5,6 | Geiselgasteig *(Radweg)* | 570 | |
| 5,9 | Ghs Grünwa. Einkehr | 572 | |
| 6,3 | Hochuferweg | 574 | |
| 9,4 | Schloßhotel Grünwald | 583 | 0:35 |
| 9,9 | Grünwald-Eierwiese | 589 | 0:38 |
| 10,3 | Georg-Pröbst-Pfad | 593 | |
| 11,3 | Trimm-Parcours-Weg | 604 | |
| 12,1 | Isarhochufer *(HS-Leit.)* | 610 | 0:49 |
| 12,9 | Römerschanze | 616 | |
| 13,9 | Mühlweg | 622 | 0:57 |
| 14,2 | Frundsbergerhöhe | 624 | |
| 15,6 | P Mühltal *(bei Straßlach)* | 633 | 1:03 |
| 17,3 | nähe Golfplatz | 651 | 1:11 |
| 19,2 | Mühltal *(nähe Ghs)* | 571 | 1:16 |
| 22,0 | Dürnstein/Bruckenfi. | 569 | 1:23 |
| 23,9 | Isar-Trail | 558 | |
| 24,3 | Pumpwerk-Gebäude | 558 | |
| 24,4 | Forstweg | 570 | 1:32 |
| 26,3 | nähe Hohenschäftlarn | 628 | 1:43 |
| 26,9 | *(höchster Punkt)* | **665** | |
| 27,7 | Radweg *(an Straße)* | 646 | |
| 29,7 | Baierbrunn | 622 | 1:56 |
| 31,0 | Buchenhain | 612 | |
| 32,4 | Josef-Breher-Weg | 601 | |
| 33,3 | Höllriegelskreuth | 593 | 2:10 |
| 35,1 | Pullach *(Kirchplatz)* | 582 | |
| 37,0 | Waldwirtschaft | 564 | 2:23 |
| 37,9 | Großhesseloher Brücke | 555 | 2:26 |
| 39,1 | Hochufer-Radweg | 556 | |
| 40,3 | Harlaching | 546 | |
| 41,0 | Hochufer-Asphaltweg | 545 | |
| 43,0 | München *(Stadion)* | 535 | 2:38 |

**Alternativ-Route 1**
Auf Römer- und Isarleiten-Weg ins Mühltal.
**Alternativ-Route 2**
Forstwegabfahrt ins Isartal und Mühltal.
**Alternativ-Route 3**
Über Deigstetten, Beigarten und Sattler-Hof.
**Alternativ-Route 4**
Kleine Münchner Isar-Tour als Spritztour.
*– siehe auf Wegweiser-Seiten –*

## Erlebniswert

*Bike-Spaß:* ★★☆☆☆☆
*Landschaft:* ★★☆☆☆☆  ②

Abwechslungsreiche, überwiegend an den Hochufern der Isar und weitgehend auf besten Pisten verlaufende, genußvoll zu fahrende Bike-Schleife. Viele Tiefblicke ins Flußtal und einige idyllische, überwiegend leichte Trails.

## Schwierigkeitsgrad

*Kondition:* ●●○○○○
*Fahrtechnik:* ●○○○○○  ①

Mit Ausnahme leichterer Trails und der etwas längeren Auffahrt aus dem Isartal in Richtung Hohenschäftlarn keinerlei besondere Schwierigkeiten.

## Fahrbahnen

<u>Asphalt</u>   <u>Schotter+Pisten</u>   <u>Trails+Trials</u>
23,1 km   12,9/2,6 km   4,0/0,4 km
öff. Verkehr: 5,4 km   Mautverkehr: 0,0 km

## Schiebe-/Tragestrecken

keine

## Rast

Biergarten Menterschwaige, Ghs Grünwalder Einkehr, Gasthäuser in Grünwald, Ghs Zur Mühle, Ghs Zum Bruckenfischer, Rist. Villa Antica in Pullach, Waldwirtschaft Großhesselohe

## Karten

BTK Ammersee-Starnberger See   M 1:50.000
KOMPASS Nr. 180   M 1:50.000

---

**7  Münchner Isarhochufer-Tour**   **43,0** km · **2:38** Std · **332** Hm

# 7 Münchner Isarhochufer-Tour

**43,0** km · **2:38** Std · **332** Hm

## Wegweiser

**1** **km 0**/535 m Dem Asphalt-Hochuferweg (*"Harlachinger Straße"*) in Richtung Harlaching folgen.

**2** **km 2,0**/545 m Durchfahrt M-Harlaching: Man mündet am Radweg (*an der "Karolingerallee"*) und folgt ihm rechts/geradeaus Ri. *"RS Wolfratshausen, Grünwald"* (*am Ghs "Harlachinger Einkehr" vorbei*). **Nach 90 m** die Fahrstraße queren und geradeaus in die *"Lindenstraße"* (*an Betonpollern vorbei*). **Nach 90 m** rechts abzweigen (*"Hochleite"-Straße, in Ri. "RS ..."*). **Nach 500 m** in der Linkskehre geradeaus auf den Hochufer-Radweg Ri. *"RS Wolfratshausen, Grünwald"* abzweigen und diesem stets am Isarhochufer entlang folgen (*später am Biergarten Menterschwaige vorbei*).

**3** **km 4,7**/564 m Durchfahrt an Großhesseloher Brücke: An der Fuß-/Radwegekreuzung (*vor der kurzen Auffahrt über Bahngleis/Brücke*) geradeaus Ri. *"RS Wolfratshausen, Grünwald"* bergauf über die Bahngleisbrücke und dann weiter stets weiter auf dem Hochufer-Radweg bleiben.

**4** **km 5,6**/570 m Durchfahrt Geiselgasteig: Man mündet am Radweg an der Münchner Straße (*"Bavariafilmplatz"*) und fährt rechts (*später am Ghs "Grünwalder Einkehr" vorbei*). **Nach 700 m** rechts auf den Schotterweg abzweigen (*"Hochuferweg"*).

**5** **km 7,5**/757 m Man mündet an ein Schotterweglein, folgt ihm kurz rechts bergab und hält sich **nach 30 m** wieder geradeaus stets weiter auf dem Hochuferweg (*rechts führt Weg ins Isartal*).

**6** **km 8,9**/581 m Ortsdurchfahrt Grünwald: Der beginnenden Asphaltstraße folgen (*"Zeillerstraße"*). **Nach 520 m** mündet man an die *"Schloßstraße"* (*am "Schloßhotel Grünwald"*) und fährt rechts/geradeaus (*bald "Rathausstraße"*). **Nach 200 m** der Querstraße nach rechts folgen (*"Dr.-Max-Straße"*). **Nach 120 m** mündet man an der Fahrstraße (*"Emil-Geis-Str."*) und fährt links. **Nach 160 m** (*an Kreuzung in Ortsmitte*) rechts Ri. *"Bad Tölz, Straßlach, ..."*. **Nach 50 m** (*beim Kiosk*) rechts abzweigen (*in die Straße "Auf der Eierwiese"*). **Nach 320 m** geradeaus bleiben (*rechts zweigt "Brunnwartsweg" Ri. "Georgenstein, Mühltal, Kloster Schäftlarn" ab, → alternative Route zum Hochufer und zu WW 8, siehe WW 1-3/Tour 21*). **Nach 100 m** (*km 10,3 in Linkskehre am Wohnheim*) rechts hoch auf den Wiesenpfad abzweigen (*"Georg-Pröbst-Weg"*, *rechts zweigt flacher Schotterweg ab, → alternative Route zum Hochufer und zu WW 8, siehe WW 1-3/Tour 13*).

**7** **km 10,8**/605 m Kurz vor dem Waldrand leicht links auf die Wegspur abzweigen, **nach 50 m** dem Pfad durch die Linkskehre, dann stets am Waldrand entlang folgen. **Nach 300 m** (*in Nähe der ersten Häuser*) rechts auf das Waldweglein

## Anfahrt

**Auto:** In München zum Stadion an der Grünwalder Straße (*60er-Stadion*) in München-Giesing.

### Fahrt zum Startplatz

An der großen Kreuzung am Stadion an der Grünwalder Straße in München-Giesing Ri. *"Bad Tölz, Grünwald"* auf die *"Grünwalder Straße"* und nach ca. 200 m rechts in die kleine, am Stadion entlangführende *"Volckmerstraße"* abzweigen. Nach 180 m auf dem kleinen Parkplatz am Harlachinger Hochufer-Asphaltweg hinterm Stadion parken.

*Die Tour beginnt am Parkplatz hinterm Stadion an dem Hochufer-Asphaltweg (als "Harlachinger Straße" beschildert).*

### Alternative Startorte

Grünwald, Waldparkplatz Mühltal bei Straßlach, Dürnstein/Bruckenfischer bzw. Kloster Schäftlarn, Pullach/Höllriegelskreuth, Waldwirtschaft Großhesselohe, Marienklausensteg nähe Tierpark Hellabrunn (*von dort Auffahrt auf dem Asphalt-Fußweg zum Hochufer zu WW 2 der Tour*)

abzweigen. **Nach 80 m** mündet man an Wegkehre und fährt <u>nun stets geradeaus</u> *(Parcoursweg).*

**8** *km 12,1/610 m* Am Schotterwegedreieck *(direkt unter der HS-Leitung)* geradeaus weiter auf dem Hochufer-Trail bleiben *(später schmälerer Weg und Trail)*. **Nach 430 m** geradeaus weiter auf dem Hochufer-Trail bleiben *(links verläuft Forstwegkehre).*

**9** *km 12,7/614 m* <u>Durchfahrt bei Römerschanze:</u> Auf dem Trail eine Erdmulde queren, **nach 40 m** der Linkskehre folgen *(rechts die Gräben/Wälle der Schanze)*. **Nach 120 m** auf dem Trail durch die Linkskehre folgen *(rechts bergab zweigt ein Schotterweg ab)*. **Nach 70 m** mündet man an der Info-Tafel *("Die Römerschanze bei Grünwald", Sitzbänke)* und folgt nun weiter dem Hochufer-Trail *(wird bald zu einem breiteren Weg, nach ca. 140 m als* ***"Fuchsweg"*** *beschildert, wendet sich dann etwas vom Hochufer ab).*

**10** *km 13,3/618 m* Vom Fuchsweg rechts auf den Waldweg abzweigen *(bald ein schmälerer Trail)*. **Nach 440 m** mündet man am breiten Schotterweg *(Mühlweg)* und fährt rechts/geradeaus.

**11** *km 13,9/622 m* Dem Hauptweg durch eine leichte Rechtskehre folgen *(rechts zweigt der Römerweg ins Isartal ab,* → ***alternativ*** *für eine Route ins Isartal und über Isarleiten-Forstweg und das Ghs Mühle zu WW 16 im Mühltal, siehe Alt.-WW 1).*

**12** *km 14,2/624 m* <u>Durchfahrt Frundsbergerhöhe:</u> Bei den Häusern geradeaus bleiben *(Asphaltweg "Weg im Esterholz", nach 200 m wieder Schotterweg,* → ***alternativ*** *für Trails ins Mühltal siehe Touren 21/36).*

**13** *km 15,1/629 m* An der Verzweigung geradeaus/links auf etwas schmäleren Weg abzweigen *(140 m <u>nachdem</u> links Weg Ri. "Straßlach" abzweigte, in Gegen-Ri. ist "RS München, Grünwald" beschildert;* → ***alternativ*** *für Abfahrt ins Mühltal siehe Alt.-WW 2).*

**14** *km 15,6/633 m* Man mündet an ein Asphaltsträßchen *(am Waldparkplatz bei Straßlach)*, folgt ihm **30 m** nach rechts und zweigt gleich wieder links auf den Forstweg ab *(→ **alternativ** für Kurzroute ins Mühltal geradeaus bergab 800 m zu WW 16)*. **Nach 460 m** an der Wegekreuzung geradeaus.

**15** *km 17,3/651 m* Man mündet an einen Schotterweg und fährt rechts bergab *(nähe Fahrstraße und Golfplatz,* → ***alternativ*** *für Route über Deigstetten, Beigarten und Sattler ins Isartal siehe Alt.-WW 3).*

**16** *km 19,2/571 m* <u>Durchfahrt Mühltal:</u> Man mündet im Tal an einem Asphaltsträßchen und folgt ihm links bergab. **Nach 200 m** links Ri. ***"Schäftlarn"*** abzweigen *(kurz nach Kapelle,* → ***alternativ*** *geradeaus für Rastastecher zum nahen Ghs Mühle, ca. 180 m)* und **nach 50 m** dem Asphaltsträßchen nach links folgen *(stets am Isarwerkkanal entlang).*

---

### Variationen

Schwerer:

*1. Kombination mit den Trails des Isartals:* Diese überwiegend auf breiteren Forstpisten oder Radwegen verlaufende Hochufer-Fahrt kann man mit den zahlreichen Trails des Isartals zu abwechslungsreichen Bike-Unternehmungen und auch weit schwerer gestalten *(siehe Touren 12, 13, 21, 24, 31 sowie die bereits in ähnlicher Art angelegten Touren 33 und 37, mit einem häufigen Wechsel zwischen tollen, Bike-Spaß liefernden Trails und breiten Forstpisten fürs Fitneß- oder Konditionstraining).*

*2. Erweiterung vom Golfplatz bei Hailafing über Deigstetten, Beigarten und Sattler-Hof ins Isartal:* Abwechslungsreiche Route mit einigen schönen Bike-Passagen und leichteren Wald-Trails weiter am Hochufer entlang und vom Sattler-Hof auf einem steilen Wald-Downhill ins Isartal *(siehe Alt.-WW 3).*

Leichter:

*3. Kleine Münchner Isar-Tour:* Kinderleichte Tour für absolute Bike-Novizen oder allererste frühjahrliche Bike-Unternehmung in der Winterspeckzeit. Nach Überquerung von Großhesseloher und Grünwalder Brücke geht es schon wieder zurück in die Stadt *(siehe Alt.-WW 4).*

Auch probieren:

*4. Abfahrten auf Römerweg sowie Isarleiten-Forstweg oder auf der Gossnerstraße ins Isartal:* Frühere Abfahrten ins Isartal für zwei Routen über das Gasthaus Zur Mühle *(siehe Alt.-WW 1 und 2).*

---

**7** **Münchner Isarhochufer-Tour** — **43,0** km · **2:38** Std · **332** Hm

# 7  Münchner Isarhochufer-Tour

**43,0** km · **2:38** Std · **332** Hm

**17**  **km 22,0**/569 m  <u>Durchfahrt Dürnstein/Brucken-fischer</u>: Man mündet an Fahrstraße und folgt ihr rechts über Kanal- und Isarbrücke (Ri. *„RS Hohen-schäftlarn, Kloster Schäftlarn"*, bald am „Ghs Bruckenfischer" vorbei). *Nach 340 m* rechts zum Parkplatz abzweigen, diesen überqueren, *nach 40 m* links durch die Schranke auf das Weglein und <u>diesem isarabwärts folgen</u> *(nach 250 m an der Verzweigung geradeaus auf dem linken Trail halten, **bei km 23,1** den links abzweigenden Pfad <u>liegen lassen</u>).*

**18**  **km 23,9**/558 m  Links auf den Pfad abzweigen *(am Schild „Wasserschutzgebiet").* **Nach 200 m** geradeaus *(Dammweg queren),* **nach 100 m** über die Bachbrücke und rechts auf Weglein. **Nach 80 m** *(nähe Gebäude)* auf Schotterweg bergauf. *Nach 90 m* mündet man an Forstweg, rechts bergab.

**19**  **km 25,6**/590 m  Dem Forstweg weiter bergauf folgen *(rechts bergab Pfadabzweig ins Waldtälchen,* **→ alternativ** *für Isartal-Route siehe ab WW 13/Tour 10).*

**20**  **km 26,3**/628 m  Am Wegedreieck geradeaus bergauf bleiben. **Nach 80 m** rechts hoch auf den Waldweg abzweigen *(links mündet Pfad von Birg).*

**21**  **km 26,9**/664 m  Man mündet an eine Wegkehre und fährt geradeaus/leicht rechts bergab *(→ alternativ für Trail rechts auf Waldweg oder bereits 80 m zuvor auf markierten Waldpfad, siehe WW 19/Tour 30).*

**22**  **km 27,7**/646 m  Man mündet nach einer Abfahrt am Radweg an der Fahrstraße und folgt ihm rechts bergab *(in Richtung Baierbrunn).*

**23**  **km 29,1**/610 m  Beim Marterl weiter dem Asphalt-Radweg geradeaus leicht bergauf folgen *(rechts mündet Waldweg, siehe o. g. Trail-Variante).*

**24**  **km 29,7**/622 m  <u>Ortsdurchfahrt Baierbrunn</u>: Man mündet an der Fahrstraße und folgt dem Fuß-/Radweg rechts in den Ort. *Nach 170 m (bei der Kirche)* geradeaus auf dem Fuß-/Radweg bleiben *(rechts zweigt „Burgstraße" ab,* **→ alternative** *Abfahrt ins Isartal).* **Nach 190 m** rechts Ri. *„Schule, Turnhalle"* abzweigen *(in „Hermann-Roth-Straße").*

**25**  **km 31,0**/612 m  <u>Durchfahrten bei Buchenhain</u>: Man mündet wieder am Radweg an der Fahrstraße und folgt ihm nach rechts *(50 m zuvor den linken Abzweig zur Unterführung <u>liegen lassen</u>, 150 m davor rechts bergab Wegabzweig,* **→ alternative** *Abfahrt ins Isartal).* **Nach 170 m** rechts auf Pfad abzweigen *(an Geländer lang, bald weiter auf Schotterweglein).* **Nach 100 m** dem Schotterweglein durch leichte Linkskehre folgen *(nähe Sitzbank und Holzgeländer).* **Bei km 31,6** *(bei Gebäude)* kurz dem Asphaltweg folgen und **nach 30 m** geradeaus/rechts weiter auf dem Schotterweglein. **Nach 60 m** mündet man an ein Asphaltsträßchen und folgt ihm geradeaus *(unter der HS-Leitung durch).*

---

### Alternativ-Route 1

Vom Mühlweg auf Römerweg und Isarleiten-Forstweg ins Mühltal zum Ghs Mühle:

| | | | |
|---|---|---|---|
| 13,9 | Mühlweg | 622 | 0:57 |
| | *(Abzweig auf Römerweg)* | | |
| 14,5 | Wegekreuzung | 570 | |
| | im Isartal | | |
| | *(auf Isarleiten-Forstweg)* | | |
| 15,8 | Abzweig Wald-Trail | 556 | |
| | *(<u>alt.</u> Querung ca. 230 m* | | |
| | *zum Isaruferweg möglich)* | | |
| 16,9 | Abzweig Mühltal-Trail | 570 | |
| 17,6 | Ghs Zur Mühle | 557 | 1:12 |
| 17,7 | Asphaltweg | 568 | 1:13 |
| | *(am Isarwerkkanal,* | | |
| | *nähe Kapelle)* | | |
| | **→ weiter nach der Haupttour** | | |

### Alternativ-Route 2

Forstwegabfahrt von der Hochufer-Route zwischen Frundsbergerhöhe und P Mühltal bei Straßlach ins Mühltal zum Ghs Mühle:

| | | | |
|---|---|---|---|
| 15,1 | Forstweg | 629 | 1:01 |
| | *(Verzweigung, auf Hauptweg)* | | |
| 15,5 | Gossnerstraße | 631 | |
| | *(Forstweg ins Isartal)* | | |
| 16,9 | Abzweig Mühltal-Trail | 575 | |
| 17,4 | Ghs Zur Mühle | 557 | 1:10 |
| 17,6 | Asphaltweg | 568 | 1:11 |
| | *(am Isarwerkkanal,* | | |
| | *nähe Kapelle)* | | |
| | **→ weiter nach der Haupttour** | | |

**26** *km 32,1/604 m* Weiter auf Asphaltsträßchen bleiben *(kurz nach Rechtskehre, an Römerweg-Infotafel, rechts auf Schotterweg → **alternative** Abfahrt ins Isartal)*. **Nach 320 m** rechts auf Schotterweg abzweigen *(„Josef-Breher-Weg", bei Ortsschild „Pullach")*.

**27** *km 33,3/593 m* <u>Durchfahrt Pullach/Höllriegelskreuth</u>: Man mündet an eine Asphaltstraße und folgt ihr geradeaus. **Nach 130 m** rechts über die neue Straßenbrücke abzweigen und kurz nach der Brücke geradeaus auf dem Radweg bleiben *(→ **alternativ** rechts Abfahrtsmöglichkeit ins Isartal zur Grünwalder Brücke: 70 m rechts bergab auf den Radweg zur Fahrstraße, auf dieser 130 m bergab, vor der Hütte links auf den bald steilen Waldweg abzweigen und 230 m stets bergab bis zur Mündung an der Grünwalder Brücke)*.

**28** *km 34,6/587 m* <u>Ortsdurchfahrt Pullach</u>: Der Asphaltstraße geradeaus Ri. *„RS München"* folgen *(rechts mündet ein steiler Asphaltweg vom Isartal)*. **Nach 480 m** in der Ortsmitte *(„Kirchplatz" beim „Ristorante Villa Antica")* rechts Ri. *„Bürgerhaus"* abzweigen *(in die „Heilmannstraße")*. **Nach 320 m** rechts auf den Schotter-Fuß-/Radweg Ri. *„RS München"* abzweigen *(später wieder eine Asphaltstraße)*. **Nach 520 m** (**km 35,9**) geradeaus auf das Waldweglein abzweigen *(nach kurzer Abfahrt, der Asphaltweg nach links ist ein „Privatweg", bald geht's am „Trimmzentrum Pullach" vorbei, nach ca. 700 m führt der Weg wieder am Hochufer entlang)*.

**29** *km 36,9/566 m* <u>Durchfahrt an Waldwirtschaft Großhesselohe</u>: Vom Hauptweg rechts/geradeaus aufs Schotterweglein zum Parkplatz abzweigen *(und diesen überqueren)*. **Nach 80 m** die Asphaltstraße queren *(nähe Waldwirtschaft)*, geradeaus auf dem Asphaltweg kurz bergab fahren und **nach 30 m** geradeaus auf den Schotterweg abzweigen.

**30** *km 34,6/587 m* <u>Durchfahrt an Großhesseloher Brücke</u>: Man mündet an querenden Asphaltweg, fährt rechts *(Ri. „RS München", bald bergab)* und zweigt **nach 110 m** rechts über die Brücke ab. **Nach 390 m** am Asphaltdreieck *(nach der Brücke und kurzer Auffahrt)* links halten und gleich **nach 20 m** rechts auf den Hochufer-Radweg abzweigen *(Ri. „RS München-Ludwigsbrücke, ...", Asphaltweg)*.

**31** *km 40,3/546 m* <u>Ortsdurchfahrt M-Harlaching</u>: Am Radwegende rechts Ri. *„RS/Pfeil"* auf das Asphaltsträßchen und **nach 30 m** leicht links auf die Pflasterstraße *(„Über der Klause")*. **Nach 250 m** der Querstraße nach links folgen *(Lindenstraße)*. **Nach 320 m** *(in der Rechtskehre)* links/geradeaus abzweigen *(an Betonpollern vorbei)*, die Fahrstraße *(Karolingerallee)* queren und geradeaus auf den Radweg *(bald an Ghs „Harlachinger Einkehr" vorbei)*. **Nach 110 m** links/geradeaus auf den Hochufer-Asphaltweg *(„Harlachinger Straße")* abzweigen zum Stadion Grünwalder Straße **(km 43,0)**.

---

**Alternativ-Route 3**

Erweiterung der Tour vom Golfplatz bei Hailafing über Deigstetten, Beigarten und den Sattler-Hof ins Isartal nach Dürnstein:

| km | Ort | | |
|---|---|---|---|
| 17,3 | nähe Golfplatz *(auf Fahrstraße)* | 651 | 1:11 |
| 17,6 | Abzweig Deigstetten | 651 | |
| 18,4 | Deigstetten | 654 | |
| 19,4 | Beigarten | 670 | |
| 19,5 | Querung Straße *(auf Feld-/Waldweg)* | 668 | |
| 20,3 | Querung Straße *(auf Wald-Trail)* | 655 | |
| 21,0 | Sattler-Hof | 652 | 1:25 |
| 21,4 | Waldabfahrt | 656 | |
| 21,9 | Schotterweg | 596 | |
| 22,6 | Fahrstraßenkehre | 585 | |
| 23,1 | Dürnstein | 569 | 1:33 |

*(links über Kanal- und Isarbrücke und am Ghs Bruckenfischer vorbei)*
→ weiter nach der Haupttour

---

**7  Münchner Isarhochufer-Tour**   **43,0** km · **2:38** Std · **332** Hm

# 7 Münchner Isarhochufer-Tour

**43,0** km · **2:38** Std · **332** Hm

## Alternativ-Wegweiser 1

*Für eine Route vom Mühlweg nähe Frundsbergerhöhe <u>auf Römerweg ins Isartal und auf Isarleiten-Forstweg ins Mühltal</u> (Gesamttour: 41,3 km/2:34 Std/350 Hm):*

**11** **km 13,9**/622 m Vom Mühlweg rechts bergab auf Schotterweg *(Römerweg)* ins Isartal abzweigen.

**12** **km 14,5**/570 m An der Wegekreuzung links auf den Isarleiten-Forstweg nach Mühltal abzweigen (→ **alternativ** *kann man für eine etwas andere Route nach Mühltal im Verlauf bei km 15,8 kurz vor tiefstem Punkt vom Isarleiten-Forstweg rechts auf den Waldpfad abzweigen, nach 80 m leicht links/geradeaus auf dem Wurzel-Trail leicht bergab, nach ca. 100 rechts zum nahen Isaruferweg abzweigen und dort isaraufwärts bis zum Ghs Mühle, siehe auch WW 8-10/Tour 10).*

**13** **km 16,9**/570 m Vom Forstweg rechts auf das Weglein Ri. **„Zum Mühltal"** abzweigen *(bald Pfad).* **Nach 230 m** am Pistendreieck leicht rechts/geradeaus weiter bergab *(bald Pfad).* **Nach 160 m** bei Mündung am Schotterweg links/geradeaus.

**14** **km 17,6**/557 m <u>Durchfahrt Mühltal</u>: Am Gasthaus „Zur Mühle" dem Asphaltsträßchen geradeaus bergauf folgen. **Nach 120 m** an der Asphaltverzweigung geradeaus bleiben *(auf rechten Zweig, führt nun stets am Isarwerkkanal entlang)* und → <u>weiter nach WW 16 der Haupttour</u>.

## Alternativ-Wegweiser 2

*Für eine andere, <u>etwas kürzere Forstwegabfahrt hinter Frundsberghöhe ins Isar- und Mühltal</u> (Gesamttour dann: 41,2 km/2:32 Std/303 Hm):*

**13** **km 15,1**/629 m An der Verzweigung dem Haupt-Forstweg durch die Rechtskehre folgen. **Nach 320 m** am Wegedreieck rechts bergab ins Isartal *(„**Gossnerstraße**", <u>stets dem Hauptweg folgen</u>).*

**14** **km 16,9**/575 m Vom Forstweg links bergab auf das schmale, holprige Hohlweglein abzweigen. **Nach 120 m** am Pistendreieck links/geradeaus weiter bergab *(bald Pfad).* **Nach 160 m** bei Mündung am Schotterweg links/geradeaus.

**15** **km 17,4**/557 m <u>Durchfahrt Mühltal</u>: Am Gasthaus „Zur Mühle" dem Asphaltsträßchen geradeaus bergauf folgen. **Nach 120 m** an der Asphaltverzweigung geradeaus bleiben *(auf rechten Zweig, führt nun stets am Isarwerkkanal entlang)* und → <u>weiter nach WW 16 der Haupttour</u>.

## Alternativ-Tour 4

*„Kleine Münchner Isar-Tour"* am Hochufer und im Flußtal, mit Überquerung von Großhesseloher und Grünwalder Brücke:

| | | | |
|---|---|---|---|
| 0,0 | **München** | 535 | |
| | *Stadion an der* | | |
| | *Grünwalder Straße* | | |
| 0,2 | Hochufer-Asphaltweg | 532 | |
| 2,0 | Harlaching | 545 | |
| | *(Ghs Harlachinger Einkehr)* | | |
| 3,9 | Hochufer-Radweg | 556 | |
| | *(Biergarten Menterschwaige)* | | |
| 4,7 | Abzweig über | **564** | 0:16 |
| | Großhesseloher Brücke | | |
| 5,4 | Isartal | 533 | |
| | *(nähe Kioskunter der* | | |
| | *Großhesseloher Brücke)* | | |
| 6,0 | Abzweig zur | 534 | 0:20 |
| | Waldwirtschaft | | |
| | Großhesselohe | | |
| | *(alt. mit kurzem Abstecher* | | |
| | *auf steilem Weg erreichbar)* | | |
| 6,3 | Isar-Schotterweg | **531** | |
| 8,8 | Isar-Asphaltweg | 542 | |
| | *(Abzweig Pullach)* | | |
| 10,0 | Ghs Brückenwirt | 539 | 0:33 |
| 10,6 | Überquerung | 554 | |
| | Grünwalder Brücke | | |
| 10,9 | Waldparkplatz | 555 | |
| 11,0 | Wegekreuzung | 558 | 0:37 |
| | *(auf Isartal-Radweg)* | | |
| 12,7 | Wegedreieck | 551 | |

### Alternativ-Wegweiser 3
*Für eine <u>Erweiterung der Hochufer-Tour vom Golfplatz über Deigstetten, Beigarten und den Sattler-Hof ins Isartal</u> (Gesamttour dann: 44,1 km/2:48 Std/378 Hm):*

**15** **km 17,3**/651 m Man mündet an einen Schotterweg, fährt **20 m** links durch die Schranke, mündet dort nähe Golfplatz an die Fahrstraße und folgt ihr nach rechts. **Nach 330 m** *(beim Golfplatz)* rechts auf das Asphaltsträßchen in Ri. **"Deigstetten"** abzweigen.

**16** **km 18,4**/654 m <u>Durchfahrt Deigstetten-Höfe</u>: Am ersten Hof geradeaus bleiben *(rechts zweigt Schotterweg über Golfplatz ab)*. **Nach 230 m** am zweiten Hof links auf Schotterweg abzweigen.

**17** **km 19,4**/670 m <u>Durchfahrt Beigarten-Hof</u>: Man mündet an querendem Asphaltweg, fährt rechts und zweigt **nach 20 m** links auf den Weg ab *(bald Schotter)*. **Nach 70 m** die Fahrstraße queren und geradeaus auf den Feldweg. **Nach 300 m** *(Verzweigung am Waldrand)* auf den linken Weg.

**18** **km 20,3**/655 m Eine Fahrstraße queren und weiter auf dem Waldpfad Ri. **"Sachsenhausen, Puppling, Wolfratshausen"**. **Nach 30 m** rechts, dann nach links halten *(nach gelber Markierung)*. **Nach 180 m** mündet man an einen Waldweg und folgt ihm nach links bis zum Sattler-Hof.

**19** **km 21,0**/652 m <u>Durchfahrt Sattler-Hof</u>: Man mündet an einen Asphaltweg und fährt rechts. **Nach 130 m** *(Asphaltende hinterm Hof)* geradeaus auf dem Waldweg weiter. **Nach 180 m** auf dem Hauptweg bleiben *(rechts Wegabzweig)*. **Nach 90 m** an der Verzweigung geradeaus auf rechten, etwas schmäleren Weg *(bald steil bergab ins Isartal führendes Weglein, bei km 21,8 an der Verzweigung rechts weiter bergab, bei km 21,9 mündet man an einen breiteren Forstweg und folgt ihm nach rechts)*.

**20** **km 22,6**/585 m Man mündet an einer Kehre der Fahrstraße und folgt ihr links bergab.

**21** **km 23,1**/569 m Der Fahrstraße links über die Kanalbrücke Ri. **"RS Hohenschäftlarn, Kloster Schäftlarn"** folgen → <u>weiter WW 17/Haupttour</u>.

### Alternativ-Wegweiser 4
*Für eine <u>Kleine Münchner Isar-Tour</u>, eine kurze Spritztour mit der Überquerung von Großhesseloher und Grünwalder Brücke (20,3 km/1:11 Std/143 Hm):*

**1** **km 0**/535 m Dem Asphalt-Hochuferweg *("Harlachinger Straße")* in Richtung Harlaching folgen.

**2** **km 2,0**/545 m <u>Durchfahrt M-Harlaching</u>: Man mündet am Radweg *(an der "Karolingerallee")* und
– *weiter siehe auf dem Höhenprofil* –

| | | |
|---|---|---|
| 15,3 | Unterquerung Großhesseloher Brücke | 532 |
| 15,4 | Abzweig Trail zum Hochufer-Radweg *(alt. Trial-Auffahrt)* | 533 |
| 15,9 | Abzweig Weg zum Hochufer-Radweg *(alt. Auffahrt zum Biergarten Menterschwaige)* | 528 |
| 17,5 | Marienklause *(auf Asphalt-Fußweg zum Hochufer)* | 525 | 1:01 |
| 17,6 | Harlaching *(am Beginn des Hochufer-Radweges zum Biergarten Menterschwaige)* | 546 |
| 18,3 | Hochufer-Asphaltweg *(Ghs Harlachinger Einkehr)* | 545 |
| 20,3 | München (Stadion) | 535 | 1:11 |

**7** **Münchner Isarhochufer-Tour** — **43,0** km · **2:38** Std · **332** Hm

# 8 Tölzer Isartal-Rundfahrt

**37,6** km · **2:28** Std · **360** Hm

### Leichte Tour!

Weite Schleife vom Tölzer Waldfriedhof auf dem Isartal-Radweg
und den Wanderwegen südwärts bis zur Bretonenbrücke
und auf den östlichen Höhenwegen über Lenggries zurück.

**D**er Faistweg-Pfad leitet ein Stück am Tölzer Kalvarienberg entlang zur Isar hin. Nach der Talabfahrt gelangt man über den Steg zum Isartal-Radweg und folgt ihm nun in abwechslungsreicher, sehr schöner, gemächlicher Bike-Fahrt mit vielen landschaftlichen Genüssen stets flußaufwärts. Ab Arzbach geht es auf dem Isarwanderweg weiter nach Lenggries und zur Wegscheider Bretonenbrücke, wer mag, kann alternativ auch den Höhenweg über die vielen Hofstellen und Weiler nehmen. **J**enseits von Isar und Bretonenbrücke leiten ruhige Asphaltsträßchen über Holz und Mühlbach nach Hohenburg. Auf reizvollen Weglein geht es an den Schloßweihern vorbei in Richtung Lenggries. Kurz vor der Kirche zweigt man auf die Radwegroute ab, die ortsauswärts und später über die Tratenbachbrücke nach Steinbach leitet. Dem gleichnamigen Bach folgt man auf Schotter bis Untermberg, bevor ein Sträßchen durch die Weiler in die Attenloher Filzen unterhalb von Gaißach führt. Auf abgelegener Route geht es östlich an Tölz und Nähe Freibad Eichmühle vorbei und am Ende folgt noch eine kleine Traumroute auf dem Super-Trail über die Röckl-Kapelle zum Waldfriedhof.

| km | Ort | Hm | Zeit |
|---|---|---|---|
| 0,0 | **Bad Tölz** | 658 | |
| | P am Waldfriedhof | | |
| 0,3 | Faistweg-Trail | 668 | |
| 1,3 | Isarsteg | 643 | |
| 1,4 | Isartal-Radweg | **640** | |
| 2,1 | Isartal-Radweg | 642 | 0:10 |
| | (an Isarbrücke in Tölz) | | |
| 6,0 | Isartal-Radweg | 656 | |
| | (Abzweig Bibermühle) | | |
| 8,5 | Isarsteg | 666 | 0:30 |
| | (nähe Arzbach/Obergrieß) | | |
| 8,6 | Abzweig | 666 | |
| | Isarwanderweg Lenggries | | |
| | (bei Arzbach, _alternativ_ auf | | |
| | Höhenweg zur Bretonenbrücke) | | |
| 10,2 | Schlegldorf | 670 | |
| 12,0 | Isarbrücke Lenggries | 674 | 0:42 |
| | (weiter auf Isarwanderweg, | | |
| | _alternativ_ zum Höhenweg West) | | |
| 12,8 | nähe Untermurbach | 678 | |
| 13,7 | Wegscheid | 683 | 0:48 |
| 15,1 | an Bretonenbrücke | 684 | 0:53 |
| | (Fuß-/Radwegdreieck) | | |
| 15,3 | Bretonenbrücke | 690 | |
| 15,4 | Isartal-Radweg | 683 | 0:55 |
| 15,8 | Abzweig Holz | 693 | 0:57 |
| 16,4 | Holz | 712 | 1:00 |
| 17,4 | Mühlbach | 724 | |
| 17,9 | Hohenburg | 715 | 1:06 |
| 18,4 | Schloßweiher | 727 | |
| 19,8 | Lenggries (Hallenbad) | 697 | |
| 20,3 | Lenggries (Radwegabz.) | 685 | 1:19 |
| 21,1 | Tratenbachbrücke | 703 | |
| 22,0 | Steinbach | 680 | |
| 23,7 | Steinbachbrücke | 708 | |
| 24,6 | nähe Untermberg | 727 | 1:38 |
| 25,1 | Grundnern | 711 | |
| 28,0 | Lehen | 674 | |
| 28,9 | Hochfilzen | 672 | 1:52 |
| 29,4 | nähe Mühle | 673 | |
| 30,0 | Attenloher Filzen | 674 | |
| 30,5 | nähe Reut | 681 | 1:58 |
| 31,9 | Attenloh-Hof | 721 | |
| 32,1 | (höchster Punkt) | **734** | |
| 33,0 | Bad Tölz (an B 472) | 721 | 2:10 |
| 33,3 | Flugplatz | 719 | |
| 34,1 | Aigenhaus | 716 | |
| 35,2 | Bad Tölz (nähe Freibad) | 686 | 2:18 |
| 36,2 | Röckl-Kapelle | 711 | |
| 37,6 | Bad Tölz (Waldfriedhof) | 658 | 2:28 |

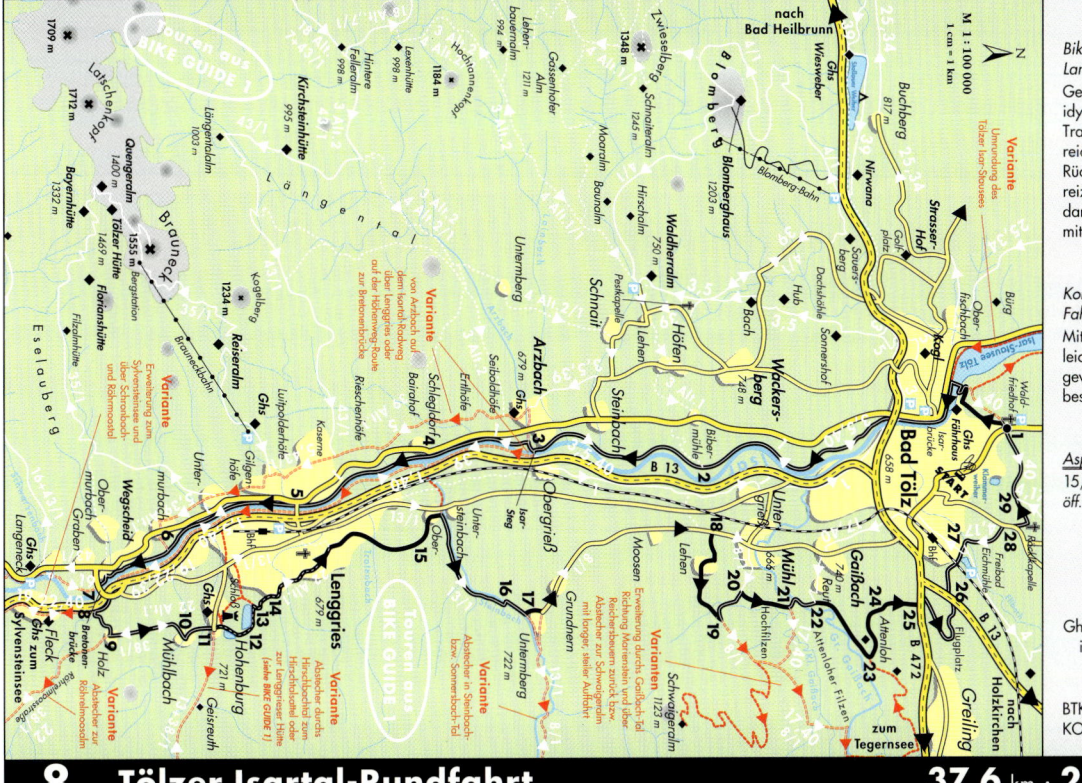

## Erlebniswert

*Bike-Spaß:* ★★☆☆☆☆  ②-③
*Landschaft:* ★★★☆☆☆

Genußvolle Fahrt in Flußnähe auf den idyllischen Radwegen und herrlichen Trails isaraufwärts. Schöne, facettenreiche Bergkulissen rund ums Isartal. Rückfahrt auf kleinen Pisten über die reizvollen Hohenburger Schloßweiher, dann auf abwechslungsreicher Route mit vielen Isartal-Panoramen.

## Schwierigkeitsgrad

*Kondition:* ●●○○○○
*Fahrtechnik:* ●○○○○○   ❶

Mit Ausnahme der vielen, aber völlig leicht zu fahrenden Trails und einer gewissen Länge der Tour keinerlei besondere Schwierigkeiten.

## Fahrbahnen

| *Asphalt* | *Schotter+Pisten* | *Trails+Trials* |
|---|---|---|
| 15,8 km | 13,3/1,5 km | 6,8/0,2 km |

öff. Verkehr: 10,8 km  *Mautverkehr:* 0,0 km

## Schiebe-/Tragestrecken
keine

## Rast
Ghs Altes Fährhaus in Tölz, Gasthäuser in Tölz, Lenggries sowie im Isartal

## Karten
BTK Bad Tölz-Lenggries  M 1:50.000
KOMPASS Nr. 182  M 1:50.000

---

# 8 Tölzer Isartal-Rundfahrt — 37,6 km · 2:28 Std · 360 Hm

# 8 Tölzer Isartal-Rundfahrt

**37,6** km · **2:28** Std · **360** Hm

## Wegweiser

**1** ***km 0***/658 m <u>Durchfahrt Tölz</u> *(Waldfriedhof-Isarsteg bzw. Isartal-Radweg)*: Vom Friedhof dem Asphaltweglein in Ri. ***„Zum Isarsteg, RS Bad Tölz, Lenggries"*** folgen *(am Friedhofseingang vorbei an der Mauer entlang)*. **Nach 110 m** Asphaltsträßchen *(„Stadtwaldstraße")* queren und schräg gegenüber auf den Waldweg Ri. ***„Zum Isarsteg, Faistweg, Kalvarienberg, Isarbrücke"*** (→ *alternativ* auf die *„Stadtwaldstraße" geradeaus Ri. „Zum Isarsteg, Stausee, ..., RS Bad Tölz, Lenggries", nach 650 m am Asphaltdreieck links Ri. „Zum Isarsteg, RS ...", nach 170 m geradeaus bergab Ri. „Zum Isarsteg" ins Isartal, links mündet die Haupttour)*. **Nach 210 m** in Linkskehre geradeaus/rechts aufs schmale Weglein abzweigen *(nach 40 m an der Verzweigung auf linkem, oberen Fußweg halten)*. **Nach 510 m (km 0,9)** rechts bergab Ri. ***„Zum Isarsteg"*** und bald auf Asphaltweg rechts bergab. **Nach 170 m** mündet man an ein Asphaltsträßchen und folgt ihm links bergab ***in o. g. Ri.*** ins Isartal *(im Tal Rechtskehre folgen, dann übern Isarsteg, nach dem Steg links hinab zum Radweg und auf diesem flußaufwärts fahren)*. **Bei km 2,1** *(unmittelbar vor der Tölzer Isarbrücke)* geradeaus in Ri. ***„Isar-Wanderweg Lenggries, RS Arzbach, Lenggries"*** weiter auf dem Radweg bleiben *(unter Brücke durch und weiter flußaufwärts)*. **Nach 200 m** *(auf Höhe des Zentral-Parkplatzes)* auf dem Gehsteig weiterfahren *(direkt an Fahrstraße entlang)* und **nach ca. 500 m** geradeaus auf den Schotter-Fuß-/Radweg Ri. ***„RS Arzbach, Lenggries"***. <u>Diesem Haupt-Radweg nun stets folgen.</u>

**2** ***km 6,0***/656 m Weiter auf dem Hauptweg geradeaus bleiben *(verläuft stets nähe Isar, rechts Wegabzweig Ri. „Über Bibermühle, Wackersberg, W 9")*.

**3** ***km 8,5***/666 m Am Isarsteg *(nähe Obergrieß und Arzbach)* geradeaus auf Schotterpfad weiter in Ri. ***„Fußweg Lenggries"*** *(bald durch Rechtskehre)*. **Nach 60 m** links über die Arzbachbrücke in Ri. ***„Isarwanderweg Lenggries"*** abzweigen *(Route später als Fußgängerweg beschildert, → alternativ evt. geradeaus Ri. „Rad- u. Fußweg Höhenweg Lenggries" 390 m nach Arzbach, dort geradeaus die Fahrstraße queren und nach 180 m links über die Bachbrücke auf die Höhenweg-Route zu WW 7 an der Bretonenbrücke bei Wegscheid, siehe auch WW 13-18/Tour 5)*. **Nach 140 m** links auf das Schotterweglein abzweigen und **nach 80 m** an der Kreuzung der Weglein links halten *(jetzt eine schmälere Piste)*.

**4** ***km 10,1***/670 m <u>Durchfahrt in Schlegldorf</u>: Man mündet bei der Fahrstraße *(an „Feuerwehr Schlegldorf")* und zweigt gleich wieder links auf Pfad Ri. ***„Lenggries"*** ab *(als Fußgängerweg beschildert, bei km 10,7 fährt man nähe Ghs Isarburg vorbei, **bei km 11,3** mündet man an Asphaltstraße, bleibt geradeaus und zweigt **nach 50 m** wieder links auf Fußweg ab)*.

## Anfahrt

**Auto:** Von München nach Grünwald und dort geradeaus stets auf der Staatsstraße 2072 weiter in Ri. *„Bad Tölz"* über Straßlach, Deining und Egling bis nach Bad Tölz *(42 km, 0:48 Std)*.

**Bahn:** Von München/Starnberger Bhf. nach Bad Tölz, mit dem Bike vom Bahnhof durch den Ort zum Waldfriedhof.

## Fahrt zum Startplatz

Kurz nach dem Ortsschild *„Bad Tölz"* rechts auf dem beschilderten Parkplatz beim Waldfriedhof parken.

*Die Tour beginnt am Parkplatzende in Nähe des Friedhofseingangs.*

## Alternative Startorte

Bad Tölz an der Isarbrücke *(zwischen Altstadt und Kurviertel)*, Lenggries, Wegscheid, Hohenburg, Bad Tölz am Städt. Freibad Eichmühle

**5 km 11,9/674 m** Durchfahrt an der Lenggrieser Isarbrücke: Die Isarbrücke unterqueren und **nach 60 m** am Pfadedreieck links/geradeaus auf dem Fußweg weiter stets isaraufwärts *(linksseitig an den Tennisplätzen vorbei, Info: Hinweisschilder: Radler sollen andere Uferseite benutzen,* → **alternativ** deshalb für evt. Fortsetzung der Route auf dem Höhenweg nach Wegscheid und zur Bretonenbrücke am o. g. Pfadedreieck rechts, nach 60 m mündet man an der Fahrstraße beim „Hotel Alpenrose", fährt links und zweigt nach 160 m rechts Ri. „Brauneck-Bahn" ab. Nach 350 m und einer Auffahrt links auf den „Gilgenhöfe"-Asphaltweg Ri. „RS Wegscheid, Leger" + „Höhenweg West ..." abzweigen und weiter nach WW 14-18/Tour 5).

**6 km 13,7/683 m** Durchfahrt Wegscheid: Man mündet am Asphaltsträßchen *(bei ersten Häusern)* und folgt ihm geradeaus. **Nach 1,0 km** *(Rechtskehre in der Neubausiedlung)* links Ri. *„Bretonenbrücke, Fleck, Lenggries, Langeneck, Leger"* abzweigen *(Schotterweg, evt. schon Asphalt)*. **Nach 60 m** über die Bachbrücke auf Fußgängerweg.

**7 km 15,0/684 m** Am Fuß- u. Radwegedreieck *(unterhalb der Bretonenbrücke)* rechts **30 m** hoch zur Fahrstraße *(in Ri. „Über die Brücke nach Fleck oder Lenggries")* und auf dem Radweg links über die Bretonenbrücke. **Nach 270 m** links bergab auf Asphalt-Radweg Ri. *„Lenggries, Bad Tölz"* abzweigen und gleich **nach ca. 40 m** *(noch vor der B 13-Unterführung)* links über die Parkbucht Ri. *„Fleck, Rundweg: Holz, Mühlbach, Lenggries, Ghs Papyrer"* abzweigen *(bald unter Bretonenbrücke durch und weiter auf dem Radweg an der B 13 entlang)*.

**8 km 15,8/683 m** Vor der Bachbrücke links auf das Asphaltsträßchen in Ri. *„Holz, Mühlbach, Lenggries"* abzweigen (→ **alternativ** für eine Erweiterung der Fahrt mit der Lenggrieser Isarwinkel-Tour über Sylvenstein, Schronbach- und Röhrmoostal weiter auf dem Radweg bleiben, siehe WW 2-12/Tour 19).

**9 km 16,4/712 m** Durchfahrt Holz: Am Asphaltdreieck links in Ri. *„Mühlbach, Lenggries"*.

**10 km 17,3/717 m** Durchfahrt Mühlbach: Dem Sträßchen durch die Rechtskehre in Ri. *„Mühlbach, Hohenburg, Lenggries"* folgen. **Nach 170 m** im Ort der Linkskehre über den Bach folgen und bei Mündung an Querstraße links halten.

**11 km 17,9/715 m** Durchfahrt Hohenburg: Am Asphaltstraßendreieck *(bei Parkplatz)* geradeaus auf den Fußgängerweg Ri. *„Hohenburg, Lenggries"* *(über Bachsteg)*. **Nach 50 m** Auffahrt mündet man an ein Schotterweglein und fährt rechts Ri. *„Schloßweiher, Lenggries"* (→ **alternativ** links Ri. „Hohenburg, Lenggries", nach 180 m rechts hoch auf das Weglein Ri. „Sonnenweg, Schloßweiher, Lenggries" abzweigen und 390 m zu WW 13).

---

### Variationen

Schwerer:

*1. Von Bad Tölz über die Waldherralm nach Arzbach:* Statt auf dem Isartal-Radweg kann man von Tölz aus die etwas schwerere Route über die Waldherralm fahren *(siehe Touren 3 oder 5)*.

*2. Erweiterung der o. g. Variante 1 von der Waldherralm über die Lexenhütte und durch das Längental nach Arzbach:* Schöne Erweiterungsmöglichkeit von der Waldherralm aus zu einer „richtigen" Bike-Tour. Auf längerer, nur abschnittweise etwas steilerem Forstweg geht es von der Waldherralm hinauf in die Nähe der Lehenbauernalm. Am Ende leitet ein Trail zur Lexenhütte, wo man mit kurzer Schiebepassage zu einem Forstweg quert, der über die Hintere Felleralm und durch das Längental zurück ins Isartal nach Arzbach führt *(siehe Alt.-WW 2/Tour 3)*. Dort weiter nach WW 3 der Haupttour auf den Isar-Trail oder in Arzbach direkt auf die Höhenweg-Route nach Wegscheid und zur Bretonenbrücke zu WW 7 der Haupttour *(siehe WW 13-18/Tour 5)*.

*3. Erweiterungsschleife von der Bretonenbrücke über Sylvenstein, Schronbach- und Röhrmoostal sowie Leger:* Erweiterungsmöglichkeit weiter isaraufwärts auf dem neuen Radweg an der B 13 in Richtung Sylvensteinsee. Dort auf sehr schöner Bike-Route über Schronbach- und Röhrmoostal und Leger wieder zur Bretonenbrücke *(siehe Tour 19)*.

---

# 8 Tölzer Isartal-Rundfahrt

**37,6** km · **2:28** Std · **360** Hm

# 8    Tölzer Isartal-Rundfahrt     37,6 km · 2:28 Std · 360 Hm

**12**   *km 18,4/776 m*   Vom Weg rechts bergab zum Holzsteg Ri. *„Lenggries"* abzweigen *(übern Steg)*.

**13**   *km 18,8/723 m*   Vom Weg rechts bergab aufs Waldweglein Ri. *„Lenggries"* abzweigen *(geradeaus „Sonnenweg-Hohenburg", siehe o. g. Variante)*. *Nach 140 m* Abfahrt der Linkskehre folgen.

**14**   *km 19,1/706 m*   <u>Ortsdurchfahrt Lenggries:</u> Man mündet bei den ersten Häusern an Schotterweg, fährt links und gleich *nach 10 m* am Wegedreieck rechts in Ri. *„Höhenweg Ost zum Rathaus"* *(„Ludwig-Thoma-Weg")*. *Nach 160 m* und einer Brücke der Linkskehre folgen *(„Oberreiterweg")*. *Nach 180 m* rechts auf den Wiesenpfad abzweigen *(bald über Holzsteg, dann geradeaus weiter auf Schotterweg)*. *Nach 110 m* geradeaus wieder auf Asphalt weiter *(„Goethestraße")*. *Bei km 19,8* mündet man an einer Straßenkehre und fährt rechts Ri. *„Hallenbad, RS Gaißach, Bad Tölz"* *(bald am „Hallenbad" vorbei)*. *Bei km 20,2* am Straßendreieck links bergab *(rechts geht's in Ri. „Denkalm")*. *Nach 120 m* Abfahrt in der Linkskehre rechts Ri. *„RS Gaißach, Bad Tölz"* abzweigen *(„Leitenweg")*. *Nach 280 m* an der Kreuzung geradeaus *in o. g. Ri. Nach 120 m* an weiterer Kreuzung rechts bergauf *in o. g. Ri.* und bald auf Schotterweg ortsauswärts *(bei km 21,1 geradeaus über die Tratenbachbrücke in o. g. Ri., bei km 21,8 auf dem Asphaltweg weiterfahren)*.

**15**   *km 22,0/680 m*   <u>Durchfahrt Steinbach:</u> Bei dem Reitstall der Rechtskehre folgen. *Nach 110 m* an der Kreuzung schräg rechts/geradeaus auf den Schotterweg in Ri. *„Steinbachbrücke". Nach 180 m* mündet man an einem Querweg und fährt rechts in Ri. *„Steinbachtal, RS Gründern, Gaißach, Bad Tölz"*.

**16**   *km 23,7/708 m*   Man mündet an einen Betonformsteinweg, fährt links über die Brücke in Ri. *„Obergrieß, Gaißach"* und hält sich dann gleich wieder auf dem rechten Schotterwegzweig in Ri. *„Steinbachtal, Aueralm, Obergrieß, Gaißach"*.

**17**   *km 24,3/726 m*   <u>Durchfahrt nähe Untermberg:</u> Links auf den Schotterweg in Ri. *„Obergrieß, Gaißach"* abzweigen *(rechts eine Steinbachbrücke, geradeaus geht's in Ri. „Steinbachtal")*. *Nach 300 m* am Asphaltdreieck *(an Baum mit Marterl)* links und <u>stets dieser bald leicht abschüssigen Asphaltstraße folgen</u> *(an diversen Weilern/Höfen vorbei)*.

**18**   *km 27,5/672 m*   <u>Durchfahrt Lehen:</u> Rechts auf das Asphaltsträßchen Ri. *„Lehen"* abzweigen. *Nach 370 m* am Asphaltdreieck rechts *(„Lehen"-Straße, an Ortsschild vorbei)*. *Nach 100 m* der Linkskehre folgen und den Weiler durchqueren. *Nach 130 m* links auf den Asphaltweg in Ri. *„Rundweg Filze, Rechelkopf"* abzweigen und ortsauswärts *(nach 500 m <u>links</u> auf Asphaltweg abzweigen)*.

*4. Erweiterung der o. g. Variante zur Röhrelmoosalm:* Durch die Fahrt auf dem überwiegend asphaltierten Almsträßchen zur Röhrelmoosalm läßt sich die Tour zu einer deutlich schwereren Bike-Unternehmung ausbauen *(WW siehe Tour 22)*. Nach Abfahrt von der Röhrelmoosalm auf Forstwegen mündet man am neuen Radweg an der B 13 und folgt ihm links in Richtung Sylvenstein weiter nach o. g. Variante 3.

*5. Erweiterung der o. g. Varianten (zur Röhrelmoosalm und über Sylvenstein sowie Schronbach- und Röhrmoostal) mit der schönen Überquerung nach Glashütte, von dort dann über die Achenpaß zum Sylvensteinsee und weiter nach Variante 1 über das Schronbach- und Röhrmoostal sowie Leger zurück zur Bretonenbrücke:* Bei der o. g. Variante 4 kann man auf der Abfahrt von der Röhrelmoosalm die Route des teilweise neuen Forstweges aufnehmen, der anfangs extrem steil zu einer einsamen Waldsattelüberquerung nach Glashütte führt. Am Beginn des Downhills folgen einige Trials auf wilden Waldpisten, dann geht es auf breiten Forstautobahnen flott hinab nach Glashütte. Abseits der Fahrstraße überwindet man den Achenpaß, bevor man auf der Bundesstraße über Kaiserwacht zum Sylvensteinsee gelangt und dort weiter wie bei Variante 1 durch die idyllischen Almtälchen von Schronbach und Röhrmoos sowie über Leger und Langeneck wieder zurück zur Bretonenbrücke fährt *(siehe Alt.-WW 2 und 3/Tour 22)*.

**19** **km 28,9**/*672 m* Am Asphaltdreieck links abzweigen (→ *alternativ* für eine Erweiterung der Fahrt durch die Attenloher Filzen, über Gaißachtal, Waakirchen, Sachsenkam, Kloster Reutberg, Kirchsee, Ellbach nach Tölz rechts/geradeaus, nach 770 m am Asphaltende links auf flachen Schotterweg Ri. „Rundwanderweg" abzweigen, nach 300 m an der Verzweigung auf den rechten Weg und weiter nach WW 6-28/Tour 17).

**20** **km 29,4**/*673 m* Rechts auf den Schotterweg Ri. *„Rundwanderweg"* abzweigen (*vor* Mühle).

**21** **km 30,0**/*673 m* Am Wegedreieck (am Stadel) geradeaus in Ri. *„Gaißach-Dorf"* bleiben.

**22** **km 30,5**/*681 m* Am Wegedreieck geradeaus bleiben (am Stadel mit Jesuskreuz, → *alternativ* für Abkürzung nach Tölz links bergauf und über Reut und Gaißach zurück, ab Gaißach stets Ri. „RS Bad Tölz").

**23** **km 31,6**/*708 m* Nach steilerer Auffahrt dem Hauptweg durch die Linkskehre weiter bergauf folgen (bald am Attenloh-Hof vorbei).

**24** **km 32,3**/*729 m* An der Wegekreuzung geradeaus bleiben (rechts ein Asphaltweg).

**25** **km 33,0**/*721 m* Durchfahrt bei Tölz (Flugplatz): Man mündet an der B 472 und fährt links (auf jenseitigem Radweg). **Nach 90 m** ganz rechts auf den Asphaltweg abzweigen (durch Schranke, später Schotter). **Nach 220 m** links durch die Schranke weiter auf Schotterweg (am Flugplatz). **Nach 470 m** am Wegedreieck links (bei den alten Stadeln bzw. Hallen, später am Gebäude von Aigenhaus vorbei).

**26** **km 34,4**/*716 m* Man mündet an der B 13, folgt ihr nach links und zweigt **nach 120 m** rechts auf die leicht abschüssige *„Allgaustraße"* ab (führt später nach der Abfahrt über einen Bahnübergang).

**27** **km 35,4**/*686 m* Durchfahrt Tölz/Eichmühle: Man mündet an eine Querstraße und fährt geradeaus auf den Schotterweg bald leicht bergab (rechts geht's 210 m zum Eingang des Städt. Freibads Eichmühle). **Nach 120 m** über die Ellbachbrücke und dem Hauptweg nach rechts weiter folgen (bald bergauf, wird später zum Asphaltweg).

**28** **km 35,9**/*708 m* Man mündet an der Fahrstraße Tölz-Ellbach, folgt ihr nach rechts und zweigt **nach 150 m** links auf den Pfad in Ri. *„Über Klammerweiher nach Bad Tölz"* ab. **Nach 160 m** (an der Röckl-Kapelle) der Linkskehre folgen.

**29** **km 36,6**/*695 m* Man mündet an den Schotter-Radweg (Ellbach-Tölz) und folgt ihm geradeaus. **Nach 320 m** am Dreieck der Schotterweglein geradeaus in Ri. *„Waldfriedhof"* und auf diesem Weglein zum Ausgangspunkt (**km 37,6**).

*6. Erweiterung am Ende der Tour von den Attenloher Filzen durchs Gaißachtal und über Waakirchen, Sachsenkam, Kloster Reutberg und Kirchsee zurück nach Bad Tölz:* Für eine abschließende Badepause im schönen Kirchsee kann man die Tour ab WW 19 sehr gut auf der o. g. Route erweitern *(siehe Tour 17 sowie Hinweis bei WW 19)*. Am Ende dann bei der Röcklkapelle wieder nach WW 29 der Haupttour zurück zum Ausgangspunkt am Tölzer Waldfriedhof.

Auch probieren:

*7. Von Arzbach oder Lenggries auf der Höhenwegroute zur Bretonenbrücke bei Wegscheid (zur evtl. Umfahrung der als Fußgängerwege beschilderten Trails zwischen Arzbach/Lenggries und Lenggries/Wegscheid):* Statt dieser schönen Trails nähe Isar kann man jeweils auch auf der Höhenwegroute mit leichteren Auf- und Abfahrten nach Wegscheid zur Bretonenbrücke gelangen. Dazu bei WW 3 geradeaus bis in den Ort Arzbach bleiben, dort die Fahrstraße queren und weiter geradeaus am Arzbach entlang, dann links über einen Bachsteg und auf den Pfad zum Höhenweg weiter nach der Waldherralm-Isartal-Tour *(siehe Hinweise bei WW 3 und WW 5 sowie WW 13-18/Tour 5)*.

*8. Andere Route bei den Hohenburger Schloßweihern:* Für eine andere schöne Route bei den Schloßweihern kann man den Kalvarienberg auch links umrunden *(siehe Hinweis bei WW 11)*. Hier auf den Fußgängerwegen bitte absolute Rücksichtnahme und ggf. Schieben!

**8** **Tölzer Isartal-Rundfahrt** **37,6** km · **2:28** Std · **360** Hm

# 9 Münchner Forste-Gleißental-Trailtour — 34,6 km · 2:18 Std · 170 Hm

## Leichte Tour!

Eine weitläufige Bike-Rundfahrt durch Perlacher und Grünwalder Forst ins Gleißental, mit reizvollem Wechsel zwischen guten, breiten Schotterpisten und zahlreichen leichten Trails.

**Z**unächst durchquert man vom Säbener Platz den Perlacher Forst auf den hübschen, idyllischen kleinen Wald-Trails Nähe Harlachinger Krankenhaus und Sanatorium Menterschwaige. Beim Geiselgasteig-Weg trifft man auf den Bahn-Trail und folgt ihm bis zu dem Kiosk Nußbaum-Ranch. Direkt am Kiosk geht es rechts ab auf die tolle Rechberg-Trail-Piste am Kanälchen entlang, bevor der Link-Weg und ein Reitweg über Wörnbrunn und an Grünwald sowie am Wildschweingehege der Sauschütt vorbei bis zum Schilcher-Stern unweit des Isarhochufers leiten. **E**ine endlos lange, für diese Forste typische, fast kerzengerade Fahrt auf dem ruhigen Maximilian-Weg führt in die Nähe des Gleißentals, das nach weiterer Fahrt auf Waldweg und kurzem, steilen Trail-Downhill erreicht wird. Nach der Taldurchfahrt geht es kurz vor Deisenhofen auf schönem, uraltem Hohlweglein wieder aus der Senke hinaus. Bei der Kugler Alm folgt ein Trail direkt am Bahngleis entlang und der Perlacher Forst wartet dann zum Abschluß in Form von Stiegel-, Brunnen- und Jägersteig-Trail und bei der knackigen Überquerung der Muggl mit weiteren vorzüglichen Trail-Bike-Freuden auf.

| km | Ort | Hm | Zeit |
|---|---|---|---|
| 0,0 | **München** | 552 | |
| | Säbener Platz beim | | |
| | Giesinger Waldhaus | | |
| | (am Perlacher Forst) | | |
| 0,1 | Sulz-Weg | 553 | |
| 2,2 | nähe Harlach. Krhs | 560 | 0:10 |
| 2,8 | Menterschwaige | 559 | |
| | (Trail am Trambahn-Gleis) | | |
| 3,3 | Querung Harthauser | 563 | |
| 4,0 | Querung Geiselgasteig | 566 | |
| | (auf den Bahn-Trail) | | |
| 7,1 | Kiosk Nußbaum-Ranch | 578 | 0:29 |
| 7,2 | Rechberg-Trail/Weg | 578 | |
| 8,1 | Link-Weg | 577 | |
| 8,5 | Reitweg | 580 | |
| 9,8 | Forsthaus Wörnbrunn | 585 | 0:41 |
| 10,4 | Querung Fahrstraße | 594 | |
| | (Grünwald-Deisenhofen) | | |
| 11,1 | Link-Weg | 597 | |
| 12,1 | Sauschütt | 607 | |
| 12,4 | Schilcher-Stern | 610 | 0:50 |
| | (auf den Maximilian-Weg) | | |
| 16,0 | Maximianweg | **625** | |
| 16,1 | nähe Ödenpullach | 620 | |
| 16,2 | Querung Fahrstraße | 617 | 1:04 |
| 17,4 | Gleißental | 590 | 1:08 |
| 18,4 | Gleißental | 585 | 1:12 |
| 19,3 | Keltenschanze | 605 | |
| 22,0 | Deisenhofen | 586 | 1:27 |
| | (nähe Whs Kugler Alm) | | |
| 22,4 | Bahn-Trail | 584 | |
| 23,3 | Stiegel-Trail | 576 | |
| 24,9 | nähe Taufkirchen | 567 | 1:38 |
| 25,4 | Hermann-Stern | 564 | |
| | (Harthauser-Weg) | | |
| 25,8 | Brunnen-Trail | 562 | |
| 27,2 | nähe Unterhaching | 558 | 1:47 |
| | (Wasserleitung-Weg) | | |
| 27,5 | Harlachinger-Weg | 557 | |
| 27,9 | Wörnbrunner-Weg | 556 | |
| 28,7 | Mitter-Weg | 558 | |
| 29,7 | Perlacher Muggl | 586 | 1:58 |
| | (Überquerung der Muggl) | | |
| 30,2 | Jägersteig | 559 | |
| 31,5 | Tannenzipfel-Weg | 553 | |
| 31,9 | Querung Perlach | 553 | 2:08 |
| | (am Schießplatz) | | |
| 32,5 | diverse Wald-Trails | 551 | |
| 33,1 | (tiefster Punkt) | **548** | |
| 34,6 | Säbener Platz | 552 | 2:18 |

# München

**MÜNCHEN** 518 m

M 1:100 000
1 cm = 1 km

**Hinweis:**
Die sonstigen Touren des Isartals sind aus Platzgründen nicht im einzelnen numeriert

## Erlebniswert ③

Bike-Spaß: ★★★☆☆
Landschaft: ★★☆☆☆

Herrliche Hin- und Rückfahrt auf den schönsten, versteckten Bike-Pisten und Trails durch den Perlacher Forst. Traumhafte kleine Trails hinab ins Gleißental und aus dem Gleißental heraus wieder zurück in die Forste.

## Schwierigkeitsgrad ❶

Kondition: ●○○○○○
Fahrtechnik: ●●○○○○

Mit Ausnahme von abschnittweise etwas schlechteren Pisten und der vielen, teils holprigen, aber insgesamt noch gut fahrbaren Trails keine besonderen Schwierigkeiten.

## Fahrbahnen

| Asphalt | Schotter+Pisten | Trails+Trials |
|---|---|---|
| 3,0 km | 12,4/8,0 km | 9,0/2,2 km |

öff. Verkehr: 2,1 km   Mautverkehr: 0,0 km

## Schiebe-/Tragestrecken
keine

## Rast
Nußbaum-Ranch *(Kiosk im Perlacher Forst)*, Whs Kugler Alm in Deisenhofen

## Karten

| | |
|---|---|
| BTK Ammersee-Starnberger See | M 1:50.000 |
| KOMPASS Nr. 180 | M 1:50.000 |

---

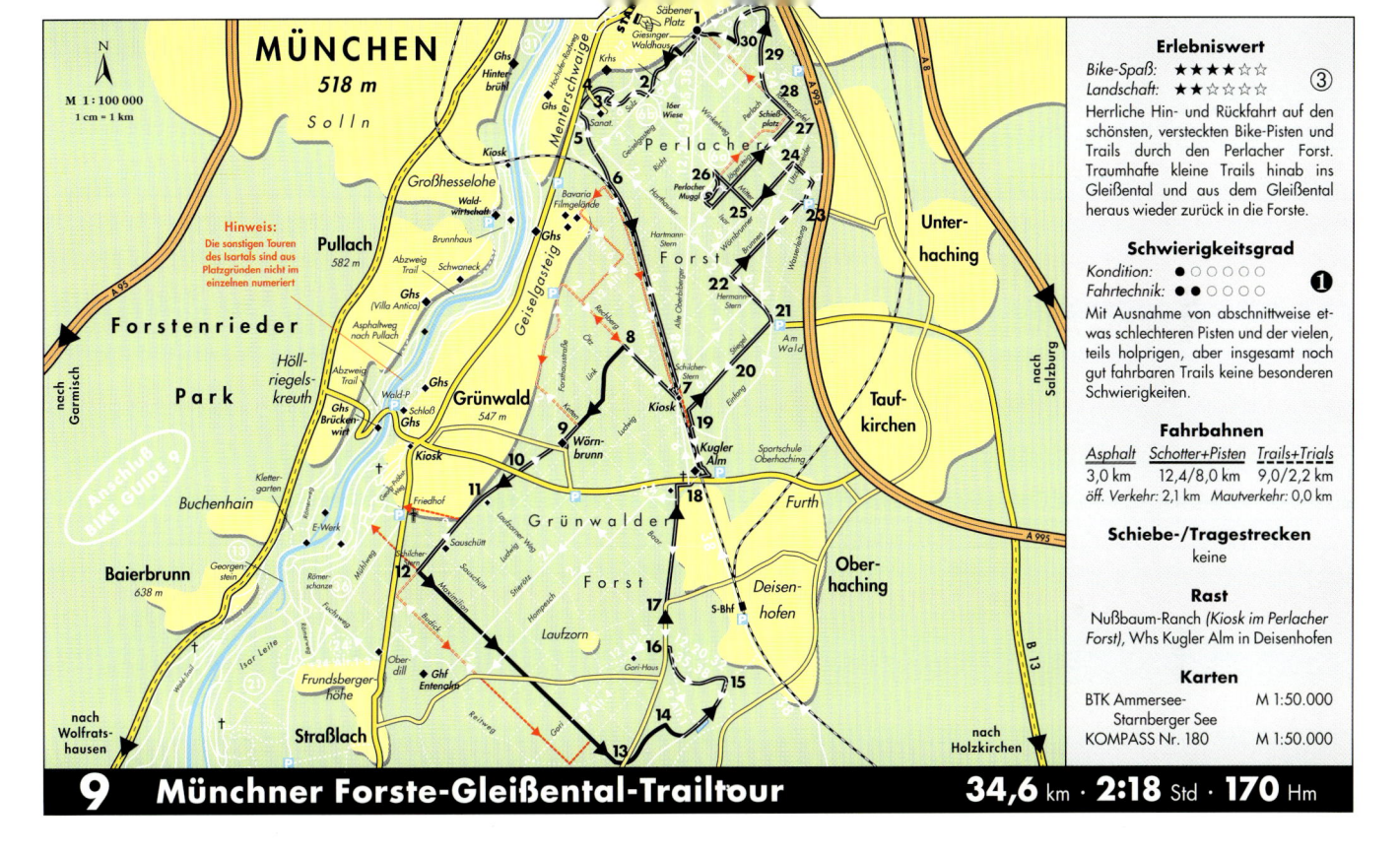

**9  Münchner Forste-Gleißental-Trailtour**   **34,6** km · **2:18** Std · **170** Hm

# 9 Münchner Forste-Gleißental-Trailtour
**34,6** km · **2:18** Std · **170** Hm

## Wegweiser

**1 km 0**/552 m Dem in den Forst führenden Asphaltweg Ri. **„RS Deisenhofen, Perlacher Forst"** folgen. **Nach ca. 90 m** rechts auf Schotterweg abzweigen *(nach „Forstdienststelle Giesinger Waldhaus", Sulz-Forstweg).* **Nach 300 m** rechts auf den Harlachinger Schneisenpfad abzweigen. **Nach 170 m** *(unmittelbar vor der Asphaltstraße, auf Höhe Haus-Nr. 178)* links weiter auf dem Schotterpfad bzw. Schotterweglein durch den Forst halten. **Nach 470 m** den Forstweg *(Winkelweg)* queren.

**2 km 1,3**/558 m Man mündet wieder am Sulz-Forstweg, fährt rechts und zweigt **nach 70 m** rechts auf den Waldweg ab *(nicht auf den bereits 10 m zuvor rechts abzweigenden Weg. Piste wird später zu Pfad, nach 230 m quert man die Mitter-Schneise).*

**3 km 2,0**/560 m Man mündet an einem Weglein und fährt rechts *(links geht's 70 m zum Sanatorium).* **Nach 190 m** an der Verzweigung geradeaus. **Nach 50 m** links auf den breiten Pfad abzweigen.

**4 km 2,6**/559 m Durchfahrt bei Menterschwaige: Das Asphaltsträßchen *(führt links zum Sanatorium)* queren und weiter auf dem Waldpfad. **Nach 140 m** mündet man an einen weiteren Pfad und fährt links *(an Tram-Gleis lang).* **Nach 150 m** links auf den zweiten Waldpfad abzweigen *(nähe Wartehaus).*

**5 km 3,3**/563 m Man mündet am Harthauser-Forstweg, folgt ihm nach links und zweigt **nach 30 m** rechts/geradeaus auf das Weglein bzw. den Pfad ab *(nach 310 m quert man den Sulz-Weg).*

**6 km 4,0**/566 m Man mündet am Geiselgasteig-Forstweg *(rechts etwas abseits die Bahnunterführung),* quert ihn und folgt dem schräg nach rechts weiterführenden Pfad. **Nach ca. 40 m** mündet man am Bahnweglein, fährt links und folgt nun stets diesem Weg bzw. Trail parallel zum Bahndamm.

**7 km 6,9**/576 m Man mündet an den Oberbiberger-Asphaltweg, folgt ihm rechts bergab durch die Bahnunterführung und danach der Linkskehre bergauf. **Nach 170 m** *(beim Kiosk am Asphaltende)* rechts auf den Graspfad abzweigen *(Rechberg, bald an Kanalgräblein entlang, später breiterer Weg).*

**8 km 8,1**/577 m An der dritten Wegekreuzung links auf den Link-Forstweg abzweigen *(über die Kanalgrabenbrücke).* **Nach 390 m** *(an der nächsten Wegekreuzung, Ötz-Weg quert)* leicht links auf das Waldweglein abzweigen (als **„Reitweg"** beschildert, → **alternativ** für eine nicht direkt über Wörnbrunn führende Route geradeaus auf dem Link-Forstweg bleiben, nach 1,0 km den Asphaltweg queren, nach 430 m die Asphaltstraße Grünwald-Wörnbrunn queren und weiter auf der nun schmäleren Piste, nach 420 m die Fahrstraße Grünwald-Oberhaching queren und links*

## Anfahrt

**Auto:** In München zum Säbener Platz in München-Neuharlaching *(direkt am Perlacher Forst gelegen, nähe Forstdienststelle Giesinger Waldhaus).*

### Fahrt zum Startplatz

An der großen Kreuzung am Stadion Grünwalder Straße in München-Giesing in Ri. *„Bad Tölz, Grünwald"* auf die *„Grünwalder Straße"* fahren. *Nach ca. 250 m* an der ersten Ampel am Wettersteinplatz links in die Seitenstraße abzweigen, bald der Rechtskehre folgen und dann stets der *„Säbener Straße"* bis zum Säbener Platz bei den Tennisplätzen direkt am Perlacher Forst folgen *(bei Forstdienststelle Giesinger Waldhaus).*

Für eine Anfahrt mit dem Bike bis zum Säbener Platz siehe WW 1/Tour 12.

*Die Tour beginnt* am Abzweig des vom Säbener Platz in Ri. „RS Deisenhofen, Perlacher Forst" in den Forst führenden Oberbiberger Asphaltweges.

### Alternative Startorte

Stadion an der Grünwalder Straße *(von dort mit dem Bike auf dem Radweg zum Säbener Platz, siehe z. B. WW 1/Tour 12),* Menterschwaige, Forsthaus Wörnbrunn, Grünwald *(von dort mit dem Bike nach Wörnbrunn oder zur Sauschütt),* Oberhaching-Deisenhofen *(z. B. beim Whs Kugler Alm),* Taufkirchen, Unterhaching

auf den Radweg an der Straße entlang, nach 190 m rechts auf den Forstweg in Ri. "Sauschütt" abzweigen und weiter nach WW 10). **Nach 390 m** mündet man an einen neuen Forstweg und fährt rechts (*"Reitweg"-Beschilderung*). **Nach 120 m** an einer Kreuzung geradeaus (*der Schilcher-Weg quert*).

**9  km 9,6**/583 m  Durchfahrt Wörnbrunn: An der "Forstdienststelle Wörnbrunn" dem beginnenden Asphaltweg folgen. **Nach 120 m** am Asphaltdreieck (*am Reitplatz*) links. **Nach 90 m** mündet man an eine Asphaltstraßenkehre und fährt rechts (*am Ghs Wörnbrunn vorbei*). **Nach 110 m** von der Straße links auf den Forstweg abzweigen.

**10  km 10,4**/594 m  Die Fahrstraße Grünwald-Oberhaching queren und geradeaus weiter auf dem Forstweg in Ri. **"Sauschütt"** (*rechts mündet der Radweg der o. g. Variante, siehe Hinweis WW 8*).

**11  km 11,1**/597 m  An der Kreuzung (*bei den Gebäuden und dem Holzzaun nähe Grünwald*) weiter stets geradeaus auf dem Haupt-Forstweg in Ri. **"Sauschütt"** bleiben (*Link-Weg, bei km 12,1 geht's am Sauschütt-Gelände vorbei, "Walderlebniszentrum". Bereits bei km 11,5 zweigt rechts an der Mauerecke ein Pfad ab,* → **alternativ** *für eine evt. Verbindung über Grünwald und den Grünwalder Friedhof zu den Isar- bzw. Isarhochufer-Touren, man fährt ca. 800 m stets geradeaus bis zum Parkplatz/Radweg beim Friedhof*).

**12  km 12,4**/610 m  An einer 6-Wege-Kreuzung links auf den **"Maximilian"**-Forstweg abzweigen (*Schilcher-Stern,* → **alternativ** *schräg rechts auf Ludwig-Forstweg – oder noch 440 m geradeaus bis zu dem unter der HS-Leitung querenden "Budick"-Weg und dort rechts - evt. Verbindungen zum Mühlweg und zu den Isartal- bzw. Isarhochufer-Touren möglich*). Nun stets auf dem Maximilian-Hauptweg bleiben (*bei km 14,5 ein Asphaltsträßchen und den "Laufzorner"-Weg queren, weiter auf* **"Maximilian"**-*Weg*).

**13  km 16,1**/620 m  Man mündet am Asphaltweg (*an den Feldern nähe Ödenpullach/Ziegelstadel*) und fährt links. **Nach 110 m** die Fahrstraße Ödenpullach-Deisenhofen queren und gegenüber weiter auf dem Forstweg (*nach 120 m der Linkskehre und dann stets weiter diesem Hauptweg folgen*).

**14  km 17,2**/612 m  An einer Kreuzung (*geradeaus ist Weg mit Holzsperre verschlossen*) rechts auf das bald kurz abschüssige Waldweglein abzweigen. **Nach ca. 140 m** rechts auf den steil hinab ins Gleißental führenden Pfad. **Nach 60 m** mündet man am Weg im Gleißental und fährt links.

**15  km 18,4**/585 m  In leichter Rechtskehre (*kurz nach Wegedreieck unter HS-Leitung,* **nicht** *ganz links auf den Graspfad, bald ein Reit-/Bike-Verbotsschild!*) links/geradeaus auf den Pfad abzweigen (*führt bald als Hohlpfad im Wald bergauf*). **Nach 320 m**

---

### Variationen
Auch probieren:

***1. Statt des holprigen Bahn-Trails vom Säbener Platz aus auf der bequemeren Forstpiste des Bahnweges in Richtung Kiosk Nußbaum-Ranch im Perlacher Forst fahren:*** Statt des teilweise etwas holprigen Bahn-Trails kann man an WW 6 (*bei Mündung am Geiselgasteig-Forstweg*) rechts durch die Bahnunterführung fahren und danach gleich wieder links auf den bequemen breiten Bahnweg abzweigen. Man mündet dann direkt an der Bahnunterführung bei WW 7 der Haupttour, fährt noch wenige Meter bergauf zum Kiosk Nußbaum-Ranch und zweigt dort rechts auf den Graspfad der Rechberg-Route ab (*bald direkt am Kanalgraben entlang, siehe auch Alt.-WW 5/Tour 12*). Alternativ dazu kann man die Fahrt etwas abkürzen und bereits im Verlauf des Bahnweges gleich rechts auf den Linkweg abzweigen. Dann später bei Querung des Rechberg-Weges weiter nach WW 8 der Tour nach Wörnbrunn fahren.

***2. Wie bei Variante 1 fahren, jedoch auf dem Geiselgasteig-Weg, bald am Bavaria-Filmgelände vorbei und auf Perlach-Asphaltweg zu WW 8:*** Bei Mündung am Geiselgasteig-Forstweg wie bei Variante 1 rechts durch eine Bahnunterführung, dann jedoch geradeaus auf dem Geiselgasteig-Weg bleiben, bis man direkt an den Kulissen des Bavaria-Filmgeländes mündet. Dort links auf den Asphalt-

---

**9  Münchner Forste-Gleißental-Trailtour**   **34,6** km · **2:18** Std · **170** Hm

# 9 Münchner Forste-Gleißental-Trailtour — 34,6 km · 2:18 Std · 170 Hm

Auffahrt den Weg queren. **Nach 30 m** mündet man an einer Wegkehre und fährt links/geradeaus *(bald ein Stück an der HS-Schneise entlang, bei km 19,3 an Info-Tafel der „Keltenschanze" vorbei)*.

**16   km 19,6**/604 m Man mündet an der Fahrstraße Ödenpullach-Deisenhofen und folgt ihr nach rechts.

**17   km 20,2**/599 m In einer Rechtskehre geradeaus auf den Fuß-/Radweg abzweigen *(am Laufzorner Feld nähe Deisenhofen, später ein Schotterweg, **bei km 20,8** geradeaus auf der Asphaltstraße weiterfahren, bald an den Deisenhofener Häusern entlang)*.

**18   km 21,5**/588 m Durchfahrt Deisenhofen/Kugler Alm: Bei den letzten Häusern geradeaus bleiben *(rechts zweigt „Grünwalder Weg"-Straße, links ein Forstweg ab)*. **Nach 320 m** mündet man am Radweg und fährt rechts in Ri. **„München-Giesing, Oberhaching"** *(an der tiefergelegenen Fahrstraße, → **alternativ** bereits 70 m zuvor rechts auf den Schotterweg abzweigen)*. **Nach 150 m** am Radwegedreieck *(am Marterl/Brunnen)* geradeaus in Ri. **„Furth"**. **Nach 170 m** geradeaus bergab durch die Unterführung *(→ **alternativ** links auf flachem Radweg evtl. kurzer Rastabstecher zum nahen Whs/Biergarten Kugleralm)*. **Nach 130 m** *(nach Auffahrt ab der Unterführung, nähe Großparkplatz)* links auf das Asphaltsträßchen abzweigen. **Nach 60 m** *(an Toreinfahrt/Gebäude der „Stadtwerke München")* links

auf den Graspfad abzweigen und diesem Trail bald stets parallel zum Bahndamm folgen.

**19   km 23,0**/580 m Rechts auf den Schotterweg abzweigen *(kurz nach Verbreiterung des Trails zu einem Weg)* und gleich **nach 30 m** in der Rechtskehre wieder links auf einen Pfad abzweigen. **Nach 190 m** geradeaus bleiben *(rechts ein Pfadabzweig, weiße Markierung an Baum)* und **erst nach 60 m** rechts auf einen Wald-Trail abzweigen.

**20   km 24,2**/571 m Man mündet an einer Forstwegkreuzung *(vom „Stiegel"-Pfad kommend, der „Grenz"-Forstweg quert hier)* und fährt geradeaus gleich wieder weiter auf dem schmalen Stiegel-Graspfad. **Nach 430 m** den Forstweg *(„Weiher")* queren und geradeaus weiter auf dem Pfad.

**21   km 24,9**/567 m Durchfahrt bei Taufkirchen: Man mündet an einen Forstweg *(auf dem Stiegel-Pfad aus Grasdickicht kommend, nähe Wegekreuzung)* und folgt ihm nach links. **Nach 280 m** an der Verzweigung geradeaus bleiben. **Nach 180 m** an der Kreuzung *(mit dem „Diensthütten"-Weg)* geradeaus auf dem **„Harthauser"**-Weg bleiben.

**22   km 25,8**/562 m Vom Harthauser-Forstweg rechts auf das **„Brunnen"**-Weglein abzweigen *(**nun stets diesem Wald-Trail folgen**, dabei im Verlauf diverse Wald- und Forstwege queren)*.

weg, später dann dem querenden Perlach-Asphaltweg folgen und im Verlauf links auf den direkt am Kanalgraben entlangführenden, sehr idyllischen Rechberg-Weg abzweigen. Von dieser Piste zweigt dann im Verlauf rechts der Link-Weg ab, dort weiter nach WW 8 der Haupttour *(siehe auch Alt.-WW 6/Tour 12)*.

***3. Vom Kiosk Nußbaum-Ranch statt auf dem Link-Weg über Wörnbrunn auf dem Ludwig-Forst- und Asphaltweg direkt zum Maximilian-Stern im Grünwalder Forst:*** Eine etwas kürzere Tourenvariante von WW 7 beim Kiosk Nußbaum-Ranch direkt zum WW 12/13. Beim Kiosk wie beschrieben rechts auf den Rechberg-Trail bald am Kanalgraben entlang, dann jedoch gleich wieder links über die Kanalbrücke auf den Ludwig-Weg abzweigen und diesem stets geradeaus folgen *(allerdings ist der Ludwig-Weg im zweiten Teil ab Fahrstraße Grünwald-Deisenhofen dann asphaltiert)*.

***4. Statt des Maximilian-Weges vom Schilcherstern aus den parallel verlaufenden Budick-Weg durch den Grünwalder Forst nehmen:*** Bei WW 12 am Schilcher-Stern noch ein Stück geradeaus auf dem Link-Weg bleiben und dann erst dem nächsten, in Nähe der Fahrstraße Grünwald-Straßlach querenden Forstweg nach links folgen *(Budick-Weg)*. Im Verlauf am Ende links auf den Gori-Weg abzweigen und dann kurz zum Maximilian-Weg der Haupttour queren und diesem rechts zu WW 13 bei Ödenpullach/Ziegelstadel folgen.

**23** **km 27,2**/558 m  Durchfahrt bei Unterhaching: Man mündet am Winkelweg und fährt rechts. **Nach 60 m** (Kreuzung am Parkplatz bei der AB-Unterführung nähe Unterhaching) links auf den *"Wasserleitung"*-Weg abzweigen. **Nach 370 m** links auf den Forstweg abzweigen (Harlachinger-Weg).

**24** **km 27,9**/556 m  An der Kreuzung (mit dem Utzschneider-Weg, kleine Bauminsel) schräg links auf den etwas schmäleren *"Wörnbrunner"*-Weg abzweigen *(nicht ganz links auf Utzschneider-Forstweg)*.

**25** **km 28,7**/558 m  Dem zweiten querenden Forstweg nach rechts folgen (*"Mitter"*-Weg).

**26** **km 29,1**/559 m  Durchfahrt an Perlacher Muggl (Überquerung der Muggl): Am Perlacher Muggl geradeaus auf dem *"Mitter"*-Forstweg bleiben *(rechts zweigt "Jägersteig"-Trail ab, → **alternativ** ohne die Überquerung der beiden Muggl-Hügel hier gleich rechts abzweigen)*. **Nach 220 m** am Wegedreieck links und **nach 40 m** links hoch auf das Weglein zum ersten Muggl-Hügel abzweigen. **Nach 100 m** Auffahrt (am Pistendreieck auf dem Hügel) rechts bergab. **Nach 110 m** (in der Senke zwischen beiden Hügeln) geradeaus bergauf zum zweiten Hügel. **Nach 80 m** Auffahrt mündet man an einen Pfad und fährt **noch 10 m** hinauf zum Unterstand am höchsten Punkt. Dort umdrehen und auf dem Pfad wieder bergab *(jetzt durch die Rechtskehre)*. **Nach ca. 70 m** Abfahrt links bergab auf den steilen Pfad abzweigen *(auf kurzer Flachpassage)*. **Nach 70 m** an der Verzweigung links halten, **nach 40 m** mündet man am *"Jägersteig"*-Graspfad und folgt ihm nach links. **Nach 310 m** den "Mitter"-Forstweg (die eben gefahrene Route) queren und geradeaus stets weiter auf dem *"Jägersteig"*-Trail bleiben.

**27** **km 31,5**/553 m  Man mündet am Tannenzipfel-Forstweg und fährt links (in Gegen-Ri. ist "Jägersteig" beschildert, gegenüber führt Graswerg weiter).

**28** **km 31,9**/553 m  Den "Perlach"-Asphaltweg (an Trafohäuschen/eingezäuntem Schießplatz) queren, geradeaus weiter auf dem *"Tannenzipfel"*-Weg bleiben und **nach 40 m** rechts auf Waldpfad abzweigen *(jetzt stets diesem Haupt-Trail folgen)*.

**29** **km 32,5**/551 m  Das Richt-Weglein, **nach 80 m** den Forstweg und **nach ca. 60 m** den Giesinger-Schneisenpfad queren *(und stets weiter dem Hauptweglein in einer weiten Schleife durch den Wald folgen, bei km 33,1 den Geiselgasteig-Weg und bei km 33,7 nochmals den Giesinger-Schneisenpfad queren)*.

**30** **km 34,0**/550 m  Man mündet am Geiselgasteig-Forstweg, fährt rechts und zweigt gleich **nach 10 m** an der Wegekreuzung rechts auf den Forstweg zum Ausgangspunkt ab (**km 34,6**).

---

Besser nicht probieren:

**5. Die zahlreichen Trails und kleinen Waldpisten der Reitwege zwischen Laufzorn, Straßlach und Großdingharting bzw. Ödenpullach/Ziegelstadel:** Wegen der häufigen Nutzung als Reitwege sind die in diesem Bereich des Grünwalder Forstes befindlichen, eigentlich schönen kleinen Pisten und Weglein weitgehend zerstört, feucht und tiefgründig, also zum Biken in der Regel kaum mehr zu gebrauchen.

---

**9**  **Münchner Forste-Gleißental-Trailtour**  **34,6** km · **2:18** Std · **170** Hm

# 10 Münchner Isartal-Tour

**34,0** km · **2:16** Std · **334** Hm

## Leichte Tour!

Eine stets unten im Flußtal und neben gut fahrbaren Trails überwiegend auf den breiteren Wegen verlaufende Bike-Schleife vom Marienklausensteg über das Mühltal zum Bruckenfischer.

**M**it dem Bike fährt man von der Tierparkstraße bzw. -brücke am Tierpark Hellabrunn vorbei zum Marienklausensteg und folgt dort stets der breiten Schotterpiste des Isartal-Radweges flußaufwärts bis zum Waldparkplatz bei der Grünwalder Brücke. Auf Trails an den Bombenkratern vorbei und mit kurzer Schiebepassage gelangt man unter die Brücke und nimmt den herrlichen, schmalen, aber bestens zu fahrenden Isarufer-Trail weiter flußaufwärts. Nach kurzer Fahrt Richtung Hochufer zweigt der herrliche Bike-Trail des alten Georgensteiner Hangwegs ab. **D**er Isarleiten-Forstweg führt zum Mühltal, am Ende geht es nach der Wald-Trail-Querung zum Isarufer und direkt am Wasser entlang. Vom Gasthaus Mühle leitet ein Asphaltweg am Kanal nach Dürnstein und zum Ghs Bruckenfischer. Das kurz nach der Isarbrücke bei Schäftlarn abzweigende Dammweglein dient als Verbindung zum Forstweg, auf dem jede typische Isartalrunde verläuft. Auf diesem Hauptweg, mit einer kurzen Trail-Passage und einigen asphaltierten Sträßchen, gelangt man isarabwärts an E-Werk und Brückenwirt vorbei unter die Großhesseloher Brücke und zurück zur Marienklause.

| km | Ort | Höhe | Zeit |
|---|---|---|---|
| 0,0 | **München** | **525** | |
| | *Marienklausensteg* | | |
| | *(nähe Tierpark Hellabrunn)* | | |
| 2,0 | Isartal-Fuß-/Radweg | 532 | |
| | *(Unterquerung der* | | |
| | *Großhesseloher Brücke)* | | |
| 4,6 | Wegedreieck | 551 | |
| 6,3 | nähe Waldparkplatz | 558 | 0:29 |
| | *(unterhalb von Grünwald)* | | |
| 6,7 | Isarufer-Trail | 538 | |
| | *(unter der Grünwalder Brücke)* | | |
| 7,3 | Wiesengelände | 539 | |
| | *(Mündung Ausweichroute* | | |
| | *über Grünwald-Ortsmitte)* | | |
| 9,0 | E-Werk-Gebäude | 543 | 0:41 |
| 9,4 | Wegabzweig | 548 | |
| | zum Hochufer | | |
| 9,8 | Georgensteiner | 577 | 0:48 |
| | Hangweg-Trail | | |
| 11,2 | Römerweg | 564 | 0:56 |
| 11,3 | Isarleiten-Forstweg | 570 | |
| 12,6 | Wald-Trail | 555 | |
| 12,8 | Isaruferweg | 546 | 1:02 |
| 14,5 | Ghs Zur Mühle | 557 | 1:10 |
| 17,2 | Dürnstein | 569 | 1:18 |
| 17,4 | Ghs Bruckenfischer | 563 | |
| 17,6 | Dammweglein | 562 | |
| 19,3 | Pumpwerk-Gebäude | 558 | |
| 19,4 | Forstweg | 570 | 1:25 |
| 20,7 | Abzweig Trail | **590** | |
| | *(in den Waldtalgraben)* | | |
| 21,1 | Forstweg | 574 | |
| 21,8 | Wegedreieck | 563 | |
| 23,2 | Wegedreieck | 571 | |
| | *(unterhalb von Baierbrunn)* | | |
| 25,1 | E-Werk | 544 | 1:46 |
| | *(nähe Klettergarten)* | | |
| 27,2 | Ghs Brückenwirt | 539 | |
| 31,8 | nähe Kiosk | 533 | 2:11 |
| | *(unter Großhesseloher Brücke,* | | |
| | *rechts über die Kanalbrücke)* | | |
| 34,0 | Marienklausensteg | **525** | 2:16 |

### Alternativ-Route

Ausweichroute vom Waldparkplatz im Isartal über Grünwalder Schloß, Ortsmitte und die Eierwiese wieder hinab zum Isar-Trail *(diese Route ist evtl. während der Bauzeit der Grünwalder Brücke notwendig, wenn dann die Durchfahrt unter der Brücke gesperrt ist).*

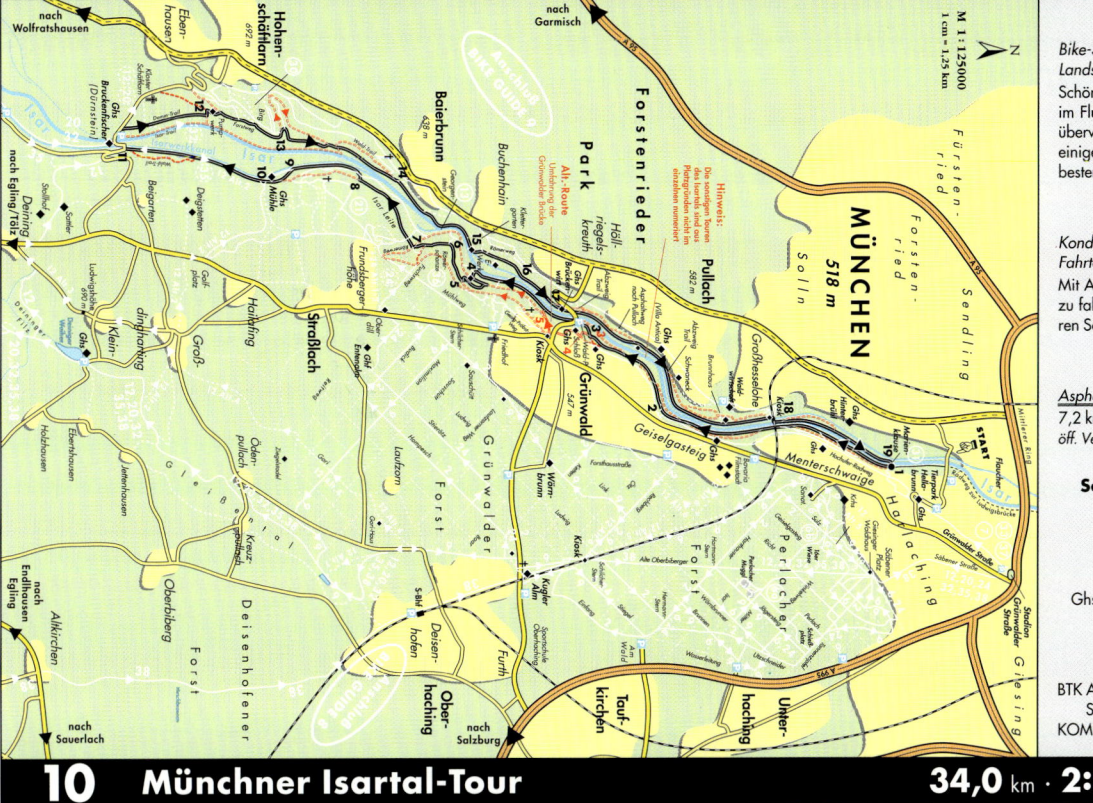

## Erlebniswert

*Bike-Spaß:* ★★★☆☆
*Landschaft:* ★★☆☆☆☆  ③

Schöne, abwechslungsreiche und stets im Flußtal verlaufende Isarschleife auf überwiegend guten Pisten. Auch mit einigen idyllischen und überwiegend bestens fahrbaren, leichten Trails.

## Schwierigkeitsgrad

*Kondition:* ● ○ ○ ○ ○ ○ ○
*Fahrtechnik:* ● ● ○ ○ ○ ○ ○  ❶

Mit Ausnahme der überwiegend leicht zu fahrenden Trails keinerlei besonderen Schwierigkeiten.

## Fahrbahnen

| <u>Asphalt</u> | <u>Schotter+Pisten</u> | <u>Trails+Trials</u> |
|---|---|---|
| 7,2 km | 20,1/0,6 km | 5,3/0,8 km |

öff. Verkehr: 0,5 km   Mautverkehr: 0,0 km

## Schiebe-/Tragestrecken

Kurze Passage unter der Grünwalder Brücke

## Rast

Ghs Zur Mühle, Ghs Zum Bruckenfischer, Ghs Brückenwirt

## Karten

BTK Ammersee-
Starnberger See            M 1:50.000
KOMPASS Nr. 180            M 1:50.000

---

**10  Münchner Isartal-Tour**    **34,0** km · **2:16** Std · **334** Hm

# 10 Münchner Isartal-Tour

**34,0** km · **2:16** Std · **334** Hm

## Wegweiser

**1 km 0**/525 m Vom Marienklausensteg <u>stets dem breiten Haupt-Schotterweg</u> isaraufwärts folgen *(bald Schild Ri. „RS Wolfratshausen, Grünwald").*

**2 km 4,6**/551 m Am Wegedreieck *(nach den ersten leichteren Auffahrten)* rechts wieder leicht bergab fahren und <u>weiter stets dem Hauptweg folgen.</u>

**3 km 6,3**/558 m <u>Durchfahrt Grünwalder Brücke:</u> An der Wegekreuzung *(nähe Wald-P, unterhalb von Grünwald,* → *alternativ* für Route über Ortsmitte siehe Alt.-WW) rechts leicht bergab. **Nach 40 m** *(kurz vor Schranke/Wald-P,* → *alternativ* für Kurztour geradeaus und über P und Grünwalder Brücke zu WW 17 der Tour beim Brückenwirt)* rechts bergab, **nach 20 m** den Schotterweg queren und geradeaus auf den Waldweg Ri. *„zur Isar"* (Sperre). **Nach ca. 120 m** geradeaus bleiben *(nähe Wiese, bald bergauf).* **Nach 100 m** *(auf dem ersten Plateau)* rechts auf den schmalen, kurz steil abschüssigen Hohlpfad abzweigen *(Schiebepassage),* diesem gleich nach links *(bald unter Grünwalder Brücke durch)* und <u>dann dem Isarufer-Trail stets flußaufwärts folgen.</u>

**4 km 8,8**/541 m Vom Isarufer-Trail links abzweigen *(an Steinböschung hoch)* und dem beginnenden Schotterweg folgen. **Nach 160 m** mündet man an Querweg und fährt links *(am E-Werk-Gebäude,* rechts beginnt Wanderweg/Trail zum Georgenstein). **Nach 400 m** rechts ab auf Weg zum Hochufer.

**5 km 9,8**/577 m Während der Auffahrt von dem Hauptweg rechts auf den Wald-Trail abzweigen *(in der <u>zweiten</u> engen Linkskehre der Auffahrt, Hangweg zum Georgenstein, links zweigt ein Weg ab).*

**6 km 10,4**/567 m An der Verzweigung auf den linken Pfad halten. **Nach 170 m** geradeaus bleiben *(rechts zweigt Waldpiste ab,* → *alternativ* für Route über Isarufer und Georgenstein, siehe WW 3-5/Tour 36). **Nach 30 m** an der Verzweigung links bergab *(bald ein Hohlpfad).* **Nach 160 m** *(nach der feuchten Waldsenke)* mündet man an ein Weglein und folgt ihm leicht links/geradeaus bergauf.

**7 km 11,2**/564 m Man mündet an Forstweg, fährt links bergauf *(Römerweg, rechts mündet o. g. Variante über Georgenstein)* und zweigt **nach 50 m** an der Kreuzung rechts auf den Isarleiten-Forstweg ab.

**8 km 12,6**/555 m Vom Isarleiten-Forstweg rechts hoch auf den Waldpfad abzweigen *(kurz vor tiefstem Punkt, Pfad führt bald kurz steil bergauf).* **Nach 80 m** am Pfadedreieck leicht links/geradeaus auf leicht abschüssigen, wurzligen Waldpfad. **Nach ca. 100 m** rechts auf den Pfad zum nahen Isarufer abzweigen. **Nach 50 m** mündet man am Isaruferweg und folgt ihm links flußaufwärts.

## Anfahrt

**Auto:** In München bis zur Thalkirchner Brücke am Tierpark Hellabrunn *(nähe Tierpark-Eingang)* und dort auf einem der beschilderten Parkplätze parken.

## Fahrt zum Startplatz

Direkt an der Thalkirchner Brücke *(nähe Eingang Tierpark)* <u>mit dem Bike</u> von der „Tierparkstraße" auf den asphaltierten „Schlichtweg" abzweigen und diesem am Tierpark entlang isaraufwärts gute 900 m bis zur Marienklause folgen.

*Die Tour beginnt* kurz nach Überquerung einer Wehrbrücke am Abzweig des rechts über die Isar führenden Marienklausenstegs (Fuß-/Radwegbrücke).

## Alternative Startorte

P Stadion Grünwalder Straße *(von dort auf dem Hochufer-Asphaltweg nach Harlaching und am Beginn des Hochufer-Radweges rechts durch die Sperre und auf dem Asphalt-Fußweg hinab zur Marienklause, siehe auch WW 1-2/Tour 7),* Grünwald, Waldparkplatz Mühltal bei Straßlach, Dürnstein/Bruckenfischer bzw. Kloster Schäftlarn, Schäftlarn oder Baierbrunn, Ghs Brückenwirt, Waldparkplatz bei der Grünwalder Brücke

9. **km 14,1/548 m** Weiter dem Hauptweg durch eine leichte Linkskehre folgen *(vom Isarufer weg)*.

10. **km 14,5/557 m** <u>Durchfahrt Mühltal</u>: Am Gasthaus „Zur Mühle" dem Asphaltsträßchen geradeaus bergauf folgen. **Nach 120 m** an der Asphaltverzweigung geradeaus bleiben *(auf rechten Zweig, führt nun stets am Isarwerkkanal entlang)*.

11. **km 17,2/569 m** <u>Durchfahrt Dürnstein/Bruckenfischer</u>: Man mündet an Fahrstraße und folgt ihr rechts über Kanal- und Isarbrücke (Ri. **„RS Hohenschäftlarn, Kloster Schäftlarn"**, bald am „Ghs Bruckenfischer" vorbei). **Nach 360 m** *(rechts an der Straße beginnt ein asphaltierter Fußweg)* <u>rechts hoch auf den Dammpfad</u> abzweigen *(wird später zu Weg)*.

12. **km 19,1/560 m** Vom Dammweg links bergab auf den querenden Pfad *(vom Isar-Trail her)* abzweigen. **Nach 100 m** über die Bachbrücke und rechts auf Weglein. **Nach 80 m** *(nähe Gebäude)* auf Schotterweg bergauf. **Nach 90 m** mündet man am Forstweg und folgt ihm rechts bergab.

13. **km 20,7/590 m** Bei der Auffahrt rechts bergab auf den Waldpfad abzweigen. **Nach 140 m** Abfahrt im Waldtalgraben rechts halten *(auf einen der beiden Pfadzweige, nach 180 m wieder an breiter Forstweg, bei km 21,8 am Wegedreieck rechts halten, links bergauf geht's nach Hohenschäftlarn)*.

14. **km 23,2/571 m** An einem weiteren Wegedreieck rechts Ri. **„Buchenhain"** *(Weg führt bald steil bergab, links bergauf geht's nach Baierbrunn)*.

15. **km 25,1/544 m** Die Schranke/Sperren beim E-Werk-Gebäude passieren und weiter geradeaus auf Schotterweg bleiben *(bald kurz bergauf)*.

16. **km 26,0/558 m** Nach dem Garagengebäude leicht rechts/geradeaus bergab auf den Schotterweg abzweigen *(Radverbotsschild)*. **Nach 90 m** die Asphaltstraße queren und geradeaus auf dem schmalen Waldweglein weiter bergab. **Nach 160 m** mündet man am Asphaltsträßchen nähe Isar und folgt ihm links/geradeaus flußabwärts.

17. **km 26,9/540 m** An der Verzweigung *(kurz vor Ghs Brückenwirt)* dem flachen Asphaltweg geradeaus weiter isarabwärts folgen *(bald am „Brückenwirt" vorbei, dann unter der Grünwalder Brücke durch)*.

18. **km 31,8/533 m** <u>Durchfahrt unter Großhesseloher Brücke</u>: Am Asphaltbeginn *(kurz nach Kiosk)* rechts über die Kanalbrücke abzweigen und dem querenden Schotterweg links isarabwärts folgen.

19. **km 33,9/525 m** Rechts über den Marienklausensteg zum Ausgangspunkt am jenseitigen Isarufer abzweigen *(Fuß-/Radwegschild, km 34,0)*.
    – Alt.-WW siehe auf dem Höhenprofil –

### Variationen

Leichter:

*1. Kurztour, nur bis zur Grünwalder Brücke:* Für eine Spritztour an WW 3 rechts über die Grünwalder Brücke und beim Brückenwirt weiter nach WW 17 der Haupttour isarabwärts zurück zur Marienklause *(siehe Hinweis bei WW 3)*.

*2. Kombination mit den Isartal-Trails:* Es gibt ganz nach Belieben vielfältigste Kombinationsmöglichkeiten mit den diversen Bike-Pisten der vielen Isartal-Trails *(siehe auch Touren 13, 21, 24, 31, 33, 37)*.

*3. Kombination mit der Isarhochufer-Tour:* Durch Verknüpfungen mit der Isarhochufer-Tour ergeben sich diverse abwechslungsreiche Routen *(siehe Tour 7)*.

*4. Erweiterung mit dem Schäftlarner Birg-Trail:* Beste Kombinationsmöglichkeiten bestehen mit diesem Trail. An WW 13 auf dem Forstweg bergauf in Richtung Hohenschäftlarn bleiben und ein Teil der Route des Schäftlarner Birg-Trails anhängen *(siehe auch Tour 30)*.

Eventuell benutzen:

*5. Evt. Umfahrung der Baustelle beim Neubau der Grünwalder Brücke, über Grünwald-Ortsmitte und die Eierwiese zum Isar-Trail:* Während der Bauzeit der neuen Grünwalder Brücke *(geplante Fertigstellung im Jahr 2000)* muß man wegen Sperrung des unter der Brücke durchführenden Trails evt. diese Route fahren *(siehe Alt.-WW, <u>nur auf dem HP!</u>)*.

**10** Münchner Isartal-Tour — **34,0** km · **2:16** Std · **334** Hm

# 11 Benediktbeurer Loisachtal-Tour

**42,6** km · **2:36** Std · **465** Hm

## Leichte bis mäßig schwere Tour!

Eine am Alpenrand beginnende, weitläufige Bike-Rundfahrt um die landschaftlich reizvollen Loisachmoose des Vorlandes zwischen Benediktbeuern, Bad Heilbrunn, Königsdorf und Penzberg.

**V**om Alpenwarmbad bei Gschwendt führt das Fußweglein des Mariabrunner Rundwegs zum Ausgang des Lainbachtals. Im Wechsel von Schotter und Asphalt fährt man stets weiter am Fuß der Berge entlang über den Gasthof Ludlmühle und Ober- sowie Untersteinbach und gelangt am Ende über die Baumberghöfe hinauf von Enzenau und Bad Heilbrunn. Auf bester Bike-Route geht es von dort über den Schönauer Weiher und das Stallauer Bachtälchen nach Ramsau und weiter auf diversen Schleichwegen über Bach nach Ober- und Unterbuchen. **E**in Fahrsträßchen leitet über Schwaighofen nach Schönrain, wo eine wunderschöne Einfahrt in die sehr idyllische Landschaft der Breitfilzen folgt. Durch hügeliges Gelände und mit vielen reizvollen Ausblicken über Loisachtal und zu den Bergen verläuft die Route nun meist auf ruhigen Asphaltsträßchen über Oberhof und rund um die Stadt Penzberg bis zum Riederner Weiher. Dort geht es wieder in die Filze und nach Überquerung der Loisachbrücke auf dem schönen neuen Loisach-Radweg zum Kloster Benediktbeuern. In Ried zweigt man auf den Pfad ab, der direkt am gezähmten Steinbach zum Alpenwarmbad führt.

| km | Ort | Höhe | Zeit |
|---|---|---|---|
| 0,0 | **Benediktbeuern** *Alpenwarmbad bei Gschwendt* | 650 | |
| 0,1 | Fußweg Mariabrunn | 652 | |
| 0,6 | Lainbachtal bei Gschwendt | 663 | 0:03 |
| 1,1 | Häusern | 656 | |
| 2,7 | Hofstätt *(nä. Ludlmühle)* | 653 | 0:10 |
| 3,0 | Steinbachbrücke | 656 | |
| 3,2 | Obersteinbach | 653 | |
| 4,3 | Untersteinbach | 624 | |
| 5,5 | Baumberg | 634 | |
| 6,8 | Oberenzenau | 662 | |
| 7,2 | Bad Heilbrunn | **672** | 0:28 |
| 8,2 | Schönauer Weiher | 622 | 0:32 |
| 8,8 | Stallauer Bachtal | 616 | |
| 9,9 | Ramsau | 637 | 0:39 |
| 10,6 | nähe Hammerl-Hof | 656 | |
| 11,5 | Bach-Hof | 651 | |
| 12,0 | Oberbuchen | 647 | 0:48 |
| 12,5 | Abzweig Feldweg | 647 | |
| 13,7 | Unterbuchen | 636 | 0:54 |
| 15,5 | Schwaighofen | 664 | 1:01 |
| 16,1 | Schönrain | 636 | |
| 18,5 | Breitfilz | 590 | 1:07 |
| 19,6 | Nantesbuch-Höfe | 630 | |
| 22,1 | Loisachbrücke | 586 | |
| 22,1 | Abzweig Oberhof | **584** | |
| 23,4 | Oberhof | 635 | 1:27 |
| 25,5 | Eitzenberger Weiher | 608 | |
| 27,3 | Ponholz-Hof *(Golfplatz)* | 621 | |
| 27,5 | Penzberg-Kirnberg | 620 | 1:41 |
| 28,3 | Kirnbergsee | 611 | |
| 28,6 | nähe Vordermeir-Hof | 619 | |
| 29,0 | Hubkirche | 621 | |
| 29,5 | Penzberg | 611 | |
| 30,8 | Breunetsried | 604 | 1:52 |
| 33,1 | Riederner Weiher | 606 | 2:00 |
| 35,0 | Loisachbrücke *(B 472 Sindelsdorf-Bichl)* | 601 | 2:06 |
| 35,1 | Loisach-Radweg | 597 | |
| 39,5 | Kloster Benediktbeuern | 617 | 2:23 |
| 41,4 | Ried | 629 | |
| 41,7 | Lainbach-Trail | 635 | |
| 42,6 | Alpenwarmbad | 650 | 2:36 |

### Alternativ-Route

Vom Riederner Weiher über Schönmühl und auf dem Loisachufer-Trail zur Loisachbrücke.

*– siehe auf Wegweiser-Seiten –*

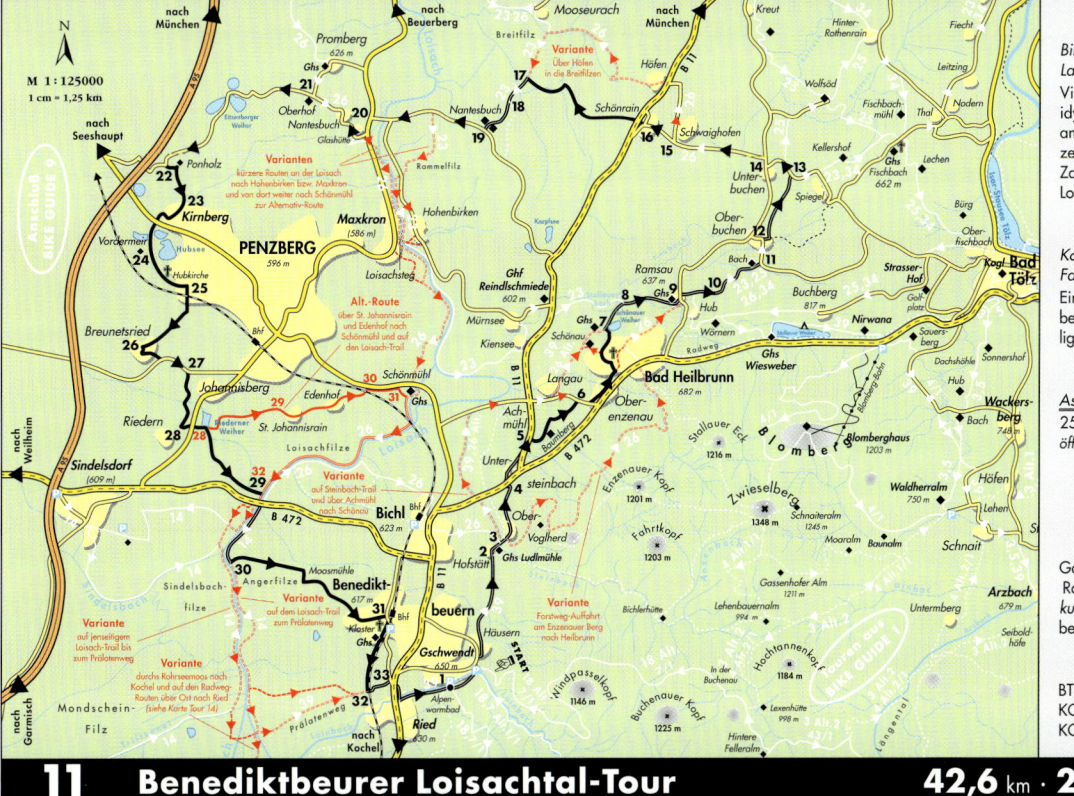

## Erlebniswert

Bike-Spaß: ★☆☆☆☆ ②
Landschaft: ★★★☆☆

Viele genußvolle Bike-Passagen durch idyllischste Voralpenlandschaften wie am Schönauer Weiher, in den Breitfilzen und auf den Loisachuferwegen. Zahllose herrliche Weitblicke über die Loisachebenen und zu den Bergen.

## Schwierigkeitsgrad

Kondition: ●●○○○○○
Fahrtechnik: ●○○○○○○ ❶-❷

Eine lediglich etwas längere, aber auf besten Fahrbahnen verlaufende und völlig problemlos zu fahrende Bike-Tour.

## Fahrbahnen

| Asphalt | Schotter+Pisten | Trails+Trials |
|---|---|---|
| 25,2 km | 15,0/1,1 km | 1,2/0,1 km |

öff. Verkehr: 19,6 km   Mautverkehr: 0,0 km

## Schiebe-/Tragestrecken

keine

## Rast

Gasthäuser in Hofstätt, Bad Heilbrunn, Ramsau, Unterbuchen, Promberg (mit kurzem Abstecher von Oberhof), Penzberg und Benediktbeuern (Kloster-Ghf).

## Karten

BTK Bad Tölz-Lenggries   M 1:50.000
KOMPASS Nr. 7            M 1:50.000
KOMPASS Nr. 182          M 1:50.000

**11 Benediktbeurer Loisachtal-Tour**   42,6 km · 2:36 Std · 465 Hm

# 11 Benediktbeurer Loisachtal-Tour

**42,6** km · **2:36** Std · **465** Hm

## Wegweiser

**1** **km 0**/650 m Durchfahrt Gschwendt/Häusern: Dem Asphaltweg am Alpenwarmbad vorbei folgen *(bald Ri. „Benediktenwand, Tutzinger Hütte, ..." beschildert, → alternativ vor der Brücke links auf breitem Schotterweg bis Gschwendt)*. **Nach 100 m** links auf den Fußweg Ri. *„Rundweg 7 Mariabrunn, ..."* abzweigen. **Nach 230 m** am Wegedreieck rechts bergauf. **Nach 300 m** mündet man am Forstweg *(ins Lainbachtal)* und fährt links über die Brücke. **Nach 100 m** *(bei Gschwendt, links mündet Variante)* rechts in die *„Häusernstraße"* abzweigen. **Nach 360 m** *(am „Reit-Verein Benediktbeuern")* rechts auf Schotterweg *(„Windpässelweg")* und **nach 50 m** links auf den Feldweg abzweigen. **Bei km 1,7** mündet man an einer Asphaltstraße, fährt rechts Ri. *„Waldcafé Schreiner"* und zweigt **nach 40 m** links auf den Schotterweg ab *(„Hinterholzweg")*.

**2** **km 2,7**/653 m Durchfahrt Hofstätt: Man mündet an eine Asphaltwegkehre und fährt geradeaus *(rechts geht's ins Steinbachtal)*. **Nach 70 m** an der Asphaltkreuzung *(nähe „Ghf Ludlmühle")* rechts.

**3** **km 3,0**/656 m Durchfahrt Obersteinbach: Dem Asphaltweg Ri. *„Obersteinbach"* folgen *(über die Steinbachbrücke, später durch den Ort, → alternativ für Steinbach-Trail-Route vor Brücke links auf Schotterweg, nach WW 33-40/Tour 39 nach Ramsau zu WW 9)*.

**4** **km 4,3**/624 m Durchfahrt Untersteinbach: Kurz vor der Fahrstraße *(B 11/B 472)* links auf Radweg durch Unterführung. **Nach 80 m** links Ri. *„RS Bad Heilbrunn, Bad Tölz"*, durch den Ort und **nach 390 m** auf die B 11 nach links **in o. g. Ri.**

**5** **km 5,0**/607 m Von der B 11 rechts Ri. *„Baumberg, ..., RS Bad Heilbrunn"* abzweigen *(→ alternativ auf der B 11 bleiben, nach 720 m an der Kreuzung rechts abzweigen und nach WW 36-40/Tour 39 über Langau und Schönau nach Ramsau zu WW 9)*.

**6** **km 6,2**/640 m Durchfahrt Oberenzenau/Bad Heilbrunn: Man mündet an eine Asphaltstraße, fährt rechts bergauf Ri. *„RS Bad Heilbrunn, ..."*. **Nach 320 m** *(kurz vor B 472)* links ab auf das Asphaltsträßchen. **Nach 160 m** links auf Gehweg *(an B 472)* und **nach 80 m** links in Ri. *„Ortsmitte, RS Ramsau, ..."* abzweigen *(„F.-Maria-Straße")*. **Nach 440 m** im Ort *(km 7,2 an Sparkasse)* links Ri. *„Café Waldrast, ..."* abzweigen *(„Adelheidstraße", → alternativ auf Radweg-Route durch den Ort und über Obermühl bis Ramsau)*. **Nach 280 m** rechts Ri. *„Fußweg nach Schönau, Reindlschmiede"* abzweigen und **nach 10 m** dem linken Asphaltweg leicht bergab folgen. **Bei km 7,7** geradeaus auf Schotterweg Ri. *„Schönauer Weiher"* *(→ alternativ links auf Pfad Ri. „Reindlschmiede, Kiensee, Schönau" für Trail-Abfahrt 460 m zum Schönau-Hof, dort an der Kreuzung rechts 520 m zu WW 7)*.

## Anfahrt

**Auto:** A 95 München-Garmisch, Ausfahrt „Sindelsdorf, Bad Tölz, Bichl, ..." und rechts auf die B 472 Ri. „Bad Tölz, Bichl, ..., Bendediktbeuern" nach Bichl. In Bichl rechts auf die querende B 11 in Ri. „Innsbruck, Kochel, Benediktbeuern" bis Benediktbeuern *(62 km, 0:50 Std)*.

**Alternativ:** Auf der B 11 von München-Solln stets in Ri. „Innsbruck" über Wolfratshausen, Geretsried, Königsdorf und Bichl bis nach Benediktbeuern.

**Bahn:** Von München/Starnberger Bhf. nach Benediktbeuern und mit dem Bike zum Startplatz am Alpenwarmbad bei Gschwendt.

### Fahrt zum Startplatz

Auf der B 11 von Bichl her kommend den Ort Benediktbeuern durchqueren. Ca. 300 m nach dem Ortsendeschild links Ri. „Alpenwarmbad, Sportanlage" abzweigen *(„Benediktusstraße")*. Nach ca. 800 m rechts Ri. „Alpenwarmbad" abzweigen *(„Schwimmbadstraße")*, nach ca. 300 m rechts über die Brücke abzweigen und auf einem der Parkplätze vor dem „Alpenwarmbad" parken.

**Die Tour beginnt** an der o. g. Brücke vor dem „Alpenwarmbad".

### Alternative Startorte

Bad Heilbrunn, Penzberg

**7** **km 8,2**/622 m  In der Linkskehre *(nähe Schönauer Weiher)* rechts in Ri. *„Ramsau"* abzweigen.

**8** **km 8,8**/616 m  Man mündet an einen Schotterweg *(kurz nach Überquerung der Bachbrücke)* und folgt ihm nach rechts in Ri. *„Ramsau"*.

**9** **km 9,9**/637 m  Durchfahrt Ramsau: Im Ort am Straßendreieck *(ca. 100 m nach dem Ghs Ramsau)* geradeaus in Ri. *„RS Oberbuchen, Königsdorf, Bad Tölz"* *(rechts mündet o. g. Radweg-Variante von Heilbrunn über Obermühl, siehe Hinweis bei WW 6)*. **Nach 100 m** rechts auf den Asphaltweg in Ri. *„Hammerl, Fußweg nach Linden"* abzweigen.

**10** **km 10,6**/656 m  Vom Asphaltweg links auf den leicht bergab führenden Waldweg Ri. *„Fußweg nach Linden"* abzweigen *(in Nähe Hammerl-Hof, nach 270 m geradeaus auf dem Hauptweg bleiben)*.

**11** **km 11,6**/651 m  Kurz hintterm Bach-Hof mündet man an eine Asphaltstraße und fährt links bergab.

**12** **km 12,0**/647 m  Ortsdurchfahrt Oberbuchen: Am Straßendreieck im Ort rechts *(Sackgasse)*. **Nach 60 m** links auf den Schotter-Feldweg abzweigen *(nach 310 m an Verzweigung geradeaus)*.

**13** **km 13,2**/641 m  Man mündet an eine Asphaltstraße und folgt ihr nach links.

**14** **km 13,7**/636 m  Durchfahrt Unterbuchen: Der Straße durch die Rechtskehre Ri. *„RS Beuerberg, Königsdorf, Wolfratshausen"* folgen. **Nach 150 m** links auf die Straße in Ri. *„Schönrain, Schwaighofen, RS Schönrain, Beuerberg"* abzweigen.

**15** **km 15,5**/664 m  Durchfahrt Schwaighofen: Auf der Straße geradeaus Ri. *„Schönrain"* bleiben (→ **alternativ** rechts Ri. „Höfen", siehe auch Tour 26).

**16** **km 16,1**/636 m  Durchfahrt Schönrain: An der Asphaltkreuzung in Schönrain geradeaus bergab in Ri. *„RS Beuerberg, Eurasburg"* (bald durch die B 11-Unterführung, ab km 17,1 ein Schotterweg).

**17** **km 18,5**/590 m  Man mündet an Schotterweg und fährt links *(rechts mündet Variante über Höfen)*.

**18** **km 19,0**/602 m  Am Wegedreieck *(nähe Stadel)* rechts bergauf nach Nantesbuch.

**19** **km 19,6**/630 m  Durchfahrt Nantesbuch: Dem Weg leicht links durchs Gehöft folgen. **Nach 70 m** mündet man an Asphaltsträßchen und fährt rechts bergab *(bei km 21,5 geradeaus auf der Straße in Ri. „Penzberg" bleiben, links Abzweig Ri. „Hohenbirken")*.

**20** **km 21,8**/586 m  Man mündet an die Fahrstraße, folgt ihr links Ri. *„Penzberg"*. **Nach 290 m** *(an Bushalt)* rechts Ri. *„Nantesbuch, Oberhof"* abzweigen.

### Variationen

Schwerer:

*1. Toller Trail am Steinbach von Obersteinbach in Richtung Achmühl:* Statt der Fahrt über Untersteinbach, Baumberg und Bad Heilbrunn kann man ab WW 3 diesen schmalen Waldpfad am Steinbach entlang in Richtung Achmühl fahren *(siehe WW 3-10/Alt.-Route/Tour 26 oder WW 33-40/Tour 39)*. Von Achmühl dann über Langau und Schönau nach Ramsau zu WW 9 und dort weiter nach der normalen Haupttour fahren.

*2. Erweiterung mit einer Auffahrt am Enzenauer Berg:* Von Obersteinbach kann man diese Ergänzung auf einer Bergroute nach Bad Heilbrunn mit einigen schönen Ausblicken übers Alpenvorland fahren *(siehe WW 3-7/Tour 26)*.

*3. Erweiterung mit der Benediktbeurer Lainbachtal-Tour:* Zu Beginn oder am Ende der normalen Haupttour kann man diese Fahrt vom Gschwendter Alpenwarmbad über die Eibelsfleckalm und durchs Lainbachtal zurück nach Gschwendt anhängen *(WW siehe Tour 18)*.

*4. Kombination mit den anderen Bike-Touren des Loisachtals:* Es gibt zahlreiche Kombinationsmöglichkeiten mit den diversen anderen Touren des Loisachtals. Aus der Vielzahl der möglichen Routen lassen sich immer wieder individuelle und stets unterschiedliche neue Bike-Touren zusammenstellen *(siehe auch Touren 23, 25, 26 und 34)*.

**11** **Benediktbeurer Loisachtal-Tour**  **42,6** km · **2:36** Std · **465** Hm

# 11   Benediktbeurer Loisachtal-Tour    42,6 km · 2:36 Std · 465 Hm

**21**   **km 23,4**/635 m   Durchfahrt Oberhof: Geradeaus bleiben *(rechts ein Abzweig Ri. „Zum Hoislbräu" nach Promberg)* und stets diesem Asphaltsträßchen folgen *(bei km 25,0 an Eitzenberger Weihern vorbei)*.

**22**   **km 26,6**/621 m   Links auf den Asphaltweg Ri. **„R1 Kirnberg, Hubsee"** abzweigen. **Nach 170 m** *(kurz vor Ponholz-Hof)* rechts auf den Schotterweg Ri. **„Kirnberg"** abzweigen (**VORSICHT** Golfplatz!).

**23**   **km 27,5**/620 m   Ortsdurchfahrt Penzberg-Kirnberg: Man mündet in Kirnberg an eine Straße und fährt rechts Ri. **„R1 Hubsee"**. **Nach 330 m** rechts Ri. **„R1"** abzweigen *(in Linkskehre, auf die „Kirnbergerstraße", Sackgasse)*. **Nach 80 m** mündet man an ein Asphaltweglein und folgt ihm rechts Ri. **„R1"** *(leicht bergab, bald am Ghs-Parkplatz vorbei)*. **Nach 200 m** die Fahrstraße queren und geradeaus Ri. **„R1 …"** auf dem Asphaltweg weiter *(bald als **Vordermeirstraße** beschildert)*.

**24**   **km 28,6**/619 m   In Nähe des Vordermeir-Hofs links auf den Schotterweg Ri. **„R1"** abzweigen *(bei km 29,0 an der Hubkirche vorbei, wieder Asphalt)*.

**25**   **km 29,5**/611 m   Durchfahrt Penzberg: Am Ortsbeginn rechts in Ri. **„R1 Breunetsried"** *(„Frauenschuhstraße")*, **nach 260 m** *(am Parkplatz)* rechts Ri. **„Breunetsried"** abzweigen *(bald übers Gleis, danach dem linken Asphaltweg stets Ri. „R1" folgen)*.

**26**   **km 30,8**/604 m   Durchfahrt Breunetsried: Der Linkskehre folgen *(bei Pferdekoppeln)*. **Nach 270 m** mündet man an eine Straße und folgt ihr links bergab Ri. **„R1 Riederer Weiher"**. **Nach 250 m** mündet man an die Fahrstraße und fährt links.

**27**   **km 31,8**/603 m   Von der Fahrstraße rechts auf den Forstweg abzweigen *(in einer Linkskehre, bald über Bachbrücke)*. **Nach 650 m** am Asphaltwegedreieck der Rechtskehre in Ri. **„R1"** folgen.

**28**   **km 32,7**/620 m   Durchfahrt Riederner Weiher: Man mündet an eine Straße, fährt links bergab Ri. **„R1"**, quert **nach 190 m** die Fahrstraße geradeaus **in o. g. Ri.** *(„Unterriedern")*. **Nach 190 m** *(am Riederner Weiher)* rechts auf den Asphaltweg Ri. **„Südweg 14"** abzweigen *(→ alternativ geradeaus über Schönmühl, siehe Alt.-Route)*. **Nach 510 m** links auf Feldweg abzweigen *(„14" an Bachgraben lang)*.

**29**   **km 34,7**/598 m   Durchfahrt an Loisachbrücke: An der Loisach der Rechtskehre folgen *(an Tafel „Wiesenbrütergebiet Loisach-Kochelsee-Moore", links mündet Alt.-Route)*. **Nach 140 m** links übers neue Bachbrücklein auf den Radweg abzweigen *(bald unter Loisachbrücke durch, hinauf zur Straße, rechts über die Brücke, danach rechts bergab, unterhalb der Brücke links über die Bachbrücke auf den neuen Radweg abzweigen und loisachaufwärts. **INFO:** Radwege hier evt. noch im Bau, Beschilderungen nicht im WW!)*.

---

Auch probieren:

**5. Vom Riederner Weiher über Schönmühl und an der Loisach entlang zur Loisachbrücke:** Eine alternative Route von WW 28 über Schönmühl und von dort auf schönen Graspisten und Trails am Loisachufer allein zu WW 29 bei der Loisachbrücke an der B 472 zwischen Sindelsdorf und Bichl *(siehe Alt.-WW)*.

**6. Reizvoller kleiner Pfad-Downhill zum Schönau-Hof:** Ein schöner kleiner Pfad-Downhill, der etwas unterhalb von Bad Heilbrunn vom Hauptweg links bergab zum Schönau-Hof führt. Dort dann rechts weiter zum Schönauer Weiher zurück zur Route der Haupttour *(siehe Hinweis bei WW 6)*.

**7. Statt übers Kloster Benediktbeuern auf der schöneren Bike-Route des Loisachufer-Trails in Richtung Prälatenweg und Ried:** An WW 30 schräg weiter auf dem Weg an der Loisach entlang bleiben. Dieser führt bald als herrlicher Trail weier stets am Loisachufer entlang und über etliche kleine Brücklein in Richtung Brunnenbach. Man mündet dann an Prälatenweg und folgt ihm links nach Ried *(siehe Hinweis bei WW 30)*.

**8. Vom Prälatenweg bei Brunnenbach aus noch den Trail durchs Rohrseemoos anschließen:** Beim Fahren der o. g. Variante 7 dem Prälatenweg rechts über die Brücke bis nach Brunnenbach folgen und auf den herrlichen Trail durchs idyllische Rohrseemoos bis nach Kochel *(siehe auch Tour 14)*. Von dort auf der Radweg-Route am Bahngleis nach Ried.

**30** *km 36,3/599 m* Am Schotterwegedreieck links Ri. *"Benediktbeuern"* fahren (→ *alternativ* rechts Ri. "Rundweg 1" 3,0 km bis zur Mündung am Prälatenweg und links 2,1 km zu WW 32, siehe auch Touren 14 und 39). **Nach 200 m** rechts halten (links ein Weg mit Schranke). **Nach 380 m** an der Wegekreuzung geradeaus. **Bei km 37,6** auf Hauptweg durch die Rechtskehre weiter **in o. g. Ri.**

**31** *km 39,5/617 m* Durchfahrt am Kloster Benediktbeuern: Am Asphaltdreieck am Kloster rechts Ri. *"RS ..., Kochel a. See, Schlehdorf"*. **Nach 70 m** rechts auf Asphaltweg **in o. g. Ri.** abzweigen (vor Bahnübergang, **stets geradeaus bleiben**, bald am "Kloster Bräustüberl" vorbei, dann am Bahngleis lang).

**32** *km 40,9/618 m* An der Wegekreuzung links (durch die Bahnunterführung) auf den Asphaltweg Ri. *"RS Ried, Kochel a. See, Benediktbeuern"*.

**33** *km 41,4/629 m* Durchfahrt bei Ried: Man mündet an eine Querstraße und fährt rechts in Ri. *"Ried, Kochel a. See"*. **Nach 30 m** die Bundesstraße überqueren und auf dem jenseitigen Radweg nach rechts (in Ri. "Innsbruck, Kochel a. See"). **Nach 230 m** (direkt nach Überquerung einer Lainbachbrücke) links auf den Pfad abzweigen und diesem stets direkt am Lainbachgraben entlang leicht bergauf bis zum Ausgangspunkt am Parkplatz des Alpenwarmbads folgen (**km 42,6**).

## Alternativ-Wegweiser
*Für eine Route vom Riederner Weiher über Schönmühl (Gesamttour dann: 48,5 km/2:57 Std/506 Hm):*

**28** *km 32,7/620 m* Durchfahrt Riederner Weiher: ... **Nach 190 m** am Riederner Weiher geradeaus Ri. *"R1"*. **Nach 170 m** beim Stadel der Linkskehre folgen und auf dem Schotterweg weiter.

**29** *km 34,4/616 m* Man mündet an eine Asphaltstraßenkehre und fährt geradeaus Ri. *"R1"* (bald an "St. Johannisrain", später am "Edenhof" vorbei).

**30** *km 36,1/609 m* Man mündet am Radweg an der Fahrstraße (nach Überquerung der Bahnbrücke) und folgt ihm nach rechts in Ri. *"R1"*.

**31** *km 36,7/611 m* Durchfahrt Schönmühl: Vom Radweg bergab auf das Asphaltsträßchen Ri. *"Schönmühl, ..."* abzweigen. **Nach 310 m** (am Sägewerk) rechts auf den Schotterweg in Ri. *"Prälatenweg, Kochel a. See, Bichl, Südweg 14, Riederer Weiher"* abzweigen (stets loisachaufwärts, nach 400 m durch eine Bahnunterführung, wird später zu einem schlechteren Grasweg, dann zum Pfad).

**32** *km 40,7/598 m* Durchfahrt an Loisachbrücke: Man mündet an eine Wegkehre (an der Tafel "Wiesenbrütergebiet Loisach-Kochelsee-Moore") und fährt geradeaus → *weiter nach WW 29 der Haupttour*.

## Alternativ-Route
Vom Riederner Weiher über Schönmühl und auf dem Loisachufer-Trail zur Loisachbrücke:

| | | | |
|---|---|---|---|
| 33,1 | Riederner Weiher | 606 | 2:00 |
| | (auf die Radwegroute R1) | | |
| 34,4 | Asphaltsträßchen | 616 | |
| 34,6 | St. Johannisrain | 613 | |
| 35,4 | Edenhof | 617 | |
| 36,1 | Mündung an Radweg | 609 | 2:10 |
| | (an der Fahrstraße) | | |
| 36,7 | Abzweig Schönmühl | 611 | |
| 37,0 | Schönmühl | 599 | 2:13 |
| | (am Sägewerk, | | |
| | auf Loisachuferweg, | | |
| | Südweg 14) | | |
| 39,4 | Loisachufer-Trail | 599 | |
| 40,6 | nähe Loisachbrücke | 598 | 2:26 |
| | (an der B 472 | | |
| | Sindelsdorf-Bichl) | | |
| | → weiter nach der Haupttour | | |

## 11 Benediktbeurer Loisachtal-Tour      42,6 km · 2:36 Std · 465 Hm

# 12 Münchner Gleißental-Isar-Tour

**46,2** km · **2:47** Std · **375** Hm

## Leichte bis mäßig schwere Tour!

Typische Münchner Bike-Trainingstour durch Perlacher Forst und Gleißental sowie am Deininger Weiher vorbei, Querung ins Isartal und auf der Isartal-Hauptroute flußabwärts zurück in die Stadt.

**V**om Stadion führt der Radweg an der Säbener Straße zum Perlacher Forst, der auf dem direkt zum Kiosk Nußbaum-Ranch leitenden Asphaltsträßchen durchquert wird. Hinter Deisenhofen kommt die herrliche kleine Trail-Einfahrt ins Gleißental, dessen schattigem Verlauf man bis zum Deininger Weiher folgt. Nach Querung der Deininger Filzen fährt man leicht bergauf in den Ort, zweigt bald zum Stollhof ab und rutscht hinterm Sattler-Hof auf alter, steiler Waldpiste ins Isartal. **I**n Dürnstein beim Gasthaus Bruckenfischer geht es über Kanal- und Isarbrücke und stets auf dem Fahrsträßchen am Kloster Schäftlarn vorbei ein Stück hinauf in Richtung Hohenschäftlarn. Für reizvollere Bike-Trails beidseits der Isar flußabwärts gibt es außerdem diverse andere Routenmöglichkeiten. In einer Kehre zweigt man auf den Forstweg ab und folgt nun stets dieser Haupt-Isartal-Route über das E-Werk und am Gasthaus Brückenwirt vorbei bis unter die Großhesseloher Brücke. Eine kurze Steilauffahrt führt zur Fußgängerebene der Brücke. Am jenseitigen Isarhochufer wartet der am Biergarten Menterschwaige vorbeiführende Radweg und am Ende der Hochufer-Asphaltweg zum Stadion.

| | | | |
|---|---|---|---|
| 0,0 | **München** | 535 | |
| | *Stadion an der* | | |
| | *Grünwalder Straße* | | |
| 2,7 | Säbener Platz | 552 | 0:10 |
| 7,6 | Kiosk Nußbaum-Ranch | 578 | |
| 8,8 | Deisenhofen | 586 | 0:33 |
| | *(nähe Whs Kugler Alm)* | | |
| 12,4 | Gleißental | 585 | |
| 19,6 | Deininger Weiher | 613 | 1:13 |
| 20,6 | Deininger Filz | 617 | 1:17 |
| 22,6 | Deining | 640 | 1:28 |
| 23,3 | nähe Stollhof | **657** | |
| 23,7 | Sattler-Hof | 652 | |
| 25,8 | Dürnstein/Bruckenfi. | 569 | 1:40 |
| 27,0 | Kloster Schäftlarn | 561 | |
| 27,8 | Forstwegabzweig | 592 | 1:46 |
| 29,7 | Abzweig Trail | 590 | |
| | *(in den Waldtalgraben)* | | |
| 30,8 | Wegedreieck | 563 | |
| 32,2 | Wegedreieck | 571 | |
| | *(unterhalb von Baierbrunn)* | | |
| 34,1 | E-Werk | 544 | 1:57 |
| | *(nähe Klettergarten)* | | |
| 36,1 | Ghs Brückenwirt | 539 | |
| 40,0 | Isar-Schotterweg | **531** | |
| 40,8 | nähe Kiosk | 533 | 2:33 |
| 41,1 | Großhesseloher Brücke | 555 | |
| 42,3 | Hochufer-Radweg | 556 | |
| | *(Biergarten Menterschwaige)* | | |
| 43,5 | Harlaching | 546 | |
| 44,2 | Hochufer-Asphaltweg | 545 | |
| | *(Ghs Harlachinger Einkehr)* | | |
| 46,2 | München (Stadion) | 535 | 2:47 |

**Alternativ-Route 1**
Andere schöne Trail-Einfahrt ins Gleißental.

**Alternativ-Route 2**
Kurztour, aus dem Gleißental über Großdingharting und den Golfplatz ins Isartal.

**Alternativ-Route 3**
Von Großdingharting über Kleindingharting und die Ludwigshöhe nach Deining.

**Alternativ-Route 4**
Durch Grünwalder Forst über Laufzorn, Gori-Weg und Großdingharting ins Gleißental.

**Alternativ-Routen 5/6**
Vom Giesinger Waldhaus auf schöner Route über Sulz-/Bahnweg oder Bavaria-Filmgelände/Rechbergweg durch Perlacher Forst.

*– siehe auf Wegweiser-Seiten –*

### Erlebniswert

*Bike-Spaß:* ★★★☆☆  
*Landschaft:* ★★★☆☆  ③

Herrliche Trail-Einfahrt ins Gleißental. Idyllische, waldige Route durchs schattig-kühle Gleißental. Schöne Fahrt am kleinen Badesee Deininger Weiher entlang. Toller Bike-Downhill auf uralter Waldpiste ins Isartal. Bequeme Rückfahrt auf Isar-Hauptweg flußabwärts.

### Schwierigkeitsgrad

Kondition: ●○○○○○  
Fahrtechnik: ●●○○○○  ❶-❷

Mit Ausnahme kurzer, etwas holpriger Bike-Pisten und Trails sowie der Tourenlänge keinerlei Schwierigkeiten.

### Fahrbahnen

| *Asphalt* | *Schotter+Pisten* | *Trails+Trials* |
|---|---|---|
| 25,7 km | 18,1/1,3 km | 0,6/0,5 km |

öff. Verkehr: 5,1 km  Mautverkehr: 0,0 km

### Schiebe-/Tragestrecken

keine

### Rast

Nußbaum-Ranch *(Kiosk im Perlacher Forst)*, Whs Kugler Alm in Deisenhofen, Ghser in Deining, Ghs Zum Bruckenfischer, Gasthof Kloster Schäftlarn, Ghs Brückenwirt, Biergarten Menterschwaige

### Karten

BTK Ammersee-Starnberger See M 1:50.000  
KOMPASS Nr. 180  M 1:50.000

---

**12**  Münchner Gleißental-Isar-Tour  **46,2** km · **2:47** Std · **375** Hm

# 12 Münchner Gleißental-Isar-Tour

**46,2** km · **2:47** Std · **375** Hm

## Wegweiser

**1** **km 0**/535 m  Ortsdurchfahrt München (bis zum Perlacher Forst): Vom Hochuferweg („Harlachinger Straße", am kleinen P hinter dem Grünwalder Stadion) der **„Volckmerstraße"** am Stadion entlang vor zur Grünwalder Straße folgen. **Nach 180 m** rechts auf den Radweg (an Grünwalder Straße entlang). **Nach 150 m** links über den zweiten Fuß-/Radwegübergang und geradeaus weiter auf dem Radweg (Ecke Wettersteinplatz/nähe U-Bahn). **Nach 80 m** (am U-Bahn-Lift) rechts auf den Radweg (an „Säbener Straße" lang, später am FC-Bayern-Gelände vorbei). **Bei km 2,0** (Kreuzung „Säbener-/Naupliastraße") geradeaus weiter auf dem Radweg. **Nach 460 m** (Radwegende) der **„Oberbiberger Straße"** nach rechts folgen. **Nach 190 m** (am „Säbener Platz" bei den Tennisplätzen, nähe Giesinger Waldhaus) links Ri. **„RS Deisenhofen, Perlacher Forst"** auf den Asphaltweg in den Perlacher Forst abzweigen und diesem Hauptweg stets durch den Forst folgen.

**2** **km 7,6**/578 m  Beim Kiosk „Nußbaum-Ranch" (nach Bahnunterführung und kurzer Auffahrt durch die Linkskehre) weiter dem Asphaltweg folgen. **Nach 250 m** geradeaus bleiben (rechts zweigt „Taufkirchner Weg" nach Wörnbrunn ab, evt. links auf schöne Pfadabkürzung). **Nach 80 m** Linkskehre folgen (Ri. „RS" weiter auf Asphaltweg) und **nach 90 m** rechts auf den Schotterweg abzweigen (Fuß-/Radweg).

**3** **km 8,8**/586 m  Durchfahrt bei Deisenhofen: Am Asphalt-Radwegedreieck rechts Ri. **„Grünwald"** (nach Straßenbrücke, an Brunnen/Marterl nähe Kugler Alm, → **alternativ** links erreichbar, 220 m). **Nach 150 m** links auf den Schotterweg Ri. **„Oberbiberg"** abzweigen. Nun stets geradeaus (bald Asphaltstraße an Häusern lang, **bei km 10,0** geradeaus auf Schotterweg).

**4** **km 10,6**/599 m  Man mündet an eine Asphaltstraße (nähe Deisenhofen/Laufzorn) und fährt geradeaus in Ri. **„Großdingharting, Ödenpullach"**.

**5** **km 11,2**/604 m  Von der Straße links auf einen Schotterweg und sofort wieder rechts auf Waldweg abzweigen. **Nach 330 m** an Verzweigung dem linken Weg folgen (kurz nach Info-Tafel „Keltenschanze", → **alternativ** für andere Trail-Einfahrt ins Gleißental geradeaus auf den rechten Wegzweig, siehe Alt.-WW 1). **Nach 410 m** (an der HS-Schneise) auf dem linken Hauptweg bleiben (führt in den Wald). **Nach 110 m** geradeaus/rechts an einen schmäleren Weg abzweigen, **nach 30 m** einen Weg queren und geradeaus auf dem bald holprigen Hohlweglein hinab ins Gleißental.

**6** **km 12,4**/585 m  Im Gleißental dem breiten Weg geradeaus/rechts taleinwärts folgen. **Nach 40 m** an der Verzweigung auf dem rechten, flachen Weg bleiben. Diesem stets taleinwärts folgen (bei km 13,2 mündet rechts Hangpfad der o. g. Alt.-Route).

## Anfahrt

**Auto:** In München zum Stadion an der Grünwalder Straße (60er-Stadion) in München-Giesing.

### Fahrt zum Startplatz

An der großen Kreuzung am Stadion an der Grünwalder Straße in München-Giesing Ri. „Bad Tölz, Grünwald" auf die „Grünwalder Straße" und nach ca. 200 m rechts in die kleine, am Stadion entlangführende „Volckmerstraße" abzweigen. Nach 180 m auf dem kleinen Parkplatz am Harlachinger Hochufer-Asphaltweg hinterm Stadion parken.

*Die Tour beginnt am Parkplatz hinterm Stadion an dem Hochufer-Asphaltweg (als „Harlachinger Straße" beschildert).*

### Alternative Startorte

Säbener Platz (am Abzweig in den Perlacher Forst, km 2,7 der Tour, siehe WW 1), Oberhaching-Deisenhofen (z. B. beim Whs Kugler Alm), Deininger Weiher, Deining, Dürnstein/Bruckenfischer bzw. Kloster Schäftlarn.

**ACHTUNG:**
Diese Anfahrt ist nicht auf der Streckenkarte enthalten, ggf. siehe Anfahrt auf der Streckenkarte von Tour 20.

**7** **km 15,2**/612 m  Man mündet (nach kurzer Steilauffahrt) an die Asphaltstraße bei Ödenpullach und folgt ihr links bergab in Ri. *"Wanderweg Gleissental-Deininger Weiher"*. Nach **70 m** Abfahrt rechts bergab wieder auf den Forstweg *in o. g. Ri.* abzweigen (weiter stets durchs Gleißental, ab km 16,8 eine schmälere, sehr holprige Waldpiste).

**8** **km 17,2**/614 m  Man mündet wieder am breiten Forstweg und fährt rechts leicht bergab *in o. g. Ri.* Nach **130 m** (in der Rechtskehre, → *alternativ* für Variante nach Großdingharting durch Kehre bergauf, 1,7 km bis WW 10/Alt.-Route 2) links/geradeaus durch die Schranke auf den Weg *in o. g. Ri.* abzweigen (führt stets weiter durchs Gleißental, → *alternativ* für Route über Großdingharting bei km 18,1 rechts hoch auf Waldweg abzweigen, siehe Alt.-Routen 2/3).

**9** **km 19,5**/618 m  Durchfahrt am Ghs Deininger Weiher: Die Fahrstraße queren, auf den Parkplatz abfahren und **nach 110 m** (am Gasthaus) links auf den Schotterweg (an „P für Fahrräder" vorbei). **Nach 60 m** aufs rechte Schotterweglein Ri. *"Deining"* (zunächst am Holzzaun, dann stets oberhalb des Badesees entlang, → *alternativ* außerhalb des Badebetriebs evt. unten direkt am See lang, Schrittempo, Fußweg!!).

**10** **km 20,6**/617 m  An der Wegekreuzung (beim Wiesengelände) rechts. **Nach 290 m** am Wegedreieck links (nun stets leicht bergauf bis Deining).

**11** **km 22,0**/629 m  Ortsdurchfahrt Deining: Man mündet an ein Quersträßchen (aus „Weiherweg") und fährt links in den Ort. Nach **580 m** mündet man an der Fahrstraße („Münchner Straße", aus „Talstraße") und folgt ihr rechts Ri. *"RS Kloster Schäftlarn"* (in Richtung München). Nach **480 m** (außerhalb des Ortes) links auf den Asphaltweg Ri. *"Zum Stollhof"* abzweigen ("Klosterweg", nach 180 m den linken Abzweig zum Stollhof liegen lassen).

**12** **km 23,7**/652 m  Durchfahrt Sattler-Hof: Kurz vor dem Hof der Linkskehre folgen (rechts mündet ein Schotter-Feldweg). Nach **130 m** (Asphaltende hinterm Hof) geradeaus auf Waldweg weiter. Nach **180 m** auf Hauptweg bleiben (rechts Wegabzweig). Nach **90 m** an der Verzweigung geradeaus auf den rechten, etwas schmäleren Weg (bald steil bergab ins Isartal führendes Weglein, bei km 24,5 an Verzweigung rechts weiter bergab, bei km 24,7 mündet man an einen breiteren Forstweg und folgt ihm nach rechts).

**13** **km 25,4**/585 m  Man mündet an eine Kehre der Fahrstraße und folgt ihr links bergab.

**14** **km 25,8**/569 m  Durchfahrt Dürnstein/Bruckenfischer: Der Fahrstraße links über Kanal- und Isarbrücke und dann stets weiter folgen (Ri. *"RS Hohenschäftlarn, Kloster Schäftlarn"*, bald am „Ghs Zum Bruckenfischer", später am Kloster Schäftlarn vorbei und bergauf Richtung Hohenschäftlarn, → *alternativ* statt

### Variationen

Schwerer:

*1. Vom Säbener Platz die zahlreichen Trails oder Schotterpisten des Perlacher Forstes bis zum Kiosk Nußbaum-Ranch fahren:* Statt des in erster Linie zur schnellen Durchquerung des Forstes in der Haupttour enthaltenen, jedoch etwas langweiligen asphaltierten Oberbiberger Hauptweges kann man auch die zahlreichen Trails oder schöneren Schotterpisten anderer Perlacher Forst-Routen fahren (siehe auch Touren 2, 6, 6a, 6b, 9 und 24, weitere schöne und ebenso leichte Fahrten wie bei der Haupttour vom Säbener Platz durch den Perlacher Forst zum Kiosk siehe Variante 4).

*2. Erweiterung der Tour mit den weitläufigen Münchner Bike-Fahrten in die Pupplinger Au, zur Tattenkofer Brücke, über die Peretshofer Höhe oder zum Kirchsee:* Der erste Teil all dieser Münchner Voralpenland-Touren ist jeweils identisch mit der Route dieser Haupttour, vom Stadion an der Grünwalder Straße in München-Giesing geht es durch den Perlacher Forst bis in die Nähe der Kugler Alm bei Deisenhofen und von dort weiter ins Gleißental und zum Deininger Weiher. Kurz danach kann man seine Route dann entweder in Richtung Egling (für die Fahrt zur Pupplinger Au, zur Tattenkofer Brücke und über die Peretshofer Höhe) oder in Richtung Aufhofen bzw. Thanning (für die Fahrt zum Kirchsee) orientieren (siehe auch Touren 20, 32, 35 und 38).

**12** **Münchner Gleißental-Isar-Tour**  **46,2** km · **2:47** Std · **375** Hm

# 12 Münchner Gleißental-Isar-Tour

**46,2** km · **2:47** Std · **375** Hm

*der Route übers Kloster auch diverse Trails links/rechts der Isar möglich, siehe z. B. Touren 21, 31, 32, 37).*

**15** **km 27,8**/592 m Bei der Auffahrt in der ersten engen Linkskehre *(kleiner Wendeplatz)* rechts auf den flachen Forstweg abzweigen. Stets diesem Hauptweg folgen *(nach 260 m an der Verzweigung auf dem flachen rechten Hauptweg halten, bald bergab).*

**16** **km 29,7**/590 m Bei der Auffahrt rechts bergab auf den Waldpfad abzweigen. *Nach 140 m* Abfahrt im Waldtalgraben rechts halten *(auf einen der beiden Pfadzweige, nach 180 m wieder breiter Forstweg, bei km 30,8 am Wegedreieck rechts halten).*

**17** **km 32,2**/571 m An einem weiteren Wegedreieck rechts Ri. *„Buchenhain"* *(Weg führt bald steil bergab, links bergauf geht's nach Baierbrunn).*

**18** **km 34,1**/544 m Die Schranke/Sperren beim E-Werk-Gebäude passieren und weiter geradeaus auf Schotterweg bleiben *(bald kurz bergauf).*

**19** **km 35,0**/558 m Nach dem Garagengebäude leicht rechts/geradeaus bergab auf den Schotterweg abzweigen *(Radverbotsschild). Nach 90 m* die Asphaltstraße queren und geradeaus auf dem schmalen Waldweglein weiter bergab. *Nach 160 m* mündet man an den Asphaltweg nähe Isar und folgt ihm geradeaus/links flußabwärts.

**20** **km 35,9**/540 m An der Verzweigung *(kurz vor Ghs Brückenwirt)* dem flachen Asphaltweg geradeaus weiter isarabwärts folgen *(bald am „Brückenwirt" vorbei, dann unter der Grünwalder Brücke durch).*

**21** **km 40,8**/533 m Durchfahrt an Großhesseloher Brücke: Kurz nach dem Kiosk links hoch auf die steile Asphaltstraße abzweigen. *Nach 170 m* Auffahrt links auf den flachen Schotter-Fuß-/Radweg abzweigen. *Nach 120 m* links ab über die Brücke. *Nach 390 m* am Asphaltdreieck *(nach der Brücke und kurzer Auffahrt)* links halten und gleich *nach 20 m* rechts auf den asphaltierten Hochufer-Radweg abzweigen *(in Ri. „RS München-Ludwigsbrücke, ..." später an Biergarten Menterschwaige vorbei).*

**22** **km 43,5**/546 m Ortsdurchfahrt M-Harlaching: Am Radwegende rechts Ri. *„RS/Pfeil"* auf das Asphaltsträßchen und *nach 30 m* leicht links auf die Pflasterstraße *(„Über der Klause"). Nach 250 m* der Querstraße nach links folgen *(Lindenstraße). Nach 320 m (in der Rechtskehre)* links/geradeaus abzweigen *(an Betonpollern vorbei),* die Fahrstraße *(Karolingerallee)* queren und geradeaus auf den Radweg *(bald an Ghs „Harlachinger Einkehr" vorbei). Nach 110 m* links/geradeaus auf den Hochufer-Asphaltweg *(„Harlachinger Straße")* abzweigen zum Stadion Grünwalder Straße **(km 46,2).**

---

*3. Tour mit den diversen Isartal- und Isarhochufer-Trails kombinieren:* Am Ende der Fahrt gibt es auf beiden Seiten der Isar im Tal oder am Isarhochufer bei der Birg oder bei Straßlach, Frundsbergerhöhe und Grünwald zahlreiche empfehlenswerte Trails, die man anstelle der in der Haupttour beschriebenen, leichteren, aber dafür natürlich auch etwas langweiligeren „normalen" Isar-Forstwegroute in die Fahrt einbauen kann *(siehe Touren 13, 21, 30, 31, 33, 37).*

Auch probieren:

*4. Weitere leichte Fahrten durch den Perlacher Forst zum Kiosk Nußbaum-Ranch:* Eine schönere Zufahrt zu WW 2 am Kiosk Nußbaum-Ranch ist z. B. die Route vom Säbener Platz auf dem Sulz- und Bahnweg und am Ende ein Stück auf dem Rechberg-Trail *(siehe Alt.-WW 5).* Als Variante dazu kann man auf Geiselgasteig-, Perlach-Asphalt- und Rechberg-Weg bzw. -Trail fahren *(siehe Alt.-WW 6, am Bavaria-Filmgelände vorbei).*

*5. Eine weitere schöne Trail-Einfahrt ins Gleißental:* Zur Abwechslung sollte man unbedingt auch mal diese sehr schöne Trail-Einfahrt ins Gleißental probieren. Dazu bei der Keltenschanze nähe Deisenhofen dem rechten Wegzweig nehmen und auf sehr idyllischem Weglein, am Ende auf einem Waldpfad kurz steil bergab, ins Gleißental. Man mündet bei den Wasserbecken und fährt rechts weiter nach der Haupttour stets durchs Gleißental bis zum Deininger Weiher *(siehe Hinweis bei WW 5 sowie Alt.-WW 1).*

### Alternativ-Wegweiser 1
*Für eine andere schöne Trail-Einfahrt ins Gleißental*
*(Gesamttour dann: 45,6 km/2:45 Std/372 Hm):*

**5   km 11,2**/604 m  Von der Straße links auf einen Schotterweg und <u>sofort</u> wieder rechts auf Waldweg abzweigen. **Nach 330 m** an Verzweigung geradeaus bleiben *(rechter Wegzweig)* und <u>diesem Weg stets geradeaus folgen</u> *(kurz nach der Info-Tafel „Keltenschanze", nach ca. 100 m quert der Weg die breite Schneise mit der HS-Leitung).*

**6   km 12,3**/608 m  Am Wegende links auf den Waldpfad abzweigen *(am Wasserreservoir vorbei)* und dem Pfad gleich wieder nach rechts folgen. **Nach 90 m** auf dem Hangpfad steil hinab ins Gleißental. **Nach 50 m** Abfahrt mündet man an den Weg im Gleißental *(am Zaun bei den Wasserbecken, km 13,2 der Haupttour)* und folgt ihm nach rechts → <u>weiter nach der Haupttour durchs Gleißental zu WW 7</u> *(1,0 km bis Mündung an Asphaltstraße).*

### Alternativ-Wegweiser 2
*Für eine Route <u>vom Gleißental über Großdingharting ins Isartal</u> (Gesamttour: 46,2 km/2:38 Std/360 Hm):*

**9   km 18,1**/611 m  Vom Gleißentalweg rechts hoch auf den Waldweg abzweigen *(nach der Steilauffahrt führt dann ein Schotter- u. Asphaltweg zum Ort).*

**10   km 19,1**/653 m  <u>Ortsdurchfahrt Großdingharting</u>: An der Kreuzung im Ort geradeaus bleiben *(→ **alternativ** für Route über Ludwigshöhe leicht links in die „Deisenhofener Straße", siehe Alt.-Route 3).* **Nach 310 m** mündet man an die Hauptstraße *(„Münchner Straße", an Kirche),* fährt links und zweigt **nach 30 m** rechts in die **„Deiglstetter Straße"** ab *(bald ortsauswärts auf Schotterweg, später über Golfplatz).*

**11   km 20,7**/651 m  Man mündet an der Fahrstraße und folgt ihr nach rechts *(am Golfplatz, → **alternativ** kann man auch über Deigstetten, Beigarten und Sattler fahren, siehe WW 15-21/Alt.-Route 3/Tour 7).* **Nach 320 m** links auf den Forstweg abzweigen *(durch Schranke)* und <u>ins Isartal abfahren</u> *(→ **alternativ** für Route am Hochufer nach 20 m rechts ab auf Waldweg).*

**12   km 22,9**/571 m  <u>Durchfahrt Mühltal</u>: Man mündet im Tal an einem Asphaltsträßchen und fährt links bergab. **Nach 200 m** links Ri. **„Schäftlarn"** abzweigen *(kurz nach Kapelle, → **alternativ** Abstecher zum Ghs Mühle, 180 m)* und **nach 50 m** links auf das Asphaltsträßchen *(am Isarwerkkanal entlang).*

**13   km 25,8**/569 m  <u>Durchfahrt Dürnstein/Bruckenfischer</u>: Man mündet an die Fahrstraße und folgt ihr rechts über Kanal- und Isarbrücke *(Ri. „RS Hohenschäftlarn, Kloster Schäftlarn", bald am „Ghs Zum Bruckenfischer" vorbei)* → <u>weiter nach WW 14 der Haupttour zum Kloster Schäftlarn.</u>

---

*6. Route vom Gleißental über Großdingharting und den Golfplatz Hailafing ins Mühltal und zur Isar:* Etwas kürzere Tourenversion mit steiler Auffahrt aus dem Gleißental nach Großdingharting, von dort auf freiem Feldweg durch den Golfplatz und in sehr schöner Abfahrt auf sanft abfallendem Schotterweg ins Mühltal und zur Isar *(siehe Hinweis bei WW 8 sowie Alt.-WW 2).*

*7. Route wie o. g. vom Gleißental nach Großdingharting, von dort aber über Kleindingharting und den herrlichen Aussichtspunkt der Ludwigshöhe nach Deining:* Ebenfalls etwas kürzere Tourenversion mit steiler Auffahrt aus dem Gleißental nach Großdingharting, von dort aber auf den Asphaltsträßchen über Kleindingharting bis zum Hügel der Ludwigshöhe. An diesem herrlichen Aussichtspunkt genießt man die ersten prachtvollen Alpenblicke des Vorlands. Nach Abfahrt von der Ludwigshöhe kurz vor Deining dann weiter nach WW 11 der Haupttour ins Isartal *(siehe Hinweis bei WW 10/Alt.-Route 2 sowie Alt.-WW 3).*

*8. Direkte Route von Deisenhofen über Gorihaus, Laufzorn und nähe Ziegelstadel vorbei nach Großdingharting (ohne die Fahrt durchs Gleißental):* Direkte Route nach Großdingharting ohne den Umweg durchs Gleißental, wenn man eine der über Großdingharting führenden Alternativ-Routen fahren möchte. Im Verlauf eine kurze Schiebepassage auf sumpfigem Wald-Trail im Bereich einer der dort zahlreichen Reitpisten *(siehe Hinweis bei WW 4 sowie Alt.-WW 4).*

---

**12   Münchner Gleißental-Isar-Tour**  **46,2** km · **2:47** Std · **375** Hm

# 12 Münchner Gleißental-Isar-Tour  46,2 km · 2:47 Std · 375 Hm

### Alternativ-Wegweiser 3
*Für Route von Großdingharting über Kleindingharting und Ludwigshöhe nach Deining (als Variante zu Alt.-Route 2, Gesamttour dann: 46,2 km/2:44 Std/427 Hm):*

**10  km 19,1**/653 m  Ortsdurchfahrt Großdingharting: An der Kreuzung im Ort links Ri. *„Deininger Weiher"* fahren *(in die „Deisenhofener Straße")*. **Nach 220 m** an der Kreuzung geradeaus *(in den „Urbanweg")*. **Nach 110 m** mündet man an Querstraße *(am „P Landgasthof Killer")* und fährt links.

**11  km 20,5**/666 m  Ortsdurchfahrt Kleindingharting: Von der Vorfahrtsstraße geradeaus in die *„Hauptstraße"* abzweigen. **Nach 160 m** an der Kreuzung *(am Kirchlein)* geradeaus bergauf Ri. *„Deining" („Ludwigshöhe"-Straße)*. **Nach 230 m** Auffahrt über die Kuppe *(Ludwigshöhe)* und bergab.

**12  km 22,0**/629 m  Ortsdurchfahrt Deining: Nach der Abfahrt *(kurz vor dem Ort, links mündet „Weiherweg", die Route der Haupttour)* geradeaus nach Deining bleiben → *weiter nach WW 11 der Haupttour.*

### Alternativ-Wegweiser 4
*Für eine Fahrt über Großdingharting ins Gleißental (Gesamttour dann: 45,6 km/2:46 Std/391 Hm):*

**4  km 10,6**/599 m  Man mündet an eine Asphalt-straße *(nähe Laufzorn)* und fährt geradeaus in Ri. *„Großdingharting, Ödenpullach".* **Nach 180 m** rechts auf Schotterweg abzweigen *(über Gorihaus).*

**5  km 12,0**/608 m  Man mündet am Asphaltweg *(nähe Laufzorn)* und fährt links *(bald durch Schranke).* **Nach 100 m** die Asphaltstraße queren und geradeaus weiter auf dem Forstweg. **Nach 240 m** an Verzweigung dem rechten Weg folgen *(„Gori"-Weg, später „Maximilian"- und „Budik"-Weg queren).*

**6  km 13,6**/632 m  Einer Rechtskehre folgen *(links zweigt ein schlechter „Reitweg" ab)* und **nach ca. 120 m** links am Waldrand abzweigen *(nun stets diesem Hauptweg bis zum Waldrand bei Großdingharting und dann zum Ort hin folgen).*

**7  km 16,3**/652 m  Ortsdurchfahrt Großdingharting: Man mündet im Ort an einer Straße, fährt rechts und zweigt **nach 90 m** an der Kreuzung scharf links zurück ab. **Nach 80 m** an der Verzweigung *(am Marterl)* dem rechten Weg folgen. **Nach 520 m** auf den rechten Schotterwegzweig leicht bergab *(nach 140 m auf dem Hauptweg durch die Linkskehre nun steiler im Wald bergab bleiben).*

**8  km 17,4**/611 m  Man mündet nach der Abfahrt am Forstweg im Gleißental und folgt ihm rechts → *weiter nach der Haupttour zu WW 9 (1,5 km bis zur Mündung an Fahrstraße bei Ghs Deininger Weiher).*

---

### Alternativ-Route 1
Andere schöne Trail-Einfahrt von der Keltenschanze auf Waldweg und steilem Wald-Trail zu den Wasserbecken ins Gleißental.

### Alternativ-Route 2
Kurztour vom Gleißental über Großdingharting und den Golfplatz Hailafing ins Isartal:

| | | | |
|---|---|---|---|
| 18,1 | Gleißental | 611 | 1:07 |
| | *(Abzweig Waldweg)* | | |
| 19,1 | Großdingharting | 653 | 1:13 |
| 19,4 | Kirche | 660 | |
| 20,7 | Fahrstraße | 651 | 1:18 |
| | *(am Golfplatz)* | | |
| 21,0 | Abzweig Forstweg | 652 | |
| 23,2 | Isartal | 568 | 1:25 |
| | *(am Isarwerkkanal, nähe Kapelle/Ghs Mühle)* | | |
| 25,8 | Dürnstein | 569 | 1:31 |
| | → *weiter nach der Haupttour* | | |

### Alternativ-Route 3
Von Großdingharting über Kleindingharting und die Ludwigshöhe nach Deining:

| | | | |
|---|---|---|---|
| 19,1 | Großdingharting | 653 | 1:13 |
| 19,4 | beim Ghf Killer | | |
| 20,5 | Kleindingharting | 666 | |
| 20,9 | Ludwigshöhe | 690 | 1:20 |
| 22,0 | nähe Deining | 629 | 1:22 |
| | *(Mündung des Weges vom Deininger Weiher)* | | |
| | → *weiter nach der Haupttour* | | |

### Alternativ-Wegweiser 5
*Vom Säbener Platz auf Sulz- und Bahnweg durch den Perlacher Forst zum Kiosk (zu WW 2 der Haupttour):*

1. **km 0**/535 m  Ortsdurchfahrt München: ... **Nach 190 m** *(am "Säbener Platz")* links auf den Asphaltweg in den Forst Ri. *"RS Deisenhofen, Perlacher Forst"* abzweigen. **Nach ca. 100 m** *(kurz nach der "Forstdienststelle Giesinger Waldhaus")* rechts auf den Schotterweg abzweigen *(Sulz-Weg).*

2. **km 4,8**/563 m  Vom nun etwas schmäleren Sulz-Weg links auf den Pfad abzweigen *(90 m nach Querung des 4. breiten Forstweges, Harthauser-Weg).*

3. **km 5,3**/565 m  Man mündet am breiten Geiselgasteig-Schotterweg, folgt ihm rechts durch die Bahnunterführung und zweigt danach gleich links hoch auf den Schotterweg ab. <u>Diesem Bahnweg nun stets parallel zum Gleis folgen.</u>

4. **km 6,3**/564 m  Den Asphaltweg *(Perlach)* queren und geradeaus weiter auf dem Schotterweg.

5. **km 8,2**/577 m  Rechts auf einen Forstweg abzweigen *("Ludwig"-Weg).* **Nach 90 m** *(<u>vor dem</u> Kanalbrücklein)* links auf den Pfad abzweigen *(Rechberg-Trail, am Kanalgraben lang).* **Nach 200 m** mündet man am Kiosk und fährt rechts auf den Asphaltweg → <u>weiter nach WW 2 der Haupttour.</u>

### Alternativ-Wegweiser 6
*Vom Säbener Platz auf Sulz, Geiselgasteig- (am Filmgelände vorbei), Perlach-Asphalt- und Rechberg-Weg bzw. -Trail zum Kiosk (zu WW 2 der Haupttour):*

3. **km 5,3**/565 m  Man mündet am breiten Geiselgasteig-Schotterweg, folgt ihm rechts durch die Bahnunterführung und dann stets weiter geradeaus bis zur Mündung am Bavaria-Filmgelände.

4. **km 5,8**/567 m  Man mündet an einen querenden Asphaltweg *(an den Kulissen des Bavaria-Filmgeländes)* und folgt ihm nach links.

5. **km 6,7**/570 m  Man mündet an den querenden Perlach-Asphaltweg und folgt ihm nach rechts *(bei einem Trafohäuschen).*

6. **km 7,4**/574 m  Vom Perlach-Asphaltweg links auf den *"Rechberg"*-Weg abzweigen *(die Piste kommt rechts vom Wanderparkplatz an der Forsthausstraße bei Grünwald-Geiselgasteig, Route Tour 2. Der Weg führt stets direkt am Kanalgraben entlang und wird ganz am Ende zum Kiosk zu schmälerer Piste und Trail).*

7. **km 9,2**/578 m  Der Rechberg-Trail mündet am Kiosk, rechts auf den beginnenden Schotterweg und → <u>weiter nach WW 2 der Haupttour.</u>

### Alternativ-Route 4
Durch Grünwalder Forst über Laufzorn, Goriweg und Großdingharting ins Gleißental:

| | | | |
|---|---|---|---|
| 10,6 | Fahrstraße | 599 | 0:40 |
| | *(nähe Deisenhofen/Laufzorn)* | | |
| 10,8 | Abzweig Schotterweg | 601 | |
| | *(über Gorihaus)* | | |
| 12,0 | nähe Laufzorn | 608 | 0:45 |
| 12,1 | Querung Straße | 610 | |
| 12,3 | Gori-Weg | 611 | |
| 12,8 | Querung Maximilian | 619 | |
| 13,3 | Querung Budik | 634 | |
| 16,4 | Großdingharting | 653 | 1:04 |
| 17,4 | Gleißental | 611 | 1:06 |

→ *weiter nach der Haupttour*

### Alternativ-Route 5
Vom Giesinger Waldhaus schöner auf Sulz- und Bahnweg durch den Perlacher Forst:

| | | | |
|---|---|---|---|
| 2,7 | Säbener Platz | 552 | 0:10 |
| 2,8 | Sulz-Weg | 553 | |
| 4,8 | Abzweig Trail | 563 | |
| 5,3 | Geiselgasteig-Weg | 565 | 0:20 |
| 5,4 | Bahnweg | 563 | |
| 8,2 | Ludwig-Weg | 577 | |
| 8,3 | Rechberg-Trail | 577 | |
| 8,5 | Kiosk Nußbaum-Ranch | 578 | 0:32 |

→ *weiter nach der Haupttour*

### Alternativ-Route 6
Variante zu Alt.-Route 5, am Bavaria-Filmgelände vorbei und auf Rechberg zu Kiosk.

---

**12**  **Münchner Gleißental-Isar-Tour**  **46,2** km · **2:47** Std · **375** Hm

# 13 Grünwalder Georgenstein-Trail

**8,3** km · **0:48** Std · **135** Hm

## Leichte bis mäßig schwere Tour!

Kleine Grünwalder Trail-Spritztour auf den meist leicht zu fahrenden Trails am Hochufer sowie auf dem Georgensteiner Hangweg, mit Rückfahrt auf dem herrlichen Isarufer-Trail direkt am Fluß.

**V**om Waldparkplatz unweit der Grünwalder Brücke geht es auf extrem steilem, gleichzeitig als Test-Parcours für die Steigfähigkeit des Bikes dienenden Weglein zum Hochufer und durch Grünwald zur Eierwiese. Am Abzweig des Georg-Pröbst-Pfades bleibt man auf dem flachen Schotterweg, quert später durch eine Waldsenke zum Hochufer-Trail und folgt diesem bis kurz vor die HS-Leitung des Budick-Weges am Isarhochufer. Dort zweigt man rechts ins Isartal und bald auf den beginnenden Hangweg zum Georgenstein ab, der als herrlicher Wald-Trail bis zum Römerweg führt. Diese Forstpiste führt auf Wunsch zum Hochufer und zur empfehlenswerten Tourenerweiterung mit dem Frundsberg-Trail. **A**nsonsten fährt man gleich rechts bergab zum Georgenstein und nimmt dort zunächst den Wald-Trail, der im Verlauf wieder an dem mit neuen Holzbohlen renovierten Wanderweg mündet. Bald zweigt links ein schmaler Waldpfad zum nahen Isarufer-Trail ab, auf dem man stets direkt am Wasser in einer Traumfahrt bis unter die Grünwalder Brücke biked. Nach deren Unterquerung gelangt man mit ganz kurzer Schiebepassage auf steilem Steig direkt zum Waldparkplatz.

| | | | |
|---|---|---|---|
| 0,0 | **Grünwald** *Waldparkplatz an Grünwalder Brücke* | 555 | |
| 0,2 | Wegekreuzung *(rechts auf steilen Trail zum Grünwalder Hochufer)* | 558 | |
| 0,4 | Schloßhotel Grünwald | 583 | |
| 1,0 | Grünwald-Eierwiese | 589 | |
| 1,4 | Abzweig Schotterweg *(an Wohnheim und Abzweig des Georg-Pröbst-Pfades)* | 593 | |
| 2,0 | Abzweig Trail *(Senke)* | 593 | |
| 2,1 | Hochufer-Trail | 593 | |
| 2,8 | Isarhochufer *(nähe HS-Leitung)* | **610** | 0:14 |
| 3,0 | Georgensteiner Hangweg-Trail | 577 | |
| 4,4 | Römerweg | 565 | 0:23 |
| 4,9 | beim Georgenstein | 548 | 0:26 |
| 5,3 | Wald-Trail/-Weg | 554 | |
| 5,4 | Wanderweg Georgenstein | 546 | |
| 5,7 | Abzweig Wald-Trail | 544 | |
| 6,0 | Schotterweg *(nähe E-Werk-Gebäude)* | 543 | 0:36 |
| 6,1 | Isarufer-Trail | 541 | |
| 7,5 | Wiesengelände *(Abzweig nach Grünwald-Eierwiese, evt. Ausweichroute)* | 539 | 0:42 |
| 8,2 | Unterquerung Grünwalder Brücke | **538** | |
| 8,3 | Waldparkplatz | 555 | 0:48 |

### Alternativ-Route

Erweiterung auf dem Römerweg bis Frundsbergerhöhe, mit schönem Trail ins Isartal:

| | | | |
|---|---|---|---|
| 4,4 | Römerweg | 565 | 0:23 |
| 4,5 | Wegekreuzung *(Abzweig Isarleiten-Forstweg)* | 570 | |
| 5,0 | Mühlweg *(Hochufer)* | 622 | 0:29 |
| 5,2 | Frundsbergerhöhe *(Abzweig Wald-Trail)* | **624** | 0:30 |
| 5,6 | Waldsenke | 587 | |
| 6,0 | Querung des Isarleiten-Forstwegs | 564 | 0:33 |
| 6,2 | Isar-Trail | 548 | |
| 6,4 | Forstweg *(Römerweg, nähe Georgenstein)* | 552 | 0:36 |
| | → weiter nach der Haupttour | | |

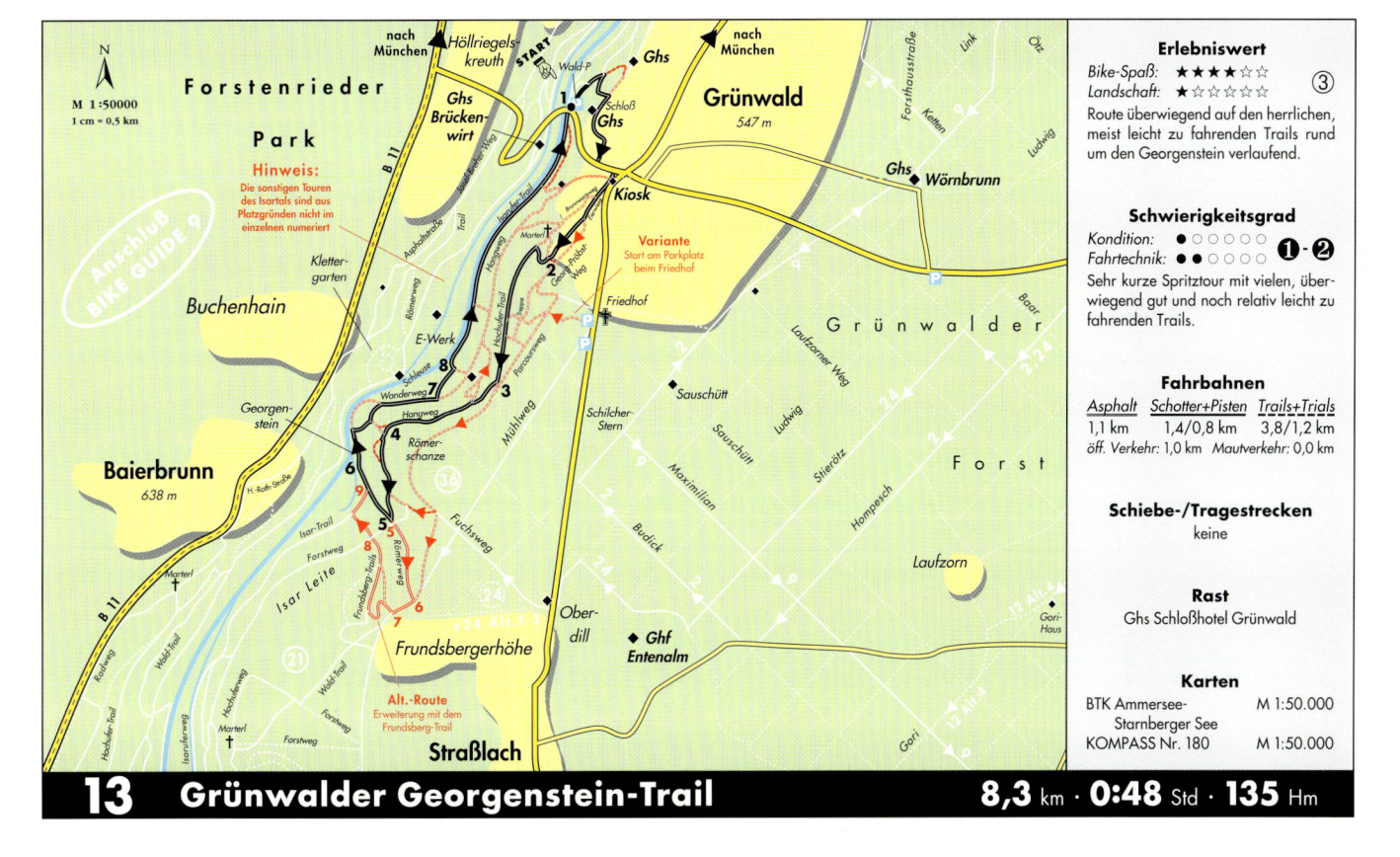

## Erlebniswert

Bike-Spaß: ★★★☆☆ ③
Landschaft: ★☆☆☆☆

Route überwiegend auf den herrlichen, meist leicht zu fahrenden Trails rund um den Georgenstein verlaufend.

## Schwierigkeitsgrad

Kondition: ●○○○○○ ❶-❷
Fahrtechnik: ●●○○○○

Sehr kurze Spritztour mit vielen, überwiegend gut und noch relativ leicht zu fahrenden Trails.

## Fahrbahnen

| Asphalt | Schotter+Pisten | Trails+Trials |
|---------|-----------------|---------------|
| 1,1 km  | 1,4/0,8 km      | 3,8/1,2 km    |

öff. Verkehr: 1,0 km   Mautverkehr: 0,0 km

## Schiebe-/Tragestrecken
keine

## Rast
Ghs Schloßhotel Grünwald

## Karten
BTK Ammersee-Starnberger See  M 1:50.000
KOMPASS Nr. 180  M 1:50.000

---

**13  Grünwalder Georgenstein-Trail**   8,3 km · 0:48 Std · 135 Hm

# 13 Grünwalder Georgenstein-Trail

**8,3** km · **0:48** Std · **135** Hm

## Wegweiser

**1** **km 0**/555 m Durchfahrt bei der Grünwalder Brücke/Grünwald: Von der Fahrstraße an der Grünwalder Brücke aus dem *„Schloßleite"*-Weg über den Waldparkplatz folgen. **Nach 140 m** *(direkt nach Schranke)* auf den rechten Schotterweg leicht bergauf. **Nach 70 m** an der Kreuzung rechts hoch auf das steile Weglein *(nach 90 m der Linkskehre folgen;* → *alternativ an der o. g. Kreuzung geradeaus auf weniger steilem Weglein zum Hochufer).* **Nach 140 m** Auffahrt mündet man an die Hochuferstraße und folgt ihr nach rechts. **Nach 80 m** mündet man an die *„Schloßstraße"* *(am „Schloßhotel Grünwald")* und fährt rechts/geradeaus *(bald die „Rathausstraße").* **Nach 200 m** der Querstraße nach rechts folgen *(„Dr.-Max-Straße").* **Nach 120 m** mündet man an der Fahrstraße *(„Emil-Geis-Str.")* und fährt links. **Nach 160 m** *(an Kreuzung in Ortsmitte)* rechts in Ri. *„Bad Tölz, Straßlach, ..."* und **nach 50 m** *(beim Kiosk)* rechts abzweigen *(in die Straße „Auf der Eierwiese").* **Nach 320 m** geradeaus bleiben *(rechts zweigt der „Brunnwartsweg" Ri. „Georgenstein, Mühltal, Kloster Schäftlarn" ab,* → *alternative Hochufer-Route zu WW 8, siehe WW 1-3/Tour 21).* **Nach 100 m** *(km 1,4 in der Linkskehre am Wohnheim)* rechts/geradeaus auf den flachen Schotterweg abzweigen *(für weitere* → *alternative Hochufer-Route auf den Graspfad „Georg-Pröbst-Weg" am Wiesenhang bergauf, siehe WW 6-8/Tour 7).*

**2** **km 2,0**/593 m In einer engen Rechtskehre vom Schotterweg links bergab auf den Pfad abzweigen. **Nach 130 m** *(und Querung der Waldsenke)* mündet man am Hochufer-Trail und folgt ihm nach links *(später breiterer Weg, kurz steil bergauf, anschließend stets weiter auf dem Hochufer-Trail).*

**3** **km 2,8**/610 m Vom Hochufer-Trail rechts bergab auf steilen Schotterweg ins Isartal abzweigen *(kurz vor HS-Leitung/Aussichtspunkt).* **Nach 190 m** links/geradeaus auf den Wald-Trail abzweigen *(in der Rechtskehre, Hangweg zum Georgenstein).*

**4** **km 3,5**/567 m An der Verzweigung im Wald auf dem linken Pfad halten. **Nach 170 m** geradeaus *(rechts zweigt eine Waldpiste ab,* → *alternativ für Kurztour rechts ab, 140 m zur Wegkehre von WW 6)* und **nach 30 m** an der Verzweigung links bergab *(bald ein Hohlpfad).* **Nach 160 m** *(nach der feuchten Waldsenke)* mündet man an ein Weglein und folgt ihm leicht links/geradeaus bergauf.

**5** **km 4,4**/564 m Man mündet am Forstweg und folgt ihm rechts bergab *(Römerweg,* → *alternativ für schöne Erweiterung mit dem Frundsberg-Trail links bergauf zum Mühlweg am Hochufer, siehe Alt.-WW).*

**6** **km 4,9**/548 m Durchfahrt beim Georgenstein: Rechts hoch auf den Waldweg abzweigen *(ca. 60 m vor dem Wendeplatz/Wegende beim Georgen-*

## Anfahrt

**Auto:** Von München nach Grünwald.

### Fahrt zum Startplatz

In Grünwald an der Kreuzung in der Ortsmitte rechts in Ri. *„Pullach, Höllriegelskreuth"* abzweigen, bald zur Grünwalder Isarbrücke abfahren und direkt vor der Brücke rechts auf den Waldparkplatz abzweigen.

*Die Tour beginnt direkt an der Grünwalder Brücke am o. g. Abzweig zum Waldparkplatz.*

### Alternative Startorte

P beim Friedhof Grünwald *(von dort mit dem Bike zum Hochufer zu WW 2 oder WW 3 der Tour, siehe WW 1-2/Tour 36)*

stein). **Nach 260 m** rechts hoch auf die schlechte Waldwegspur abzweigen (→ *alternativ* geradeaus auf dem Wanderweg bleiben und nach 310 m bei den Holzgeländern bzw. Holzstegen nach links weiter auf der Hauptroute). **Nach 150 m** (in Rechtskehre, siehe Hinweis bei WW 4) vom Waldweg links/geradeaus bergab auf den Pfad abzweigen (nach 110 m geradeaus bleiben, links mündet die o. g. Variante).

**7 km 5,7/544 m** Vom Haupt-Trail nur leicht links durch die kleine Bodensenke auf den Waldpfad abzweigen und diesem folgen (nicht ganz links zur Isar hin, → *alternativ* geradeaus 320 m zum E-Werk-Gebäude, dort links ab auf Schotterweg zur Isar hin, nach 100 m mündet in der Rechtskehre der u. g. Pfad).

**8 km 6,0/543 m** Der Pfad mündet an eine Schotterwegkehre, links und **nach 50 m** am Wegende (Plattform) links/geradeaus über Steinböschung kurz steil hinab zum Isaruferpfad. Diesem Trail dann rechts flußabwärts stets bis unter die Grünwalder Brücke folgen. **Bei km 8,2** unter der Grünwalder Brücke hindurch und bergauf zum Ausgangspunkt beim Waldparkplatz **(km 8,3)**. (*Achtung:* Durch Neubau der Grünwalder Brücke sind Veränderungen möglich, die Route unter der Brücke während der Bauzeit evtl. nicht passierbar. *Alternative:* **Bei km 7,5** am kleinen Grasgelände vom Isar-Trail rechts abzweigen und **nach Alt.-WW/Tour 33** über die Eierwiese/Grünwald-Ortsmitte zum Waldparkplatz).

### Alternativ-Wegweiser
*Für kleine Erweiterung mit einem Trail bei Frundsbergerhöhe (Gesamttour dann: 10,1 km/1:00 Std/198 Hm):*

**5 km 4,4/564 m** Man am Forstweg und folgt ihm links bergauf bis zum Mühlweg am Hochufer (Römerweg, **nach 50 m** an Wegkreuzung geradeaus).

**6 km 5,0/622 m** Man mündet am breiten Hochufer-Schotterweg (Mühlweg) und fährt rechts.

**7 km 5,2/624 m** Durchfahrt Frundsbergerhöhe: Am Beginn der Asphaltierung (beim ersten Haus) rechts auf das schmale Waldweglein abzweigen. **Nach 90 m** auf dem Haupt-Trail bergab bleiben, bald durch eine Links-/Rechtskehre (→ *alternativ* rechts bergab auf die Hohlpfad-Abkürzung, nach 140 m mündet man wieder am Trail der Haupttour). **Nach 290 m** Abfahrt mündet man in der Waldsenke an einen Weg und folgt ihm rechts bergab.

**8 km 6,0/564 m** Den Isarleiten-Forstweg queren und weiter auf dem Waldpfad bergab (nach 110 m über zwei kurze Steilrampen, nach der Graslichtung im Wäldchen dann rechts auf Isar-Trail zum Forstweg).

**9 km 6,4/552 m** Man mündet am Forstweg zum Georgenstein und folgt ihm links bergab. **Nach 330 m** (beim Georgenstein) rechts hoch auf Waldweg abzweigen → **weiter nach WW 6/Haupttour**.

### Variationen
Schwerer:

*1. Erweiterung des Georgenstein-Trails mit dem herrlichen kleinen Frundsberg-Trail-Downhill von Frundsbergerhöhe ins Isartal:* Tolle kleine Ergänzung dieses Trails, die man unbedingt fahren sollte. An WW 5 dem Römerweg hinauf zum Hochufer folgen, dort rechts nach Frundsbergerhöhe und bei den ersten Häusern rechts ab auf den Wald-Trail, der bald in toller Abfahrt auf zwei Varianten wieder hinab ins Isartal leitet. Im Verlauf quert man den Isarleiten-Forstweg und sticht durch bis zum Isar-Trail nahe beim Fluß. Dieser mündet nach kurzer Fahrt wieder am Forstweg der Haupttour in der Nähe des Georgensteins (siehe Alt.-WW).

Auch probieren:

*2. Diverse Zufahrten von Grünwald zum Isarhochufer-Trail möglich:* Von der Grünwalder Eierwiese aus gibt es diverse Zufahrtsmöglichkeiten zum Isarhochufer-Trail (siehe Hinweise bei WW 1).

*3. Statt über Grünwald und am Hochufer entlang auf dem Isarufer-Trail unter der Grünwalder Brücke in Richtung Georgenstein:* Vom Waldparkplatz bei der Grünwalder Brücke kann man auch direkt den Isarufer-Trail ansteuern und auf diesem Richtung Georgenstein fahren. Dann beim E-Werk-Gebäude links und später rechts hoch zum Georgensteiner Hangweg oder gleich rechts auf den Wanderweg zum Georgenstein.

**13 Grünwalder Georgenstein-Trail**     **8,3** km · **0:48** Std · **135** Hm

# 14   Sindelsdorfer Loisach-Kochelsee-Trail    41,9 km · 2:41 Std · 206 Hm

## Leichte bis mäßig schwere Tour!

Bike-Tour von der Sindelsdorfer AB-Ausfahrt auf den herrlichen
Trails durch die Loisachmoose und rund um den Kochelsee,
mit der Traumroute des Felsenweges direkt über dem Seeufer.

**D**ie Tour startet an der AB-Ausfahrt bei Sindelsdorf, führt kurz durch den Ort und verläuft dann auf reizvollen Pisten durch die Sindelsbachfilze bis zur Loisachbrücke. Jenseits der Loisach folgt man dem neuen Schotter-Radweglein wieder flußaufwärts. Nähe Kloster Benediktbeuern setzt man die Fahrt auf dem herrlichen Loisachufer-Trail durch die Filzen und über viele kleine Brücklein und Stege fort. Nach kurzer Fahrt auf dem Prälatenweg geht es hinter Brunnenbach wieder auf absolutem Traum-Trail weiter durchs Rohrseemoos zum Kochelsee. **A**m trimini-Bad vorbei rollt man gemächlich am See entlang, bis es direkt am Ufer bald nicht mehr weitergeht. Durch den Ort und auf dem Radweg an der B 11 muß man auf kleinem Umweg zum Südostufer queren und fährt dort weiter am See entlang über Altjoch zum Kocheler Felsenweg. Dieser Traum-Trail verläuft etwas erhöht über dem Wasser des Kochelsees, erfordert am Ende allerdings einige Schiebemeter. Von Schlehdorf führt ein idyllischer, sonniger Dammweg stets an der Loisach bis Großweil, wo es wieder ins Moos auf den abschließenden Super-Trail am Triftkanal zurück nach Sindelsdorf geht.

| km | Ort | Höhe | Zeit |
|---|---|---|---|
| 0,0 | **Sindelsdorf** | 609 | |
| | P an A 95-Ausfahrt | | |
| 0,6 | Sindelsdorf | 606 | |
| 3,2 | Sindelsbachfilze | 600 | |
| 5,2 | Kreuzung | 597 | |
| | (nähe Loisach) | | |
| 5,8 | Loisach-Trail | **596** | |
| 6,0 | Loisachbrücke | 601 | 0:21 |
| | (B 472 Sindelsdorf-Bichl) | | |
| 6,1 | Loisach-Radweg | 597 | |
| 7,3 | Wegedreieck | 599 | 0:27 |
| | (nähe Kloster Benediktbeuern) | | |
| 7,7 | Loisach-Trail | 598 | |
| 10,3 | Lainbachbrücke | 600 | 0:39 |
| | (Prälatenweg) | | |
| 11,0 | nähe Brunnenbach | 600 | |
| 13,4 | Rohrseemoos | 599 | |
| 14,4 | Loisachbrücke | 603 | 0:51 |
| | (B 472 bei Kochel) | | |
| 15,2 | trimini-Bad | 604 | |
| | (am Kochelseeufer) | | |
| 16,4 | Kochel (an der B 11) | **626** | 0:58 |
| 17,4 | Kochelseeufer | 605 | |
| | (Restaurant Grauer Bär) | | |
| 19,3 | Altjoch | 607 | |
| 19,8 | Kochelseeufer | 599 | |
| 20,3 | Abzweig Felsenweg | 601 | 1:14 |
| | (nähe Walchensee-Kraftwerk) | | |
| 21,8 | Raut | 603 | 1:24 |
| 24,4 | Schlehdorf | 603 | 1:32 |
| 25,0 | Loisach-Dammweg | 604 | |
| 26,2 | Unterau | 605 | |
| 28,4 | Großweil | 611 | 1:48 |
| | (Loisachbrücke) | | |
| 28,8 | Loisach-Dammweg | 606 | |
| 30,6 | Wanderparkplatz | 603 | |
| 31,4 | Triftkanal-Weg | 601 | |
| 34,4 | Triftkanal-Trail | 598 | 2:09 |
| | (Abzweig Brunnenbach) | | |
| 37,9 | Wegekreuzung | 597 | 2:25 |
| | (nähe Loisach) | | |
| 40,5 | Bauernhof | 621 | |
| 41,0 | Sindelsdorf | 604 | |
| 41,9 | P an A 95-Ausfahrt | 609 | 2:41 |

**Alternativ-Route**
Statt auf dem Loisach-Trail durchs Rohrseemoos von Brunnenbach aus auf der Radweg-Route des Prälatenweges nach Kochel.

*– siehe auf Wegweiser-Seiten –*

## Erlebniswert

*Bike-Spaß:* ★★★☆☆ ③-④
*Landschaft:* ★★★☆☆

Reizvolle und weitgehend sehr einsame Route durchs Loisachmoos. Faszinierende Trails beidseits an den Loisachufern und auf dem Kocheler Felsenweg. Viele schöne Ausblicke zu den Bergen und Traumsicht vom etwas erhöht über dem Kochelsee verlaufenden Felsenweg.

## Schwierigkeitsgrad

*Kondition:* ●○○○○○
*Fahrtechnik:* ●●○○○○ ❶-❷

Etliche anspruchsvollere Trial-Passagen auf den teils holprigen, oft auch feuchten Trails und eine Schiebestrecke mit Stufen auf dem engen Felsenweg.

## Fahrbahnen

| Asphalt | Schotter+Pisten | Trails+Trials |
|---|---|---|
| 15,0 km | 13,0/2,1 km | 9,3/2,5 km |

öff. Verkehr: 5,9 km  Mautverkehr: 0,0 km

## Schiebe-/Tragestrecken

Je nach Fahrkönnen evt. wenige kurze Passagen auf dem Loisach-Trail

## Rast

Gasthäuser in Sindelsdorf, Kochel und Schlehdorf, Restaurant Grauer Bär am Kochelseeufer

## Karten

BTK Bad Tölz-Lenggries   M 1:50.000
KOMPASS Nr. 7            M 1:50.000
KOMPASS Nr. 182          M 1:50.000

---

**14  Sindelsdorfer Loisach-Kochelsee-Trail    41,9 km · 2:41 Std · 206 Hm**

# 14 Sindelsdorfer Loisach-Kochelsee-Trail

**41,9** km · **2:41** Std · **206** Hm

## Wegweiser

**1** *km 0*/609 m  <u>Ortsdurchfahrt Sindelsdorf</u>: Rechts auf Straße Ri. *„Ghs Post, Café Sommergarten"* abzweigen *(bald am Ortsschild vorbei <u>in den Ort</u>)*. *Nach 640 m* mündet man an eine Straße und fährt rechts in Ri. *„Kochel, Großweil" („Kocheler Straße")*. *Nach 110 m* links in *„Kirchsteinstraße"* abzweigen. *Nach 160 m* an der Kreuzung rechts *(„Königbergstraße", an Baum/Sitzbank)*. *Nach 120 m* an der Verzweigung links *(in der „Königbergstraße" bleiben)*. *Nach 310 m* an einer Asphaltkreuzung geradeaus auf den Asphaltweg *(<u>diesem stets in eingeschlagener Richtung folgen</u>, führt durch die Wiesen und später am Sindelsbach entlang)*.

**2** *km 5,2*/597 m  An der Wegekreuzung *(links ein Asphaltweg, → alternativ geradeaus 600 m zur Fahrstraße nähe Loisachbrücke, dort rechts und nach 80 m über die Brücke weiter nach WW 3)* rechts auf Schotterweg abzweigen. *Nach 210 m* am Wegedreieck links *(an der Loisach, Piste wird am Ende zu Pfad)*.

**3** *km 5,9*/597 m  <u>Durchfahrt an Loisachbrücke</u>: An der Loisachbrücke kurz zur Fahrstraße auffahren und rechts über die Brücke *(nach der Brücke auf dem Radweg rechts bergab, unterhalb der Brücke links über die Bachbrücke auf den neuen Radweg abzweigen und loisachaufwärts. <u>Info</u>: Radwege hier evt. noch im Bau, Beschilderungen nicht im WW!)*.

**4** *km 7,3*/599 m  Am Schotterwegedreieck rechts Ri. *„Rundweg 1"* (bald weiter auf Loisachuferweg, später ein Trail; → alternativ für bequemere Route links Ri. „Benediktbeuern" über das Kloster Benediktbeuern, siehe WW 30-32/Tour 11, an jenem WW 32 dann jedoch <u>rechts</u> Ri. „RS Brunnenbach, Kochel a. See" und auf dem Prälatenweg 2,1 km zu WW 6 der Haupttour)*.

**5** *km 9,5*/598 m  Am Wegedreieck geradeaus in Ri. *„Rundweg 1"* bleiben *(links zweigt ein Weg in Ri. „Rundweg 1a" ab)*.

**6** *km 10,3*/600 m  Man mündet am Schotterweg (Prälatenweg) und folgt ihm rechts Ri. *„RS Kochel a. See, Schlehdorf"* (gleich über die Lainbachbrücke). *Nach 70 m* (nach der Brücke) links auf den Weg *in o. g. Ri.* abzweigen *(→ alternativ für Kurztour direkt zum Triftkanal-Trail geradeaus, später über die neue Loisachbrücke, nach 350 m rechts ab auf Schotterweg, nach 450 m mündet man über ein Triftkanal-Brücklein an der Hauptroute und fährt rechts weiter nach WW 21)*.

**7** *km 11,0*/600 m  Nähe Brunnenbach *(kurz nach Linkskehre)* rechts/geradeaus auf Weg Ri. *„Freilichtmuseum Glentleiten, Loisach-Rundweg, Kochel a. See"* abzweigen *(→ alternativ für Radwegroute bis Kochel auf Prälatenweg links, siehe Alt.-WW)*.

**8** *km 13,4*/599 m  Rechts über ein Bachbrücklein auf den Pfad in Ri. *„Kochel a. See"* abzweigen.

## Anfahrt

**Auto:** A 95 München-Garmisch, Ausfahrt „Sindelsdorf, Bad Tölz, Bichl, Peißenberg" *(52 km, 0:35 Std)*.

## Fahrt zum Startplatz

Nach Abfahrt von der A 95 nach rechts in Ri. *„Bad Tölz, Bichl, Penzberg, Sindelsdorf, Benediktbeuern"* und nach ca. 250 m rechts auf dem Parkplatz bei der Autobahn, unmittelbar vor dem Ortsbeginn Sindelsdorf, parken.

*Die Tour beginnt* am Parkplatz am Abzweig der in den Ort führenden Straße.

## Alternative Startorte

Benediktbeuern *(von dort mit dem Bike zum Loisach-Radweg zu WW 4 oder bis in Nähe Brunnenbach zu WW 6 der Tour)*, Kochel, Schlehdorf, Großweil

**9   km 14,5/603 m** <u>Durchfahrt Kochel</u>: Die Fahrstraße queren *(bei Loisachkanalbrücke)* und schräg links in die *„trimini-Straße"*. Nach *330 m* rechts auf den Schotter-Fußweg abzweigen. **Bei km 15,2** mündet man an eine Asphaltstraße *(nähe P/Schranke)*, fährt rechts und zweigt **nach 20 m** rechts auf den Schotteruferweg Ri. *„trimini-Fitneßinsel"* ab. **Nach 330 m** an der Schiffsanlegestelle vorbei und **nach 80 m** weiter stets auf dem Seeuferweg bleiben. **Nach 160 m** *(kurz nach dem Kiosk, bei der Tafel mit Hinweis auf den geradeaus nach 300 m endenden Pfad)* links hoch auf den Asphaltpfad zur Straße und **nach 40 m** rechts hoch auf weiteren Asphaltpfad Ri. *„Kochelsee-Südufer"* abzweigen. **Nach 70 m** mündet man an eine Straße und folgt ihr links bergauf weiter **in o. g. Ri.**
**Bei km 16,1** mündet man an der Fahrstraße und fährt rechts **in o. g. Ri.** *(„Mittenwalder Straße", B 11*, gleich auf Gehweg bleiben, später ein Radweg).
**Bei km 17,0** mündet man wieder an der B 11 und fährt rechts. **Nach 140 m** *(auf Höhe des Parkplatzes der Fa. Dorst, rechts ein Kurzzeit-P am Seeufer)* geradeaus auf das Asphaltweglein *(verläuft zwischen der B 11 und dem Kochelseeufer)*. **Nach 370 m** *(ein Stück hinter dem „Hotel Rest. Café Grauer Bär")* rechts hinab zum See und dort links auf dem nun geschotterten Uferweglein weiter *(<u>diesem stets an der B 11 entlang folgen</u>), später nach dem See am Eingang des „Campingplatz Renken" vorbei und dann leicht bergauf ein Stück in Richtung Kesselberg fahren)*.

**10   km 18,4/618 m** Nach Auffahrt *(und Überquerung des Brückleins)* weiter auf Asphaltweglein bzw. der Straße in Ri. *„Altjoch, Walchensee-Kraftwerk"*.

**11   km 19,3/607 m** <u>Durchfahrt Altjoch</u>: Von der Straße rechts auf den Asphaltweg Ri. *„Fußweg zum See, Jocher Höhenweg, Felsenweg, Schlehdorf, Schiffahrt Anlegestelle"* abzweigen *(→ alternativ auf Straße Ri. „Walchenseekraftwerk, ..." bleiben und am Kraftwerk vorbei zum Felsenweg zu WW 12)*. **Nach 120 m** *(Verzweigung an Kapelle)* nach links auf den rechten Asphaltzweig **in o. g. Ri. Nach 230 m** *(am Asphaltende am See)* links **in o. g. Ri.** auf den Schotterweg. **Nach 110 m** über den Pflasterhof und auf Schotterweg weiter *(bald an Anlegestelle vorbei)*. **Nach 190 m** an Wiese geradeaus auf Wiesenpfadspur *(links zweigt „Rundweg ..."-Pfad ab; später geht's über ein Brückleïn, durch ein Türchen, danach leicht links zum Forstweg am Waldrand hin, dort rechts am Zaun lang bis man am Forstweg mündet)*.

**12   km 20,3/601 m** Den o. g. Forstweg queren, bald über den Holzsteg und auf Schotterweg im Wald bergauf *(später schmaler Felsensteig über dem See mit einigen Stufen und **kurzen Schiebepassagen**; → alternativ ohne Felsenweg links durchs Gatter, nach 30 m rechts hoch auf Forstweg Ri. „Jocher Höhenweg, Schlehdorf", nach 1,5 km rechts, nach 1,75 km mündet man an weiterem Forstweg und fährt bergab – später an der Rodelbahn vorbei – 2,0 km zu WW 14)*.

---

### Variationen

Schwerer:

***1. Kombination mit den diversen Touren des Loisach- und Isartals:*** Es gibt vielfältigste Kombinationsmöglichkeiten mit den anderen Touren des Loisach- und Isartals. Auf diese Weise lassen sich wunderschöne, längere Bike-Fahrten durch das Alpenvorland mit vielen Traumblicken zu den Bergen bilden. Zwischen Benediktbeuern und Bichl, Bad Heilbrunn, Bad Tölz, Königsdorf, Geretsried, Wolfratshausen und Penzberg ergibt sich so ein Netz bester Bike-Routen, aus dem sich stets wieder neue, individuelle Touren in jedem Schwierigkeitsgrad zusammenstellen lassen *(siehe Touren 11, 18, 23, 25, 26, 34)*.

Leichter:

***2. Kurztour über die Loisachbrücke bei Brunnenbach direkt zum Triftkanal-Trail:*** Für eine Kurzversion der Tour ohne die Fahrt über Kochel, den Kochelsee und den etwas schwierigen Felsenweg an WW 6 geradeaus bleiben, bald über die neue Loisachbrücke, dann rechts abzweigen und auf diesem Weg direkt zum Triftkanal-Trail. Dort dann weiter nach WW 21 der Haupttour zurück bis Sindelsdorf *(siehe Hinweis bei WW 6)*.

***3. Kleine Abkürzung bei Unterau:*** Bei Unterau rechts über die Loisachbrücke und – statt des Dammweges über Großweil – auf etwas direkterem Weg zu WW 19 bzw. 20 am Triftkanal fahren *(siehe Hinweis bei WW 17)*.

---

**14   Sindelsdorfer Loisach-Kochelsee-Trail**      **41,9** km · **2:41** Std · **206** Hm

# 14 Sindelsdorfer Loisach-Kochelsee-Trail 41,9 km · 2:41 Std · 206 Hm

**13** *km 21,7*/604 m Durchfahrt Raut: Dem Hauptpfad rechts in Ri. *„Schlehdorf"* über den Bachgraben und dann an der Wiese entlang folgen. *Nach 160 m* beim ersten Haus geradeaus und nun stets auf diesem Asphaltweg bleiben.

**14** *km 23,3*/605 m Am Asphaltdreieck im Wiesengelände rechts nach Schlehdorf *(links mündet o. g. Variante über den Höhenweg, siehe Hinweis WW 12).*

**15** *km 23,7*/604 m Ortsdurchfahrt Schlehdorf: Am ersten Haus über die Brücke und dieser Straße durch den Ort folgen *(vor der Brücke links Schotterabzweig in Ri. „Rötelstein, Ohlstadt, Kreut-Alm, ...", evt. → alternativ für einen Abstecher über das Whs Kreutalm oder Freilichtmuseum Glentleiten).* *Bei km 24,4* mündet man an der Fahrstraße *(am „Ghf Klosterbräu Schlehdorf")* und folgt ihr nach rechts. *Nach 100 m* rechts auf den Radweg wechseln.

**16** *km 25,0*/604 m Unmittelbar vor der *„Loisach"*-Brücke links auf den Schotterweg Ri. *„Unterau"* abzweigen. *Nach 520 m* rechts bergab auf den Pfad abzweigen *(bald über das schmale Brücklein, danach links, wird bald wieder zum breiteren Weg).*

**17** *km 26,2*/605 m Durchfahrt bei Unterau: An der Brücke geradeaus Ri. *„Großweil"* und nun stets auf dem Dammweg weiter loisachaufwärts *(→ alternativ für eine kürzere Route ohne Fahrt über*

Großweil rechts auf Asphalt über die Loisachbrücke, nach 80 m dem Querweg nach links folgen, nach 100 m geradeaus auf den Schotterweg abzweigen, nach 890 m mündet in einer Rechtskehre die Haupttour).

**18** *km 28,5*/611 m Durchfahrt Loisachbrücke bei Großweil: Man mündet an eine Straße *(„Kleinweiler Straße", am Ortsschild)* und fährt rechts über die Brücke. *Nach 80 m* rechts Ri. *„Moos-Rundweg, Eichsee, Unterau, Schlehdorf"* abzweigen *(„Moosweg", Beschilderung steht etwas wegeinwärts).* *Nach 290 m* rechts auf den Schotterdammweg abzweigen *(→ alternativ auf Asphaltweg zu WW 20).*

**19** *km 30,0*/605 m Man mündet an einer Wegkehre *(Route der oben bei WW 17 genannten Variante)* und fährt links. *Nach 380 m* mündet man an einen Asphaltweg und folgt ihm nach links.

**20** *km 30,6*/603 m Am Asphaltdreieck *(bei dem Wander-Parkplatz)* rechts und stets diesem Weg am Triftkanal entlang folgen *(ab km 31,4 Schotter).*

**21** *km 34,4*/598 m Am Wegedreieck geradeaus bleiben *(rechts mündet Weg über Bachbrücke, siehe Varianten-Hinweis bei WW 6. Die folgende Piste wird später schmäler und zum Pfad, führt dann nicht mehr erkennbar über eine Wiese, später wieder als Schotterpfad durchs Gebüsch, bei km 37,1 mündet man an einen breiteren Weg und bleibt geradeaus).*

Auch probieren:

*4. Statt des Felsenweg-Trials am Kochelsee über den Höhenweg nach Schlehdorf:* Wer statt des Trials mit den kurzen Schiebestrecken auf dem etwas schwierigen Felsenweg lieber die bequemeren Schotterpisten der Forstwege bis nach Schlehdorf fährt, kann auf WW 12 auch die Route des dort abzweigenden Höhenweges nehmen. Dies empfiehlt sich besonders an schönen Wochenenden, wenn auf dem engen Felsenweg mit einem verstärkten Fußgängeraufkommen zu rechnen ist *(siehe Hinweis bei WW 12).*

Nur eventuell probieren:

*5. Route mit Rasteinkehr über das Kloster Benediktbeuern:* Für eine eventuelle Rast im Klosterbräustüberl und Biergarten in Benediktbeuern müßte man leider auf den herrlichen Loisachufer-Trail verzichten und an WW 4 links in Richtung Benediktbeuern bzw. Kloster fahren. Das lohnt aber nicht nur wegen des dann leider fehlenden Trail-Erlebnisses, sondern auch wegen den eher fragwürdigen kulinarischen Qualitäten des Gasthauses kaum. Unter anderem entpuppten sich hier beim Besuch die Schinkennudeln mit „Tomatensauce" der Speisekarte als fettige Teigwaren mit zähem Schinken und waren lediglich mit Ketchup aus der Flasche übergossen. Und als wenn das noch nicht reichte, kredenzte das gastliche Haus zu dieser Köstlichkeit natürlich auch den obligatorischen wässrigen Salat *(ggf. siehe Hinweis bei WW 4 und WW 30-32/Tour 11).*

**22** **km *37,3*/597 m** Die Betonbrücke überqueren, danach der Graswegspur leicht nach rechts *ca. 30 m* folgen und dann nach links am Zaun entlang halten. **Nach 110 m** mündet man an einen breiten Schotterweg und folgt ihm nach rechts *(bekannte Route vom Anfang der Tour, → alternativ hier auch links und auf gleicher Route bald stets am Sindelsbach entlang zurück nach Sindelsdorf)*.

**23** **km *37,9*/597 m** An der Wegekreuzung *(WW 2)* links auf den Asphaltweg abzweigen.

**24** **km *39,5*/605 m** Von dem Betonformsteinweg links auf einen Asphaltweg abzweigen *(an einer Tafel „Wiesenbrütergebiet Loisach-Kochelsee-Moore")*.

**25** **km *40,0*/605 m** Am Asphaltdreieck *(an Stadel)* rechts bergauf und nun stets in eingeschlagener Richtung über die Anhöhe bis nach Sindelsdorf *(auf der Anhöhe am „Naturland"-Bauernhof vorbei, an einer Wegekreuzung bald geradeaus, dann am kleinen Wander-Parkplatz vorbei und wieder bergab)*.

**26** **km *41,0*/604 m** Ortsdurchfahrt Sindelsdorf: Nach Abfahrt von der Anhöhe mündet man an eine Kreuzung *(Route vom Anfang der Tour, an Baum und Sitzbank, „Königbergstraße" quert)*, fährt geradeaus in die **„Kirchsteinstraße"** und auf bekannter Route durch den Ort zurück zum Ausgangspunkt am Parkplatz nähe AB-Ausfahrt **(km 41,9)**.

## Alternativ-Wegweiser
*Für Radweg-Route von Brunnenbach auf dem Prälatenweg nach Kochel (statt des Trails durchs Rohrseemoos, Gesamttour dann: 43,4 km/2:47 Std/222 Hm):*

**7** **km *11,0*/600 m** Nähe Brunnenbach *(kurz nach Linkskehre)* dem linken Weg in Ri. **„RS Kochel a. See, Schlehdorf" + „Brunnenbach, Ort, ..."** folgen. **Nach 310 m** weiter auf dem Betonformsteinweg *in o. g. Ri.* bleiben *(links Schotterabzweig)*.

**8** **km *12,4*/610 m** Man mündet am Radweg am Bahngleis *(bei Parkplatz und Bäumen)* und folgt ihm nach rechts Ri. **„RS Kochel a. See, Schlehdorf" + „Ort, Kochel a. See, Loisach-Rundweg"**. **Nach 460 m** an der Asphaltkreuzung *(nähe Ort)* geradeaus auf den Schotterweg Ri. **„RS Kochel ..."**.

**9** **km *14,7*/605 m** Ortsdurchfahrt Kochel: Beim Ort geradeaus auf Asphaltweg in Ri. **„RS Kochel a. See, Schlehdorf"** weiter *(Info: Rechts Schotterweg Ri. „Loisach-Rundweg", 1,06 km zu WW 8/Haupttour im Rohrseemoos)*. **Nach 180 m** ist die Straße als **„Friedzaunweg"** beschildert. **Nach 230 m** geradeaus auf dem Ashalt-Fuß-/Radweg weiter *(stets Ri. „RS", bei km 15,7 an der Fahrstraße rechts)*.

**10** **km *15,9*/603 m** Links in die **„trimini-Straße"** abzweigen *(rechts mündet Haupttour aus dem Rohrseemoos)* und → **weiter nach WW 9 der Haupttour**.

## Alternativ-Route
Statt auf dem Trail durchs Rohrseemoos auf der Radwegroute *(Prälatenweg)* über Brunnenbach und später am Bahngleis entlang sowie nähe Ort vorbei nach Kochel:

| | | | |
|---|---|---|---|
| 11,0 | nähe Brunnenbach | 600 | 0:41 |
| | *(Abzweig Weg* | | |
| | *ins Rohrseemoos)* | | |
| 11,2 | Brunnenbach | 602 | |
| 12,4 | Prälatenweg | 610 | 0:46 |
| | *(am Bahngleis)* | | |
| 12,8 | nähe Ort | 609 | |
| 14,7 | Kochel | 605 | 0:53 |
| | *(Abzweig* | | |
| | *Loisach-Rundweg* | | |
| | *ins Rohrseemoos)* | | |
| 14,9 | Friedzaunweg | 604 | |
| 15,7 | Döllerfeldweg | 604 | |
| | *(Mündung an der* | | |
| | *Fahrstraße, rechts)* | | |
| 15,9 | Abzweig | 603 | 0:57 |
| | trimini-Straße | | |
| | *(vor Loisachbrücke,* | | |
| | *rechts mündet Trail* | | |
| | *aus dem Rohrseemoos)* | | |
| → weiter nach der Haupttour | | | |

---

**14** Sindelsdorfer Loisach-Kochelsee-Trail **41,9** km · **2:41** Std · **206** Hm

# 15 Faller Riß- und Engtal-Fahrt

**66,7** km · **3:45** Std · **645** Hm

## Leichte bis mäßig schwere Tour!

Lange Bike-Taleinfahrt auf besten Pisten, Asphalt- und Mautstraßen durch die grandiosen Karwendelkulissen von Riß- und Engtal zum Alpengasthof Eng und zu den Engalmen im Talschluß.

**Z**unächst fährt man auf der Bundesstraße ein Stück in Richtung Vorderriß und zweigt im Verlauf auf einen Forstweg durch den Grammersau-Wald ab. Nach dessen Durchquerung mündet man am Fahrsträßchen im Rißtal und folgt diesem in einer landschaftlich stets prächtiger werdenden Fahrt immer an den türkisfarbenen, mit weißschäumender Gischt gekrönten Fluten des Rißbachs entlang taleinwärts bis Hinterriß. Im Verlauf gibt es die Option, vom Asphalt auf die Schotterpiste des jenseits des Flusses verlaufenden Pflanzgarten-Forstweges zu wechseln. **N**ach Hinterriß türmen sich die von engen Tälern markierten Felsriesen des Karwendel zu beeindruckender Größe auf. Ab der Kreuzbrücke neigt sich das Mautsträßchen abschnittsweise etwas steiler ins Engtal. Im Herbst kommt dort zur markanten Bergkulisse auch noch das Erlebnis des herrlich bunt gefärbten Großen Ahornbodens hinzu. Die Tour endet im Talschluß bei den Engalmen hinter dem großen Alpengasthof und führt auf gleicher Route zurück. Im Verlauf gibt es zahlreiche Möglichkeiten, mit meist steileren Auffahrten in die herrlichen Karwendeltäler und auf umliegende Joche und Almen zu gelangen.

| km | Ort | Höhe | Zeit |
|---|---|---|---|
| 0,0 | **Fall** | 768 | |
| | *Waldparkplatz* | | |
| 0,9 | B 307 | **766** | |
| 5,5 | Abzweig Forstweg | 785 | 0:12 |
| 7,6 | Grammersau | 816 | |
| 9,6 | Fahrstraße im Rißtal | 814 | 0:35 |
| 11,6 | nähe Oswaldhütte | 847 | |
| 12,3 | 1. Grenzbrücke | 855 | |
| 13,2 | 2. Grenzbrücke | 867 | 0:48 |
| | *(Abzweig alt. Forstweg* | | |
| | *„Pflanzgartenstraße"* | | |
| | *nach Hinterriß)* | | |
| 14,6 | Weitgrießalm | 885 | |
| 16,7 | Brandau | 913 | |
| 17,6 | Rißbachbrücke | 920 | 1:05 |
| | *(Mündung Forstweg* | | |
| | *„Pflanzgartenstraße")* | | |
| 18,0 | Hinterriß | 928 | 1:08 |
| | *(Ghf Zur Post)* | | |
| 19,7 | Mautstelle | 938 | |
| | *(Herzoglicher Alpenhof)* | | |
| 21,2 | Abzweig zum P 3 | 963 | 1:22 |
| | *(alt. Forstweg zur Kreuzbrücke* | | |
| | *sowie für Abstecher oder* | | |
| | *Route durchs Johannestal)* | | |
| 22,7 | Garberlalm | 983 | |
| 23,5 | Abzweig | 991 | |
| | *zur Grasbergalm* | | |
| | *(beim Parkplatz P 4)* | | |
| 23,7 | Kreuzbrücke | 992 | 1:32 |
| | *(Mündung Forstweg* | | |
| | *vom Parkplatz P 3)* | | |
| 25,5 | Parkplatz P 6 | 1018 | 1:38 |
| | *(Abzweig Trail* | | |
| | *ins Laliderer Tal)* | | |
| 26,4 | Abzweig Forstweg | 1036 | |
| | *(ins Laliderer Tal)* | | |
| 27,6 | Hagelhütten | 1077 | |
| 29,2 | Abzweig Plumsjoch | 1118 | 1:54 |
| | *(schöner Abstecher zur* | | |
| | *Plumsjochhütte möglich)* | | |
| 32,4 | Alpengasthof Eng | 1197 | 2:07 |
| 33,3 | Bauernladen Engalm | 1225 | |
| 33,4 | Rasthütte Engalm | **1227** | 2:12 |
| | *(Abstecher zur Binsalm* | | |
| | *in Ri. Lamsenjoch möglich)* | | |
| | **auf gleicher Route zurück** | | |
| 66,7 | Waldparkplatz Fall | 768 | 3:45 |

## Erlebniswert

Bike-Spaß: ★☆☆☆☆☆
Landschaft: ★★★★★☆ ②

Eine nur landschaftlich besonders herausragende Bike-Unternehmung, deren Höhepunkte in den grandiosen Felskulissen des mächtigen Karwendelgebirges im Engtal gipfeln. Im Herbst ist zudem alleine der prachtvoll leuchtend gefärbte Ahornboden ein Erlebnis.

## Schwierigkeitsgrad

Kondition: ●●○○○○ ❶-❷
Fahrtechnik: ●○○○○○

Mit Ausnahme der Tourenlänge und der leichteren Auffahrten ins Engtal keinerlei besondere Schwierigkeiten.

## Fahrbahnen

| Asphalt | Schotter+Pisten | Trails+Trials |
|---|---|---|
| 58,5 km | 8,2/0,0 km | 0,0/0,0 km |

öff. Verkehr: 31,2 km  Mautverkehr: 25,6 km

## Schiebe-/Tragestrecken
keine

## Rast

Oswaldhütte, Weitgrießalm, Gasthof Post in Hinterriß, Herzoglicher Alpenhof (an der Mautstelle), Garberlalm, Alpengasthof Eng, Rasthütte Engalm

## Karten

BTK Karwendelgebirge  M 1:50.000
KOMPASS Nr. 182  M 1:50.000

---

**15  Faller Riß- und Engtal-Fahrt**  66,7 km · 3:45 Std · 645 Hm

# 15 Faller Riß- und Engtal-Fahrt

**66,7** km · **3:45** Std · **645** Hm

## Wegweiser

**1** **km 0/768 m** Vom Waldparkplatz bei Fall der Fahrstraße B 307 nach links stets in Richtung Vorderriß und Wallgau folgen.

**2** **km 5,5/785 m** Von der B 307 links auf einen Forstweg abzweigen (→ **alternativ** kann man auch auf der B 307 bleiben und über Vorderriß ins Riß- und Engtal fahren). **Nach 130 m** geradeaus bleiben und **nach weiteren 160 m** am Wegedreieck dem Weg durch die Rechtskehre folgen.

**3** **km 7,6/816 m** An einem größeren Wegedreieck (Waldlichtung) dem Weg weiter geradeaus folgen. **Nach 550 m** am Wegedreieck links halten.

**4** **km 9,6/814 m** Man mündet an die Fahrstraße ins Rißtal und folgt ihr links <u>stets taleinwärts bis Hinterriß</u> (→ **alternativ** bei km 13,2 unmittelbar <u>vor</u> der neuen „2. Grenzbrücke" rechts/geradeaus auf den Pflanzgarten-Forstweg abzweigen, auf diesem 4,5 km bis zur erneuten Mündung an der Fahrstraße bei der Rißbachbrücke kurz vor Hinterriß und rechts weiter taleinwärts noch 530 m zu WW 5 in Hinterriß fahren).

**5** **km 18,1/933 m** <u>Ortsdurchfahrt Hinterriß</u>: Stets weiter auf der Fahrstraße taleinwärts bleiben (ca. 100 m nach dem „Ghf Zur Post", an dem Feuerwehrgebäude im Ort, rechts ein Abzweig ins Rontal).

**6** **km 27,6/1077 m** Bei den „Hagelhütten" weiter stets auf der Mautstraße bleiben.

**7** **km 29,2/1118 m** Weiter stets auf der Mautstraße bis zum Ghf Eng bleiben (links zweigt der „Plumsjochweg" ab, → **alternativ** ist hier links bergauf ein Abstecher von ca. 7,8 km/1:13 Std/532 Hm zur Plumsjochhütte möglich oder eine Plumsjoch-Überquerung ins Gerntal und nach Pertisau am Achensee).

**8** **km 32,4/1197 m** <u>Durchfahrt am Ghf Eng</u>: Am großen „Alpengasthof Eng" vorbeifahren und **nach 90 m** (nach dem Parkplatz) geradeaus auf das nun schmälere, bald über eine Brücke und dann weiter in den hinteren Talschluß zu den Engalmen führende Asphaltweglein.

**9** **km 33,4/1227 m** Kurz nach den Engalmhütten (bei der großen neuen „Rasthütte Engalm") endet die Tour (links zweigt ein Schotterweg Ri. „Alpengasthaus Binsalm, Lamsenjochhütte" ab, → **alternativ** links bald über die Brücke und dann bergauf ist ein Abstecher von ca. 2,3 km/0:30 Std/276 Hm zur Binsalm möglich oder auf extremer Route eine Überquerung des Lamsenjochs über die Lamsenjochhütte ins Inntal).

<u>Auf gleicher Route zurück zum Ausgangspunkt am Waldparkplatz bei Fall fahren (**km 66,7**).</u>

## Anfahrt

**Auto:** Von München nach Grünwald und dort geradeaus stets auf der Staatsstraße 2072 weiter in Ri. „Bad Tölz" über Straßlach, Deining und Egling bis nach Bad Tölz (<u>alternativ</u> auch auf der B 13 über Holzkirchen nach Bad Tölz).
Bad Tölz durchqueren und auf die B 13 über Lenggries zum Sylvensteinsee und auf der B 307 nach Fall (70 km, 1:00 Std).

**Alternativ:** A 8 München-Salzburg, Ausfahrt „Holzkirchen", B 318 über Gmund und Bad Wiessee nach Rottach-Egern, B 307 über Kreuth zur Kaiserwacht und dort rechts Ri. „Lenggries, Vorderriß" zum Sylvensteinsee.

**Bahn:** Von München-Starnberger Bhf. nach Lenggries und mit dem Bike auf dem neuen Radweg an der B 13 zum Sylvensteinsee, von dort nach Fall.

## Fahrt zum Startplatz

Auf der B 13 von Lenggries kommend mündet man auf der Staumauer des Sylvensteinsees und fährt rechts auf die B 307 in Ri. „Fall, Vorderriß". Nach 2,2 km (kurz vor Fall, <u>unmittelbar nach</u> Überquerung der Fallerklamm-Seebrücke links auf den großen und beschilderten Waldparkplatz bei Fall abzweigen.

**Die Tour beginnt** direkt am Abzweig von der B 307 auf den Parkplatz.

## Alternative Startorte

Vorderriß, Hinterriß, Lenggries oder Bad Tölz (mit Bike-Fahrt auf Isartal-Radwegen zum Sylvensteinsee und nach Fall)

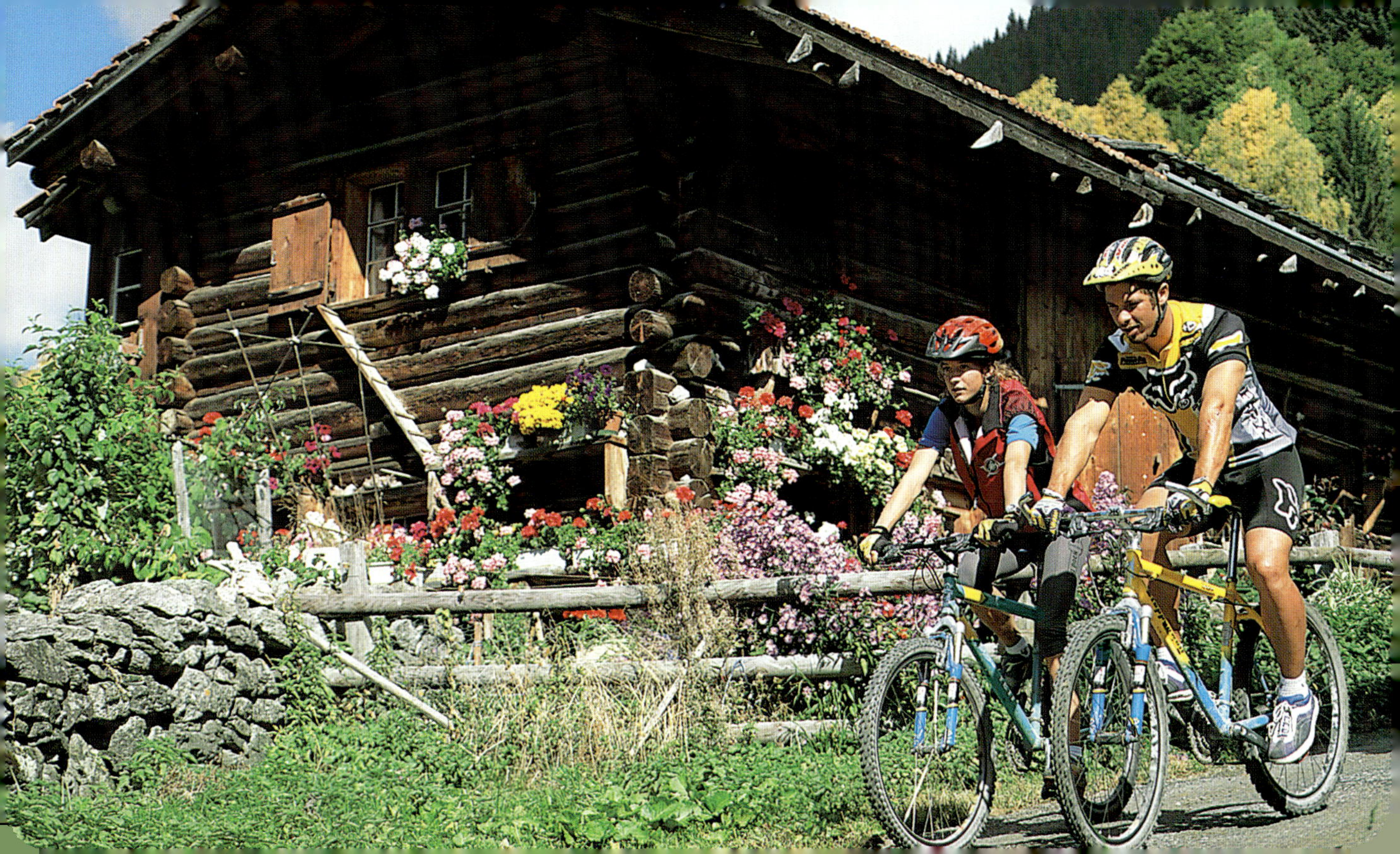

# 16 Jachenauer Rundtour zum Walchensee — 30,1 km · 2:05 Std · 342 Hm

## Leichte bis mäßig schwere Tour!

Ein erlebnisreicher Streifzug durchs Jachenauer Tal und über die Fieberkapelle zum Walchensee, mit herrlichem Traum-Trail direkt am Ostufer des Sees und Rückfahrt auf schöner Wiesenwegroute.

**Z**u Beginn folgt man dem Verlauf des idyllischen Reichenau-Bachtals über die Kepf-Wiesenaue bis zur Mündung im Tal des Lainbachs. An der Berglalm vorbei geht es zurück ins Jachenauer Tal, wo man unweit des Hauptdorfes an die Fahrstraße mündet. In der Ortsmitte zweigt das Asphalt-sträßchen hinauf zum Weiler Berg ab und auf der abschnittweise steilen Schotterpiste über die Fieberkapelle gelangt man auf einen Waldsattel. Von diesem Scheitelpunkt der Tour leitet eine asphaltierte Piste in wunder-schönem Downhill zum Sachenbacher Walchenseeufer. **D**ort zweigt man zunächst auf einen Schotterweg, später auf den herrlichen, oft in der warmen Nachmittagssonne liegenden Trail am östlichen Seeufer ab. Neben viel Bike-Spaß kann man hier auch beste Badefreuden und vorzüglichste Ausblicke über das glitzernde Wasser auf Walchenseeberge und Karwendelkulisse genießen. Für die Rückfahrt von Niedernach in die Jachenau wird später dann das bequeme Mautsträßchen benutzt. Kurz nach der Dorfmitte zweigt der Bachweg ab, der auf den schönen Pisten der Wiesenweg-Route über die Weiler und Höfe dieses ausgedehnten Tals zum Ausgangspunkt leitet.

| km | Ort | Hm | Zeit |
|---|---|---|---|
| 0,0 | **Jachenautal** *Forstwegabzweig zum Wander-Parkplatz (nähe Petern/Ort)* | 728 | |
| 0,2 | Wander-Parkplatz | 730 | |
| 0,6 | Abzweig ins Reichenautal | 736 | |
| 3,2 | In der Kepf | 819 | |
| 4,5 | Lainbachtal | 842 | 0:28 |
| 5,2 | Berglalm | 840 | |
| 6,5 | Fahrstraße im Jachenautal | 768 | 0:36 |
| 7,0 | Jachenau-Dorf | 770 | 0:38 |
| 8,2 | Berg | 832 | |
| 8,7 | Radweg-Route *(nach Sachenbach, Urfeld)* | 828 | |
| 9,8 | Fieberkapelle | **885** | 0:55 |
| 10,1 | Waldsattel *(Asphaltsträßchen)* | 872 | |
| 12,2 | Sachenbach *(am Walchensee)* | 803 | 1:02 |
| 13,3 | Walchenseeufer-Trail | 800 | |
| 14,9 | Forstweg | 804 | |
| 17,1 | Niedernach *(Waldschänke/Mautstraße)* | 806 | 1:17 |
| 20,3 | Mautstelle *(in Mühle)* | 768 | |
| 21,6 | Jachenau-Dorf | 770 | 1:33 |
| 21,8 | Abzweig Bachweg *(Wiesenweg-Route)* | 770 | |
| 22,3 | Setzplatz | 766 | |
| 23,2 | Point | 758 | |
| 23,8 | Fleck | 754 | |
| 24,4 | Achner | 749 | |
| 25,1 | Niggeln | 741 | 1:46 |
| 28,8 | Wiesenweg-Trail | 737 | |
| 27,2 | Wegekreuzung *(Abzweig zur Grabenalm)* | 740 | 1:55 |
| 27,4 | nähe Höfen | 732 | |
| 28,4 | Untere Höfner Brücke *(Verbindung ins Röhrmoostal und über Schronbachtal zum Sylvensteinsee)* | 731 | 1:59 |
| 28,9 | Peterner Brücke | 729 | |
| 29,1 | bei Rauthäusl | **725** | |
| 29,5 | Ort-Hof | 726 | |
| 30,1 | Jachenautal *(Abzweig zum Wanderparkplatz, nähe Petern/Ort)* | 728 | 2:05 |

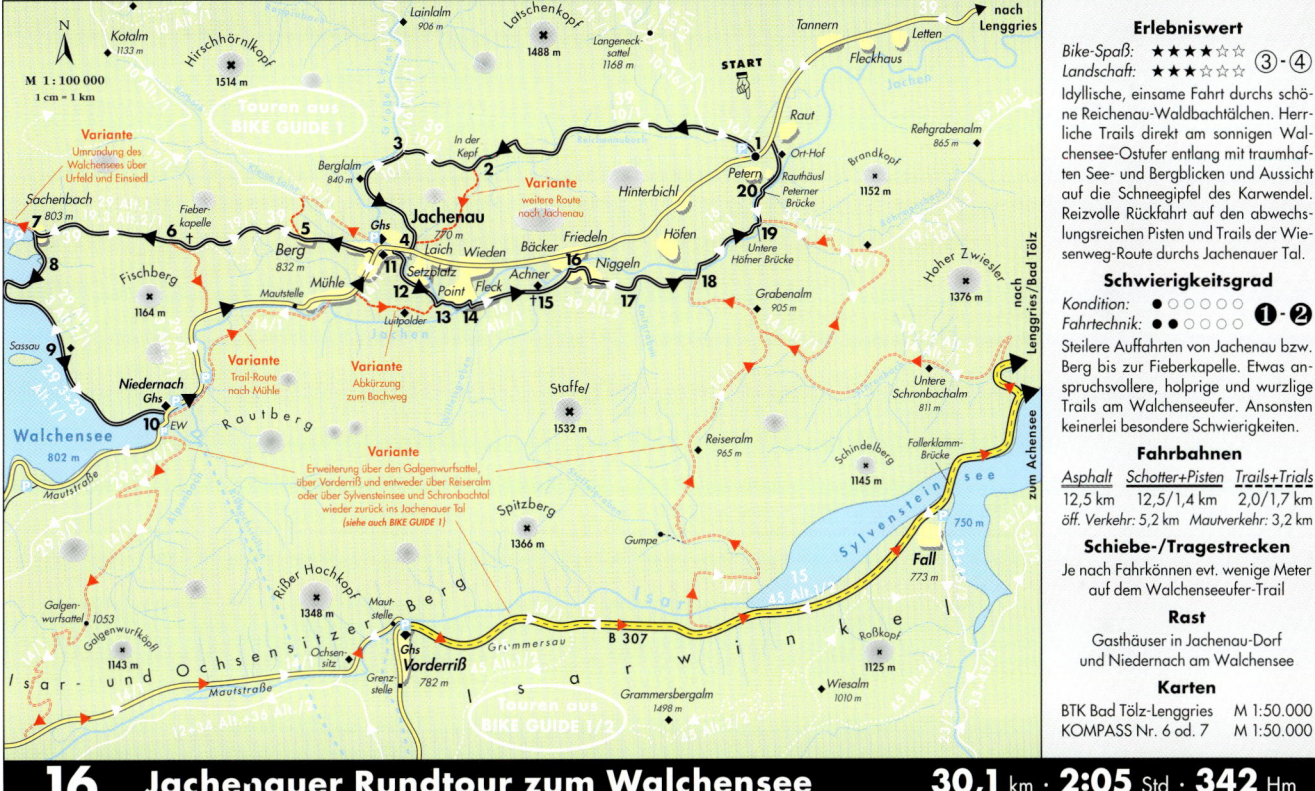

## Erlebniswert

*Bike-Spaß:* ★★★☆☆ ③-④
*Landschaft:* ★★★☆☆☆

Idyllische, einsame Fahrt durchs schöne Reichenau-Waldbachtälchen. Herrliche Trails direkt am sonnigen Walchensee-Ostufer entlang mit traumhaften See- und Bergblicken und Aussicht auf die Schneegipfel des Karwendel. Reizvolle Rückfahrt auf den abwechslungsreichen Pisten und Trails der Wiesenweg-Route durchs Jachenauer Tal.

## Schwierigkeitsgrad

*Kondition:* ●○○○○○ ❶-❷
*Fahrtechnik:* ●●○○○○

Steilere Auffahrten von Jachenau bzw. Berg bis zur Fieberkapelle. Etwas anspruchsvollere, holprige und wurzlige Trails am Walchenseeufer. Ansonsten keinerlei besondere Schwierigkeiten.

## Fahrbahnen

| Asphalt | Schotter+Pisten | Trails+Trials |
|---|---|---|
| 12,5 km | 12,5/1,4 km | 2,0/1,7 km |

öff. Verkehr: 5,2 km   Mautverkehr: 3,2 km

## Schiebe-/Tragestrecken

Je nach Fahrkönnen evt. wenige Meter auf dem Walchenseeufer-Trail

## Rast

Gasthäuser in Jachenau-Dorf und Niedernach am Walchensee

## Karten

BTK Bad Tölz-Lenggries   M 1:50.000
KOMPASS Nr. 6 od. 7   M 1:50.000

---

**16 Jachenauer Rundtour zum Walchensee**   30,1 km · 2:05 Std · 342 Hm

# 16 Jachenauer Rundtour zum Walchensee — 30,1 km · 2:05 Std · 342 Hm

## Wegweiser

**1** *km 0*/728 m Dem Forstweg in Ri. ***"Benediktenwand, Reichenautal, Jachenau"*** folgen. **Nach 600 m** links Ri. ***"Großer Rundweg Reichenautal, Jachenau"*** *(steil bergauf geht's Ri. "Benediktenwand")*.

**2** *km 3,2*/819 m Am Wiesengelände auf Weg Ri. ***"Jachenau"*** bleiben *(über Weiderost)*. **Nach 70 m** am Wegedreieck rechts Ri. ***"Jachenau-Dorf"***.

**3** *km 4,5*/842 m Man mündet an den Forstweg im Lainbachtal und fährt links nach Jachenau.

**4** *km 6,5*/768 m Ortsdurchfahrt Jachenau: Man mündet an der Fahrstraße und folgt ihr rechts zur Ortsmitte *(→ alternativ für Kurztour ohne Fahrt zum Walchensee nach 240 m links ab auf Schotterpfad Ri. "Bachweg, Setzplatz, ..." und weiter nach WW 11)*. **Nach 470 m** im Ort der Linkskehre folgen *(→ alternativ rechts Ri. "P" für Schotter-Variante nach Berg)*. **Nach 70 m** rechts auf das Asphaltsträßchen in Ri. ***"Ortsteil Berg, Rundweg ..., Sachenbach, Urfeld"*** abzweigen und nach Berg auffahren.

**5** *km 8,2*/832 m Durchfahrt Berg: Am letzten Haus geradeaus Ri. ***"Sachenbach, Urfeld am Walchensee, Jochberg"*** ortsauswärts *(bald Schotter)*. **Nach 500 m** auf rechten Wegzweig bergauf Ri. ***"Sachenbach, Urfeld am Walchensee (Radweg), ..."***.

**6** *km 10,2*/872 m Man mündet am Asphaltsträßchen und folgt ihm rechts/geradeaus *(bald hinab nach Sachenbach am Walchensee, → alternativ für eine Kurztour links 1,2 km zur Mautstraße nach Jachenau)*.

**7** *km 12,2*/803 m Durchfahrt Sachenbach: Am Walchensee links auf Schotterweg Ri. ***"Fußweg Niedernach"*** abzweigen *(→ alt. für Seeumrundung geradeaus Ri. "Urfeld")*. **Nach 340 m** durchs Gatter und **nach 90 m** rechts auf den flachen Wegzweig.

**8** *km 13,1*/803 m Auf dem rechten, flachen Wegzweig halten *(nicht auf Weg steil bergauf bleiben!)* und dem bald weiterführenden Fußweg stets am Seeufer lang folgen *(nach 40 m Bike-Verbotsschild)*.

**9** *km 14,9*/804 m Man mündet an einen Forstweg *(links Hütte)* und bleibt geradeaus am See entlang.

**10** *km 17,1*/806 m Durchfahrt Niedernach: Man mündet an der Mautstraße und folgt ihr geradeaus stets zurück bis in die Ortsmitte Jachenau *(an "Waldschänke Niedernach"; rechts über Brücke und links ab → alternativer Trail in Ri. "Fußweg Jachenau")*.

**11** *km 21,6*/770 m Ortsdurchfahrt Jachenau: Im Ort der Rechtskehre auf bekannter Route folgen. **Nach 230 m** rechts auf den Schotterpfad in Ri. ***"Bachweg Setzplatz, Point, Großer Rundweg Niggeln, ..."*** abzweigen *(vor der Lainbachbrücke)*.

## Anfahrt

**Auto:** Von München nach Grünwald und dort geradeaus stets auf der Staatsstraße 2072 weiter in Ri. "Bad Tölz" über Straßlach, Deining und Egling bis nach Bad Tölz *(alternativ auch auf der B 13 über Holzkirchen nach Bad Tölz)*. Bad Tölz durchqueren und auf die B 13 nach Lenggries. An der Abfahrt "Lenggries" vorbei, nach 2,7 km von der B 13 in Ri. "Jachenau" abzweigen und stets in o. g. Ri. auf der Staatsstraße 2072 ins Jachenauer Tal *(66 km, 1:00 Std)*.

**Bahn:** Von München/Starnberger Bhf. nach Lenggries und mit dem Bike auf Radwegen und der Fahrstraße, oder über das Röhrmoostal, ins Jachenautal *(siehe auch WW 10-16/Tour 39)*.

### Fahrt zum Startplatz

Im Jachenautal *(nähe Ort-Hof und Petern, 9,5 km nach Abzweig von der B 13 bei Lenggries)* rechts auf den Schotterweg in Ri. "Benediktenwand, Reichenautal, Jachenau" abzweigen und nach ca. 200 m auf dem Wanderparkplatz parken.

*Die Tour beginnt vom Parkplatz wieder 200 m zurück, an der Fahrstraße am Abzweig des o. g. Schotterweges.*

### Alternative Startorte

Jachenau-Dorf *(Ortsmitte, beschilderter Parkplatz am Ghs Schützenhaus)*, Niedernach am Walchensee, Urfeld *(mit Bike-Anfahrt zur Tour nach Sachenbach, siehe auch WW 1-2/Tour 29)*

**12** **km 22,3**/766 m  Durchfahrt Setzplatz: Bei den ersten Häusern mündet man an ein Asphaltsträßchen und folgt ihm links/geradeaus. **Nach 120 m** an der Asphaltkreuzung dem rechten Asphaltzweig Ri. *"Point, Niggeln"* folgen. **Nach 110 m** *(am letzten Haus)* geradeaus auf den Schotterpfad.

**13** **km 23,0**/760 m  Durchfahrt Point: Man mündet an einen Asphaltweg, fährt links über die Brücke und zweigt danach gleich wieder rechts auf den Schotterpfad ab. **Nach 190 m** mündet man an den Häusern an einen Asphaltweg und fährt rechts.

**14** **km 23,5**/756 m  Durchfahrt Fleck: Man mündet am Asphaltsträßchen und folgt ihm rechts über die Jachenbrücke. **Nach 230 m** *(am Asphaltende)* links auf Schotterweg in Ri. *"Großer Rundweg Niggeln, ..."* abzweigen. **Nach 170 m** *(letztes Haus von Fleck, Wegende)* rechts auf Wiesenweg in Ri. *"Niggeln, Petern"* abzweigen *(bald durch Gatter)*.

**15** **km 24,4**/749 m  Am Achnerhof *(rechts ein kleines Marterl)* rechts/geradeaus vorbeifahren und **nach 90 m** dem weiterführenden Asphaltweg folgen.

**16** **km 25,1**/741 m  Durchfahrt Niggeln: Am Asphaltdreieck rechts Ri. *"Niggeln, Großer Rundweg, ..."* durch den Ort und ortsauswärts. **Bei km 25,6** an Verzweigung geradeaus Ri. *"Großer Rundweg Höfen, ..."* *(an Scheune, rechts "Sackgasse")*.

**17** **km 26,1**/743 m  Vom Grasweg links auf Schotterpfad Ri. *"Sylvensteinsee, Fall, Großer Rundweg"* abzweigen *(an Weidezaun lang)*. **Nach 120 m** am Waldrand durchs Gattertürchen und auf dem Waldweg bergab. **Nach 100 m** rechts Ri. *"Großer Rundweg, Sylvenstein, Fall"* durchs Gattertürchen *(und über den Holzsteg)* auf Schotterpfad weiter. **Nach 200 m** durchs nächste Türchen *(am Drehkreuz, wieder breiterer Schotterweg)*. **Nach 60 m** den links abzweigenden Weg liegen lassen. **Nach 150 m** *(und leichter Auffahrt)* an Wegekreuzung links.

**18** **km 27,2**/740 m  Man mündet an eine Wegekreuzung und fährt links bergab *(bald über Jachenbrücke)*. **Nach 250 m** mündet man am Asphaltweg und fährt rechts Ri. *"Großer Rundweg Petern, Sylvensteinsee, Fall, Röhrmoostal, Leger"*.

**19** **km 28,4**/731 m  Nach der Unt. Höfner Brücke *(am Asphaltende)* links aufs schmale Schotterweglein Ri. *"Großer Rundweg Petern, Reichenautal"* abzweigen *(bald durchs Türchen, geradeaus geht's Ri. "Leger, Sylvensteinsee, Fall", z. B. zum Röhrmoostal)*.

**20** **km 28,9**/729 m  Man mündet wieder an einen Schotterweg *(nach dem Betonbrücklein)*, folgt ihm links über die Peterner Brücke und dann stets weiter *(ab km 29,4 ein Asphaltsträßchen bald am Ort-Hof vorbei)* bis zur Fahrstraße im Jachenautal, dort links zum Ausgangspunkt **(km 30,1)**.

## Variationen

### Schwerer:

*1. Kombination mit der Walchensee-Umrundung:* Beste Kombinationsmöglichkeit mit der landschaftlich attraktiven Walchensee-Umrundung. An WW 10 in Niedernach nach Tour 29 fahren *(siehe auch WW 5-13 u. WW 1-5/Tour 29)*.

*2. Erweiterungen mit den Jachenauer und Walchenseer Bike-Touren des BIKE GUIDE 1:* Diverse Möglichkeiten *(siehe Touren 3, 10, 14, 19, 20, 27, 36/BIKE GUIDE 1)*.

### Leichter:

*3. Kurztour ohne Fahrt zum Walchensee:* Für eine kleine Tour an WW 4 kurz vor der Ortsmitte Jachenau links auf den Fußweg nach Setzplatz abzweigen und gleich weiter nach WW 11 der Haupttour *(siehe Hinweis bei WW 4)*.

### Eventuell probieren:

*4. Route auf Schotterwegen von Jachenau übers Kleine-Laine-Tal nach Berg:* Route auf den Schotter-Forstwegen, die man eventuell statt des aber ebenfalls recht schönen Asphaltsträßchens fahren könnte *(siehe Hinweis bei WW 4)*.

*5. Wegen Bike-Verbots auf Walchenseeufer-Trail evt. andere Route fahren:* Wer das kaum beachtete Bike-Verbotsschild am Walchenseeufer-Trail *(WW 8)* scheut, kann den See auch über Urfeld, Walchensee-Ort, Lobesau, Zwergern, Einsiedl und auf der Mautstraße nach Niedernach bis zu WW 10 umrunden.

**16**  **Jachenauer Rundtour zum Walchensee**  **30,1** km · **2:05** Std · **342** Hm

# 17 Tölzer Kirchsee-Tour 2

**36,2** km · **2:25** Std · **433** Hm

## Leichte bis mäßig schwere Tour!

Ähnlich wie die erste Tölzer Kirchsee-Tour, jedoch mit Fahrt von
Tölz über den Gaißacher Hügel und das Gaißachtal sowie
Waakirchen zum Kloster Reutberg und zum schönen Kirchsee.

**V**om Freibad Eichmühle aus fährt man zurück durch Bad Tölz und am
Bahnhof vorbei, dann steil hinauf nach Gaißach, ein hübsch und aussichtsreich auf einem Hügel über dem Isartal gelegenes Dorf. Nach Abfahrt in
die Attenloher Filzen gelangt man durchs waldige Tal der Gaißach in die
Nähe von Marienstein, überquert dort noch einen Waldsattel und folgt
dann dem Forst-Downhill in Richtung Reichersbeuern. Stets am Wald- und
Wiesenrand biked man nach Waakirchen und fährt durch den Allgau-Forst auf flacher Route weiter nach Sachsenkam. Dort trifft man auf die
Route der kleineren Tölzer Kirchsee-Runde und fährt weiter wie bei jener
Tour über das Kloster Reutberg zum Kirchsee. **N**ach der obligatorischen
Badepause leitet ein Schotterweg auf herrlicher Fahrt an den Ausläufern
des Zeller Waldes, später wieder direkt am Kirchseeufer und dann am
größeren der beiden Wampenmoose entlang bis zum Koglweiher. Weitgehend autofreie Sträßchen führen über Abrain und Kirchbichl nach Ellbach. Man nimmt den schönen Radweg nach Tölz und fährt zum Abschluß
den kleinen Super-Trail über die Röckl-Kapelle zum Freibad Eichmühle.

| | | | |
|---|---|---|---|
| 0,0 | **Bad Tölz** | 685 | |
| | *Städtisches Freibad* | | |
| | *Eichmühle* | | |
| 0,8 | Bahnhof | 683 | |
| 2,6 | Gaißach | 740 | 0:13 |
| 3,3 | Reut | 697 | |
| 3,9 | Gr. Gaißach-Brücke | **669** | |
| 4,1 | Attenloher Filzen | 674 | |
| 6,8 | Gaißachtal | 690 | 0:28 |
| 10,8 | nähe Marienstein | 802 | 0:52 |
| 11,5 | *(höchster Punkt)* | **827** | 0:56 |
| 12,7 | nähe Reichersbeuern | 745 | 1:00 |
| 13,0 | Trail-Passage | 746 | |
| 13,2 | Weg | 750 | |
| 15,3 | Waakirchen | 750 | 1:11 |
| 16,4 | Querung Bahngleis | 736 | |
| 16,9 | Allgau-Forst | 730 | |
| 18,0 | Allgau-Forst | 726 | 1:19 |
| | *(Mündung der Alt.-Route)* | | |
| 19,7 | Sachsenkam | 721 | 1:25 |
| 20,6 | nähe Grötzerholz | 716 | 1:28 |
| | *(Route der Tölzer Kirchsee-Tour 1)* | | |
| 22,3 | am Neuweiher | 711 | 1:34 |
| | *(Abstecher zum ruhigen* | | |
| | *Kirchsee-Südufer möglich)* | | |

| | | | |
|---|---|---|---|
| 23,0 | Ghf Kloster Reutberg | 718 | 1:37 |
| 25,0 | Kirchsee | 699 | 1:44 |
| | *(bei Hauptbadeplätzen/P)* | | |
| 25,5 | Kirchsee | 700 | 1:47 |
| | *(Forstweg in Zeller Wald,* | | |
| | *weiter am Seeufer entlang)* | | |
| 28,0 | nähe Kogl | 705 | |
| 28,4 | Koglweiher | 700 | |
| 29,2 | Abrain | 712 | |
| 29,8 | Straßenkreuzung | 713 | |
| 30,4 | Kirchbichl | 718 | 2:06 |
| 31,2 | nähe Reut | 727 | |
| 33,3 | Ellbach | 702 | 2:15 |
| 34,0 | Abzweig Töl. Radweg | 708 | |
| 34,8 | Abzweig Trail | 695 | |
| 35,1 | Röckl-Kapelle | 711 | |
| 35,3 | Fahrstraße | 707 | |
| 36,0 | Ellbachbrücke | 682 | |
| 36,2 | Freibad Eichmühle | 685 | 2:25 |

### Alternativ-Route

Nach Abfahrt aus dem Bergforst ähnliche
Route über Reichersbeuern und durch den
Allgauer Wald nach Sachsenkam.

*– siehe auf Wegweiser-Seiten –*

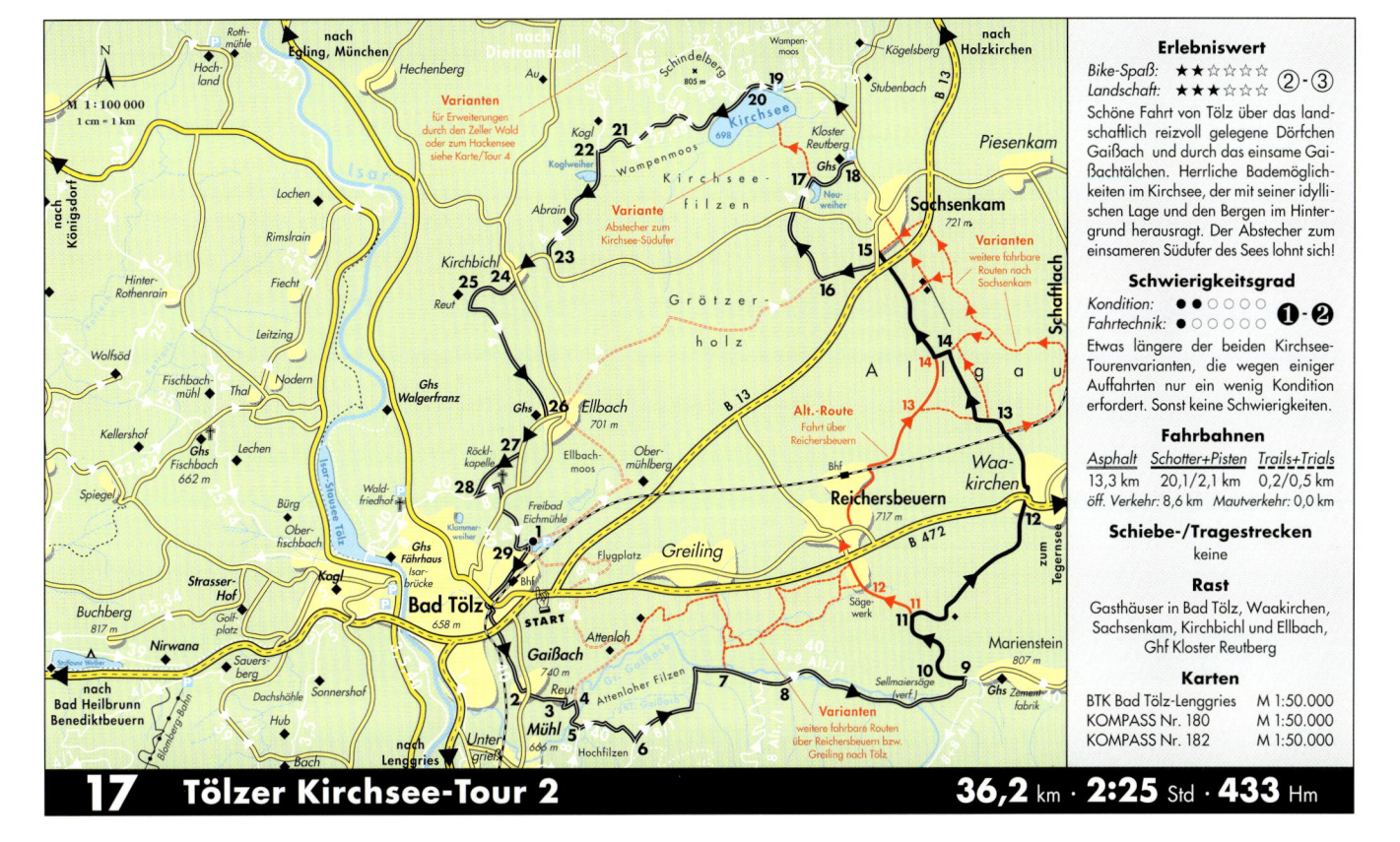

## Erlebniswert

*Bike-Spaß:* ★★☆☆☆☆ ②-③
*Landschaft:* ★★★☆☆☆

Schöne Fahrt von Tölz über das landschaftlich reizvoll gelegene Dörfchen Gaißach und durch das einsame Gaißbachtälchen. Herrliche Bademöglichkeiten im Kirchsee, der mit seiner idyllischen Lage und den Bergen im Hintergrund herausragt. Der Abstecher zum einsameren Südufer des Sees lohnt sich!

## Schwierigkeitsgrad

*Kondition:* ●●○○○○○
*Fahrtechnik:* ●○○○○○○ ❶-❷

Etwas längere der beiden Kirchsee-Tourenvarianten, die wegen einiger Auffahrten nur ein wenig Kondition erfordert. Sonst keine Schwierigkeiten.

## Fahrbahnen

| *Asphalt* | *Schotter+Pisten* | *Trails+Trials* |
|---|---|---|
| 13,3 km | 20,1/2,1 km | 0,2/0,5 km |

öff. Verkehr: 8,6 km   Mautverkehr: 0,0 km

## Schiebe-/Tragestrecken
keine

## Rast

Gasthäuser in Bad Tölz, Waakirchen, Sachsenkam, Kirchbichl und Ellbach, Ghf Kloster Reutberg

## Karten

BTK Bad Tölz-Lenggries   M 1:50.000
KOMPASS Nr. 180   M 1:50.000
KOMPASS Nr. 182   M 1:50.000

**17 Tölzer Kirchsee-Tour 2**   36,2 km · 2:25 Std · 433 Hm

# 17 Tölzer Kirchsee-Tour 2

**36,2** km · **2:25** Std · **433** Hm

## Wegweiser

**1** *km 0/685 m* Ortsdurchfahrt Tölz: Vom Freibad-Eingang zurück zum Bahnhof fahren. **Nach 790 m** am Bahnhof links in die *„Landrat-Wiedemann-Straße"* abzweigen. **Nach 240 m** der Querstraße links Ri. *„Fall, Lenggries, Miesbach, Tegernsee"* folgen *(auf den Bürgersteig wechseln)*. **Nach 60 m** durch die Unterführung, **nach 20 m** mündet man dann an der *„Kolpingstraße"* und folgt ihr nach rechts bergauf *(wird später zur „Gaißacher Straße")*. **Bei km 1,7** die Fahrstraße (B 472/B 13) queren und auf der *„Gaißacher Straße"* (*„Winet"*) berg-auf in Ri. *„RS Gaißach, Lenggries"* *(Sackgasse)*. **Nach 150 m** am Asphaltende geradeaus auf dem Schotter-Fußweglein weiter bergauf *(bei km 2,2 am Wegedreieck bei dem Marterl/Bäumen links/geradeaus bleiben und weiter nach Gaißach)*.

**2** *km 2,6/740 m* Ortsdurchfahrt Gaißach: Man mündet bei der Kirche *(am Bauernhof)* und fährt links in Ri. *„RS Mühle, Lenggries"*. **Nach 80 m** mündet man an eine Straße und folgt ihr rechts bergab *in o. g. Ri.* **Nach 60 m** Abfahrt links bergab auf Asphaltweg Ri. *„Reut"* abzweigen.

**3** *km 3,1/704 m* Durchfahrt Reut: An der Asphaltkreuzung geradeaus bergab bleiben. **Nach 210 m** an der Asphaltkreuzung *(bei letzten Gebäuden von Reut)* rechts bergab auf den Betonweg.

**4** *km 3,6/681 m* Am Wegedreieck in den Filzen *(am Stadel mit dem Jesuskreuz)* rechts fahren.

**5** *km 4,1/674 m* An einem weiteren Wegedreieck links auf den mit *„G 3"* markierten Weg durch die Attenloher Filzen abzweigen *(am Stadel, in Gegen-Ri. ist nach „Gaißach-Dorf" beschildert)*.

**6** *km 5,0/678 m* An einem Wegedreieck links leicht bergauf fahren *(nach 520 m am Marterl weiter auf Hauptweg bergauf bleiben, Hinweisschild auf Durchfahrtverbot in der Streuwiese, nach 260 m Auffahrt im Wald geradeaus weiter auf dem flachen, bald wieder abschüssigen Hauptweg bleiben, bei km 6,5 dem Hauptweg durch eine enge Rechtskehre folgen)*.

**7** *km 6,8/690 m* Man mündet an eine Asphaltkehre und fährt geradeaus auf den Schotterweg Ri. *„Rundweg Gaißachtal, Reichersbeuern"* *(links führt Asphaltweg über Gaißachbrücke nach Greiling)*.

**8** *km 7,8/715 m* An der Verzweigung dem linken Weg *(Hauptweg)* in Ri. *„Romanstüberl, Rundweg Gaißachtal, Reichersbeuern"* folgen *(bald über eine Gaißachbrücke und dann stets diesem Hauptweg in o. g. Ri. durch das Gaißachtälchen folgen)*.

**9** *km 10,8/802 m* Nach kurzer Steilauffahrt mündet man an einem Forstweg und fährt links in Ri. *„Reichersbeuern"* *(rechts geht's Ri. „Marienstein")*.

## Anfahrt

**Auto:** Von München nach Grünwald und dort geradeaus stets auf der Staatsstraße 2072 weiter in Ri. *„Bad Tölz"* über Straßlach, Deining und Egling bis nach Bad Tölz *(45 km, 0:50 Std)*.

**Bahn:** Von München/Starnberger Bhf. nach Bad Tölz, mit dem Bike vom Bahnhof zum nahen Freibad Eichmühle.

## Fahrt zum Startplatz

Den Ort Bad Tölz stets auf der Hauptstraße in Richtung B 13/B 472 durchqueren und im Verlauf links Ri. *„Bahnhof, Schwimmbad"* abzweigen. Nach ca. 400 m am Bahnhof vorbei, *nach weiteren 800 m* auf den Parkplätzen am *„Städt. Freibad Eichmühle"* parken.

*Die Tour beginnt* direkt vor dem Eingang des *„Städt. Freibad Eichmühle"*.

## Alternative Startorte

Waakirchen, Sachsenkam oder Kloster Reutberg, Kirchsee, Ellbach

10. **km 11,5**/827 m Man mündet an querenden Forstweg *(gegenüber zweigt Waldweg ab)* und fährt rechts bergab. <u>Stets diesem Hauptweg folgen.</u>

11. **km 12,7**/745 m Im Tal vom Asphaltweg rechts auf den Feldweg Ri. *"Waakirchen, Rundweg"* abzweigen *(nach wieder kurzer, leichter Auffahrt, nähe HS-Ständer und Sitzbank, → **alternativ** für Route über Reichersbeuern geradeaus auf Asphaltweg bleiben, siehe Alt.-WW)*. **Nach 350 m** links auf den schmalen Pfad abzweigen *(an Wiese/Weidezaun lang)*. **Nach 170 m** mündet man wieder an einen Weg und folgt ihm nach links *(am Waldrand in Nähe des neuen Stadels, **nach 150 m** der Rechtskehre, dann <u>stets diesem Hauptweg bis Waakirchen folgen</u>)*.

12. **km 15,3**/750 m <u>Ortsdurchfahrt Waakirchen:</u> Im Ort die Fahrstraße *(B 472)* queren und geradeaus ins schmale Seitensträßchen *("Allgaustraße", aus dem "Ötzweg" kommend)*. **Nach 90 m** mündet man an einer Querstraße und fährt links. **Nach 40 m** rechts in die *"Allgaustraße"* abzweigen *(bald leicht bergab und ortsauswärts)*. **Nach 440 m** vom Asphaltweg links auf den Schotterweg Ri. *"Reichersbeuern"* abzweigen *(beim HS-Ständer, Weg führt nach weiteren 470 m über das Bahngleis)*.

13. **km 16,6**/736 m Dem Hauptweg weiter durch eine Linkskehre folgen *(rechts Wegabzweig zu Hütte)*. **Nach 340 m** an der Verzweigung geradeaus *(rechter Wegzweig)* Ri. *"Sachsenkam, Reichersbeuern"*. **Nach 60 m** an der Verzweigung dem <u>rechten</u> Weg folgen *(links geht's Ri. "Reichersbeuern")*.

14. **km 17,9**/726 m Man mündet *(auf Graslichtung)* an einem Querweg und fährt links. **Nach 60 m** am Wegedreieck rechts Ri. *"Sachsenkam"* *(links mündet die Alt.-Route von Reichersbeuern. **Bei km 19,0** geradeaus weiter auf dem Betonweg, **bei km 19,5** geradeaus durch die B 13-Unterführung bleiben)*.

15. **km 19,7**/745 m <u>Durchfahrt Sachsenkam:</u> Man mündet beim Ort an eine Straße, fährt links ortsauswärts und zweigt **nach 120 m** *(noch <u>vor</u> Mündung an B 13)* rechts auf den Asphalt-Feldweg ab.

16. **km 20,6**/745 m <u>Durchfahrt bei Sachsenkam:</u> Am Asphaltende *(kurz vor dem Grötzerholz-Wald)* rechts auf einen Schotterweg abzweigen. **Bei km 21,7** mündet man an der Fahrstraße, folgt ihr nach rechts Ri. *"Fußweg zum Kirchsee"* und zweigt **nach 100 m** wieder links auf den Schotterweg <u>in o. g. Ri.</u> ab.

17. **km 22,3**/711 m Am Wegedreieck rechts fahren *(→ **alternativ** für einen <u>sehr lohnenden</u> Abstecher zu den schönen, ruhigen Badeplätzen des Kirchsee-Südufers hier links hoch auf den Weg mit den Betonplatten-Fahrspuren, nach 70 m rechts bergab auf den Schotterweg abzweigen und 1,0 km bis zum Seeufer fahren)*.

### Variationen

Schwerer:

***1. Kombination der Kirchsee-Tour mit den vielen Routen im Zeller Wald und beim Hackensee:*** Es gibt beste, vielfältigste Kombinationsmöglichkeiten, mit denen man vom Kirchsee aus die Tour auf den zahlreichen Forstwegen, Pisten und Trails durch den großen Zeller Wald und rund um den Hackensee erweitern kann *(siehe auch Routen der Touren 27/38 sowie Touren in BIKE GUIDE 8)*. Eine herrliche Route führt zum Beispiel vom Kirchsee weiter zum Hackensee, von dort zur Grünen Marter, auf dem Trail des Wanderwegs D3 zur Wampenmoos-Wiese und auf den Waldpisten der S5-Route um den Schindelberg. Am Ende über Kogl zum Koglweiher, dort weiter nach der Haupttour über Abrain und Ellbach zum Freibad Eichmühle.

***2. Erweiterung der Tölzer Kirchsee-Tour bis nach München:*** Durch Kombination der Tölzer Kirchsee-Tour mit der großen Münchner Kirchsee-Tour kann man diese Fahrt zu einem echten Bike-Marathon durch das Alpenvorland bis nach München ausdehnen *(WW siehe Tour 38)*.

Leichter:

***3. Kleine Kirchsee-Route über Ellbach und durch das Grötzerholz:*** Ähnliche Tour, die auf etwas kürzerer Route durch das Ellbachmooer nach Ellbach und von dort durch den Wald des Grötzerholzes zum Kloster Reutberg und zum Kirchsee führt *(WW siehe Tour 4)*.

**17** Tölzer Kirchsee-Tour 2 — **36,2** km · **2:25** Std · **433** Hm

# 17 Tölzer Kirchsee-Tour 2

**36,2 km · 2:25 Std · 433 Hm**

**18 km 22,8/708 m** Durchfahrt Kloster Reutberg: An der Wegverzweigung (unterhalb des Klosters) links leicht bergauf zum Kloster. *Nach 250 m* über den kleinen Parkplatz (unterhalb des Kloster-Biergartens vorbei, zur Rast links kurz hoch zum Whs) und auf einem Asphaltweg hinab zur Fahrstraße. *Nach 120 m* mündet man an der Fahrstraße und folgt ihr links in Ri. *„Dietramszell, ..., RS Kirchsee"*. *Nach 370 m* links auf das Asphaltsträßchen in Ri. *„Kirchsee"* abzweigen *(„Kirchseestraße")*.

**19 km 25,0/699 m** Durchfahrt Kirchsee am: 1. Asphaltende weiter geradeaus auf Schotterweg (kurz nach letztem P, hier und ca. 80 m zuvor, links zwei Fußwegabzweige zum nahen Kirchseeufer, nach ca. 500 m vor WW 20 weitere, ruhigere Badeplätze).

**20 km 25,6/700 m** 2. Durchfahrt am Kirchsee: links auf den Schotterweg abzweigen (am Seeufer entlang, Hauptweg führt bergauf Ri. „Dietramszell" in den Zeller Wald). **Bei km 26,5** dem Hauptweg durch eine Linkskehre übers Bächlein und stets weiter folgen (rechts ein Graswegabzweig).

**21 km 27,7/711 m** Auf einem jetzt asphaltierten Weg links leicht bergab halten (am Holzstadel).

**22 km 28,0/705 m** Man mündet an ein Asphaltsträßchen und folgt ihm nach links Ri. *„RS Kogelweiher, Ellbach, Bad Tölz"* (bald am Kogelweiher vorbei, später den Weiler Abrain durchqueren).

**23 km 29,8/713 m** An einer Asphaltstraßenkreuzung rechts fahren (auf die *„Nik.-Rank-Straße"*).

**24 km 30,4/718 m** Durchfahrt Kirchbichl: Man mündet im Ort an der Fahrstraße (am *„Gasthaus Jägerwirt"*) und fährt links in Ri. *„RS Ellbach, Bad Tölz"*. *Nach 130 m* (kurz vor dem Ortsendeschild) rechts auf den Asphaltweg in Ri. *„Fußweg Bad Tölz, Gut Reut"* abzweigen.

**25 km 31,2/727 m** Am Asphaltende (kurz vor Reut) links auf Schotterweg in Ri. *„Bad Tölz, Ellbach, Gaststätte Schützenhaus"* abzweigen. *Nach 180 m* der Linkskehre folgen (wird später zum Asphaltweg, bei **km 32,7** geradeaus in Ri. *„Ellbach, Gaststätte Schützenhaus"* bleiben).

**26 km 33,3/702 m** Durchfahrt Ellbach: Man mündet an eine Querstraße und fährt rechts (nach 120 m an der *„Gaststätte Schützenhaus"* vorbei, nach 80 m an der Asphaltverzweigung links halten).

**27 km 34,0/708 m** Rechts auf den Schotterweg Ri. *„RS Bad Tölz, Lenggries"* abzweigen (Radwegroute, → *alternativ* für Asphaltroute geradeaus bleiben, nach 480 m mündet man an der Fahrstraße, folgt ihr nach rechts, zweigt nach 410 m links auf Asphaltweg Ri. *„Freibad Eichmühle, Bahnhof" ab, weiter WW 28*).

Auch probieren:

*4. Lohnender Abstecher zu den etwas ruhigeren Badeplätzen des Kirchsee-Südufers:* Kurz vor dem Kloster Reutberg kann man von der Hauptroute den kleinen Abstecher zu den schöneren, ruhigeren, abgelegeneren Badeplätzen des nur zu Fuß oder per Bike und idyllischem Wegelein durch die Kirchseeufer-zen erreichbaren Kirchsee-Südufers fahren (siehe auch Hinweis bei WW 17).

Eventuell mal probieren:

*5. Alternative fährt über Reichersbeuern und durch den Allgäu-Forst nach Sachsenkam, die man jedoch nicht unbedingt probieren muß:* Eine ähnliche Route wie über Waakirchen ins Allgäu führende Hauptroute. An WW 11 geradeaus bleiben und über das Sägewerk nach Reichersbeuern fahren. Den Ort durchqueren, dann auf der Radwegroute ortsauswärts und über die Bahnlinie in den Allgäu-Forst zu WW 14 der Hauptroute, dort weiter nach Sachsenkam und über das Kloster Reutberg zum Kirchsee *(siehe Alt-WW)*.

**28** **km 34,8**/695 m  Vom Radweg links hoch auf Pfad Ri. *"Röckl-Kapelle, Freibad Eichmühle, Bahnhof"* abzweigen. **Nach 320 m** *(an Röckl-Kapelle)* der Rechtskehre folgen. **Nach 160 m** mündet man an der Fahrstraße, fährt rechts und zweigt **nach 150 m** links auf Asphaltweg Ri. *"Freibad Eichmühle, Bahnhof"* ab *(bald bergab, später Schotter)*.

**29** **km 36,0**/682 m  Durchfahrt Tölz/Eichmühle: Nach der Abfahrt über die Ellbachbrücke, gleich links auf den Schotterweg abzweigen, hinauf zur Asphaltstraße und links zum Freibad **(km 36,2)**.

## Alternativ-Wegweiser
*Über Reichersbeuern durchs Allgau nach Sachsenkam (Gesamttour dann: 35,6 km/2:24 Std/447 Hm):*

**11** **km 12,7**/745 m  Im Tal geradeaus auf dem Asphaltweg nach Reichersbeuern bleiben *(rechts zweigt Feldweg in Ri. "Waakirchen, Rundweg" ab)*.

**12** **km 13,1**/721 m  Ortsdurchfahrt Reichersbeuern: Dem Asphaltsträßchen am Sägewerk vorbei und *(nach kurzer Auffahrt)* bald durch den Ort folgen. **Nach 650 m** am Straßendreieck geradeaus durch die B 472-Unterführung und weiter durch den Ort. **Nach 450 m** *(km 14,2)* mündet man an Querstraße und fährt rechts Ri. *"Bahnhof"*. **Nach 230 m** *(am Marterl)* links in Ri. *"Bahnhof, RS Sachsenkam, Dietramszell"* abzweigen *(in die "Bahnhofstraße")*. **Nach 280 m** rechts Ri. *"RS Sachsenkam, ..."* abzweigen *("Warngauer Weg")*. **Bei km 15,5** das Bahngleis queren und auf Schotterweg **in o. g. Ri.** *(stets auf Hauptweg bleiben)*.

**14** **km 16,7**/720 m  An der Verzweigung *(nach dem Wiesengelände)* auf den <u>linken</u>, kurz steil bergauf wieder in den Wald führenden Weg Ri. *"Sachsenkam"* *(rechts geht's in Ri. "Waakirchen")*.

**15** **km 17,4**/726 m  Am Wegedreieck *(rechts mündet Weg aus Ri. "Waakirchen, Schaftlach")* geradeaus Ri. *"Sachsenkam"* → <u>weiter nach WW 14/Haupttour</u>.

## Alternativ-Route
Nach Abfahrt aus dem Bergforst ähnliche Route über Reichersbeuern und durch den Allgau-Forst nach Sachsenkam fahren:

| km | | m | Std |
|---|---|---|---|
| 12,7 | Abzweig Feldweg *(nähe Reichersbeuern)* | 745 | 1:00 |
| 13,1 | Sägewerk | 721 | |
| 13,8 | Reichersbeuern *(Unterführung B 472)* | 714 | 1:04 |
| 14,2 | Reichersbeuern *(Mündung in Ortsmitte)* | 708 | |
| 14,5 | Abzweig Bahnhof *(Radweg-Route nach Sachsenkam/Dietramszell)* | 713 | |
| 15,5 | Querung Bahngleis | 718 | |
| 16,7 | Allgau-Forst *(Verzweigung/Abzweig nach Waakirchen)* | 720 | |
| 17,4 | Allgau-Forst *(rechts mündet Weg der Haupttour vom Wiesengelände)* | 726 | 1:18 |

→ weiter nach der Haupttour

**17 Tölzer Kirchsee-Tour 2**   **36,2** km · **2:25** Std · **433** Hm

# 18 Benediktbeurer Lainbachtal-Tour

**16,1** km · **1:42** Std · **480** Hm

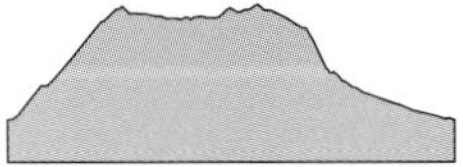

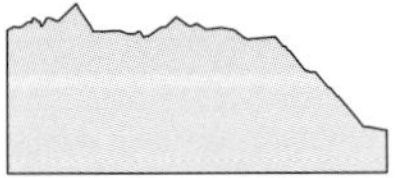

## Leichte bis mäßig schwere Tour!

Eine lange Bergfahrt vom Alpenwarmbad bei Gschwendt auf besten Forstpisten zu Füßen des Benediktenwand-Massivs, Rückfahrt mit einem schönen Downhill durchs wilde Lainbachtal.

**D**irekt vom Parkplatz des Alpenwarmbads bei Gschwendt zieht eine Forstpiste in langer, abschnittweise auch etwas steilerer Auffahrt durch die Wälder des Rieder Vorbergs hinauf ins Almgelände der Kohlstatthütte. Es folgt eine gemütliche Fahrt auf einer sich meist relativ flach erstreckenden Landschaftsterrasse zu Füßen der mächtigen Benediktenwandwände, die man über die Eibelsfleckalm bis zum Abzweig zur Tutzinger Hütte quert. Das hochgelegene Unterkunftshaus kann man mit einem Abstecher nach längerer Auffahrt und einem Fußmarsch erreichen. **U**nweit der Brandenberghütte gibt es eine weitere Tourenoption, die auf einer reizvollen, aber nicht ganz einfachen Offroad-Route die Wälder rund um den Buchenauer Kopf durchquert. Ansonsten beginnt hier der schöne Downhill ins Lainbachtal zur Söldneralm, wo man den einst reißenden, jetzt nach mehreren Überschwemmungen in Ried durch zahlreiche Verbauungen mühsam gezähmten Wildbach auf herrlicher Fahrt talauswärts begleitet. Kurz vor den ersten Häusern von Gschwendt zweigt links der Mariabrunner Fußweg ab, der stets an den Waldbergausläufern entlang zum Alpenwarmbad quert.

| km | Ort | Hm | Zeit |
|---|---|---|---|
| 0,0 | **Benediktbeuern** *Alpenwarmbad bei Gschwendt* | **650** | |
| 0,3 | Forstweg *(zu Benediktenwand, Kohlstatthütte und Tutzinger Hütte)* | | |
| 4,2 | nähe Rieder Vorberg | 1047 | |
| 4,8 | nähe Kohlstatthütte | 1021 | 0:45 |
| 8,5 | Eibelsfleckalm | 1030 | |
| 9,0 | Abzweig *(zur Tutzinger Hütte)* | **1053** | 1:05 |
| 10,1 | nähe Brandenberghütte *(Wegedreieck, Abzweig der Alt.-Route, Abfahrt ins Lainbachtal)* | 1003 | 1:10 |
| 11,9 | Söldneralm | 806 | |
| 12,4 | Lainbachtal | 762 | |
| 15,5 | bei Gschwendt *(Ende Lainbachtal, Abzweig links auf den Mariabrunner Rundweg)* | 663 | 1:39 |
| 16,1 | Alpenwarmbad | **650** | 1:42 |

### Alternativ-Route

Erweiterung der Tour über Brandenberghütte, Sattelalm, Hintere Felleralm und um den Windpasselkopf nach Gschwendt *(mit diversen Offroad- und Schiebepassagen)*:

| km | Ort | Hm | Zeit |
|---|---|---|---|
| 10,1 | nähe Brandenberghütte *(Wegedreieck)* | 1003 | 1:10 |
| 10,4 | Brandenberghütte | 1016 | |
| 10,9 | Wald-Trail | 1030 | |
| 11,0 | Sattelbachgraben | 1030 | |
| 11,4 | Tiefental | 1020 | |
| 12,7 | Jagdhütte Sattelalm | **1095** | 1:30 |
| 13,6 | Hintere Felleralm *(Wegedreieck)* | 998 | 1:33 |
| 15,0 | Pfadabzweig | 997 | |
| 15,6 | In der Buchenau *(Forstweg um Buchenauer und Windpasselkopf)* | 1007 | 1:50 |
| 19,9 | Abzweig zur Bauernalmhütte | 978 | |
| 23,3 | Gschwendt | 662 | |
| 24,0 | Alpenwarmbad | **650** | 2:25 |

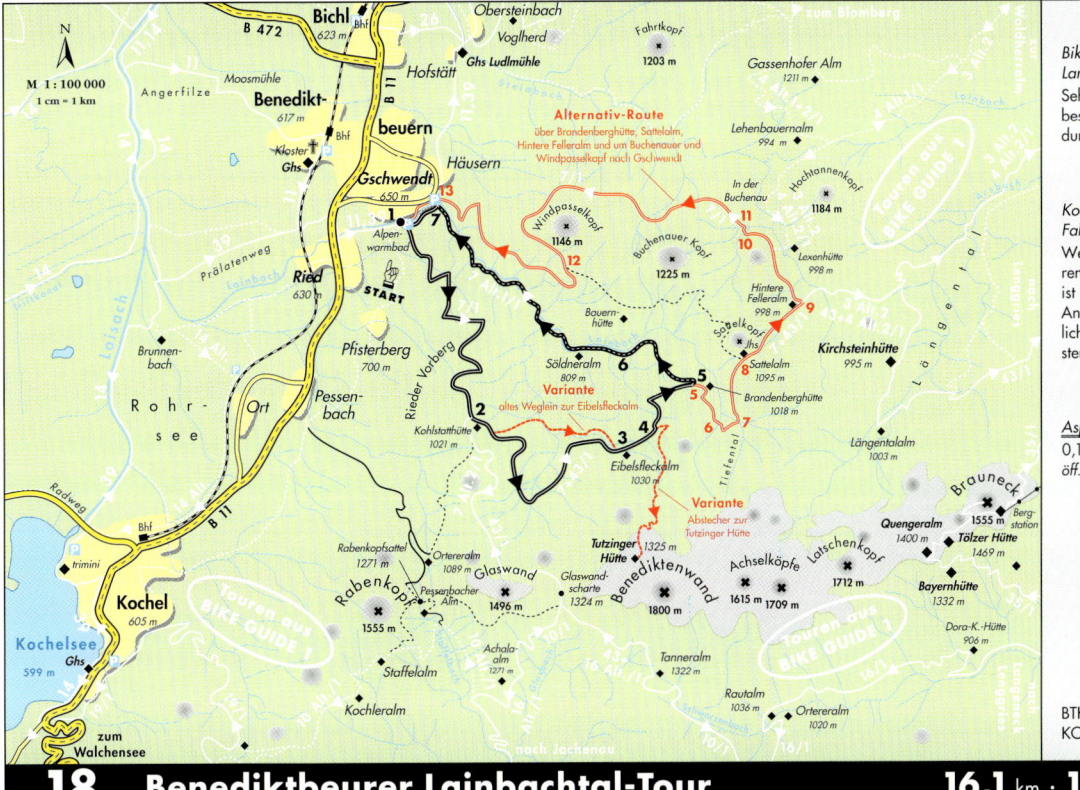

## Erlebniswert

*Bike-Spaß:* ★☆☆☆☆ ②
*Landschaft:* ★★★☆☆

Sehr waldreiche Route. Landschaftlich besonders beeindruckend ist die Fahrt durchs felsige, etwas wilde Lainbachtal.

## Schwierigkeitsgrad

*Kondition:* ●●○○○○
*Fahrtechnik:* ●○○○○○ ❶-❷

Wegen der längeren und etwas steileren Forstwegauffahrt zur Kohlstatthütte ist nur ein wenig Kondition vonnöten. Ansonsten verläuft die Tour ausschließlich auf besten Schotter- bzw. Forstpisten und ist problemlos zu fahren.

## Fahrbahnen

| *Asphalt* | *Schotter+Pisten* | *Trails+Trials* |
|---|---|---|
| 0,1 km | 15,9/0,0 km | 0,0/0,1 km |

öff. Verkehr: 0,1 km   Mautverkehr: 0,0 km

## Schiebe-/Tragestrecken
keine

## Rast

Tutzinger Hütte
*(nur mit Abstecher von der Tour)*

## Karten

BTK Bad Tölz-Lenggries   M 1:50.000
KOMPASS Nr. 7            M 1:50.000

# 18 Benediktbeurer Lainbachtal-Tour

**16,1** km · **1:42** Std · **480** Hm

# 18 Benediktbeurer Lainbachtal-Tour

**16,1** km · **1:42** Std · **480** Hm

## Wegweiser

**1** **km 0**/650 m Von der Brücke dem Asphaltweg durch die Linkskehre folgen *(am „Alpenwarmbad" vorbei, bald ist Ri. „Benediktenwand, Tutzinger Hütte, Kohlstattalm"* beschildert, *stets auf diesem bald geschotterten Haupt-Forstweg bleiben* und alle im Verlauf der Auffahrt in Ri. „Tutzinger Hütte" oder in Ri. „Kohlstattalm" abzweigenden Pisten **ignorieren**, es sind bergauf allesamt unfahrbare Wanderwege).

**2** **km 4,8**/1021 m Im Wiesengelände nähe Kohlstatthütte dem Hauptweg durch die Linkskehre Ri. *„Benediktenwand, Tutzinger Hütte"* und nun stets weiter diesem Haupt-Forstweg folgen *(→ alternativ kann man das bald links abzweigende, schöne und idyllische alte Weglein am Eibelsbach entlang bis zur Eibelsfleckalm nehmen).*

**3** **km 8,5**/1030 m Bei der Eibelsfleckalm geradeaus weiter stets auf dem Hauptweg bleiben.

**4** **km 9,0**/1053 m An der Wegverzweigung *(nach der Auffahrt)* leicht links bergab in Ri. *„Benediktbeuern über Lainbachtal"* bleiben *(rechts bergauf geht es Ri. „Benediktenwand, Tutzinger Hütte", → alternativ für ein Abstecher zur bewirtschafteten Tutzinger Hütte auf 1325 m Höhe unter der Benediktenwand).* **Nach 220 m** am Wegedreieck geradeaus, **nach weiteren 230 m** durch Rechtskehre **in o. g. Ri.**

**5** **km 10,1**/1003 m Am Wegedreieck der Linkskehre bergab in Ri. *„Benediktbeuern"* folgen *(nähe Brandenberghütte, → alternativ für eine Erweiterung der Tour über Sattelalm, Felleralm und um den Windpasselkopf nach Gschwendt – jedoch mit einigen Offroad-Passagen, Trails und kurzen Schiebestrecken – geradeaus bergauf, nach 250 m an der Brandenberghütte vorbei, siehe Alt.-WW).* **Nach 60 m** auf dem Hauptweg durch die Linkskehre bergab ins Lainbachtal bleiben.

**6** **km 11,6**/828 m Nach der Abfahrt im Tal über einen schmalen Bachsteg und dem Hauptweg nun stets talauswärts durchs Lainbachtal folgen *(später an der Söldneralm vorbei).*

**7** **km 15,5**/663 m Durchfahrt bei Gschwendt: Am Ausgang des Lainbachtals *(ca. 100 m vor dem Ortsbeginn von Gschwendt, beim freien Platz mit den Sitzplätzen und dem Schrein, kurz vor einer Lainbachbrücke)* links auf einen Schotter-Fußgängerweg Ri. *„Rundweg 7 Alpenwarmbad"* abzweigen *(→ alternativ ohne den Fußweg geradeaus über die Lainbachbrücke, nach 100 m am Ortsbeginn Gschwendt links auf den breiten Schotterweg in Ri. „Schwimmbad" abzweigen und wie bei der Alternativ-Route zurück zum Alpenwarmbad fahren).* **Nach 300 m** am Wegedreieck links halten und auf dieser Piste *(wird am Ende zu schmälerem Weg und Pfad)* zurück zum Ausgangspunkt am Alpenwarmbad **(km 16,1).**

## Anfahrt

**Auto:** A 95 München-Garmisch, Ausfahrt „Sindelsdorf, Bad Tölz, Bichl, ..." und rechts auf die B 472 Ri. „Bad Tölz, Bichl, ..., Benediktbeuern" nach Bichl. In Bichl rechts auf die querende B 11 in Ri. „Innsbruck, Kochel, Benediktbeuern" bis Benediktbeuern *(62 km, 0:50 Std).*

**Alternativ:** Auf der B 11 von München-Solln stets in Ri. „Innsbruck" über Wolfratshausen, Geretsried, Königsdorf und Bichl bis nach Benediktbeuern.

**Bahn:** Von München/Starnberger Bhf. nach Benediktbeuern und mit dem Bike zum Startplatz am Alpenwarmbad bei Gschwendt.

## Fahrt zum Startplatz

Auf der B 11 von Bichl her kommend den Ort Benediktbeuern durchqueren. Ca. 300 m nach dem Ortsendeschild links Ri. „Alpenwarmbad, Sportanlage" abzweigen *(„Benediktusstraße").* Nach ca. 800 m rechts Ri. „Alpenwarmbad" abzweigen *(„Schwimmbadstraße"),* nach ca. 300 m rechts über die Brücke abzweigen und auf einem der Parkplätze vor dem „Alpenwarmbad" parken.

**Die Tour beginnt** an der o. g. Brücke vor dem „Alpenwarmbad".

## Alternative Startorte

keine

**Alternativ-Wegweiser**

*Für Erweiterung der Tour über die Brandenberghütte, Sattelalm, Felleralm und um Buchenauer und Windpasselkopf nach Gschwendt* (mit Trails/kurzen Schiebepassagen, Gesamttour: 24,0 km/2:25 Std/707 Hm):

5. **km 10,1**/1003 m  Am Wegedreieck geradeaus bergauf *(Linkskehre bergab führt Ri. „Benediktbeuern")*. **Nach 250 m** an der Brandenberghütte vorbei.

6. **km 10,9**/1030 m  Am Wegende geradeaus auf den zunächst flachen und bald sehr schlechten Waldpfad steuern. **Nach 160 m** über den Bachgraben, ca. 20 m am Gegenhang aufsteigen, auf dem alten Karrenweg links steil bergauf, oben über die Draht- bzw. Heckensperre steigen und dem wieder besseren Weg folgen.

7. **km 11,4**/1020 m  Nach steilerer Abfahrt einen weiteren Bachgraben überqueren und dem Weg steil bergauf folgen. **Nach 130 m** mündet man an einen Forstweg und folgt ihm geradeaus.

8. **km 12,7**/1095 m  Nach der Auffahrt dem Weg über einen Sattel *(bei der links oberhalb stehenden Sattelalm-Jagdhütte)* und wieder bergab folgen.

9. **km 13,6**/998 m  An einem Wegedreieck *(im weiten Wiesengelände kurz nach der Hinteren Felleralm)* links in Ri. *„Zwieselberg"* fahren. **Nach 900 m** den rechten Pfadabzweig *in o. g. Ri.* liegen lassen und weiter auf dem Forstweg bleiben.

10. **km 15,0**/997 m  Nach einer kurzen Auffahrt vom Weg rechts auf einen unscheinbaren, im Wald bergab führenden Pfad abzweigen *(Pfad bald mit Stahlrosten belegt, sind evt. inzwischen wieder entfernt)*. **Nach 120 m** den Bach überqueren und weiter dem Pfad folgen. **Nach 170 m** dem beginnenden Waldweg nach rechts folgen.

11. **km 15,6**/1007 m  Man mündet an einen Forstweg *(beim Brunnen)*, fährt geradeaus leicht bergauf und folgt nun stets diesem Hauptweg.

12. **km 19,9**/978 m  An einem Wegedreieck rechts bergab Ri. *„Rundweg Benediktbeuern"* fahren *(links führt ein Weg in Ri. „Bauernalm" bergauf)*.

13. **km 23,3**/662 m  Durchfahrt Gschwendt: Man mündet nach der Forstwegabfahrt bei Gschwendt an einer Asphaltstraße und folgt ihr nach links. **Nach gut 30 m** kurz links und sofort rechts auf den Schotterweg Ri. *„Schwimmbad"* abzweigen und diesem zum Alpenwarmbad folgen *(km 24,0 → alternativ dem „Wurzweg" noch ca. 100 m ins Lainbachtal folgen, nach der Brücke beim freien Platz mit den Sitzplätzen und dem Schrein rechts auf den Schotter-Fußgängerweg in Ri. „Rundweg 7 Alpenwarmbad" abzweigen und wie bei WW 7/Haupttour zum Bad)*.

---

**Variationen**

Schwerer:

*1. Statt der Rückfahrt durch das Lainbachtal auf reizvoller Offroad-Route von der Brandenberghütte über Sattelalm, Felleralm sowie rund um Buchenauer und Windpasselkopf zurück nach Gschwendt:* Ideale, sehr reizvolle Offroad-Route zur Erhöhung des Schwierigkeitsgrades dieser Tour. An WW 5 nähe Brandenberghütte zweigt man rechts ab und folgt bald einer echten Offroad-Route durch eine einsame, abgelegene Waldecke. Mit vielen Trials und kurzen Schiebepassagen geht es über diverse Bachgräben in Richtung Sattelalm. Dort folgt eine Forstwegfahrt über die Hintere Felleralm, bevor ein schöner Wald-Trail in eine Forstwegroute quert, die zunächst flach durch die Wälder um den Buchenauer Kopf und Windpasselkopf führt und am Ende dann in einem langen Downhill wieder hinab zum Ausgang des Lainbachtals in Gschwendt leitet *(siehe Alt.-WW)*.

*2. Abstecher zur Tutzinger Hütte:* Abstecher mit längerer Auffahrt zur einzigen Einkehrmöglichkeit auf dieser Tour *(siehe auch Hinweis bei WW 4)*.

Auch probieren:

*3. Idyllische Route auf dem alten Weglein am Eibelsbach zur Eibelsfleckalm:* Schöne Alternative zum beschriebenen Haupt-Forstweg. Das Weglein zweigt kurz nach der Kohlstatthütte links vom Hauptweg ab *(siehe Hinweis bei WW 2)*.

---

**18  Benediktbeurer Lainbachtal-Tour**  **16,1** km · **1:42** Std · **480** Hm

# 19 Lenggrieser Isarwinkel-Tour

**31,5** km · **2:00** Std · **424** Hm

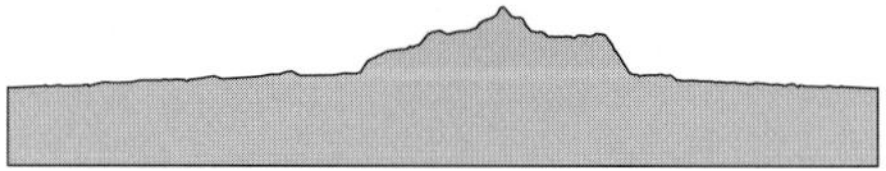

## Leichte bis mäßig schwere Tour!

Klassische Lenggrieser Bike-Runde auf dem Isartal-Radweg, am Ende auf der B 13, südwärts zum Sylvensteinsee und auf den schönen Forstpisten über Schronbach- und Röhrmoostal zurück.

**V**om Parkplatz quert man die B 13 zum nahen Isartal-Radweg und folgt der schönen Schotterpiste flußaufwärts zur Bretonenbrücke. Dort geht es auf asphaltiertem Radweg weiter in Richtung Sylvensteinspeicher, immer direkt an der Bundesstraße entlang über die Lenggrieser Ortsteile und Weiler, bis die Radpiste bei der Steinbock-Skulptur vorläufig endet. Ihre Fertigstellung ist für das Jahr 2000 vorgesehen. Sie wird dann durch einen Tunnel direkt auf der Staumauer des Speichersees enden. Später ist gar eine grenzüberschreitende Fortsetzung am südlichen Sylvensteinseeufer und bis zum Achensee geplant. **B**is dahin muß man noch die Fahrt auf der Bundesstraße in Kauf nehmen. Am Fuß des Sylvensteinspeichers zweigt dann endlich der anfangs erschreckend steile Schronbachweg ab. Bald geht es aber flacher durchs idyllische Almtälchen und auf besten Forstpisten durch die Rauchenberg-Wälder, später durchs Röhrmoostal zur Rehgrabenalm. Dort fällt die Forstpiste extrem steil ins Jachental ab und ein Schotterweg führt in flotter Fahrt nach Leger. Auf dem Radweg am Jachen rollt man über Langeneck zur Bretonenbrücke und auf dem Isartal-Radweg nach Lenggries.

| km | Ort | Höhe | Zeit |
|---|---|---|---|
| 0,0 | **Lenggries** *P nähe Sportanlage an der B 13* | 676 | |
| 0,1 | Isartal-Radweg | **674** | |
| 1,2 | Isartal-Radweg *(Abzweig Hohenburg)* | 680 | |
| 3,0 | an Bretonenbrücke *(weiter auf Isartal-Radweg)* | 683 | 0:12 |
| 3,5 | Abzweig Holz | 693 | |
| 4,0 | Fleck *(Ghs Zum Papyrer)* | 692 | |
| 5,7 | Winkl *(Ghf Gassler)* | 704 | |
| 6,3 | Klaffenbach | 703 | |
| 7,8 | Abzweig Hochalm | 707 | 0:28 |
| 9,3 | Steinbock *(vorläufiges Radwegende, weiter auf der B 13 fahren)* | 720 | 0:32 |
| 12,6 | nähe Sylvensteinsee *(Abzweig Schronbachweg nach der Isarbrücke)* | 729 | 0:40 |
| 14,3 | nähe Schronbachalm | 810 | |
| 16,7 | Wegedreieck *(alt. Abzweig für Route über Grabenalm ins Jachenautal)* | 881 | 1:02 |
| 17,8 | Waldsattel | **958** | 1:10 |
| 18,9 | Abzweig Röhrmoostal *(alt. hier Abfahrt zur Unteren Höfner Brücke ins Jachenautal möglich)* | 874 | 1:13 |
| 21,2 | Rehgrabenalm | 865 | |
| 22,5 | Jachental *(Wegekreuzung)* | 723 | 1:27 |
| 25,5 | Leger | 698 | |
| 25,8 | Jachen-Radweg | 696 | |
| 26,6 | Jachenbrücke | 692 | |
| 27,0 | Ghf Langeneck | | |
| 27,2 | Langeneck *(Sägewerk, weiter auf Radweg)* | 692 | |
| 28,2 | an Bretonenbrücke *(Fuß-/Radwegedreieck, nähe Wegscheid, alt. schöne Route auf dem linksseitigen Isarwanderweg nach Lenggries fahren)* | 684 | 1:48 |
| 28,4 | Bretonenbrücke | 690 | |
| 28,5 | Isartal-Radweg *(flußabwärts)* | 683 | |
| 31,5 | Lenggries | 676 | 2:00 |

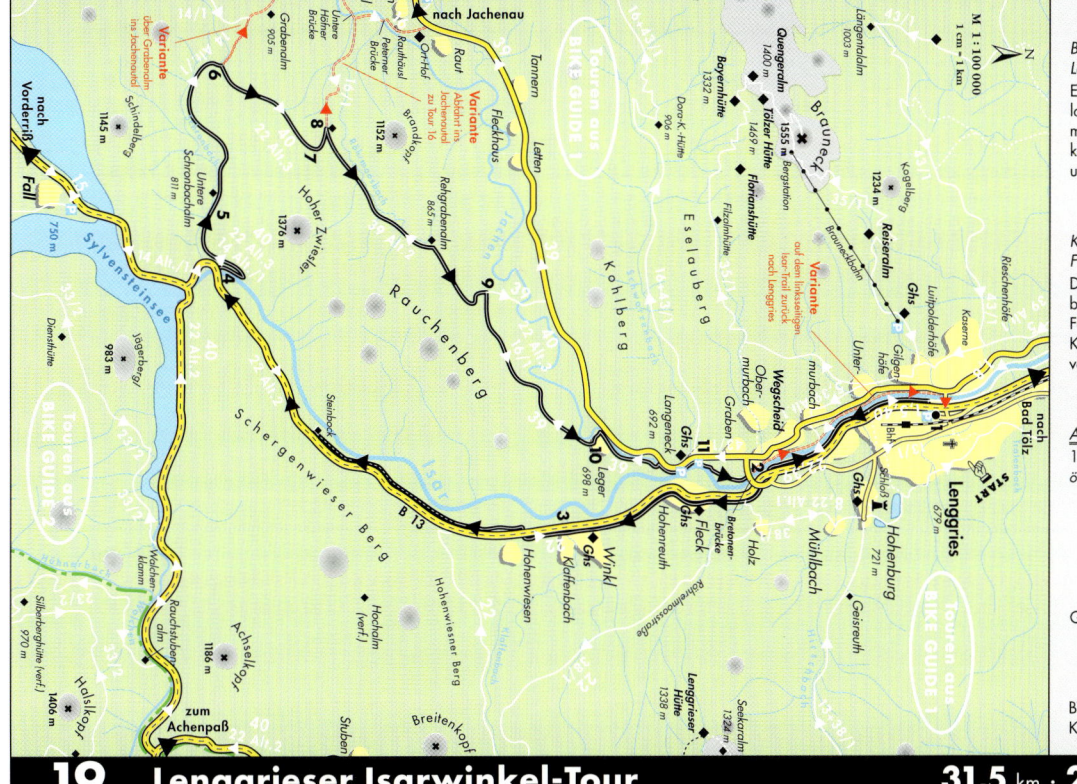

## Erlebniswert

*Bike-Spaß:* ★☆☆☆☆ ①-②
*Landschaft:* ★★☆☆☆

Erst auf dem zweiten Teil der Tour eine landschaftlich reizvolle Unternehmung mit den idyllischen Fahrten durch die kleinen Almflächen von Schronbach- und Röhrmoostal bzw. Rehgrabenalm.

## Schwierigkeitsgrad

*Kondition:* ●●○○○○○ ①-②
*Fahrtechnik:* ●○○○○○○

Die extrem steile Auffahrt ins Schronbachtal sowie die nachfolgende längere Forstwegauffahrt erfordern ein wenig Kondition. Ansonsten auf besten Pisten verlaufende, problemlose Bike-Fahrt.

## Fahrbahnen

| *Asphalt* | *Schotter+Pisten* | *Trails+Trials* |
|---|---|---|
| 12,1 km | 13,3/0,3 km | 5,8/0,0 km |

öff. Verkehr: 3,5 km   Mautverkehr: 0,0 km

## Schiebe-/Tragestrecken

keine

## Rast

Gasthäuser in Lenggries, Fleck, Winkl, Leger und Langeneck

## Karten

BTK Bad Tölz-Lenggries   M 1:50.000
KOMPASS Nr. 182   M 1:50.000

---

**19 Lenggrieser Isarwinkel-Tour**   **31,5** km · **2:00** Std · **424** Hm

# 19 Lenggrieser Isarwinkel-Tour

**31,5 km · 2:00 Std · 424 Hm**

## Anfahrt

**Auto:** Von München nach Grünwald und dort geradeaus stets auf der Staatsstraße 2072 weiter in Ri. „Bad Tölz" über Straßlach, Beuerberg und Egling bis nach Bad Tölz (alternativ auch auf der B 13 über Holzkirchen nach Bad Tölz). Bad Tölz durchqueren und auf die B 13 nach Lenggries (54 km, 0:55 Std).

**Bahn:** Von München/Starnberger Bhf. nach Lenggries, mit dem Bike vom Bahnhof durch den Ort zum Startplatz.

## Fahrt zum Startplatz

Von Bad Tölz kommend von der B 13 links Ri. „Lenggries" in den Ort abzweigen. Kurz nach dem Ortsschild geradeaus über eine querende Straße (diese führt nach rechts über die Isarbrücke zur Brauneckbahn) und nach 50 m links auf einem größeren freien Schotterplatz in Nähe der Sportanlage parken (etwas unterhalb des Bahngleises).

**Die Tour beginnt** an der Zufahrt von der Straße o. g. Schotterplatz nahe Sportanlagen.

## Alternative Startorte

Fleck, Sylvensteinsee bzw. Fall, Leger, Langeneck.

## Wegweiser

**1 km 0/676 m** Durchfahrt bei Lenggries: Von der Zufahrt zum großen Schotter-Parkplatz in Nähe Sportanlagen die Fahrstraße queren und links bergab zur Bundesstraße B 13, diese queren und dem Schotter-Radweg links isaraufwärts folgen (bei 1,2 km an der nach Hohenburg und Lenggries führenden B 13-Unterführung ist dann Ri. „Isaruferweg Wegscheid, Fleck" beschildert, bei km 1,3 geht's über eine Brücke kurz an der Straße lang, bei km 1,7 über eine Parkbucht, dann weiter auf dem Schotterweglein, bei km 2,2 am See auf dem Hauptweglein bleiben).

**2 km 3,0/683 m** Nach Auffahrt aus einer B 13-Unterführung vom Radweg rechts über die Parkbucht in Ri. „Fleck, Rundweg; Holz, Mühlbach, Lenggries; Ghs Papyrer" abzweigen (bald unter der Bretonenbrücke durch, dann stets weiter auf dem Radweg an der B 13 über die Ortsteile Fleck, Winkel und Hohenwiesen in Richtung Sylvensteinsee und Fall).

**3 km 6,3/703 m** Weiter auf dem Fuß-/Radweg bleiben (links Abzweig in Ri. „Hohenwiesen, Winkler Rundweg …", bald geht's durch eine Unterführung und dann rechtsseitig von der B 13 weiter. **Ab km 9,3** am bislang vorrangigen Radwegende am Steinbock weiter auf der Bundesstraße in Richtung Sylvenstein fahren. ACHTUNG: Nach Fertigstellung des Radweges wird dieser durch einen Tunnel direkt auf der Staumauer des Sylvensteinsees münden. Dort dann rechts wenige Meter zum Straßendreieck, auf der B 13 nach rechts wieder 620 m in Richtung Sylvenstein abfahren, unmittelbar vor der „Isar"-Brücke links auf den stellen Asphaltweg ins Schronbachtal abzweigen und weiter nach WW 4 der beschriebenen Tour fahren).

**4 km 12,6/729 m** Direkt nach Überquerung der „Isar"-Brücke rechts auf den stellen Asphaltweg Ri. „Schronbachtal, Rad- u. Fußweg bis Jachenau, …" abzweigen (→ alternativ für Abstecher zum Staudamm des Sylvensteinsees noch 620 m auf der B 13 bergauf fahren, siehe auch Hinweis bei WW 3).

**5 km 14,3/810 m** Im Gelände der Schronbachalm weiter auf dem Hauptweg bergauf bleiben (links ein Wegabzweig zum Almgebäude hin).

**6 km 16,7/881 m** Am Forstwegdreieck rechts bergauf in Ri. „Forststraße Höfen, Jachenau, Röhrmoosstal, Leger" fahren (→ alternativ für eine eventuelle Tour über die Grabenalm in die Jachenau links bald bergauf in Ri. „Fußweg Höfen, Jachenau", nach 700 m am Forstwegdreieck vom Sattel geradeaus bergab in o. g. Ri. ca. 1,6 km hinab ins Jachenau-Tal zu WW 18/Tour 16 in der Nähe von Höfen).

**7 km 17,8/958 m** Weiter dem Haupt-Forstweg über den Sattel und bald bergab in Ri. „Höfen, Jachenau, Röhrmoos-Tal, Leger" folgen.

8. **km 18,9/874 m** Auf der Abfahrt (kurz vor Weiderost/kleinem Stadel) rechts auf den flachen Weg Ri. **"Röhrmoostal, Leger"** abzweigen (→ *alternativ für eine evtl. Fahrt ins Jachenautal zur Unteren Höfner Brücke geradeaus bergab in Ri. "Höfen, Jachenau" und ca. 1,9 km zu WW 19/Tour 16*). **Bei km 20,1** weiter auf dem Hauptweg in Ri. **"Leger"** bleiben (*bei km 21,2 führt der Weg dann an der Rehgrabenalm vorbei und fällt bald sehr steil ins Jachental ab*).

9. **km 22,5/723 m** An der Wegekreuzung im Tal rechts Ri. **"Leger, Rad- u. Fußweg Leger, Wegscheid, Lenggries"** abzweigen. <u>Nun stets diesem Hauptweg in eingeschlagener Richtung folgen.</u>

10. **km 25,4/699 m** <u>Durchfahrt Leger:</u> Man mündet an einen Asphaltweg und fährt links über die Bachbrücke. **Nach 160 m** (*kurz vor der Fahrstraße, am "Café Landerermühle"*) rechts auf den Asphaltweg Ri. **"Rad- u. Fußweg Jachenau"** abzweigen (*als Sackgasse beschildert, nach 160 m auf dem weiterführenden Schotterweg durchs Sägewerksgelände, nach kurzer Abfahrt in der Rechtskehre auf den linken Fuß-/Radweg in Ri. "Wegscheid-Lenggries" abzweigen, dieser führt bei km 26,6 über eine Jachenbrücke*).

11. **km 27,2/692 m** <u>Durchfahrt Langeneck:</u> Kurz nach Überquerung der Schwarzenbachbrücke (*am Sägewerksgelände*) rechts auf den Schotterweg Ri. **"Nach Lenggries"** abzweigen (*über den Holzlagerplatz, nach 70 m ein Fuß-/Radweg-Schild, nach 160 m dem Hauptweg durch die Rechtskehre folgen*).

12. **km 28,2/684 m** <u>Durchfahrt Bretonenbrücke:</u> Am Fuß-/Radwegedreieck (*kurz <u>nach</u> Unterquerung der Bretonenbrücke*) links auf dem Asphaltweglein **30 m** hinauf zur Straße und dem Radweg links über die Bretonenbücke folgen (→ *alternativ für schöne Trail-Route auf linker Isarseite über Wegscheid nach Lenggries am o. g. Fuß-/Radwegedreieck rechts auf den Fußgängerweg, nach 340 m in Wegscheid rechts auf die Asphaltstraße Ri. "Ghs Zum Stocker". Nach 1,0 km rechts/geradeaus auf den Fußgängerweg Ri. "Lenggries" abzweigen. Bei km 31,3 – kurz nach den Tennisplätzen in Lenggries – geradeaus über die Treppe zur Fahrstraße aufsteigen und rechts über die Isarbrücke 160 m zum Ausgangspunkt.* **Info:** *Diese Route ist als Fußgängerweg ausgewiesen, Radfahrer sollen – wie in der Haupttour beschrieben – den beschilderten Radweg auf der anderen Isarseite benutzen!*).
**Nach 270 m** (*kurz nach der Info-Tafel "Bretonische Partnergemeinden von Lenggries"*) links bergab auf den Asphalt-Radweg Ri. **"Lenggries, Bad Tölz"** abzweigen (*WW 2 der Tour*), bald durch die B 13-Unterführung und <u>dann stets auf dem bekannten, geschotterten Isartal-Radweg flußabwärts bis zum Ausgangspunkt in Lenggries</u> (**km 31,5**).

---

### Variationen

Schwerer:

***1. Kombinationen mit der Lenggrieser Röhrelmoosalm-Tour:*** Zur Steigerung des Schwierigkeitsgrades eignet sich bestens eine Kombination der Isarwinkel-Tour mit der Röhrelmoosalm-Tour (*siehe Tour 22*). Von der Röhrelmoosalm dann entweder zurück ins Isartal zum neuen Radweg an der B 13 und weiter nach der normalen Haupttour in Richtung Sylvenstein oder für eine weitere Steigerung des Schwierigkeitsgrades die Waldüberquerung zwischen Breitenkopf und Saurüsselkopf nach Glashütte fahren. Von dort dann über den Achenpaß und Kaiserwacht zum Sylvensteinsee (*siehe Alt.-Route 2/Tour 22*).

***2. Kombination mit den Jachenauer Touren:*** Im Verlauf dieser Fahrt gibt es nach Durchquerung des Schronbachtals zwei Möglichkeiten für Fahrten ins Jachenautal. Dort dann weiter nach Tour 16, z. B. durchs Reichenautal über Jachenau-Dorf zum Walchensee oder auf dem Wiesenweg ins Dorf (*siehe Hinweise bei WW 6/8 sowie Touren 16, 29 und 39*).

Auch probieren:

***3. Von der Bretonenbrücke über Wegscheid und auf den Trails des linksseitigen Isarufers zurück nach Lenggries:*** Statt wie beschrieben auf der bekannten Anfahrtsroute vom ersten Teil der Tour kann man zur Abwechslung die schönere Route dieser allerdings als Fußgängerwege beschilderten Trails nehmen (*siehe Hinweis bei WW 12*).

---

**19** **Lenggrieser Isarwinkel-Tour**  **31,5** km · **2:00** Std · **424** Hm

# 20 Münchner Tattenkofer Brücke-Tour

**74,3** km · **4:13** Std · **434** Hm

## Mäßig schwere Tour!

Bike-Marathon auf besten Wegen durch Perlacher Forst, Gleißental, Ascholdinger Au zur Tattenkofer Brücke, auf Rad- und Dammwegen über Puppling, Dürnstein sowie auf der Isartal-Hauptroute zurück.

**N**ach Anfahrt vom 60er-Stadion in München-Giesing zum Säbener Platz folgt man dem asphaltierten Alten Oberbiberger Weg mitten durch den Perlacher Forst und übers Kiosk Nußbaum-Ranch sowie Deisenhofen ins waldige Gleißental, das in langer Fahrt durchquert wird. Hinter dem Badesee des Deininger Weiher geht es weiter auf schöner Forstpiste über Dettenhausen und auf freiem Asphaltweglein mit ersten tollen Bergblicken nach Egling. Am Waldrand führt ein Asphalt- und Schotterweg bis Ascholding, wo eine nette Fahrt durch die Ascholdinger Au nach Tattenkofen folgt. Kurz danach erreicht man die gleichnamige Isarbrücke. **N**ach der Brücke zweigt man links auf die Radwegroute ab, die durch schöne Wäldchen über Geretsried und Gartenberg nach Wolfratshausen leitet. Am Ende begleitet man die Isar und fährt über die Marienbrücke nach Puppling. Dort geht es auf dem Asphaltweg durch die Au, eine Option wäre der enge Trail. Am Ickinger Wehr wechselt man die Isarwerkkanalseite und rollt auf sonnigem Dammweg und Trail über Aumühle bis Dürnstein. Die Standardroute übers Kloster Schäftlarn und durch das Isartal führt zurück nach München.

| km | Ort | Hm | Zeit |
|---|---|---|---|
| 0,0 | **München** | 535 | |
| | *Stadion an der* | | |
| | *Grünwalder Straße* | | |
| 2,7 | Säbener Platz | 552 | 0:10 |
| 7,6 | Kiosk Nußbaum-Ranch | 578 | |
| 8,8 | Deisenhofen | 586 | 0:33 |
| | *(nähe Whs Kugler Alm)* | | |
| 12,4 | Gleißental | 585 | |
| 19,6 | Deininger Weiher | 613 | 1:13 |
| 20,6 | Deininger Filz | 617 | 1:17 |
| 23,3 | Dettenhausen | 624 | |
| 24,8 | Egling | 615 | 1:31 |
| 25,5 | Sebaldmühle | 611 | |
| 29,2 | Ascholding *(Holzwirt)* | 608 | 1:47 |
| 32,4 | Ascholdinger Au | 596 | |
| 34,2 | bei Tattenkofen | **636** | |
| 35,3 | Tattenkofer Brücke | 606 | 2:10 |
| 37,0 | Radweg R2 *(Geretsried)* | 605 | |
| 40,3 | Gartenberg *(Isardamm)* | 596 | 2:28 |
| 41,5 | Isar-Radweg | 590 | |
| 44,2 | Wolfratshausen | 582 | 2:39 |
| 45,8 | Marienbrücke | 578 | |
| 46,2 | Puppling | 578 | 2:45 |
| 49,3 | Ickinger Wehr | 570 | |
| | *(auf linksseitigen Dammweg)* | | |
| 51,8 | Aumühle *(Damm-Trail)* | 571 | |
| 54,0 | Dürnstein/Bruckenfi. | 569 | 3:07 |
| 55,0 | Kloster Schäftlarn | 561 | |
| 55,8 | Forstwegabzweig | 592 | 3:12 |
| 62,1 | E-Werk *(nä. Kletterga.)* | 544 | 3:35 |
| 64,2 | Ghs Brückenwirt | 539 | |
| 68,0 | Isar-Schotterweg | **531** | |
| 68,9 | nähe Kiosk | 533 | 3:59 |
| 69,2 | Großhesseloher Brücke | 555 | |
| 70,4 | Hochufer-Radweg | 556 | |
| | *(Biergarten Menterschwaige)* | | |
| 71,6 | Harlaching | 546 | |
| 72,3 | Hochufer-Asphaltweg | 545 | |
| | *(Ghs Harlachinger Einkehr)* | | |
| 74,3 | München *(Stadion)* | 535 | 4:13 |

### Alternativ-Route 1
Kürzere Tour über die Keltenschanze bei Neufahrn in die Pupplinger Au.

### Alternativ-Route 2
Von Tattenkofen über die Peretshofer Höhe.

### Alternativ-Route 3
Von der Tattenkofer Brücke auf dem Trail durch die Isarauen nach Gartenberg.

*– siehe auf Wegweiser-Seiten –*

## Erlebniswert

*Bike-Spaß:* ★★★☆☆
*Landschaft:* ★★★☆☆  ③

Schöne Fahrt durchs einsame, waldige und schattige Gleißental und am Deininger Weiher vorbei. Ab Dettenhausen und Egling herrliche Fernblicke zur Alpenkulisse. Idyllische Fahrten über die Wolfratshauser Isartal-Radwege und am Ende im Isartal bis München.

## Schwierigkeitsgrad

*Kondition:* ●●●○○○
*Fahrtechnik:* ●○○○○○  ②

Sehr lange, aber wegen bester Pisten völlig problemlos zu fahrende Tour.

## Fahrbahnen

| *Asphalt* | *Schotter+Pisten* | *Trails+Trials* |
|---|---|---|
| 33,0 km | 33,6/0,7 km | 6,5/0,5 km |

*öff. Verkehr:* 15,4 km  *Mautverkehr:* 0,0 km

## Schiebe-/Tragestrecken

keine

## Rast

Nußbaum-Ranch *(Kiosk)*, Ghs Deininger Weiher, Ghf Post in Egling, Ghser in Geretsried/Wolfratshausen, Ghs Pupplinger, Ghs Aujäger, Ghs Zum Bruckenfischer, Ghf Kloster Schäftlarn, Ghs Brückenwirt, Biergarten Menterschwaige, Ghs Harlachinger Einkehr

## Karten

BTK Ammersee-Starnberger See   M 1:50.000
KOMPASS Nr. 180   M 1:50.000

**20 · Münchner Tattenkofer Brücke-Tour · 74,3 km · 4:13 Std · 434 Hm**

# 20 Münchner Tattenkofer Brücke-Tour

74,3 km · 4:13 Std · 434 Hm

## Anfahrt

**Auto:** In München zum Stadion an der Grünwalder Straße (60er-Stadion) in München-Giesing.

### Fahrt zum Startplatz

An der großen Kreuzung am Stadion an der Grünwalder Straße in München-Giesing Ri. *„Grünwald"* auf der *„Grünwalder Straße"* und nach ca. 200 m rechts in die kleine, am Stadion entlangführende *„Volckmerstraße"* abzweigen. Nach 180 m auf dem kleinen Parkplatz am Hachinger Hochufer-Asphaltweg hintern Stadion parken.

**Die Tour beginnt** am Parkplatz hintern Stadion auf dem Hochufer-Asphaltweg (als *„Harlachinger Straße"* beschildert).

### Alternative Startorte

Sebener Platz (am Abzweig in den Perlacher Forst, km 2,7 der Tour, siehe WW 1), Oberhaching-Deisenhofen (Kugler Alm), Deininger Weiher, Egling, Ascholding, Tattenkofer Brücke, Gerstried, Gartenberg, Wolfratshausen, Puppling, Dürnstein/Bruckenfischer/Kloster Schäftlarn

## Wegweiser

**1 km 0/535 m** Ortsdurchfahrt München (bis zum Perlacher Forst): Vom Hochuferweg *(„Harlachinger Straße",* am kleinen P hinter Grünwalder Stadion) der *„Volckmerstraße"* am Stadion entlang vor zur Grünwalder Straße folgen. **Nach 180 m** rechts auf den Radweg *(an Grünwalder Straße entlang).* **Nach 150 m** links über den zweiten Fuß-/Radwegübergang und geradeaus weiter auf dem Radweg (Ecke Wettersteinplatz/nahe U-Bahn). **Nach 80 m** (an U-Bahn-Lift) rechts auf den Radweg (an *„Sebener Straße"* lang, später am FC-Bayern-Gelände vorbei). **Bei km 2,0** (Kreuzung *„Sebener-/Naupliastraße")* geradeaus weiter auf dem Radweg. **Nach 460 m** (Radwegende) der *„Oberbiberger Straße"* nach rechts folgen. **Nach 190 m** (am *„Sebener Platz"* bei den Tennisplätzen, nahe Giesinger Waldhaus) links Ri. *„RS Deisenhofen, Perlacher Forst"* auf den Asphaltweg in den Perlacher Forst abzweigen und diesem Hauptweg stets durch den Forst folgen.

**2 km 7,6/578 m** Beim Kiosk *„Nußbaum-Ranch"* (nach Bahnunterführung und kurzer Auffahrt durch die Linkskehre) weiter dem Asphaltweg folgen. **Nach 250 m** geradeaus bleiben (rechts zweigt *„Taufkirchner Weg"* nach Wörnbrunn ab, evtl. links auf schöne Pfadabkürzung). **Nach 80 m** Linkskehre folgen. *„RS"* weiter auf Asphaltweg) und **nach 90 m** rechts auf den Schotterweg abzweigen (Fuß-/Radweg).

**3 km 8,8/586 m** Durchfahrt bei Deisenhofen: Am Asphalt-Radwegedreieck rechts Ri. *„Grünwald"* (nach Straßenbrücke, an Brunnen/Marterl nahe Kugler Alm). → *alternativ* links erreichbar, 220 m). **Nach 150 m** links auf den Schotterweg Ri. *„Oberbiberg"* abzweigen. Nun stets geradeaus (bald Asphaltstraße an Häusern lang, **bei km 10,0** geradeaus auf Schotterweg).

**4 km 10,6/599 m** Man mündet an eine Asphaltstraße (nahe Deisenhofen/Laufzorn) und fährt geradeaus in Ri. *„Großdingharting, Odenpullach".*

**5 km 11,2/604 m** Von der Straße links auf einen Schotterweg und sofort wieder rechts auf Waldweg abzweigen. **Nach 330 m** an Verzweigung dem linken Weg folgen (kurz nach Info-Tafel *„Keltenschanze"*, → *alternativ* für andere Trail-Einfahrt ins Gleißental geradeaus auf den rechten Wegzweig, siehe Alt.-WW 1/Tour 12). **Nach 410 m** (an der HS-Schneise) auf dem linken Hauptweg bleiben (führt in den Wald). **Nach 110 m** geradeaus/rechts auf einen schmäleren Weg abzweigen, **nach 30 m** einen Weg queren und geradeaus auf dem bald holprigen Hohlweglein hinab ins Gleißental.

**6 km 12,4/585 m** Im Gleißental dem breiten Weg geradeaus/rechts talwärts folgen. **Nach 40 m** an der Verzweigung auf dem rechten, flachen Weg bleiben. Diesem stets talwärts folgen (bei km 13,2 mündet rechts Hangpfad der o. g. Variante).

**7** **km 15,2**/612 m  Man mündet (nach kurzer Steilauffahrt) an die Asphaltstraße bei Ödenpullach und folgt ihr links bergab in Ri. *"Wanderweg Gleissental-Deininger Weiher"*. Nach 70 m Abfahrt rechts bergab wieder auf den Forstweg *in o. g. Ri.* abzweigen (weiter stets durchs Gleißental, ab km 16,8 eine schmälere, sehr holprige Waldpiste).

**8** **km 17,2**/614 m  Man mündet wieder an einen breiten Forstweg und fährt rechts leicht bergab Ri. *"Wanderweg Gleissental-Deininger Weiher"* Nach 130 m (in der Rechtskehre) links/geradeaus durch die Schranke auf den Weg *in o. g. Ri.* abzweigen (führt stets weiter durchs Gleißental).

**9** **km 19,5**/618 m  Durchfahrt am Ghs Deininger Weiher: Die Fahrstraße queren, auf den Parkplatz abfahren und **nach 110 m** (am Gasthaus) links auf den Schotterweg (an „P für Fahrräder" vorbei). **Nach 60 m** aufs rechte Schotterweglein Ri. *"Deining"* (zunächst am Holzzaun, dann stets oberhalb des Badesees entlang, → *alternativ* außerhalb des Badebetriebs evt. unten direkt am See lang, Schrittempo, Fußweg!!).

**10** **km 20,6**/617 m  An der Wegekreuzung geradeaus (beim Wiesengelände, rechts geht's nach Deining, siehe Tour 12). **Nach 510 m** an der Verzweigung rechts auf dem flachen Forstweg halten (bald leicht bergab). **Nach 390 m** an einer weiteren Verzweigung geradeaus auf dem flachen Weg bleiben.

**11** **km 23,3**/624 m  Ortsdurchfahrt Dettenhausen: Man mündet an einer Asphaltstraße und fährt rechts Ri. *"RS Ergertshausen, Bad Tölz, Dietramszell, Starnberger See"* durch den Ort. **Nach 410 m** (beim Ortsende) links ab in den *"Kirchweg"*.

**12** **km 24,9**/615 m  Ortsdurchfahrt Egling: Am Asphaltdreieck (kurz vor ersten Häusern) rechts. **Nach 70 m** die Fahrstraße (*"Münchner Straße"*) queren und geradeaus in die *"Kreuzstraße"*. **Nach 370 m** mündet man an weiterer Fahrstraße (*"Wolfratshauser Straße"*), folgt ihr links leicht bergab und zweigt **nach 180 m** wieder rechts in Ri. *"Sebaldmühle"* ab (*"Waldstraße"*). Nun stets diesem Sträßchen folgen (ab km 27,0 ein Schotterweg).

**13** **km 28,6**/611 m  Beim Marterl geradeaus bleiben (→ *alternativ* rechts für Kurzroute über die Keltenschanze bei Neufahrn nach Puppling siehe Alt.-WW 1).

**14** **km 29,2**/608 m  Durchfahrt Ascholding: Geradeaus auf der beginnenden Asphaltstraße weiter (nähe Ghs Holzwirt). **Nach 440 m** die Fahrstraße (*"Hauptstraße"*) queren und geradeaus Ri. *"Sägewerk Harrer"* (*"Auenstraße"*). **Nach 280 m** links über die Bachbrücke und **nach 110 m** an der Asphaltkreuzung rechts (*in o. g. Ri.*). **Nach 260 m** (am Stadel) vom Asphaltweg links auf Schotterweg abzweigen (bald durch Linkskehre). **Nach 630 m** am Wegedreieck (mit Bauminsel, **km 30,9**) rechts.

---

### Variationen

Schwerer:

*1. Auf Trails oder Schotterpisten durch den Perlacher Forst:* Statt des zur raschen Durchquerung des Forstes gedachten Oberbiberger Asphaltweges kann man auch diverse schöne Trails oder Schotterpisten anderer Perlacher-Forst-Touren fahren (siehe Touren 2, 6, 6a, 6b, 9 und 24), oder z. B. die hübsche, leichte Route auf Sulz-/Bahnweg oder über das Bavaria-Filmgelände und auf Rechberg-Weg bzw. -Trail (siehe Alt.-WW 5 u. 6/Tour 12).

*2. Erweiterung über Peretshofer Höhe:* In Egling an WW 12 weiter nach Tour 35 zum Ghf Post und über Mooshamer Weiher, Schallkofen und Weiherwiese bis Peretshofen. Dort nach Tattenkofen abfahren und weiter nach WW 17 der Haupttour (siehe auch WW 12-22/Tour 35). Man kann auch von WW 16 bei Tattenkofen aus eine kleine Zusatzschleife über die herrliche Peretshofer Höhe machen (siehe Hinweis bei WW 16 und Alt.-WW 2).

*3. Erweiterung mit der Kirchsee-Fahrt:* An WW 10 hinterm Deininger Weiher nach Tour 38 über Aufhofen, Thanning, Thanninger Weiher, Föggenbeuern, Dietramszell und Zeller Wald zum Kirchsee. Nach Badepause auf einer der vielen Zeller Wald-Routen zurück und entweder über Dietramszell oder über Ober- und Untermühlthal, Leismühl und Bairawies oder Manhartshofen zur Peretshofer Höhe. Dort nach Tattenkofen abfahren und weiter nach WW 17 der Haupttour (siehe auch Touren 28, 35 und 38).

---

**20**  **Münchner Tattenkofer Brücke-Tour**  **74,3** km · **4:13** Std · **434** Hm

# 20 Münchner Tattenkofer Brücke-Tour

**74,3** km · **4:13** Std · **434** Hm

**15** **km 32,4**/596 m An der Kreuzung beim Weidegatter auf den rechten Weg (**nicht** durchs Gatter!).

**16** **km 33,5**/615 m An weiterer Kreuzung rechts fahren (bei den zwei Birken mit Sitzbank/Marterl, → **alternativ** für den schönen Abstecher über Peretshofer Höhe geradeaus zur Fahrstraße, siehe Alt.-WW 2).

**17** **km 34,1**/616 m <u>Durchfahrt Tattenkofen:</u> Man mündet an einen Asphaltweg und fährt rechts (bald am Bauernhof vorbei). **Nach 300 m** mündet man an der Fahrstraße und folgt ihr rechts bergauf. **Bei km 35,0** (nach der Abfahrt) auf die Straße Ri. **"Königsdorf, Geretsried, Wolfratshausen"** abzweigen (über die Tattenkofer Isarbrücke).

**18** **km 35,3**/606 m Direkt nach der Brücke links auf Schotter-Radweg in Ri. **"RS R2 Geretsried"** abzweigen (→ **alternativ** für teils unwegsamen Trail durch Isarauen nach Gartenberg rechts über Parkplatz, siehe Alt.-WW 3). **Nach 120 m** dem Radweg nach rechts **in o. g. Ri.** stets folgen (mehrfach Ri. "Wolfratshausen, Kempfenhausen" o. "R2 Geretsried" beschildert).

**19** **km 37,0**/605 m <u>Durchfahrt bei Geretsried:</u> An den Häusern ("Fitneß-Forum", am Marterl) rechts Ri. **"RS Wolfratshausen, Kempfenhausen"**, **nach 50 m** die Fahrstraße queren und weiter auf dem Schotterweg **in o. g. Ri.** (bald stets leicht erhöht über den Isarauen des Wolfratshauser Forstes entlang).

**20** **km 38,4**/602 m <u>Durchfahrt Gartenberg:</u> In der Linkskehre vom Hauptweg geradeaus/rechts auf schmäleren Weg abzweigen. **Nach 250 m** mündet man an eine Asphaltstraße und folgt ihr geradeaus/rechts. **Bei km 40,3** rechts Ri. **"RS Wolfratshausen, Kempfenhausen"** ("Isardamm"). **Bei km 41,5** (letzte Häuser, Ende "Isardamm"/Anfang "Blumenstraße", an kleiner Parkbucht) rechts auf den Schotter-Radweg in Ri. **"RS Wolfratshausen, Kempfenhausen"** abzweigen (**bei km 42,0** an Weglein-Kreuzung rechts **in o. g. Ri.**).

**21** **km 44,1**/582 m <u>Durchfahrt bei Wolfratshausen-Waldram:</u> Beim Gras-Bolzplatz rechts/geradeaus zum Kanalsteg abzweigen (Loisach-Isar-Kanal) und nach Überquerung des Stegs rechts auf den Schotter-Radweg in Ri. **"Puppling, Aumühle"**.

**22** **km 45,4**/574 m <u>Durchfahrt Marienbrücke und Puppling:</u> Der Linkskehre in Ri. **"Puppling, Wolfratshausen"** folgen. **Nach 190 m** die Fahrstraße queren und nach rechts auf den Radweg in Ri. **"Puppling, Aumühle"** (bald über die Marienbrücke und die Isar, → **alternativ** für den Pupplinger Au-Trail zum Ickinger Wehr nach der Brücke links abzweigen, siehe WW 17/Tour 32). **Nach 560 m** (nähe Ghs "Pupplinger") links aufs Asphaltsträßchen in Ri. **"P, Ghs Aujäger, RS München, Aumühle"** abzweigen. **Nach 440 m** an Asphaltverzweigung dem linken Sträßchen folgen ("Wehrbaustraße").

**4. Tour mit den diversen Isartal- und Isarhochufer-Trails kombinieren:** Am Ende der Fahrt gibt es auf beiden Seiten der Isar im Tal oder am Isarhochufer diverse schöne Trail-Routen, die man anstelle der "normalen" Isar-Hauptroute übers Kloster Schäftlarn einbauen kann (siehe Touren 13, 21, 30, 31, 33, 37).

**5. Von der Tattenkofer Brücke auf den Trails durch die Isarauen nach Gartenberg:** Durch die Vielzahl kleiner Trails und Trampelpfade der Auen läßt sich die Route allerdings kaum vollständig beschreiben, am besten selbst die Spur durch den Irrgarten suchen, in der Regel stets in Isarnähe flußabwärts halten (siehe Hinweis bei WW 18 und Alt.-WW 3).

**6. Von der Marienbrücke bei Puppling auf Super-Trail durch die Pupplinger Au zum Ickinger Wehr:** Als Alternative zu dem Asphaltsträßchen kann man direkt nach der Marienbrücke links zu diesem in der Münchener Pupplinger Au-Tour enthaltenen Trail durch die Auen abzweigen (siehe auch WW 17-18/Tour 32).

**7. Erweiterung mit der Buchberg-Tour:** Von WW 18 bei der Tattenkofer Brücke eignet sich bestens die Tattenkofer Buchberg-Tour für eine tolle Erweiterung der Fahrt über Osterhofen und Fischbach zum Buchberg (siehe auch Tour 34).

**8. Erweiterung von Wolfratshausen mit der Pupplinger Loisach-Isar-Tour:** Für tolle, große Bike-Schleife an WW 21 bei Wolfratshausen-Waldram weiter nach Tour 23 (WW siehe Tour 23).

**23** **km 49,3**/570 m  Durchfahrt am Ickinger Wehr: Beim Wehr links über die Brücke auf den Schotterweg abzweigen. **Nach 60 m** über die Staudammbrücke und **nach 90 m** (nach der Brücke) rechts auf den Schotterweg abzweigen (und nun linksseitig direkt am Isarwerkkanal stets flußabwärts).

**24** **km 51,8**/571 m  An der Aumühler Holzbrücke geradeaus weiter auf dem schmalen Dammweglein bleiben (wird am Ende zu schmälerem Pfad).

**25** **km 54,0**/569 m  Durchfahrt Dürnstein/Bruckenfischer: Gleich nach dem Ghs Bruckenfischer vom Dammpfad **ca. 10 m** links hinab zur Fahrstraße, dieser links bergab und stets weiter folgen (bald am Ghs vorbei und über die Isarbrücke, später am Kloster Schäftlarn vorbei und bergauf Richt. Hohenschäftlarn).

**26** **km 55,8**/592 m  Bei der Auffahrt in der ersten engen Linkskehre (kleiner Wendeplatz) rechts auf den flachen Forstweg abzweigen. Stets diesem Hauptweg folgen (nach 260 m an der Verzweigung auf dem flachen rechten Hauptweg halten, bald bergab).

**27** **km 57,8**/590 m  Bei der Auffahrt rechts bergab auf den Waldpfad abzweigen. **Nach 140 m** Abfahrt im Waldtalgraben rechts halten (auf einen der beiden Pfadzweige, **nach 180 m** wieder auf breiter Forstweg, **bei km 58,9** am Wegedreieck rechts halten, links bergauf geht's nach Hohenschäftlarn).

**28** **km 60,3**/571 m  An einem weiteren Wegedreieck rechts Ri. *„Buchenhain"* (Weg führt bald steil bergab, links bergauf geht's nach Baierbrunn).

**29** **km 62,1**/544 m  Die Schranke/Sperren beim E-Werk-Gebäude passieren und weiter geradeaus auf Schotterweg bleiben (bald kurz bergauf).

**30** **km 63,1**/558 m  Nach dem Garagengebäude leicht rechts/geradeaus bergab auf den Schotterweg abzweigen (Radverbotsschild). **Nach 90 m** die Asphaltstraße queren und geradeaus auf dem schmalen Waldweglein weiter bergab. **Nach 160 m** mündet man auf Asphaltsträßchen nähe Isar und folgt ihm links/geradeaus flußabwärts.

**31** **km 64,0**/540 m  An der Verzweigung (kurz vor Ghs Brückenwirt) dem flachen Asphaltweg geradeaus weiter isarabwärts folgen (bald am „Brückenwirt" vorbei, dann unter der Grünwalder Brücke durch).

**32** **km 68,9**/533 m  Durchfahrt an Großhesseloher Brücke: Kurz nach dem Kiosk links hoch auf die steile Asphaltstraße abzweigen. **Nach 170 m** Auffahrt links auf den flachen Schotter-Fuß-/Radweg abzweigen. **Nach 120 m** links ab über die Brücke. **Nach 390 m** am Asphaltdreieck (nach der Brücke und kurzer Auffahrt) links halten und gleich **nach 20 m** rechts ab auf asphaltierten Hochufer-Radweg (in Ri. *„RS München-Ludwigsbrücke, ..."*).

---

Auch probieren:

**9. Kürzere Tour über Neufahrn und die Keltenschanze in die Pupplinger Au:** An WW 13, auf der Fahrt von Egling nach Ascholding, rechts auf den Forstweg hinauf nach Neufahrn abzweigen. Dort an der Keltenschanze vorbei und auf einer alten Waldpiste mit Offroad-Passagen, am Ende wieder auf einem guten Forsweg, hinab zur Pupplinger Kirche und zum Gasthaus Pupplinger. Dort weiter nach WW 22 der Hauptour (siehe Hinweis bei WW 13 und Alt.-WW 1). Alternativ bereits in Egling nach der Route der Münchner Pupplinger Au-Tour nach Neufahrn auffahren, ebenfalls an der Keltenschanze vorbei und auf andererem Wald-Trail-Downhill in die Pupplinger Au. Dort entweder am Asphaltsträßchen zum Gasthaus Pupplinger zu WW 22 der Haupttour oder auf dem Isarufer-Trail unter der Marienbrücke hindurch nach Puppling (siehe WW 12-17 und WW 17-18/Tour 32).

**10. Weitere schöne Trail-Einfahrt im Gleißental:** Zur Abwechslung sollte man unbedingt auch mal diese sehr schöne Trail-Einfahrt ins Gleißental probieren. Dazu bei der Keltenschanze nähe Deisenhofen den rechten Wegzweig nehmen und auf sehr idyllischem Weglein und am Ende auf steilem Waldpfad hinab ins Gleißental. Dort mündet man bei den Wasserbecken und fährt rechts weiter nach der Haupttour stets durchs Gleißental zum Deininger Weiher (siehe Hinweis bei WW 5 und Alt.-WW 1/Tour 12).

---

**20**  Münchner Tattenkofer Brücke-Tour        **74,3** km · **4:13** Std · **434** Hm

# 20 Münchner Tattenkofer Brücke-Tour · 74,3 km · 4:13 Std · 434 Hm

**33** *km 71,6/546 m* <u>Ortsdurchfahrt M-Harlaching</u>: Am Radwegende rechts Ri. *„RS/Pfeil"* auf das Asphaltsträßchen und *nach 30 m* leicht links auf die Pflasterstraße *(„Über der Klause")*. *Nach 250 m* der Querstraße nach links folgen *(Lindenstraße)*. *Nach 320 m (in der Rechtskehre)* links/geradeaus abzweigen *(an Betonpollern vorbei)*, die Fahrstraße *(Karolingerallee)* queren und geradeaus auf den Radweg *(bald an Ghs „Harlachinger Einkehr" vorbei)*. *Nach 110 m* links/geradeaus auf den Hochufer-Asphaltweg *(„Harlachinger Straße")* abzweigen zum Stadion Grünwalder Straße *(km 74,3)*.

### Alternativ-Wegweiser 1
*Kürzere Route über Neufahrn, Keltenschanze und die Pupplinger Kirche zum Ghs Pupplinger (mit Wald-Trail, Gesamttour dann: 61,7 km/3:33 Std/455 Hm):*

**13** *km 28,6/611 m* Beim Marterl *(auf der Route zum Holzwirt in Ascholding)* rechts ab auf den Forstweg bergauf nach Neufahrn *(stets Hauptweg folgen)*.

**14** *km 30,1/660 m* <u>Durchfahrt Keltenschanze bei Neufahrn</u>: Am Wald-/Wiesenrand *(kurz vor Dorf)* links auf Feldweg abzweigen. *Nach 150 m* an der Verzweigung geradeaus bleiben *(auf rechten Wegzweig)*. *Nach 140 m* weiter geradeaus *(von rechts mündet ein Weg aus dem Dorf/Tour 32)*. *Nach 220 m (an Keltenschanze/Marterl)* in der Linkskehre ge-radeaus auf den Weg abzweigen. *Nach 180 m (am Schanzenende)* rechts abzweigen. *Nach 180 m* am Wegedreieck links bergauf zum Waldrand.

**15** *km 31,3/656 m* Auf der Abfahrt im Wald vom Haupt-Forstweg rechts auf das unscheinbare, schlechte Waldweglein abzweigen *(rote Pfeilmarkierung an Baum, ACHTUNG! Leicht zu übersehen!* → *alternativ* für einen anderen Trail durch den Wald zur Fahrstraße nähe Isarauen auf dem Hauptweg bleiben, siehe WW 15-17/Tour 32). *Nach ca. 100 m* der Rechtskehre folgen. *Nach 220 m* am Wegende weiter auf der Pfadspur durch den Wald halten *(nach ca. 80 m wieder ein besserer Weg, ab km 31,9 dann ein breiter Forstweg bis zur Pupplinger Kirche)*.

**16** *km 32,9/592 m* <u>Durchfahrt Puppling</u>: Bei der Pupplinger Kirche dem beginnenden Asphaltweg folgen und *nach 40 m* links abzweigen *(„Am Kaltenbach", wird bald zu einem Schotterweg)*. *Nach 180 m (bei Gebäude kurz vor der Fahrstraße)* rechts auf das Asphaltweglein abzweigen *(wird bald zu einem Feldweg)*. *Nach 330 m* links auf den Pfad hinab zum Gasthaus „Pupplinger" abzweigen. *Nach 40 m* Abfahrt am Gasthaus vorbei *noch ca. 50 m* bis zur Fahrstraße, dieser nach rechts folgen, gleich die Hauptstraße queren und dann geradeaus auf das Asphaltsträßchen in Ri. *„P, Ghs Aujäger, RS München, Aumühle"* und → *weiter nach WW 22 der Haupttour*.

### Alternativ-Route 1
Kürzere Tour von Egling-Sebaldmühle über Veiglberg, Neufahrn und die Keltenschanze in die Pupplinger Au und zur Isar:

| | | |
|---|---|---|
| 28,6 Abzweig Neufahrn *(am Marterl)* | 611 | 1:45 |
| 30,1 nähe Neufahrn | 660 | 1:54 |
| 30,7 Keltenschanze | 650 | |
| 31,2 Forstweg | 660 | |
| 31,3 Abzweig Waldweg *(in Richtung Pupplinger Kirche)* | 656 | 1:57 |
| 31,9 Forstweg | 638 | |
| 32,9 Pupplinger Kirche | 592 | |
| 33,1 Gebäude *(nähe Fahrstraße, Abzweig auf Feldweg)* | 583 | |
| 33,5 Trail | 582 | |
| 33,5 Ghs Pupplinger | 577 | |
| 33,6 Querung Fahrstraße *(auf Asphaltsträßchen in Richtung Aujäger und Ickinger Wehr)* | 578 | 2:05 |

→ *weiter nach der Haupttour*

### Alternativ-Wegweiser 2

*Für eine schöne <u>Erweiterung der Tour von Tattenkofen über die Peretshofer Höhe</u> und von dort auf einem Wald-Trail-Downhill wieder hinab nach Tattenkofen (Gesamttour dann: 78,2 km/4:40 Std/533 Hm):*

**16** **km 33,5**/615 m  An weiterer Kreuzung geradeaus fahren *(bei den zwei Birken mit Sitzbank/Marterl, nähe Tattenkofen)*. **Nach 270 m** mündet man an einen Asphaltweg, fährt links **60 m** zur Fahrstraße hin, folgt dieser nach rechts und zweigt **nach 90 m** links hoch auf den Forstweg ab.

**17** **km 34,4**/649 m  Vom Hauptweg geradeaus/links auf einen Weg abzweigen und diesem nun stets durch den Au-Waldgraben weiter bergauf folgen *(→ alternativ rechts auf den steileren Hauptweg über den Steinsberg-Hof 650 m bis zu einem Asphaltdreieck, wo links nach 40 m der Waldweg aus dem Augraben der Haupttour mündet, dort dann links weiter nach WW 18 <u>oder</u> geradeaus 730 m zu WW 19 in Peretshofen, wo am Ortsanfang von links die Haupttour mündet).*

**18** **km 35,3**/690 m  Man mündet auf der Höhe an einen Asphaltweg und fährt links *(→ alternativ rechts, nach 40 m – rechts mündet die o. g. Variante über den Steinsberg-Hof – links auf den Asphaltweg und 730 m zu WW 19 nach Peretshofen, wo am Ortsanfang von links die Haupttour mündet).* **Nach 520 m** am Asphaltdreieck rechts nach Peretshofen.

**19** **km 36,8**/716 m  <u>Durchfahrt Peretshofen/Peretshofer Höhe</u>: Man mündet an einem Betonweg und fährt links in den Ort. **Nach 50 m** <u>rechts</u> auf den Betonweg abzweigen und **nach 70 m** geradeaus bergauf bleiben. **Nach 140 m** über die Kuppe *(Aussichtpunkt/Sitzplätze am höchsten Punkt der Peretshofer Höhe)* und wieder bergab fahren *(bald ein Schotter-Feldweg)*. **Nach 320 m** mündet man wieder an einen Betonweg und folgt ihm links bergab. **Nach 290 m** *(unmittelbar bevor der Betonweg wieder steil bergauf führt)* links bergab auf einen Grasweg zum Waldrand abzweigen. **Nach 70 m** am Waldrand auf dem Pfad weiter bergab *(bald wieder ein Karrenweg)*. **Nach 130 m** *(wenn der Karrenweg als Hohlweg steiler bergab führt)* <u>rechts</u> auf den Waldpfad abzweigen *(wird später wieder zu Karren- bzw. Hohlweg)*. **Nach 160 m** und steiler Abfahrt an einer Karrenwegekreuzung links bergab zur *(ca. 60 m entfernten)* Fahrstraße.

**20** **km 37,0**/635 m  <u>Durchfahrt bei Tattenkofen</u>: Der o. g. Fahrstraße links bald bergab folgen. **Nach 470 m** *(nach der Abfahrt)* rechts auf die Straße in Ri. ***„Königsdorf, Geretsried, Wolfratshausen"*** abzweigen *(über Tattenkofer Isarbrücke)*.

**21** **km 38,9**/606 m  Direkt nach der Brücke links auf Schotter-Radweg in Ri. ***„RS R2 Geretsried"*** abzweigen und → <u>weiter nach WW 18/Haupttour.</u>
– Alt.-WW 3 siehe auf dem Höhenprofil –

### Alternativ-Route 2

Route bzw. Erweiterung von Tattenkofen über die Peretshofer Höhe:

| | | | |
|---|---|---|---|
| 33,5 | nähe Tattenkofen | 615 | 2:03 |
| | *(Wegekreuzung an Marterl/Birken)* | | |
| 33,8 | Fahrstraße | 622 | |
| 33,9 | Abzweig Forstweg | 624 | |
| 34,4 | Augraben | 649 | 2:10 |
| 35,3 | Asphaltweg | 690 | 2:22 |
| 36,8 | Peretshofen | 716 | |
| 37,1 | Peretshofer Höhe | 729 | 2:29 |
| | *(Aussichtpunkt)* | | |
| 37,8 | Wald-Trail-Abfahrt | 685 | |
| 38,1 | Fahrstraße | 635 | 2:34 |
| | *(nähe Tattenkofen)* | | |
| 38,6 | Abzweig über Tattenkofer Brücke | 611 | |
| 38,9 | Abzweig Radweg R2 Geretsried | 606 | 2:36 |
| | *(nach der Tattenkofer Brücke)* | | |
| | → *weiter nach der Haupttour* | | |

### Alternativ-Route 3

Von der Tattenkofer Brücke auf dem Trail durch die Isarauen nach Gartenberg:

| | | | |
|---|---|---|---|
| 35,3 | Tattenkofer Brücke | 606 | 2:10 |
| | *(rechts über Parkplatz)* | | |
| 35,8 | Isarauen-Trail | 599 | |
| 37,1 | Isarufer-Trail | 594 | |
| 39,5 | Gartenberg | 601 | 2:35 |
| | → *weiter nach der Haupttour* | | |

## 20  Münchner Tattenkofer Brücke-Tour — **74,3** km · **4:13** Std · **434** Hm

# 21 Grünwalder Mühltal-Trail

**14,0** km · **1:20** Std · **192** Hm

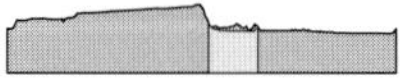

## Mäßig schwere Tour!

Beliebter kleiner Trail am Isarhochufer und im Isartal auf den schönsten schmalen Pisten rund um die zwischen Grünwald und der Siedlung Frundsbergerhöhe gelegene Römerschanze.

**V**om Waldparkplatz nähe Grünwalder Brücke fährt man wie beim kleineren Georgenstein-Trail auf der Steilpiste zum Grünwalder Schloß und durch den Ort zur Eierwiese. Der dort rechts abzweigende Brunnwartsweg leitet wieder zum Hochufer, beim Marterl quert man auf einem Steig durch eine steile Waldsenke und auf Trails und Wegen biked man nun auf toller Hochuferroute zur Römerschanze, am Ende auf Forstwegen bis zur Siedlung Frundsbergerhöhe. Bei den ersten Häusern zweigt rechts ein Trail ab, der den Wald erneut in Richtung Hochufer quert. **A**n der Hangkante hoch über dem Mühltal stürzt man sich auf eine extrem steile, für Anfänger etwas Mut erfordernde Waldpiste und landet nach herrlichem Rutsch im Isartal, das Gasthaus Mühle wäre nach kurzem Abstecher erreichbar. Ein anfangs heftiger Wald-Trail mit kurzen, unwegsamen Schiebepassagen und später der Isarauen-Trail leiten auf fahrtechnisch abwechslungsreicher Route bis Nähe Georgenstein. Nach einer Passage auf dem teils renovierten Georgenstein-Wanderweg geht es auf schmalem Pfad zum Isarufer-Trail, der in herrlicher Fahrt direkt am Wasser bis unter die Grünwalder Brücke führt.

| | | | |
|---|---|---|---|
| 0,0 | **Grünwald** *Waldparkplatz an Grünwalder Brücke* | 555 | |
| 0,2 | Wegekreuzung *(rechts auf steilen Trail zum Grünwalder Hochufer)* | 558 | |
| 0,4 | Schloßhotel Grünwald | 583 | |
| 1,0 | Grünwald-Eierwiese | 589 | |
| 1,3 | Abzweig auf Brunnwartsweg | 590 | 0:07 |
| 1,5 | Hochuferweg | 588 | |
| 1,8 | Abzweig Trail *(Senke am Marterl)* | 587 | |
| 2,3 | Hochufer-Trail | 593 | |
| 3,0 | Isarhochufer *(HS-Leit.)* | 610 | 0:14 |
| 3,8 | Römerschanze | 616 | |
| 4,0 | Fuchsweg | 617 | |
| 4,9 | Mühlweg *(Abzweig Römerweg)* | 622 | 0:22 |
| 5,1 | Frundsbergerhöhe | 624 | |
| 5,4 | Wald-Trail | 626 | |
| 5,9 | Forstweg | 627 | |
| 6,3 | Hochuferweg/-Trail | 630 | |
| 6,8 | Marterl | 638 | 0:32 |
| 6,9 | Wald-Trail-Downhill | **639** | |
| 7,2 | Forstweg | 575 | 0:36 |
| 7,4 | Pistendreieck *(nähe Mühltal)* | 559 | |
| 7,5 | Abzweig Wald-Trail | 564 | |
| 8,7 | Wald-Trail *(nähe Isaruferweg)* | 550 | 0:49 |
| 9,1 | Isar-Trail | 551 | |
| 10,3 | Forstweg *(Römerweg)* | 552 | 0:56 |
| 10,6 | beim Georgenstein | 548 | |
| 11,2 | Wanderweg Georgenstein | 546 | |
| 11,4 | Abzweig Wald-Trail | 544 | |
| 11,7 | Schotterweg *(nähe E-Werk-Gebäude)* | 543 | 1:08 |
| 11,8 | Isarufer-Trail | 541 | |
| 13,3 | Wiesengelände *(Abzweig nach Grünwald-Eierwiese, evt. Ausweichroute)* | 539 | 1:14 |
| 13,9 | Unterquerung Grünwalder Brücke | **538** | |
| 14,0 | Waldparkplatz | 555 | 1:20 |

### Alternativ-Route

Etwas leichtere und bequemere Route übers Mühltal mit Ausschluß der extremsten Trails.

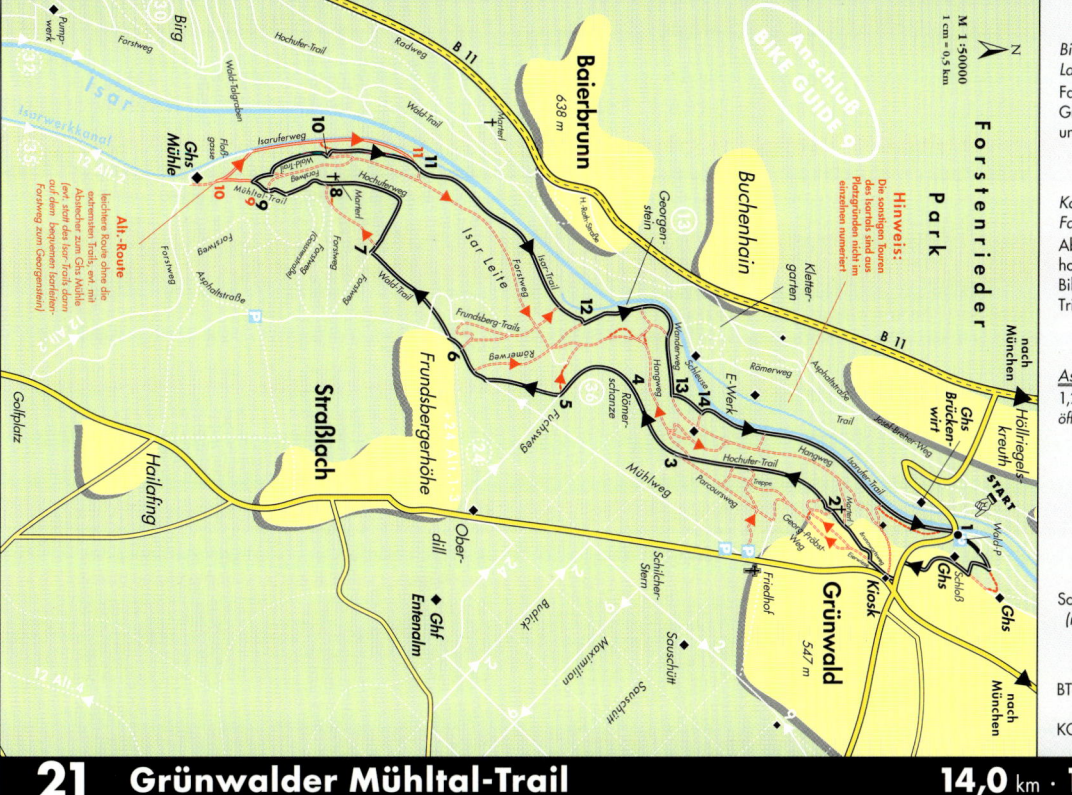

## Erlebniswert

*Bike-Spaß:* ★★★★☆
*Landschaft:* ★☆☆☆☆   ③

Fahrt über die herrlichen Trails beim Grünwalder Isarhochufer, bei Mühltal und rund um den Georgenstein.

## Schwierigkeitsgrad

*Kondition:* ●○○○○○
*Fahrtechnik:* ●●●○○○   ②

Abschnittsweise etwas anspruchsvollere, holprige und teils feuchte Trails und Bike-Pisten. Eine extrem steile Wald-Trial-Abfahrt vom Hochufer ins Mühltal.

## Fahrbahnen

| *Asphalt* | *Schotter+Pisten* | *Trails+Trials* |
|---|---|---|
| 1,2 km | 1,9/1,7 km | 6,0/3,2 km |

öff. Verkehr: 1,2 km   Mautverkehr: 0,0 km

## Schiebe-/Tragestrecken

Je nach Fahrkönnen evt. kurze Passagen auf den Trails

## Rast

Gasthäuser in Grünwald, Ghs Schloßhotel Grünwald, Ghs Zur Mühle
*(mit kurzem Abstecher von der Tour)*

## Karten

BTK Ammersee-
Starnberger See         M 1:50.000
KOMPASS Nr. 180         M 1:50.000

---

**21  Grünwalder Mühltal-Trail**     **14,0** km · **1:20** Std · **192** Hm

# 21 Grünwalder Mühltal-Trail

**14,0** km · **1:20** Std · **192** Hm

## Wegweiser

**1** *km 0/555 m* <u>Durchfahrt bei der Grünwalder Brücke/Grünwald</u>: Von der Fahrstraße an der Grünwalder Brücke aus dem *„Schloßleite"*-Weg über den Waldparkplatz folgen. *Nach 140 m (direkt nach Schranke)* auf den rechten Schotterweg leicht bergauf. *Nach 70 m* an der Kreuzung rechts hoch auf das steile Weglein *(nach 90 m der Linkskehre folgen;* → *alternativ an der o. g. Kreuzung geradeaus auf weniger steilem Weglein zum Hochufer).* *Nach 140 m* Auffahrt mündet man an die Hochuferstraße und folgt ihr rechts. *Nach 80 m* mündet man an die *„Schloßstraße"* (am „Schloßhotel Grünwald") und fährt rechts/geradeaus (bald die *„Rathausstraße")*. *Nach 200 m* der Querstraße nach rechts folgen *(„Dr.-Max-Straße")*. *Nach 120 m* mündet man an der Fahrstraße *(„Emil-Geis-Str.")* und fährt links. *Nach 160 m (an Kreuzung in Ortsmitte)* rechts in Ri. *„Bad Tölz, Straßlach, ..."* und *nach 50 m (beim Kiosk)* rechts abzweigen (in die Straße *„Auf der Eierwiese").* *Nach 320 m (km 1,3)* rechts in den *„Brunnwartsweg"* abzweigen Ri. *„Georgenstein, Mühltal, Kloster Schäftlarn"* (→ *alternativ geradeaus für andere Routen zum Hochufer-Trail, z. B. auf dem Georg-Pröbst-Pfad, siehe z. B. WW 6-8/Tour 7 oder auf dem flachen Schotterweg, siehe WW 1-3/Tour 13).* *Nach 170 m (am Asphaltende bei den letzten Häusern)* auf den am Hochufer entlangführenden Schotterweg.

**2** *km 1,8/587 m* In der Linkskehre *(bei Marterl und Sitzbänken)* vom Hochuferweg rechts bergab auf den Pfad abzweigen *(in die tiefe Waldsenke, wieder steil bergauf und dann* **stets weiter am Hochufer entlang**, *zeitweise ein Trail, zeitweise ein breiterer, einmal steil bergauf führender Waldweg).*

**3** *km 3,0/610 m* Man mündet am Schotterwegedreieck *(auf der Schneise mit der HS-Leitung, rechts Sitzbank und Isartal-Aussichtspunkt)* und fährt geradeaus jetzt weiter auf dem breiteren Hochuferweg *(später ein schmälerer Weg und Trail).* *Nach 430 m* geradeaus weiter auf dem Hochufer-Trail bleiben *(links verläuft eine Forstwegkehre).*

**4** *km 3,6/614 m* <u>Durchfahrt bei Römerschanze</u>: Auf dem Trail eine Erdmulde queren, *nach 40 m* der Linkskehre folgen *(rechts die Gräben/Wälle der Schanze).* *Nach 120 m* dem Trail durch die Linkskehre folgen *(rechts bergab zweigt ein Schotterweg ab).* *Nach 70 m* mündet man an der Info-Tafel *(„Die Römerschanze bei Grünwald", Sitzbänke)* und folgt nun weiter dem Hochufer-Trail *(wird bald zu einem breiteren Weg, nach ca. 140 m als „Fuchsweg" beschildert, wendet sich dann etwas vom Hochufer ab).*

**5** *km 4,3/618 m* Vom Fuchsweg rechts auf den Waldweg abzweigen. *Nach 440 m* mündet man am breiten Haupt-Schotterweg *(Mühlweg)* und folgt ihm rechts/geradeaus Richtung Frundsbergerhöhe.

## Anfahrt

**Auto:** Von München nach Grünwald.

### Fahrt zum Startplatz

In Grünwald an der Kreuzung in der Ortsmitte rechts in Ri. *„Pullach, Höllriegelskreuth"* abzweigen, bald zur Grünwalder Isarbrücke abfahren und direkt <u>vor</u> der Brücke rechts auf den Waldparkplatz abzweigen.

*Die Tour beginnt direkt an der Grünwalder Brücke am o. g. Abzweig zum Waldparkplatz.*

### Alternative Startorte

P beim Friedhof Grünwald *(von dort mit dem Bike zum Hochufer zu WW 2 oder WW 3 der Tour, siehe WW 1-2/Tour 36)*, Waldparkplatz Mühltal bei Straßlach *(von dort mit dem Bike zu WW 6 der Tour in Frundsbergerhöhe oder zu WW 7 oder 8 im Wald am Isarhochufer)*

6. **km 5,1/624 m** Durchfahrt Frundsbergerhöhe: Dem beginnenden Asphaltweg an den Häusern vorbei folgen *("Weg im Esterholz")*. **Nach 80 m** *(kurz nachdem links die "Frundsbergstraße" abzweigte)* rechts auf den Waldpfad abzweigen. **Nach 30 m** dem linken Pfadzweig und nun stets diesem Haupt-Trail folgen *(bei km 5,6 quert man einen Waldweg)*.

7. **km 5,9/627 m** Man mündet an einen Forstweg und fährt rechts *(→ alternativ nach 100 m links auf Waldweg abzweigen, nach 360 m den Forstweg queren und nach rechts weiter auf schmalem Pfad noch 290 m zu WW 8)*. **Nach 340 m** mündet man am Hochuferweglein und folgt ihm nach links.

8. **km 6,8/638 m** Am Schotterwegedreieck *(beim Marterl)* geradeaus/rechts weiter auf dem Hochuferweg *(bald ein Trail)*. **Nach 120 m** *(links mündet der Pfad der o. g. Variante)* geradeaus auf dem Waldpfad bergauf *(führt gleich durch Linkskehre vor der Kuppe bergab, bald eine steile, kaum erkennbare Waldpfadspur)*. **Nach 200 m** Steilstabfahrt mündet man an ein Weglein und folgt ihm rechts bergab *(bald kurz steil hinab zum breiten Forstweg)*.

9. **km 7,3/575 m** Nach der Trail-Abfahrt den o. g. Forstweg queren und gegenüber auf schmalem Hohlweglein weiter bergab *(→ alternativ auf dem Forstweg rechts bergab, nach 200 m links leicht bergab auf den Trail Ri. "Zum Mühltal" abzweigen und nach 70 m auf der Flachpassage rechts ab auf den Waldpfad der Haupttour; → alternativ für eine bequemere Trail-Route ohne die folgenden, etwas unwegsamen, feuchten Passagen weiter geradeaus auf dem Forstweg bleiben, nach 660 m und einer Abfahrt links auf den Waldweg abzweigen und 190 m zu WW 10 fahren)*. **Nach 110 m** am Pistendreieck rechts bergauf *(→ alternativ für Route über Mühltal bzw. das Ghs Mühle links/geradeaus bald auf Pfad weiter bergab, siehe Alt.-WW)*. **Nach 160 m** vom Haupt-Trail links auf den unscheinbaren Waldpfad abzweigen *(am Ende der Flachpassage, gelbe Pfeilmarkierung, geradeaus geht es 70 m zum Forstweg der o. g. Variante)*.

10. **km 8,2/565 m** Am höchsten Punkt des Pfades *(Piste führt dann als breiter Waldweg kurz bergab, Route der o. g. bequemeren Variante, siehe Hinweis bei WW 9)* links hoch auf die Waldpfadspur abzweigen. **Nach 50 m** dem Pfad nach rechts über die Kuppe bergauf folgen *(links bergab sehr steile Schotterpfadrutsche, führt nach 80 m zum Isaruferweg)*.

11. **km 8,7/550 m** Nach steiler Abfahrt geradeaus wieder leicht bergauf bleiben *(links Abzweig zum Isaruferweg)*. **Nach ca. 100 m** dem nun steil bergauf führenden Wurzel-Trail folgen *(verläuft später wieder im Flußtal; rechts Abzweig zum Isarleiten-Forstweg, → alternativ für leichtere Forstwegroute zu WW 12, siehe auch Hinweis bei WW 11 der Alt.-Route)*.

– weiter siehe WW auf dem Höhenprofil –

## Variationen

Schwerer:

*1. Kombination mit den diversen Trails im Isartal und am Hochufer:* Zur Verlängerung des Trails und zur Steigerung des Schwierigkeitsgrades gibt es zahlreiche Kombinationsmöglichkeiten mit den Trails aus anderen Isar-Touren *(siehe auch Touren 13, 24, 30, 31, 33 und 37)*.

Leichter:

*2. Eine Route über Mühltal fahren, unter Auslassung der extremeren Wald-Trail-Passagen:* An WW 9 nicht auf den Waldpfad abzweigen, sondern weiter bergab ins Mühltal bleiben und dort, nach evt. Abstecher zur Rast im Gasthaus Zur Mühle, rechts zum Isaruferweg und flußabwärts zu WW 11 der Haupttour *(siehe Alt.-WW, nur auf der HP!)*.

*3. Die teils extremeren Trails bei der Isar auslassen:* Wer nach o. g. Variante eine leichtere Tour fährt, sollte am besten auch die zwischen WW 11/12 noch folgenden oft feuchten und etwas unwirtlichen Trails nähse Isar auslassen. Dazu an WW 11 rechts abzweigen, 80 m zum Isarleiten-Forstweg und auf dieser bequemen Piste, am Ende ein Stück auf dem Römerweg, zu WW 12 nähe Georgenstein *(siehe Hinweis bei WW 11)*.

Auch probieren:

*4. Andere Zufahrten von Grünwald zum Hochufer-Trail:* Von der Grünwalder Eierwiese aus sind diverse Zufahrten zum Hochufer-Trail möglich *(siehe Hinweise bei WW 1 oder bei WW 7/Tour 37)*.

**21 Grünwalder Mühltal-Trail** · **14,0** km · **1:20** Std · **192** Hm

# 22 Lenggrieser Röhrelmoosalm-Tour

**25,3** km · **2:02** Std · **521** Hm

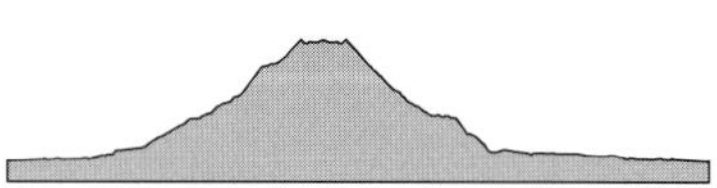

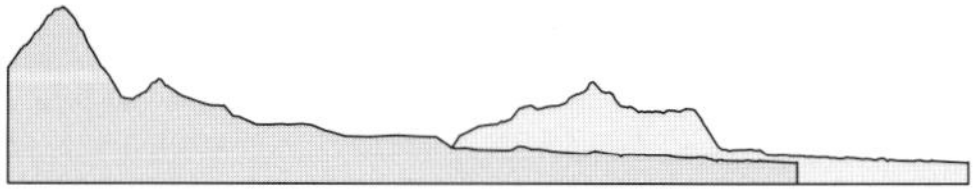

## Mäßig schwere Tour!

Typische Lenggrieser Bike-Trainingstour auf dem Isartal-Radweg und asphaltiertem Almweg zur Röhrelmoosalm beim Roß- und Buchstein, mit abschließendem Forstweg-Downhill ins Isartal.

**Z**unächst fährt man auf dem geschotterten Isartal-Radweg flußaufwärts bis zur Bretonenbrücke. Kurz nach Unterquerung der Brücke zweigt das Sträßchen nach Holz ab und von diesem Weiler quert ein Feldweg zur Röhrelmoosstraße. Diesem asphaltierten Almweg folgt man nun in langer, abschnittweise auch etwas steilerer Auffahrt durch die Wälder des Schönbergs bis zum Scheitelpunkt bei einer Kapelle, dann der bald geschotterten Piste durchs flache Weidegelände bis zu der unterhalb von Roß- und Buchstein gelegenen bewirtschafteten Almhütte. **N**ach Rast und kurzer Rückfahrt auf der bekannten Route zweigt man links auf einen in den Klaffenbachwaldgraben führenden Weg ab. Dieser mündet bald an einen breiten Forstweg, der als schöner Downhill wieder hinab ins Isartal leitet. Auf dem Isartal-Radweg geht es über die Bretonenbrücke zurück nach Lenggries. Wer sich mehr zutraut, sollte zuvor die Alternativ-Route mit der prächtigen Überquerung des Waldsattels zwischen Saurüssel- und Breitenkopf fahren. Mit steilen Uphills, heftig abfallenden Wald-Trail-Rutschbahnen und flotten Downhills ist bei dieser Unternehmung feinstes Mountain-Biking geboten!

| | | | |
|---|---|---|---|
| 0,0 | **Lenggries** | 676 | |
| | P nähe Sportanlage | | |
| | an der B 13 | | |
| 0,1 | Isartal-Radweg | **674** | |
| 3,0 | an Bretonenbrücke | 683 | 0:12 |
| | (weiter auf Isartal-Radweg) | | |
| 3,5 | Abzweig Holz | 693 | |
| 4,0 | Holz | 712 | 0:17 |
| 5,0 | Röhrelmoosstraße | 734 | |
| 10,0 | Abzw. Abfahrtsroute | 1040 | 1:09 |
| 10,6 | Sattel/Kapelle | **1100** | 1:14 |
| 11,4 | Röhrelmoosalm | 1097 | 1:18 |
| 12,2 | Sattel/Kapelle | **1100** | |
| 12,8 | Abzweig auf | 1040 | 1:24 |
| | Abfahrtsroute | | |
| 13,1 | Forstwegkehre | 1006 | 1:25 |
| | (im Klaffenbachgraben) | | |
| 17,4 | Isartal (Radweg an B 13) | 707 | 1:36 |
| 19,2 | Klaffenbach | 704 | |
| 19,6 | Winkl (Ghf Gassler) | 704 | |
| 21,3 | Fleck (Ghf Papyrer) | 692 | |
| 21,8 | Abzweig Holz | 693 | 1:50 |
| 22,3 | an Bretonenbrücke | 683 | |
| | (auf Isartal-Radweg) | | |
| 25,3 | Lenggries | 676 | 2:02 |

## Alternativ-Route 1

Abfahrt von der Röhrelmoosalm auf gleicher Route bis nach Holz und von dort über Mühlbach, Hohenburg und die Hohenburger Schloßweiher zurück nach Lenggries:

| | | | |
|---|---|---|---|
| 11,4 | Röhrelmoosalm | 1097 | 1:18 |
| | Rückfahrt auf gleicher Route | | |
| 18,8 | Holz | 712 | 1:35 |
| 19,9 | Mühlbach | 724 | |
| 20,4 | Hohenburg | 715 | 1:41 |
| 20,8 | Schloßweiher | 727 | |
| 21,5 | Lenggries | 706 | |
| 22,3 | Hallenbad | 697 | |
| 23,0 | Kirche | 679 | |
| 23,4 | Lenggries | 676 | 1:58 |
| | (P nähe Sportanlage) | | |

## Alternativ-Route 2

Überquerung nach Glashütte, von dort über Achenpaß, Sylvensteinsee und auf der B 13 bzw. Isartal-Radweg zurück nach Lenggries

## Alternativ-Route 3

Variante zu Alt.-Route 2, jedoch vom Sylvensteinsee über Schronbach- u. Röhrmoostal.
*– siehe auf Wegweiser-Seiten –*

## Erlebniswert

*Bike-Spaß:* ★☆☆☆☆  ①-②
*Landschaft:* ★★☆☆☆

Fahrt zu einer landschaftlich herrlich gelegenen, beliebten Rastalm. Schöner, langer Forstweg-Downhill ins Isartal.

## Schwierigkeitsgrad

*Kondition:* ●●●○○○  ❷
*Fahrtechnik:* ●○○○○○

Für die längere, abschnittweise etwas steilere Auffahrt auf dem asphaltierten Almweg zur Röhrelmoosalm ist nur ein wenig Kondition erforderlich. Sonst keinerlei besondere Schwierigkeiten.

## Fahrbahnen

| Asphalt | Schotter+Pisten | Trails+Trials |
|---|---|---|
| 12,8 km | 7,6/0,3 km | 4,6/0,0 km |

öff. Verkehr: 0,6 km   Mautverkehr: 0,0 km

## Schiebe-/Tragestrecken

keine

## Rast

Gasthäuser in Lenggries, Winkl und Fleck, Röhrelmoosalm

## Karten

BTK Bad Tölz-Lenggries   M 1:50.000
KOMPASS Nr. 182   M 1:50.000

---

**22  Lenggrieser Röhrelmoosalm-Tour**   **25,3** km · **2:02** Std · **521** Hm

# 22 Lenggrieser Röhrelmoosalm-Tour

**25,3** km · **2:02** Std · **521** Hm

## Wegweiser

**1** **km 0**/676 m  <u>Durchfahrt bei Lenggries:</u> Von der Zufahrt zum großen Schotter-Parkplatz in Nähe Sportanlagen die Fahrstraße queren und links bergab zur Bundesstraße B 13, diese queren und <u>dem Schotter-Radweg links isaraufwärts folgen</u> *(bei 1,2 km an der nach Hohenburg und Lenggries führenden B 13-Unterführung ist dann Ri.* **"Isaruferweg Wegscheid, Fleck"** *beschildert,* **bei km 1,3** *geht's über eine Brücke kurz an der Straße lang,* **bei km 1,7** *über eine Parkbucht, dann weiter auf dem Schotterweglein,* **bei km 2,2** *am See auf dem Hauptweglein bleiben).*

**2** **km 3,0**/683 m  Nach Auffahrt aus einer B 13-Unterführung vom Radweg rechts über die Parkbucht in Ri. **"Fleck, Rundweg: Holz, Mühlbach, Lenggries, Ghs Papyrer"** abzweigen *(bald unter der Bretonenbrücke durch,* <u>*dann stets weiter auf dem*</u> <u>*Radweg an der B 13 in Richtung Sylvenstein).*</u>

**3** **km 3,5**/693 m  Vor einer Bachbrücke links auf das Asphaltsträßchen in Ri. **"Holz, Mühlbach, Lenggries"** abzweigen.

**4** **km 4,0**/712 m  <u>Durchfahrt Holz:</u> An einem Asphaltdreieck in Holz geradeaus/leicht rechts in Ri. **"Rundweg Lasseln, Röhrelmoos, Schönberg, Roß- und Buchstein"** und **nach 50 m** rechts auf den Feldweg Ri. **"Röhrelmoos, ..."** abzweigen.

**5** **km 5,0**/734 m  Man mündet an der asphaltierten **"Röhrelmoosstraße"** und folgt ihr links bergauf in Ri. **"Röhrelmoosalm, ..."** <u>nun stets bis zur Alm</u> *(wird erst ganz am Ende zum Schotterweg).*

**6** **km 11,3**/1097 m  Bei der Röhrelmoosalm *(in der Linkskehre)* vom Forstweg rechts/geradeaus abzweigen *(über den Bachgraben)* und noch **ca. 50 m** bis zum Almgebäude hin fahren. <u>Nach Rast zunächst auf gleicher Route zurück.</u>

**7** **km 12,8**/1040 m  Auf der Abfahrt *(550 m nach dem Sattel beim Schrein/Kapelle)* vom Asphaltweg links bergab auf den Schotterweg abzweigen *(durch eine Schranke,* → **alternativ** *auch auf der bekannten Auffahrtsroute zurück bis nach Lenggries* **oder** *dann an WW 4 in Holz rechts abzweigen weiter nach Alt.-WW 1 für Route über Mühlbach und die Hohenburger Schloßweiher).* **Nach 120 m** Abfahrt mündet man an weiterem Weg und fährt rechts bergab. **Nach 220 m** mündet man an der Forstwegkehre im Klaffenbachgraben, fährt geradeaus bergab und <u>folgt nun stets diesem Hauptweg hinab bis</u> <u>zur Mündung an der B 13 im Isartal</u> *(→ alternativ für schöne, schwerere Tour nach Glashütte und über Achenpaß und Sylvensteinsee zurück siehe Alt.-WW 2).*

**8** **km 17,4**/707 m  Man mündet nach der Abfahrt an der B 13, überquert sie und folgt dem neuen Radweg rechts bis Lenggries **(km 25,3)**.

## Anfahrt

**Auto:** Von München nach Grünwald und dort geradeaus stets auf der Staatsstraße 2072 weiter in Ri. "Bad Tölz" über Straßlach, Deining und Egling bis nach Bad Tölz *(alternativ auch auf der B 13 über Holzkirchen nach Bad Tölz).* Bad Tölz durchqueren und auf die B 13 nach Lenggries *(54 km, 0:55 Std).*

**Bahn:** Von München/Starnberger Bhf. nach Lenggries, mit dem Bike vom Bahnhof durch den Ort zum Startplatz.

## Fahrt zum Startplatz

Von Bad Tölz kommend von der B 13 links Ri. "Lenggries" in den Ort abzweigen. Kurz nach dem Ortsschild geradeaus über eine querende Straße *(diese führt nach rechts über die Isarbrücke zur Brauneckbahn)* und nach 50 m links auf einem größeren freien Schotterplatz in Nähe der Sportanlage parken *(etwas unterhalb des Bahngleises).*

*Die Tour beginnt an der Zufahrt von der Straße zum o. g. Schotterplatz nähe Sportanlagen.*

## Alternative Startorte

Hohenburg, Holz, Winkl, Fleck *(bei Fahrt auf Alt.-Route 2 auch Weißbachtal, Glashütte oder Sylvensteinsee/Waldparkplatz Fall)*

## Alternativ-Wegweiser 1

*Von Holz, nach Rückfahrt von der Röhrelmoosalm, <u>über Mühlbach und Hohenburger Schloßweiher zurück bis Lenggries</u>* (Gesamttour: 23,4 km/1:58 Std/502 Hm):

**8** **km 18,8**/712 m Durchfahrt Holz: Am Asphaltdreieck *(nach Abfahrt von der Röhrelmoosalm auf der Auffahrtsroute)* rechts Ri. **„Mühlbach, Lenggries"**.

**9** **km 19,7**/717 m Durchfahrt Mühlbach: Dem Sträßchen durch die Rechtskehre in Ri. **„Mühlbach, Hohenburg, Lenggries"** folgen. **Nach 170 m** im Ort der Linkskehre über den Bach folgen und bei Mündung an der Querstraße links.

**10** **km 20,4**/715 m Durchfahrt Hohenburg: Am Asphaltstraßendreieck *(bei Parkplatz)* geradeaus auf den Fußweg in Ri. **„Hohenburg, Lenggries"** *(über Bachsteg)*. **Nach 50 m** Auffahrt mündet man an einem Schotterweglein und fährt rechts in Ri. **„Schloßweiher, Lenggries"** (→ *alternativ* links Ri. „Hohenburg, Lenggries", nach 180 m rechts hoch auf das Weglein Ri. „Sonnenweg, Schloßweiher, Lenggries" abzweigen und 390 m bis zu WW 12 fahren).

**11** **km 20,9**/726 m Vom Weg rechts bergab zum Holzsteg Ri. **„Lenggries"** abzweigen *(übern Steg)*.

**12** **km 21,2**/723 m Vom Weg rechts bergab auf das Waldweglein in Ri. **„Lenggries"** abzweigen *(geradeaus „Sonnenweg-Hohenburg", o. g. Variante,* → *alternativ geradeaus, nach 110 m rechts bergab auf Waldweg Ri. „Lenggries", über Schloßkapelle hinab zur Fahrstraße und rechts auf Radweg in den Ort)*. **Nach 140 m** Abfahrt der Linkskehre folgen.

**13** **km 21,5**/706 m Ortsdurchfahrt Lenggries: Man mündet bei den ersten Häusern an Schotterweg, fährt links und gleich **nach 10 m** am Wegedreieck rechts in Ri. **„Höhenweg Ost zum Rathaus"** *(„Ludwig-Thoma-Weg")*. **Nach 160 m** und einer Brücke der Linkskehre folgen *(„Oberreiterweg")*. **Nach 180 m** rechts auf Wiesenpfad abzweigen *(bald über Holzsteg, dann geradeaus weiter auf Schotterweg)*. **Nach 110 m** geradeaus wieder auf dem Asphaltweg weiter *(„Goethestraße")*. **Bei km 22,2** mündet man an einer Straßenkehre und fährt rechts in Ri. **„Hallenbad, RS Gaißach, Bad Tölz"** *(bald am „Hallenbad" vorbei)*. **Bei km 22,6** an Straßendreieck links bergab *(rechts bergauf geht's in Ri. „Denkalm")*. **Nach 120 m** Abfahrt der Linkskehre folgen *(rechts Abzweig Ri. „RS Gaißach, Bad Tölz")*. **Bei km 23,0** an der Kirche rechts in die **„Kirchstraße"** abzweigen. **Nach 100 m** an der Kreuzung geradeaus in die **„Isarstraße"**. **Nach 240 m** mündet man an eine Straßenkehre *(nähe „Café Brugger Konditorei")*, fährt geradeaus in Ri. **„Brauneck-Bahn, Jachenau, Sylvenstein"** und zweigt nach dem Bahngleis *(vor der Isarbrücke)* links zum Ausgangspunkt ab **(km 23,5)**.

## Variationen

Schwerer:

*1. Überquerung nach Glashütte, über Achenpaß und Sylvensteinsee zurück nach Lenggries:* Auf der Abfahrt von Röhrelmoosalm der Route eines neueren Forstweges folgen, der zunächst überwiegend sehr steil auf einen Waldrücken zwischen Breiten- und Saurüsselkopf führt. Von dort geht es wieder etwas bergab, bevor einige extremst steile Downhill-Passagen auf verfallenen alten Waldpisten und schließlich eine Forstautobahn hinab nach Glashütte folgen. Abseits der Fahrstraße gelangt man über den Achenpaß und schließlich auf der Bundesstraße über Kaiserwacht zum Sylvensteinsee. Von dort auf B 13 bzw. dem neuen Radweg zurück nach Lenggries *(siehe Alt.-WW 2)*.

*2. Fahrt nach Variante 1, jedoch vom Sylvensteinsee über Schronbach- und Röhrmoostal nach Lenggries:* Schönerer Abschluß der o. g. Variante auf den Forstwegen bis Leger und auf den Radwegen über Langeneck und Bretonenbrücke nach Lenggries *(siehe Alt.-WW 3)*.

Auch probieren:

*3. Rückfahrt von der Röhrelmoosalm nach Holz und von dort über Mühlbach und die Hohenburger Schloßweiher:* Nach der Rückfahrt von der Röhrelmoosalm von Holz aus zur Abwechslung die o. g. Route über die sehr idyllischen Schloßweiher am Kalvarienberg nach Lenggries nehmen *(siehe Alt.-WW 1)*.

**22**  **Lenggrieser Röhrelmoosalm-Tour**  **25,3** km · **2:02** Std · **521** Hm

# 22 Lenggrieser Röhrelmoosalm-Tour   25,3 km · 2:02 Std · 521 Hm

### Alternativ-Wegweiser 2
*Schöne Waldüberquerung nach Glashütte und über Achenpaß und den Sylvensteinsee zurück nach Lenggries (Gesamttour dann: 41,9 km/3:06 Std/826 Hm):*

**8** ***km 13,1**/1006 m* Man mündet *(bei der Abfahrt von der Röhrelmoosalm)* an einer Forstwegkehre und fährt links bergauf in Ri. *„Glashütte"*. Nun stets diesem anfangs steilen Hauptweg folgen.

**9** ***km 15,0**/1218 m* Am höchsten Punkt der Route der Linkskehre Ri. *„Glashütte"* nun wieder bergab folgen *(nach 140 m Abfahrt der Rechtskehre folgen).*

**10** ***km 15,4**/1185 m* Am Ende des breiten Forstweges *(Wendeplatz)* auf dem linken, nun schlechteren Waldweg weiter bergab Ri. *„Glashütte"* halten. **Nach 260 m** Abfahrt mündet man an einen weiteren Weg, fährt links leicht bergab und **nach 50 m** am Wegedreieck geradeaus bergab. **Bei km 16,1** mündet man wieder an einen breiteren Forstweg und folgt ihm links bergab.

**11** ***km 17,5**/895 m* Durchfahrt in Glashütte: Man mündet an ein Asphaltsträßchen und folgt ihm nach rechts *(bald durch B 307-Unterführung bergauf Richtung Achenpaß, später Schotterweg.* **Info:** *Geradeaus Holzbrücke über Großweißbach,* → *alternativ Radweg nach Kreuth und zum Tegernsee erreichbar, 110 m zur B 307, dort links, nach 110 m rechts auf Forstweg).*

**12** ***km 18,1**/933 m* Man mündet *(bei einem Blockhaus, kurz vor dem Achenpaß)* an der Fahrstraße und zweigt gleich wieder links hoch auf den Schotterweg in Ri. *„Fußweg nach Stuben"* ab.

**13** ***km 18,5**/966 m* Man mündet an einen Forstweg und folgt ihm rechts in Ri. *„Stuben"*. Nach **130 m** *(nach der Rechtskehre auf der Abfahrt)* links auf den Weg in Ri. *„Stuben"* abzweigen. **Nach 100 m** mündet man an einen Schotterweg und fährt links. **Nach 70 m** *(am Bushalt)* rechts hinab zur Fahrstraße und dieser dann links bergab folgen *(B 307, rechts ca. 50 m entfernt der „Achenpaß").*

**14** ***km 21,4**/835 m* Nach der Abfahrt *(bei der Kaiserwacht)* rechts auf die B 307 in Ri. *„Bad Tölz, Sylvenstein, Fall, Lenggries, ..."* abzweigen.

**15** ***km 28,6**/766 m* Am Sylvensteinstaudamm der Vorfahrtsstraße *(B 13)* durch die Rechtskehre Ri. *„Bad Tölz, Lenggries"* bald bergab in Richtung Lenggries folgen *(→ alternativ für die schöne, etwas schwerere Route über Schronbach- und Röhrmoostal sowie Leger nach Lenggries nach 620 m Abfahrt vor der Isarbrücke links hoch auf Asphaltweg Ri. „Schronbachtal, ..." abzweigen, siehe Alt.-WW 3).* **Bei km 32,6** *(am Steinbock)* von der B 13 links auf den neuen Radweg wechseln *(**ACHTUNG:** Der Radweg zweigt evtl. schon auf Sylvensteindamm in neuen Tunnel ab!)* und auf diesem bis Lenggries **(km 41,9)**.

### Alternativ-Route 2
Überquerung nach Glashütte, von dort über Achenpaß, Sylvensteinsee und auf der B 13 bzw. Isartal-Radweg zurück nach Lenggries:

| | | | |
|---|---|---:|---|
| 13,1 | Forstwegkehre *(im Klaffenbachgraben)* | 1006 | 1:25 |
| 15,0 | Waldsattel *(zwischen Saurüsselkopf und Breitenkopf)* | **1218** | 1:44 |
| 15,4 | Wald-Trail-Downhill | 1185 | |
| 16,1 | Forstweg | 1062 | |
| 17,5 | Glashütte | 895 | 1:54 |
| 18,5 | nähe Achenpaß | 966 | |
| 18,8 | Stuben *(auf die B 307)* | 940 | 2:03 |
| 21,4 | Kaiserwacht *(nähe Grenze/Achenwald, rechts ab weiter auf B 307)* | 835 | |
| 23,0 | nähe Rauchstubenalm | 810 | |
| 24,9 | nähe Walchenklamm | 780 | |
| 28,6 | Sylvensteinsee *(Straßendreieck/Staudamm auf B 13 bzw. Isartal-Radweg)* | 766 | 2:26 |
| 29,2 | Abzweig Schronbachweg | 729 | |
| 32,6 | beim Steinbock *(Beginn Radweg)* | 720 | |
| 34,0 | Mündung Forstweg *(der Haupttour, weiter auf Isartal-Radweg über Winkl, Fleck nach Lenggries)* | 707 | 2:40 |
| 41,8 | Lenggries | 676 | 3:06 |

## Alternativ-Wegweiser 3
*Von Sylvenstein über Schronbach- und Röhrmoostal*
(Gesamttour dann: 48,1 km/3:48 Std/1097 Hm):

**15** **km 28,6**/766 m Nach dem Sylvensteindamm der Vorfahrtsstraße *(B 13)* durch die Rechtskehre Ri. *„Bad Tölz, Lenggries"* bald bergab folgen.

**16** **km 29,2**/729 m Vor der „Isar"-Brücke links auf den steilen Asphaltweg Ri. *„Schronbachtal, Rad- u. Fußweg bis Jachenau, ..."* abzweigen.

**17** **km 30,9**/810 m Im Gelände der Schronbachalm weiter auf dem Hauptweg bergauf bleiben *(links ein Wegabzweig zum Almgebäude hin).*

**18** **km 33,3**/881 m Am Forstwegedreieck rechts bergauf Ri. *„Forststraße Höfen, Jachenau, Röhrmoostal, Leger"* fahren.

**19** **km 34,4**/958 m Weiter dem Haupt-Forstweg über den Sattel und bald bergab in Ri. *„Höfen, Jachenau, Röhrmoos-Tal, Leger"* folgen.

**20** **km 35,4**/874 m Auf der Abfahrt *(kurz vor Weiderost/kleinem Stadel)* rechts auf den flachen Weg Ri. *„Röhrmoostal, Leger"* abzweigen. **Bei km 36,7** weiter auf dem Hauptweg in Ri. *„Leger"* bleiben *(bei km 37,8 führt der Weg dann an der Rehgrabenalm vorbei und fällt bald sehr steil ins Jachental ab).*

**21** **km 39,1**/723 m An der Wegekreuzung im Tal rechts Ri. *„Leger, Rad- u. Fußweg Leger, Wegscheid, Lenggries"* abzweigen. <u>Nun stets diesem Hauptweg in eingeschlagener Richtung folgen.</u>

**22** **km 42,0**/699 m <u>Durchfahrt Leger</u>: Man mündet an einen Asphaltweg und fährt links über die Bachbrücke. **Nach 160 m** *(kurz vor der Fahrstraße, am „Café Landerermühle")* rechts auf den Asphaltweg Ri. *„Rad- u. Fußweg Jachenau"* abzweigen *(als Sackgasse beschildert, **nach 160 m** auf dem weiterführenden Schotterweg durchs Sägewerksgelände, nach kurzer Abfahrt in der Rechtskehre auf den linken Fuß-/Radweg in Ri. „Wegscheid-Lenggries" abzweigen, dieser führt **bei km 43,2** über eine Jachenbrücke).*

**23** **km 43,7**/692 m <u>Durchfahrt Langeneck</u>: Kurz nach Überquerung der Schwarzenbachbrücke *(am Sägewerksgelände)* rechts auf den Schotterweg Ri. *„Nach Lenggries"* abzweigen *(über den Holzlagerplatz, **nach 70 m** ein Fuß-/Radweg-Schild, **nach 160 m** dem Hauptweg durch die Rechtskehre folgen).*

**24** **km 44,8**/684 m <u>Durchfahrt Bretonenbrücke</u>: Am Fuß-/Radwegedreieck *(kurz nach Unterquerung der Bretonenbrücke)* links auf das Asphaltweglein **30 m** hinauf zur Straße und dem Radweg links über die Bretonenbücke folgen. **Nach 270 m** *(kurz nach Info-Trafel)* links bergab auf den Radweg Ri. *„Lenggries, Bad Tölz"* bis Lenggries **(km 48,1)**.

### Alternativ-Route 3
Variante zu Alt.-Route 2, jedoch vom Sylvensteinsee über Schronbach- u. Röhrmoostal:

| | | | |
|---|---|---|---|
| 29,2 | Abzweig Schronbach | 729 | 2:28 |
| 30,9 | nähe Schronbachalm | 810 | |
| 33,3 | Wegedreieck | 881 | 2:50 |
| 34,4 | Waldsattel | **958** | 2:58 |
| 35,5 | Abzweig Röhrmoostal | 874 | 3:01 |
| 37,8 | Rehgrabenalm | 865 | |
| 39,1 | Jachental | 723 | 3:15 |
| | *(Wegekreuzung)* | | |
| 42,1 | Leger | 698 | |
| 42,4 | Jachen-Radweg | 696 | |
| 43,2 | Jachenbrücke | 692 | |
| 43,6 | Ghf Langeneck | | |
| 43,8 | Langeneck | 692 | |
| | *(Sägewerk, weiter auf dem Radweg)* | | |
| 44,8 | an Bretonenbrücke | 684 | 3:36 |
| | *(Fuß-/Radwegedreieck, nähe Wegscheid, <u>alt.</u> schöne Route auf dem linksseitigen Isarwanderweg nach Lenggries fahren)* | | |
| 45,0 | Bretonenbrücke | 690 | |
| 45,1 | Isartal-Radweg | 683 | |
| | *(flußabwärts)* | | |
| 48,1 | Lenggries | 676 | 3:48 |

**22**    **Lenggrieser Röhrelmoosalm-Tour**    **25,3** km · **2:02** Std · **521** Hm

# 23 Pupplinger Loisach-Isar-Tour

**63,9** km · **4:04** Std · **467** Hm

## Mäßig schwere Tour!

Ein wunderbar weitläufiger Streifzug durch Loisach- und Isartal mit vielen genußvollen Fahrten auf den sonnigen Flußdammwegen und herrlichen Berg- und Alpenvorlandpanoramen auf der ganzen Tour.

**D**er Isar-Radweg führt von Puppling über die Marienbrücke und dann flußaufwärts nach Wolfratshausen. Dort beginnt eine stets direkt am Loisach-Isar-Kanal verlaufende, endlos lange und genußvolle Dammfahrt über Gelting bis in die Nähe von Beuerberg. Über Bauernhöfe und versteckte Waldpisten gelangt man nach Sterz, durchquert den landschaftlich herausragenden Golfplatz und dann in einer weiteren herrlichen Fahrt die Mooseuracher Filzen. Über Nantesbuch gelangt man wieder zur Loisach, die auf dem bestens fahrbaren Trail-Rundweg begleitet wird. **A**m Gasthof Reindlschmiede wartet das nette Stallauer Bachtälchen auf seine Durchquerung. Anschließend führt eine abwechslungsreiche, meist auf Asphaltsträßchen verlaufende Route von Ramsau über Oberbuchen nach Fischbach, ein kleiner Weiler mit markanter Kirche und bäuerlichem Gasthof. Ein Sträßchen leitet über die Höhenzüge und viele Hofstellen bis zur Isar, wo eine traumhafte Dammfahrt flußabwärts folgt. Die nicht passierbare Engstelle vor der Tattenkofer Brücke umfährt man über die Jugendsiedlung Hochland, Schuß und eine Waldhöhe, bevor der Isar-Radweg wieder nach Puppling führt.

| km | Ort | Hm | Zeit |
|---|---|---|---|
| 0,0 | **Puppling** *beim Ghs Pupplinger* | 578 | |
| 0,3 | Marienbrücke | 578 | |
| 0,8 | Isar-Radweg | **574** | |
| 2,0 | Wolfratshausen *(Steg über Loisach-Isar-Kanal, stets auf Dammweg bis Bruggen)* | 582 | |
| 4,1 | Gelting | 584 | 0:14 |
| 11,9 | Bruggen *(nä. Beuerberg)* | 587 | 0:36 |
| 12,4 | Bräumann-Hof | 613 | |
| 12,9 | Fischweiher | 606 | |
| 13,9 | Hofstätt-Hof | 621 | |
| 14,2 | Abzw. Sterz *(Golfplatz)* | 605 | 0:49 |
| 16,8 | Euracher Filz | 589 | |
| 18,0 | bei Mooseurach | 593 | 1:02 |
| 19,4 | Breitfilz | 590 | |
| 20,5 | Nantesbuch-Höfe | 630 | 1:13 |
| 22,3 | Rammelfilz | 598 | |
| 23,8 | Loisach-Trail | 586 | |
| 24,3 | beim Loisachsteg *(nähe Maxkron/Hohenbirken)* | 584 | 1:26 |
| 26,0 | Loisachrundweg R1 | 587 | |
| 28,7 | Kiensee | 601 | |
| 29,4 | Mürnsee | 601 | |
| 30,1 | Ghf Reindlschmiede | 602 | 1:46 |
| 31,5 | Stallauer Bachtal | 616 | |
| 32,6 | Ramsau | 637 | 1:57 |
| 34,2 | Bach-Hof | 651 | |
| 34,7 | Oberbuchen *(Feldweg)* | 647 | 2:06 |
| 35,9 | Fahrstraße | 641 | 2:10 |
| 36,5 | Spiegel | 662 | |
| 37,0 | Kellershof | 664 | |
| 38,0 | Fischbach | 656 | 2:17 |
| 39,1 | Abzweig bei Nodern | 676 | 2:22 |
| 40,1 | Leitzing | 693 | |
| 40,6 | Fiecht-Hof | 686 | |
| 41,0 | *(höchster Punkt)* | **697** | |
| 41,5 | Rimslrain | 681 | |
| 42,2 | nähe Lochen | 641 | 2:32 |
| 44,3 | Isar-Dammweg | 620 | |
| 48,0 | Jugendsiedl. Hochland | 617 | 2:58 |
| 50,3 | Schuß-Hof | 656 | |
| 39,4 | nähe Einödhof | 612 | 3:23 |
| 53,2 | nä. Tattenkofer Brücke | 607 | 3:28 |
| 54,7 | Radweg R2 *(Geretsried)* | 605 | |
| 58,0 | Gartenberg *(Isardamm)* | 596 | |
| 59,2 | Isar-Radweg | 590 | |
| 61,8 | Wolfratshausen *(Steg über Loisach-Isar-Kanal)* | 582 | 3:57 |
| 63,9 | Puppling | 578 | 4:04 |

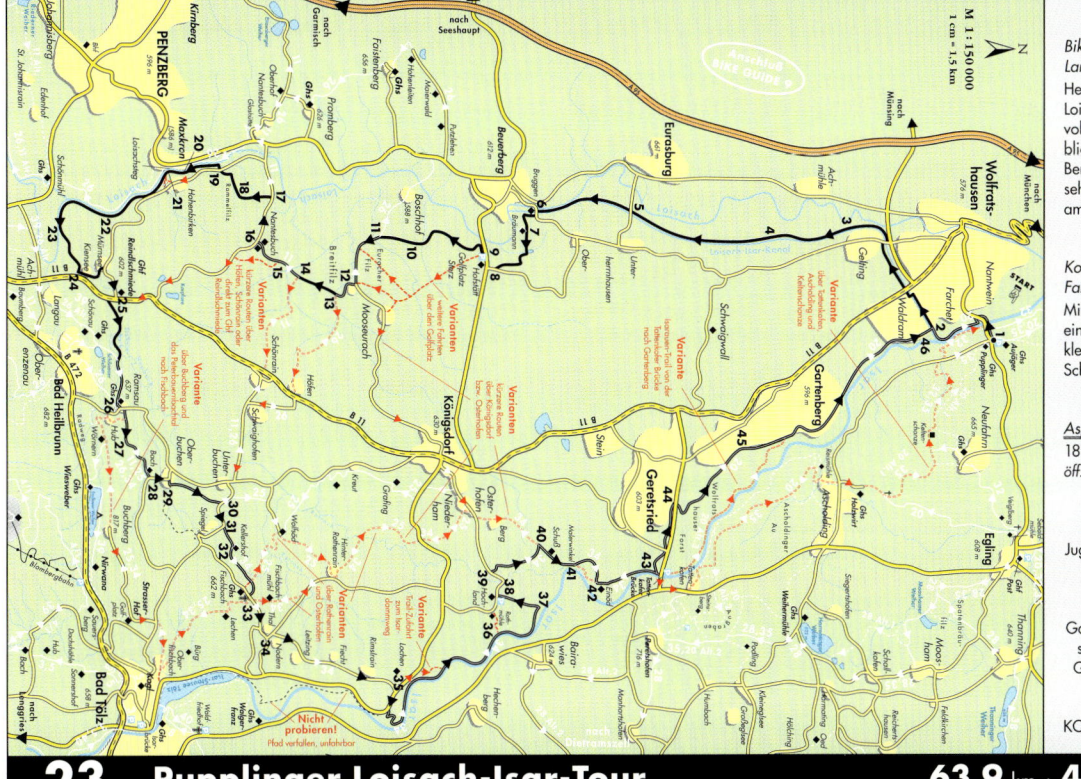

## Erlebniswert

*Bike-Spaß:* ★★☆☆☆☆  ②-③
*Landschaft:* ★★★☆☆☆

Herrlich weitläufige Bike-Fahrt durchs Loisach- und Isartal mit zahllosen reizvollen Bike-Passagen und vielen Fernblicken aus dem Alpenvorland zu den Bergkulissen. Lange Passagen auf den sehr idyllischen Dammwegen direkt am Wasser von Loisachkanal und Isar.

## Schwierigkeitsgrad

*Kondition:* ●●●○○○  ②
*Fahrtechnik:* ●○○○○○

Mit Ausnahme der Tourenlänge und einiger schlechterer Bike-Pisten sowie kleinerer Auffahrten keine besonderen Schwierigkeiten.

## Fahrbahnen

| *Asphalt* | *Schotter+Pisten* | *Trails+Trials* |
|---|---|---|
| 18,0 km | 27,1/10,7 km | 7,3/0,8 km |

*öff. Verkehr:* 12,7 km  *Mautverkehr:* 0,0 km

## Schiebe-/Tragestrecken

Wenige Meter vom Isar-Trail zur Jugendsiedlung Hochland und evt. auf der Waldabfahrt zum Einödhof

## Rast

Gasthäuser in Puppling, Wolfratshausen und Maxkron, Golfplatz Sterz, Ghf Reindlschmiede, Ghf Fischbach

## Karten

KOMPASS Nr. 180 + 182 M 1:50.000

**23 Pupplinger Loisach-Isar-Tour** — 63,9 km · 4:04 Std · 467 Hm

# 23 Pupplinger Loisach-Isar-Tour

**63,9** km · **4:04** Std · **467** Hm

## Wegweiser

**1** **km 0**/578 m Durchfahrt Puppling/Marienbrücke: Dem Radweg an der Fahrstraße entlang folgen *(bald über die Isarbrücke)*. **Nach 560 m** links über die Straße und einem Asphaltweg links leicht bergab in Ri. *„RS Geretsried, Bad Tölz"* folgen *(bald Schotterweg, dann Rechtskehre in o. g. Ri.)*.

**2** **km 2,0**/582 m Durchfahrt bei Wolfratshausen: Am Kanalsteg geradeaus in Ri. *„RS Wolfratshausen, Kempfenhausen"* bleiben und stets auf dem Schotterweglein am Loisach-Isar-Kanal entlang *(Abzweige ignorieren!* → *alternativ Route jenseits des Stegs fahren)*. **Nach 740 m** links über die Kanalbrücke *(Betonbrücke, geradeaus führt ein schmaler Waldpfad weiter, rechts die „Kanalstraße")* und **nach 40 m** *(nach der Brücke)* rechts auf dem Asphaltweglein weiterfahren. **Nach 90 m** rechts bergab auf den Asphalt-Radweg abzweigen *(bald durch die Straßenunterführung, danach bergauf und auf dem Schotterweg weiter am Loisach-Isar-Kanal entlang)*. **Bei km 4,1** in Gelting mündet man an eine Asphaltstraße, fährt rechts über die Kanalbrücke und zweigt danach gleich wieder links auf den Asphaltweg ab *(weiter stets am Kanal entlang)*.

**3** **km 4,6**/582 m Die Asphaltstraße *(„Bahnweg")* schräg nach rechts queren und links auf dem Schotterweg weiter *(bald wieder am Kanal entlang)*.

**4** **km 6,1**/586 m An der Verzweigung dem linken Schotterweg folgen *(bald durch eine Schranke und stets weiter der Route am Loisach-Isar-Kanal entlang folgen, dabei diverse Sträßchen bzw. Wege queren)*.

**5** **km 9,8**/584 m Die Straße queren und geradeaus auf Schotterweg weiter *(„Weiherwiese")*. **Nach 90 m** in der Kehre links/geradeaus auf Schotter- und Grasweg abzweigen *(weiter am Kanal lang)*.

**6** **km 11,9**/587 m Durchfahrt Bruggen *(nähe Beuerberg)*: Man mündet an einer Asphaltstraße *(am Bauernhof)*, folgt ihr links über die Kanalbrücke und zweigt **nach 50 m** rechts hoch auf das Asphaltsträßchen ab *(„Uferweg")*. **Nach 160 m** der Linkskehre folgen *(jetzt Schotterweg, rechts/geradeaus Wegabzweig in Ri. „Loisach-Uferweg")* und **nach 70 m** steiler bergauf *(rechts ein Feldwegabzweig)*.

**7** **km 12,4**/613 m Durchfahrt Bräumann: Dem Asphaltweg geradeaus folgen *(am Bauernhof vorbei)*. **Nach 220 m** an der Asphaltkreuzung geradeaus *(Anlieger frei)*. **Nach 330 m** *(Asphaltende am Fischweiher)* rechts auf dem Feldweg weiter *(später durchs Wäldchen, dann bergauf und weiter bis Hofstätt)*.

**8** **km 13,8**/623 m Durchfahrt Hofstätt: Man mündet an einem Asphaltsträßchen und fährt rechts. **Nach 100 m** mündet man an der Fahrstraße *(am Bauernhof)* und folgt ihr nach rechts *(bald bergab)*.

## Anfahrt

**Auto:** Von München nach Grünwald und dort geradeaus stets auf der Staatsstraße 2072 weiter in Ri. *„Bad Tölz"* über Straßlach und Deining nach Egling. Dort rechts auf die *„Wolfratshauser Straße"* in Ri. *„Wolfratshausen, AB München-Garmisch-P."* auf die Staatsstraße 2070 bis Puppling *(27 km, 0:30 Std)*.

**S-Bahn:** Von München/Starnberger Bhf. nach Wolfratshausen und mit dem Bike entweder zum Startplatz der Tour in Puppling oder nach Waldram/Farchet bzw. Gelting zu WW 2 oder 3 der Tour.

## Fahrt zum Startplatz

Nach der Abfahrt in Puppling *(kurz vor der Marienbrücke über die Isar, nähe Ghs „Pupplinger")* von der Straße rechts auf das Asphaltsträßchen zum beschilderten Parkplatz abzweigen und nach ca. 100 m rechts auf den großen Parkplatz abzweigen.

*Die Tour beginnt am o. g. Abzweig von der Staatsstraße, nähe Ghs Pupplinger.*

## Alternative Startorte

Wolfratshausen, nähe Beuerberg *(Golfplatz Sterz)*, nähe Penzberg *(Maxkron)*, Ghf Reindlschmiede, Bad Heilbrunn *(Ramsau)*, Fischbach, Jugendsiedlung Hochland *(nähe Osterhofen/Königsdorf)*, P bei Tattenkofer Brücke, Geretsried, Gartenberg

**9** **km 14,2**/605 m  Durchfahrt am Golfplatz Sterz nähe Beuerberg: Links auf die Straße Ri. *„Sterz, Sportplatz, Golfplatz"* abzweigen und **nach 20 m** der Rechtskehre hoch zum Golfplatz folgen (→ *alternativ* für andere Golfplatz-Route in Richtung Mooseurach in der Kehre links auf dem Schotterweg am Sportplatz vorbei abzweigen, nach 1,3 km am Wegedreieck geradeaus bleiben, nach 0,8 km bei der Auffahrt nach Mooseurach rechts ab auf den Feldweg und 0,9 km zu WW 12 der Tour bei Mooseurach fahren). **Nach 210 m** Auffahrt (an ersten Golfplatz-Parkplätzen) rechts auf Schotterweg, **nach 80 m** (nach der Schranke) links auf den Pflasterweg (am Maibaum vorbei) und dem bald leicht geschotterten Weg durch eine Rechtskehre und dann stets durch den Golfplatz folgen (bald bergab, **bei km 15,0** nach der Abfahrt dem Hauptweg durch Rechtskehre folgen).

**10** **km 16,0**/592 m  Am Weiher/Teich (kurz vor der Linkskehre) vom Weg rechts/geradeaus auf das schmälere Weglein abzweigen (bald Schranke).

**11** **km 16,8**/589 m  Man mündet an breiten Schotterweg und folgt ihm nach links (Richt. Mooseurach).

**12** **km 18,0**/593 m  Durchfahrt bei Mooseurach: Am Ortsschild rechts auf den Schotterweg in Ri. *„RS Schönrain, Bad Tölz"* abzweigen (von links mündet der Weg der o. g. Variante vom Golfplatz Sterz, bald fährt man an einigen Häusern vorbei).

**13** **km 18,6**/592 m  An einer Wegekreuzung geradeaus Ri. *„RS Schönrain, Bad Tölz"* bleiben (links mündet ein Weg von Höfen).

**14** **km 19,4**/590 m  Weiter geradeaus bleiben (links mündet Weg aus Ri. *„RS Schönrain, Bad Tölz"*, → *alternativ* kürzer über Schönrain/Unterbuchen zu WW 30).

**15** **km 19,9**/602 m  Am Wegedreieck (nähe Stadel) rechts bergauf nach Nantesbuch.

**16** **km 20,5**/630 m  Durchfahrt Nantesbuch: Dem Weg leicht links durchs Gehöft folgen. **Nach 70 m** Mündung an Asphaltsträßchen, rechts bergab.

**17** **km 21,6**/615 m  Von der Straße links auf den Schotterweg abzweigen (kurz bevor die Straße nach längerer Flachpassage wieder bergab führt).

**18** **km 22,3**/598 m  An der Wegekreuzung rechts abzweigen. **Nach 230 m** an weiterer Kreuzung links abzweigen (schmälerer Weg, später Pfad und Piste, ganz am Ende mündet man wieder an Forstweg und fährt rechts noch ca. 70 m zur u. g. Fahrstraße hin).

**19** **km 23,1**/587 m  Die Fahrstraße queren und gegenüber auf dem Wiesenpfad leicht nach links weiterfahren. **Nach 90 m** mündet man am Loisachuferpfad und folgt ihm nach links flußaufwärts (später eine Graswegspur, am Ende breiterer Weg).

## Variationen

Schwerer:

*1. Kombination mit den anderen Bike-Touren des Loisachtals:* Es gibt zahlreiche Kombinationsmöglichkeiten mit den diversen anderen Touren des Loisachtals. Aus der Vielzahl der möglichen Routen lassen sich immer wieder individuelle und stets unterschiedliche neue Bike-Touren zusammenstellen (siehe auch Touren 11, 25, 26 und 34).
Auf diese Weise kann man die Fahrt auch mit zusätzlichen Höhenmetern anreichern, z. B. der Route am Enzenauer Berg hoch (Tour 26) oder über den Buchberg (Touren 25 und 34).

*2. Schöne Erweiterung der Tour von Ramsau über den Buchberg, Golfplatz Strasser-Hof und das Peterbauernbachtälchen nach Fischbach:* An WW 26 kurz nach Ramsau rechts auf einen Schotterweg abzweigen, diesem über den Weiler Hub und den Wörnern-Hof folgen, bis die Schotterauffahrt zum Buchberg abzweigt. Den Buchberg überqueren, auf einem Asphaltsträßchen über den Golfplatz Strasserhof abfahren und auf einem Feldweg nach Oberfischbach bei Bad Tölz abzweigen. Dort zweigt das herrliche schmale Weglein durch das sehr idyllische Peterbauernbachtälchen mit seinem Wiesengelände von Bürg ab. Auf Forst- und Waldpisten geht es über den Lehen-Hof nach Fischbach und dort weiter nach WW 33 der Haupttour in Richtung Isar (siehe auch Tour 34 in umgekehrter Richtung).

**23  Pupplinger Loisach-Isar-Tour**    **63,9** km · **4:04** Std · **467** Hm

# 23 Pupplinger Loisach-Isar-Tour

**63,9** km · **4:04** Std · **467** Hm

**20** **km 23,8/586 m** Vom Weg rechts/geradeaus auf den Pfad abzweigen *(bald an Schranke vorbei)*.

**21** **km 24,3/584 m** Durchfahrt nähe Hohenbirken: Nach Unterquerung des Loisachstegs weiter stets dem Loisachuferpfad bzw. -weglein folgen.

**22** **km 26,0/587 m** Man mündet an Schotterweg-kehre, geradeaus in Ri. **„Loisachrundweg R1"**.

**23** **km 27,2/591 m** In Nähe des Loisachufers dem linken Pfadzweig folgen. **Nach 40 m** an der Bö-schung rechts bergauf und **nach 20 m** auf dem Dammpfad weiter. **Nach 150 m** mündet man an einen Schotterweg und folgt ihm nach rechts.

**24** **km 28,5/601 m** Durchfahrt Kiensee/Mürnsee: Kurz vor der B 11 links auf Feldweg abzweigen. **Nach 350 m** am Asphaltdreieck links *(zur Kirche)*. **Nach 510 m** mündet man an eine Querstraße und folgt ihr nach rechts bis Reindlschmiede.

**25** **km 30,1/602 m** Durchfahrt Reindlschmiede: Man mündet am Ghf an die B 11, folgt ihr nach rechts und zweigt **nach 150 m** links auf den As-phaltweg in Ri. **„RS Ramsau, Königsdorf, Bad Tölz"** ab *(später ein Schotterweg bis Ramsau)*.

**26** **km 32,6/637 m** Durchfahrt Ramsau: An dem Straßendreieck in Ramsau *(ca. 100 m nach dem Ghs)* geradeaus in Ri. **„RS Oberbuchen, Königsdorf, Bad Tölz"** bleiben. **Nach 100 m** rechts auf den Asphaltweg in Ri. **„Hammerl, Fußweg nach Lin-den"** abzweigen *(nach 160 m mündet von rechts ein Schotterweg aus Ri. „Fußweg nach Hub",* → **alternativ** *für sehr schöne Route über den Buchberg, Golfplatz Strasser-Hof und das Peterbauernbachtal zu WW 33 in Fischbach, siehe Tour 34 in umgekehrter Richtung)*.

**27** **km 33,3/656 m** Vom Asphaltweg links auf den leicht bergab führenden Waldweg Ri. **„Fußweg nach Linden"** abzweigen *(in Nähe Hammerl-Hof, nach 270 m geradeaus auf dem Hauptweg bleiben)*.

**28** **km 34,3/651 m** Kurz nach dem Bach-Hof mün-det man an einer Asphaltstraße und fährt links bergab *(dann bald bergauf nach Oberbuchen)*.

**29** **km 34,7/647 m** Ortsdurchfahrt Oberbuchen: Am Straßendreieck im Ort rechts *(als Sackgasse beschildert)* und **nach 60 m** links auf den Schotter-Feldweg abzweigen. **Nach 310 m** an der Ver-zweigung geradeaus bleiben *(linker Wegzweig)*.

**30** **km 35,9/641 m** Man mündet an eine Asphalt-straße und folgt ihr nach rechts *(bald bergauf)*.

**31** **km 36,5/662 m** Durchfahrt Spiegel: In einer Rechtskehre *(beim Verkehrsspiegel)* links auf das Asphaltsträßchen Ri. **„Kellershof"** abzweigen.

---

Auch probieren:

**3. Andere schöne Fahrtmöglichkeit über den Golfplatz Sterz nähe Beuer-berg:** Auch das sehr idyllische und etwas direkterer Route in Richtung Moos-eurach, später über Tegernseebach und Wenigbach führende Weglein ist schön zu fahren. Kurz vor Mooseurach zweigt man dann auf ein Feld-/Waldweglein ab und quert auf diesem zum Schotter-weg der Haupttour bei WW 12, am Übergang vom Euracher Filz in den Breitfilz *(siehe Hinweis bei WW 9)*.

**4. Andere Zufahrt zum Isaruferweg bei Lochen:** Für eine etwas trailartigere Zufahrt an WW 35 bei Lochen bis zum Isaruferweg kann man sich nach Abfahrt von Rimslrain links auf der Fahrstraße und zweigt dann rechts auf ein Weg-lein ab, das später als Pfad sehr schön über ein kleines Grasgelände und dann weiter bergab geführt, bis man schließlich am Isardammweg der Haupttour mün-det. Diesem dann nach links weiter zu WW 36 an der Verzweigung auf dem Isardamm folgen *(siehe auch Hinweis bei WW 29/Tour 34)*.

**32** ***km 37,0**/664 m* Durchfahrt Kellershof: Beim Asphaltende im Weiler Kellershof leicht rechts auf dem Schotter-Feldweg weiter. **Nach 70 m** an der Verzweigung dem rechten Weg folgen *(hinab zu dem Stadel, kleine Markierung „F 2")*.

**33** ***km 38,0**/656 m* Durchfahrt Fischbach: Mündung an die Fahrstraße, dieser nach links folgen *(an Fischbacher Kirche, rechts hoch Abstecher zu Whs)*.

**34** ***km 39,1**/676 m* Durchfahrt Nodern, Leitzing, Fiecht und Rimslrain: Links auf die Straße in Ri. ***„Leitzing, Rothenrain"*** abzweigen. **Nach 130 m** an der Verzweigung rechts Ri. ***„Leitzing, Fiecht"*** und nun stets diesem Asphaltsträßchen folgen.

**35** ***km 42,2**/641 m* Man mündet nach der Abfahrt von Rimslrain an der Fahrstraße und folgt ihr nach rechts. **Nach 360 m** *(kurz vor Rechtskehre)* von der Straße links bergab auf den Asphaltweg abzweigen. **Nach 90 m** am Asphaltdreieck links bergab halten *(bald Schotterweg)*. **Nach 90 m** an der Verzweigung *(am Teich)* dem rechten Weg folgen *(durch Schranke)*. **Nach 100 m** auf Hauptweg durch die Linkskehre bleiben und nun stets diesem Weg folgen *(ist später der Isardammweg)*.

**36** ***km 46,0**/615 m* An der Verzweigung auf dem Isardamm geradeaus bleiben *(rechter Wegzweig, wird nach knapp 200 m zeitweilig zu einem Pfad)*.

**37** ***km 47,2**/612 m* Dem kurz grob gekiesten Weglein leicht links folgen *(gerade führt Pfadspur weiter)*, **nach 80 m** links auf Pfad abzweigen *(quert kleine Bodensenke)*. **Nach 340 m** über den Steg, kurz am Hang aufsteigen *(Stufen, oben links, bald wieder rechts halten und auf dem Schotterweg durchs Jugendlager)*.

**38** ***km 48,0**/617 m* Durchfahrt am Hochland: Man mündet am Parkplatz an der Asphaltstraße und folgt ihr nach rechts *(bei km 48,4 durch Linkskehre)*.

**39** ***km 48,7**/625 m* Von Straße rechts auf Schotterweg, **nach 220 m** rechts auf Weg abzweigen.

**40** ***km 50,0**/644 m* Man mündet an einen Querweg und folgt ihm rechts bergauf *(später nach einer flachen Passage dann am Schuß-Hof vorbei)*.

**41** ***km 51,0**/663 m* Geradeaus auf dem Waldweg bleiben (→ ***alternativ*** rechts ab auf gelb markiertem Pfad 700 m zu WW 42 beim Einödhof). **Nach 350 m** in einer Linkskehre rechts bergab auf den holprigen, steilen, feuchten Karrenweg abzweigen.

**42** ***km 51,8**/611 m* Man mündet an einen Querweg *(nach Steilabfahrt und flacher Passage)* und fährt links. **Nach 60 m** den Asphaltweg queren *(rechts die Einfahrt „Einödhof")* und auf den schmalen Pfad am Zaun entlang *(nach 350 m weiter auf Weg)*.
*– weiter siehe WW auf dem Höhenprofil –*

**23** **Pupplinger Loisach-Isar-Tour** **63,9** km · **4:04** Std · **467** Hm

# 24 · Münchner Forste-Isar-Trailtour

**48,2** km · **3:22** Std · **403** Hm

## Mäßig schwere Tour!

Trail-Tour von München auf den besten Pisten durch Perlacher und Grünwalder Forst zum Isarhochufer, auf tollem Wald-Trail-Downhill steil ins Mühltal und mit allen linksseitigen Isartal-Trails flußabwärts.

**V**om 60er-Stadion führt der Radweg an der Säbener Straße entlang zum Perlacher Forst, den man auf den besten Trails zur Kugler Alm durchquert. Auf Forst- und Reitpisten, die ganz am Ende nochmals zum schönen Trail mutieren, geht es durch den Grünwalder Forst und nahe beim Landgasthof Entenalm vorbei. In Oberdill quert man die Fahrstraße und gelangt auf Fuchs- und Mühlweg nach Frundsbergerhöhe. Dort zweigt ein Wald-Trail ab, der in herrlicher Fahrt zum Isarhochufer leitet. An der Hangkante hoch überm Mühltal rutscht man auf toller, steilster Mutproben-Downhill-Rampe hinab ins Isartal. **N**ach Rast im Gasthaus Mühle führt das Asphaltsträßchen am Kanal bis Dürnstein, auf Wunsch gibt's links am Waldhang einen Trial. Nach der Isarbrücke nimmt man Kurs auf die Traumpiste des Isar-Trails, der später in der kaum weniger reizvollen Waldpiste am Baierbrunner Steilhang seine Ergänzung findet. Nach einer *„normalen"* Forst- und Asphaltfahrt über das E-Werk zum Brückenwirt folgen ab der Grünwalder Brücke weitere Super-Trails durch die Isartaler Auwäldchen, bevor es über Marienklause und Hochuferweg zurück zum Stadion geht.

| km | Ort | Hm | Zeit |
|---|---|---|---|
| 0,0 | **München** | 535 | |
| | *Stadion an der* | | |
| | *Grünwalder Straße* | | |
| 2,7 | Säbener Platz | 552 | 0:10 |
| 4,5 | Wald-Trail | 551 | |
| 5,1 | Tannenzipfel-Weg | 553 | 0:19 |
| 5,5 | Jägersteig | 553 | |
| 6,8 | Perlacher Muggl | 559 | 0:25 |
| 7,6 | Hartmann-Stern | 563 | 0:29 |
| | *(auf Harthauser-Weg)* | | |
| 9,2 | nähe Taufkirchen | 566 | 0:35 |
| | *(auf Stiegel-Trail)* | | |
| 11,3 | Bahn-Trail | 580 | 0:45 |
| 12,3 | Deisenhofen | 586 | 0:50 |
| | *(nähe Whs Kugler Alm)* | | |
| 13,1 | Hompesch-Weg | 588 | |
| 14,4 | Stierötz-Weg | 596 | |
| 16,9 | Querung Budick | 623 | |
| 17,6 | nähe Ghf Entenalm | 621 | |
| 18,4 | Oberdill *(auf Fuchsweg)* | 623 | 1:12 |
| 19,3 | Mühlweg | 618 | 1:15 |
| 20,1 | Frundsbergerhöhe | 623 | 1:18 |
| | *(auf Wald-Trail zum Hochufer)* | | |
| 21,9 | Wald-Trail-Downhill | **639** | 1:28 |
| 22,3 | Forstweg *(nähe Mühltal)* | 575 | 1:33 |
| 23,3 | Wald-Trail | 565 | |
| 23,9 | Isaruferweg | 546 | 1:44 |
| 25,5 | Ghs Zur Mühle | 557 | 1:51 |
| 28,3 | Dürnstein/Bruckenf. | 569 | 1:58 |
| 30,1 | Isar-Trail | 558 | |
| 32,8 | Wald-Trail | 561 | 2:15 |
| 36,1 | E-Werk | 544 | 2:30 |
| | *(nähe Klettergarten)* | | |
| 38,3 | Grünwalder Brücke | 554 | 2:38 |
| | *(auf die Isartal-Trails)* | | |
| 43,0 | nähe Kiosk | 533 | 3:03 |
| | *(unter Großhesseloher Brücke)* | | |
| 45,2 | Marienklausensteg | **525** | 3:12 |
| 45,5 | Harlaching | 546 | |
| 46,3 | Hochufer-Asphaltweg | 545 | |
| | *(Ghs Harlachinger Einkehr)* | | |
| 48,2 | München *(Stadion)* | 535 | 3:22 |

**Alternativ-Route 1**
Über Römerschanze und Grünwald zurück.
**Alternativ-Route 2**
Auf Isarufer-Trail unter Grünwalder Brücke.
**Alternativ-Route 3**
Georgenstein-Trail zur Grünwalder Brücke.
*– siehe auf Wegweiser-Seiten –*

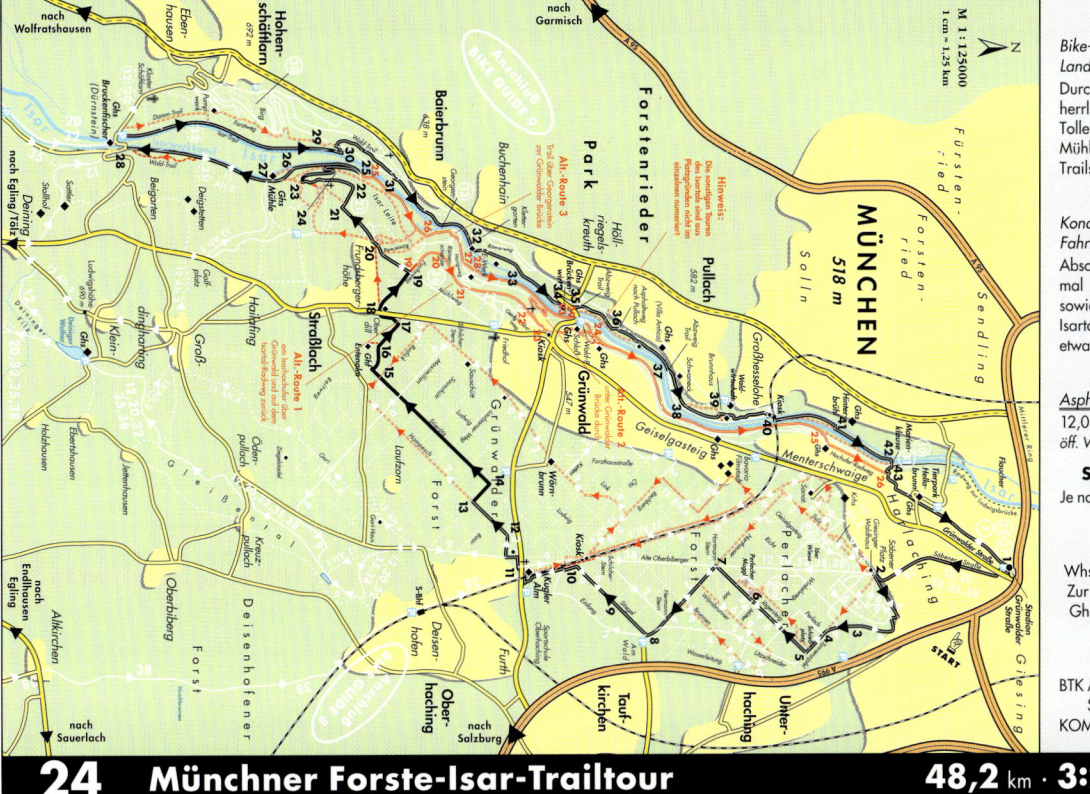

## Erlebniswert

*Bike-Spaß:* ★★★★☆ ③-④
*Landschaft:* ★★☆☆☆☆

Durchquerung des Perlacher Forsts auf herrlichen kleinen Weglein und Trails. Toller kleiner Wald-Trial-Downhill ins Mühltal. Zahlreiche weitere reizvolle Trails durchs ganze Isartal.

## Schwierigkeitsgrad

Kondition: ●●○○○○○ ②
Fahrtechnik: ●●○○○○○

Abschnittsweise etwas holprige, manchmal auch feuchtere Pisten und Trails sowie teils anspruchsvollere Trials im Isartal. Durch die Tourenlänge ist auch etwas Kondition gefordert.

## Fahrbahnen

| *Asphalt* | *Schotter+Pisten* | *Trails+Trials* |
|---|---|---|
| 12,0 km | 14,5/4,2 km | 12,5/5,0 km |

öff. Verkehr: 1,5 km   Mautverkehr: 0,0 km

## Schiebe-/Tragestrecken

Je nach Fahrkönnen evt. wenige Meter auf den diversen Trails

## Rast

Whs Kugler Alm in Deisenhofen, Ghs Zur Mühle, Ghs Zum Bruckenfischer, Ghs Brückenwirt, Ghs Harlachinger Einkehr

## Karten

BTK Ammersee-Starnberger See   M 1:50.000
KOMPASS Nr. 180   M 1:50.000

---

**24 Münchner Forste-Isar-Trailtour · 48,2 km · 3:22 Std · 403 Hm**

# 24 Münchner Forste-Isar-Trailtour
**48,2** km · **3:22** Std · **403** Hm

## Wegweiser

**1** **km 0**/535 m <u>Ortsdurchfahrt München</u> (bis zum Perlacher Forst): Vom Hochuferweg („Harlachinger Straße", am kleinen P hinter dem Grünwalder Stadion) der **„Volckmerstraße"** am Stadion entlang vor zur Grünwalder Straße folgen. **Nach 180 m** rechts auf den Radweg (an Grünwalder Straße entlang). **Nach 150 m** links über den <u>zweiten</u> Fuß-/Radwegübergang und geradeaus weiter auf dem Radweg (Ecke Wettersteinplatz/nähe U-Bahn). **Nach 80 m** (am U-Bahn-Lift) rechts auf den Radweg (an „Säbener Straße" lang, später am FC-Bayern-Gelände vorbei). **Bei km 2,0** (Kreuzung „Säbener-/Naupliastraße") geradeaus weiter auf dem Radweg. **Nach 460 m** (Radwegende) der **„Oberbiberger Straße"** nach rechts **noch 190 m** bis zum Perlacher Forst folgen (am „Säbener Platz" bei den Tennisplätzen, nähe Giesinger Waldhaus, **hier jetzt weiter nach WW 2**).

**2** **km 2,7**/552 m Am Perlacher Forst links auf den Schotter-Fuß-/Radweg abzweigen (am Wiesengelände und bald nähe Münchner-Kindl-Weg entlang). **Nach 830 m** vom Schotterweg rechts auf Waldpfad abzweigen (→ **alternativ** bereits nach 490 m rechts auf Schneisenpfad oder nach 690 m rechts auf Waldpfad abzweigen und jeweils bald links aufs v. g. Schotterweglein). **Nach 100 m** dem querenden Schotterweglein nach links folgen. **Nach 250 m** einen breiteren Weg (Geiselgasteig-Weg) queren

und weiter auf dem schmalen Weglein bleiben.

**3** **km 4,5**/551 m Den Forstweg queren (kurz nach Giesinger-Schneisenpfad) und weiter auf dem nun schmäleren Waldweglein. **Nach 80 m** geradeaus bleiben (Richt-Waldweglein quert, Piste wird bald zu schmälerem Pfad, **bei km 5,0** – kurz vor Mündung an Forstweg – leicht links weiter auf Wald-Trail halten).

**4** **km 5,1**/552 m Man mündet am Tannenzipfel-Forstweg und fährt links. **Nach 40 m** den „Perlach"-Asphaltweg queren (am Trafohäuschen und eingezäunten Schießplatz) und geradeaus weiter auf dem **„Tannenzipfel"**-Weg bleiben.

**5** **km 5,5**/553 m Vom breiten Tannenzipfel-Weg rechts auf einen Weg abzweigen (**„Jägersteig"**, später schäleres Weglein) und <u>nun stets geradeaus</u>.

**6** **km 6,8**/559 m <u>Durchfahrt am Perlacher Muggl</u>: Am Wiesengelände beim Muggl den Forstweg („Mitter") queren und geradeaus weiter auf dem Graspfad. **Nach 60 m** geradeaus auf dem flachen Pfad bleiben (→ **alternativ** auf rechten Pfadzweig bald bergauf für Schleife über die Muggl-Hügel. Bei der Abfahrt vom zweiten Hügel mit der Hütte links bergab auf den Pfad abzweigen, man mündet wieder an der Haupttour, kurz vor dem u. g. „Isar"-Forstweg). **Nach 380 m** den Forstweg („Isar") queren und geradeaus weiter auf dem Jägersteig-Trail.

## Anfahrt

**Auto:** In München zum Stadion an der Grünwalder Straße (60er-Stadion) in München-Giesing.

### Fahrt zum Startplatz

An der großen Kreuzung am Stadion an der Grünwalder Straße in München-Giesing Ri. „Bad Tölz, Grünwald" auf die „Grünwalder Straße" und nach ca. 200 m rechts in die kleine, am Stadion entlangführende „Volckmerstraße" abzweigen. Nach 180 m auf dem kleinen Parkplatz am Harlachinger Hochufer-Asphaltweg hinterm Stadion parken.

*Die Tour beginnt am Parkplatz hinterm Stadion an dem Hochufer-Asphaltweg (als „Harlachinger Straße" beschildert).*

### Alternative Startorte

Säbener Platz (am Abzweig in den Perlacher Forst, km 2,7 der Tour, siehe WW 1), Oberhaching-Deisenhofen (Kugler Alm), P am Grünwalder Friedhof, Straßlach, Waldparkplatz Mühltal bei Straßlach, Dürnstein/Bruckenfischer bzw. Kloster Schäftlarn, Ghs Brückenwirt, Waldparkplatz an der Grünwalder Brücke, Marienklausensteg im Isartal (nähe Tierpark Hellabrunn)

**7** ***km 7,6****/563 m* Man mündet an einen Schotterweg und fährt rechts. ***Nach 40 m*** *(am Oberbiberger-Asphaltweg, kleiner Pflasterplatz, am „Hartmann-Stern")* gleich wieder links auf den Schotterweg Ri. ***„Taufkirchen"*** abzweigen *(Harthauser-Weg)*.

**8** ***km 9,2****/566 m* Durchfahrt nähe Taufkirchen: Dem Forstweg durch leichte Rechtskehre folgen *(geradeaus führt Harthauser als Graswegspur weiter)*. ***Nach 160 m*** *(etwa auf Höhe der links ca. 20 m entfernten Kreuzung, kurz vor weiterer Wegekreuzung bei Taufkirchen)* rechts auf den unscheinbaren, schmalen, durchs Grasdickicht führenden Pfad abzweigen *(Stiegel)*. ***Nach 340 m*** den *„Weiher"*-Forstweg queren und geradeaus weiter auf dem Pfad.

**9** ***km 10,1****/571 m* Man mündet an einer Wegekreuzung *(„Grenz"-Forstweg quert)* und fährt geradeaus gleich wieder weiter auf Pfad *(„****Stiegel****")*.

**10** ***km 11,0****/576 m* Man mündet an Querpfad und folgt ihm nach links *(nähe Bahnlinie und parallel dazu verlaufendem Weglein)*. ***Nach 250 m*** *(und der Linkskehre)* mündet man an einer Schotterwegkehre und fährt rechts. ***Nach 30 m*** mündet man beim Bahngleis an einen Querweg und fährt links *(bald ein Pfad, immer parallel zum Gleis)*.

**11** ***km 11,9****/584 m* Durchfahrt Deisenhofen/Kugler Alm: Man mündet am Asphaltweg und folgt ihm nach rechts *(links Toreinfahrt/Gebäude „Stadtwerke München")*. ***Nach 60 m*** *(nähe Fahrstraße und Parkplatz)* rechts auf den Asphalt-Fuß-/Radweg abzweigen *(durch die Unterführung)*. ***Nach 130 m*** und Auffahrt aus der Unterführung geradeaus auf dem Radweg bleiben *(→ **alternativ** für Rastabstecher rechts ab ca. 50 m zum Whs/Biergarten Kugler Alm)*. ***Nach 170 m*** am Radwegedreieck *(km 12,3 an Marterl/Brunnen)* geradeaus auf dem Radweg in Ri. ***„Grünwald"*** bleiben. ***Nach 150 m*** links auf den Schotterweg in Ri. ***„Oberbiberg"*** abzweigen. ***Nach 320 m*** *(bei den ersten Häusern, links zweigt die „Grünwalder Weg"-Straße ab)* von der „Alten Oberbiberger Straße" rechts auf den Forstweg abzweigen.

**12** ***km 13,1****/588 m* An der 5-Wege-Kreuzung auf den ganz linken Forstweg abzweigen *(Hompesch)*.

**13** ***km 13,9****/596 m* Dem zweiten querenden Asphaltweg nach rechts folgen *(→ **alternativ** geradeaus 2,5 km stets auf dem Hompesch-Forstweg bis zur Mündung an dem Asphaltsträßchen bei der HS-Leitung, dort rechts, nach 110 m wieder rechts ab auf den „Budick"-Forstweg, nach 330 m links ab auf den querenden „Stierötz"-Weg und weiter nach WW 15)*.

**14** ***km 14,4****/596 m* Dem querenden ***„Stierötz"***-Weg nach links und dann stets geradeaus folgen *(später ein etwas schmälerer, schlechterer Waldweg)*.

---

### Variationen

Leichter:

***1. Kürzere Tour vom Mühlweg aus auf dem Fuchsweg sowie dem Hochufer-Trail und über Grünwald und auf dem Isartal-Radweg zurück nach München:*** Für eine kürzere Tour kann man die Fahrt über Mühltal und Dürnstein bzw. Kloster Schäftlarn auslassen und gleich rechts der Isar zurück nach München fahren. Dazu an WW 19 am Mühlweg geradeaus auf den Fuchsweg steuern und diesem bald stets am Hochufer entlang, später an der Römerschanze vorbei und auf einem Trail weiter bis nach Grünwald folgen. Bei der Grünwalder Burg fährt man ins Isartal ab und folgt dem Isartal-Radweg nun stets flußabwärts. Am Ende folgt eine kurze Auffahrt zum Biergarten Menterschwaige, wo der asphaltierte Hochufer-Radweg zurück zum Stadion an der Grünwalder Straße führt *(siehe Alt.-WW 1)*.

***2. Die Trails im Perlacher Forst und im Isartal ganz oder teilweise durch die bequemeren Forstpisten oder Radwege aus den anderen Isar- oder Perlacher Forst-Touren ersetzen:*** Ganz nach Belieben kann man die in dieser Tour beschriebenen Trails durch den Perlacher Forst und im Isartal ganz oder teilweise jeweils durch die alternativen, bequemeren Forstpisten oder Radwege aus den diversen anderen Touren dieser Regionen ersetzen *(siehe z. B. auch die Touren 2, 7, 9, 10, 33, 37)*.

---

**24** **Münchner Forste-Isar-Trailtour**  **48,2** km · **3:22** Std · **403** Hm

# 24   Münchner Forste-Isar-Trailtour      48,2 km · 3:22 Std · 403 Hm

**15**   *km 16,9/623 m* Den Budick-Forstweg queren *(an HS-Leitung)* und geradeaus in Ri. *„Reitweg"* bleiben *(Sierötz-Weg)*. *Nach 200 m* mündet man an einen Waldweg und fährt rechts *in o. g. Ri. (führt bald in leichter Linkskehre bergauf, dann ein Trail)*.

**16**   *km 17,6/621 m* Man mündet an eine Asphaltkehre *(Ende des Ludwig-Wegs)* und fährt geradeaus *(auf Montgelas-Weg, → alternativ für Abstecher zum Ghf Entenalm links auf Waldweglein abzweigen, nach 90 m durchs Zauntürchen des „Landgasthof Entenalm")*.

**17**   *km 18,0/620 m* Links auf den Schotterweg abzweigen *(nähe Fahrstraße, bald unter HS-Leitung durch, am Ende geht's ein Stück an der Fahrstraße entlang)*.

**18**   *km 18,4/623 m* Durchfahrt Oberdill: Am Wegende rechts über die Fahrstraße und dem Radweg nach links folgen. *Nach 80 m (bei Fa. „Traub")* rechts auf den Asphaltweg abzweigen und *nach 50 m* geradeaus auf den Forstweg *(„Fuchsweg", bald durch leichte Rechtskehre, nur evt. → alternativ für Trail direkt bis Frundsbergerhöhe nach gut 20 m links/geradeaus auf Waldweg abzweigen, wird später jedoch zu einem etwas unwegsamen, stets an den Häusern entlangführenden Pfad, 1,04 km zu WW 20)*.

**19**   *km 19,3/618 m* Dem querenden Forstweg nach links folgen *(Mühlweg, → alternativ für eine Kurztour am Hochufer über Grünwald zurück, siehe Alt.-WW 1)*.

**20**   *km 20,1/623 m* Durchfahrt Frundsbergerhöhe: Dem beginnenden Asphaltweg an den Häusern vorbei folgen *(„Weg im Esterholz")*. *Nach 80 m (kurz nachdem links die „Frundsbergstraße" abzweigte)* rechts auf den Waldpfad abzweigen. *Nach 30 m* dem linken Pfadzweig und dann stets diesem Haupt-Trail folgen *(bei km 20,6 quert ein Waldweg)*.

**21**   *km 20,9/627 m* Man mündet an einen Forstweg und fährt rechts. *Nach 340 m* mündet man am Hochuferweglein und folgt ihm nach links *(stets am Hochufer entlang)*.

**22**   *km 21,8/638 m* Am Schotterwegedreieck *(beim Marterl)* geradeaus/rechts weiter auf dem Hochuferweg *(bald ein Trail)*. *Nach 120 m* geradeaus auf Waldpfad bergab *(führt gleich durch Linkskehre vor der Kuppe bergab, bald steile, kaum erkennbare Waldpfadspur)*. *Nach 200 m* Steilstabfahrt mündet man an einem Weglein und folgt ihm rechts bergab *(bald kurz steil hinab zum breiten Forstweg)*.

**23**   *km 22,3/575 m* Nach der Trail-Abfahrt mündet man am o. g. Forstweg und folgt ihm rechts bergab *(nach 200 m Abfahrt das links in Ri. „Zum Mühltal" abzweigende Weglein liegen lassen, → alternativ für eine frühere Einfahrt in den anfangs abschnittweise jedoch etwas unwegsamen Trail hier links und nach 70 m auf der Flachpassage rechts auf den Waldpfad abzweigen, siehe auch WW 9-10/Tour 21)*.

*3. Erweiterung dieser Trail-Fahrt mit dem herrlichen Birg-Trail bei Hohenschäftlarn:* Eine tolle Erweiterung der Tour läßt sich durch die Kombination mit dem Birg-Trail gestalten. Dazu einfach an WW 30 auf dem Forstweg bald hinauf Richtung Hohenschäftlarn bleiben. Nach der Auffahrt, am Wendeplatz in Nähe Hohenschäftlarn weiter nach WW 9-17/Tour 30 die tolle Trail-Schleife rund um die Birg fahren. Am Wegedreieck von WW 17/Tour 30 dann rechts halten, kurz auf bekanntem Weg wieder zurück zu WW 30 der Haupttour und diese dann wie dort beschrieben auf dem Wald-Trail fortsetzen *(siehe auch WW 9-17/Tour 30)*.

Auch probieren:

*4. Umfahrung von Grünwald-Ortsmitte auf dem Trail unter der Grünwalder Brücke durch:* Als alternative Route zu o. g. Variante 2 kann man statt durch Grünwald-Ortsmitte auch kurz vor dem Ort links hinab ins Isartal abzweigen und auf dem Trail unter der Grünwalder Brücke hindurch zum Isartal-Radweg gelangen *(siehe Alt.-WW 2, nur auf dem HP! Nicht während der Bauzeit der neuen Grünwalder Brücke möglich)*.

*5. Von der Isar auf dem Georgenstein-Trail zur Grünwalder Brücke:* An WW 25 in Nähe der Isar weiter auf dem Trail flußabwärts in Richtung Georgenstein bleiben. Man mündet nach dem teilweise etwas extremen Trail bei den Isarufern am Römerweg, folgt ihm kurz weiter zum Georgenstein und nimmt

**24** **km 23,1**/567 m  Vom Forstweg links auf einen Waldweg abzweigen *(nach der Abfahrt)*. **Nach 190 m** *(am höchsten Punkt nach kurzer Auffahrt, die Hauptpiste führt jetzt als schmaler Pfad wieder bergab)* rechts hoch auf die Waldpfadspur abzweigen. **Nach 50 m** dem Pfad nach rechts über die Kuppe bergauf folgen *(links bergab sehr steile Schotterpfadrutsche, führt nach 80 m ebenfalls zum Isaruferweg)*.

**25** **km 23,8**/551 m  In der Waldsenke *(nach steiler Abfahrt)* links auf den Pfad zur Isar abzweigen. **Nach 50 m** mündet man am Isaruferweg und folgt ihm links flußaufwärts *(nach 500 m mündet von links der Pfad über die o. g. steile Pfadrutsche)*.

**26** **km 25,1**/548 m  Weiter dem Hauptweg durch eine leichte Linkskehre folgen *(von der Isar weg, → **alternativ** für Route über Floßgasse zum Ghs Mühle rechts/geradeaus auf den Waldweg abzweigen)*.

**27** **km 25,5**/557 m  Durchfahrt Mühltal: Am Gasthaus „Zur Mühle" dem Asphaltsträßchen geradeaus bergauf folgen. **Nach 120 m** an der Asphaltverzweigung geradeaus bleiben *(auf rechten Zweig, führt nun stets am Isarwerkkanal entlang)*.

**28** **km 28,3**/569 m  Durchfahrt Dürnstein/Bruckenfischer: Man mündet an Fahrstraße und folgt ihr rechts über Kanal- und Isarbrücke *(Ri. **„RS Hohenschäftlarn, Kloster Schäftlarn"**, bald am „Ghs Bruckenfischer" vorbei)*. **Nach 340 m** rechts zum Parkplatz abzweigen, diesen überqueren, **nach 40 m** links durch die Schranke auf das Weglein und diesem Trail nun stets isarabwärts folgen *(nach 250 m an Verzweigung geradeaus auf dem linken Trail bleiben, die **bei km 29,4** und **km 30,1** am Schild „Wasserschutzgebiet" jeweils links abzweigenden Pfade liegen lassen, letzterer ist eine → **alternative** Verbindung übers Pumpwerk-Gebäude zum Forstweg, siehe WW 18/Tour 7)*.

**29** **km 32,3**/550 m  Ein Bächlein überqueren *(Isarzufluß, rechts an Mündung über die Steine trockenen Fußes möglich)*. **Nach 310 m** links hoch auf den Schotterpfad abzweigen *(Info: Geradeaus weiterfahren ist sinnlos, Trail bald verfallen und unwegsam!)*.

**30** **km 32,8**/561 m  Man mündet am Forstweg, fährt links und zweigt **nach 20 m** rechts hoch aufs steile Waldweglein ab *(stets diesem Trail folgen, → **alternativ** rechts auf Forstweg 1,2 km zu WW 31)*.

**31** **km 34,2**/568 m  Man mündet nach steilerer Abfahrt wieder am Forstweg, folgt ihm links etwas bergauf und **nach 90 m** am Wegedreieck rechts in Ri. **„Buchenhain"** *(der Weg führt bald steil bergab, links bergauf geht's nach Baierbrunn)*.

**32** **km 36,1**/544 m  Die Schranke/Sperren beim großen E-Werk-Gebäude passieren und weiter dem Schotterweg folgen *(bald kurz bergauf)*.

dort den Wanderweg zum alten E-Werk-Gebäude *(hier jetzt Bike-Verbot!)*. Nähe E-Werk-Gebäude dann auf dem Isarufer-Trail weiter flußabwärts bis zur Grünwalder Brücke und dort nach WW 24/Alt.-Route 1 auf dem breiten Isartal-Radweg isartalabwärts, dann nach der Großhesseloher Brücke rechts ab und auf dem Schotterweg zum Hochufer-Radweg am Biergarten Menterschwaige auffahren und auf dem Radweg und dem Hochufer-Asphaltweg über Harlaching und Ghs Harlachinger Einkehr zurück zum Stadion an der Grünwalder Straße *(siehe Alt.-WW 3, nur auf dem HP!)*.

**6. Kleine Verlängerung des Wald-Trails in der Nähe von Mühltal:** Wer die Route mit einem teilweise etwas extremen, unwirtlichen Wald-Trail erweitern möchte, zweigt an WW 23 links auf das Weglein nach Mühltal und nach 70 m rechts auf den unscheinbaren Waldpfad ab. Dieser u. a. im Grünwalder Mühltal-Trail enthaltene Pfad führt mit einigen oft feuchten Passagen und kurzen Schiebestellen ebenfalls zu WW 24 der Haupttour *(siehe Hinweis bei WW 23 sowie WW 9-10/Tour 21)*.

**24** **Münchner Forste-Isar-Trailtour**    **48,2** km · **3:22** Std · **403** Hm

# 24 Münchner Forste-Isar-Trailtour

**48,2** km · **3:22** Std · **403** Hm

**33** **km 37,0**/558 m Nach dem Garagengebäude leicht rechts/geradeaus bergab auf den Schotterweg abzweigen *(Radverbotsschild)*. **Nach 90 m** die Asphaltstraße queren und geradeaus auf dem schmalen Waldweglein weiter bergab. **Nach 160 m** mündet man am Asphaltsträßchen nähe Isar und folgt ihm links/geradeaus flußabwärts.

**34** **km 38,0**/540 m An der Verzweigung *(kurz vor dem Ghs Brückenwirt)* dem linken Asphaltsträßchen leicht bergauf folgen *(bald oberhalb Ghs vorbei)*.

**35** **km 38,3**/554 m Die Fahrstraße queren *(rechts die Grünwalder Brücke)* und geradeaus auf dem Schotterweg bergauf in Ri. „**Höllriegelskreuth**". **Nach 60 m** Auffahrt *(in Linkskehre)* rechts auf den Wald-Trail abzweigen. **Nach 220 m** weiter auf diesem Weglein bleiben *(führt kurz steil bergauf, rechts ein Pfadabzweig zu u. g. Weg)*. **Nach 160 m** mündet man an breiteren Weg und fährt links.

**36** **km 39,3**/550 m Man mündet an eine Asphaltkehre und fährt rechts/geradeaus leicht bergab. **Nach 220 m** mündet man am Asphaltweg nähe Isar und fährt links/geradeaus Ri. „**RS München**".

**37** **km 40,1**/537 m Den links abzweigenden Pfad liegen lassen *(am Zaunende, unwegsamer Trail)* und **erst nach 170 m** vom Asphaltweg links auf den Pfad abzweigen *(links weiterer Zaun/Grasgelände)*.

**Nach 160 m** links über Betonmauer abzweigen *(**Bei km 40,7** mündet man an weiterer Trail, links)*.

**38** **km 41,0**/535 m Man mündet nach kurzer Abfahrt an weiterer Trail und fährt links *(rechts Verbindung zum Hauptweg, 150 m)*. **Nach 40 m** *(wenn der Trail leicht bergauf zur Geländestufe führt)* leicht rechts weiter auf dem flachen Wald-Trail halten. **Nach 260 m** dem Pfad nach rechts und stets weiter folgen *(bald nahe am Isar-Schotterweg vorbei)*.

**39** **km 41,9**/534 m Durchfahrt beim Brunnhaus: Man mündet man an ein Weglein *(nach Überquerung des alten Betonbachbrückleins)* und fährt rechts leicht bergauf. **Nach 320 m** mündet an einen Asphaltweg *(kurz nach Gebäuden)* und folgt ihm rechts bergab. **Nach 60 m** Abfahrt *(kurz vor Asphaltsträßchen)* links ab wieder auf Wald-Trail.

**40** **km 42,7**/536 m Durchfahrt beim Kiosk an der Großhesseloher Brücke: An einer Verzweigung auf den rechten Pfad geradeaus leicht bergab. **Nach 80 m** an der Pfadkreuzung rechts *(geradeaus zum Kiosk **nicht** benutzen!)*. **Nach 40 m** mündet man an Isar-Schotterweg und fährt links *(bald am Kiosk vorbei)*. **Nach 130 m** rechts über die Kanalbrücke abzweigen, **nach 30 m** den querenden Schotterweg nach links folgen. **Nach 80 m** links auf den Pfad abzweigen *(direkt am Kanal entlang, → **alternativ** auf dem Hauptweg 2,0 km zu WW 42)*.

## Alternativ-Route 1

Am rechtsseitigen Isarhochufer über die Römerschanze und Grünwald zurück:

| | | | |
|---|---|---|---|
| 19,3 | Mühlweg *(überqueren und auf dem Fuchsweg weiter zum Isarhochufer)* | 618 | 1:15 |
| 19,9 | Römerschanze | 616 | |
| 20,8 | Isarhochufer *(HS-Leitung, weiter auf Hochufer-Trail)* | 610 | 1:22 |
| 21,7 | Hochuferweg *(am Marterl)* | 588 | |
| 22,3 | Brunnwartsweg | 588 | |
| 66,5 | Grünwald-Eierwiese | 589 | 1:29 |
| 67,0 | Schloßhotel Grünwald | 583 | |
| 67,1 | Abzweig Piste ins Isartal | 585 | |
| 23,5 | Wegekreuzung *(nähe Waldparkplatz, auf Isartal-Radweg)* | 558 | 1:32 |
| 25,2 | Wegedreieck | 551 | |
| 27,8 | unterhalb der Großhesseloher Brücke | 532 | |
| 28,4 | Wegabzweig zum Hochufer | **528** | |
| 28,6 | Hochufer-Radweg *(Biergarten Menterschwaige)* | 556 | 1:53 |
| 29,8 | Harlaching *(Radwegende)* | 546 | |
| 30,6 | Hochufer-Asphaltweg | 545 | |
| 32,5 | München *(Stadion)* | 535 | 2:05 |

**41** **km 43,9**/529 m  Man mündet an einen Asphaltweg (am kleinen Haus, links Kanalbrücke nach Hinterbrühl) und fährt rechts. **Nach 70 m** dem querenden Schotterweg nach links folgen (bei Holzhütte).

**42** **km 45,2**/525 m  Durchfahrt am Marienklausensteg: Rechts übern Marienklausensteg abzweigen (Fuß-/Radweg-Schild). **Nach 130 m** (nach Überquerung des Stegs) geradeaus auf dem Schotterweg weiter und **nach 60 m** auf Asphalt-Fußweg zum Hochufer (nach 70 m Auffahrt links hoch abzweigen).

**43** **km 45,5**/546 m  Durchfahrt M-Harlaching: Am Hochufer (an Sperre) ca. 30 m rechts zu dem Asphaltsträßchen, diesem geradeaus folgen und **nach 30 m** leicht links auf die Pflasterstraße abzweigen („Über der Klause"). **Nach 250 m** der Querstraße nach links folgen (die Lindenstraße). **Nach 320 m** (in der Rechtskehre) links/geradeaus abzweigen (an den Betonpollern vorbei), die Fahrstraße (Karolingerallee) queren und geradeaus auf den Radweg (bald am Ghs „Harlachinger Einkehr" vorbei). **Nach 110 m** links/geradeaus auf den Hochufer-Asphaltweg („Harlachinger Straße") abzweigen und auf diesem zurück zum Stadion an der Grünwalder Straße (**km 48,2**).

---

### Alternativ-Wegweiser 1
*Für kürzere Tour übers Isarhochufer, Römerschanze, Grünwald und Isartal-Radweg zurück nach München (Gesamttour dann: 32,5 km/2:05 Std/210 Hm):*

**19** **km 19,3**/618 m  Den Forstweg (Mühlweg) queren und geradeaus weiter stets auf dem „**Fuchsweg**" bleiben (führt später direkt am Hochufer entlang).

**20** **km 19,9**/616 m  Durchfahrt bei Römerschanze: Zwischen Info-Tafel („Die Römerschanze bei Grünwald") und Sitzbank durchfahren und leicht rechts auf Wald-Trail weiter (bald über kleinen Erdwall). **Nach 70 m** dem Trail durch Rechtskehre folgen (links bergab Schotterwegabzweig, Trail führt bald an den Gräben/Wällen der Schanze entlang). **Nach 120 m** der Rechtskehre folgen und nun stets auf diesem dicht am Hochufer entlangführenden Trail bzw. Weglein bleiben (am Ende ein breiter Weg).

**21** **km 20,8**/610 m  Am Schotterwegedreieck (direkt unter der HS-Leitung) leicht links auf den weiter nah beim Hochufer verlaufenden Wald-Trail steuern (bei km 21,2 führt Piste als breiter Weg steil bergab, später dann als Pfad weiter und quert eine tiefe Senke).

**22** **km 21,7**/588 m  Man mündet (bei Marterl/Sitzbänken, nach Steilauffahrt aus der o. g. Waldsenke) an einen breiten Schotterweg und fährt geradeaus.
– *weiter siehe WW auf dem Höhenprofil* –

---

### Alternativ-Route 2
Auf Isarufer-Trail unter Grünwalder Brücke:

| km | Ort | Höhe | Zeit |
|---|---|---|---|
| 21,7 | Hochuferweg (am Marterl nähe Grünwald) | 588 | 1:25 |
| 22,1 | Forstweg (am Hang) | 567 | |
| 22,8 | Isarufer-Trail (am Wiesengelände) | 539 | |
| 23,4 | Unterquerung Grünwalder Brücke | 538 | |
| 23,7 | Wegekreuzung (nähe Waldparkplatz) | 558 | 1:35 |

→ weiter nach der Haupttour

### Alternativ-Route 3
Georgenstein-Trail zur Grünwalder Brücke:

| km | Ort | Höhe | Zeit |
|---|---|---|---|
| 23,8 | Wald-Trail (nähe Isaruferweg) | 551 | 1:43 |
| 24,4 | Isar-Trail | 548 | |
| 25,4 | Forstweg (Römerweg) | 552 | 1:50 |
| 25,7 | beim Georgenstein | 548 | |
| 26,0 | Wanderweg Georgenstein | 546 | |
| 26,5 | Abzweig Wald-Trail | 544 | |
| 26,8 | Schotterweg (nähe E-Werk-Gebäude) | 543 | 2:02 |
| 26,9 | Isarufer-Trail | 541 | |
| 28,4 | Wiesengelände | 539 | |
| 29,0 | Unterquerung Grünwalder Brücke | **538** | |
| 29,3 | Wegekreuzung (nähe Waldparkplatz) | 558 | 2:14 |

→ weiter nach der Haupttour

---

**24**  **Münchner Forste-Isar-Trailtour**  **48,2** km · **3:22** Std · **403** Hm

# 25 Königsdorfer Buchberg-Tour

**28,2** km · **2:12** Std · **501** Hm

## Mäßig schwere Tour!

Eine Buchberg-Tour von Königsdorf über Wolfsöd und Fischbach, mit vielen Traumpassagen wie dem wunderbaren Peterbauernbachtälchen und den diversen Trails durch die Rottachmoose.

**I**n der Königsdorfer Ortsmitte zweigt ein Sträßchen nach Niederham ab, wo man die Zivilisation verlässt und auf den diversen Feldwegen sowie Wald-Trails über das freie Land und die Höfe von Grafing und Reut ins Rottachmoos fährt. Auf schmaler Moorpiste quert man bis Wolfsöd, wo herrlichste Bike-Weglein durch Moose und Wälder über Fischbach zum Bürgerbauern leiten. Dort beginnt die absolute Traumfahrt durchs schmale, leicht abschüssige Peterbauernbachtälchen immer direkt am Wildbach entlang, eine der feinsten Bike-Routen des Alpenvorlands. Von Oberfischbach bei Tölz fährt man zum Golfplatz Strasserhof und absolviert die lange Auffahrt über den Panoramahügel des Buchbergs. **D**er flotte Downhill vom Buchberg endet erst bei Ramsau. Diverse ruhige Asphaltsträßchen und Wege leiten über Oberbuchen zurück zum Wolfsöd-Hof. Man kreuzt den ersten Teil der Tour, bleibt geradeaus auf dem Waldweg nach Hinterrothenrain und folgt dort der reizvollen Route auf teils schmalem Wiesenpfad durch ein weiteres Rottachmoos. Am Ende steigt ein Forstweg nach Osterhofen, wo man über Niederham rasch zurück nach Königsdorf gelangt.

| km | Ort | Höhe | Zeit |
|---|---|---|---|
| 0,0 | **Königsdorf** | 630 | |
| | *Ortsmitte, am Abzweig* | | |
| | *der Tölzer Straße* | | |
| 0,7 | Niederham | 639 | |
| 0,9 | Feldweg | 650 | |
| 1,4 | Fahrstraße | 647 | |
| 1,7 | Abzweig Feldweg | 644 | |
| 2,4 | Grafing-Hof | 663 | |
| 3,4 | nähe Kreut | 673 | 0:15 |
| 3,8 | nähe Bauernhof | 662 | |
| | *(auf Feld-/Waldweg)* | | |
| 4,0 | Wald-Trail | 642 | |
| | *(an Fahrsträßchen)* | | |
| 4,9 | Rottachmoos-Trail | 629 | |
| 5,6 | Wolfsöd-Hof | 646 | 0:27 |
| 6,1 | Rottachmoos-Weg | 631 | |
| 7,2 | Fischbach | 656 | 0:35 |
| | *(auf Waldweg)* | | |
| 8,0 | Lechen-Hof | 711 | |
| 8,9 | nähe Bürg | 706 | |
| 9,6 | Peterbauernbachtal | 677 | |
| 10,0 | Oberfischbach | 656 | 0:51 |
| | *(bei Bad Tölz)* | | |
| 11,0 | nähe Schwaig | 706 | |
| 11,5 | Golfplatz Strasser-Hof | 723 | 1:00 |
| 13,3 | Buchberg | **824** | |
| 13,5 | Buchberg-Höfe | 817 | |
| 15,1 | beim Wörnern-Hof | 711 | 1:16 |
| 16,4 | Hub | 661 | |
| 16,8 | nähe Ramsau | 638 | 1:22 |
| 17,3 | nähe Hammerl-Hof | 656 | |
| 18,1 | Bach-Hof | 651 | |
| 18,6 | Oberbuchen | 647 | |
| 19,0 | Abzweig auf Feldweg | 647 | |
| 19,9 | Fahrstraße | 641 | 1:34 |
| 20,1 | Abzweig auf Feldweg | 640 | |
| | *(nähe Unterbuchen)* | | |
| 21,6 | Wolfsöd-Hof | 646 | 1:42 |
| 23,1 | Hinterrothenrain | 659 | 1:50 |
| 24,3 | Rottachmoos-Trail | 628 | |
| 25,7 | Querung Fahrstraße | 639 | |
| | *(auf Forstweg)* | | |
| 27,2 | Osterhofen | 643 | 2:08 |
| 27,5 | Niederham | 639 | 2:09 |
| 27,6 | *(tiefster Punkt)* | **625** | |
| 28,1 | Königsdorf | 630 | 2:12 |

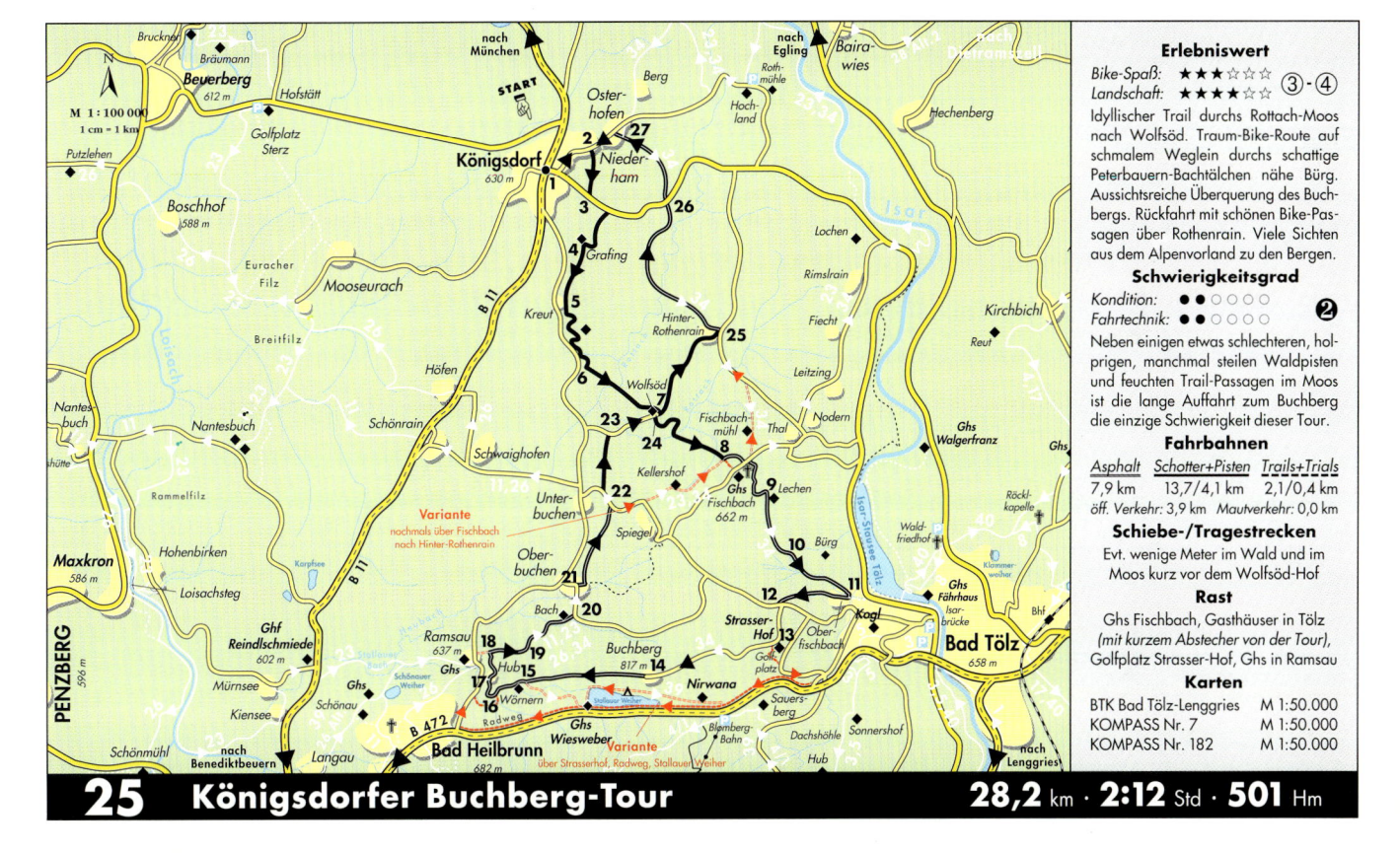

## Erlebniswert

**Bike-Spaß:** ★★★☆☆ (3)-4
**Landschaft:** ★★★★☆

Idyllischer Trail durchs Rottach-Moos nach Wolfsöd. Traum-Bike-Route auf schmalem Weglein durchs schattige Peterbauern-Bachtälchen nähe Bürg. Aussichtsreiche Überquerung des Buchbergs. Rückfahrt mit schönen Bike-Passagen über Rothenrain. Viele Sichten aus dem Alpenvorland zu den Bergen.

## Schwierigkeitsgrad

**Kondition:** ●●○○○○
**Fahrtechnik:** ●●○○○○    ②

Neben einigen etwas schlechteren, holprigen, manchmal steilen Waldpisten und feuchten Trail-Passagen im Moos ist die lange Auffahrt zum Buchberg die einzige Schwierigkeit dieser Tour.

## Fahrbahnen

| *Asphalt* | *Schotter+Pisten* | *Trails+Trials* |
|---|---|---|
| 7,9 km | 13,7/4,1 km | 2,1/0,4 km |

öff. Verkehr: 3,9 km    Mautverkehr: 0,0 km

## Schiebe-/Tragestrecken

Evt. wenige Meter im Wald und im Moos kurz vor dem Wolfsöd-Hof

## Rast

Ghs Fischbach, Gasthäuser in Tölz *(mit kurzem Abstecher von der Tour)*, Golfplatz Strasser-Hof, Ghs in Ramsau

## Karten

| BTK Bad Tölz-Lenggries | M 1:50.000 |
|---|---|
| KOMPASS Nr. 7 | M 1:50.000 |
| KOMPASS Nr. 182 | M 1:50.000 |

---

**25  Königsdorfer Buchberg-Tour**    28,2 km · 2:12 Std · 501 Hm

# 25 Königsdorfer Buchberg-Tour

**28,2** km · **2:12** Std · **501** Hm

## Wegweiser

**1** *km 0/630 m* <u>Durchfahrt Königsdorf</u>: In der Ortsmitte von der B 11 bergauf in die *„Tölzer Straße"* Ri. *„Bad Tölz, Jugendbildungsstätte"* abzweigen. *Nach 80 m* links Ri. *„Osterhofen, Niederham"* abzweigen *(auf die „Osterhofener Straße")*.

**2** *km 0,7/639 m* <u>Durchfahrt Niederham</u>: Nach der Auffahrt rechts hoch in den *„Alpenblickweg"* abzweigen. *Nach 100 m (in Linkskehre)* rechts/geradeaus auf den Schotterweg abzweigen und ortsauswärts *(rechts an holzverschaltem Wohnhaus vorbei)*.

**3** *km 1,4/647 m* Man mündet an der Fahrstraße und folgt ihr nach links. *Nach 340 m* rechts auf den Feldweg abzweigen *(Betonformsteinweg, nach 540 m der Rechtskehre zum Grafing-Hof hin folgen)*.

**4** *km 2,4/663 m* <u>Durchfahrt Grafing</u>: Beim Hof *(nach dem ersten Stadel)* links auf den Schotterweg *(nach 380 m an der Kreuzung geradeaus, nach 420 m dem Hauptweg durch eine leichte Linkskehre folgen)*.

**5** *km 3,4/673 m* <u>Durchfahrt bei Kreut</u>: Man mündet *(bei Bauernhöfen)* an einer Schotterwegkehre und fährt geradeaus weiter auf dem Hauptweg. *Nach 120 m* mündet man an einen Asphaltweg und folgt ihm nach links bergab. *Nach 250 m (in Linkskehre vor dem Einsiedlerhof)* vom Asphaltweg rechts/geradeaus auf den Schotter-Feldweg abzweigen *(am Stadel)*. *Nach 100 m* rechts auf die Graswegspur abzweigen *(durch Weidezaun, bald ein Weg im Wald bergab)*. *Nach 110 m* mündet man im Tälchen an einen Waldweg, fährt rechts *(über Bachgraben)* und zweigt *nach 70 m (direkt an der Fahrstraße)* links auf die Waldpfadspur ab *(an Holz-Gedenktafel, links von dem Graben bergab)*.

**6** *km 4,2/636 m* Man mündet an einen Waldweg und folgt ihm nach links *(bald ein Stück am Wiesengelände entlang, später wieder ins Wäldchen)*. *Nach 220 m* dem Hauptweglein durch leichte Rechtskehre folgen und *nach 50 m* in der Rechtskehre links auf eine Graspfadspur abzweigen *(bald unter der HS-Leitung durch, später evt. kurzzeitig feucht und sumpfig, bei km 4,9 übers Bachbrücklein, nach 70 m am Bachgräblein nach rechts weiter auf der Wegspur, später besserer Waldweg hinauf nach Wolfsöd)*.

**7** *km 5,6/646 m* <u>Durchfahrt Wolfsöd</u>: Man mündet am Hof an querenden Schotterweg und fährt rechts auf den gleich beginnenden Asphaltweg. *Nach 40 m* links auf Feldweg Ri. *„Nach Fischbach F1"* abzweigen *(nach 110 m der Linkskehre und nach 120 m auf der Wiese der Rechtskehre folgen, ein Grasweg, bald steiler bergab, am Ende geht's über die Wiese. Nach 170 m bei den Bäumen links auf nun wieder deutlichem Feldweg weiter, die Talfläche queren, später geht's durch den Wald bergauf nach Fischbach)*.

## Anfahrt

**Auto:** Von München nach Grünwald und dort geradeaus stets auf der Staatsstraße 2072 weiter in Ri. *„Bad Tölz"* über Straßlach, Deining und Egling bis zur Tattenkofer Brücke. Dort rechts Ri. *„Königsdorf, Geretsried, Wolfratshausen"* auf die Staatsstraße 2369 abzweigen, die Isar überqueren und stets geradeaus bleiben. Bei Mündung an der B 11 bei Geretsried links in Ri. *„Innsbruck, Bichl, Königsdorf"* nach Königsdorf *(40 km, 0:45 Std)*.

*Alternativ: Auf der B 11 von München-Solln stets in Ri. „Innsbruck" über Baierbrunn, Schäftlarn und Wolfratshausen bis nach Königsdorf.*

**S-Bahn:** Von München/Starnberger Bhf. nach Wolfratshausen und mit dem Bike auf Radwegen und Straßen bis nach Königsdorf *(oder zur Tattenkofer Brücke, nach WW 1-5 nach Osterhofen und von dort nach Niederham zu WW 2 der Tour)*.

### Fahrt zum Startplatz

In der Ortsmitte von Königsdorf zweigt links bergauf die *„Tölzer Straße"* in Ri. *„Bad Tölz, Jugendbildungsstätte"* ab, hier beginnt die Tour. Parken kann man im Ort entlang der B 11.

*Die Tour beginnt im Ort am Abzweig der o. g. „Tölzer Straße" von der B 11.*

### Alternative Startorte

Fischbach, Bad Tölz, Bad Heilbrunn *(Ramsau)*

8. **km 6,9/655 m** Durchfahrt Fischbach: An der Wegekreuzung nähe Fischbach links fahren (→ *alternativ* zur Einkehr im Ghs Fischbach geradeaus, 270 m bis Mündung an Asphaltstraße am Ghs, dort links bergab, nach 140 m mündet links die Haupttour). **Nach 300 m** mündet man an der Asphaltstraße *(bei Fischbacher Kirche)* und folgt ihr links bergab. **Nach 120 m** rechts auf den Waldweg abzweigen *(anfangs fährt man direkt am Zaun des Wasserreservoirs entlang).* **Nach 80 m** auf dem etwas weniger steilen Hauptweglein bergauf bleiben. **Nach 140 m** an der Verzweigung links bergauf.

9. **km 8,0/711 m** Durchfahrt Lechen: Am Hof den Asphaltweg queren und geradeaus Ri. *„Bad Tölz"*.

10. **km 8,9/706 m** Durchfahrt nähe Bürg: An der Verzweigung im Wiesengelände von Bürg *(nach der Abfahrt)* dem rechten Weg in Ri. *„Am Bachweg nach Bad Tölz"* folgen. **Nach 110 m** am Waldrand durch die Linkskehre und **nach 60 m** rechts auf eine Wiesenpfadspur abzweigen *(direkt nach dem Stadel, der Pfad führt zu einer Sitzbank am Waldrand und dann bald kurz sehr steil bergab ins Peterbauernbachtälchen, dort stets talabwärts fahren).*

11. **km 10,0/661 m** Durchfahrt nähe Bad Tölz und Oberfischbach: Man mündet an einem Asphaltsträßchen und folgt ihm rechts/geradeaus bergab. **Nach 80 m** *(nach Überquerung der Bachbrücke)* rechts auf dem Asphaltweg bergauf Ri. *„Reiterhof-Buchberg, Bad Heilbrunn, Café Straßerhof"* *(„Alter Saumweg", später ein sehr steiler Waldweg).* **Nach 240 m** *(kurz nach dem Oberfischbach-Hof)* mündet man wieder an einen Asphaltweg und folgt ihm rechts bergauf in Ri. *„Peterhof, Buchberg"*. **Nach 110 m** *(an der Verzweigung)* auf den linken Schotterweg in Ri. *„Café Straßerhof"*.

12. **km 11,0/706 m** Man mündet an der Fahrstraße *(an Bushaltestelle)*, folgt ihr nach links und zweigt **gleich nach 20 m** rechts auf das Asphaltsträßchen in Ri. *„Buchberg, Reit, Golfplatz, ..."* ab.

13. **km 11,5/723 m** Am *„Strasser-Hof"* *(Golfplatz)* der Asphaltstraße durch die Rechtskehre folgen. **Nach 370 m** geradeaus in Ri. *„Buchberg-Heilbrunn"* bleiben *(links Asphaltabzweig Ri. „Reit, ...").*

14. **km 13,5/817 m** Durchfahrt Buchberg: An den Höfen dem Asphaltweg durch Links-/Rechtskehre Ri. *„Bad Heilbrunn"* folgen und **nach 70 m** am Asphaltende geradeaus auf Schotterweg bergab.

15. **km 15,1/711 m** Durchfahrt Wörnern: Nach der Abfahrt mündet man am Asphaltweg *(an Marterl)* und fährt rechts in Ri. *„Über Hammerschmiede nach Bad Heilbrunn"* weiter bergab *(bald am Wörnern-Hof vorbei,* **nach 380 m** *am Asphaltende geradeaus auf weiterführenden Schotterweg bergab).*

---

### Variationen

Schwerer:

*1. Kombination mit den anderen Bike-Touren des Loisachtals:* Es gibt vielfältigste Kombinationsmöglichkeiten mit den diversen anderen Touren des Loisachtals. Aus der Vielzahl der möglichen Routen lassen sich stets immer wieder individuelle und stets unterschiedliche neue Bike-Touren zusammenstellen. Besonders empfehlenswert sind z. B. die Erweiterungen der Buchberg-Tour über Ramsau, Schönau und Reindlschmide oder über Bichl und Benediktbeuern in Richtung Loisach. Dort loisachabwärts und z. B. über Nantesbuch und Mooseurach zurück nach Königsdorf *(oder über Schönrain und Schwaighofen nach Unterbuchen, siehe Touren 11, 23, 26 und 34).*

*2. Verbindungen vom Buchberg aus in Richtung Blombergbahn und Waldherralm für Kombinationen mit den Bergtouren aus BIKE GUIDE 1:* Für eventuelle Verbindungen zu den bei der Blombergbahn beginnenden Bergtouren von BIKE GUIDE 1 entweder vom Buchberg an WW 13 am Golfplatz Strasserhof links ab, über Kiefersau und am Ende auf der Straße hinab zum Radweg an der B 472 und auf diesem zur Blombergbahn. Alternativ erst nach Überquerung des Buchbergs an WW 15 *(kurz vor dem Wörnern-Hof)* links bergab und über den Stallauer Weiher und das Café Nirwana bis zur Blombergbahn *(siehe auch WW 41-43/Tour 39).*

---

**25** Königsdorfer Buchberg-Tour  **28,2** km · **2:12** Std · **501** Hm

# 25 Königsdorfer Buchberg-Tour

**28,2** km · **2:12** Std · **501** Hm

**16** **km 15,7**/679 m An einer Verzweigung dem rechten Weg in Ri. *„Bad Heilbrunn"* folgen.

**17** **km 16,4**/661 m <u>Durchfahrt Hub</u>: In dem Weiler leicht rechts auf den Asphaltweg und dann gleich wieder links halten. *Nach 90 m* am Asphaltende auf den linken Feldweg Ri. *„Ramsau, Kapelle"*.

**18** **km 16,8**/638 m Man mündet nach der Abfahrt am Asphaltweg *(nähe Ramsau)* und fährt rechts *(→ alternativ für einen Rastabstecher zum Ghs Ramsau links, nach 160 m links und durch den Ort zum Ghs)*.

**19** **km 17,3**/656 m Vom Asphaltweg links auf den leicht bergab führenden Waldweg Ri. *„Fußweg nach Linden"* abzweigen *(in Nähe Hammerl-Hof, nach 270 m geradeaus auf dem Hauptweg bleiben)*.

**20** **km 18,2**/651 m Kurz hinterm Bach-Hof mündet man an eine Asphaltstraße und fährt links bergab.

**21** **km 18,6**/647 m <u>Ortsdurchfahrt Oberbuchen</u>: Am Straßendreieck im Ort rechts *(Sackgasse)*. *Nach 60 m* links auf den Schotter-Feldweg abzweigen *(nach 310 m an Verzweigung geradeaus)*.

**22** **km 19,9**/641 m Man mündet an eine Asphaltstraße und folgt ihr nach links *(in Richtung Unterbuchen)*. *Nach 220 m* in einer Linkskehre rechts auf den Schotter-Feldweg abzweigen.

**23** **km 20,9**/633 m Man mündet wieder an ein Asphaltsträßchen und folgt ihm nach rechts.

**24** **km 21,6**/646 m <u>Durchfahrt Wolfsöd</u>: Zurück in Wolfsöd *(rechts Abzweig des Feldwegs nach Fischbach)* geradeaus und *nach 40 m* am Asphaltende geradeaus auf den weiterführenden Schotterweg.

**25** **km 23,1**/659 m <u>Durchfahrt Hinter-Rothenrain</u>: Dem Schotterweg durch den Weiler folgen *(an Kapelle vorbei)*. *Nach 60 m* mündet man an ein Asphaltsträßchen, folgt ihm *ca. 5 m* nach links und zweigt gleich wieder links auf den Schotterweg ab *(evtl. diverse Weidezäune, nach ca. 600 m geht's am Waldrand bergab, nach 90 m am Stadel vorbei auf die Graswegspur, nach 50 m über Weidezaun-Übersteig auf Pfad weiter, bei km 24,3 über den Holzsteg und weiter auf Forstweg bis zur Fahrstraße)*.

**26** **km 25,7**/646 m Die o. g. Fahrstraße queren und gegenüber auf dem Forstweg bergauf.

**27** **km 27,2**/643 m <u>Durchfahrt Osterhofen/Niederham</u>: Man mündet *(nähe Maibaum, aus dem „Kapellenweg" kommend)* an eine Asphaltstraße und folgt ihr nach links gleich wieder ortsauswärts. *Nach 220 m* in Niederham *(links zweigt „Alpenblickweg" vom Anfang der Tour ab)* weiter stets auf dieser Straße durch den Ort bleiben und zurück zum Ausgangspunkt in Königsdorf *(km 28,2)*.

---

Nicht probiert:

*3. Verbindung vom Strasserhof bzw. Buchberg über Reit direkt zum Café Nirwana und zur Blombergbahn:* Ab Reit nur noch ein sehr schmaler, teils unfahrbarer Wandersteig mit Stufen und Treppen sowie einem Bike-Verbotsschild. Keine sinnvolle Bike-Route!

Auch probieren:

*4. Verbindung von Oberfischbach bei Bad Tölz (nach dem Peterbauernbachtälchen) zu den Bike-Routen des Isartals:* Von WW 11 der Tour in Oberfischbach kann man auf kurzem Weg durch Bad Tölz zum Isartal-Radweg gelangen und erreicht so die Startpätze aller Tölzer Isartal- und Waldherralm-Touren an der Isarbrücke in Bad Tölz. Auf diese Weise sind schöne Erweiterungen loisachtaler Buchberg-Tour bis zum Sylvensteinsee oder auch bis zum Tegernsee möglich *(siehe Touren 1, 3, 5, 8, 19, 22 und 40)*.

*5. Nach Abfahrt vom Buchberg durch das Bachtälchen der ehemaligen Hammerschmiede bis nach Ramsau fahren:* Statt über Hub kann man nach Abfahrt vom Buchberg an WW 16 kurz nach dem Wörnern-Hof auch links abzweigen und auf schönem Weglein durch das Bachtälchen der alten Hammerschmiede bis Ramsau gelangen. Am Ende fährt man dann allerdings noch ein Stück auf der Straße nach Hub *(siehe auch Hinweis mit Kurzbeschreibung bei WW 18/Tour 34, Tattenkofer Buchberg-Tour)*.

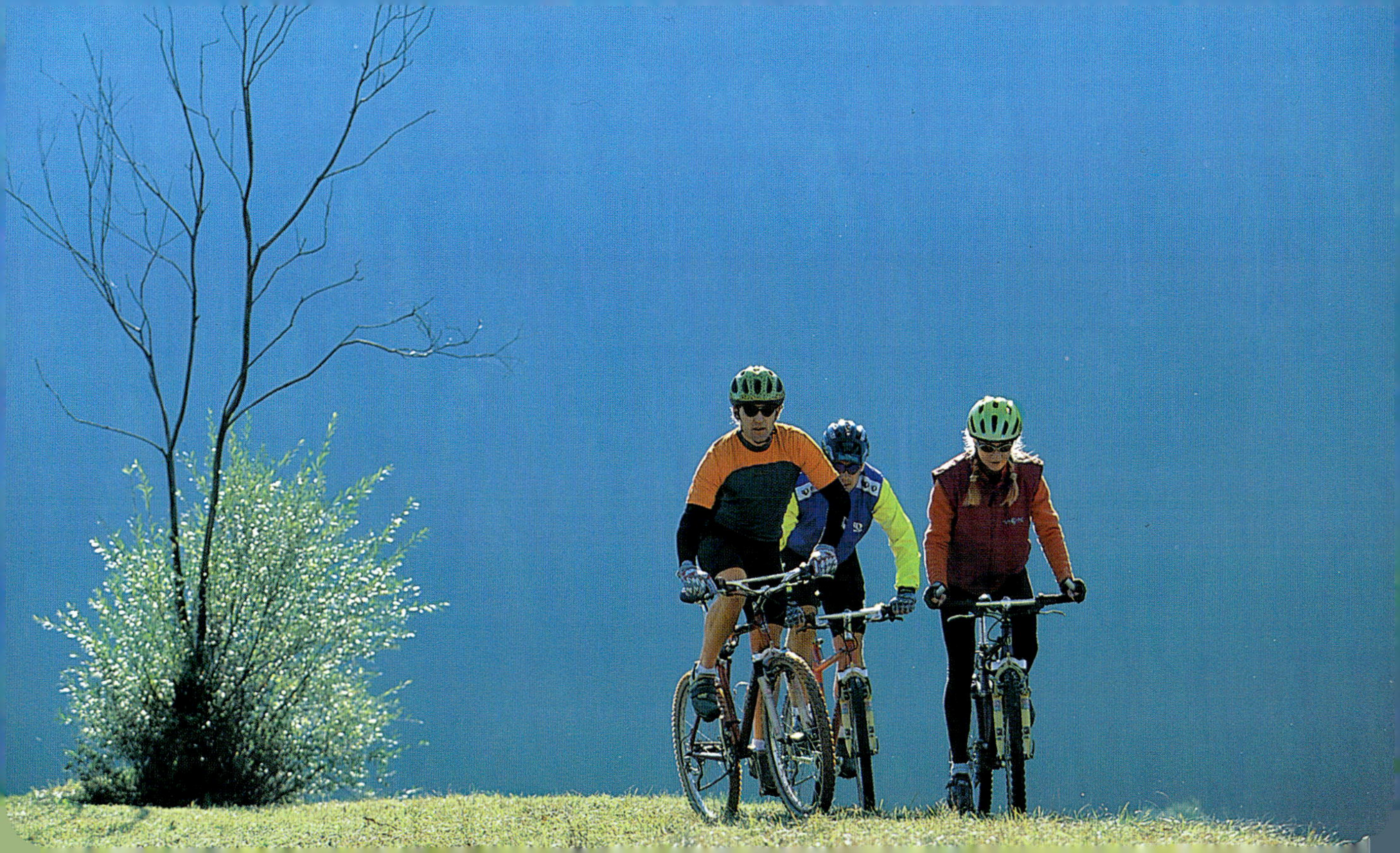

# 26 Bichler Loisachfilzen-Tour

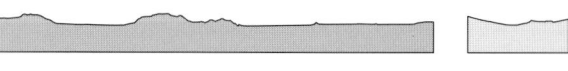

**45,7** km · **2:52** Std · **607** Hm

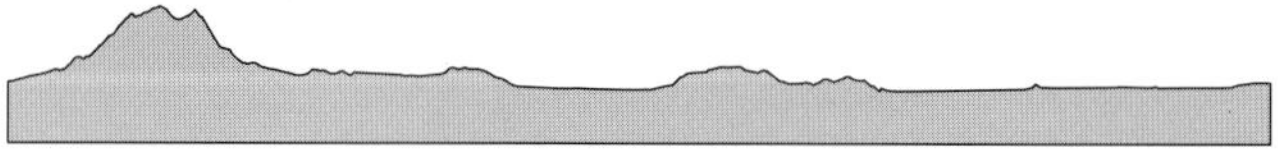

## Mäßig schwere Tour!

Eine weite Bike-Schleife von Bichl rund um das Loisachtal, zunächst am Enzenauer Berg hinauf mit vielen Vorlandblicken, dann auf zahlreichen herrlichen Routen in den Filzen.

**V**om Bichler Bahnhof geht es zur Steinbachbrücke, wo man sich für den Uphill durch die Wälder des Enzenauer Berges oder für die tolle Route mit dem reizvollen Trail am Steinbach entscheiden muß. Nach dem Downhill vom Enzenauer Berg nähert man sich auf abwechslungsreichen Pisten und Sträßchen über Bad Heilbrunn, Ramsau, Oberbuchen, Unterbuchen und Schwaighofen den Loisachfilzen. Die Einfahrt in die idyllischen Mooslandschaften erfolgt bei Höfen. Kurz nach dem Boschhof geht's über die Loisach, dann auf einem Asphaltweglein über die Hügel nach Faistenberg und Promberg. Herrliche Ausblicke und Einkehrmöglichkeiten in vorzüglichen Gasthäusern sind auf dieser Route die Highlights. **Ü**ber Penzberg-Oberhof gelangt man wieder hinab zur Loisach, fährt dort genüßlich auf dem sonnigen Loisachdammweg flußaufwärts bis Maxkron und dann auf einem Sträßchen nach Schönmühl. Schon bald nach dem Gasthaus beginnt der Loisachufer-Trail bis zur Flußbrücke der B 472 zwischen Sindelsdorf und Bichl. Jenseits der Brücke führt der Loisachuferweg wieder flußabwärts in Richtung Bichl, das nach kurzer Fahrt durch die Loisachfilzen erreicht wird.

| km | Ort | Höhe | Zeit |
|---|---|---|---|
| 0,0 | **Bichl** | 614 | |
| | *Bahnhof* | | |
| 1,7 | Steinbachbrücke | 656 | 0:08 |
| 1,9 | bei Obersteinbach | 653 | |
| | *(Abzweig Forstweg)* | | |
| 5,4 | Enzenauer Berg | **878** | 0:36 |
| 6,9 | Schellenbachgraben | 840 | |
| 7,5 | nähe Marienbild | 740 | |
| 8,3 | Bad Heilbrunn | 683 | |
| 8,9 | Abzweig auf | 678 | 0:51 |
| | Ramsauer Weg | | |
| 10,0 | Obermühl | 646 | |
| 10,3 | Ramsau | 637 | 0:55 |
| 11,1 | nähe Hammerl-Hof | 656 | |
| 11,9 | Bach-Hof | 651 | |
| 12,4 | Oberbuchen | 647 | 1:04 |
| 12,5 | Abzweig auf Feldweg | 647 | |
| 14,2 | Unterbuchen | 636 | 1:10 |
| 16,0 | Schwaighofen | 664 | 1:17 |
| 17,1 | Höfen *(Querung B 11)* | 654 | 1:20 |
| 19,8 | Breitfilz | 592 | |
| 20,4 | bei Mooseurach | 593 | 1:30 |
| 22,5 | Boschhof | 588 | |
| 23,6 | Fahrstraße | 600 | 1:40 |
| 24,2 | Putzlehen | 632 | |
| 24,7 | Maierwald-Hof | 648 | |
| 25,9 | Marzanderl-Hof | 667 | |
| 26,3 | Hohenleiten-Hof | 669 | |
| 27,2 | Faistenberg | 656 | 1:54 |
| 29,5 | Promberg | 626 | |
| 30,2 | Oberhof | 635 | 2:04 |
| 30,8 | Nantesbuch | 623 | |
| 31,3 | Glashütte | 590 | |
| 31,9 | Loisach-Dammweg | **584** | |
| 33,6 | bei Maxkron | 586 | 2:15 |
| | *(am Loisachsteg)* | | |
| 37,1 | Schönmühl | 610 | 2:25 |
| 37,5 | Sägewerk | 599 | |
| 38,9 | Loisachufer-Trail | 598 | |
| 41,4 | Loisachbrücke | 601 | 2:40 |
| | *(B 472 Sindelsdorf-Bichl)* | | |
| 42,4 | Loisachuferweg | 598 | |
| | *(in Richtung Bichl)* | | |
| 43,7 | Loisachfilze | 598 | |
| 45,7 | Bichl | 614 | 2:52 |

### Alternativ-Route

Statt über Enzenauer Berg auf reizvollem Trail am Steinbach und über Achmühl.

*– siehe auf Wegweiser-Seiten –*

## Erlebniswert

Bike-Spaß: ★★☆☆☆ ②-③
Landschaft: ★★★☆☆

Schöne Ausblicke vom Enzenauer Berg ins Alpenvorland. Zahlreiche herrliche Bike-Passagen im Loisachtal mit tollen Pisten und Trails direkt an der Loisach. Besonders reizvolle Ausblicke von den Hügeln bei Faistenberg über die Voralpenlandschaft und zur Alpenkulisse. Einkehrmöglichkeit in guten Restaurants in Faistenberg (!) und Promberg.

## Schwierigkeitsgrad

Kondition: ●●○○○○ ❷
Fahrtechnik: ●●○○○○

Lange, teils steilere Forstwegauffahrt am Enzenauer Berg. Einige etwas holprige Trails und Pisten, ansonsten eine bestens fahrbare Tour auf guten Wegen.

## Fahrbahnen

| Asphalt | Schotter+Pisten | Trails+Trials |
|---|---|---|
| 19,4 km | 23,6/1,2 km | 1,0/0,5 km |

öff. Verkehr: 14,1 km  Mautverkehr: 0,0 km

## Schiebe-/Tragestrecken

keine

## Rast

Gasthäuser in Bichl, Bad Heilbrunn, Ramsau, Unterbuchen, Faistenberg, Promberg, Maxkron und Schönmühl

## Karten

BTK Bad Tölz-Lenggries    M 1:50.000
KOMPASS Nr. 7              M 1:50.000
KOMPASS Nr. 182            M 1:50.000

**26  Bichler Loisachfilzen-Tour        45,7 km · 2:52 Std · 607 Hm**

# 26 Bichler Loisachfilzen-Tour

**45,7** km · **2:52** Std · **607** Hm

## Wegweiser

**1** **km 0**/614 m Durchfahrt Bichl: Der *„Bahnhofstraße"* in Ri. *„Freibad, Steinbachtal, ..."* folgen. *Nach 100 m* am Straßendreieck der *„Siedlungstraße"* nach rechts folgen und **nach 60 m** an der Verzweigung links halten. **Nach 180 m** die Fahrstraße (B 11) queren und schräg rechts gegenüber in die *„Alte Tölzer Straße"* (Sackgasse). *Nach 130 m* (nach dem „Feuerwehrhaus") rechts in den *„Feuerhausweg"* und gleich **nach 10 m** wieder links in den *„Kreutweg"* abzweigen.

**2** **km 1,3**/642 m Am Schotterdreieck am Waldrand rechts (leicht bergauf, **Info:** Für u. g. Steinbach-Trail-Alternative evt. bereits nach 110 m links ab auf Waldweg und nach 120 m links auf querenden Trail).

**3** **km 1,7**/656 m Durchfahrt bei Obersteinbach: Man mündet an ein Asphaltsträßchen (am Trafohäuschen) und fährt links im Ri. *„Obersteinbach"* (bald über Steinbachbrücke, → **alternativ** für schönen Trail am Steinbach über Achmühl und Schönau nach Ramsau 20 m zuvor links auf Waldpfad, siehe Alt.-WW). *Nach 180 m* (kurz vor Ortsschild „Obersteinbach") rechts auf den Forstweg in Ri. *„Bad Heilbrunn Wanderweg"* abzweigen (→ alternativ geradeaus durch den Ort für eine leichtere Route über Untersteinbach, Bad Heilbrunn und Schönau nach Ramsau – ohne Fahrt übern Enzenauer Berg – siehe WW 3-9/Tour 11).

**4** **km 4,1**/827 m Am Wegedreieck am Marterl links weiter bergauf Ri. *„Nach Bad Heilbrunn"*.

**5** **km 6,9**/840 m Nach einer Abfahrt links übers Bachbrücklein auf den Pfad abzweigen. **Nach 30 m** mündet man an einen Forstweg und folgt ihm links bald bergab Ri. *„Bad Heilbrunn"* (stets auf dem Hauptweg bergab bis zur Fahrstraße in Heilbrunn, ab km 7,7 bei der Schranke ein Asphaltweg).

**6** **km 8,4**/683 m Ortsdurchfahrt Bad Heilbrunn: Man mündet im Ort an der B 472, zweigt links auf den Asphalt-Fußweg ab (durch Unterführung). *Nach ca. 110 m* mündet man jenseits der B 472 an eine Straße und folgt ihr links Ri. *„Ortsmitte"* (die Beschilderung steht rechts zurück an der B 472). *Nach 420 m* rechts bergab auf den *„Ramsauer Weg"* abzweigen (in Ri. *„RS Ramsau, Königsdorf, Bad Tölz"*, bald ortsauswärts). *Nach 220 m* (an dem Marterl mit Bäumen) geradeaus bleiben.

**7** **km 10,1**/643 m Durchfahrt Obermühl/Ramsau: Kurz nach Obermühl (und dem „Geigerhof") mündet man über eine Brücke an die Fahrstraße und folgt ihr links leicht bergab nach Ramsau. **Nach 200 m** am Straßendreieck in Ramsau rechts Ri. *„RS Oberbuchen, Königsdorf, Bad Tölz"* (von links mündet die Alt.-Route, 100 m zum Ghs Ramsau). **Nach 100 m** rechts auf den Asphaltweg in Ri. *„Hammerl, Fußweg nach Linden"* abzweigen.

## Anfahrt

**Auto:** Von München nach Grünwald und dort geradeaus stets auf der Staatsstraße 2072 weiter in Ri. *„Bad Tölz"* über Straßlach, Deining und Egling bis zur Tattenkofer Brücke. Dort rechts Ri. *„Königsdorf, Geretsried, Wolfratshausen"* auf die Staatsstraße 2369 abzweigen, die Isar überqueren und stets geradeaus bleiben. Bei Mündung an der B 11 bei Geretsried links in Ri. *„Innsbruck, Bichl, Königsdorf"* und über Königsdorf nach Bichl (52 km, 1:00 Std).

**Alternativ:** Auf der B 11 von München-Solln stets in Ri. *„Innsbruck"* über Baierbrunn, Schäftlarn, Wolfratshausen und Königsdorf nach Bichl oder auf der A 95 München-Garmisch, Ausfahrten Penzberg/Iffeldorf oder Sindelsdorf/Bad Tölz/Bichl, bis Bichl.

**Bahn:** Von München/Starnberger Bhf. nach Bichl, die Tour beginnt am Bhf.

## Fahrt zum Startplatz

Auf der B 11 von Königsdorf/Bad Tölz oder von Penzberg kommend ca. 100 m nach dem Ortsschild „Bichl" rechts in die *„Bahnhofstraße"* abzweigen. Nach ca. 170 m leicht rechts halten, dann gleich wieder links in Ri. *„Bahnhof"* und noch gut 100 m bis zum Bahnhof fahren und auf dem dortigen Parkplatz parken.

*Die Tour beginnt am Bahnhof in Bichl.*

## Alternative Startorte

Bad Heilbrunn, Penzberg, Schönmühl

8. **km 11,1**/656 m  Vom Asphaltweg links auf den leicht bergab führenden Waldweg Ri. *"Fußweg nach Linden"* abzweigen *(in Nähe Hammerl-Hof, nach 270 m geradeaus auf dem Hauptweg bleiben).*

9. **km 12,0**/651 m  Kurz hinterm Bach-Hof mündet man an eine Asphaltstraße und fährt links bergab.

10. **km 12,4**/647 m  Ortsdurchfahrt Oberbuchen: Am Straßendreieck im Ort rechts *(Sackgasse)*. **Nach 60 m** links auf den Schotter-Feldweg abzweigen *(nach 310 m an Verzweigung geradeaus).*

11. **km 13,6**/641 m  Man mündet an eine Asphaltstraße und folgt ihr nach links.

12. **km 14,2**/636 m  Durchfahrt Unterbuchen: Kurz nach dem *"Ghs Unterbuchen"* der Straße durch die Rechtskehre Ri. *"RS Beuerberg, Königsdorf, Wolfratshausen"* folgen. **Nach 150 m** links auf die Straße Ri. *"Schönrain, Schwaighofen, RS Schönrain, Beuerberg"* abzweigen und dieser nun bis nach Schwaighofen folgen.

13. **km 16,0**/664 m  Durchfahrt Schwaighofen: In Schwaighofen rechts in Ri. *"Höfen"* abzweigen *(nach der Auffahrt; → alternativ auch geradeaus in Ri. "Schönrain" nach WW 15-17/Tour 11 ca. 3,0 km über Schönrain bis in die Breitfilzen und dort rechts 850 m zur Wegekreuzung von WW 15 der Haupttour).*

14. **km 16,9**/659 m  Durchfahrt Höfen: An dem Asphaltdreieck beim Bauernhof links halten. **Nach 200 m** die B 11 queren und geradeaus Ri. *"Höfen"*. **Nach 100 m** an der Verzweigung im Weiler links bergab *(später ein Schotterweg hinab in die Breitfilzen, dort stets weiter auf dem Hauptweg bleiben).*

15. **km 19,8**/592 m  An der Wegekreuzung in den Filzen rechts in Ri. *"RS Beuerberg, Eurasburg"* *(von links mündet o. g. Variante über Schönrain).* **Nach 110 m** dem Hauptweg durch Linkskehre folgen.

16. **km 20,4**/593 m  Durchfahrt bei Mooseurach: Am Wegedreieck links in Ri. *"RS Beuerberg, Eurasburg"* *(am Ortsendeschild von "Mooseurach").* Nun stets auf diesem Hauptweg bleiben *(bei km 22,5 am Boschhof vorbei, später über Loisachbrücke).*

17. **km 23,7**/600 m  Man mündet *(bei Bierbichl)* an der Fahrstraße und folgt ihr nach rechts in Ri. *"RS Beuerburg, Eurasburg"*. **Nach 280 m** links hoch auf das Asphaltsträßchen in Ri. *"Hohenleiten, Maierwald"* abzweigen. Nun stets diesem Sträßchen auf den Höhenzug und dort an diversen Weilern und Bauernhöfen vorbei folgen.

18. **km 26,5**/658 m  Am Asphaltende *(etwa 180 m nach dem "Hohenleiten"-Hof)* geradeaus weiter bergab auf den weiterführenden Schotterweg und diesem **nach 20 m** durch eine Linkskehre folgen.

### Variationen

Schwerer:

*1. Kombination mit den anderen Bike-Touren des Loisachtals:* Es gibt vielfältigste Kombinationsmöglichkeiten mit den diversen anderen Touren des Loisachtals. Aus der Vielzahl der möglichen Routen lassen sich immer wieder individuelle und stets unterschiedliche neue Bike-Touren zusammenstellen. Besonders empfehlenswert ist z. B. die Erweiterung der Loisachfilzen-Tour von WW 11 aus über Fischbach und Rimslrain zur Isar hin, dort isarabwärts und über Rothmühle, Osterhofen, Tattenkofer Brücke, Geretsried und Gartenberg nach Wolfratshausen. Dort die Pupplinger Loiach-Isar-Tour aufnehmen und auf dieser Route bis zur Mündung an der Haupttour zwischen Mooseurach und Boschhof. Dort weiter wie beschrieben über Boschhof und dann nach WW 17 *(siehe auch Touren 11, 23, 25 und 34).*

Leichter:

*2. Statt über den Enzenauer Berg auf leichterer Route über Untersteinbach, Bad Heilbrunn, Schönau nach Ramsau:* Sehr viel leichtere Variante mit Fahrt zu Füßen des Enzenauer Bergs *(siehe Hinweis bei WW 3 sowie WW 3-9/Tour 11).*

Auch probieren:

*3. Toller Trail am Steinbach entlang und dann über Achmühl und Schönau nach Ramsau:* Eine herrliche Trail-Alternative zu der beschriebenen Fahrt über den Enzenauer Berg *(siehe Alt.-WW).*

# 26 Bichler Loisachfilzen-Tour

**45,7** km · **2:52** Std · **607** Hm

**19** **km 27,2**/656 m Durchfahrt Faistenberg: Man mündet an eine Asphaltstraßenkehre und fährt rechts in Ri. **„St.Heinrich".** *Nach 190 m* links Ri. **„Fußweg nach Promberg, Ghf Hoislbräu"** abzweigen *(an Bauernhof, → alternativ noch 30 m geradeaus und links ab auf Schotterweg). Nach 60 m* geradeaus auf Pfad kurz bergab zum Schotterweg und diesem geradeaus bergauf folgen *(an Kapelle vorbei, stets auf dieser Route bleiben, zeitweise ein Pfad, bei km 28,9 mündet man am Asphaltweg, fährt rechts bergab und bald bergauf nach Promberg).*

**20** **km 29,5**/626 m Durchfahrt Promberg: Man mündet im Ort an einer Asphaltstraße und fährt rechts Ri. **„Radweg rund um Penzberg, R1 Oberhof"** *(bald am „Whs Hoisl-Bräu" vorbei und bergab).*

**21** **km 30,2**/635 m Durchfahrt Oberhof: Man mündet an Asphaltweg und fährt links *(→ alternativ für Route über Penzberg rechts siehe WW 21-29/Tour 11).*

**22** **km 31,3**/590 m Auf der Abfahrt *(hinter Nantesbuch)* in einer Linkskehre rechts auf das Schotterweglein Ri. **„Stadtmitte"** abzweigen *(bald über die Bachbrücke und dann kurz steil bergauf). Nach 150 m* mündet man an ein Asphaltsträßchen und folgt ihm links bergab. *Nach 280 m* mündet man an der Fahrstraße und folgt ihr nach rechts. *Nach 190 m* links auf den Forstweg abzweigen *(durch Schranke, bald stets auf dem Loisachdammweg).*

**23** **km 33,6**/586 m Durchfahrt bei Maxkron: An der Fußgängerbrücke geradeaus weiter stets auf dem Loisach-Dammweg bleiben *(Info: Über o. g. Fußgängerbrücke Verbindung zu WW 21/Tour 23).*

**24** **km 34,7**/588 m Der Dammweg mündet durch eine Schranke an einen Asphaltweg, dem man nach links *(über die Säubachbrücke)* nun stets folgt.

**25** **km 37,1**/610 m Durchfahrt Schönmühl: Man mündet an der Fahrstraße *(nach kurzer Auffahrt)*, fährt links und zweigt gleich wieder rechts bergab auf den Asphaltweg ab. *Nach 190 m* mündet man an einer Querstraße *(an Kapelle)* und fährt rechts *(bald am Ghs vorbei). Nach 210 m (am Sägewerk)* links auf Schotterweg in Ri. **„Prälatenweg, Kochel a. See, Bichl, Südweg 14, Riederer Weiher"** abzweigen *(stets loisachaufwärts, nach 400 m durch Bahnunterführung, später Graswerg, dann Pfad).*

**26** **km 41,1**/598 m Durchfahrt an Loisachbrücke: Man mündet an eine Wegkehre *(an Tafel „Wiesenbrütergebiet Loisach-Kochelsee-Moore")* und fährt geradeaus. *Nach 140 m* links übers neue Bachbrücklein auf den Radweg abzweigen *(bald unter Loisachbrücke durch, hinauf zur Straße, rechts über die Brücke, danach rechts bergab und rechts unter der Brücke durch. Man mündet an Wegkehre und fährt links/geradeaus nun stets loisachabwärts. INFO: Radwege hier evt. noch im Bau, evt. Beschilderungen nicht im WW!).*

## Alternativ-Route

Statt über Enzenauer Berg auf dem reizvollen Trail am Steinbach und über Achmühl, Schönau, Stallauer Bachtal nach Ramsau:

| | | | |
|---|---|---|---|
| 1,7 | Steinbachbrücke | 656 | 0:08 |
| | *(nähe Obersteinbach)* | | |
| 2,0 | Steinbach-Trail | 645 | |
| 2,5 | Querung B 11/B 472 | 633 | |
| 4,5 | Fahrstraße | 596 | 0:19 |
| 5,0 | *(tiefster Punkt)* | **594** | |
| 5,4 | Achmühl | 599 | 0:22 |
| 6,8 | Schönau | 619 | |
| 7,3 | nähe | 622 | 0:30 |
| | Schönauer Weiher | | |
| 8,0 | Stallauer Bachtal | 616 | |
| 9,0 | Ramsau | 637 | 0:37 |
| | *(Straßendreieck)* | | |
| | → weiter nach der Haupttour | | |

**27** **km 43,7**/598 m  An einer Verzweigung rechts *(an Sitzbank/Birken, dann bald der Rechtskehre folgen)*. **Nach 390 m** mündet man an eine Schotterwegkehre und fährt links nach Bichl.

**28** **km 44,9**/614 m  Ortsdurchfahrt Bichl: An der Asphaltkreuzung geradeaus *(bald über Bahngleis)* und **nach 200 m** rechts in die *„Siedlungstraße"* abzweigen. **Nach 450 m** am Halteschild rechts ab Ri. *„Bahnhof"* zum Ausgangspunkt (**km 45,7**).

### Alternativ-Wegweiser
*Für Trail am Steinbach und über Schönau nach Ramsau (statt über Enzenauer Berg, 44,4 km/2:34 Std/381 Hm):*

**3** **km 1,7**/655 m  Von Bichl kommend <u>ca. 20 m vor</u> Mündung am Asphaltsträßchen bei der Steinbachbrücke links auf den Waldpfad abzweigen *(oder → alternativ bereits 260 m zuvor links auf den u. g. Waldweg und nach 120 m links auf den querenden Trail abzweigen)*. **Nach 330 m** den Waldweg queren und weiter auf dem Pfad. **Nach 260 m** mündet man an einem Weg und fährt geradeaus. **Nach 50 m** in der Linkskehre geradeaus/rechts auf das Waldweglein abzweigen. **Nach 210 m** mündet man an Weg und bleibt geradeaus.

**4** **km 2,6**/633 m  Die Fahrstraße *(B 11/B 472, an der Parkbucht)* queren, auf der anderen Straßenseite rechts zur Brücke hinfahren und direkt vor der Brücke links auf den Waldpfad abzweigen. <u>Diesem Pfad in eingeschlagener Richtung stets loisachabwärts folgen</u> *(dabei diverse Wege queren)*.

**5** **km 4,5**/596 m  Man mündet *(kurz nach 2. Drehkreuz)* an der Fahrstraße und folgt ihr nach rechts.

**6** **km 5,4**/599 m  Durchfahrt Achmühl/Langau: An der Straßenkreuzung bei Achmühl geradeaus bergauf Ri. *„Bad Heilbrunn"* *(B 11 queren)*. **Nach 360 m** links hoch auf das Asphaltsträßchen in Ri. *„Schönau, Café Kolb"* abzweigen.

**7** **km 6,8**/619 m  Durchfahrt Schönau: Am Schönau-Hof geradeaus in Ri. *„Ramsau, Schönauer Weiher"* bleiben *(später am Café Kolb vorbei)*.

**8** **km 7,3**/622 m  In der Rechtskehre *(nähe Schönauer Weiher, kurz nach dem Cafè Kolb)* links auf den Schotterweg in Ri. *„Ramsau"* abzweigen.

**9** **km 8,0**/616 m  Man mündet an einen Schotterweg *(kurz nach Überquerung der Bachbrücke)* und folgt ihm nach rechts in Ri. *„Ramsau"*.

**10** **km 9,0**/637 m  Durchfahrt Ramsau: Im Ort am Straßendreieck *(ca. 100 m nach dem Ghs Ramsau)* geradeaus in Ri. *„RS Oberbuchen, Königsdorf, Bad Tölz"* und → <u>weiter nach WW 7 der Haupttour</u>.

**26  Bichler Loisachfilzen-Tour**  **45,7** km · **2:52** Std · **607** Hm

# 27 Dietramszeller Zeller Wald-Tour

**26,8** km · **2:15** Std · **625** Hm

## Mäßig schwere Tour!

Eine kreuz und quer auf den Forstwegen und einigen Trails durch den großen Zeller Wald führende Bike-Fahrt mit hervorragenden Bademöglichkeiten am Kirchsee und am kleineren Hackensee.

**H**inter dem imposanten Dietramszeller Kloster beginnt die Fahrt in den nahen Zeller Wald. Aus den zahllosen möglichen Routen sucht man sich nach Belieben etwas aus, in diesem Fall fährt man über die Kirche Maria Elend zunächst ein Stück in Richtung Bad Tölz und zum Bauernhof Kogl und zweigt dann unweit des Koglweihers zum Kirchsee ab. Auf herrlicher Route geht es teils direkt am See entlang. Bei den Hauptbadeplätzen folgt ein kurzes Stück Asphalt Richtung Kloster Reutberg, bevor der Waldpfad S3 zum nächsten Forstweg abzweigt. Über Stubenbach und Kögelsberg erreicht man die grünen Wiesenauen von Pelletsmühl. **V**on dem eigentümlicherweise auch für den öffentlichen Verkehr freien, aber mitten durch den Zeller Wald führenden Schotter-Fahrweg zweigt man bald zum Hackensee ab, kehrt nach dessen Umrundung über einen Waldhügel zum Fahrweg zurück und nimmt Kurs auf die Grüne Marter. Kurz vor diesem Holzmarterl zweigt am Scheitelpunkt der Tour der Super-Trail des Wanderweges D3 zum Schwarzen Kreuz ab, an dessen Ende diverse weitere Forstwege und die schöne Waldpiste um den Schindelberg zurück nach Dietramszell leiten.

| km | Ort | Hm | Zeit |
|---|---|---|---|
| 0,0 | **Dietramszell** | **676** | |
| | P nähe Kloster | | |
| 1,0 | Kirche Maria Elend | 712 | |
| 1,3 | Zeller Wald | 735 | |
| | (Abzweig Tölz) | | |
| 2,1 | Forstwegkehre | 709 | 0:11 |
| | (nähe Trischberg) | | |
| 2,8 | Wegekreuzung | 716 | |
| 3,7 | Wegedreieck | 709 | 0:18 |
| 4,5 | Kogl | 746 | |
| 5,0 | Abzweig Kirchsee | 705 | 0:25 |
| | (nähe Koglweiher | | |
| | und Wampenmoos) | | |
| 7,5 | Kirchsee | 700 | 0:35 |
| 8,1 | Kirchsee | 699 | 0:38 |
| | (bei Hauptbadeplätzen/P) | | |
| 8,5 | Abzweig Trail S3 | 704 | |
| 9,0 | Forstweg | 716 | |
| 9,5 | Fahrstraße | 698 | 0:45 |
| | (nähe Stubenbach) | | |
| 9,9 | Kögelsberg-Hof | 720 | |
| 11,4 | Fahrweg | 690 | 0:55 |
| | (Pelletsmühl-Dietramszell) | | |
| 11,9 | Abzweig Hackensee | 735 | 0:59 |
| 13,0 | Waldweiher | 684 | |
| 14,0 | am Hackensee | 692 | 1:07 |
| | (nähe Kleinhartpenning) | | |
| 14,7 | Wegedreieck | 682 | |
| 16,6 | Fahrweg | 731 | 1:21 |
| | (Pelletsmühl-Dietramszell) | | |
| 16,7 | Abzweig auf Forstweg | 732 | |
| | (zur Grünen Marter) | | |
| 18,0 | nähe Grüne Marter | **795** | 1:32 |
| | (Abzweig auf Trail D3) | | |
| 18,8 | Schwarzes Kreuz | 758 | 1:35 |
| 19,5 | Wegedreieck | 721 | 1:39 |
| | (am Wampenmoos) | | |
| 20,7 | Wegekreuzung | 733 | 1:45 |
| | (Abzweig Weg S5) | | |
| 21,1 | nähe Schindelberg | 783 | |
| 21,9 | Wegedreieck | 734 | 1:53 |
| 22,1 | Forstwegabzweig | 725 | |
| 23,4 | Wegekreuzung | 716 | 2:00 |
| | (vom Anfang der Tour) | | |
| 24,4 | Wegedreieck | 768 | |
| 25,3 | Wegedreieck | 763 | |
| 25,5 | Abzweig Tölz | 735 | 2:12 |
| | (vom Anfang der Tour) | | |
| 25,9 | Kirche Maria Elend | 712 | |
| 26,8 | **Dietramszell** | **676** | 2:15 |

## Erlebniswert

*Bike-Spaß:* ★★☆☆☆☆   ②
*Landschaft:* ★★☆☆☆☆

Waldreiche Rundfahrt mit genußvollen Forstwegen und einigen sehr reizvollen Pisten und Trails. Herrliche Passagen und Bademöglichkeiten am landschaftlich prächtig vor der Alpenkulisse gelegenen Kirchsee und an dem idyllischen kleinen Hackensee.

## Schwierigkeitsgrad

Kondition: ●●○○○○   ②
Fahrtechnik: ●●○○○○

Neben den Trails und einigen etwas holprigen Pistenabschnitten ist die Tour mit einer Vielzahl kleinerer Auffahrten durchsetzt. Ansonsten eine problemlos zu fahrende Forstweg-Tour.

## Fahrbahnen

| Asphalt | Schotter+Pisten | Trails+Trials |
|---|---|---|
| 1,8 km | 21,3/2,3 km | 0,4/1,0 km |

öff. Verkehr: 1,0 km   Mautverkehr: 0,0 km

## Schiebe-/Tragestrecken
keine

## Rast
Klostergasthof Dietramszell,
Ghf Kloster Reutberg *(nur mit einem Abstecher vom Kirchsee aus)*

## Karten
BTK Bad Tölz-Lenggries   M 1:50.000
KOMPASS Nr. 180   M 1:50.000

---

**27  Dietramszeller Zeller Wald-Tour    26,8 km · 2:15 Std · 625 Hm**

# 27 Dietramszeller Zeller Wald-Tour

**26,8** km · **2:15** Std · **625** Hm

## Wegweiser

**1** **km 0**/676 m  Hinter dem Kloster auf den Schotterweg Ri. *„Pfarrheim"* abzweigen *(„Am Weiherfeld", nähe P)* und diesem **nach 30 m** bergauf folgen. **Nach 450 m** an der Verzweigung rechts. **Nach 180 m** dem linken Wegzweig bergab folgen *(rechts „privat" zu Gebäude)*. **Nach 320 m** an der Wegekreuzung *(kurz nach Kirche Maria Elend)* geradeaus bergauf in Ri. *„Kirchsee, Bad Tölz"*.

**2** **km 1,3**/735 m  Vom Forstweg rechts auf den Waldweg Ri. *„Bad Tölz"* abzweigen *(an Wiese entlang, → alternativ für schöne Trail-Route über die Grüne Marter und Schwarzes Kreuz zum Kirchsee siehe Alt.-Route 4/Tour 38)*. **Nach 220 m** am Pistendreieck *(im Wald)* bergab fahren. **Bei km 40,2** mündet man an einer Forstwegkehre und fährt links bergauf in Ri. *„Bad Tölz, Kirchsee"*.

**3** **km 2,8**/716 m  An der Wegekreuzung rechts Ri. *„Bad Tölz"* halten. **Nach 260 m** an der Verzweigung dem rechten Weg folgen. **Nach 150 m** an weiterer Wegekreuzung links fahren.

**4** **km 3,7**/709 m  Am Wegedreieck nach der Abfahrt rechts bergab fahren *(bald an Bächlein entlang, → alternativ links Ri. „Kirchsee" für direkte Route zum Kirchsee, siehe WW 25-29/Tour 38)*. **Nach 140 m** am Wegedreieck links in Ri. *„Über Kogl Bad Tölz"*.

**5** **km 4,5**/746 m  Durchfahrt Kogl: Dem Asphaltweg am Bauernhof vorbei und bergab folgen.

**6** **km 5,0**/705 m  Nach der Abfahrt links auf den Asphaltweg in Ri. *„Kloster Reutberg, RS Kirchsee, Sachsenkam"* abzweigen. **Nach 320 m** am Asphaltende leicht rechts auf den Schotterweg und diesem nun stets bis zum Kirchsee folgen *(am Stadel, links führt Schotterweglein zu einer Hütte)*.

**7** **km 7,5**/700 m  1. Durchfahrt am Kirchsee: Man mündet an einen breiten Schotterweg und folgt ihm nach rechts *(bei der Hütte, links geht's leicht bergauf in Ri. „Dietramszell")*. Nach ca. 80 m folgen rechts die ersten, ruhigeren Kirchsee-Badeplätze, später bei WW 8 folgen die belebteren Hauptbadeplätze).

**8** **km 8,1**/699 m  2. Durchfahrt am Kirchsee: Dem nun asphaltierten Weg weiter geradeaus folgen *(rechts erster Fußweg zum Badeufer, nach 80 m folgt beim Parkplatz ein zweiter Fußwegabzweig zum See)*. **Nach 400 m** *(während der leichten Auffahrt, an der Info-Tafel „Wanderwege am Kirchsee")* vom Asphaltsträßchen links bergab auf den Schotterweg abzweigen. **Nach 30 m** dem weiterführenden Pfad in Ri. *„Dietramszell"* folgen *(führt bald bergauf)*. **Nach 60 m** an der Pfadekreuzung links *(nach roter Markierung)*, **nach 70 m** der Rechtskehre folgen und dann stets auf diesem Trail weiter bis zum Forstweg *(wird am Ende zum breiteren Waldweg)*.

## Anfahrt

**Auto:** Von München nach Grünwald und dort geradeaus stets auf der Staatsstraße 2072 weiter in Ri. *„Bad Tölz"* über Straßlach, Deining und Egling bis zur Tattenkofer Brücke. An der Tattenkofer Brücke vorbei und **nach gut 2,6 km** links in Ri. *„Bairawies"* abzweigen. *Nach 400 m am alten Gasthof im Ort rechts Ri. „Dietramszell", nach 200 m in o. g. Ri. bleiben, bald durch eine Linkskehre am letzten Bauernhof vorbei und dann stets diesem Fahrsträßchen über Leismühl und Untermühltal nach Dietramszell (40 km, 0:50 Std)*.

*Alternativ von Ascholding über Weihermühle, Eglsee und Humbach bis Dietramszell.*

### Fahrt zum Startplatz

Man mündet kurz vom Untermühltal an eine Straße und folgt ihr links bald am Ortsschild vorbei nach Dietramszell. *Nach ca. 500 m beim Kloster und am Ghs „Schloß-Schenke" rechts Ri. „Holzkirchen, Pfarrheim" abzweigen. Nach ca. 100 m rechts Ri. „Pfarrheim" auf den Schotterweg abzweigen („Am Weiherfeld") und gleich links auf dem beschilderten Schotterparkplatz parken.*

*Die Tour beginnt am Abzweig des o. g. Schotterweges nähe Parkplatz.*

### Alternative Startorte

Bad Tölz *(von dort nach WW 1-9/10 zum Kirchsee)*, Kirchsee, Sachsenkam bzw. Kloster Reutberg, Kleinhartpenning *(P nähe Hackensee, kurze Abfahrt zu WW 14)*

9. **km 9,0/716 m** Man mündet an einen breiten Forstweg und folgt ihm nach rechts.

10. **km 9,6/698 m** <u>Durchfahrt Kögelsberg</u>: Man mündet an der Fahrstraße *(nach Bachbrücke)* und folgt ihr nach links. **Nach 100 m** links auf den Asphaltweg Ri. *"Kögelsberg, Babenberg"* abzweigen *(am Weiher)*. **Nach 120 m** links hoch auf den steilen Asphaltweg nach *"Kögelsberg"* abzweigen *(geradeaus ist Ri. "Babenberg" beschildert)*. **Nach 160 m** Auffahrt dem Weg um den Kögelsberg-Hof herum folgen und **nach 90 m** hinter dem Hof rechts auf dem Schotterweg Ri. *"Nach Pelletsmühle und Dietramszell"* abzweigen.

11. **km 11,4/690 m** <u>Durchfahrt Pelletsmühl</u>: Man mündet im Pelletsmühler Wiesengelände an den Schotter-Fahrweg Pelletsmühl-Dietramszell *(frei auch für Autoverkehr)* und folgt ihm links bergauf.

12. **km 11,9/735 m** Nach steiler Auffahrt und der Flachpassage rechts auf Forstweg zum Hackensee abzweigen *(30 m zuvor zweigt links ein Weg ab)*.

13. **km 13,0/684 m** Dem Hauptweg durch Rechtskehre folgen *(an Waldweiher, bald über Bachbrücke)*.

14. **km 14,0/692 m** <u>Durchfahrt beim Hackensee</u>: Kurz nach dem Hackensee links auf den Forstweg abzweigen *(bergauf geht's nach Kleinhartpenning)*.

15. **km 14,7/682 m** Am Forstwegedreieck links/geradeaus auf dem Hauptweg bleiben *(bald bergauf)*.

16. **km 16,6/731 m** Nach der Abfahrt mündet man am Schotter-Fahrweg Dietramszell-Pelletsmühl *(frei auch für Autoverkehr)*, fährt rechts und zweigt **nach 50 m** links hoch auf den steilen Forstweg ab.

17. **km 18,0/795 m** Bei der Auffahrt links bergab auf den Trail abzweigen *(blasse Markierung "D3", in einer leichten Rechtskehre kurz vor dem Scheitelpunkt des Weges am Holzmarterl Grüne Marter)*, → **alternativ** für Beendigung der Tour noch 80 m bergauf zum Wegedreieck am Marterl, dort leicht links bergab und stets auf diesem Hauptweg – einmal nach 390 m am Wegedreieck links halten – über die Kirche Maria Elend zurück nach Dietramszell. **Info:** Nach 770 m zweigt auf dieser Route links der bereits bekannte Waldweg in Ri. "Bad Tölz" von WW 2 der Tour ab). **Nach 300 m** am Wegedreieck/Wendeplatz geradeaus weiter auf dem schmalen Weglein in Ri. *"D3"* (→ **alternativ** für eine bequemere Route ohne die folgenden Trails hier rechts auf den Forstweg und stets auf diesem Hauptweg 1,73 km zu WW 19 am Wampenmoos; → **alternativ** für eine Abkürzung auf der o. g. Route nach 580 m vom Forstweg rechts hoch auf den Waldweg abzweigen, auf diesem 650 m direkt zur Waldwegekreuzung von WW 20 der Tour, dort dann rechts bergauf und weiter nach der beschriebenen Haupttour um den Schindelberg zu WW 21).

---

**Variationen**

Leichter:

*1. Verkürzte Route mit Rückfahrt von der Grünen Marter nach Dietramszell:* Für eine verkürzte, leichtere Tour ohne die Trails auf dem Wanderweg D3 und den Waldpisten der Schindelberg-Route des Weges S5 fährt man an WW 17 *(Abzweig des D3-Trails)* noch kurz bergauf zum Holzmarterl der Grünen Marter und dann auf den Forstwegen über die Kirche Maria Elend hinab nach Dietramszell *(siehe auch Hinweis bei WW 17)*. Darüberhinaus gibt es wegen der ungewöhnlichen Vielzahl der Forstwege und Waldpisten des Zeller Walds zahlreiche weitere Abkürzungsmöglichkeiten für etwas leichtere Touren.

*2. Die auf kurzen Passagen nicht ganz einfachen Trails auf dem Wanderweg D3 auslassen:* An WW 17 am Wegedreieck und Wendeplatz von der Route des markierten Wanderweg-Trails D3 rechts auf den beginnenden Forstweg abzweigen und stets auf diesem Hauptweg bis zu WW 19 an der Wampenmoos-Wiese abfahren. Für eine noch etwas leichtere Route im Verlauf von diesem Hauptweg rechts auf einen Waldweg abzweigen und diesem bis zur Waldpistenkreuzung von WW 20 der Haupttour an der Schindelberg-Route folgen. Dort dann rechts hoch auf den Waldweg abzweigen, der bald am Schindelberg vorbeiführt *(siehe auch Hinweise bei WW 17)*.

---

**27  Dietramszeller Zeller Wald-Tour**  **26,8** km · **2:15** Std · **625** Hm

# 27 Dietramszeller Zeller Wald-Tour

**26,8** km · **2:15** Std · **625** Hm

**18**    *km 18,8/758 m*   Man mündet an einen Forstweg *(kurz nach Schwarzem Kreuz)* und fährt rechts. *Nach 140 m* an der Wegekreuzung geradeaus auf schmalen Waldweg *„D3"*. *Nach 30 m* der rechten Trail-Piste bergauf und <u>nun stets folgen</u> *(nach 200 m den breiten Forstweg und nach 120 m einen Waldweg queren und dann auf einem Pfad bald steil bergab zum Forstweg)*. *Bei km 19,4* mündet man wieder am Forstweg und folgt ihm bergab.

**19**    *km 19,5/721 m*   Nach der kurzen Abfahrt am Forstwegedreieck rechts halten *(an der Wiese des Wampenmoos, bald mit Schildchen „S3" markiert)*.

**20**    *km 20,7/733 m*   An der Wegekreuzung rechts bergauf *(links bergab geht's Ri. „Kirchsee",* → *alternativ geradeaus für bequemere Route, nach 230 m rechts hoch auf Forstweg und 1,4 km zu WW 21)*. *Nach 140 m* Auffahrt rechts auf Waldweg Ri. *„Dietramszell"* abzweigen. *Nach 150 m* an Waldwegekreuzung geradeaus bergauf *(bald Schildchen „S5", rechts mündet Variante, siehe Hinweis WW 17)*. *Nach 150 m* an der Verzweigung auf rechtem, markiertem Weg halten *(bergab)*. *Nach 160 m* an der Waldpistenkreuzung geradeaus bald steil bergab *(am Schindelberg,* → *alternativ für kleine Trail-Abkürzung hier rechts ab auf Waldweg, kurz bergauf über Kuppe und auf Wald-Trail bergab, nach 480 m weiter auf besserem Weg, nach 100 m mündet man am Forstweg der Haupttour, rechts 150 m zu Wegedreieck/WW 24)*.

**21**    *km 21,9/734 m*   Nach der Abfahrt die beiden links abzweigenden Wegzweige *(Mündung der o. g. Forstweg-Variante, siehe Hinweis bei WW 20)* <u>liegen lassen</u> und geradeaus bleiben.

**22**    *km 22,1/725 m*   Rechts hoch auf den steilen Forstweg abzweigen und <u>diesem Hauptweg nun stets folgen</u> *(bei km 22,9 durch eine Linkskehre)*.

**23**    *km 23,4/716 m*   Nach einer Abfahrt an der bekannten Wegekreuzung *(WW 3)* rechts hoch auf den Forstweg abzweigen. *Nach 390 m* steiler Auffahrt am Wegedreieck rechts halten *(flach, bei km 24,3 mündet rechts der Weg der Trail-Abkürzung vom Schindelberg, siehe Hinweis bei WW 20)*.

**24**    *km 24,4/768 m*   Bei der Auffahrt an einem Wegedreieck links halten *(kurz bergab)*. *Nach 200 m* geradeaus bleiben *(rechts hoch ein Wegabzweig)*. *Nach 60 m* am Wegedreieck geradeaus. *Nach 100 m* am Wegedreieck rechts.

**25**    *km 25,3/763 m*   An einem weiteren Wegedreieck geradeaus bergab *(rechts mündet die Routenvariante von der Grünen Marter aus Ri. „D3", siehe Hinweis bei WW 17)*. *Nach 220 m* Abfahrt weiter auf dem Hauptweg bleiben *(links zweigt der Waldweg Ri. „Bad Tölz" vom Anfang der Tour ab, WW 2)* und <u>auf bekannter Route über die Kirche Maria Elend zurück nach Dietramszell</u> *(km 26,8)*.

---

Auch probieren:

*3. Statt über Kogl auf direkterer Route nähe Schindelberg vorbei zum Kirchsee:* Am Wegedreieck von WW 4 links fahren und auf der etwas kürzeren und leichteren Route der Münchner Kirchsee-Tour zum Kirchsee fahren *(siehe Hinweis bei WW 4 sowie WW 25-29/Tour 38)*.

*4. Herrliche kleine Wald-Trail-Abkürzung mit Querung vom Schindelberg direkt zu den Forstwegen in Richtung Maria Elend:* An WW 20 beim Schindelberg vom Waldweg rechts auf eine Offroad-Piste abzweigen und auf sehr reizvoller Wald-Trail-Route bis zu dem Forstweg von WW 23/24 der Haupttour queren. Bei Mündung am Forstweg rechts, noch kurz zu dem Wegedreieck von WW 23 auffahren und dann weiter nach der Haupttour über die Kirche Maria Elend zurück nach Dietramszell *(siehe Hinweis und Kurzbeschreibung bei WW 20 der Tour)*.

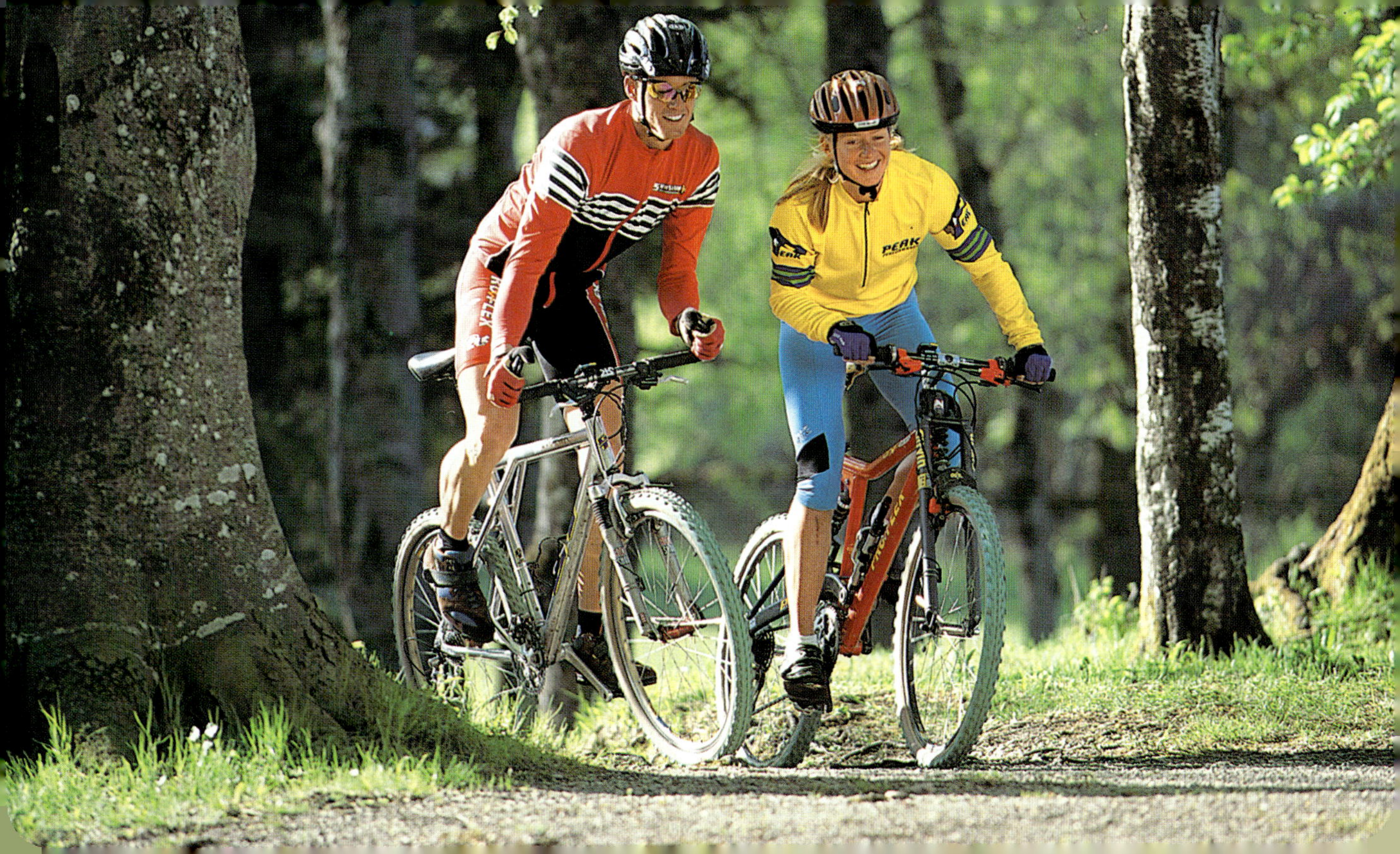
PEAK

# 28  Eglinger Kirchsee-Tour

**47,0** km · **3:10** Std · **654** Hm

## Mäßig schwere Tour!

Eine herrliche Fahrt von Egling durch Forste, Filze und über Peretshofer Höhe sowie durch den Zeller Wald zum Kirchsee, Rückfahrt auf der perfekten Bike-Route an den Thanninger Weihern vorbei.

**A**m Eglinger Ortsrand zweigt man in den Forst ab, später geht es auf bestem Trail durch die Spatenbräufilzen und am Mooshamer Weiher vorbei nach Moosham. Asphaltsträßchen führen über Schallkofen bis Weihermühle, wo bald eine längere Forstwegauffahrt zur Peretshofer Höhe beginnt. Diese Hochfläche bietet ungewöhnlich reizvolle Berg- und Voralpenland-Panoramen. Nach der Überquerung geht es zunächst auf einem Forstweg, später auf diversen Sträßchen über Leismühl, Obermühlthal und Trischberg-Hof in den Zeller Wald. Man nimmt den direkten Kurs durch den Forst zu dem wunderschönen Badeflecken Kirchsee. **E**in Trail quert kurz nach den Haupt-Badeplätzen zum nächsten Forstweg und über Stubenbach und Kögelsberg fährt man nach Pelletsmühl. Dort trifft man auf den Schotter-Fahrweg, der auf einer langen Fahrt direkt durch den Wald zum Kloster Dietramszell leitet. Über den Weiler Ried und die Sankt-Leonhard-Kirche führen Asphaltsträßchen nach Föggenbeuern, wo die herrliche Bike-Route durch Forste, Auen und Filze, am Ende mit einem Super-Trail an den Thanninger Weihern vorbei, nach Thanning und zurück nach Egling beginnt.

| | | | |
|---|---|---|---|
| 0,0 | **Egling** | **608** | |
| | *Ghs Zur Post/Ortsmitte* | | |
| 1,9 | Forstweg | 639 | |
| 2,4 | Spatenbräufilz-Trail | 638 | |
| 2,6 | Mooshamer Weiher | 638 | 0:12 |
| 4,0 | Moosham | 663 | |
| 4,9 | Schallkofen | 664 | 0:22 |
| 7,1 | nähe Weihermühle | 623 | 0:29 |
| 7,7 | Abzweig Forstweg | 647 | |
| 8,8 | nähe Podling-Hof | 688 | |
| 10,4 | Peretshofen | 716 | 0:43 |
| 10,9 | Abzweig auf Forstweg | 716 | |
| 12,7 | Manhartshofen | 709 | |
| 13,7 | nähe Thankirchen | 686 | 0:55 |
| 14,7 | Leismühl | 641 | 0:58 |
| 15,4 | Untermühlthal | 654 | |
| 16,4 | Obermühlthal *(Ghf Liegl)* | 666 | 1:06 |
| 17,2 | Trischberg-Hof | 720 | |
| 17,5 | Zeller Wald *(FW-Kehre)* | 708 | 1:13 |
| 18,2 | Wegekreuzung | 716 | |
| 19,1 | *(höchster Punkt)* | **758** | |
| 19,7 | Wegedreieck | 734 | 1:25 |
| | *(am Schindelberg)* | | |
| 21,5 | Kirchsee | 700 | 1:33 |
| 22,1 | Kirchsee | 699 | 1:36 |
| | *(bei Hauptbadeplätzen/P)* | | |
| 8,5 | Abzweig Trail S3 | 706 | |
| 23,1 | Forstweg | 716 | |
| 23,6 | Fahrstraße | 698 | 1:43 |
| | *(nähe Stubenbach)* | | |
| 24,0 | Kögelsberg-Hof | 720 | |
| 25,5 | bei Pelletsmühl | 690 | 1:53 |
| | *(Fahrweg Pelletsmühl-Dietramszell)* | | |
| 28,7 | Dietramszell | 680 | 2:05 |
| 30,9 | Ried | 718 | |
| 31,8 | St.-Leonhard-Kirche | 692 | |
| 33,6 | bei Föggenbeuern | 693 | 2:24 |
| 37,4 | Thalweber | 658 | |
| 41,1 | Thanninger Weiher | 649 | 2:46 |
| 42,6 | Thanning | 638 | 2:51 |
| 44,3 | nähe Spatenbräufilz | 641 | |
| 47,0 | Egling | **608** | 3:10 |

### Alternativ-Route 1
Offroad-Route vom Mooshamer zum Harmatinger Weiher und nach Weihermühle.

### Alternativ-Route 2
Von Peretshofen auf den Asphaltsträßchen über Bairawies nach Leismühl.

*– siehe auf Wegweiser-Seiten –*

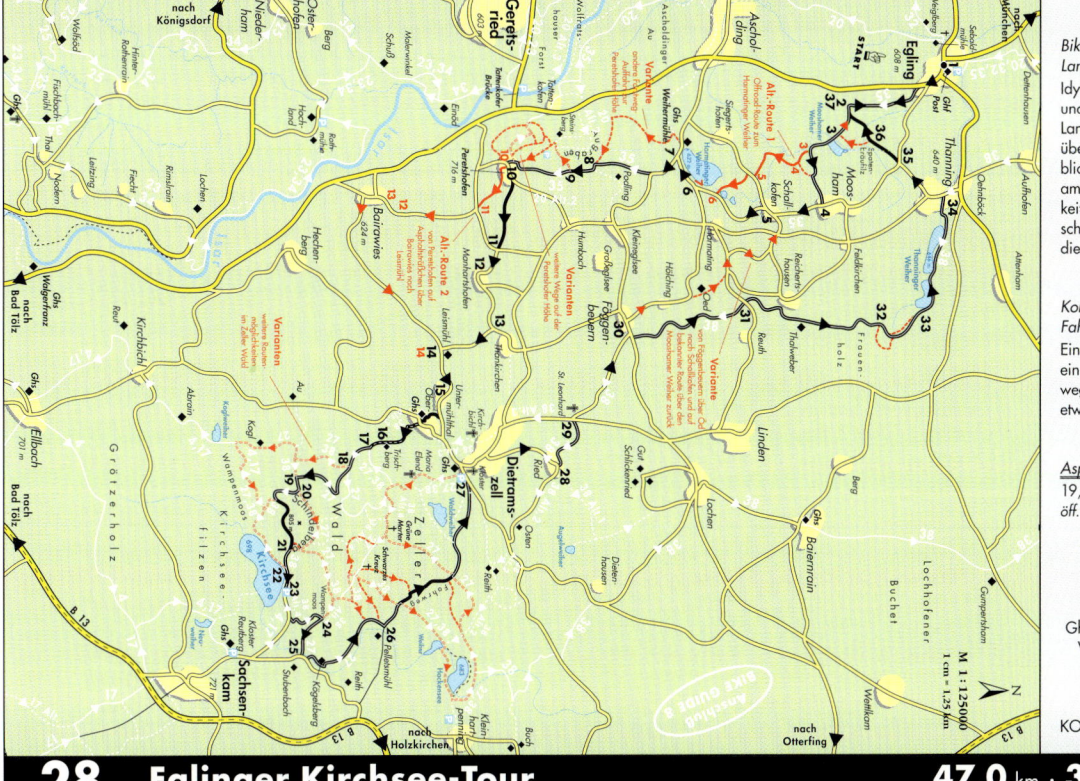

## Erlebniswert

Bike-Spaß: ★★★☆☆ ③
Landschaft: ★★☆☆☆

Idyllische Route von Egling durch Wald und Moos zum Harmatinger Weiher. Landschaftlich besonders schöne Route über Peretshofen mit traumhaften Fernblicken zu den Alpen. Herrliche Fahrt am Kirchsee entlang mit Bademöglichkeiten. Super-Bike-Route mit reizvollen schmalen Pisten und besten Trails über die Thanninger Weiher zurück.

## Schwierigkeitsgrad

Kondition: ●●○○○○ ②
Fahrtechnik: ●●○○○○

Einige sehr holprige Trails erfordern ein wenig Fahrkönnen. Ansonsten ist wegen der gewissen Tourenlänge nur etwas Kondition vonnöten.

## Fahrbahnen

| Asphalt | Schotter+Pisten | Trails+Trials |
|---|---|---|
| 19,3 km | 22,3/2,8 km | 1,6/1,0 km |

öff. Verkehr: 20,8 km  Mautverkehr: 0,0 km

## Schiebe-/Tragestrecken
keine

## Rast
Ghf Zur Post in Egling, Gasthäuser in Weihermühle und Obermühlthal, Klostergasthof Dietramszell

## Karten
KOMPASS Nr. 180   M 1:50.000

---

**28  Eglinger Kirchsee-Tour**   47,0 km · 3:10 Std · 654 Hm

# 28 Eglinger Kirchsee-Tour

**47,0** km · **3:10** Std · **654** Hm

## Wegweiser

**1 km 0/608 m** Ortsdurchfahrt Egling: Der Fahrstraße nach links *(am Ghs Zur Post vorbei)* durch den Ort und **nach 70 m** der Rechtskehre in Ri. **„Bad Tölz, Ascholding"** folgen *(links ein Abzweig in Ri. „Sauerlach, ..., AB München-Salzburg")*. **Nach 450 m** *(am Ortsende)* links hoch in den **„Reisererweg"** abzweigen. **Nach 110 m** Auffahrt auf den linken Schotterwegzweig geradeaus bergauf *(bald an den letzten Häusern vorbei und dann auf diesem Feldweg ortsauswärts; **bei km 1,5** an der Forstwegverzweigung im Wald dem <u>rechten</u> Hauptweg folgen)*.

**2 km 1,9/639 m** Vom Forstweg links auf einen bald schmäleren, am Bachgraben entlangführenden Weg abzweigen *(evt. altes Schild Ri. **„Fußweg zum Mooshamer Weiher"**, Weg wird bald zum Pfad)*. **Nach 120 m** geradeaus auf den Graspfad abzweigen *(übers Bachgräblein mit der Holzbohle)*.

**3 km 2,4/638 m** <u>Durchfahrt beim Mooshamer Weiher</u>: Man mündet an eine Wegkehre und bleibt geradeaus *(gleich wieder Pfad, später Linkskehre folgen)*. **Nach 140 m** über die Stufen aufsteigen und nach rechts weiter auf Dammpfad. **Nach 50 m** geradeaus über den Betondamm *(am Auslauf des Mooshamer Weihers)*, **nach 50 m** an den Hütten vorbei und **nach 140 m** geradeaus auf dem Haupt-Schotterweg bleiben. **Nach 280 m** dem Weg durch eine Linkskehre bergauf folgen *(→ alternativ für Offroad-Route zum Harmatinger Weiher hier rechts leicht bergab auf den Waldweg, siehe Alt.-WW 1)*. **Bei km 3,8** mündet man an Asphaltweg und folgt ihm nach links *(bald bergauf nach Moosham)*.

**4 km 4,0/663 m** <u>Ortsdurchfahrt Moosham</u>: Man mündet an der Asphaltstraße in Moosham und folgt ihr rechts ortsauswärts *(Richtung Schallkofen)*.

**5 km 4,9/664 m** <u>Ortsdurchfahrt Schallkofen</u>: Man mündet im Ort an einer Querstraße und fährt rechts in Ri. **„Ascholding"**. **Nach 170 m** *(kurz nach der Kapelle)* links auf das Asphaltsträßchen in Ri. **„Weihermühle, Sägmühle"** abzweigen.

**6 km 6,5/630 m** Man mündet an eine Straße und fährt geradeaus *(links geht's Ri. „Otterfing, Harmating")*.

**7 km 7,1/623 m** Man mündet an einer weiteren Straße und folgt ihr nach links leicht bergauf Ri. **„Dietramszell, Humbach"** *(nähe Ghs Weihermühle, → alternativ für eine andere Forstwegauffahrt nach Peretshofen der Straße nach rechts folgen, nach 110 m beim Ghs links ab auf den Schotterweg, nach 400 m in Nähe des Gebäudes links hoch auf den Forstweg abzweigen, diesem nach 680 m durch die Rechtskehre folgen, nach 780 m am Forstwegedreieck links und 770 m zu WW 8)*. **Nach 560 m** Auffahrt von der Fahrstraße rechts auf den Forstweg abzweigen.

## Anfahrt

**Auto:** Von München nach Grünwald und dort geradeaus stets auf der Staatsstraße 2072 weiter in Ri. „Bad Tölz" über Straßlach und Deining nach Egling *(23 km, 0:28 Std)*.

**S-Bahn:** Von München/Starnberger Bhf. nach Wolfratshausen und mit dem Bike über Puppling nach Egling.

## Fahrt zum Startplatz

In Egling links auf die „Hauptstraße" in Ri. „Bad Tölz, AB München-Salzburg" und nach ca. 150 m am „Gasthaus zur Post, Metzgerei" links Ri. „P im Hof" abzweigen und auf dem großen Parkplatz hinter dem Gasthaus parken *(das Parken ist vom Wirt auch den Bikern erlaubt)*.

*Die Tour beginnt* am o. g. Abzweig von der Staatsstraße am Gasthaus zur Post.

## Alternative Startorte

Moosham, Schallkofen, Weihermühle (nähe Ascholding), Dietramszell, Kirchsee, Thanning

8. **km 8,8/688 m** An dem Forstwegedreieck links bergauf *(rechts mündet o. g. Variante).* **Nach 190 m** *(kurz nach der Schranke)* mündet man an einem Asphaltsträßchen und folgt ihm nach rechts.

9. **km 9,4/699 m** Am Asphaltdreieck *(am Wiesengelände nähe Peretshofen)* links nach Peretshofen.

10. **km 10,4/716 m** Ortsdurchfahrt Peretshofen: Man mündet an einem Betonweg und fährt links in den Ort. **Nach 50 m** geradeaus bleiben *(→ alternativ rechts auf Betonweg abzweigen für Abstecher von 210 m zum schönen Aussichtsplatz auf der Kuppe der Peretshofer Höhe).* **Nach 60 m** mündet man an eine Straßenkehre und fährt links Ri. *"Dietramszell"* *(bald an der Kirche vorbei, → alternativ für eine Route über Bairawies nach Leismühl nach 80 m rechts in den "Stockacher Weg" abzweigen, siehe Alt.-WW 2).* **Nach 340 m** *(kurz vor Ortsende, nach letztem Haus)* rechts auf den Schotterweg abzweigen *(nach ca. 20 m geradeaus bleiben, nach 380 m an einer Verzweigung im Wald auf den linken Weg bergab).*

11. **km 12,1/707 m** Man mündet an ein Asphaltstraßendreieck, geradeaus Ri. *"Manhartshofen"*.

12. **km 12,6/709 m** Durchfahrt Manhartshofen: Am Asphaltdreieck *(am Bauernhof, 120 m nach Ortsschild)* links fahren. **Nach 180 m** *(am Jesuskreuz)* geradeaus bergab Ri. *"Thankirchen"* bleiben.

13. **km 13,7/686 m** Kurz vor Thankirchen *(noch etwas unterhalb des Ortes)* rechts bergab auf den Asphaltweg in Ri. *"Leismühle"* abzweigen.

14. **km 14,7/641 m** Durchfahrt Leismühl: Nach der Abfahrt mündet man an ein Fahrsträßchen im Weiler und folgt ihm nach links *(Richtung Dietramszell).*

15. **km 15,4/654 m** Durchfahrt Unter-/Obermühlthal: Am Ortsschild *"Untermühlthal"* vorbei und weiter auf dem Fahrsträßchen bleiben. **Nach 530 m** rechts auf den Asphaltweg abzweigen *(ca. 10 m vor Marterl und Abzweig der "Poazlgasteig"-Straße, am großen Gebäude entlang).* **Nach 80 m** rechts über den Schotterplatz, **nach 30 m** links auf dem Schotterweg halten *(übern Bach, dann stets geradeaus am Bach entlang, später Grasweg).* **Nach 170 m** dem weiterführenden Pfad durch die Linkskehre, **nach 30 m** der Rechtskehre folgen *(übers Betonbrücklein).* **Nach 30 m** links über den Schotterplatz *(zwischen den Häusern von Obermühlthal).* **Nach 20 m** mündet man an eine Asphaltstraße und fährt rechts bald bergauf. **Nach 80 m** mündet man an einer Fahrstraße *(am "Ghs Liegl", nähe Maibaum)*, folgt ihr nach links und zweigt **nach 60 m** rechts hoch auf den Schotterweg nach Trischberg ab.

16. **km 17,2/641 m** Durchfahrt Trischberg: An dem Bauernhof vorbei und **nach 30 m** leicht rechts auf Hauptweg bleiben *(bald bergab in den Wald).*

---

### Variationen

Schwerer:

*1. Auf Offroad-Route vom Mooshamer zum Harmatinger Weiher:* Bike-Trail durch Wald und Moos mit teils etwas unwegsamen Passagen *(siehe Alt.-WW 1).*

Auch probieren:

*2. Weitere Forstwegauffahrt zur Peretshofer Höhe:* An WW 7 beim Gasthaus Weihermühle kann man noch eine andere Forstwegauffahrt zur Peretshofer Höhe nehmen *(siehe Hinweis mit Kurzbeschreibung bei WW 7).*

*3. Abstecher von Peretshofen bis zum Aussichtspunkt:* Lohnender kurzer Abstecher von WW 10 bis zum herrlichen Aussichtspunkt zu den Bergen und übers Alpenvorland *(siehe Hinweis WW 10).*

*4. Route von Peretshofen über Bairawies nach Leismühl:* Statt über Manhartshofen kann man auch auf den Asphaltsträßchen über Bairawies bis Leismühl fahren *(siehe Alt.-WW 2, nur auf HP).*

*5. Routen durch den Zeller Wald zum Kirchsee:* Für die Fahrt durch den Zeller Wald zum Kirchsee gibt es eine Vielzahl möglicher Routen. Besonders empfehlenswert sind z. B. auch die Routen beim Schindelberg *(siehe Hinweis bei WW 20)* und die Trail-Route auf den Wanderwegen D3/S3 über Grüne Marter und Schwarzes Kreuz *(siehe Tour 27).*

*6. Erweiterung zum Hackensee:* Bestens zu dieser Tour passende Erweiterung vom Kirchsee aus über den Hackensee *(siehe Hinweis bei WW 26 sowie Tour 27).*

---

**28** Eglinger Kirchsee-Tour · **47,0** km · **3:10** Std · **654** Hm

# 28   Eglinger Kirchsee-Tour     47,0 km · 3:10 Std · 654 Hm

**17**   *km 17,5*/708 m   Man mündet an Forstwegkehre, fährt links leicht bergauf und folgt **nach 40 m** dem Hauptweg durch die Rechtskehre Ri. **„Bad Tölz, Kirchsee"** *(links mündet Waldweg von Maria Elend).*

**18**   *km 18,2*/716 m   An der Wegekreuzung gerade-aus *(rechts geht's Ri. „Bad Tölz", → alternativ für andere Route zum Kirchsee, siehe WW 24-29/Tour 38)* und nun stets diesem Haupt-Forstweg folgen.

**19**   *km 19,4*/725 m   Man mündet *(nach der Abfahrt)* an weiterer Forstweg und folgt ihm nach links.

**20**   *km 19,7*/734 m   An einer Verzweigung dem rechten Weg Ri. **„Kirchsee"** folgen *(→ alternativ geradeaus auf den Weg „S5" für eine etwas schwerere, schönere Route um den Schindelberg zum Kirchsee, stets in der eingeschlagenen Richtung bis zum See!)* und **nach 30 m** an der Wegekreuzung rechts halten *(später bei km 20,3 → alternativ rechts ab auf Waldweg zum Kirchsee, siehe WW 27-29/Tour 38).*

**21**   *km 21,1*/718 m   Weiter dem Haupt-Forstweg bergab folgen *(von links oben mündet ein Forstweg).* **Nach 190 m** am Wegedreieck *(an einer Wiese)* leicht rechts/geradeaus leicht bergab bleiben.

**22**   *km 21,6*/700 m   1. Durchfahrt am Kirchsee: Dem Hauptweg weiter folgen *(bei der Hütte , rechts mündet Weg der o. g. Varianten, siehe Hinweis bei WW 18*

und zweiter Hinweis bei WW 20. Nach ca. 80 m folgen rechts die ersten, ruhigeren Kirchsee-Badeplätze, später bei WW 23 folgen die belebteren Haupt-Badeplätze).

**23**   *km 22,1*/699 m   2. Durchfahrt am Kirchsee: Dem nun asphaltierten Weg weiter geradeaus folgen *(rechts erster Fußweg zum Badeufer, nach 80 m folgt beim Parkplatz ein zweiter Fußwegabzweig zum See).* **Nach 400 m** *(während der leichten Auffahrt, an der Info-Tafel „Wanderwege am Kirchsee")* vom Asphalt-sträßchen links bergab auf den Schotterweg ab-zweigen. **Nach 30 m** dem weiterführenden Pfad in Ri. **„Dietramszell"** folgen *(führt bald bergauf).* **Nach 60 m** an der Pfadkreuzung links *(nach roter Markierung),* **nach 70 m** der Rechtskehre folgen und dann stets auf diesem Trail weiter bis zum Forstweg *(wird am Ende zum breiteren Waldweg).*

**24**   *km 23,1*/716 m   Man mündet an einen breiten Forstweg und folgt ihm nach rechts.

**25**   *km 23,6*/698 m   Durchfahrt Kögelsberg: Man mündet an der Fahrstraße *(nach Bachbrücke)* und folgt ihr nach links. **Nach 100 m** links auf den Asphaltweg Ri. **„Kögelsberg, Babenberg"** ab-zweigen *(am Weiher).* **Nach 120 m** links hoch auf den steilen Asphaltweg nach **„Kögelsberg"** ab-zweigen *(geradeaus ist Ri. „Babenberg" beschildert).* **Nach 160 m** Auffahrt dem Weg um den Kögels-berg-Hof herum folgen und **nach 90 m** hinter

---

**Alternativ-Route 1**

Offroad-Route vom Mooshamer zum Har-matinger Weiher und nach Weihermühle:

| | | | |
|---|---|---|---|
| 2,4 | Spatenbräufilz | 638 | 0:12 |
| 2,6 | Mooshamer Weiher | 640 | |
| 3,1 | Abzweig zur Offroad-Route | 641 | 0:16 |
| 3,4 | Wegekreuzung | 638 | |
| 3,5 | Weiher | 636 | |
| 3,6 | Wald-Trail | 653 | |
| 3,7 | Querung Bächlein | 631 | |
| 4,0 | Waldweg | 639 | |
| 4,5 | Fahrstraße | 638 | 0:23 |
| 4,7 | Moos-Trail | 635 | |
| 5,3 | Asphaltsträßchen *(nähe Harmatinger Weiher und Mitterweiher, Route der Haupttour)* | 632 | 0:27 |
| 5,4 | Sägmühle | 630 | |
| 5,7 | Fahrstraße nähe Harmatinger Weiher | 630 | 0:28 |
| | → weiter nach der Haupttour | | |

dem Hof rechts auf den Schotterweg Ri. *"Nach Pelletsmühle und Dietramszell"* abzweigen.

**26 km 25,5**/690 m Durchfahrt Pelletsmühl: Man mündet im Pelletsmühler Wiesengelände an den Schotter-Fahrweg Pelletsmühl-Dietramszell *(frei auch für Autoverkehr)* und folgt ihm links bergauf. Nun stets auf diesem Hauptweg bis Dietramszell *(→ alternativ für eine Erweiterung über den Hackensee bei km 26,0 rechts auf den Forstweg abzweigen, siehe WW 12-16/Tour 27, bei WW 16 dann rechts wieder weiter auf dem Schotter-Fahrweg bis Dietramszell).*

**27 km 28,8**/680 m Ortsdurchfahrt Dietramszell: Man mündet an der Fahrstraße und folgt ihr links/geradeaus in den Ort. **Nach 300 m** *(am Ghs "Schloßschenke")* rechts Ri. *"München, Wolfratshausen"* abzweigen und **nach 30 m** der Fahrstraße bergauf folgen. **Nach 480 m** rechts hoch in die *"Nordhofstraße"* und **nach 30 m** links in die *"Rieder Straße"* abzweigen *(stets auf dieser Straße durch den Ort und weiter nach Ried).*

**28 km 30,9**/718 m Durchfahrt Ried: In dem Weiler *(80 m nach dem Ortsschild, direkt am alten Bauernhaus)* links auf den Schotterweg abzweigen.

**29 km 31,8**/718 m Die Fahrstraße queren und geradeaus auf das Asphaltsträßchen Ri. *"Föggenbeuern"* *(bald an der Sankt-Leonhard-Kirche vorbei).*

**30 km 33,6**/693 m Durchfahrt bei Föggenbeuern: Man mündet beim Ort an die Fahrstraße, fährt rechts und zweigt **nach 20 m** links auf Feldweg ab. **Bei km 34,7** in der Linkskehre *(am Kreuz bzw. Marterl)* geradeaus auf den Weg abzweigen.

**31 km 36,0**/670 m Durchfahrt bei Reichertshausen u. Thalweber: Die Fahrstraße queren und geradeaus auf den Asphaltweg Ri. *"Reichertshausen"*. **Bei km 36,6** am Asphaltdreieck rechts in Ri. *"Thalweber"* abzweigen und **nach 100 m** dem Asphaltweg durch eine Linkskehre folgen. **Bei km 37,2** *(kurz vor Thalweber)* links auf Schotterweg abzweigen *(in Ri. "Thalweber, Haus Nr. 1").*

**32 km 38,4**/653 m Man mündet an einen Forstweg *(Feldkirchner Weg)*, folgt ihm links kurz bergab und zweigt **nach 20 m** rechts auf den Grasweg bzw. Pfad ab *(stets diesem Trail folgen, später ein Graspfad am Wald-/Wiesenrand entlang, → alternativ kann man bereits nach 320 m rechts auf dem schmalen Weglein zum Wald- bzw. Forstweg auffahren).* **Nach 480 m** mündet man wieder an einen Wald- bzw. Forstweg und folgt ihm nach links.

**33 km 40,5**/653 m Bevor der Hauptweg steiler bergauf führt links/geradeaus auf den schmäleren Karrenweg/Pfad abzweigen. **Bei km 41,2** *(am Wegedreieck zwischen den Thanninger Weihern, an Holzgeländer)* geradeaus weiter auf Grasweg.

### Alternativ-Route 2
Von Peretshofen auf den Asphaltsträßchen über Bairawies nach Leismühl:

| | | | |
|---|---|---|---|
| 10,4 | Peretshofen | 716 | 0:43 |
| 10,6 | nähe Kirche | 716 | |
| | *(Abzweig in den Stockacher Weg)* | | |
| 11,5 | Querung Fahrstraße | 704 | |
| 12,0 | nähe Punding | 710 | |
| 13,3 | Bairawies | 624 | 0:52 |
| 13,6 | auf Fahrsträßchen Richtung Dietramszell | 625 | |
| 16,9 | Leismühl | 641 | 1:03 |
| | → *weiter nach der Haupttour* | | |

**28** **Eglinger Kirchsee-Tour**  **47,0** km · **3:10** Std · **654** Hm

# 28 Eglinger Kirchsee-Tour

**47,0** km · **3:10** Std · **654** Hm

**34** *km 42,3/641 m* <u>Ortsdurchfahrt Thanning:</u> Man mündet an einen Asphaltweg und folgt ihm nach links *(gleich durch eine Rechtskehre)*. **Nach 370 m** mündet man im Ort an die *„Hauptstraße"* und folgt ihr nach links *(aus „Weiherweg" kommend)*. **Nach 290 m** rechts in die *„Gräfin-Justitia-Straße"* abzweigen. **Nach 130 m** an einer Asphaltverzweigung links ortsauswärts Ri. *„Egling"* halten.

**35** *km 43,7/644 m* Die Fahrstraße queren und geradeaus auf Forstweg *(→ alternativ rechts Ri. „Egling" und auf Straße zurück, links geht's Ri. „Moosham")*.

**36** *km 44,3/641 m* Geradeaus weiter auf eingeschlagenem Waldweg bleiben *(→ alternativ für die kleine Route durch die Spatenbräufilzen links auf den blaß-orangerot markierten, bald durch die Filzen führenden Waldweg abzweigen, dann nach 360 m in der bekannten Linkskehre – WW 3 der Tour – rechts auf den Pfad abzweigen, auf diesem bereits gefahrenen Trail 480 m bis zur Mündung am Forstweg im Wald – WW 2 der Tour – und auf diesem rechts nach Egling)*. **Nach ca. 260 m** eine Wiese queren *(dann durch ein Wäldchen und anschließend auf Wiesenpfad weiter)* und bis zur Mündung am bekannten Forstweg im Wald weiterfahren *(WW 2 der Tour)*.

**37** *km 45,0/639 m* Man mündet am breiten Forstweg im Wald und folgt ihm nach rechts auf bekannter Route zurück nach Egling *(km 47,0)*.

## Alternativ-Wegweiser 1
*Für <u>Offroad-Route vom Mooshamer zum Harmatinger Weiher</u> (Gesamttour dann: 47,9 km/3:11 Std/645 Hm):*

**3** *km 2,4/638 m* ... **Nach 280 m** in der Linkskehre rechts auf den leicht abschüssigen Waldweg abzweigen *(Route ist in der Folge rot markiert)*.

**4** *km 3,4/638 m* An der Wegekreuzung geradeaus. **Nach 130 m** *(Wegende im Wiesengelände nach dem Weiher)* rechts auf die Wegspur am Waldrand lang. **Nach 70 m** auf Waldweglein weiter. **Nach 90 m** geradeaus auf den Graspfad. **Nach 70 m** übers Bächlein und bergauf. **Nach 60 m** mündet man an eine Waldwegspur und folgt ihr geradeaus bergauf *(bald wieder breiterer Weg)*.

**5** *km 4,5/638 m* Man mündet an Asphaltstraße, fährt rechts leicht bergab. **Nach 70 m** links auf Grasweg abzweigen *(kaum erkennbar)*. **Nach 160 m** rechts auf Grasweg *(zu Wäldchen hin, später Pfad)*.

**6** *km 5,3/632 m* Man mündet nach der kurzen Steilauffahrt am Asphaltsträßchen der Haupttour *(an Ausweichstelle/Gebäude)* und fährt rechts.

**7** *km 5,7/630 m* Man mündet an einer Straße und fährt geradeaus → *weiter nach WW 6/Haupttour (links bergauf geht's Ri. „Otterfing, Harmating")*. – *Alt.-WW 2 siehe auf dem Höhenprofil –*

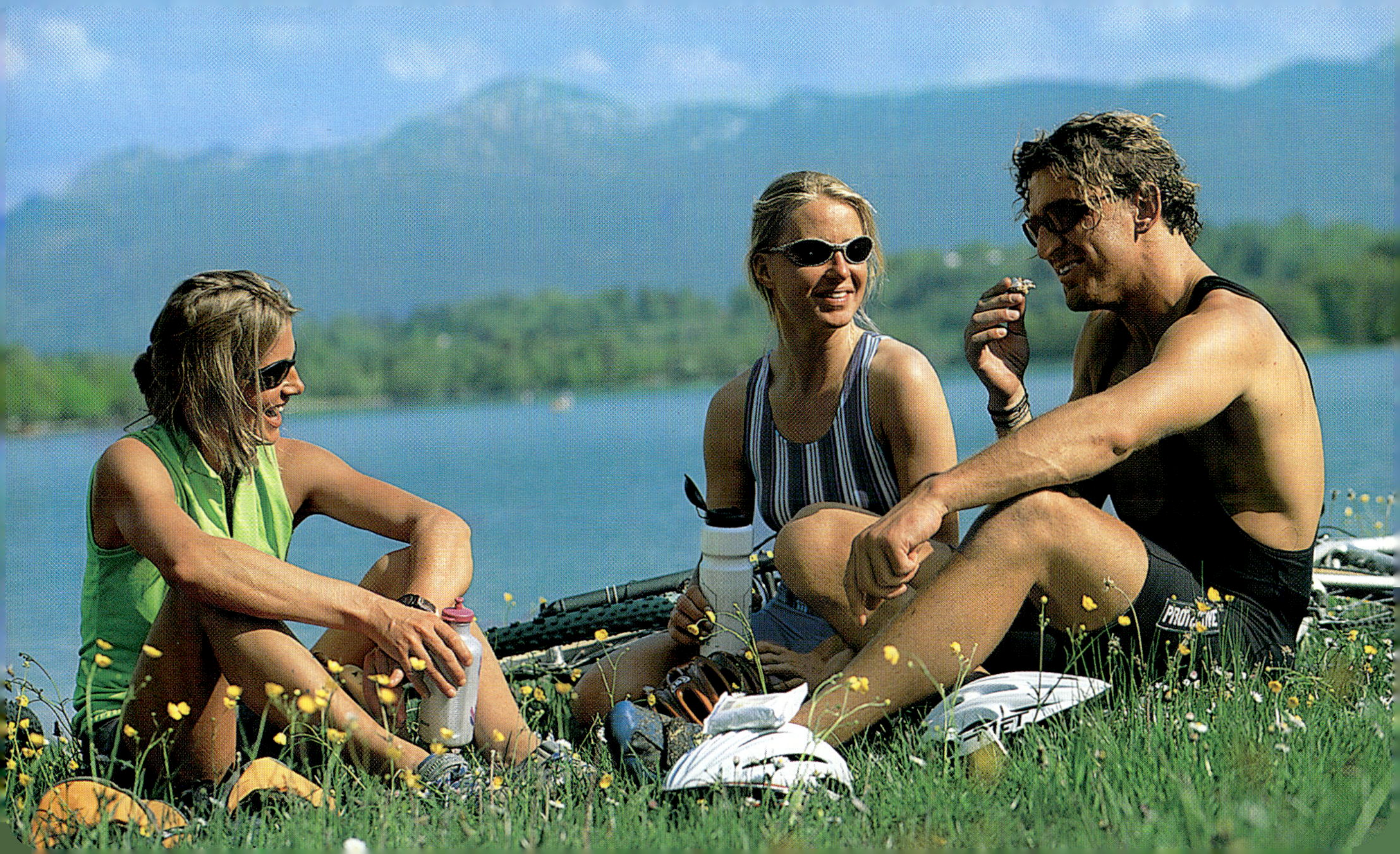

# 29 Urfelder Walchensee-Rundfahrt

**33,6** km · **3:02** Std · **623** Hm

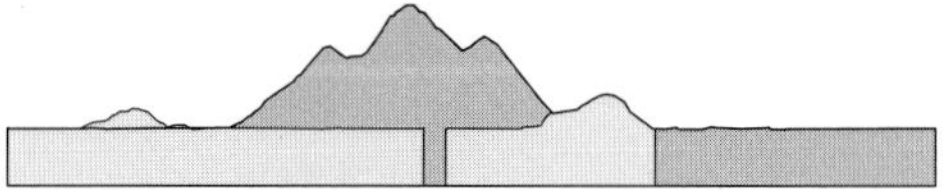

## Mäßig schwere Tour!

Große Walchenseeumrundung mit vielen direkt am Seeufer verlaufenden Fahrten, einem langen Forstweg-Uphill an den Flanken des Altlachbergs hoch übers Wasser und traumhaften Seeblicken.

**E**in kleines Seeufersträßchen führt in herrlicher Genußfahrt von Urfeld zum Weiler Sachenbach. Dort zweigt die Schotterpiste ab, die später in den direkt am See verlaufenden Ostufer-Traum-Trail mündet. Ein Schotter- und Asphaltweg leitet am Ende bis zur Waldschänke in Niedernach, wo man eine Rast einlegen kann. Nach kurzer Fahrt auf dem Mautsträßchen an einigen sonnigen Badeplätzen entlang zweigt beim Ostzipfel des Walchensees ein guter Forstweg ab. Er steigt in einem langen Uphill an den Flanken von Altlachberg und Altlacher Hochkopf auf und bietet Traumpanoramen über den See und die umgebenden Berge. **N**ach ebenso langem und schönem Forstautobahn-Downhill durch die Waldberge zweigt man ins idyllische Altlachtälchen ab. An dessen Ende beim Steinriegel fallen reizvolle Trail-Pisten in Form von Karrenweglein und Pfaden zur B 11 ab. Am Gasthof Einsiedl nimmt man die schöne Route mit vielen weiteren Seeuferfahrten über die Halbinsel Zwergern und das alte Klösterl bis Walchensee. Dort mündet man leider wieder an der Bundesstraße und folgt ihr durch den Ort Walchensee, später an der Herzogstandbahn vorbei, bis Urfeld.

| | | | |
|---|---|---|---|
| 0,0 | **Urfeld** | 805 | |
| | *Ghf Hotel Post* | | |
| 0,2 | Walchenseeuferweg | 803 | |
| 2,5 | Sachenbach | 803 | 0:10 |
| 3,6 | Walchenseeufer-Trail | **800** | |
| 5,2 | Forstweg | 804 | |
| 7,5 | Niedernach | 806 | 0:26 |
| | *(Waldschänke/Mautstraße)* | | |
| 8,0 | Abzweig Forstweg | 806 | |
| 9,6 | am Altlachberg | 918 | |
| | *(Walchensee-Panorama)* | | |
| 11,6 | | 1092 | |
| 12,2 | Wegedreieck | 1050 | |
| 14,4 | Forstweg nähe | **1236** | 1:35 |
| | Altlacher Hochkopf | | |
| 16,3 | nähe Diensthütte | 1077 | |
| 19,6 | Abzweig | 858 | 1:55 |
| | ins Altlachtälchen | | |
| 21,6 | nähe Steinriegel | 924 | |
| 23,3 | Mündung an B 11 | 807 | 2:20 |
| 23,3 | Abzweig Mautstraße | 805 | |
| 23,6 | Ghf Einsiedl | 803 | |
| 25,8 | Zwergern | 807 | |
| 26,5 | Klösterl | 804 | |
| 27,6 | Lobesau *(Camping)* | 802 | |
| 28,4 | Walchensee-Ort | 804 | 2:44 |
| | *(auf die B 11)* | | |
| 30,1 | Herzogstandbahn | 804 | |
| 33,6 | Urfeld | 805 | 3:02 |

### Alternativ-Tour 1

Leichtere Tour von Urfeld am Walchensee entlang und nur rund um den Fischberg:

| | | | |
|---|---|---|---|
| 0,0 | Urfeld | 805 | |
| | *Ghf Hotel Post* | | |
| 0,2 | Walchenseeuferweg | 803 | |
| 2,5 | Sachenbach | 803 | 0:10 |
| 4,6 | Waldsattel | **873** | |
| | *(nähe Fieberkapelle)* | | |
| 5,8 | Mautstraße | 808 | 0:23 |
| 7,5 | Niedernach | 806 | 0:27 |
| 9,7 | Walchenseeufer-Trail | 804 | |
| 12,4 | Sachenbach | 803 | |
| 15,0 | Urfeld | 805 | 0:52 |

### Alternativ-Tour 2

Spritztour von Einsiedl auf der Mautstraße am See entlang und auf schöner Route rund um den kleinen Waldhügel des Steinriegl.

## Erlebniswert

*Bike-Spaß:* ★★☆☆☆☆
*Landschaft:* ★★★★☆☆ ③

Wunderbarer, idyllischer Bike-Trail am Walchensee-Ostufer. Traumblicke auf Walchensee und dessen umliegende Berge bei der Forstwegauffahrt zum Altlachberg. Ellenlanger Downhill wieder zurück zum Walchensee, am Ende mit netten Trails. Genußvolle Bike-Route über die Halbinsel von Zwergern. Tour verläuft überwiegend in Seenähe.

## Schwierigkeitsgrad

*Kondition:* ●●○○○○
*Fahrtechnik:* ●●○○○○ ②

Längere Forstwegauffahrt am Altlachberg. Leicht trialmäßige Passagen mit Wurzeln und kleineren Absätzen auf dem Uferpfad am Walchensee. Holprige Wald-Trails beim Steinriegel.

## Fahrbahnen

| Asphalt | Schotter+Pisten | Trails+Trials |
|---|---|---|
| 13,6 km | 17,0/0,5 km | 0,5/2,0 km |

öff. Verkehr: 5,7 km   Mautverkehr: 0,5 km

## Schiebe-/Tragestrecken

Je nach Fahrkönnen evt. wenige Meter auf dem Walchenseeufer-Trail

## Rast

Gasthäuser in Urfeld, Niedernach, Einsiedl und Walchensee

## Karten

BTK Bad Tölz-Lenggries   M 1:50.000
KOMPASS Nr. 6   M 1:50.000

---

**29 Urfelder Walchensee-Rundfahrt**   33,6 km · 3:02 Std · 623 Hm

# 29 Urfelder Walchensee-Rundfahrt

**33,6** km · **3:02** Std · **623** Hm

## Wegweiser

**1** **km 0**/805 m  Durchfahrt Urfeld: Am „Hotel Post" von der B 11 links auf den Asphaltweg Ri. „*Sachenbach, Jachenau, Niedernach*" abzweigen und stets auf diesem Uferweg bis Sachenbach.

**2** **km 2,5**/803 m  Kurz vor Sachenbach rechts ab auf Schotterweg Ri. „*Fußweg Niedernach*" (→ *alternativ* evt. geradeaus und über Mautstraße zu WW 5, siehe Alt.-Tour 1). *Nach 340 m* durchs Gatter und *nach 90 m* rechts auf den flachen Wegzweig.

**3** **km 3,4**/803 m  Auf dem rechten, flachen Wegzweig halten (*nicht* auf Weg steil bergauf bleiben!) und dem bald weiterführenden Fußweg stets am Seeufer lang folgen (nach 40 m Bike-Verbotsschild).

**4** **km 5,3**/804 m  Man mündet an einen Forstweg (links Hütte) und bleibt geradeaus am See entlang.

**5** **km 7,5**/806 m  Durchfahrt Niedernach: Man mündet an der Mautstraße (an „Waldschänke Niedernach") und folgt ihr rechts über die Brücke Ri. „*Einsiedel*". *Nach 500 m* links auf den Forstweg abzweigen (3. Abzweig, am neuen P, → *alternativ* leichter auf Mautstraße 8,0 km zur B 11 in Einsiedl).

**6** **km 9,6**/918 m  An einem Wegedreieck geradeaus bergauf bleiben (stets diesem Hauptweg folgen).

**7** **km 12,2**/1050 m  Nach einer Abfahrt über den Bach und an der Verzweigung links bergauf.

**8** **km 13,9**/1198 m  Am Wegedreieck rechts.

**9** **km 16,3**/1077 m  Nach der Abfahrt weiter dem Haupt-Forstweg durch die Rechtskehre folgen.

**10** **km 19,6**/858 m  Vom Forstweg links auf den Steinriegelweg abzweigen (Markierung „W 4", an Bach entlang, → *alternativ* auf dem Forstweg 900 m hinab zur Mautstraße am See und links 3,0 km zur B 11).

**11** **km 22,2**/897 m  Nähe Steinriegel geradeaus steil bergab bleiben (an Verzweigung zu schlechteren Pisten). *Nach 200 m* mündet man an einen schmalen Querweg und folgt ihm nach rechts.

**12** **km 23,3**/806 m  Man mündet an der B 11 und fährt rechts. *Nach 330 m* (am „Ghf Einsiedl") rechts Ri. „*Zwergern*" abzweigen und nun stets dem schmalen Asphaltweg folgen (führt zunächst am Seeufer entlang, später über die Landzunge Zwergern sowie Klösterl und Campingplatz Lobesau bis Walchensee).

**13** **km 28,1**/802 m  Durchfahrt Walchensee-Ort: Hinter Lobesau (kurz vor der B 11) rechts auf den Seeuferpfad abzweigen. *Nach 200 m* mündet man dann an der B 11 und folgt ihr geradeaus durch den Ort und weiter bis Urfeld (**km 33,6**).

## Anfahrt

**Auto:** A 95 München-Garmisch, Ausfahrt „Murnau/Kochel", Landstraße Ri. „Kochel" und über Großweil, Schlehdorf nach Kochel. Dort auf die B 11 in Ri. „Innsbruck" und auf der Kesselbergstraße über den Kesselbergsattel nach Urfeld am Walchensee (74 km, 1:00 Std).

*Alternativ:* Auf der B 11 von München-Solln stets in Ri. „Innsbruck" über Baierbrunn, Schäftlarn, Wolfratshausen, Königsdorf, Bichl, Benediktbeuern, Kochel und auf der Kesselbergstraße über den Kesselbergsattel nach Urfeld am Walchensee.

**Bahn:** Von München/Starnberger Bhf. nach Kochel und mit dem Bike über die neue Kesselbergstraße (B 11) oder den alten Kesselbergweg nach Urfeld (siehe auch Touren 19 und 20 in BIKE GUIDE 1).

### Fahrt zum Startplatz

Während der Abfahrt auf der B 11 vom Kesselbergsattel nach Urfeld gibt es in den Kehren am Straßenrand zwei Parkplätze. Dort den Pkw abstellen und mit dem Bike das restliche Stück auf der B 11 bis nach Urfeld zum Ghf „Hotel Post" am Ortsbeginn abfahren.

*Die Tour beginnt* am Ghf „Hotel Post" am Walchenseeufer in Urfeld.

### Alternative Startorte

Jachenau oder Jachenautal (mit Bike-Anfahrt nach Sachenbach/Tour 16), Niedernach, Einsiedl, Walchensee-Ort (z. B. am Parkplatz der Herzogstandbahn).

## Alternativ-Wegweiser 1
*Für eine sehr kleine, leichte <u>Urfelder Spritztour rund um den Fischberg</u> (15,0 km/0:52 Std/96 Hm):*

**1  km 0**/805 m  <u>Durchfahrt Urfeld</u>: Am „Hotel Post" von der B 11 links auf den Asphaltweg Ri. *„Sachenbach, Jachenau, Niedernach"* abzweigen und <u>stets auf diesem Uferweg bis Sachenbach.</u>

**2  km 2,5**/803 m  <u>Durchfahrt Sachenbach</u>: Geradeaus weiter auf Asphaltsträßchen Ri. *„Jachenau, Fahrradweg nach Niedernach"* bleiben *(zwischen den Bauernhöfen durch, bald stets bergauf zu einem Waldsattel, dann wieder bergab bis zur Mautstraße).*

**3  km 5,8**/808 m  Man mündet nach der Abfahrt an die Mautstraße und folgt ihr rechts Ri. *„Einsiedl, Niedernach"* *(links geht's in Ri. „Jachenau").*

**4  km 7,5**/806 m  <u>Durchfahrt Niedernach</u>: In der Linkskehre *(vor Brücke, an „Waldschänke Niedernach")* von der Mautstraße geradeaus auf Asphaltweg Ri. *„Fußweg Sachenbach, Urfeld"* abzweigen *(später Schotter, stets auf flacher Piste <u>direkt am See</u>).*

**5  km 9,7**/804 m  Vom Weg links auf den Pfad abzweigen *(kurz vor Hütte, zunächst geht's am Seeufer lang, am Ende auf einem Weg bis zur Mündung am bekannten Asphaltweg bei Sachenbach/WW 2 der Tour und dort links zurück nach Urfeld, **km 15,0**).*

## Alternativ-Wegweiser 2
*Für die <u>kleine Spritztour um den Steinriegel</u> mit Start an Mautstelle in Einsiedel (7,6 km/0:46 Std/122 Hm):*

**1  km 0**/803 m  Der bei Einsiedl von der B 11 in Ri. *„Jachenau Mautstraße"* abzweigenden Mautstraße folgen *(an Mautstelle vorbei, bald führt das Sträßchen meist direkt oder nahe am Seeufer entlang).*

**2  km 3,0**/808 m  Kurz vor Altlach rechts auf den Forstweg in Ri. *„Hochkopf, Sachenbacher Alm, Niedernach, ..."* abzweigen *(bald stets bergauf).*

**3  km 3,9**/858 m  Auf einer Flachpassage rechts auf den Steinriegelweg abzweigen *(Markierung „W 4", an Bach entlang; WW 10 der Haupttour).*

**4  km 6,5**/897 m  Nähe Steinriegel geradeaus steil bergab bleiben *(an Verzweigung zu schlechteren Pisten).* **Nach 200 m** mündet man an einen schmalen Querweg und folgt ihm nach rechts.

**5  km 7,5**/806 m  Man mündet an der B 11 und fährt rechts zum Ausgangspunkt am Abzweig der Mautstraße nach Jachenau (**km 7,6**).

## Variationen
Leichter

*1. Leichtere Fahrt auf der Mautstraße bis Einsiedl:* Statt der schweren Auffahrt am Altlachberg kann man ab Niedernach auch genußvoll und leicht auf der flachen Mautstraße am schönen Südufer des Walchensees zu WW 12 bei Einsiedl fahren *(siehe Hinweis bei WW 5).*

*2. Kleine Spritztour um den Fischberg:* Sehr leichte Spritztour von Urfeld zunächst am Walchenseeufer entlang bis nach Sachenbach und dort links um den Fischberg herum wieder zurück zum Walchensee in Niedernach. Am Ende folgt der sehr schöne Trail direkt am Walchensee-Ostufer *(siehe Alt.-WW 1).*

*3. Kleine Spritztour von Einsiedl rund um den Steinriegel:* An der Mautstelle bei Einsiedl starten *(dort befindet sich ein Parkplatz)*, auf der Mautstraße bis nähe Altlach, rechts auf den Forstweg in Ri. *„Hochkopf, ..."* und wie bei der Haupttour durch das Altlachtälchen um den Steinriegel zurück zum Ausgangspunkt bei Einsiedl *(siehe Alt.-WW 2).*

*4. Kleinere Tour über den Altlachberg:* Die Tour bei Niedernach starten, nach WW 5-10 der Haupttour fahren, bei WW 10 dem Forstweg jedoch bergab zur asphaltierten Mautstraße am Seeufer bei Altlach folgen und nach rechts, stets am Walchensee entlang, zurück zum Ausgangspunkt in Niedernach.

**29  Urfelder Walchensee-Rundfahrt**          **33,6** km · **3:02** Std · **623** Hm

# 30 Schäftlarner Birg-Trail

**21,3** km · **1:40** Std · **419** Hm

## Mäßig schwere bis mittelschwere Tour!

Eine Fahrt über alle Trial-Pisten rund um die Schanzen und Wälle der *„Birg"* beim Schäftlarner Isarhochufer. Am besten kombiniert man diese Tour mit einer der vielen Isartal-Trails bzw. -Touren.

**W**er nur den Birg-Trail als eigenständige Tour fahren möchte, startet an der Isarbrücke beim Kloster Schäftlarn, unweit vom Gasthaus Bruckenfischer. Direkt am Parkplatz beginnt ein schönes Dammweglein, im Verlauf quert man über das Pumpwerk zum Haupt-Forstweg. Man absolviert mehrere Trails am Schäftlarner Steilhang, bevor ein Forstweg sanft in die Nähe von Hohenschäftlarn ansteigt. Dort geht es auf den tollen Birg-Trail, der stets hart an der Isarhochuferkante bis zu den alten Schanzen und Wällen der *„Birg"* führt. **E**s folgen weitere, traumhafte Pfade und Trials durch die Waldhänge, dazwischen die nochmalige Forstwegauffahrt in Richtung Hohenschäftlarn, bevor wieder ein Super-Trail-Downhill in einen Waldgraben leitet. Nach erneuter Forstwegauffahrt zweigt man bei Hohenschäftlarn auf den Hochufer-Trail ab, der nun weiter in Richtung Baierbrunn leitet. Auf kniffligem Waldsteig, inclusive kurzem Abstieg auf der Eisenleiter, gelangt man zu dem prächtigen Karrenweglein, das als beste Bike-Piste durch den Hochwald zieht. Am Ende geht es hinab zum Isar-Trail, der auf einer letzten Traum-Bike-Route flußaufwärts zum Ausgangspunkt führt.

| | | | |
|---|---|---|---|
| 0,0 | **Schäftlarn** | 562 | |
| | *P an der Isarbrücke* | | |
| 1,5 | Dammweg | 560 | |
| 1,7 | Pumpwerk-Gebäude | 558 | |
| 1,8 | Forstweg | 570 | 0:06 |
| 3,4 | Fahrstraßenkehre | 592 | |
| 2,6 | Abzweig Stufenpfad | 610 | |
| 2,8 | Forstweg | 600 | |
| 3,0 | Abzweig Waldpfad | 599 | |
| 3,3 | Forstweg | 564 | |
| 4,4 | Abzweig Trail | 590 | 0:18 |
| | *(in den Waldtalgraben)* | | |
| 5,2 | Wegedreieck | 628 | 0:23 |
| 5,5 | nähe Hohenschäftlarn | 641 | 0:24 |
| | *(Wendeplatz/Tafel „Die Birg")* | | |
| 6,1 | Abzweig Fußweg | 651 | |
| 6,3 | Abzweig Wald-Trail | 651 | 0:27 |
| | *(nähe Stufenpfad)* | | |
| 6,8 | Birg-Trail | **667** | |
| 8,3 | Birg *(auf Hang-Trail)* | 643 | 0:38 |
| 9,2 | Forstweg *(am Trail in* | 590 | 0:44 |
| | *den Waldtalgraben, Auffahrt* | | |
| | *Richt. Hohenschäftlarn)* | | |
| 9,9 | Wegedreieck | 628 | 0:49 |
| 10,0 | Abzweig Trail | 627 | |
| | *(Downhill im Waldgraben)* | | |
| 10,7 | Forstweg | 574 | |
| 11,5 | Wegedreieck | 563 | 0:53 |
| | *(Auffahrt Richt. Hohenschäftlarn)* | | |
| 12,9 | Wegedreieck | 628 | |
| 13,0 | Abzweig Waldweg | 631 | 1:03 |
| | *(nähe Wendeplatz/Hohenschä.)* | | |
| 13,4 | Abzweig | 660 | |
| | Hochufer-Trail | | |
| 15,4 | Abzweig Waldsteig | 629 | 1:16 |
| | *(nähe Marterl/Baierbrunn)* | | |
| 15,8 | Eisenleiter | 597 | |
| 15,9 | Wald-Trail | 580 | 1:20 |
| 17,1 | Querung Forstweg | 561 | 1:24 |
| 17,3 | Isar-Trail | **549** | |
| 21,3 | Schäftlarn | 562 | 1:40 |
| | *(P an Isarbrücke)* | | |

**Alternativ-Route 1**
Statt des extremen Waldsteigs auf leichterer Route über Baierbrunn ins Isartal.

**Alternativ-Route 2**
Über Baierbrunn/Buchenhain, auf Römerweg ins Isartal und über die Klettergarten-Trails.

*– siehe auf Wegweiser-Seiten –*

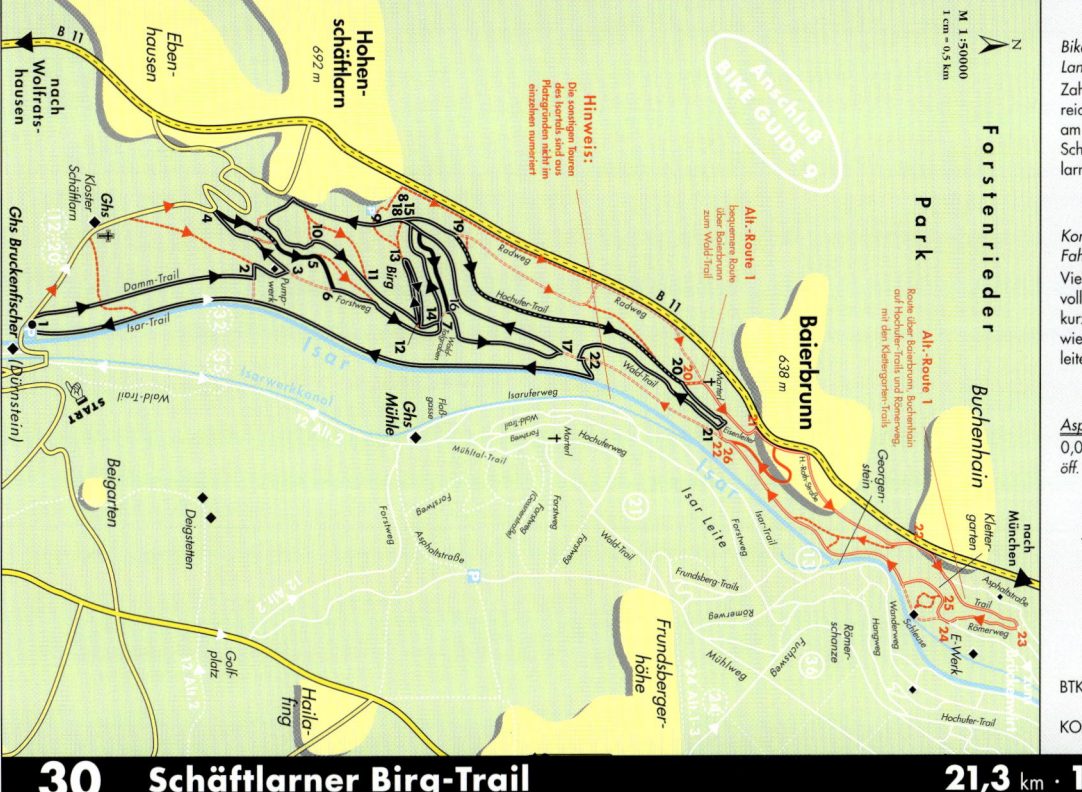

## Erlebniswert

*Bike-Spaß:* ★★★★★★
*Landschaft:* ★★☆☆☆☆  (4)

Zahllose begeisternde, abwechslungsreiche Trails mit maximalem Fahrspaß am Hochufer rund um die Wälle und Schanzen der „*Birg*" bei Hohenschäftlarn sowie im Isartal.

## Schwierigkeitsgrad

*Kondition:* ●●○○○○
*Fahrtechnik:* ●●●○○○   ❷-❸

Viele schwierige, knifflige, anspruchsvolle Trail-Passagen und jeweils sehr kurze Schiebe- bzw. Tragestrecken sowie ein kurzer Abstieg auf einer Eisenleiter in der Nähe von Baierbrunn.

## Fahrbahnen

| *Asphalt* | *Schotter+Pisten* | *Trails+Trials* |
|---|---|---|
| 0,0 km | 6,8/1,0 km | 6,5/7,0 km |

öff. Verkehr: 0,0 km   Mautverkehr: 0,0 km

## Schiebe-/Tragestrecken

Je nach Fahrkönnen evt. wenige Meter auf den Trails

## Rast

Ghf Kloster Schäftlarn

## Karten

BTK Ammersee-
 Starnberger See        M 1:50.000
KOMPASS Nr. 180     M 1:50.000

---

**30**  **Schäftlarner Birg-Trail**     **21,3** km · **1:40** Std · **419** Hm

# 30 Schäftlarner Birg-Trail

**21,3** km · **1:40** Std · **419** Hm

## Wegweiser

**1 *km 0*/562 m** Vom Parkplatz der Fahrstraße in Richtung Kloster Schäftlarn folgen und **nach 20 m** *(am Beginn des Asphalt-Fußweges)* <u>rechts hoch auf den Dammpfad</u> abzweigen *(später ein Weg)*.

**2 *km 1,5*/560 m** Vom Damm links bergab auf den querenden Pfad abzweigen. **Nach 100 m** über die Bachbrücke, rechts aufs Weglein, **nach 80 m** *(nähe Gebäude)* auf breitem Schotterweg bergauf.

**3 *km 1,8*/570 m** Man mündet nach o. g. Auffahrt an den Forstweg und folgt ihm links bergauf *(→ alternativ dann für eine Abkürzung nach 310 m rechts hoch auf den Waldweg abzweigen, nach 140 m mündet links der Pfad von WW 4 der Tour)*.

**4 *km 2,4*/592 m** Man mündet bei Fahrstraßenkehre und fährt rechts *(über den Wendeplatz)* auf dem Waldweg bergauf. **Nach 210 m** durch die leichte Rechtskehre auf dem fast flachen Waldpfad weiter *(links mündet Stufenpfad, → alternativ für eine Abkürzung 150 m Aufstieg direkt zu WW 9)*. **Nach 260 m** mündet man an einem Waldweg und folgt ihm nach links *(siehe Hinweis bei WW 3)*.

**5 *km 3,0*/599 m** Rechts bergab auf den Pfad abzweigen *(kurz vor Auffahrt, → alternativ auf dem Weg bleiben, nach 520 m mündet man am u. g. Hauptweg)*.

**6 *km 3,3*/564 m** Man mündet nach der Trail-Abfahrt am Haupt-Forstweg und fährt links *(bei km 3,6 mündet von links der Weg der o. g. Variante)*.

**7 *km 4,4*/590 m** Dem Forstweg weiter bergauf folgen *(rechts Pfadabzweig in den Waldtalgraben)*.

**8 *km 5,2*/628 m** Nach der Auffahrt am Forstwegedreieck geradeaus weiter bergauf bleiben.

**9 *km 5,5*/641 m** <u>Durchfahrt bei Hohenschäftlarn:</u> Man mündet an eine Forstwegkehre *(Wendeplatz)* und fährt links bergauf Ri. **„Fußweg nach Kloster Schäftlarn"** *(**nicht** ganz links auf den Waldweg in Ri. „Zur Birg", das wäre eine Abkürzung zu WW 13, 350 m zum Pfadabzweig bei der Birg)*. **Nach 600 m** *(km 6,1 kurz vor Fahrstraße zum Kloster Schäftlarn)* links auf den Waldpfad **in o. g. Ri.** abzweigen *(→ alternativ für Abkürzung 40 m zuvor bei Hecke/Häusern links auf den Waldweg abzweigen und **entweder** nach 40 m rechts ab aufs Karrenweglein und 120 m bergauf, bis rechts der Pfad von WW 10 mündet, **oder** nach 40 m geradeaus weiter auf o. g. Waldweg noch 410 m fahren, bis rechts der Wurzel-Trail von WW 11 mündet)*. **Nach 170 m** links auf den fast flachen Waldpfad abzweigen *(ca. 90 m bevor das nun etwas breitere Weglein über Stufen bergab führt, siehe auch Hinweis bei WW 4)*. **Nach 150 m** an der Verzweigung dem linken Pfad folgen *(führt später durch eine Linkskehre und dann kurz steil bergauf)*.

## Anfahrt

**Auto:** Von München nach Grünwald. Dort geradeaus stets auf die Staatsstraße 2072 weiter in Ri. „Bad Tölz". Hinter Straßlach, dem Golfplatz bei Hailafing und Beigarten rechts in Ri. „Starnberg, Schäftlarn" auf die Staatsstraße 2971 abzweigen und zum Ghs Bruckenfischer im Isartal nähe Kloster Schäftlarn abfahren *(20 km, 0:28 Std)*.

### Fahrt zum Startplatz

Im Isartal der Straße durch eine Linkskehre über die Kanalbrücke, dann am Gasthaus Bruckenfischer vorbei und über die Isarbrücke in Richtung Kloster Schäftlarn folgen. Direkt nach der Isarbrücke rechts auf den Parkplatz etwas unterhalb der Straße abzweigen.

*Die Tour beginnt* am o. g. Abzweig von der Straße zum Parkplatz.

### Alternative Startorte

München *(mit dem Bike auf einer der zahlreichen Isar- und Isrtal-Routen zum Startplatz nähe Ghs Bruckenfischer und Kloster Schäftlarn, siehe z. B. Touren 7, 10, 12, 31, 33, 37)*, Hohenschäftlarn, Baierbrunn, Ghs Brückenwirt oder Waldparkplatz nähe Grünwalder Brücke *(mit Bike-Anfahrt zur Tour, siehe Route von Tour 33)*

10. **km 6,6**/657 m  Man mündet an einem Querpfad *(o. g. Variante, siehe Hinweis WW 9)* und fährt rechts bald bergauf über den kleinen Waldsattel.

11. **km 7,0**/650 m  Man mündet an ein Weglein *(nach Abfahrt auf Wurzel-Trail, das Weglein ist die bei WW 9 genannte zweite Variante)* und fährt rechts. **Nach 110 m** an der Verzweigung dem rechten Pfad folgen *(an der Hangkante entlang)*.

12. **km 7,8**/642 m  Wenn rechts an der Hangkante ein Pfad steil bergab führt, <u>links</u> auf den schmalen, flachen Pfad abzweigen *(wird bald zu breiterem Weg; → alternativ für Abkürzung hier gleich rechts bergab 220 m bis Mündung an Forstweg, WW 7/14)*.

13. **km 8,3**/643 m  <u>Durchfahrt bei der Birg</u>: Kurz vor den Schanzen/Wällen der Birg rechts bergab auf den Hangpfad abzweigen *(→ alternativ für eine Abkürzung der Route noch 50 m auf dem Weg weiterfahren, dort rechts auf den Pfad abzweigen, nach 140 m mündet man am Forstweg von WW 18 der Tour, gegenüber zweigt der Weg der späteren Haupttour zum Hochufer ab)*. **Bei km 9,0** durch die Pfad-Linkskehre steil in den Waldgraben und dann auf steiler Waldpiste zu Forstweg abfahren.

14. **km 9,2**/590 m  Man mündet nach der Abfahrt am o. g. Forstweg *(WW 7)* und folgt ihm links bergauf *(nochmals in Richtung Hohenschäftlarn)*.

15. **km 9,9**/628 m  Am Wegedreieck *(WW 8)* jetzt rechts bergab und **nach 70 m** rechts bergab auf den Pfad abzweigen *(führt in den Waldgraben)*.

16. **km 10,6**/577 m  An der Pfadkreuzung im Waldtalgraben *(rechts mündet Pfad vom Forstweg)* wahlweise leicht links oder geradeaus auf einen der beiden Pfade *(nach 180 m wieder breiter Forstweg)*.

17. **km 11,5**/563 m  An einem Wegedreieck links bergauf fahren *(nochmals in Richtung Hohenschäftlarn, gelbe Pfeilmarkierung)*.

18. **km 12,9**/628 m  Am Wegedreieck *(WW 8/15)* geradeaus weiter bergauf bleiben. **Nach 80 m** rechts hoch auf den Waldweg abzweigen *(links mündet Pfad von der Birg, siehe Hinweis WW 13)*.

19. **km 13,4**/660 m  Während der Auffahrt rechts auf einen unscheinbaren Waldpfad abzweigen *(bald gelbe Pfeilmarkierung, ca. 80 m bevor man an die Forstwegkehre der Route von Tour 7 münden würde)*. **Nach 110 m** mündet man an die Kehre eines Waldwegleins und folgt ihm geradeaus **(bei km 14,5** Mündung an ein Weglein, <u>rechts fahren</u>, in der Folge Wechsel von Weglein und Pfaden, <u>stets an oder in Nähe des Hochufers entlang halten</u>, nach 130 m an einem Steinmarterl vorbei, **bei km 15,2** rechts auf den Hochuferpfad wechseln, nach 180 m Mündung an einen Weg, diesem <u>rechts/geradeaus</u> folgen*)*.

### Variationen

Leichter:

*1. Statt des extremen Steigs mit der Eisenleiter bequemere Route über Baierbrunn ins Isartal nehmen:* Statt des am WW 20 abzweigenden Pfads – später ein Steig mit schwiergen Trials und einem Abstieg auf einem kurzen Stück Eisenleiter – kann man weiter auf der Route nach Baierbrunn bleiben und von dort auf besserem Weg ins Isartal abfahren *(siehe Alt.-WW 1)*.

Auch probieren:

*2. Erweiterung der Route über Baierbrunn zum Römerweg, auf diesem ins Isartal und dort Fahrt über die Klettergarten-Trails:* Wie bei der o. g. Variante 1 nach Baierbrunn fahren, den Ort jedoch durchqueren und weiter am Hochufer entlang mit einigen schönen Trails bis zum Römerweg. Auf diesem ins Isartal abfahren und dort gleich wieder rechts zu den Klettergarten-Trails abzweigen. Auf schönem Weglein bis zu den Kletterfelsen und dann je nach Wunsch und Fahrkönnen auf der sehr leichten *(siehe Hinweis WW 25/Alt.-Route 2)* oder auf schwerer und extrem steiler Trial-Piste mit Mutprobe hinab zum Isar-Hauptweg. Auf diesem dann zu WW 21 der Haupttour *(siehe Alt.-WW 2)*.

*3. Weitere Trail-Abfahrt von der o. g. Variante 2 ins Isartal:* Im Verlauf der o. g. Fahrt gibt es bei den Buchenhain eine weitere schöne Trail-Abfahrtsmöglichkeit ins Isartal *(siehe Hinweis bei 22/Alt.-Route 2)*.

**30**  Schäftlarner Birg-Trail  **21,3** km · **1:40** Std · **419** Hm

# 30 Schäftlarner Birg-Trail
**21,3** km · **1:40** Std · **419** Hm

**20** *km* **15,5**/629 m  Vom Hauptweg *(führt nun steiler bergab)* rechts/geradeaus auf die schmale Waldpfadspur abzweigen *(an der Hochuferkante entlang)*. *Nach 100 m* am Marterl/Sitzbank vorbei und weiter über den Bergrücken *(später steil bergab)*. *Nach 270 m (und steilem Abstieg)* am Zaun rechts halten und bald <u>auf der Eisenleiter absteigen</u>.

**21** *km* **15,9**/580 m  Man mündet *(nach dem Abstieg über die o. g. Eisenleiter und kurzer Abfahrt)* an ein Wald-Karrenweglein und folgt ihm nach rechts.

**22** *km* **17,1**/561 m  Man mündet *(nach steiler Abfahrt)* am Haupt-Forstweg, fährt **20 m** links und zweigt dort rechts bergab <u>auf den Waldpfad zur Isar</u> ab. *Nach 150 m* Abfahrt mündet man am Isar-Trail und folgt ihm rechts flußaufwärts. *Nach 300 m* ein Bächlein überqueren *(Isarzufluß, ganz links an der Mündung über die Steine trockenen Fußes möglich)* und <u>diesem Haupt-Trail weiter stets bis zum Ausgangspunkt am Parkplatz an der Isarbrücke nähe Kloster Schäftlarn folgen</u> *(km 21,3)*.

### Alternativ-Wegweiser 1
*Für eine leichtere, bequemere Route <u>über Baierbrunn ins Isartal</u> (ohne den kurzen Abstieg auf der Eisenleiter, Gesamttour dann: 22,8 km/1:46 Std/441 Hm):*

**20** *km* **15,5**/629 m  Weiter dem Hauptweg bergab folgen *(rechts zweigt Pfad zum Marterl/Sitzbank ab)*. *Nach 200 m* mündet man an einen Asphaltweg *(Radwegroute)* und fährt rechts leicht bergauf.

**21** *km* **16,3**/622 m  <u>Ortsdurchfahrt Baierbrunn:</u> Man mündet an der Fahrstraße und folgt dem Fuß-/Radweg rechts in den Ort. *Nach 170 m* rechts in die *„Burgstraße"* abzweigen. *Nach 110 m* am Asphaltdreieck links bergab *(Sackgasse, in Ri. „Wort&Bild Verlag")*. *Nach 120 m (Asphaltende)* weiter auf dem Schotterweglein hinab ins Isartal.

**22** *km* **17,2**/571 m  Am Wegedreieck im Isartal *(links ist in Ri. „Buchenhain" beschildert)* auf dem Forstweg leicht rechts bergab halten. *Nach 90 m* rechts hoch auf den Wald-Trail abzweigen. *Nach 120 m* Auffahrt mündet rechts der Steig der Haupttour *(von der Eisenleiter)*, → **<u>weiter auf dem Wald-Trail nach WW 21 der Haupttour</u>**.

### Alternativ-Wegweiser 2
*Für eine Route <u>über Baierbrunn und den Römerweg ins Isartal</u> (mit Passage auf den Klettergarten-Trails, Gesamttour dann: 27,0 km/2:12 Std/526 Hm):*

**20** *km* **15,5**/629 m  Weiter dem Hauptweg bergab folgen *(rechts zweigt Pfad zum Marterl/Sitzbank ab)*. *Nach 200 m* mündet man an einen Asphaltweg *(Radwegroute)* und fährt rechts leicht bergauf.

### Alternativ-Route 1
Statt des extremen Wald-Steigs auf leichterer Route über Baierbrunn ins Isartal:

| | | | |
|---|---|---|---|
| 15,4 | Abzweig Waldsteig *(nähe Marterl/Baierbrunn)* | 629 | 1:16 |
| 15,6 | Radweg *(am Marterl)* | 610 | |
| 16,3 | Baierbrunn *(Radweg an Fahrstraße)* | 622 | 1:21 |
| 16,5 | Kirche *(Abzweig zur Isartal-Abfahrt)* | 618 | |
| 16,7 | Trail ins Isartal | 612 | |
| 17,2 | Wegedreieck im Isartal | 571 | 1:24 |
| 17,3 | Abzweig auf Wald-Trail | 568 | |
| 17,4 | Mündung Waldsteig *(von der Eisenleiter)* | 580 | 1:26 |

→ weiter nach der Haupttour

### Alternativ-Route 2
Über Baierbrunn und Buchenhain und auf dem Römerweg ins Isartal, mit Fahrt über die Klettergarten-Trails:

| | | | |
|---|---|---|---|
| 15,4 | Abzweig Waldsteig *(nähe Marterl/Baierbrunn)* | 629 | 1:16 |
| 15,6 | Radweg *(am Marterl)* | 610 | |
| 16,3 | Baierbrunn *(Radweg an Fahrstraße)* | 622 | 1:21 |

**21** ***km 16,3**/622 m* Ortsdurchfahrt Baierbrunn: Man mündet an der Fahrstraße und folgt dem Fuß-/Radweg rechts in den Ort. ***Nach 170 m*** geradeaus auf dem Fuß-/Radweg bleiben *(rechts zweigt die „Burgstraße" ab, evt. → **alternative** Abfahrtsmöglichkeit ins Isartal, siehe Alt.-WW 1).* ***Nach 190 m*** vom Radweg rechts in Ri. ***„Schule, Turnhalle"*** abzweigen *(in die „Hermann-Roth-Straße").*

**22** ***km 17,6**/612 m* Durchfahrten bei Buchenhain: Man mündet wieder am Radweg an der Fahrstraße und folgt ihm nach rechts *(50 m zuvor den linken Abzweig zur Unterführung liegen lassen, 150 m davor rechts bergab ein Wegabzeig, → **alternative** Abfahrtsmöglichkeit ins Isartal, 610 m bis zur Mündung am Haupt-Forstweg nähe Isar, dort rechts bergauf und 690 m zum Wegedreieck von WW 26).* ***Nach 170 m*** rechts auf den Pfad abzweigen *(an Geländer lang, bald weiter auf Schotterweglein).* ***Nach 100 m*** *(in Linkskehre nähe Sitzbank/Holzgeländer)* vom Schotterweglein geradeaus/rechts auf den Wald-Trail abzweigen *(diesem nun stets am oder nahe beim Holzgeländer bzw. der Hochuferkante folgen, **bei km 18,3** die Schneise unter der HS-Leitung queren und bald an den zwei HS-Ständern vorbei weiter auf Trail).*

**23** ***km 18,7**/602 m* Dem querenden Schotterweg rechts bergab ins Isartal folgen *(Römerweg, ca. 40 m weiter links am Asphaltsträßchen eine Info-Tafel mit dem „Verlauf der Römerstraße durch die Isarschlucht").*

**24** ***km 19,1**/561 m* Man mündet nach der Abfahrt am Haupt-Schotterweg im Isartal *(unter HS-Leitung)* und fährt rechts. ***Nach 70 m*** rechts/geradeaus auf den Waldweg abzweigen *(bevor Hauptweg steiler bergab führt, → **alternativ** ohne die Klettergarten-Trails auf dem Hauptweg bergab und 1,8 km zum Wegedreieck von WW 26 unterhalb von Baierbrunn).*

**25** ***km 19,4**/569 m* Durchfahrt Klettergarten-Trail: An der Verzweigung geradeaus *(rechts ein Pfadabzweig zum nahen Stufenweg mit Holzgeländer; → **alternativ** für einen leichteren Trail auf den linken Pfadzweig bergab, nach 40 m entweder links bergab oder geradeaus jeweils ca. 150 m durch den Wald hinab bis zum Haupt-Schotterweg, dort rechts, nach 20 m an den Sperren/Schranke vorbei isaraufwärts fahren, nach 140 m mündet rechts übern Holzsteg der schwerere Trail).* ***Nach 120 m*** auf dem Plateau *(nähe Kletterfelsen)* geradeaus bald leicht bergab und ***nach 60 m*** leicht links auf jetzt steilem Wurzel-Trail bergab *(bald zwei extreme Steilstufen).* ***Nach 130 m*** Abfahrt mündet man *(über Holzsteg, **km 19,7**)* am Haupt-Schotterweg nähe Isar und folgt ihm nach rechts.

**26** ***km 21,3**/571 m* Am Wegedreieck *(unterhalb von Baierbrunn)* dem Forstweg leicht links bergab folgen. ***Nach 90 m*** rechts hoch auf den Wald-Trail abzweigen. ***Nach 120 m*** Auffahrt mündet rechts der Steig der Haupttour *(von der Eisenleiter),* → **weiter auf Wald-Trail nach WW 21 der Haupttour**.

| | | | |
|---|---|---|---|
| 16,5 | Kirche *(Abzweig zur Isartal-Abfahrt, weiter auf Radweg)* | 618 | |
| 16,7 | Abzweig in Hermann-Roth-Straße | 619 | |
| 17,6 | bei Buchenhain *(Radweg an Fahrstraße)* | 612 | 1:26 |
| 17,8 | Abzweig auf Schotterpfad | 611 | |
| 17,9 | Hochufer-Trail | 610 | 1:28 |
| 18,3 | Unterquerung HS-Leitung | 604 | |
| 18,7 | Römerweg *(Abfahrt ins Isartal)* | 602 | 1:33 |
| 19,1 | Isartal | 561 | 1.35 |
| 19,2 | Abzweig zum Klettergarten | 559 | |
| 19,5 | Klettergarten-Trail | 574 | |
| 19,7 | Isar-Schotterweg *(nähe E-Werk)* | 544 | 1:40 |
| 21,3 | Wegedreieck *(unterhalb von Baierbrunn)* | 571 | 1:50 |
| 21,4 | Abzweig auf Wald-Trail | 568 | |
| 21,6 | Mündung Waldsteig *(von der Eisenleiter)* → weiter nach der Haupttour | 580 | 1:52 |

**30** **Schäftlarner Birg-Trail**  **21,3** km · **1:40** Std · **419** Hm

# 31 Münchner Isartal-Trails

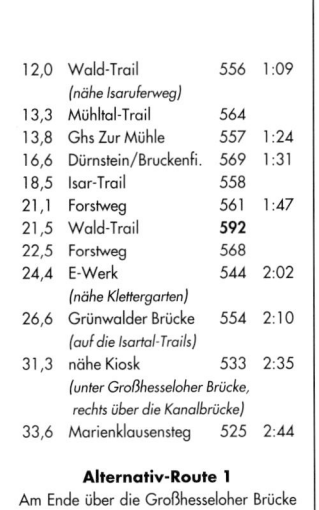

**33,6** km · **2:44** Std · **421** Hm

## Mäßig schwere bis mittelschwere Tour!

Ein langer Trail-Streifzug von der Marienklause beim Tierpark Hellabrunn durchs Isartal bis zum Bruckenfischer nähe Schäftlarn, mit Fahrt über die besten Trial-Pisten auf beiden Seiten des Flusses.

**G**leich am Marienklausensteg beginnt der erste, stets am Fuße des Isarhochufer-Steilhangs verlaufende Bike-Trail. Nach kurzer Passage auf dem Haupt-Schotterweg und unter der Großhesseloher Brücke hindurch geht es weiter auf wurzligem Wald-Trail, der später dann leicht erhöht über dem Tal durch die Steilhänge zieht. Bei den Felsen wechselt der Trail zur nahen Isar, dann quert man nochmals den Hauptweg für eine hübsche kleine Waldpassage, um schließlich endgültig auf dem isarnahen Trail bis zu den Bombenkratern an der Grünwalder Brücke zu biken. **U**nter der Brücke beginnt der traumhafte Isarufer-Trail, der später als Wanderweg durch den Wald zum Georgenstein führt, einem Felshügel im Fluß beim Römerweg. Kurz danach folgen die ruppigen Trials durch Isarauen und darüberliegende Wälder, bis man schließlich zur Rast im Gasthaus Mühle landet. Ein Asphaltsträßchen führt direkt am Isarwerkkanal entlang, beim Bruckenfischer geht's über die Isarbrücke, gleich danach zweigt der herrliche Isar-Trail ab und man fährt nun, mit Ausnahme einiger Schotter- und Asphaltpassagen, fast sämtliche Trails des linken Isarufers bis zur Marienklause.

| | | | |
|---|---|---|---|
| 0,0 | **München** | 525 | |
| | *Marienklausensteg* | | |
| | *nähe Tierpark Hellabrunn* | | |
| 0,1 | Isartal-Trail | **524** | |
| 2,0 | Haupt-Schotterweg | 530 | |
| | *(nähe Großhesseloher Brücke)* | | |
| 2,3 | Isartal-Trail | 531 | |
| 2,8 | Dammweglein | 533 | |
| | *(auf Steilhang-Trail)* | | |
| 4,1 | Haupt-Schotterweg | 532 | 0:26 |
| 4,2 | Isartal-Trail | 532 | |
| | *(nähe Flußufer)* | | |
| 5,0 | Querung Schotterweg | 535 | |
| | *(auf Wald-Trail)* | | |
| 5,4 | Haupt-Schotterweg | 543 | 0:33 |
| 6,1 | Abzweig Isar-Trail | 545 | 0:37 |
| 6,8 | bei Bombenkratern | 537 | |
| 6,9 | Isarufer-Trail | 538 | 0:42 |
| | *(unter Grünwalder Brücke)* | | |
| 7,6 | Wiesengelände | 539 | |
| 9,1 | nähe E-Werk-Gebäude | 543 | 0:50 |
| 9,4 | Wanderweg | 544 | |
| | Georgenstein | | |
| 10,2 | beim Georgenstein | 548 | 0:59 |
| 10,5 | Abzweig Isar-Trail | 552 | |

| | | | |
|---|---|---|---|
| 12,0 | Wald-Trail | 556 | 1:09 |
| | *(nähe Isaruferweg)* | | |
| 13,3 | Mühltal-Trail | 564 | |
| 13,8 | Ghs Zur Mühle | 557 | 1:24 |
| 16,6 | Dürnstein/Bruckenfi. | 569 | 1:31 |
| 18,5 | Isar-Trail | 558 | |
| 21,1 | Forstweg | 561 | 1:47 |
| 21,5 | Wald-Trail | **592** | |
| 22,5 | Forstweg | 568 | |
| 24,4 | E-Werk | 544 | 2:02 |
| | *(nähe Klettergarten)* | | |
| 26,6 | Grünwalder Brücke | 554 | 2:10 |
| | *(auf die Isartal-Trails)* | | |
| 31,3 | nähe Kiosk | 533 | 2:35 |
| | *(unter Großhesseloher Brücke,* | | |
| | *rechts über die Kanalbrücke)* | | |
| 33,6 | Marienklausensteg | 525 | 2:44 |

**Alternativ-Route 1**
Am Ende über die Großhesseloher Brücke mit Trail am jenseitigen Isarhochuferhang.

**Alternativ-Route 2**
Trail über die Birg und am Hochufer über Baierbrunn zur Grünwalder Brücke.
*– siehe auf Wegweiser-Seiten –*

## Erlebniswert

Bike-Spaß: ★★★★☆
Landschaft: ★★★☆☆  ④

Zahllose faszinierende Trails auf einer sehr facettenreichen Runde durch das gesamte Münchner Isartal. Etliche Fahrten führen direkt am Wasser entlang.

## Schwierigkeitsgrad

Kondition: ●●○○○○  ❷-❸
Fahrtechnik: ●●●○○○

Trails in fast allen Schwierigkeitsgraden, jedoch überwiegend gut fahrbar. Etliche Pistenabschnitte extrem holprig und teilweise auch etwas feucht.

## Fahrbahnen

| <u>Asphalt</u> | <u>Schotter+Pisten</u> | <u>Trails+Trials</u> |
|---|---|---|
| 5,4 km | 5,2/0,6 km | 13,1/9,3 km |

öff. Verkehr: 0,7 km   Mautverkehr: 0,0 km

## Schiebe-/Tragestrecken

Je nach Fahrkönnen evt. wenige kurze Passagen auf den Trails

## Rast

Ghs Zur Mühle, Ghs Zum Bruckenfischer, Ghs Brückenwirt, Whs Hinterbrühl (mit kurzem Abstecher)

## Karten

BTK Ammersee-Starnberger See    M 1:50.000
KOMPASS Nr. 180    M 1:50.000

---

**31**  **Münchner Isartal-Trails**    **33,6** km · **2:44** Std · **421** Hm

# 31 Münchner Isartal-Trails

**33,6** km · **2:44** Std · **421** Hm

## Wegweiser

**1** **km 0**/525 m Vom Marienklausensteg auf breitem Schotterweg isaraufwärts (bald Schild Ri. „**RS Wolfratshausen, Grünwald**"). **Nach 20 m** links aufs schmale Weglein abzweigen (bald ein Pfad, diesem Trail nun stets am Fuß des Hochuferhangs folgen).

**2** **km 2,0**/530 m Man mündet wieder am Haupt-Schotterweg und folgt ihm nach links isaraufwärts (bald unter Großhesseloher Brücke durch). **Nach 230 m** wieder links auf Wald-Trail abzweigen (ca. 30 m nach dem links hoch abzweigenden Holzstufenweg).

**3** **km 2,8**/533 m Man mündet an ein Dammweglein/Pfad (führt rechts 240 m zum Haupt-Schotterweg) und folgt ihm nach links (führt nach ca. 30 m leicht bergauf und dann stets am Hochufersteilhang entlang).

**4** **km 3,3**/543 m Einen steilen Asphaltweg (führt zum Hochufer) queren und weiter auf dem Pfad.

**5** **km 4,1**/534 m Kurz vor Felspassage mit Holzgeländer (→ **alternativ** 130 m geradeaus, **sumpfig!**) **20 m** rechts zum Haupt-Schotterweg abzweigen, diesem nach links folgen und **nach 90 m** (vor der kurzen Auffahrt) vom Hauptweg rechts/geradeaus auf das schmälere Waldweglein nähe Isar abzweigen (später ein Trail, diesem Haupt-Trail stets folgen, bis man wieder am Haupt-Schotterweg mündet).

**6** **km 5,0**/535 m Den Haupt-Schotterweg queren (rechts flach, links leichter Anstieg), und dem gegenüber verlaufenden Waldpfad nach rechts folgen.

**7** **km 5,4**/543 m Man mündet wieder am Haupt-Schotterweg und folgt ihm nach links (gegenüber kleiner Wendeplatz, **Info**: Die rechtsseitig evtl. möglichen Trampelpfade nähe Isar lohnen nicht, teils unfahrbar).

**8** **km 6,1**/545 m Vom Hauptweg rechts auf den steil abschüssigen, bald durch eine Rechtskehre führenden Schotterpfad abzweigen (links vom Weg ein Schild „Achtung Hangrutsch! ...", ca. 40 m zuvor rechts ein mit Hölzern zugelegter Pfadabzweig). **Nach ca. 40 m** Abfahrt (nähe Isarufer) dem Pfad durch die Linkskehre flußaufwärts folgen (nach 170 m geht's an einer Wiese entlang, nach 180 m links weiter auf Waldpfad halten, geradeaus geht's zu Kiesbänken).

**9** **km 6,8**/539 m Durchfahrt bei der Grünwalder Brücke: Nähe Isar der Linkskehre bergauf folgen (rechts führt Hohlpfad zu den Kiesbänken des Isarufers). **Nach 30 m** Auffahrt (auf erstem Plateau) der Rechtskehre folgen. **Nach 60 m** (zweites Plateau, → **alternativ** für kleinen Isar-Trail bergauf, über die Grünwalder Brücke und danach rechts ab weiter nach WW 24) rechts auf den schmalen, kurz steil abschüssigen Hohlpfad abzweigen, dem Pfad gleich nach links (bald unter der Grünwalder Brücke durch) und dann dem Isarufer-Trail stets flußaufwärts folgen.

### Anfahrt

**Auto:** In München bis zur Thalkirchner Brücke am Tierpark Hellabrunn (nähe Tierpark-Eingang) und dort auf einem der beschilderten Parkplätze parken.

### Fahrt zum Startplatz

Direkt an der Thalkirchner Brücke (nähe Eingang Tierpark) mit dem Bike von der „Tierparkstraße" auf den asphaltierten „Schlichtweg" abzweigen und diesem am Tierpark entlang isaraufwärts gute 900 m bis zur Marienklause folgen.

**Die Tour beginnt** kurz nach Überquerung einer Wehrbrücke am Abzweig des rechts über die Isar führenden Marienklausenstegs (Fuß-/Radwegbrücke).

### Alternative Startorte

P Stadion Grünwalder Straße (von dort auf dem Hochufer-Asphaltweg nach Harlaching und am Beginn des Hochufer-Radweges rechts durch die Sperre und auf dem Asphalt-Fußweg zur Marienklause, siehe auch WW 1-2/Tour 7), Grünwald, Waldparkplatz Mühltal bei Straßlach (von dort mit dem Bike zum Ghs Mühle), Dürnstein/Bruckenfischer bzw. Kloster Schäftlarn, Schäftlarn oder Baierbrunn (von dort mit dem Bike ins Isartal zur Tour abfahren), Ghs Brückenwirt, Hinterbrühl

10. **km 9,1/541 m** Vom Isarufer-Trail links abzweigen *(an Steinböschung hoch)* und dem beginnenden Schotterweg folgen. **Nach 60 m** in der Linkskehre rechts auf Waldpfad abzweigen. **Nach 280 m** mündet man am Wanderweg zum Georgenstein und folgt ihm rechts/geradeaus (→ *alternativ für eine höher am Hang verlaufende Route vom o. g. Isar-Trail aus <u>nach WW 4-7/Tour 10</u> auf Forstwegen und dem Wald-Trail des Georgensteiner Hangwegs 2,4 km bis zur Mündung am Römerweg, dort rechts bergab in Richtung Georgenstein, nach 190 m links ab auf den Wurzel-Trail und weiter nach WW 12 der Haupttour).*

11. **km 9,7/546 m** Bei den Holzgeländern/-stegen rechts halten *(weiter auf Georgenstein-Wanderweg).* **Nach 570 m** mündet man an Forstweg *(bei Georgenstein/Wendeplatz)* und fährt links/geradeaus.

12. **km 10,5/552 m** Vom Forstweg rechts bergab auf den nächsten Isar-Trail abzweigen *(anfangs kurz steil bergab führende Wurzelpassage)* und <u>diesem Haupt-Trail stets in eingeschlagener Richtung isaraufwärts folgen</u> *(führt ab etwa km 11,7 steil bergauf und verläuft dann im Wald über dem Flußtal).*

13. **km 12,0/556 m** Geradeaus leicht bergab weiter auf dem Wurzel-Trail durch den Wald *(nach Steilabfahrt, links mündet Pfad vom Isarleiten-Forstweg)* und **nach ca. 100 m** geradeaus bleiben *(bald wieder steil bergauf, → alternativ für bequemere Route ohne die später teils unwegsameren Trails rechts ab zum nahen Isaruferweg und links flußaufwärts 1,7 km zu WW 16 am Ghs Mühle, siehe WW 17-19/Tour 37).*

14. **km 12,6/568 m** Nach Abfahrt von der Kuppe der Pfad-Linkskehre folgen *(rechts eine steile Schotterrutsche, 80 m zum o. g. Isaruferweg).* **Nach 50 m** mündet man an einen Pfad und folgt ihm rechts bergab (→ *alternativ zur Umfahrung der folgenden, unwegsameren Trails links bergab auf Waldweg 190 m zum Isarleiten-Forstweg, dort rechts bergauf, nach 660 m rechts aufs Weglein Ri. „Zum Mühltal" abzweigen, nach 70 m mündet von rechts Trail der Haupttour/WW 15).*

15. **km 13,3/564 m** Man mündet an Pfad *(Mühltal-Trail)* und fährt rechts bald bergab. **Nach 160 m** am Pistendreieck leicht rechts/geradeaus bergab. **Nach 160 m** mündet man am Schotterweg und fährt links/geradeaus bis Mühltal *(bald Asphalt).*

16. **km 13,8/557 m** <u>Durchfahrt Mühltal</u>: Am Gasthaus „Zur Mühle" dem Asphaltsträßchen geradeaus bergauf folgen. **Nach 120 m** an der Asphaltverzweigung geradeaus bleiben *(auf rechten Zweig, führt nun stets am Isarwerkkanal entlang → alternativ für zusätzlichen schönen Trail <u>bei km 15,7</u> halblinks auf Waldweg abzweigen, nach 40 m auf Hauptweg leicht rechts halten, nach 50 m der Rechtskehre folgen – Hohlweglein, wird später zu Pfad – und stets auf diesem Wald-Trail 1,0 km bis Mündung an WW 17).*

---

### Variationen

Schwerer:

*1. Ergänzung der Tour mit dem Birg-Trail bei Hohenschäftlarn und am Hochufer über Baierbrunn, Buchenhain und Höllriegelskreuth bis zur Grünwalder Brücke:* Sehr schöne Erweiterung der normalen Tour mit diesem herrlichen Trail über die Birg bei Hohenschäftlarn. Man bleibt dann gleich am Hochufer und fährt weiter über Baierbrunn und Buchenhain nach Höllriegelskreuth, von dort hinab zur Grünwalder Brücke und weiter nach WW 24 der Haupttour auf den Trails isarabwärts zur Großhesseloher Brücke *(siehe Alt.-WW 2, <u>nur auf dem HP!</u> Alternativ dazu siehe evt. Tour 30).*

*2. Am Ende der Tour die Großhesseloher Brücke überqueren und Fortsetzung des Trails am jenseitigen Hochufer-Steilhang:* An WW 29 kurz vor dem Kiosk unter der Großhesseloher Brücke links auf extrem steiler Pfadrampe hinauf zum Hochufer, die Brücke überqueren und auf dem jenseitigen Asphalt-Radweg in Richtung München. Kurz vor dem Biergarten Menterschwaige links auf das Weglein ins Isartal und von diesem gleich wieder rechts auf den Hangpfad abzweigen. Auf sehr reizvoller Steilhangroute – auf Wunsch mit kurzer Fahrt durch einen Felsentunnel – fährt man isarabwärts, steigt am Ende über einige Treppenstufen ins Isartal ab und rollt dort zurück zur Marienklause *(siehe Hinweis bei WW 29 sowie Alt.-WW 1).*

---

**31 Münchner Isartal-Trails**     **33,6** km · **2:44** Std · **421** Hm

# 31 Münchner Isartal-Trails

**33,6** km · **2:44** Std · **421** Hm

**17** **km 16,6**/569 m Durchfahrt Dürnstein/Brucken-fischer: Man mündet an Fahrstraße und folgt ihr rechts über Kanal- und Isarbrücke *(Ri. „RS Hohenschäftlarn, Kloster Schäftlarn", bald am „Ghs Bruckenfischer" vorbei)*. **Nach 340 m** rechts zum Parkplatz abzweigen, diesen überqueren, **nach 40 m** links durch die Schranke auf das Weglein und diesem Trail stets isarabwärts folgen *(nach 250 m an der Verzweigung geradeaus auf dem linken Trail bleiben, die bei km 17,7 und km 18,5 jeweils links abzweigenden Pfade liegen lassen, letzterer → alternative Route übers Pumpwerk zum Forstweg, siehe WW 18/Tour 7)*.

**18** **km 20,6**/550 m Ein Bächlein überqueren *(Isarzufluß, rechts an Mündung über die Steine trockenen Fußes möglich)*. **Nach 310 m** links hoch auf den Schotterpfad abzweigen **(Info:** Geradeaus weiterfahren ist sinnlos, Trail bald verfallen und unwegsam!)**.**

**19** **km 21,1**/561 m Man mündet an Forstweg, fährt links und zweigt **nach 20 m** rechts hoch auf das steile Waldweglein ab *(nun stets diesem Wald-Trail folgen, → alternativ für eine bequemere, leichtere Route rechts und auf dem Forstweg 1,2 km zu WW 20)*.

**20** **km 22,5**/568 m Man mündet nach der steilen Abfahrt wieder an Forstweg, folgt ihm links leicht bergauf und **nach 90 m** am Wegedreieck rechts in Ri. „Buchenhain" *(Weg führt bald steil bergab, links bergauf geht's nach Baierbrunn)*.

**21** **km 24,4**/544 m Die Schranke/Sperren beim großen E-Werk-Gebäude passieren und weiter dem Schotterweg folgen *(bald kurz bergauf)*.

**22** **km 25,3**/558 m Nach dem Garagengebäude leicht rechts/geradeaus bergab auf den Schotterweg abzweigen *(Radverbotsschild)*. **Nach 90 m** die Asphaltstraße queren und geradeaus auf dem schmalen Waldweglein weiter bergab. **Nach 160 m** mündet man am Asphaltsträßchen nähe Isar und folgt ihm links/geradeaus flußabwärts.

**23** **km 26,3**/540 m An der Verzweigung *(kurz vor dem Ghs Brückenwirt)* dem linken Asphaltsträßchen leicht bergauf folgen *(bald oberhalb Ghs vorbei, → alternativ ohne Trails geradeaus 4,9 km zu WW 29)*.

**24** **km 26,6**/554 m Die Fahrstraße queren *(rechts die Grünwalder Brücke)* und geradeaus auf den Schotterweg bergauf in Ri. „Höllriegelskreuth". **Nach 60 m** Auffahrt *(in Linkskehre)* rechts auf den Wald-Trail abzweigen. **Nach 220 m** weiter auf diesem Weglein bleiben *(führt kurz steil bergauf, rechts ein Pfadabzweig zum u. g. Weg)*. **Nach 160 m** mündet man an breiteren Weg und fährt links.

**25** **km 27,6**/550 m Man mündet an eine Asphaltkehre und fährt rechts/geradeaus leicht bergab. **Nach 220 m** mündet man am Asphaltweg nähe Isar und fährt links/geradeaus Ri. „RS München".

---

Leichter:

*3. Kleiner Isartal-Trail mit Überquerung der Grünwalder Brücke und auf den Trails des jenseitigen Isarufers gleich wieder zurück zur Großhesseloher Brücke und zur Marienklause:* Eine kleine, dennoch sehr reizvolle Trail-Spritztour. An WW 9 bis zur Grünwalder Brücke beim Waldparkplatz auffahren, rechts über die Brücke und direkt danach rechts hoch auf den Schotterweg abzweigen. Dann weiter nach WW 24 der Haupttour überwiegend auf den Trails bis zur Großhesseloher Brücke und zurück zur Marienklause *(siehe Hinweis bei WW 9)*.

*4. Die extremen Trail-Passagen nähe Mühltal umfahren:* Einige der oft feuchten Waldpfadpassagen und die umgestürzten Bäume, können auf dem Isarleiten-Forstweg sowie einem Waldweg umfahren werden *(siehe Hinweis bei WW 14)*.

Auch probieren:

*5. Zusatz-Trail zwischen Mühltal und Dürnstein:* Im Verlauf kann man zwischen Mühltal und Dürnstein vom Asphaltweg links hoch abzweigen und einen weiteren schönen Trail auf einem abwechslungsreich verlaufenden Waldpfad absolvieren *(siehe Hinweis bei WW 16)*.

Eventuell:

*6. Wanderweg zum Georgenstein umfahren:* Wegen Bike-Verbots evt. die Route des höhergelegenen, ebenfalls schönen Hangweg-Trails zum Georgenstein nehmen *(siehe Hinweis bei WW 10)*.

**26** **km 28,4**/537 m  Den links abzweigenden Pfad liegen lassen (am Zaunende, unwegsamer Trail) und **erst nach 170 m** vom Asphaltweg links auf den Pfad abzweigen (links weiterer Zaun/Grasgelände). Diesem Trail nun stets etwa in eingeschlagener Richtung isarabwärts folgen (nach 160 m links über eine Betonmauer abzweigen; bei km 29,0 mündet man an einen weiteren Trail und folgt ihm nach links).

**27** **km 29,3**/535 m  Man mündet nach kurzer Abfahrt an weiteren Trail und fährt links. **Nach 40 m** (wenn der Trail leicht bergauf zur Geländestufe führt, → alternative Route bis Brunnhaus, 800 m zu WW 28) leicht rechts weiter auf flachem Wald-Trail halten. **Nach 260 m** dem Pfad nach rechts und stets weiter folgen (bald nahe am Isar-Hauptweg vorbei).

**28** **km 30,2**/534 m  Durchfahrt beim Brunnhaus: Man mündet man an ein Weglein (nach Überquerung der alten Betonbachbrückleins) und fährt rechts leicht bergauf. **Nach 320 m** mündet man an einen Asphaltweg (kurz nach Gebäuden) und folgt ihm rechts bergab. **Nach 60 m** Abfahrt (kurz vor Asphaltsträßchen) links ab wieder auf Wald-Trail.

**29** **km 31,0**/536 m  Durchfahrt beim Kiosk an der Großhesseloher Brücke: An einer Verzweigung auf den rechten Pfad geradeaus leicht bergab (linker Zweig führt bald steil zum Hochufer, → alternativ für Trail-Route am jenseitigen Isarhang, siehe Alt.-WW 1).

**Nach 80 m** an der Pfadkreuzung rechts (geradeaus zum Kiosk **nicht** benutzen!). **Nach 40 m** mündet man am Isar-Schotterweg und fährt links (bald an Kiosk vorbei). **Nach 130 m** rechts über die Kanalbrücke abzweigen, **nach 30 m** dem querenden Schotterweg nach links folgen. **Nach 80 m** links auf den Pfad abzweigen (direkt am Kanal entlang, → alternativ auf dem Hauptweg 2,0 km zu WW 31).

**30** **km 32,2**/529 m  Man mündet an einen Asphaltweg und fährt rechts. **Nach 70 m** dem querenden Schotterweg nach links folgen (bei Holzhütte).

**31** **km 33,5**/525 m  Rechts übern Marienklausensteg zum Ausgangspunkt abzweigen (**km 33,6**).

### Alternativ-Wegweiser 1
*Für eine Überquerung der Großhesseloher Brücke und Fortsetzung des Trails am jenseitigen Isarhang:*

**29** **km 31,0**/536 m  Durchfahrt bei Kiosk/über die Großhesseloher Brücke: An der Verzweigung dem linken Pfad leicht bergauf folgen. **Nach 30 m** (an weiterer Verzweigung) geradeaus sehr steil bergauf zum Hochufer. **Nach 100 m** Auffahrt mündet man an Hochuferweg und fährt rechts. **Nach 80 m** mündet man an einen querenden Asphaltweg und folgt ihm nach rechts in Ri. „**RS München**" – weiter siehe WW auf dem Höhenprofil –

### Alternativ-Route 2
Erweiterung mit den Trails über die Birg und am Hochufer über Baierbrunn, Buchenhain, Höllriegelskreuth zur Grünwalder Brücke:

| km | | m | Zeit |
|---|---|---|---|
| 18,5 | Isar-Trail | 558 | 1:37 |
| | (Abzweig zum Pumpwerk) | | |
| 18,9 | Forstweg | 570 | |
| 19,6 | Stufenpfad | 610 | |
| 19,8 | Abzweig Birg-Trail | 641 | 1:47 |
| 20,3 | **Birg-Trail** | **667** | |
| 21,8 | Birg | 643 | |
| 21,9 | Abzweig Waldpfad | 644 | |
| 22,0 | Querung Forstweg | 631 | 1:59 |
| | (nähe Wendeplatz bei bei Hohenschäftlarn) | | |
| 22,4 | Abzweig Hochufer-Trail | 660 | |
| 24,7 | Radweg (am Marterl) | 610 | |
| 25,4 | Baierbrunn | 622 | 2:17 |
| 25,7 | Hermann-Roth-Straße | 619 | |
| 26,6 | bei Buchenhain | 612 | 2:26 |
| 27,0 | Hochufer-Trail | 610 | |
| 27,4 | Unterquerung HS-Leitung | 604 | |
| 27,8 | Querung Römerweg | 602 | 2:33 |
| 28,1 | Josef-Breher-Weg | 601 | |
| 29,0 | Höllriegelskreuth | 593 | |
| 29,1 | Radweg (über Brücke) | 594 | |
| 29,4 | Waldabfahrt | 585 | |
| 29,6 | Abzweig Isar-Trail | 563 | 2:41 |
| | (nähe Grünwalder Brücke) | | |
| | → weiter nach der Haupttour | | |

**31** **Münchner Isartal-Trails**  **33,6** km · **2:44** Std · **421** Hm

# 32 Münchner Pupplinger Au-Tour

**60,7** km · **4:00** Std · **493** Hm

## Mäßig schwere bis mittelschwere Tour!

Eine weite Fahrt von München durch Forste und Gleißental hinaus ins Vorland, mit toller Überquerung der Neufahrner Keltenschanze sowie allen Traum-Trails in der Pupplinger Au und links der Isar.

**A**uf der bekannten Route durch den Perlacher Forst und das schattige Gleißental, am Deininger Weiher vorbei und über Dettenhausen gelangt man in schöner Fahrt nach Egling. Ein steiler Pfad führt von der nahen Sebaldmühle auf den aussichtsreichen Veiglberger Hügel und durch Neufahrn geht es weiter zur Keltenschanze. Es folgt eine herrliche Wald-Trail-Abfahrt auf versteckten Pisten in die Pupplinger Isarauen, die zunächst auf schmalem Pfad direkt am Isarufer durchfahren werden. Nach der Marienbrücke zweigt der eigentliche Pupplinger Au-Trail ab, der als Traum-Bike-Piste zum Ickinger Wehr am Isarwerkkanal führt. **D**er linksseitige Dammweg leitet nach Dürnstein, ab der Aumühler Holzbrücke als Trail. Am Gasthaus Bruckenfischer überquert man die Isar und zweigt dann rechts auf den wunderbaren Isar-Trail ab. Auf einer Traumfahrt absolviert man nun fast sämtliche Trail-Pisten des linken Isarufers. Nach dem Brunnhaus, beim Kiosk unter der Großhesseloher Brücke, enden die Trials. Man quert den Kanal, fährt auf breitem Schotterweg bis zur Marienklause, folgt dort dem Fußweg hinauf nach Harlaching und dem Hochuferweg zum Stadion.

| | | | |
|---|---|---|---|
| 0,0 | **München** *Stadion an der Grünwalder Straße* | 535 | |
| 2,7 | Säbener Platz | 552 | 0:10 |
| 7,6 | Kiosk Nußbaum-Ranch | 578 | |
| 8,8 | Deisenhofen *(nähe Whs Kugler Alm)* | 586 | 0:33 |
| 12,4 | Gleißental | 585 | |
| 19,6 | Deininger Weiher | 613 | 1:13 |
| 20,6 | Deininger Filz | 617 | 1:17 |
| 23,3 | Dettenhausen | 624 | |
| 24,8 | Egling | 615 | 1:31 |
| 25,5 | Sebaldmühle *(auf den Trail nach Veiglberg)* | 611 | |
| 26,0 | Veiglberg | 660 | |
| 26,3 | *(höchster Punkt)* | **677** | |
| 27,6 | Neufahrn | 665 | 1:50 |
| 28,6 | Keltenschanze | 650 | |
| 30,3 | Wald-Trail-Abfahrt | 611 | |
| 30,8 | Fahrstraße *(Pupplinger Isarauen)* | 580 | 2:00 |
| 30,9 | Abzweig Waldweg | 579 | |
| 31,4 | Isarufer-Trail | 578 | |
| 32,2 | unter Marienbrücke *(nähe Puppling)* | 577 | 2:08 |
| 33,4 | Pupplinger Au-Trail | 574 | |
| 36,3 | Ickinger Wehr *(auf linksseitigem Dammweg)* | 570 | 2:26 |
| 38,7 | Aumühle *(Damm-Trail)* | 570 | |
| 40,9 | Dürnstein/Bruckenfi. *(über die Isarbrücke)* | 569 | 2:40 |
| 42,7 | Isar-Trail | 558 | |
| 45,3 | Forstweg | 561 | 2:56 |
| 45,7 | Wald-Trail | 592 | |
| 46,8 | Wegedreieck *(unterhalb von Baierbrunn)* | 571 | |
| 48,6 | E-Werk *(nähe Klettergarten)* | 544 | 3:11 |
| 50,8 | Grünwalder Brücke *(auf die Isartal-Trails)* | 554 | 3:19 |
| 55,5 | nähe Kiosk *(unter Großhesseloher Brücke, rechts über die Kanalbrücke)* | 533 | 3:44 |
| 57,8 | Marienklausensteg *(auf Fußweg zum Hochufer)* | **525** | 3:53 |
| 58,0 | Harlaching *(am Beginn Hochufer-Radweg)* | 546 | |
| 58,8 | Hochufer-Asphaltweg *(Ghs Harlachinger Einkehr)* | 545 | |
| 60,7 | München *(Stadion)* | 535 | 4:00 |

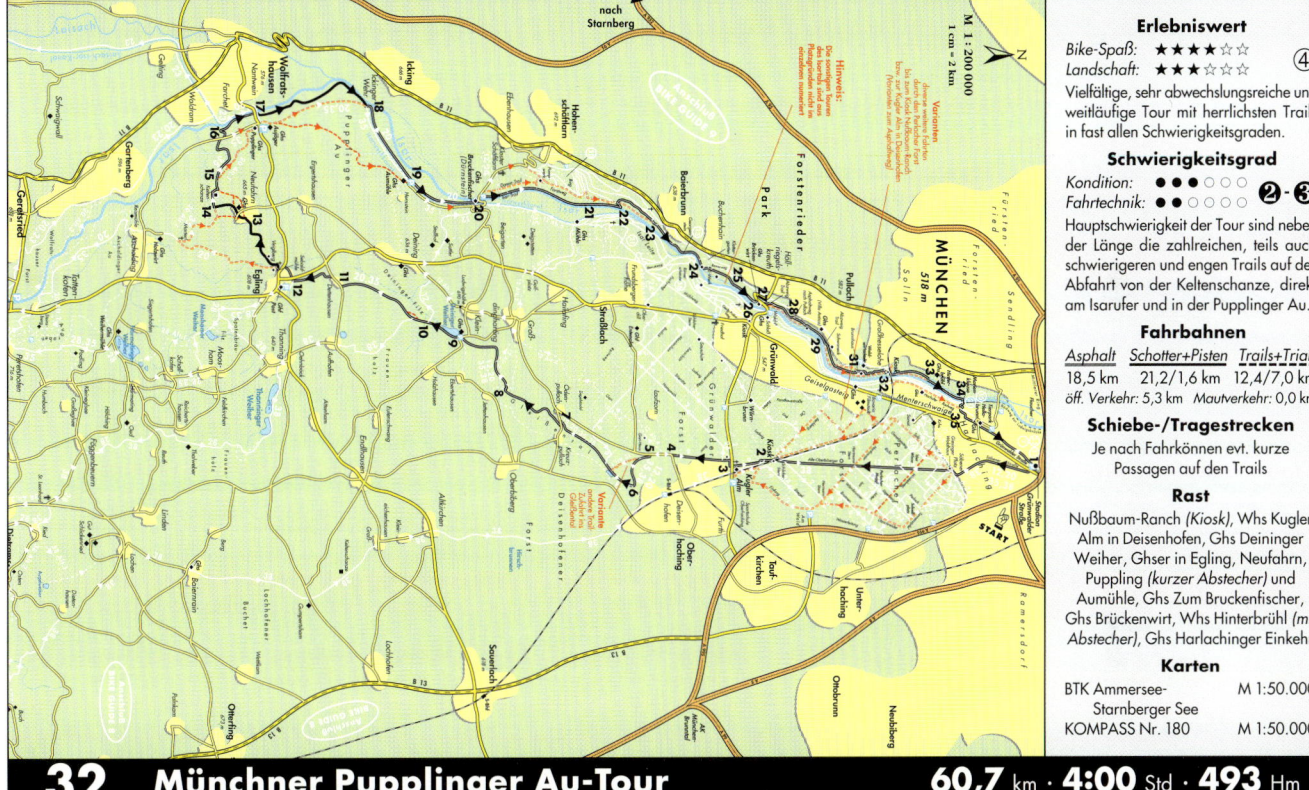

## Erlebniswert

*Bike-Spaß:* ★★★☆☆
*Landschaft:* ★★☆☆☆    ④

Vielfältige, sehr abwechslungsreiche und weitläufige Tour mit herrlichsten Trails in fast allen Schwierigkeitsgraden.

## Schwierigkeitsgrad

*Kondition:* ●●●○○○○
*Fahrtechnik:* ●●○○○○○    ❷-❸

Hauptschwierigkeit der Tour sind neben der Länge die zahlreichen, teils auch schwierigeren und engen Trails auf der Abfahrt von der Keltenschanze, direkt am Isarufer und in der Pupplinger Au.

## Fahrbahnen

| _Asphalt_ | _Schotter+Pisten_ | _Trails+Trials_ |
|---|---|---|
| 18,5 km | 21,2/1,6 km | 12,4/7,0 km |

öff. Verkehr: 5,3 km   Mautverkehr: 0,0 km

## Schiebe-/Tragestrecken

Je nach Fahrkönnen evt. kurze Passagen auf den Trails

## Rast

Nußbaum-Ranch *(Kiosk)*, Whs Kugler Alm in Deisenhofen, Ghs Deininger Weiher, Ghser in Egling, Neufahrn, Puppling *(kurzer Abstecher)* und Aumühle, Ghs Zum Bruckenfischer, Ghs Brückenwirt, Whs Hinterbrühl *(mit Abstecher)*, Ghs Harlachinger Einkehr

## Karten

| | |
|---|---|
| BTK Ammersee-Starnberger See | M 1:50.000 |
| KOMPASS Nr. 180 | M 1:50.000 |

**32 · Münchner Pupplinger Au-Tour · 60,7 km · 4:00 Std · 493 Hm**

# 32 Münchner Pupplinger Au-Tour

**60,7** km · **4:00** Std · **493** Hm

## Wegweiser

**1** **km 0**/535 m  Ortsdurchfahrt München *(bis zum Perlacher Forst)*: Vom Hochuferweg *("Harlachinger Straße", am kleinen P hinter dem Grünwalder Stadion)* der **"Volckmerstraße"** am Stadion entlang zur Grünwalder Straße folgen. **Nach 180 m** rechts auf den Radweg *(an Grünwalder Straße entlang)*. **Nach 150 m** links über den zweiten Fuß-/Radwegübergang und geradeaus weiter auf dem Radweg *(Ecke Wettersteinplatz/nähe U-Bahn)*. **Nach 80 m** *(am U-Bahn-Lift)* rechts auf den Radweg *(an "Säbener Straße" lang, später am FC-Bayern-Gelände vorbei)*. **Bei km 2,0** *(Kreuzung "Säbener-/Naupliastraße")* geradeaus weiter auf dem Radweg. **Nach 460 m** *(Radwegende)* der **"Oberbiberger Straße"** nach rechts folgen. **Nach 190 m** *(am "Säbener Platz" bei den Tennisplätzen, nähe Giesinger Waldhaus)* links Ri. **"RS Deisenhofen, Perlacher Forst"** auf den Asphaltweg in den Perlacher Forst abzweigen und diesem Hauptweg stets durch den Forst folgen.

**2** **km 7,6**/578 m  Beim Kiosk "Nußbaum-Ranch" *(nach Bahnunterführung und kurzer Auffahrt durch die Linkskehre)* weiter dem Asphaltweg folgen. **Nach 250 m** geradeaus bleiben *(rechts zweigt "Taufkirchner Weg" nach Wörnbrunn ab, evt. links auf schöne Pfadabkürzung)*. **Nach 80 m** Linkskehre nehmen *(Ri. "RS" weiter auf Asphaltweg)* und **nach 90 m** rechts auf den Schotterweg abzweigen *(Fuß-/Radweg)*.

**3** **km 8,8**/586 m  Durchfahrt bei Deisenhofen: Am Asphalt-Radwegedreieck rechts Ri. **"Grünwald"** *(nach Straßenbrücke, an Brunnen/Marterl nähe Kugler Alm, → **alternativ** links erreichbar, 220 m)*. **Nach 150 m** links auf den Schotterweg Ri. **"Oberbiberg"** abzweigen. Nun stets geradeaus *(bald Asphaltstraße an Häusern lang, bei km 10,0 geradeaus auf Schotterweg)*.

**4** **km 10,6**/599 m  Man mündet an eine Asphaltstraße *(nähe Deisenhofen/Laufzorn)* und fährt geradeaus in Ri. **"Großdingharting, Ödenpullach"**.

**5** **km 11,2**/604 m  Von der Straße links auf einen Schotterweg und sofort wieder rechts auf Waldweg abzweigen. **Nach 330 m** an Verzweigung dem linken Weg folgen *(kurz nach Info-Tafel "Keltenschanze", → **alternativ** für andere Trail-Einfahrt ins Gleißental auf den rechten Wegzweig, siehe Alt.-WW 1/Tour 12)*. **Nach 410 m** *(an der HS-Schneise)* auf dem linken Hauptweg bleiben *(führt in den Wald)*. **Nach 110 m** geradeaus/rechts auf einen schmäleren Weg abzweigen, **nach 30 m** einen Weg queren und geradeaus auf dem bald holprigen Hohlweglein hinab ins Gleißental.

**6** **km 12,4**/585 m  Im Gleißental dem breiten Weg geradeaus/rechts taleinwärts folgen. **Nach 40 m** an der Verzweigung auf dem rechten, flachen Weg bleiben. Diesem stets taleinwärts folgen *(bei km 13,2 mündet rechts Hangpfad der o. g. Variante)*.

## Anfahrt

**Auto:** In München zum Stadion an der Grünwalder Straße *(60er-Stadion)* in München-Giesing.

## Fahrt zum Startplatz

An der großen Kreuzung am Stadion an der Grünwalder Straße in München-Giesing Ri. *"Bad Tölz, Grünwald"* auf die *"Grünwalder Straße"* und nach ca. 200 m rechts in die kleine, am Stadion entlangführende *"Volckmerstraße"* abzweigen. Nach 180 m auf dem kleinen Parkplatz am Harlachinger Hochufer-Asphaltweg hinterm Stadion parken.

*Die Tour beginnt am Parkplatz hinterm Stadion an dem Hochufer-Asphaltweg (als "Harlachinger Straße" beschildert).*

## Alternative Startorte

Säbener Platz *(am Abzweig in den Perlacher Forst, km 2,7 der Tour, siehe WW 1)*, Oberhaching-Deisenhofen *(Kugler Alm)*, Deininger Weiher, Egling, Ascholding, Puppling, Dürrnstein/Bruckenfischer bzw. Kloster Schäftlarn, Marienklausensteg im Isartal *(nähe Tierpark Hellabrunn)*

**7** **km 15,2**/612 m  Man mündet *(nach kurzer Steilauffahrt)* an die Asphaltstraße bei Ödenpullach und folgt ihr links bergab in Ri. *„Wanderweg Gleissental-Deininger Weiher"*. Nach 70 m Abfahrt rechts bergab wieder auf den Forstweg *in o. g. Ri.* abzweigen *(weiter stets durchs Gleißental, ab km 16,8 eine schmälere, sehr holprige Waldpiste)*.

**8** **km 17,2**/614 m  Man mündet wieder an einen breiten Forstweg und fährt rechts leicht bergab Ri. *„Wanderweg Gleissental-Deininger Weiher"* **Nach 130 m** *(in der Rechtskehre)* links/geradeaus durch die Schranke auf den Weg *in o. g. Ri.* abzweigen *(führt stets weiter durchs Gleißental)*.

**9** **km 19,5**/618 m  Durchfahrt am Ghs Deininger Weiher: Die Fahrstraße queren, auf den Parkplatz abfahren und **nach 110 m** *(am Gasthaus)* links auf den Schotterweg *(an „P für Fahrräder" vorbei)*. **Nach 60 m** aufs rechte Schotterweglein Ri. *„Deining"* *(zunächst am Holzzaun, dann stets oberhalb des Badesees entlang,* → *alternativ außerhalb des Badebetriebs evt. unten direkt am See lang,* Schrittempo, Fußweg!!*)*.

**10** **km 20,6**/617 m  An der Wegekreuzung geradeaus *(beim Wiesengelände, rechts geht's nach Deining, siehe Tour 12)*. **Nach 510 m** an der Verzweigung rechts auf dem flachen Forstweg halten *(bald leicht bergab)*. **Nach 390 m** an einer weiteren Verzweigung geradeaus auf dem flachen Weg bleiben.

**11** **km 23,3**/624 m  Ortsdurchfahrt Dettenhausen: Man mündet an einer Asphaltstraße und fährt rechts Ri. *„RS Ergertshausen, Bad Tölz, Dietramszell, Starnberger See"* durch den Ort. **Nach 410 m** *(beim Ortsende)* links ab in den *„Kirchweg"*.

**12** **km 24,9**/615 m  Ortsdurchfahrt Egling: Am Asphaltdreieck *(kurz vor ersten Häusern)* rechts. **Nach 70 m** die Fahrstraße *(„Münchner Straße")* queren und geradeaus in die *„Kreuzstraße"*. **Nach 370 m** mündet man an weiterer Fahrstraße *(„Wolfratshauser Straße")* und folgt ihr links leicht bergab. **Nach 180 m** rechts Ri. *„Sebaldmühle"* *(„Waldstraße")* und gleich **nach 30 m** rechts hoch auf den Schotterweg abzweigen. **Nach 110 m** an Kirche links. **Nach 110 m** dem Schotterpfad steil bergauf folgen. **Nach 230 m** *(km 26,0 Veiglberg)* mündet man an Asphaltweg und fährt geradeaus bergauf *(bei km 26,6 am Wegedreieck – nach Abfahrt von Kuppe – links, nach 230 m Rechtskehre folgen/Asphalt)*.

**13** **km 27,1**/664 m  Ortsdurchfahrt Neufahrn: An der Kreuzung *(bei erstem Haus)* links in den *„Veiglbergweg"*. **Nach 250 m** *(Kreuzung mit Bauminsel im Ort)* links ab in die *„Gartenstraße"*. **Nach 170 m** *(am Kreuz)* der Rechtskehre folgen. **Nach 70 m** die *„Hauptstraße"* queren und **nach 80 m** geradeaus in die *„Schanzenstraße"*. **Nach 120 m** auf dem linken Straßenzweig halten *(bei den letzten Häusern, bald ein bergab führender Feldweg)*.

---

### Variationen

Schwerer:

*1. Vom Säbener Platz die zahlreichen Trails oder Schotterpisten des Perlacher Forstes bis zum Kiosk Nußbaum-Ranch fahren:* Statt des in erster Linie zur schnellen Durchquerung des Forstes in der Haupttour enthaltenen, jedoch etwas langweiligen asphaltierten Oberbiberger Hauptweges kann man auch die zahlreichen Trails oder schöneren Schotterpisten anderer Perlacher Forst-Routen fahren *(siehe auch Touren 2, 6, 6a, 6b, 9 und 24, weitere schöne und ebenso leichte Fahrten wie bei der Haupttour vom Säbener Platz durch den Perlacher Forst zum Kiosk siehe Variante 6)*.

*2. Erweiterung mit einer Fahrt über die Peretshofer Höhe:* In Egling an WW 12 weiter nach der Münchner Peretshofer Höhe-Tour über Mooshamer Weiher, Moosham, Schallkofen und Weihermühle nach Peretshofen fahren. Von dort hinab nach Tattenkofen und weiter nach dieser Tour über Ascholding und den Holzwirt hinauf nach Neufahrn zur Keltenschanze und dort dann weiter nach WW 14 der Haupttour in die Pupplinger Au *(siehe auch WW 12-27/Tour 35)*.

*3. Erweiterung mit einer Fahrt zum Kirchsee:* An WW 10 auf den linken Wegzweig und dann wie bei der Münchner Kirchsee-Tour über Aufhofen, Thanning, Thanninger Weiher, Föggenbeuern, Dietramszell und den Zeller Wald zum Kirchsee. Nach einer Badepause auf der Vielzahl der möglichen

---

**32**  **Münchner Pupplinger Au-Tour**  **60,7** km · **4:00** Std · **493** Hm

## 32 Münchner Pupplinger Au-Tour   60,7 km · 4:00 Std · 493 Hm

**14 km 28,4/651 m** Man mündet an einen Querweg und fährt rechts (zur Kellenschanze hin). **Nach 220 m** (an Kellenschanze/Mahnmal in der Linkskehre) geradeaus auf den Weg abzweigen. **Nach 180 m** (am Schanzenende) rechts abzweigen. **Nach 180 m** am Wegedreieck links bergauf zum Waldrand.

**15 km 29,5/646 m** An der Forstwegverzweigung (im Wald, auf der Abfahrt) dem rechten Wegzweig weiter bergab folgen (geradeaus). ACHTUNG! Bald schwierige Orientierung. **Nach 600 m** geradeaus auf dem jetzt schlechteren Hauptweg bleiben. **Nach 270 m** im Wald links halten (kleines, grünes Markierungsschildchen, Piste fast nicht mehr erkennbar). **Nach 110 m** geradeaus auf der flachen Waldpiste bleiben (nicht rechts nach roter Markierung in den schmalen Waldgraben!) Bald führt Route als verwachsene Graspiste über eine Lichtung bergab, am Ende dann als flacher Weg zur Fahrstraße hin).

**16 km 30,8/580 m** Der o. g. Fahrstraße nach rechts folgen. **Nach 130 m** links durch die Schranke auf den Waldweg abzweigen (am Schild „Naturschutzgebiet trauern". → alternativ ohne Trails, 1,2 km auf der Straße nach Pupplinger, dort geradeaus Ri. „Gh's Aujäger, RS München, Aumühle", nach 440 m an der Verzweigung auf den linken Asphaltweg und nach 2,7 km zu WW 18 beim Ickinger Wehr). **Nach 220 m** der Rechtskehre folgen (von links mündet ein Pfad). **Nach 230 m** (bei Kiesbank am Isarufer) rechts an

Sitzbank vorbei auf sehr schmalem Pfad weiter. **Nach 20 m** auf dem linken Pfadzweig halten (enge Bäume, bald geht's wieder am Isarufer entlang).

**17 km 32,2/577 m** Durchfahrt bei Puppling: Die Marienbrücke (Fahrstraße) unterqueren, **nach 20 m** übers Bächlein und dem Weg bald durch die Rechtskehre folgen. **Nach 70 m** links auf den ersten der beiden Pfade abzweigen (→ alternativ ohne Trails geradeaus, dann leicht links auf das Waldweglein bis Puppling und dort links aufs Asphaltsträßchen nach o. g. Variante zu WW 18). **Nach 20 m** an der Verzweigung rechts halten. Diesem Trail nun stets durch die Pupplinger Au folgen (**bei km 33,4** am Pfadedreieck links, **bei km 34,4** nach holpriger Passage mündet man an Schoterweg, fährt geradeaus ca. 40 m über die Wiese und dann weiter auf dem Pfad).

**18 km 36,1/566 m** Durchfahrt am Ickinger Wehr. Vom Schoterweg geradeaus auf Pfad weiter. **Nach 110 m** rechts zum Asphaltsträßchen aufsteigen (Stufen), links fahren und **nach 30 m** am Ickinger Wehr links über die Brücke abzweigen (auf Schoterweg), → alternativ mit Asphalt 2,4 km bis Aumühle – nach 960 m evtl. links auf Dammpfad wechseln – dort links über die Holzbrücke zu WW 19 oder weiter auf der Straße bis Dürnstein zu WW 20). **Nach 60 m** über die Staudammbrücke und **nach 90 m** (nach der Brücke) rechts auf Schoterweg abzweigen (linksseitig direkt am Isarwerkkanal flußabwärts).

Routen durch den Zeller Wald zurück und entweder über Dietramszell oder über Ober- und Untermühltal, Leismühl und Bairawies oder Manhartshofen zur Peretshofer Höhe. Dort wie bei Variante 2 weiter über Tattenkofen, Ascholding und den Holzwirt bis zur Kellenschanze in Neufahrn (siehe auch Touren 28, 35 und 38).

**4. Tour mit den diversen Isartal- und Tattenkofer-Trails kombinieren:** Am Ende der Fahrt gibt es auf beiden Seiten der Isar im Tal oder am Isarhochufer bei der Burg oder bei Stallbach, Frundsberghöhe und Grünwald zahlreiche empfehlenswerte Trails, die man zur Abwechslung mit der Route der beschriebenen Haupttour kombinieren kann (siehe Touren 13, 21, 30, 31, 33, 37).

**5. Erweiterung von Egling oder Neufahrn zur Tattenkofer Brücke und dort evtl. den Trail durch die Iscrauen nach Gartenberg fahren:** Von WW 12 in Egling oder von WW 13/14 in Neufahrn kann man die Fahrt zur Tattenkofer Brücke erweitern (siehe Tour 20). Dort dann als Alternative zu der in der Münchner Tattenkofer Brücke-Tour beschriebenen Radweg evtl. den schönen Trail durch die Isarauen nach Gartenberg fahren (siehe Alt.-WW 3/Tour 20). Durch die ausgesprochene Vielzahl von kleinen Trails und Trampelpfaden in dieser Gegend läßt sich die Route allerdings nur grob beschreiben. Am besten sucht man sich selbst eine Fährte durch diesen Irrgarten und hält sich im wesentlichen stets in Isarnähe und flußabwärts.

**19** **km 38,7**/571 m  An der Aumühler Holzbrücke geradeaus weiter auf dem schmalen Dammweglein bleiben *(wird am Ende zu schmälerem Pfad)*.

**20** **km 40,9**/569 m  Durchfahrt Dürnstein/Bruckenfischer: Gleich nach dem Ghs Bruckenfischer vom Dammpfad **ca. 10 m** links hinab zur Fahrstraße und dieser links bergab folgen *(am Ghs vorbei und über die Isarbrücke)*. **Nach 230 m** *(nach der Brücke)* rechts zum Parkplatz abzweigen, diesen überqueren, **nach 40 m** links durch die Schranke aufs Weglein und diesem Trail nun stets isarabwärts folgen *(nach 250 m an Verzweigung geradeaus auf linkem Trail bleiben, bei km 41,9 und km 42,7 die jeweils links abzweigenden Pfade liegen lassen)*.

**21** **km 44,9**/550 m  Ein Bächlein überqueren *(Isarzufluß, rechts an Mündung über die Steine trockenen Fußes möglich)*. **Nach 310 m** links hoch auf den Schotterpfad abzweigen **(Info:** *Geradeaus weiterfahren ist* sinnlos, *Trail bald verfallen und unwegsam!)*.

**22** **km 45,3**/561 m  Man mündet am Forstweg, fährt links und zweigt **nach 20 m** rechts hoch auf das steile Waldweglein ab *(stets diesem Wald-Trail folgen)*.

**23** **km 46,7**/568 m  Man mündet wieder am Forstweg, folgt ihm links bergauf und **nach 90 m** am Wegedreieck rechts Ri. *„Buchenhain"* *(Weg führt bald steil bergab, links bergauf geht's nach Baierbrunn)*.

**24** **km 48,6**/544 m  Die Schranke/Sperren beim großen E-Werk-Gebäude passieren und weiter dem Schotterweg folgen *(bald kurz bergauf)*.

**25** **km 49,5**/558 m  Nach dem Garagengebäude leicht rechts/geradeaus bergab auf dem Schotterweg abzweigen *(Radverbotsschild)*. **Nach 90 m** die Asphaltstraße queren und geradeaus auf dem schmalen Waldweglein weiter bergab. **Nach 160 m** mündet man am Asphaltsträßchen nähe Isar und folgt ihm links/geradeaus flußabwärts.

**26** **km 26,3**/540 m  An der Verzweigung *(kurz vor dem Ghs Brückenwirt)* das linken Asphaltsträßchen leicht bergauf folgen *(bald oberhalb Ghs vorbei,* → *alternativ ohne Trails geradeaus 4,9 km zu WW 32)*.

**27** **km 50,8**/554 m  Die Fahrstraße queren *(rechts die Grünwalder Brücke)* und geradeaus auf dem Schotterweg bergauf in Ri. *„Höllriegelskreuth"*. **Nach 60 m** Auffahrt *(in Linkskehre)* rechts auf den Wald-Trail abzweigen. **Nach 220 m** weiter auf diesem Weglein bleiben *(führt kurz steil bergauf, rechts ein Pfadabzweig zum u. g. Weg)*. **Nach 160 m** mündet man an breiteren Weg und fährt links.

**28** **km 51,8**/550 m  Man mündet an eine Asphaltkehre und fährt rechts/geradeaus leicht bergab. **Nach 220 m** mündet man am Asphaltweg nähe Isar und fährt links/geradeaus Ri. *„RS München"*.

wärts. Von Gartenberg aus dann weiter nach Tour 20 über Wolfratshausen und die Marienbrücke nach Puppling und dort weiter nach WW 17 der Haupttour.

Leichter:

*6. Weitere leichte Fahrten durch den Perlacher Forst zum Kiosk Nußbaum-Ranch:* Eine schönere Zufahrt zu WW 2 am Kiosk Nußbaum-Ranch ist z. B. die Route vom Säbener Platz auf den Sulz- und Bahnweg und am Ende ein Stück auf dem Rechberg-Trail *(siehe Alt.-WW 5/Tour 12)*. Als Variante dazu kann man auch dem Geiselgasteig-Weg, dem Perlach-Asphaltweg und dem Rechberg-Weg bzw. -Trail folgen *(siehe Alt.-WW 6/Tour 12, an Bavaria-Filmgelände vorbei)*.

*7. Trails am Isarufer entlang und durch die Pupplinger Au auslassen und auf dem Asphaltsträßchen über Puppling und am Gasthaus Aujäger vorbei bis zum Ickinger Wehr:* Als Alternative zu dem beschriebenen Trail durch die Au kann man bei Mündung an der Fahrstraße nach Abfahrt von der Neufahrner Keltenschanze oder später von Puppling aus auch bequemer auf Asphaltpisten bis zum Ickinger Wehr gelangen *(siehe auch Hinweise zu WW 16 und 17)*.

*8. Statt der Trails am Ende der Tour auf den bequemeren Forst- und Radwegen des Isartals zurückfahren:* Wer am Ende keine Lust mehr auf die Trails hat, kann sich nach Belieben aus der Vielzahl der Routen des Isartals eine der bequemeren Forst- oder Radwegpisten auswählen *(siehe Touren 7, 10, 20)*.

## 32 Münchner Pupplinger Au-Tour       60,7 km · 4:00 Std · 493 Hm

# 32 Münchner Pupplinger Au-Tour — 60,7 km · 4:00 Std · 493 Hm

**29 km 52,6/537 m** Den links abzweigenden Pfad liegen lassen (am Zaunende, unwegsamer Trail) und **erst nach 170 m** vom Asphaltweg links auf den Pfad abzweigen (links weiterer Zaun/Grasgelände). Diesem Trail nun stets etwa in eingeschlagener Richtung isarabwärts folgen (**nach 160 m** links über eine Betonmauer abzweigen; **bei km 53,2** mündet man an einen weiteren Trail und folgt ihm nach links).

**30 km 53,5/535 m** Man mündet nach kurzer Abfahrt an weiterer Trail und fährt links (rechts Verbindung zum Hauptweg, 150 m). **Nach 40 m** (wenn der Trail leicht bergauf zur Geländestufe führt) leicht rechts weiter auf dem flachen Wald-Trail halten. **Nach 260 m** dem Pfad nach rechts und dann stets weiter folgen (bald nahe am Isar-Hauptweg vorbei).

**31 km 54,4/534 m** Durchfahrt beim Brunnhaus: Man mündet man an ein Weglein (nach Überquerung des alten Betonbachbrückleins) und fährt rechts leicht bergauf. **Nach 320 m** mündet man an einen Asphaltweg (kurz nach Gebäuden) und folgt ihm rechts bergab. **Nach 60 m** Abfahrt (kurz vor Asphaltsträßchen) links ab wieder auf Wald-Trail.

**32 km 55,2/536 m** Durchfahrt beim Kiosk an der Großhesseloher Brücke: An einer Verzweigung auf den rechten Pfad geradeaus leicht bergab. **Nach 80 m** an der Pfadkreuzung rechts (geradeaus zum Kiosk **nicht** benutzen!). **Nach 40 m** mündet man am Isar-Schotterweg und fährt links (bald an Kiosk vorbei). **Nach 130 m** rechts über die Kanalbrücke abzweigen, **nach 30 m** dem querenden Schotterweg nach links folgen. **Nach 80 m** links auf den Pfad abzweigen (direkt am Kanal entlang, → alternativ auf dem Hauptweg 2,0 km zu WW 34).

**33 km 56,4/529 m** Man mündet an einen Asphaltweg und fährt rechts. **Nach 70 m** dem querenden Schotterweg nach links folgen (bei Holzhütte).

**34 km 57,7/525 m** Durchfahrt am Marienklausensteg: Rechts übern Marienklausensteg abzweigen (Fuß-/Radweg-Schild). **Nach 130 m** (nach Überquerung des Stegs) geradeaus auf den Schotterweg weiter und **nach 60 m** auf Asphalt-Fußweg zum Hochufer (nach 70 m Auffahrt links hoch abzweigen).

**35 km 58,0/546 m** Durchfahrt M-Harlaching: Am Hochufer (an Sperre) **ca. 30 m** rechts zum Asphaltsträßchen, diesem geradeaus folgen und **nach 30 m** leicht links auf die Pflasterstraße abzweigen („Über der Klause"). **Nach 250 m** der Querstraße nach links folgen (Lindenstraße). **Nach 320 m** (in Rechtskehre) links/geradeaus abzweigen (an Betonpollern vorbei), die Fahrstraße (Karoilingerallee) queren und geradeaus auf den Radweg (bald an Ghs „Harlachinger Einkehr" vorbei). **Nach 110 m** links/geradeaus auf Hochufer-Asphaltweg („**Harlachinger Straße**") abzweigen zum Stadion (**km 60,7**).

---

Auch probieren:

*9. Statt über Veiglberg kann man von Egling auch die Route durch den Forst bis nähe Holzwirt bei Ascholding nehmen und von dort zur Keltenschanze bei Neufahrn auffahren:* An WW 12 in Sebaldmühle bei Egling weiter auf den Asphaltsträßchen, später ein Schotterweg, bleiben. Im Verlauf am Marterl noch vor Ascholding rechts hoch zur Neufahrer Keltenschanze abzweigen (diese Route ist je zur Hälfte in den Touren 20 und 35 enthalten, wegen des reizvollen Trail-Uphills und schöner Ausblicke ist die Veiglberg-Fahrt aber eher zu empfehlen).

*10. Vom Ickinger Wehr rechts des Isarwerkkanals auf dem Dammpfad nach Aumühle:* Sehr schöne Alternative zu dem linksseitigen Weglein. An WW 18 am Ickinger Wehr zunächst geradeaus auf dem Asphaltsträßchen bleiben und im Verlauf nach 960 m links auf den schönen Dammpfad am Isarwerkkanal wechseln (siehe Hinweis bei WW 18).

*11. Weitere schöne Trail-Einfahrt ins Gleißental:* Zur Abwechslung sollte man unbedingt auch mal diese sehr schöne Trail-Einfahrt ins Gleißental probieren. Dazu bei der Keltenschanze nähe Deisenhofen den rechten Wegzweig nehmen und auf sehr idyllischem Weglein und am Ende auf steilem Waldpfad hinab ins Gleißental. Dort mündet man bei den Wasserbecken und fährt rechts weiter nach der Haupttour stets durchs Gleißental zum Deininger Weiher (siehe Alt.-WW 1/Tour 12 sowie Hinweis bei WW 5).

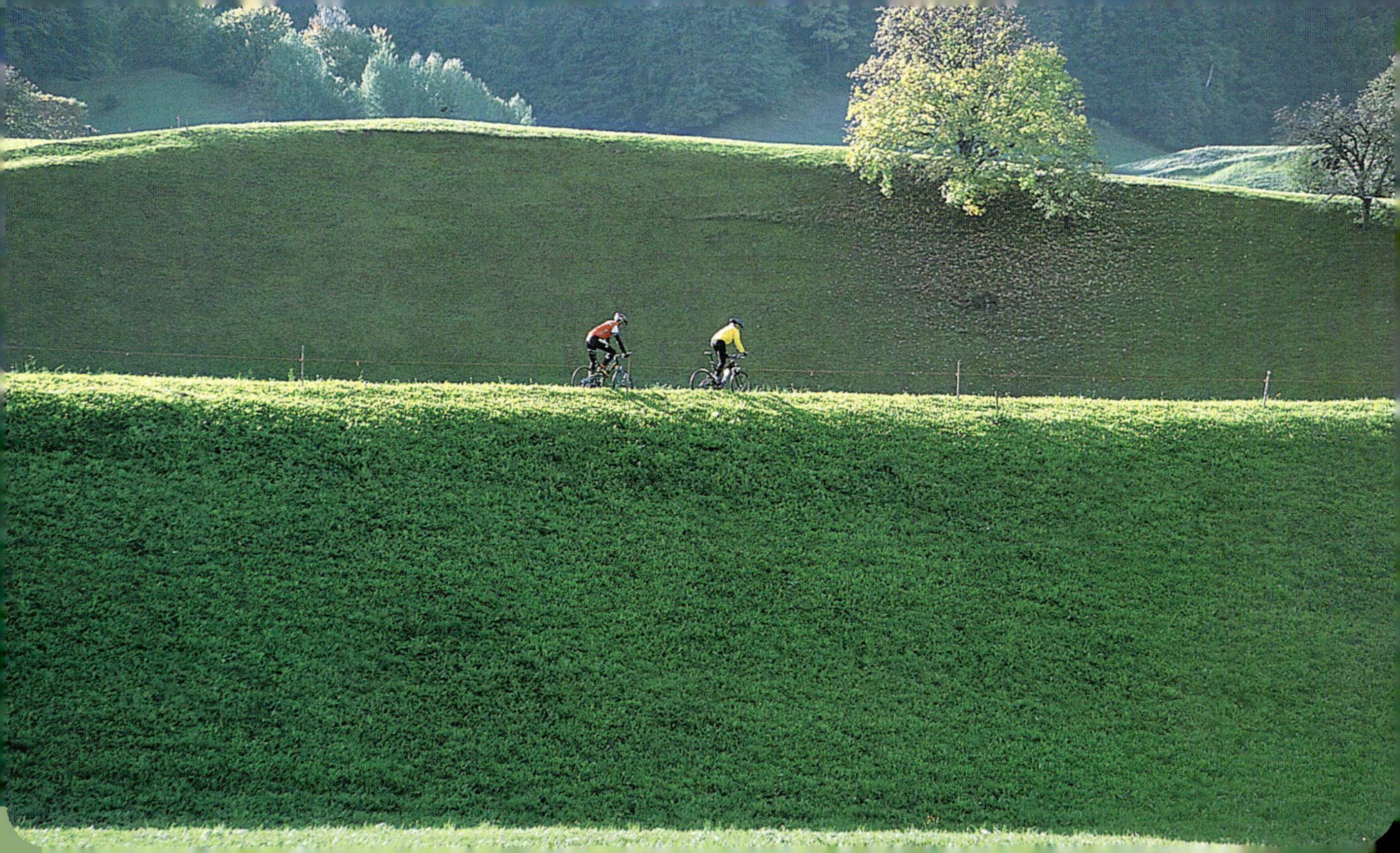

# 33 Münchner Isar-Trainingstour 1

**39,1** km · **2:55** Std · **455** Hm

## Mäßig schwere bis mittelschwere Tour!

Eine meiner typischen Isar-Trainings-Touren, hier linksseitig flußaufwärts in ständigem Wechsel zwischen flotten Schotterpisten und den besten Trails, dann rechtsseitig wieder flußabwärts.

**V**om 60er-Stadion geht's am Hochufer über Harlaching und Biergarten Menterschwaige zur Überquerung der Großhesseloher Fußgängerbrücke. Ein steiler Pfadrutsch führt ins Isartal, wo der Trail übers Brunnhaus flußaufwärts leitet. Am Brückenwirt und E-Werk vorbei benutzt man wieder Asphalt- und Schotterwege, fährt den Wald-Trail am Baierbrunner Steilhang und direkt im Anschluß den herrlichen Isar-Trail bis zur Isarbrücke unweit von Kloster Schäftlarn. **N**ach Überquerung von Fluß- und Kanalbrücke rollt man auf dem Asphaltweg am Kanal entlang ins Mühltal und am Gasthaus vorbei zum idyllischen Isaruferweglein. Kurz vor dem Wegende zweigt ein Wald-Trail ab, der zunächst über einige kleine Hügel, dann durch die Isarauen auf etwas unwegsamerer Route in Richtung Georgenstein führt. Auf dem Römerweg geht es kurz bergauf, bis der Georgensteiner Hangweg abzweigt. Der abwechslungsreiche Trail mündet knapp unterhalb des Hochufers, man fährt sofort wieder ins Isartal ab, quert zum tollen Isarufer-Trail und folgt ihm bis unter die Grünwalder Brücke. Vom nahen Waldparkplatz führt dann der breite Isartal-Radweg flußabwärts nach München.

| km | Ort | Höhe | Zeit |
|---|---|---|---|
| 0,0 | **München** *Stadion an der Grünwalder Straße* | 535 | |
| 0,2 | Hochufer-Asphaltweg | 532 | |
| 2,0 | Harlaching *(Ghs Harlachinger Einkehr)* | 545 | |
| 3,9 | Hochufer-Radweg *(Biergarten Menterschwaige)* | 556 | |
| 4,7 | Abzweig über die Großhesseloher Brücke | 564 | 0:16 |
| 5,4 | Isartal-Trail *(nähe Kiosk unter der Großhesseloher Brücke)* | 536 | |
| 6,4 | beim Brunnhaus | 535 | |
| 7,5 | Isar-Schotterweg | 535 | |
| 8,6 | Abzweig Pullach | 542 | 0:34 |
| 8,8 | Abzweig Waldweg | 550 | |
| 9,6 | Isar-Asphaltweg | 539 | |
| 9,9 | Ghs Brückenwirt | 539 | 0:41 |
| 10,8 | Abzweig Buchenhain | 541 | |
| 12,0 | E-Werk *(nähe Klettergarten)* | 544 | 0:50 |
| 13,8 | Wegedreieck *(unterhalb von Baierbrunn)* | 571 | |
| 14,7 | Wald-Trail | **592** | |
| 15,2 | Querung Forstweg | 561 | 1:08 |
| 15,4 | Isar-Trail | 549 | |
| 19,4 | Schäftlarn *(Isarbrücke nähe Kloster)* | 562 | 1:24 |
| 19,5 | Ghs Bruckenfischer | 563 | |
| 19,7 | Dürnstein | 569 | 1:26 |
| 22,5 | Ghs Zur Mühle | 557 | 1:32 |
| 22,9 | Isaruferweg | 548 | |
| 24,1 | Abzweig Wald-Trail | 546 | |
| 24,7 | Isar-Trail | 545 | |
| 25,7 | Forstweg *(Römerweg)* | 552 | 1:47 |
| 25,9 | Abzweig Wald-Trail *(Georgensteiner Hangweg)* | 565 | |
| 27,4 | Mündung *(nähe Hochufer/HS-Leitung)* | 577 | 2:04 |
| 27,8 | Forstweg im Isartal | 548 | |
| 28,2 | Isarufer-Trail | 540 | |
| 29,7 | Unterquerung Grünwalder Brücke | 538 | 2:14 |

*– Fortsetzung siehe auf Wegweiser-Seiten –*

### Alternativ-Route

Evt. Ausweichroute vom Isar-Trail über Grünwald-Eierwiese *(statt unter Brücke durch)*.

*– siehe auf Wegweiser-Seiten –*

## Erlebniswert

*Bike-Spaß:* ★★★★☆  ④
*Landschaft:* ★★★☆☆

Äußerst vielfältig, im ständigen Wechsel von guten, breiten Trainingspisten und interessanten, bestens fahrbaren Trails angelegte Bike-Runde durch das Münchner Isartal.

## Schwierigkeitsgrad

*Kondition:* ●●○○○○  ❷-❸
*Fahrtechnik:* ●●●○○○

Hauptschwierigkeit dieser Tour sind neben kleineren Auffahrten die diversen Isartal-Trails mit ihren teils holprigen, manchmal auch feuchten Pisten.

## Fahrbahnen

| *Asphalt* | *Schotter+Pisten* | *Trails+Trials* |
|---|---|---|
| 15,7 km | 9,0/1,4 km | 8,8/4,2 km |

öff. Verkehr: 2,0 km   Mautverkehr: 0,0 km

## Schiebe-/Tragestrecken

keine

## Rast

Ghs Harlachinger Einkehr, Biergarten Menterschwaige, Ghs Brückenwirt, Ghf Kloster Schäftlarn, Ghs Zum Brückenwirt, Ghs Zur Mühle

## Karten

BTK Ammersee-Starnberger See   M 1:50.000
KOMPASS Nr. 180   M 1:50.000

---

**33**  Münchner Isar-Trainingstour 1   **39,1** km · **2:55** Std · **455** Hm

# 33 Münchner Isar-Trainingstour 1     39,1 km · 2:55 Std · 455 Hm

## Wegweiser

**1**   **km 0**/535 m Dem Asphalt-Hochuferweg *("Harlachinger Straße")* in Richtung Harlaching folgen.

**2**   **km 2,0**/545 m Durchfahrt M-Harlaching: Man mündet am Radweg *(an der "Karolingerallee")* und folgt ihm rechts/geradeaus Ri. *"RS Wolfratshausen, Grünwald" (am Ghs "Harlachinger Einkehr" vorbei)*. **Nach 90 m** die Fahrstraße queren und geradeaus in die *"Lindenstraße" (an Betonpollern vorbei)*. **Nach 90 m** rechts abzweigen *("Hochleite"-Straße, in Ri. "RS ...")*. **Nach 500 m** in der Linkskehre geradeaus auf den Hochufer-Radweg Ri. *"RS Wolfratshausen, Grünwald"* abzweigen und diesem stets am Isarhochufer entlang folgen *(später am Biergarten Menterschwaige vorbei)*.

**3**   **km 4,7**/564 m Durchfahrt an Großhesseloher Brücke: An der Fuß-/Radwegekreuzung *(vor der kurzen Auffahrt über Bahngleis/Brücke)* links ab und gleich **nach 20 m** rechts bergab aufs Asphaltweglein Ri. *"RS Pullach"* abzweigen. **Nach 130 m** Abfahrt rechts über die Großhesseloher Brücke. **Nach 260 m** *(nach der Brücke)* aufs linke Asphaltweglein Ri. *"RS Wolfratshausen, Pullach"*. **Nach 110 m** links in o. g. Ri. abzweigen *(Fuß-/Radweg)* und **nach 80 m** links ab auf den Pfad ins Isartal *(nach 100 m steiler Abfahrt im Tal geradeaus bleiben, nach 90 m dem Trail durch eine Rechtskehre folgen)*.

**4**   **km 5,9**/537 m Durchfahrt Brunnhaus: Man mündet an einen Asphaltweg und fährt rechts bergauf. **Nach 60 m** links auf den Schotterweg abzweigen *(bald an Gebäude vorbei, Asphaltweg führt zur Waldwirtschaft Großhesselohe)*. **Nach 320 m** geradeaus auf Trail weiter *(links alte Betonbachbrücke)*. **Nach 140 m** *(an Teich/altem Gebäude)* dem Pfad rechts bergauf und bald durch die Linkskehre folgen.

**5**   **km 7,1**/535 m Vom Haupt-Trail rechts hoch auf den Pfad abzweigen *(nach Abfahrt von Geländestufe,* → **alternativ** *geradeaus 150 m zum Isar-Hauptweg)*.

**6**   **km 7,5**/535 m Man mündet am Haupt-Schotterweg nähe Isar und fährt rechts flußaufwärts.

**7**   **km 8,6**/542 m Rechts auf den Asphaltweg Ri. *"RS Pullach"* abzweigen. **Nach 220 m** Auffahrt *(in Rechtskehre)* links auf den Waldweg abzweigen.

**8**   **km 9,6**/539 m Man mündet am Isar-Asphaltweg und fährt rechts *(bald unter der Grünwalder Brücke durch und dann am "Brückenwirt" vorbei)*.

**9**   **km 10,8**/541 m Vom Asphaltweg rechts aufs Waldweglein Ri. *"Buchenhain, Klettergarten, ..., Kloster Schäftlarn"* abzweigen *(bald bergauf)*. **Nach 160 m** die Asphaltstraße queren und weiter bergauf. **Nach 90 m** *(am Garagengebäude)* geradeaus auf Schotterweg weiter bergauf in o. g. Ri.

## Anfahrt

**Auto:** In München zum Stadion an der Grünwalder Straße *(60er-Stadion)* in München-Giesing.

### Fahrt zum Startplatz

An der großen Kreuzung am Stadion an der Grünwalder Straße in München-Giesing Ri. *"Bad Tölz, Grünwald"* auf die *"Grünwalder Straße"* und nach ca. 200 m rechts in die kleine, am Stadion entlangführende *"Volckmerstraße"* abzweigen. Nach 180 m auf dem kleinen Parkplatz am Hochuferweg hinter dem Stadion parken.

*Die Tour beginnt* am Parkplatz hinter dem Stadion an dem als *"Harlachinger Straße"* beschilderten Hochuferweg.

### Alternative Startorte

Marienklausensteg im Isartal *(nähe Tierpark Hellabrunn, von dort Auffahrt auf Asphalt-Fußweg zu WW 2 der Tour am Hochufer)*, Großhesselohe, Kloster Schäftlarn, Dürnstein/Bruckenfischer, Grünwald

**10** **km 13,8**/571 m  Am Wegedreieck links bergab, **nach 90 m** vom Forstweg rechts hoch auf den Wald-Trail abzweigen und diesem stets folgen.

**11** **km 15,2**/561 m  Man mündet *(nach Steilabfahrt)* wieder am Forstweg, fährt **20 m** links und zweigt gleich wieder rechts auf den Trail zur Isar ab. **Nach 150 m** Abfahrt mündet man am Isar-Trail und folgt ihm rechts flußaufwärts. **Nach 300 m** ein Bächlein überqueren *(Isarzufluß, ganz links an der Mündung über die Steine trockenen Fußes möglich, nun stets diesem Haupt-Trail folgen).*

**12** **km 19,4**/562 m  Durchfahrt Dürnstein/Bruckenfischer: Man mündet am P an der Fahrstraße und folgt ihr links über Isar- und Kanalbrücke *(bald am „Ghs Zum Bruckenfischer" vorbei).* **Nach 340 m** *(direkt nach Kanalbrücke)* links auf Asphaltweg abzweigen *(Ri. „Mühltal, Ghs Zur Mühle, RS München, ...").*

**13** **km 22,5**/557 m  Durchfahrt Mühltal: Am „Gasthaus Zur Mühle" vorbei weiter geradeaus auf dem Asphaltweg bleiben. **Nach 360 m** am Schotterwegedreieck geradeaus *(bald am Isarufer entlang).*

**14** **km 24,1**/546 m  Vom Isaruferweg rechts auf den Waldpfad abzweigen *(kurze Steilstufe an Waldböschung, nicht mit einem 500 m zuvor abzweigenden Pfad verwechseln!).* **Nach 50 m** dem querendem Wurzel-Trail nach links leicht bergauf folgen.

*Nach ca. 100 m* steil bergauf fahren und stets weiter diesem Trail folgen *(verläuft später wieder im Flußtal; rechts Abzweig 80 m zum Isarleiten-Forstweg, → **alternativ** für Forstwegroute 1,3 km bis zur Kreuzung mit Römerweg, dort links bergab 50 m zu WW 15).*

**15** **km 25,7**/552 m  Man mündet an einen Forstweg *(nach kurzer Auffahrt auf Wurzel-Trail-Passage, nähe Georgenstein)* und folgt ihm rechts bergauf. **Nach 190 m** Auffahrt links auf den Wald-Trail abzweigen *(ca. 50 m vor der Wegekreuzung).* **Nach 490 m** vom Waldweglein rechts auf den Pfad abzweigen *(führt um die kleine feuchte Waldsenke herum).*

**16** **km 27,4**/577 m  Man mündet an eine Schotterwegkehre *(nähe HS-Leitung/Hochufer)* und fährt geradeaus auf den gegenüber abzweigenden Weg *(bald Pfad, mündet wieder an Schottweg, weiter bergab).*

**17** **km 27,8**/548 m  Man mündet im Isartal an einen weiteren Weg und fährt rechts. **Nach 300 m** links auf den Pfad zur Isar abzweigen *(kurz steil bergab).* **Nach 110 m** mündet man am Isarufer-Trail und folgt ihm rechts stets flußabwärts.

**18** **km 29,7**/538 m  Durchfahrt Grünwalder Brücke: Die Brücke unterqueren und bergauf **(Achtung:** Wegen Brückenbaustelle evt. **bei km 29,0** am kleinen Grasgelände vom Isar-Trail rechts ab und **nach dem Alt.-WW** über Eierwiese/Grünwald-Ortsmitte fahren**).**

### Variationen

Auch probieren:

**1. Vielfältigste Kombinations- und Variationsmöglichkeiten mit allen anderen Touren und Trails des Isartals und des Isarhochufers:** Die beschriebene Haupttour ist nur eine beispielhafte Zusammenstellung einer für meine Bedürfnisse typischen Isar-Trainingstour mit häufigem Wechsel von Spaß bringenden Trails und konditionsfördernden Forst- oder Radwegpisten. Natürlich kann sich jeder aus diesem Tourenvorschlag und aus der Vielzahl der anderen Isar-Touren und -Trails seine ganz persönliche Lieblings-Isar-Bike-Route zusammenstellen *(siehe auch Touren 7, 10, 12, 13, 20, 21, 24, 30, 31, 32, 35, 36 und 37).*

**2. Kombinationsmöglichkeiten mit den Touren im Perlacher und Grünwalder Forst:** Über die o. g. Variationsmöglichkeiten hinaus lassen sich natürlich auch bestens die diversen Routen durch Perlacher und Grünwalder Forst zu all diesen Isartouren kombinieren *(siehe auch Touren 2, 6, 6a, 6b, 9, 12 und 24).*

Eventuell fahren:

**3. Ausweichroute vom Isar-Trail über Grünwald-Ortsmitte während der Zeit des Neubaus der Grünwalder Brücke:** Während der Bauzeit der neuen Grünwalder Brücke *(geplante Fertigstellung im Jahr 2000)* muß man wegen der Sperrung des unter der Brücke durchführenden Trails evt. diese Route über Grünwald-Ortsmitte fahren *(siehe Alt.-WW).*

**33**  **Münchner Isar-Trainingstour 1**  **39,1** km · **2:55** Std · **455** Hm

# 33 Münchner Isar-Trainingstour 1 — 39,1 km · 2:55 Std · 455 Hm

**Nach ca. 50 m** rechts auf <u>zweitem</u>, steilen Hohlpfad **ca. 10 m** zum Plateau aufsteigen, dort dem Weglein links bergab folgen *(bald übers 2. Plateau)*. **Nach 100 m** geradeaus auf Waldweg *(rechts von der Wiese, bald leicht bergauf)*. **Nach 120 m** durch die Sperre, den Schotterweg queren und **nach 20 m** dem zweiten Schotterweg links bergauf folgen. **Nach 40 m** an der Wegekreuzung links bergab. <u>Stets diesem Hauptweg isartalabwärts folgen</u> *(Fuß-/Radweg, **bei km 31,7** am Wegedreieck nach einer Auffahrt nach links leicht bergab halten)*.

**19  km 34,4/533 m** Nach Unterquerung der Großhesseloher Brücke vom Hauptweg rechts auf das Weglein abzweigen *(zunächst flach, dann steil zum Hochufer führend)*. **Nach 320 m** Auffahrt *(kurz vor Mündung am Hochufer)* links bergab auf den Hangpfad abzweigen *(über Stufen, **nach 140 m** rechts auf Pfad durch den Felsentunnel oder geradeaus bleiben)*.

**20  km 35,0/531 m** Man mündet *(über Stufen)* am Schotterweg und folgt ihm rechts bergauf. **Nach 170 m** Auffahrt mündet man am Hochufer-Radweg *(am Biergarten Menterschwaige)* und fährt links.

**21  km 73,6/546 m** Ortsdurchfahrt M-Harlaching: Am Radwegende rechts Ri. *„RS/Pfeil"* auf das Asphaltsträßchen und **nach 30 m** leicht links auf die Pflasterstraße *(„Über der Klause")*. **Nach 250 m** der Querstraße nach links folgen *(Lindenstraße)*.

**Nach 320 m** *(in Rechtskehre)* links/geradeaus abzweigen *(an Betonpollern vorbei)*, die Fahrstraße queren und geradeaus auf bekanntem Hochufer-Asphaltweg zum Stadion *(km 39,1)*.

## Alternativ-Wegweiser
### Evt. Ausweichroute vom Isar-Trail über Grünwald:

**18  km 29,0/539 m** Am kleinen Grasgelände vom Isarufer-Trail rechts abzweigen und dem Waldweg bald durch die Linkskehre bergauf folgen. **Nach 190 m** *(beim ersten Haus)* links auf das Asphaltsträßchen weiter bergauf in die Ortsmitte.

**19  km 29,7/589 m** Ortsdurchfahrt Grünwald: Man mündet im Ort *(nähe Kiosk, rechts die Straße „Auf der Eierwiese", Gegen-Ri. „Gasteig")* und fährt links in die kurze Seitenstraße. **Nach 50 m** mündet man an der Fahrstraße *(Fußgängerampel)* und folgt ihr nach links. **Nach 140 m** rechts in die *„Dr.-Max-Straße"* und **nach 80 m** links in die *„Rathausstraße"* abzweigen. **Nach 200 m** *(am „Schloßhotel Grünwald")* aus der Rechtskehre links/geradeaus abzweigen. **Nach 80 m** links bergab auf die steile Schotterpiste ins Isartal abzweigen.

**20  km 30,4/558 m** An der Wegekreuzung geradeaus bergab auf den breiten Schotterweg *(Fuß-/Radwegschild)* → <u>weiter nach WW 18 der Haupttour</u> *(links geht's zu Waldparkplatz u. Grünwalder Brücke)*.

### – Fortsetzung –

| km | | Hm | Std |
|---|---|---|---|
| 30,0 | Wegekreuzung | 558 | 2:21 |
| | *(nähe Wald-P, auf Isartal-Radweg)* | | |
| 31,7 | Wegedreieck | 551 | |
| 33,2 | *(tiefster Punkt)* | **530** | |
| 34,6 | Abzweig Trail | 533 | 2:38 |
| | zum Hochufer | | |
| | *(unter der Großhesseloher Brücke)* | | |
| 34,7 | Abzweig Hangpfad | 552 | |
| 34,9 | Felstunnel | 543 | |
| 35,0 | Mündung an Weg | 531 | |
| | zum Hochufer | | |
| 35,2 | Hochufer-Radweg | 556 | 2:43 |
| | *(Biergarten Menterschwaige)* | | |
| 36,4 | Harlaching | 546 | |
| | *(Radwegende)* | | |
| 37,1 | Hochufer-Asphaltweg | 545 | |
| | *(Ghs Harlachinger Einkehr)* | | |
| 39,1 | München *(Stadion)* | 535 | 2:55 |

### Alternativ-Route
Evt. Ausweichroute vom Isar-Trail über Grünwald-Eierwiese *(statt unter der Brücke durch)*:

| km | | Hm | Std |
|---|---|---|---|
| 29,0 | Isarufer-Trail | 539 | 2:12 |
| | *(am Grasgelände)* | | |
| 29,7 | Grünwald-Eierwiese | 589 | |
| 30,2 | Schloßhotel Grünwald | 583 | |
| 30,3 | Abzweig Trail | 585 | |
| 30,4 | Wegekreuzung | 558 | 2:20 |
| | *(nähe Wald-P, auf Isartal-Radweg)* | | |
| | → weiter nach der Haupttour | | |

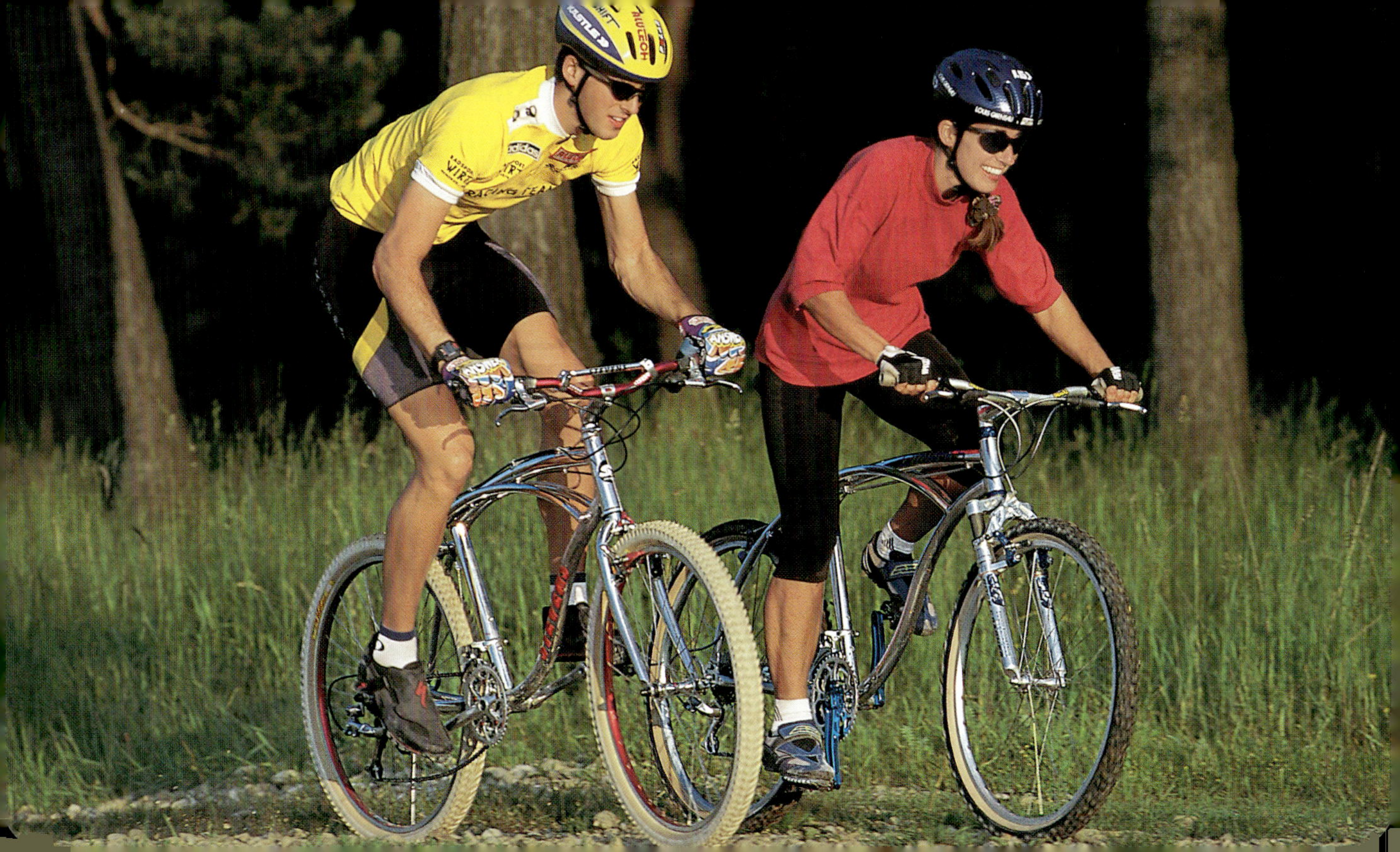

# 34 Tattenkofer Buchberg-Tour

**40,8** km · **3:04** Std · **657** Hm

## Mäßig schwere bis mittelschwere Tour!

Eine Tour von der Tattenkofer Isarbrücke auf den reizvollsten Bike-Routen der Gegend zum Buchberg, nach dessen Überquerung schöne Rückfahrten über Fischbach und auf dem Isardammweg.

**V**on der Tattenkofer Isarbrücke fährt man flußaufwärts, umgeht die nicht passierbare Engstelle am Flußufer auf steilem, unfahrbaren Steig über die Waldhöhe des Malerwinkels und gelangt über Schuß und Berg nach Osterhofen. Eine Forstpiste führt weiter ins Rottachmoos, wo es auf hübschem Wiesen-Trail bis Hinterrothenrain geht. Nach der Querung bis Fischbach folgen weitere schöne Routen, erst ein steiler Waldweg über Lechen, dann eine perfekte Traum-Bike-Route von Bürg durchs Peterbauernbachtälchen hinab nach Oberfischbach bei Bad Tölz. **M**an erreicht schließlich den Golfplatz Strasser-Hof, wo die viele nette Ausblicke ins Vorland bietende Auffahrt über den Buchberg beginnt. Ein Pracht-Downhill leitet über Wörnern und den Weiler Hub hinab ins Ramsauer Tal. Auf diversen Pisten fährt man zurück nach Fischbach und folgt dort dem Asphaltsträßchen über die Hügel und vielen Hofstellen in Richtung Isartal. Am Ende gelangt man zum Isarufer und folgt dem wunderbaren Dammweglein flußabwärts. Ein Pfad quert durch die Auen zur Jugendsiedlung Hochland, wo es nicht mehr weit bis zum Schuß-Hof und der bekannten Route zur Tattenkofer Brücke ist.

| km | Ort | Hm | Zeit |
|---|---|---|---|
| 0,0 | **Tattenkofer Brücke** | **606** | |
| | *Abzweig Radweg R2* | | |
| 1,4 | nähe Einödhof | 612 | |
| 1,7 | Waldsteig *(Stufen)* | 622 | |
| 2,1 | beim Malerwinkel | 663 | |
| 2,8 | Schuß-Hof | 656 | |
| 4,2 | Berg | 650 | |
| 4,6 | Osterhofen | 638 | 0:23 |
| 5,9 | Forstweg | 657 | |
| 6,3 | Querung Fahrstraße | 639 | |
| 7,7 | Rottachmoos-Trail | 628 | |
| 8,9 | Hinterrothenrain | 661 | 0:41 |
| 9,7 | Abzweig Schotterweg | 636 | |
| 10,4 | Fischbachmühl-Hof | 644 | |
| 10,8 | Fischbach | 652 | 0:47 |
| | *(auf Waldweg)* | | |
| 11,6 | Lechen-Hof | 711 | |
| 12,5 | nähe Bürg | 706 | |
| 13,2 | Peterbauernbachtal | 677 | |
| 13,6 | Oberfischbach | 656 | 1:03 |
| | *(bei Bad Tölz)* | | |
| 14,6 | nähe Schwaig | 706 | |
| 15,0 | Golfplatz Strasser-Hof | 723 | 1:12 |
| 16,9 | Buchberg | **824** | |
| 17,1 | Buchberg-Höfe | 817 | |
| 18,6 | beim Wörnern-Hof | 711 | 1:28 |
| 19,9 | Hub | 661 | |
| 20,4 | nähe Ramsau | 638 | 1:34 |
| 20,8 | nähe Hammerl-Hof | 656 | |
| 21,7 | Bach-Hof | 651 | |
| 22,2 | Oberbuchen | 647 | |
| 22,6 | Abzweig auf Feldweg | 647 | |
| 23,4 | Fahrstraße | 641 | 1:46 |
| 24,0 | Spiegel | 662 | |
| 24,5 | Kellershof | 664 | |
| 25,6 | Fischbach | 656 | 1:53 |
| 26,6 | Abzweig bei Nodern | 676 | 1:58 |
| 27,6 | Leitzing | 693 | |
| 29,1 | Fiecht-Hof | 686 | |
| 29,0 | Rimslrain | 681 | |
| 29,8 | Fahrstraße *(bei Lochen)* | 641 | 2:08 |
| 31,8 | Isar-Dammweg | 620 | |
| 35,6 | Fahrstraße | 617 | 2:34 |
| | *(Jugendsiedlung Hochland)* | | |
| 36,3 | Abzweig Schotterweg | 625 | |
| 37,9 | Schuß-Hof | 656 | |
| 38,6 | beim Malerwinkel | 663 | 2:55 |
| 38,9 | Waldwegabfahrt | 648 | |
| 39,4 | nähe Einödhof | 612 | |
| 40,8 | Tattenkofer Brücke | **606** | 3:04 |

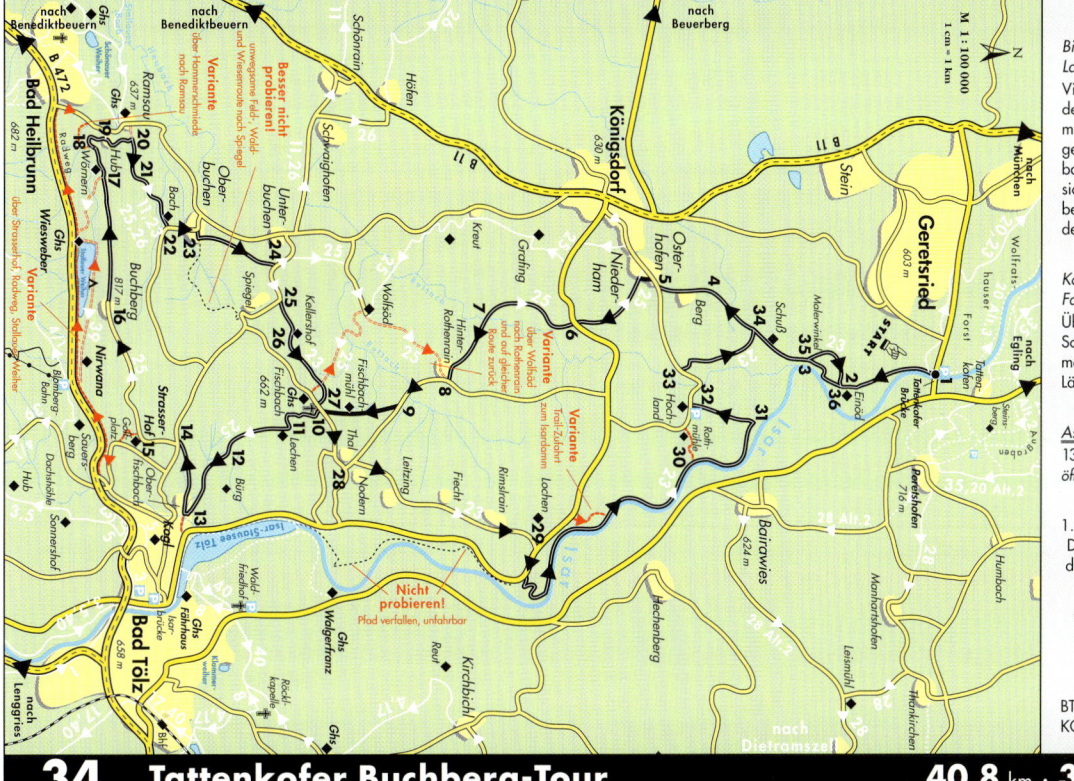

### Erlebniswert

Bike-Spaß: ★★★☆☆  ③-④
Landschaft: ★★★★☆

Viele schöne Bike-Pisten und Trails von der Tattenkofer Brücke zum Buchberg mit einer absoluten Traum-Bike-Passage auf dem schmalen Weglein im Peterbauern-Bachtälchen nähe Bürg. Aussichtsreiche Überquerung des Buchbergs. Am Ende herrliche Rückfahrt auf dem einsamen Isardammweg.

### Schwierigkeitsgrad

Kondition: ●●●○○○  ❷-❸
Fahrtechnik: ●●○○○○

Überquerung des Malerwinkels mit Schiebe-/Tragepassage bergauf. Viele mäßigere Bike-Pisten und einige Trails. Längere Auffahrt zum Buchberg.

### Fahrbahnen

| _Asphalt_ | _Schotter+Pisten_ | _Trails+Trials_ |
|---|---|---|
| 13,2 km | 15,6/8,3 km | 2,3/1,4 km |

öff. Verkehr: 8,0 km   Mautverkehr: 0,0 km

### Schiebe-/Tragestrecken

1. ↑  0,17 km / 3-4 Min. /  34 Hm

Dazu evt. wenige Meter am Ende bei der Waldpistenabfahrt zum Einödhof

### Rast

Ghs Fischbach, Gasthäuser in Tölz *(mit kurzem Abstecher)*, Golfplatz Strasser-Hof, Ghs in Ramsau

### Karten

BTK Bad Tölz-Lenggries    M 1:50.000
KOMPASS Nr. 182    M 1:50.000

---

**34  Tattenkofer Buchberg-Tour**   40,8 km · 3:04 Std · 657 Hm

# 34 Tattenkofer Buchberg-Tour

**40,8** km · **3:04** Std · **657** Hm

## Wegweiser

1 **km 0**/606 m An der Tattenkofer Isarbrücke von der Fahrstraße links auf den Schotter-Radweg in Ri. *„RS R2 Geretsried"* abzweigen. **Nach 120 m** vom Radweg <u>geradeaus</u> auf den weiter am Isarhochufer entlangführenden Waldweg abzweigen *(führt durch eine Rechtskehre weiter)*.

2 **km 1,0**/612 m <u>Durchfahrt nähe Einödhof</u>: Kurz vor dem Wiesengelände/Gatter dem Weg etwas bergab folgen und **nach 20 m** am Gatter rechts auf den Pfad *(am Zaun entlang)*. **Nach 350 m** den Asphaltweg queren *(links Einfahrt des „Einödhof")* und leicht links weiter auf dem Waldweg *(ab km 1,7 auf steilem Steig mit Stufen am Waldhang bergauf schieben, auf der Höhe weiter auf dem Pfad fahren)*.

3 **km 2,1**/663 m Man mündet wieder an einen Weg und folgt ihm nach links *(bei km 2,8 geht's am Schuß-Hof vorbei, <u>stets dem Hauptweg folgen</u>)*.

4 **km 3,8**/642 m <u>Durchfahrt Berg</u>: Man mündet an einem Asphaltweg und folgt ihm nach links *(bald durch den Weiler „Berg" weiter bis Osterhofen)*.

5 **km 4,6**/638 m <u>Ortsdurchfahrt Osterhofen</u>: Am Asphaltdreieck beim Ortsbeginn rechts in die *„Dorfstraße"*. **Nach 300 m** am Straßendreieck *(an Bauminsel)* links in *„Lindenweg"* abzweigen.

**Nach 80 m** mündet man an einen Schotterweg und fährt links *(„Kapellenweg", bald ortsauswärts, nach 210 m an der Verzweigung dem rechten Weg folgen, bald an Marterl/Stadel vorbei, **bei km 6,0** im Wald dem Hauptweg durch leichte Linkskurve folgen)*.

6 **km 6,3**/639 m Nach der Abfahrt die Fahrstraße queren und gegenüber auf Forstweg weiter.

7 **km 7,7**/628 m Über den Holzsteg und weiter auf dem Pfad. **Nach 410 m** über den Weidezaun-Überstieg und auf der Graswegspur bergauf *(nach 50 m an Stadel vorbei, nun breiterer Weg)*.

8 **km 8,9**/661 m <u>Durchfahrt Hinter-Rothenrain</u>: Man mündet bei dem Bauernhof an ein Asphaltsträßchen und folgt ihm rechts bergab.

9 **km 9,7**/636 m Rechts auf den Schotterweg abzweigen. **Nach 190 m** an der Verzweigung am Waldrand geradeaus fahren *(linker Wegzweig; **ab km 10,4** Asphaltweg, am Fischbachmühl-Hof vorbei)*.

10 **km 10,8**/652 m <u>Durchfahrt bei Fischbach</u>: Man mündet an der Fahrstraße, fährt rechts und zweigt **nach gut 20 m** links auf den Waldweg ab *(anfangs fährt man direkt am Zaun des Wasserreservoirs entlang)*. **Nach 80 m** auf dem etwas weniger steilen Hauptweglein bergauf bleiben. **Nach 140 m** an der Verzweigung links bergauf.

## Anfahrt

**Auto:** Vom Stadion an der Grünwalder Straße in München-Giesing auf die *„Grünwalder Straße"* in Ri. *„Bad Tölz, Grünwald"* nach Grünwald und dort geradeaus stets auf der Staatsstraße 2072 weiter in Ri. *„Bad Tölz"* über Straßlach, Deining und Egling bis zur Tattenkofer Brücke *(31 km, 0:35 Std)*.

**S-Bahn:** Von München/Starnberger Bhf. nach Wolfratshausen und mit dem Bike auf den Radwegen über Waldram, Gartenberg und Geretsried zum Startplatz an der Tattenkofer Brücke.

## Fahrt zum Startplatz

An der Tattenkofer Brücke *(kurz nach der Passage des Weilers „Tattenkofen")* rechts in Ri. *„Königsdorf, Geretsried, Wolfratshausen"* auf die Staatsstraße 2369 abzweigen, die Isar überqueren und direkt nach der Brücke rechts auf dem kleinen Parkplatz nähe Geretsried parken.

*Die Tour beginnt an dem direkt nach der Tattenkofer Brücke – gegenüber des Parkplatzes – links von der Fahrstraße durch eine Schranke/Sperre abzweigenden Schotter-Radweg nach Geretsried.*

## Alternative Startorte

Geretsried, Wolfratshausen, Königsdorf/Osterhofen, Fischbach, Bad Tölz, Bad Heilbrunn/Ramsau, Jugendsiedlung Hochland *(nähe Osterhofen)*

11. **km 11,6**/711 m Durchfahrt Lechen: Am Hof den Asphaltweg queren und geradeaus Ri. ***"Bad Tölz"***.

12. **km 12,5**/706 m Durchfahrt nähe Bürg: An der Verzweigung im Wiesengelände von Bürg *(nach der Abfahrt)* dem rechten Weg in Ri. ***"Am Bachweg nach Bad Tölz"*** folgen. **Nach 110 m** am Waldrand durch die Linkskehre und **nach 60 m** rechts auf eine Wiesenpfadspur abzweigen *(direkt nach dem Stadel, der Pfad führt zu einer Sitzbank am Waldrand und dann bald kurz sehr steil bergab ins Peterbauernbachtälchen, dort* stets talabwärts fahren*)*.

13. **km 13,5**/661 m Durchfahrt nähe Bad Tölz und Oberfischbach: Man mündet an einem Asphaltsträßchen und folgt ihm rechts/geradeaus bergab. **Nach 80 m** *(nach Überquerung der Bachbrücke)* rechts auf dem Asphaltweg bergauf Ri. ***"Reiterhof-Buchberg, Bad Heilbrunn, Café Straßerhof"*** *("Alter Saumweg", später ein sehr steiler Waldweg)*. **Nach 240 m** *(kurz nach dem Oberfischbach-Hof)* mündet man wieder an einen Asphaltweg und folgt ihm rechts bergauf in Ri. ***"Peterhof, Buchberg"***. **Nach 110 m** *(an der Verzweigung)* auf den linken Schotterweg in Ri. ***"Café Straßerhof"***.

14. **km 14,6**/706 m Man mündet an der Fahrstraße *(an Bushaltestelle)*, folgt ihr nach links und zweigt **gleich nach 20 m** rechts auf das Asphaltsträßchen in Ri. ***"Buchberg, Reit, Golfplatz, ..."*** ab.

15. **km 15,0**/723 m Am „Strasser-Hof" (Golfplatz) der Asphaltstraße durch die Rechtskehre folgen. **Nach 370 m** geradeaus in Ri. ***"Buchberg-Heilbrunn"*** bleiben *(links Asphaltabzweig Ri. „Reit, ...")*.

16. **km 17,1**/817 m Durchfahrt Buchberg: An den Höfen dem Asphaltweg durch Links-/Rechtskehre Ri. ***"Bad Heilbrunn"*** folgen und **nach 70 m** am Asphaltende geradeaus auf Schotterweg bergab.

17. **km 18,6**/711 m Durchfahrt Wörnern: Nach der Abfahrt mündet man am Asphaltweg *(an Marterl)* und fährt rechts in Ri. ***"Über Hammerschmiede nach Bad Heilbrunn"*** weiter bergab *(bald am Wörnern-Hof vorbei, **nach 380 m** am Asphaltende geradeaus auf weiterführenden Schotterweg bergab)*.

18. **km 19,3**/679 m An einer Verzweigung dem rechten Weg Ri. ***"Bad Heilbrunn"*** folgen (→ *alternativ für eine Route durchs Bachtälchen über Hammerschmiede und Ramsau links bergab Ri. „Ostfeld, Bad Heilbrunn", nach 120 m am Wegedreieck rechts Ri. „Bad Heilbrunn über Hammerschmiede", nach 580 m mündet man an der Fahrstraße, folgt ihr rechts bergab 650 m zum Straßendreieck in Ramsau, dort rechts Ri. „RS Oberbuchen, Königsdorf, Bad Tölz" – links erreicht man nach 100 m das Ghs Ramsau – und nach 100 m rechts auf den Aphaltweg Ri. „Hammerl, Fußweg nach Linden" abzweigen. Nach 160 m mündet von rechts der Schotterweg der Hauptour von Hub, WW 20)*.

---

### Variationen

Schwerer:

***1. Kombination mit den anderen Bike-Touren des Loisachtals:*** Es gibt vielfältigste Kombinationsmöglichkeiten mit den diversen anderen Touren des Loisachtals. Aus der Vielzahl der möglichen Routen lassen sich immer wieder individuelle und stets unterschiedliche neue Bike-Touren zusammenstellen. Besonders empfehlenswert sind z. B. die Erweiterungen der Buchberg-Tour über Ramsau, Schönau und Reindlschmiede oder über Bichl und Benediktbeuern in Richtung Loisach. Dort loisachabwärts und z. B. über Nantesbuch und Mooseurach sowie Königsdorf zurück nach Osterhofen *(oder über Schönrain bzw. Schwaighofen nach Unterbuchen)*. Alternativ kann man über den Golfplatz Sterz nähe Beuerberg weiter am Loisach-Isar-Kanal abwärts bis Wolfratshausen und auf den Radwegen über Gartenberg und Geretsried wieder zum Ausgangspunkt an der Tattenkofer Isarbrücke fahren *(siehe Touren 11, 23, 25, 26)*.

***2. Verbindungen vom Buchberg aus in Richtung Blombergbahn und Waldherralm für Kombinationen mit den Bergtouren aus BIKE GUIDE 1:*** Für eventuelle Verbindungen zu den bei der Blombergbahn beginnenden Bergtouren von BIKE GUIDE 1 entweder vor dem Buchberg an WW 15 am Golfplatz Strasserhof links ab, über Kiefersau und ende auf der Straße hinab zum Radweg an der B 472 und auf diesem bis zur Blom-

---

**34**    **Tattenkofer Buchberg-Tour**    **40,8** km · **3:04** Std · **657** Hm

## 34 Tattenkofer Buchberg-Tour 40,8 km · 3:04 Std · 657 Hm

**19** *km 19,9*/661 m Durchfahrt Hub: In dem Weiler leicht rechts auf den Asphaltweg und dann gleich wieder links halten. *Nach 90 m* am Asphaltende auf den linken Feldweg Ri. *„Ramsau, Kapelle"*.

**20** *km 20,4*/638 m Man mündet nach der Abfahrt am Asphaltweg *(nähe Ramsau)* und fährt rechts

**21** *km 20,9*/656 m Vom Asphaltweg links auf den leicht bergab führenden Waldweg Ri. *„Fußweg nach Linden"* abzweigen *(in Nähe Hammerl-Hof, nach 270 m geradeaus auf dem Hauptweg bleiben)*.

**22** *km 21,8*/651 m Kurz hinterm Bach-Hof mündet man an eine Asphaltstraße und fährt links bergab.

**23** *km 22,2*/647 m Ortsdurchfahrt Oberbuchen: Am Straßendreieck im Ort rechts *(Sackgasse)*. *Nach 60 m* links auf den Schotter-Feldweg abzweigen *(→ alternativ evt. geradeaus bleiben für eine Wald- und Wiesenroute nach Spiegel, lohnt sich jedoch nicht, teils sehr sumpfig und viele Weidegatter)*. *Nach 310 m* an der Verzweigung geradeaus.

**24** *km 23,4*/641 m Man mündet an eine Asphaltstraße und folgt ihr nach rechts *(bald bergauf)*.

**25** *km 24,0*/662 m Durchfahrt Spiegel: In einer Rechtskehre *(beim Verkehrsspiegel)* links auf das Asphaltsträßchen Ri. *„Kellershof"* abzweigen.

**26** *km 24,5*/664 m Durchfahrt Kellershof: Beim Asphaltende im Weiler Kellershof leicht rechts auf dem Schotter-Feldweg weiter. *Nach 70 m* an der Verzweigung dem rechten Weg folgen *(hinab zu dem Stadel, kleine Markierung „F 2")*.

**27** *km 25,6*/656 m Durchfahrt Fischbach: Mündung an die Fahrstraße, dieser nach links folgen *(an Fischbacher Kirche, rechts hoch Abstecher zu Whs)*.

**28** *km 26,6*/676 m Durchfahrt Nodern, Leitzing, Fiecht und Rimslrain: Links auf die Straße in Ri. *„Leitzing, Rothenrain"* abzweigen. *Nach 130 m* an der Verzweigung rechts Ri. *„Leitzing, Fiecht"* und nun stets diesem Asphaltsträßchen folgen.

**29** *km 29,8*/641 m Man mündet nach der Abfahrt von Rimslrain an der Fahrstraße und folgt ihr nach rechts *(→ alternativ für etwas andere Route zum Isarweg auf den linken Zweig zur Fahrstraße, dieser 680 m nach links folgen, rechts bergab durch den Weidezaundurchgang auf den gelb markierten Waldweg ins Isartal abzweigen, nach 120 m im Wiesengelände beim Holzkreuz links über die Wiese halten, nach 40 m rechts bergab auf das Weglein zur Isar abzweigen, nach 250 m mündet man an der Haupttour nähe Isar und folgt dem Weg nach links 1,8 km zu WW 30 an der Verzweigung auf dem Isardamm)*. *Nach 360 m (kurz vor Rechtskehre)* von der Straße links bergab auf den Asphaltweg abzweigen.

bergbahn. Alternativ erst nach Überquerung des Buchbergs an WW 17 *(kurz vor dem Wörnern-Hof)* links bergab und über den Stallauer Weiher und das Café Nirwana bis zur Blombergbahn *(siehe auch WW 41-43/Tour 39)*.

Nicht probieren:

**3. Verbindung vom Strasserhof bzw. Buchberg über Reit direkt zum Café Nirwana und zur Blombergbahn:** Ab Reit nur noch ein sehr schmaler, teils unfahrbarer Wandersteig mit Stufen und Treppen sowie einem Bike-Verbotsschild. Keine sinnvolle Bike-Route!

Auch probieren:

**4. Verbindung von Oberfischbach bei Bad Tölz (nach dem Peterbauernbachtälchen) zu den Bike-Routen des Isartals:** Von WW 11 der Tour in Oberfischbach kann man auf kurzem Weg durch Bad Tölz zum Isartal-Radweg gelangen und erreicht so die Startpätze an Tölzer Isartal- und Waldherralm-Touren an der Isarbrücke in Bad Tölz. Auf diese Weise sind schöne Erweiterungen loisachtaler Buchberg-Tour bis zum Sylvensteinsee oder auch bis zum Tegernsee möglich *(siehe Touren 1, 3, 5, 8, 19, 22 und 40)*.

**5. Nach Abfahrt vom Buchberg durch das Bachtälchen der ehemaligen Hammerschmiede bis nach Ramsau fahren:** Statt über Hub kann man nach Abfahrt vom Buchberg an WW 16 kurz nach derm Wörnern-Hof auch links abzweigen und auf schönem Weglein durch das Bachtälchen der alten Hammerschmiede bis Ramsau gelangen. Am

Nach 90 m am Asphaltdreieck links bergab halten *(bald Schotterweg)*. **Nach 90 m** an der Verzweigung *(am Teich)* dem <u>rechten</u> Weg folgen *(durch die Schranke)*. **Nach 100 m** auf Hauptweg durch die Linkskehre bleiben und <u>diesem Weg nun stets folgen</u> *(ist später der Isardammweg)*.

**30 km 33,6**/615 m  An der Verzweigung auf dem Isardamm geradeaus bleiben *(<u>rechter</u> Wegzweig, wird nach knapp 200 m zeitweilig zu einem Pfad)*.

**31 km 34,8**/612 m  Dem kurz grob gekiesten Weglein leicht links folgen *(gerade führt Pfadspur weiter)*, **nach 80 m** links auf Pfad abzweigen *(quert kleine Bodensenke)*. **Nach 340 m** über den Steg, kurz am Hang aufsteigen *(Stufen, oben links, bald wieder rechts halten und auf Haupt-Schotterweg durchs Jugendlager)*.

**32 km 35,6**/617 m  <u>Durchfahrt am Hochland</u>: Man mündet am Parkplatz an der Asphaltstraße und folgt ihr nach rechts *(bei km 48,4 durch Linkskehre)*.

**33 km 36,3**/625 m  Von der Asphaltstraße rechts auf den Schotterweg abzweigen *(→ **alternativ** auf dem Asphaltsträßchen bleiben und 1,25 km bis zum Asphaltstraßendreieck am Ortsbeginn von Osterhofen zu WW 5 der Tour. Dort dann rechts Ri. „Berg, Schuß" auf der Anfahrtsroute oder später wie ab WW 34 beschrieben zurück zum Ausgangspunkt)*. **Nach 220 m** rechts auf den Weg abzweigen *(bald bergauf)*.

**34 km 37,6**/644 m  Man mündet an einen Querweg und folgt ihm rechts bergauf <u>zunächst auf bekannter Route zurück</u> *(bald am Schuß-Hof vorbei)*.

**35 km 38,6**/663 m  Im Wald mündet von rechts ein gelb markierter Pfad *(Route vom Anfang der Tour, WW 3)*. Weiter geradeaus auf dem Waldweg bleiben *(→ **alternativ** hier rechts ab und auf der bereits bekannten Route zurück zur Tattenkofer Brücke; die in der Folge beschriebene Hauptroute verläuft später auf einer sehr schlechten Piste!)*. **Nach 350 m** in einer Linkskehre rechts bergab auf den holprigen, steilen, feuchten Karrenweg abzweigen.

**36 km 39,4**/611 m  Man mündet an den Querweg nähe Einödhof und Isar *(nach steiler Abfahrt und flacher Waldpassage, die Route vom Anfang der Tour, WW 2)* und folgt ihm nach links auf bekannter Route *(nach 60 m an der „Einödhof"-Einfahrt den Asphaltweg queren und geradeaus auf dem Pfad weiter)* zurück zur Tattenkofer Isarbrücke **(km 40,8)**.

Ende fährt man dann allerdings noch ein Stück auf der Straße nach Ramsau *(siehe Hinweis bei WW 18)*.

*6. Andere Zufahrt zum Isaruferweg bei Lochen:* Für eine etwas trailartigere Zufahrt an WW 29 bei Lochen bis zum Isaruferweg hält man sich nach Abfahrt von Rimslrain links auf der Fahrstraße und zweigt dann rechts auf ein Weglein ab, das später als Pfad sehr schön über ein kleines Grasgelände und dann weiter bergab führt, bis man schließlich am Isardammweg der Haupttour mündet. Diesem dann nach links weiter zu WW 30 an der Verzweigung auf dem Isardamm folgen *(siehe Hinweis und Kurzbeschreibung bei WW 29)*.

*7. Gegen Ende der Tour statt auf dem steileren Forstweg auf dem bequemeren Asphaltsträßchen nach Osterhofen bleiben und von dort auf bekannter Route über Berg nach Schuß:* Eine nur geringfügig einfachere Tourenvariante auf der bereits bekannten Route über Berg *(siehe Hinweis bei WW 33)*.

*8. Am Ende der Tour auf dem bekannten Pfad mit Schiebepassagen wieder hinab ins Isartal:* Statt des in der Tour zur Abwechslung beschriebenen, sehr holprigen und oft feuchten Wald-Karrenweges hinab ins Isartal sollte man evt. besser wieder den bereits vom ersten Teil der Tour bekannten Pfad nehmen. Dort muß man allerdings über einige Stufenpassagen bergab schieben *(siehe Hinweis bei WW 35)*.

# 34 Tattenkofer Buchberg-Tour    **40,8** km · **3:04** Std · **657** Hm

# 35 Münchner Peretshofer Höhe-Tour

**76,3** km · **4:48** Std · **677** Hm

## Mäßig schwere bis mittelschwere Tour!

Bike-Marathon durch Perlacher Forst und Gleißental zur herrlichen Peretshofer Höhe, Rückfahrt über Ascholdinger Au, Neufahrner Keltenschanze, Pupplinger Hauptwege und rechts der Isar bis München.

**D**urch Perlacher Forst, Gleißental und über Deininger Weiher fährt man weit hinaus ins Vorland bis Egling. Auf schöner Bike-Route geht es durch die Filze und über den Mooshamer Weiher bis Weihermühle. Eine längere Forstwegauffahrt leitet durch die Wälder zur Peretshofer Höhe, am Aussichtspunkt warten Traumpanoramen über Alpenvorland und nahe Berge. Ein steiler Wald-Trail-Rutsch fällt zur Tattenkofer Fahrstraße ab. Durch das Ascholdinger Moos und am bekannten Gasthaus Holzwirt vorbei fährt man nach Neufahrn auf. Nach Passieren der Keltenschanze geht es auf die versteckte Wald-Trail-Abfahrt in die Isarauen. **N**un folgt man stets den Asphaltsträßchen über Puppling, Ickinger Wehr, Aumühle und Dürnstein bis ins Mühltal, alternativ kann man die reizvolleren Bike-Trails durch die Au und auf dem Kanaldamm nehmen. Nach dem Gasthaus Mühle leitet der Isaruferweg flußabwärts. Ein Wald-Trail quert zum Isarleiten-Forstweg, diesem folgt man bis zum Römerweg, fährt zum Mühlweg auf und nimmt die tolle Hochufer-Trail-Route über Römerschanze nach Grünwald. Isartal- und Hochufer-Radwege zum 60er-Stadion beschließen diesen Marathon.

| km | Ort | Höhe | Zeit |
|---|---|---|---|
| 0,0 | **München** | 535 | |
| | *Stadion an der Grünwalder Straße* | | |
| 2,7 | Säbener Platz | 552 | 0:10 |
| 7,6 | Kiosk Nußbaum-Ranch | 578 | |
| 8,8 | Deisenhofen | 586 | 0:33 |
| | *(nähe Whs Kugler Alm)* | | |
| 12,4 | Gleißental | 585 | |
| 19,6 | Deininger Weiher | 613 | 1:13 |
| 20,6 | Deininger Filz | 617 | 1:17 |
| 23,3 | Dettenhausen | 624 | |
| 24,8 | Egling | 615 | 1:31 |
| 25,3 | Ghf Hotel Post | 608 | |
| 27,7 | Spatenbräufilz | 638 | |
| 27,9 | Mooshamer Weiher | 638 | 1:47 |
| 30,2 | Schallkofen | 664 | 1:55 |
| 32,5 | nähe Weihermühle | 623 | 2:02 |
| 33,0 | Abzweig Forstweg | 647 | |
| 36,0 | Peretshofer Höhe | **729** | 2:18 |
| 36,7 | Wald-Trail-Downhill | 685 | |
| 37,0 | Fahrstraße Tattenkofen | 634 | 2:23 |
| 40,6 | Ascholdinger Au | 591 | |
| 41,9 | Ascholding | 595 | 2:40 |
| 42,3 | beim Ghs Holzwirt | 608 | |
| 44,5 | nähe Neufahrn | 660 | |
| 45,0 | Keltenschanze | 650 | 2:56 |
| 46,6 | Wald-Trail-Abfahrt | 611 | |
| 47,1 | Fahrstraße *(Isarauen)* | 580 | 3:04 |
| 48,3 | Puppling *(beim Ghs)* | 578 | 3:08 |
| 51,5 | Ickinger Wehr | 570 | |
| 53,8 | Aumühle | 562 | |
| 56,1 | Dürnstein | 569 | 3:30 |
| 58,9 | Ghs Zur Mühle | 557 | 3:36 |
| 59,3 | Isaruferweg | 548 | |
| 60,5 | Abzweig Wald-Trail | 546 | 3:43 |
| 60,8 | Isarleiten-Forstweg | 555 | |
| 62,1 | Kreuzung Römerweg | 570 | 3:52 |
| 62,6 | Mühlweg | 622 | 3:57 |
| 63,7 | Römerschanze | 616 | |
| 64,5 | Isarhochufer *(HS-Leit.)* | 610 | |
| | *(weiter auf Hochufer-Trail)* | | |
| 66,5 | Grünwald-Eierwiese | 589 | 4:12 |
| 67,2 | Wegekreuzung | 558 | 4:15 |
| | *(auf Isartal-Radweg)* | | |
| 72,2 | Wegabzweig | **528** | |
| 72,4 | Hochufer-Radweg | 556 | 4:36 |
| | *(Biergarten Menterschwaige)* | | |
| 74,3 | Hochufer-Asphaltweg | 545 | |
| | *(Ghs Harlachinger Einkehr)* | | |
| 76,3 | München *(Stadion)* | 535 | 4:48 |

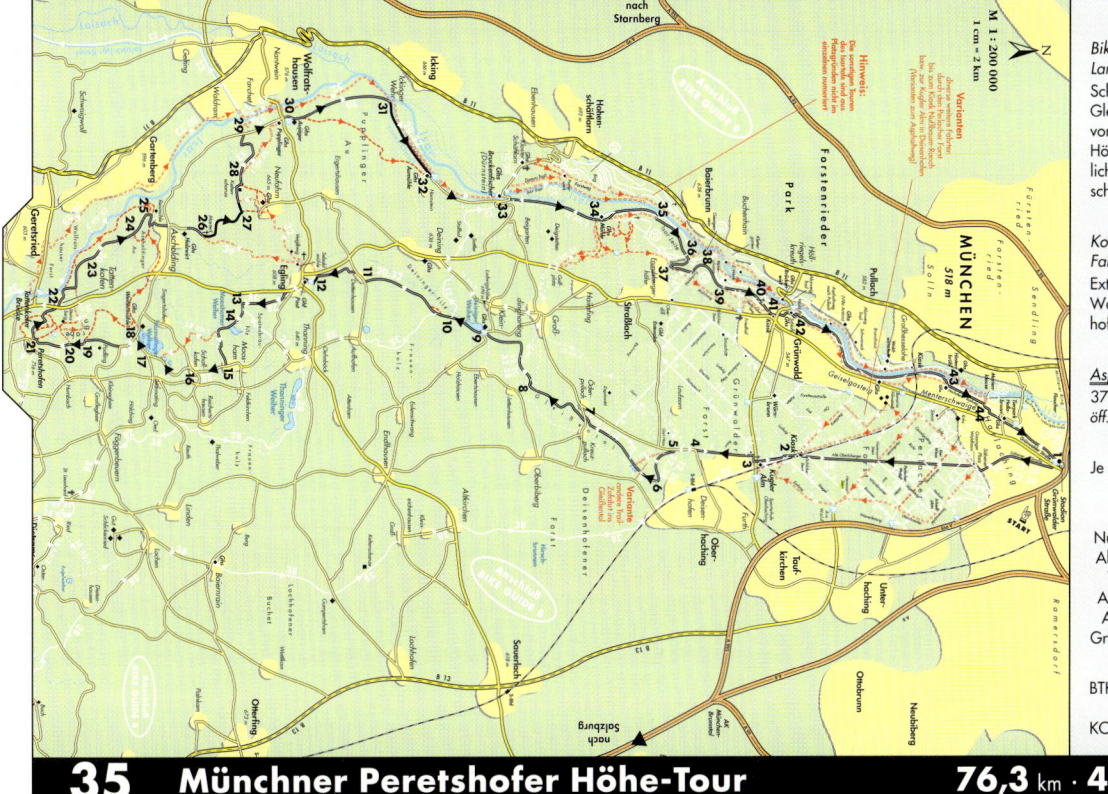

## Erlebniswert

*Bike-Spaß:* ★★★☆☆
*Landschaft:* ★★★★☆

④

Schöne Fahrt im waldigen, schattigen Gleißental und am Deininger Weiher vorbei. Tolle Route über die Peretshofer Höhe mit Traum-Alpenblick. Zwei herrliche Wald-Trail-Downhills. Am Ende schöne Fahrt am Isarhochufer entlang.

## Schwierigkeitsgrad

Kondition: ●●●○○
Fahrtechnik: ●●○○○

❷-❸

Extrem lange Tour. Zwei schwierige Wald-Trail-Abfahrten von der Peretshofer Höhe und in die Pupplinger Au.

## Fahrbahnen

| _Asphalt_ | _Schotter+Pisten_ | _Trails+Trials_ |
|---|---|---|
| 37,3 km | 32,0/2,2 km | 3,7/1,1 km |

öff. Verkehr: 15,2 km    Mautverkehr: 0,0 km

## Schiebe-/Tragestrecken

Je nach Fahrkönnen evtl. wenige Meter auf den Waldtrail-Abfahrten.

## Rast

Nußbaum-Ranch *(Kiosk)*, Whs Kugler Alm in Deisenhofen, Ghser Deininger Weiher, in Egling, Weihermühle, Ascholding *(Holzwirt)*, Puppling und Aumühle, Ghs Zur Mühle, Ghser in Grünwald, Biergarten Menterschwaige

## Karten

BTK Ammersee-
Starnberger See          M 1:50.000
KOMPASS Nr. 180     M 1:50.000

---

**35 · Münchner Peretshofer Höhe-Tour · 76,3 km · 4:48 Std · 677 Hm**

# 35 Münchner Peretshofer Höhe-Tour

**76,3** km · **4:48** Std · **677** Hm

## Wegweiser

**1** *km 0*/535 m Ortsdurchfahrt München (bis zum Perlacher Forst): Vom Hochuferweg ("Harlachinger Straße", am kleinen P hinter dem Grünwalder Stadion) der *"Volckmerstraße"* am Stadion entlang vor zur Grünwalder Straße folgen. *Nach 180 m* rechts auf den Radweg (an Grünwalder Straße entlang). *Nach 150 m* links über den zweiten Fuß-/Radwegübergang und geradeaus weiter auf dem Radweg (Ecke Wettersteinplatz/nähe U-Bahn). *Nach 80 m* (am U-Bahn-Lift) rechts auf den Radweg (an "Säbener Straße" lang, später am FC-Bayern-Gelände vorbei). *Bei km 2,0* (Kreuzung "Säbener-/Naupliastraße") geradeaus weiter auf dem Radweg. *Nach 460 m* (Radwegende) der *"Oberbiberger Straße"* nach rechts folgen. *Nach 190 m* (am "Säbener Platz" bei den Tennisplätzen, nähe Giesinger Waldhaus) links Ri. *"RS Deisenhofen, Perlacher Forst"* auf den Asphaltweg in den Perlacher Forst abzweigen und diesem Hauptweg stets durch den Forst folgen.

**2** *km 7,6*/578 m Beim Kiosk "Nußbaum-Ranch" (nach Bahnunterführung und kurzer Auffahrt durch die Linkskehre) weiter dem Asphaltweg folgen. *Nach 250 m* geradeaus bleiben (rechts zweigt "Taufkirchner Weg" nach Wörnbrunn ab, evt. links auf schöne Pfadabkürzung). *Nach 80 m* Linkskehre folgen (Ri. "RS" weiter auf Asphaltweg) und *nach 90 m* rechts auf den Schotterweg abzweigen (Fuß-/Radweg).

**3** *km 8,8*/586 m Durchfahrt bei Deisenhofen: Am Asphalt-Radwegedreieck rechts Ri. *"Grünwald"* (nach Straßenbrücke, an Brunnen/Marterl nähe Kugler Alm, → *alternativ* links erreichbar, 220 m). *Nach 150 m* links auf den Schotterweg Ri. *"Oberbiberg"* abzweigen. Nun stets geradeaus (bald Asphaltstraße an Häusern lang, *bei km 10,0* geradeaus auf Schotterweg).

**4** *km 10,6*/599 m Man mündet an eine Asphaltstraße (nähe Deisenhofen/Laufzorn) und fährt geradeaus in Ri. *"Großdingharting, Ödenpullach".*

**5** *km 11,2*/604 m Von der Straße links auf einen Schotterweg und sofort wieder rechts auf Waldweg abzweigen. *Nach 330 m* an Verzweigung dem linken Weg folgen (kurz nach Info-Tafel "Keltenschanze", → *alternativ* für andere Trail-Einfahrt ins Gleißental geradeaus auf den rechten Wegzweig, siehe Alt.-WW 1/Tour 12). *Nach 410 m* (an der HS-Schneise) auf dem linken Hauptweg bleiben (führt in den Wald). *Nach 110 m* geradeaus/rechts auf einen schmäleren Weg abzweigen, *nach 30 m* einen Weg queren und geradeaus auf dem bald holprigen Hohlweglein hinab ins Gleißental.

**6** *km 12,4*/585 m Im Gleißental dem breiten Weg geradeaus/rechts taleinwärts folgen. *Nach 40 m* an der Verzweigung auf dem rechten, flachen Weg bleiben. Diesem stets taleinwärts folgen (bei km 13,2 mündet rechts Hangpfad der o. g. Variante).

## Anfahrt

**Auto:** In München zum Stadion an der Grünwalder Straße (60er-Stadion) in München-Giesing.

### Fahrt zum Startplatz

An der großen Kreuzung am Stadion an der Grünwalder Straße in München-Giesing Ri. "Bad Tölz, Grünwald" auf die "Grünwalder Straße" und nach ca. 200 m rechts in die kleine, am Stadion entlangführende "Volckmerstraße" abzweigen. Nach 180 m auf dem kleinen Parkplatz am Harlachinger Hochufer-Asphaltweg hinterm Stadion parken.

*Die Tour beginnt am Parkplatz hinterm Stadion an dem Hochufer-Asphaltweg (als "Harlachinger Straße" beschildert).*

### Alternative Startorte

Säbener Platz (am Abzweig in den Perlacher Forst, km 2,7 der Tour, siehe WW 1), Oberhaching-Deisenhofen (Kugler Alm), Deininger Weiher, Egling, Moosham od. Schallkofen, Ascholding, Puppling, Dürrnstein/Bruckenfischer bzw. Kloster Schäftlarn, Grünwald

**ACHTUNG:**
**Diese Anfahrt ist nicht auf der Streckenkarte enthalten, ggf. siehe Anfahrt auf der Streckenkarte von Tour 20.**

**7** **km 15,2**/612 m  Man mündet (nach kurzer Steilauffahrt) an die Asphaltstraße bei Ödenpullach und folgt ihr links bergab in Ri. *„Wanderweg Gleissental-Deininger Weiher"*. Nach 70 m Abfahrt rechts bergab wieder auf den Forstweg *in o. g. Ri.* abzweigen (weiter stets durchs Gleißental, ab km 16,8 eine schmälere, sehr holprige Waldpiste).

**8** **km 17,2**/614 m  Man mündet wieder an einen breiten Forstweg und fährt rechts leicht bergab Ri. *„Wanderweg Gleissental-Deininger Weiher"* Nach 130 m (in der Rechtskehre) links/geradeaus durch die Schranke auf den Weg *in o. g. Ri.* abzweigen (führt stets weiter durchs Gleißental).

**9** **km 19,5**/618 m  <u>Durchfahrt am Ghs Deininger Weiher</u>: Die Fahrstraße queren, auf den Parkplatz abfahren und **nach 110 m** (am Gasthaus) links auf den Schotterweg (an „P für Fahrräder" vorbei). **Nach 60 m** aufs rechte Schotterwegle in Ri. *„Deining"* (zunächst am Holzzaun, dann stets oberhalb des Badesees entlang, → **alternativ** außerhalb des Badebetriebs evt. unten direkt am See lang, <u>Schrittempo, Fußweg!!</u>).

**10** **km 20,6**/617 m  An der Wegekreuzung geradeaus (beim Wiesengelände, rechts geht's nach Deining, siehe Tour 12). **Nach 510 m** an der Verzweigung rechts auf dem flachen Forstweg halten (bald leicht bergab). **Nach 390 m** an einer weiteren Verzweigung geradeaus auf dem flachen Weg bleiben.

**11** **km 23,3**/624 m  <u>Ortsdurchfahrt Dettenhausen</u>: Man mündet an einer Asphaltstraße und fährt rechts Ri. *„RS Ergertshausen, Bad Tölz, Dietramszell, Starnberger See"* durch den Ort. **Nach 410 m** (beim Ortsende) links ab in den *„Kirchweg"*.

**12** **km 24,9**/615 m  <u>Ortsdurchfahrt Egling</u> (in Richtung Mooshamer Weiher): Kurz vor ersten Häusern am Asphaltdreieck links auf den Schotterweg abzweigen. **Nach 190 m** (kurz nach der Pferdekoppel) rechts auf den Schotterweg abzweigen. **Nach 190 m** den Parkplatz überqueren (und dann zwischen den Gebäuden des Hotel/Ghs Zur Post durch). **Nach 110 m** mündet man an die Hauptstraße im Ort und fährt links. **Nach 70 m** der Rechtskehre Ri. *„Bad Tölz, Ascholding"* folgen (links ein Abzweig in Ri. „Sauerlach, ..., AB München-Salzburg"). **Nach 450 m** (am Ortsende) links hoch in den *„Reisererweg"* abzweigen. **Nach 110 m** Auffahrt auf den linken Schotterwegzweig geradeaus bergauf (bald an den letzten Häusern vorbei und dann auf diesem Feldweg ortsauswärts; **bei km 26,8** an der Forstwegverzweigung im Wald dem <u>rechten</u> Hauptweg folgen).

**13** **km 27,3**/639 m  Vom Forstweg links auf einen bald schmäleren, am Bachgraben entlangführenden Weg abzweigen (evt. altes Schild Ri. *„Fußweg zum Mooshamer Weiher"*, Weg wird bald zum Pfad). **Nach 120 m** geradeaus auf den Graspfad abzweigen (übers Bachgräblein mit der Holzbohle.

---

**Variationen**

Schwerer:

*1. Vom Säbener Platz die zahlreichen Trails oder Schotterpisten des Perlacher Forstes bis zum Kiosk Nußbaum-Ranch fahren:* Statt des in erster Linie zur schnellen Durchquerung des Forstes in der Haupttour enthaltenen, jedoch etwas langweiligen asphaltierten Oberbiberger Hauptweges kann man auch die zahlreichen Trails oder schöneren Schotterpisten anderer Perlacher Forst-Routen fahren (siehe auch Touren 2, 6, 6a, 6b, 9 und 24, weitere schöne und ebenso leichte Fahrten wie bei der Haupttour vom Säbener Platz durch den Perlacher Forst zum Kiosk <u>siehe Variante 6</u>).

*2. Eine Offroad-Route vom Mooshamer zum Harmatinger Weiher:* Statt auf den Asphaltstraßen über Moosham und Schallkofen kann man auf Wunsch auch diese Offroad-Route durch den Wald und durch das Moos zwischen Ziegelweiher und Mitterweiher nehmen. An WW 14 kurz nach dem Mooshamer Weiher rechts abzweigen, später folgt eine echte Offroad-Route auf Trails und alten Ziehwegen durch Wald und Moos, evt. mit glegentlichen kürzeren Schiebepassagen (siehe Alt.-WW 1/Tour 28).

*3. Erweiterung mit einer Fahrt zum Kirchsee:* An WW 10 auf den linken Wegzweig und nach der Münchner Kirchsee-Tour über Aufhofen, Thanning, Thanninger Weiher, Föggenbeuern, Dietramszell und den Zeller Wald zum Kirchsee. Nach einer Badepause auf

---

**35** **Münchner Peretshofer Höhe-Tour**  **76,3** km · **4:48** Std · **677** Hm

# 35 Münchner Peretshofer Höhe-Tour

**76,3** km · **4:48** Std · **677** Hm

**14** *km 27,8/638 m* <u>Durchfahrt beim Mooshamer Weiher</u>: Man mündet an einer Wegkehre und bleibt geradeaus *(gleich wieder Pfad)*. *Nach 140 m* über die Stufen aufsteigen und nach rechts weiter auf Dammpfad. *Nach 50 m* geradeaus über den Betondamm *(am Auslauf des Mooshamer Weihers)*, *nach 50 m* an den Hütten vorbei und *nach 140 m* geradeaus auf dem Haupt-Schotterweg bleiben. *Nach 280 m* dem Weg durch eine Linkskehre bergauf folgen *(→ alternativ für eine Offroad-Route zum Harmatinger Weiher hier rechts leicht bergab auf den Waldweg, siehe Alt.-Route 1/Tour 28)*. *Bei km 29,1* mündet man an einen Asphaltweg und folgt ihm nach links *(bald bergauf nach Moosham)*.

**15** *km 29,4/663 m* <u>Ortsdurchfahrt Moosham</u>: Man mündet an der Asphaltstraße in Moosham und folgt ihr rechts ortsauswärts *(Richtung Schallkofen)*.

**16** *km 30,3/664 m* <u>Ortsdurchfahrt Schallkofen</u>: Man mündet im Ort an einer Querstraße und fährt rechts in Ri. *„Ascholding"*. *Nach 170 m (kurz nach der Kapelle)* links auf das Asphaltsträßchen in Ri. *„Weihermühle, Sägmühle"* abzweigen.

**17** *km 31,9/630 m* Man mündet an eine Straße und fährt geradeaus *(links geht's Ri. „Otterfing, Harmating")*.

**18** *km 32,5/623 m* Man mündet an einer weiteren Straße und folgt ihr nach links leicht bergauf Ri.

*„Dietramszell, Humbach"* *(nähe Ghs Weihermühle, → alternativ für eine andere Forstwegauffahrt nach Peretshofen der Straße nach rechts folgen, nach 110 m beim Ghs links ab auf den Schotterweg, nach 400 m in Nähe des Gebäudes links hoch auf den Forstweg abzweigen, diesem nach 680 m durch die Rechtskehre folgen, nach 780 m am Forstwegedreieck links und 770 m zu WW 19)*. *Nach 560 m* Auffahrt von der Fahrstraße rechts auf den Forstweg abzweigen.

**19** *km 34,2/688 m* An dem Forstwegdreieck links bergauf *(rechts mündet o. g. Variante)*. *Nach 190 m (kurz nach der Schranke)* mündet man an einem Asphaltsträßchen und folgt ihm nach rechts.

**20** *km 34,7/699 m* Am Asphaltdreieck *(an Wiesengelände nähe Peretshofen)* links nach Peretshofen.

**21** *km 35,7/716 m* <u>Durchfahrt Peretshofen/Peretshofer Höhe</u>: Man mündet an einem Betonweg und fährt links in den Ort. *Nach 50 m* <u>rechts</u> auf den Betonweg abzweigen und *nach 70 m* geradeaus bergauf bleiben. *Nach 140 m* über die Kuppe *(Aussichtspunkt/Sitzplätze am höchsten Punkt der Peretshofer Höhe)* und wieder bergab fahren *(bald ein Schotter-Feldweg)*. *Nach 320 m* mündet man wieder an einen Betonweg und folgt ihm links bergab. *Nach 290 m (unmittelbar bevor der Betonweg wieder steil bergauf führt)* links bergab auf einen Grasweg zum Waldrand abzweigen.

der Vielzahl der möglichen Routen durch den Zeller Wald zurück und entweder über Dietramszell oder über Ober- und Untermühlthal, Leismühl und Bairawies oder Manhartshofen zur Peretshofer Höhe. Dort mündet man der Haupttour *(siehe auch Touren 28 und 38)*.

***4. Statt auf Asphalt über Puppling und am Gasthaus Aujäger vorbei die Trails am Isarufer und durch die Pupplinger Au, die Dammwege nach Dürnstein und die linksseitigen Isar-Trails bis München fahren:*** Alternative Routenmöglichkeiten von Puppling durchs Isartal nach München auf den weitaus schöneren, reizvolleren Bike-Pisten aus der Münchner Pupplinger Au-Tour *(siehe Hinweis bei WW 29 sowie WW 16-35/Tour 32)*.

***5. Tour mit den diversen Isartal- und Isarhochufer-Trails kombinieren:*** Am Ende der Fahrt gibt es auf beiden Seiten der Isar im Tal oder am Isarhochufer bei der Birg oder bei Straßlach, Frundsbergerhöhe und Grünwald zahlreiche empfehlenswerte Trails, die man zur Abwechslung mit der Route der beschriebenen Haupttour kombinieren kann *(siehe Touren 13, 21, 30, 31, 33, 37)*.

Leichter:

***6. Weitere leichte Fahrten durch den Perlacher Forst zum Kiosk Nußbaum-Ranch:*** Eine schönere Zufahrt zu WW 2 am Kiosk Nußbaum-Ranch ist z. B. die Route vom Säbener Platz auf dem Sulz- und Bahnweg und am Ende ein Stück auf dem Rechberg-Trail *(siehe Alt.-WW 5/Tour 12)*. Als Variante dazu kann man

Nach **70 m** am Waldrand auf dem Pfad weiter bergab *(bald wieder ein Karrenweg)*. **Nach 130 m** *(wenn der Karrenweg als Hohlweg steiler bergab führt)* <u>rechts</u> auf den Waldpfad abzweigen *(wird später wieder zu Karren- bzw. Hohlweg)*. **Nach 160 m** und steiler Abfahrt an einer Karrenwegekreuzung links bergab zur *(ca. 60 m entfernten)* Fahrstraße.

**22 km 37,0**/635 m <u>Durchfahrt Tattenkofen</u>: Man mündet an der o. g. Fahrstraße, folgt ihr rechts bergab und zweigt **nach 190 m** links auf den Asphaltweg ab *(bald am Bauernhof vorbei)*. **Nach 300 m** links auf den Schotter-Feldweg abzweigen. **Nach 560 m** an der Wegekreuzung links abzweigen *(bei zwei Birken mit Sitzbank/Marterl)*.

**23 km 39,2**/596 m Kreuzung beim Gatter, links.

**24 km 40,6**/591 m Am Wegedreieck *(mit kleiner Bauminsel)* nochmals links halten.

**25 km 41,3**/589 m <u>Durchfahrt Ascholding</u>: Man mündet am Asphaltsträßchen *(an Stadel)* und folgt ihm geradeaus. **Nach 260 m** an der Asphaltkreuzung links abzweigen und **nach 110 m** *(nach Überquerung der Bachbrücke)* der *„Auenstraße"* nach rechts folgen. **Nach 280 m** die Fahrstraße *(„Hauptstraße")* queren und geradeaus bergauf in Ri. *„Gasthaus Holzwirt, Töpferei"* bleiben *(auf die Straße „Am Holz")*. **Nach 440 m** *(nähe Ghs „Holzwirt", an der „Töpferei")* geradeaus auf den weiterführenden Schotterweg in den Wald.

**26 km 42,9**/611 m An der Verzweigung *(am Marterl, rechter Weg führt nach Egling)* dem linken Weg bergauf bis Neufahrn folgen *(<u>stets auf Hauptweg</u>)*.

**27 km 44,5**/660 m <u>Durchfahrt Keltenschanze bei Neufahrn</u>: Am Wald-/Wiesenrand *(kurz vor Dorf)* links auf den Feldweg abzweigen. **Nach 150 m** an der Verzweigung geradeaus bleiben *(rechter Wegzweig)*. **Nach 140 m** weiter geradeaus *(von rechts mündet ein Weg aus dem Dorf, Tour 32)*. **Nach 220 m** *(an Keltenschanze/Marterl)* in der Linkskehre geradeaus auf den Weg bleiben. **Nach 180 m** *(am Schanzenende)* rechts abzweigen. **Nach 180 m** am Wegedreieck links hoch zum Waldrand.

**28 km 45,8**/646 m An der Forstwegverzweigung *(im Wald, auf der Abfahrt)* dem rechten Wegzweig weiter bergab folgen *(geradeaus, **<u>ACHTUNG! Bald schwierige Orientierung</u>**)*. **Nach 600 m** geradeaus auf dem nun schlechteren Hauptweg bleiben. **Nach 270 m** im Wald links halten *(kleines, grünes Markierungsschildchen, Piste fast nicht mehr erkennbar)*. **Nach 110 m** geradeaus auf der flachen Waldpiste bleiben *(<u>nicht</u> rechts nach roter Markierung in den schmalen Waldgraben! Bald führt die Route als verwachsene Graspiste über eine Lichtung bergab, am Ende dann als flacher Weg zur Fahrstraße hin)*.

auf dem Geiselgasteig-Weg, dem Perlach-Asphaltweg und dem Rechberg-Weg bzw. -Trail fahren *(siehe Alt.-WW 6/Tour 12, an Bavaria-Filmgelände vorbei)*.

***7. Statt der steilen, holprigen Wald-Trail-Abfahrt von der Peretshofer Höhe nach Tattenkofen auf bequemerem Wald- und Forstweg abfahren:*** Auf der Peretshofer Höhe auf einem der diversen Wege den beim Steinsberg-Hof abzweigenden und in einem Waldgraben hinab zur Fahrstraße bei Tattenkofen führenden Schotterweg ansteuern. Dieser Weg eignet sich übrigens – im Gegensatz zu dem beschriebenen Trail der Abfahrt – auch einmal für eine eventuelle Auffahrt von Tattenkofen zur Peretshofer Höhe *(siehe auch Alt.-Route 2/Tour 20 in umgekehrter Richtung)*.

Auch probieren:

***8. Von Tattenkofen über die Tattenkofer Brücke, auf den Radwegen über Geretsried oder auf den Trails durch die Isarauen nach Gartenberg und über Wolfratshausen und die Marienbrücke nach Puppling:*** An WW 22 in Tattenkofen, nach der Trail-Abfahrt von der Peretshofer Höhe, der Fahrstraße nach links folgen und dann rechts über die Tattenkofer Brücke abzweigen *(siehe Tour 20)*. Auf den Radwegen oder evt. auf den Trails durch die Isarauen nach Gartenberg *(siehe Alt.-WW 3/Tour 20, durch die ausgesprochene Vielzahl von kleinen Trails und Trampelpfaden in dieser Gegend läßt sich die o. g. Route allerdings nur grob beschreiben. Am besten sucht*

**35 Münchner Peretshofer Höhe-Tour**     **76,3** km · **4:48** Std · **677** Hm

## 35 Münchner Peretshofer Höhe-Tour 76,3 km · 4:48 Std · 677 Hm

**29 km 47,1/580 m** Der o. g. Fahrstraße nach rechts folgen (→ *alternativ für Trail-Route am Isarufer, durch die Pupplinger Au, auf den Dammwegen nach Dürnstein und links der Isar nach München nach 130 m am Schild "Naturschutzgebiet Isaurauen" links auf den Waldweg abzweigen, siehe WW 16-35/Tour 32*).

**30 km 48,4/578 m** Durchfahrt Puppling: Am "Ghs Pupplinger" die Hauptstraße queren und geradeaus auf das Asphaltsträßchen in Ri. **"P, Ghs Aujäger, RS München, Aumühle". Nach 440 m** an der Verzweigung dem linken Asphaltsträßchen folgen (auf die **"Wehrbaustraße". → alternativ** auch auf den rechten Asphaltzweig "Austraße", führt nach 4,4 km ebenfalls zu WW 32 in Aumühle).

**31 km 51,5/570 m** Durchfahrt Ickinger Wehr: Weiter dem Asphaltsträßchen bis Aumühle folgen (→ **alternativ** nach 960 m links auf Dammpfad wechseln; → **alternativ** für Bike-Route ohne Asphalt links über die Brücke auf Schotterweg, nach 150 m und der Wehrbrücke rechts ab, stets auf Dammweglein am Isarwerkkanal zu WW 33, siehe WW 18-20/Tour 32).

**32 km 53,8/562 m** Durchfahrt Aumühle: Man mündet in Aumühle (*nach der Brücke, beim Parkplatz nähe Gasthaus*) und folgt dem Asphaltsträßchen links talauswärts in Ri. **"RS München, Mühltal"**.

**33 km 55,9/572 m** Durchfahrt Dürnstein: Man

---

**9. Vom Ickinger Wehr links des Isarwerkkanals auf dem Dammweglein nach Aumühle und Dürnstein**: Schönere Bike-Alternative zu dem in der Haupttour beschriebenen Asphaltsträßchen. An WW 31 am Ickinger Wehr vom Asphaltsträßchen links auf der Brücke abzweigen und danach dem linksseitigen Weglein, im Verlauf ein Trail, stets am Kanal entlang über Aumühle bis nach Dürnstein nähe Gasthaus Zum Bruckenfischer folgen *siehe Hinweis bei WW 31 sowie WW 18-20/Tour 32*. Alternativ kann man auch bei der in der Haupttour beschriebenen Route im Verlauf nach 960 m auf der rechtsseitig direkt am Kanal nach Aumühle führenden Dammpfad wechseln. Dort dann weiter auf dem Asphaltsträßchen nach Dürnstein oder links über die Holzbrücke und rechts auf dem Kanalufer-Trail weiter auf der Route der o. g. Variante zum Gasthaus Zum Bruckenfischer.

**10. Weitere schöne Trail-Einfahrt ins Gleißental**: Zur Abwechslung sollte man unbedingt auch mal diese sehr schöne Trail-Einfahrt ins Gleißental probieren. Dazu bei der Kettenschanze nähe Deisenhofen den rechten Wegzweig nehmen und auf sehr idyllischem Weglein

---

deaus auf den Asphaltweg abzweigen (in Ri. **"Mühltal, Ghs Zur Mühle, RS München, Mühltal"**).

**34 km 58,9/557 m** Durchfahrt Mühltal: Am "Gasthaus Zur Mühle" vorbei weiter geradeaus auf dem Asphaltweg bleiben. **Nach 360 m** am Schotterwegedreieck geradeaus (*bald am Isarufer entlang*).

**35 km 60,5/546 m** Vom Isaruferweg rechts auf den Waldpfad abzweigen (*kurze Steilstufe an Waldböschung, nicht mit dem 500 m zuvor abzweigenden Pfad verwechseln!*). **Nach 50 m** dem querendem Wurzel-Trail nach links leicht bergauf folgen. **Nach 100 m** an Verzweigung auf rechten Pfad (*nicht steil bergauf!*). **Nach 80 m** mündet man am Isarleiten-Forstweg und folgt ihm links bergauf.

**36 km 62,1/570 m** An der Wegekreuzung (*Römerweg quer!*) rechts bergauf bis zum Hochufer.

**37 km 62,7/622 m** Man mündet am Hochufer an einen Querweg (*Mühlweg, nähe Frundsbergerhöhe*) und folgt ihm nach links. **Nach 160 m** links auf den Waldweg abzweigen (*in leichter Rechtskehre später ein Trail*). **Nach 440 m** mündet man an einen Schotterweg (*Fuchsweg*) und folgt ihm nach links (*führt später stets direkt am Hochufer entlang*).

**38** *km 63,7*/616 m Durchfahrt bei Römerschanze: Zwischen Info-Tafel (*"Die Römerschanze bei Grünwald"*) und Sitzbank durchfahren und leicht rechts auf Wald-Trail weiter *(bald über kleinen Erdwall)*. **Nach 70 m** dem Trail durch Rechtskehre folgen *(links bergab ein Schotterwegabzweig, es geht bald an den Gräben/Wällen der Schanze entlang, nach ca. 120 m der Rechtskehre und dann stets weiter dem am Hochufer verlaufenden Trail folgen, am Ende breiter Weg)*.

**39** *km 64,5*/610 m Am Schotterwegedreieck *(direkt unter der HS-Leitung)* leicht links auf den weiter nah beim Hochufer verlaufenden Wald-Trail steuern *(bei km 64,9 führt Piste als breiterer Weg steil bergab, später dann als Pfad weiter und quert eine tiefe Senke)*.

**40** *km 65,5*/588 m Man mündet *(bei Marterl/Sitzbänken, nach kurzer Steilauffahrt aus o. g. Waldsenke)* am breiten Schotterweg und fährt geradeaus.

**41** *km 66,0*/588 m Ortsdurchfahrt Grünwald: Bei den ersten Häusern der Asphaltstraße leicht rechts bergauf, **nach 170 m** der Querstraße nach links folgen *(Auf der Eierwiese)*. **Nach 300 m** *(am Kiosk)* geradeaus in die kurze Seitenstraße. **Nach 50 m** mündet man an der Fahrstraße *(Fußgängerampel)* und folgt ihr nach links. **Nach 140 m** rechts in die *"Dr.-Max-Straße"* und **nach 80 m** links in die *"Rathausstraße"* abzweigen. **Nach 200 m** *(am "Schloßhotel Grünwald")* aus der Rechtskehre links abzweigen. **Nach 80 m** links bergab auf die steile Schotterpiste ins Isartal abzweigen.

**42** *km 67,2*/558 m An der Wegekreuzung *(nach Steilabfahrt, nähe Waldparkplatz/Grünwalder Brücke)* geradeaus auf den Schotterweg und nun diesem Hauptweg stets isartalabwärts folgen *(Fuß-/Radweg,* **bei km 68,9** *am Wegedreieck nach der Auffahrt links leicht bergab,* **bei km 71,5** *unterquert man die Großhesseloher Brücke,* → *alternativ ca. 60 m danach rechts auf den bald steilen Trail zum Hochufer)*.

**43** *km 72,2*/528 m Vom Hauptweg rechts auf den Weg abzweigen *(führt wenige Meter bergab, dann zum Hochufer)*. **Nach 240 m** Auffahrt mündet man am asphaltierten Hochufer-Radweg *(am Biergarten Menterschwaige)* und folgt ihm nach links.

**44** *km 73,6*/546 m Ortsdurchfahrt M-Harlaching: Am Radwegende rechts Ri. *"RS/Pfeil"* auf das Asphaltsträßchen und **nach 30 m** links auf die Pflasterstraße *("Über der Klause")*. **Nach 250 m** der Querstraße nach links folgen *(Lindenstraße)*. **Nach 320 m** *(in der Rechtskehre)* links/geradeaus abzweigen *(an Betonpollern vorbei)*, die Fahrstraße *(Karolingerallee)* queren und geradeaus auf den Radweg *(bald an Ghs "Harlachinger Einkehr" vorbei)*. **Nach 110 m** links/geradeaus auf den Hochufer-Asphaltweg *("Harlachinger Straße")* abzweigen zum Stadion Grünwalder Straße **(km 76,3)**.

und am Ende auf steilem Waldpfad hinab ins Gleißental. Dort mündet man bei den Wasserbecken und fährt rechts weiter nach der Haupttour stets durchs Gleißental zum Deininger Weiher *(siehe Alt.-WW 1/Tour 12 sowie Hinweis bei WW 5)*.

**11. Eine andere Forstwegauffahrt von Weihermühle zur Peretshofer Höhe:** Zur Abwechslung kann man auch eine andere Forstwegauffahrt zur Peretshofer Höhe nehmen. Dazu an WW 18 der Straße nach rechts folgen und am Gasthaus Weihermühle links auf den Schotterweg in Richtung Ascholding abzweigen. Dann bei einigen Gebäuden links hoch auf den Forstweg abzweigen, der durch die Waldhänge auf die Peretshofer Höhe zieht *(siehe Hinweis bei WW 18)*.

**12. Am Ende der Tour statt über Mühltal, Römerschanze, Isarhochufer und Grünwald eine der linksseitigen Isar-Routen nach München nehmen:** Zur Abwechslung kann man am Ende der Tour von Dürnstein aus natürlich auch links der Isar auf den diversen Trails und Forstwegen über Kloster Schäftlarn oder auf der direkt nach der Isarbrücke abzweigenden Isar-Trail-Route und am Ende übers E-Werk und das Gasthaus Brückenwirt sowie unter Grünwalder und Großhesseloher Brücke hindurch zurück nach München fahren *(siehe auch Touren 7, 10, 12, 20, 30, 32, 35 und 37)*.

**35** Münchner Peretshofer Höhe-Tour   76,3 km · 4:48 Std · 677 Hm

# 36 Grünwalder Römerschanzen-Trail

**33,8** km · **3:13** Std · **590** Hm

### Mittelschwere Tour!

Kombination aller Trails rund um die Grünwalder Römerschanze und den Georgenstein in einer fast verwirrenden Fahrt kreuz und quer an den Isarhochufern, den Isarsteilhängen und im Isartal.

**D**ieser Super-Trail führt zunächst auf den Parcourspisten zum Isarhochufer und dann auf dem Georgensteiner Hangweg zum Römerweg. Auf Isarleiten-Forstweg, Isaruferweg und über Floßgasse geht's erstmals zum Gasthaus Mühle. Auf die Rast folgen gleich die härtesten Trials auf den üblen Waldpisten und in den Isarauen. Nähe Georgenstein mündet man wieder am Römerweg, fährt zum Mühlweg am Hochufer auf und weiter bis Frundsbergerhöhe. Dort zweigt der Frundsberg-Trail ab, der gleich wieder hinab zum Isarleiten-Forstweg führt. **A**uf kleinem Umweg mit Mutproben-Trial erreicht man wieder den Georgensteiner Hangweg, zweigt im Verlauf zum Georgensteiner Wanderweg ab und fährt über das E-Werk-Gebäude zum Grünwalder Hochufer. Es folgt der Hochufer-Trail über die Römerschanze erneut zur Frundsbergerhöhe. Ein extremst steiler Wald-Trail-Downhill-Rutsch endet nochmals im Mühltal. Man fährt zum Golfplatz auf, dort am Hochufer entlang letztmals nach Frundsbergerhöhe, nimmt den nächsten Wald-Downhill zur Isar und dann den Georgensteiner Wanderweg und den Isarufer-Trail zur Grünwalder Brücke und nach Grünwald. Alles klar?

| km | Ort | Höhe | Zeit |
|---|---|---|---|
| 0,0 | **Grünwald** *P nähe Friedhof* | 605 | |
| 0,4 | Parcours-Weg | 605 | |
| 0,9 | Hochufer-Trail | 608 | |
| 1,2 | Abzweig ins Isartal *(nähe HS-Leitung)* | 610 | |
| 1,4 | Abzweig auf Georgensteiner Hangweg | 577 | |
| 2,1 | Abzweig Waldpiste | 562 | |
| 2,4 | Isaruferweg | 550 | |
| 2,7 | Forstweg *(Römerweg, beim Georgenstein)* | 548 | 0:18 |
| 3,2 | Isarleiten-Forstweg | 570 | 0:23 |
| 4,6 | Abzweig Wald-Trail | 556 | |
| 4,8 | Isaruferweg | 546 | |
| 6,2 | Floßgasse | 548 | |
| 6,4 | Ghs Zur Mühle | 556 | 0:37 |
| 6,7 | Abzweig Mühltal-Trail | 552 | |
| 7,0 | Abzweig Wald-Trail | 564 | |
| 8,3 | Wald-Trail *(nähe Isaruferweg)* | 556 | 0:52 |
| 8,8 | Isar-Trail | 548 | |
| 9,8 | Forstweg *(Römerweg, nähe Georgenstein)* | 552 | 0:59 |
| 10,1 | Wegekreuzung | 570 | |
| 10,6 | Mühlweg *(Hochufer)* | 622 | |
| 10,8 | Frundsbergerhöhe *(Abzweig auf Wald-Trail)* | 624 | 1:08 |
| 11,5 | Isarleiten-Forstweg | 564 | |
| 11,6 | Wegekreuzung *(geradeaus auf steilen Waldweg)* | 570 | 1:12 |
| 11,9 | Wald-Trail-Downhill | 589 | |
| 12,0 | Georgensteiner Hangweg | 563 | |
| 12,5 | Abzweig Waldpiste | 562 | |
| 12,8 | Wanderweg Georgenstein | 546 | |
| 13,4 | E-Werk-Gebäude *(auf Forstweg nach Grünwald)* | 544 | 1:24 |
| 14,5 | Abzweig auf Weglein *(zum Hochufer)* | 567 | |
| 14,9 | Hochuferweg *(nähe Grünwald)* | 588 | 1:35 |
| 14,9 | Marterl *(an Senke)* | 588 | |
| 15,1 | Pfadabzweig *(Querung Waldsenke)* | 592 | |
| 15,3 | Hochufer-Trail | 593 | |
| 16,3 | Isarhochufer *(HS-Leit.)* | 610 | 1:43 |

*– Fortsetzung siehe Wegweiser-Seiten –*

## Erlebniswert

*Bike-Spaß:* ★★★★★
*Landschaft:* ★★☆☆☆☆      ④

All die zahllosen, faszinierenden Trails rund um die Römerschanze bei Grünwald und zwischen Mühltal und der Grünwalder Brücke in einer Tour! Sehr abwechslungsreiche Route mit einem maximalen Trail-Bike-Spaß.

## Schwierigkeitsgrad

*Kondition:* ●●○○○○
*Fahrtechnik:* ●●●○○○      ③

Zahllose Trails und Trial-Downhills vom Hochufer ins Isartal mit fast allen erdenklichen Schwierigkeitsgraden, teilweise auch feuchte Pistenabschnitte. Zudem diverse Hochufer-Auffahrten.

## Fahrbahnen

| *Asphalt* | *Schotter+Pisten* | *Trails+Trials* |
|---|---|---|
| 1,5 km | 11,0/6,0 km | 7,8/7,5 km |

öff. Verkehr: 1,0 km   *Mautverkehr:* 0,0 km

## Schiebe-/Tragestrecken

Je nach Fahrkönnen evt. kurze Passagen auf den Trails.

## Rast

Ghs Zur Mühle,
Gasthäuser in Grünwald

## Karten

BTK Ammersee-
Starnberger See       M 1:50.000
KOMPASS Nr. 180       M 1:50.000

---

**36   Grünwalder Römerschanzen-Trail         33,8 km · 3:13 Std · 590 Hm**

# 36 Grünwalder Römerschanzen-Trail

**33,8** km · **3:13** Std · **590** Hm

## Wegweiser

**1** **km 0**/605 m Vom P dem Waldweg folgen *(an roten Pfosten vorbei, nach ca. 60 m am Brunnen ein Schild „Trimm-Parcours").* **Nach 210 m** der Linkskehre folgen und **nach 30 m** rechts auf den Pfad abzweigen *(„Parcours").* **Nach 170 m** der Linkskehre folgen. **Nach 160 m** (<u>vor Querung des Waldweges</u>) rechts ab kurz auf den **„Parcours"**-Pfad, dann auf Waldweg weiter, die Waldsenke queren *(Trepplein),* <u>geradeaus</u> durch den Wald bis zum Hochuferweg und diesem folgen *(bald ein Trail).*

**2** **km 1,2**/610 m Vom Hochufer-Trail rechts bergab auf steilen Schotterweg ins Isartal abzweigen *(kurz <u>vor</u> HS-Leitung/Aussichtspunkt).* **Nach 190 m** links/geradeaus auf den Wald-Trail abzweigen *(in der Rechtskehre, Hangweg zum Georgenstein).*

**3** **km 2,0**/567 m An der Verzweigung auf dem linken Pfad halten *(→ alternativ auf rechten, etwas abkürzenden Pfad, 150 m zu der u. g. Piste und dort 60 m rechts zur u. g. Linkskehre).* **Nach 170 m** rechts auf die Waldpiste abzweigen. **Nach 140 m** der Linkskehre folgen *(rechts ein Pfadabzweig).* **Nach 150 m** mündet man am Isaruferweg, <u>links</u> flußaufwärts.

**4** **km 2,7**/548 m Man mündet vom Waldweg an einen Forstweg und folgt ihm links/geradeaus *(kurz nach dem Wendeplatz nähe Georgenstein).*

**5** **km 3,3**/570 m An der Wegekreuzung *(links mündet steiler Waldweg)* vom Römerweg rechts auf den Isarleiten-Forstweg nach Mühltal abzweigen.

**6** **km 4,6**/556 m Vom Forstweg rechts auf Waldpfad abzweigen *(kurz vor tiefstem Punkt des Forstweges, Pfad führt bald kurz steil bergauf).* **Nach 80 m** links/geradeaus leicht abschüssig auf Wurzel-Trail durch den Wald. **Nach 100 m** rechts zur Isar hin abzweigen. **Nach 50 m** mündet man am Isaruferweg und folgt ihm links flußaufwärts.

**7** **km 6,0**/548 m <u>Durchfahrt Floßgasse/Mühltal:</u> Vom Hauptweg geradeaus/rechts auf Waldweg abzweigen *(in leichter Linkskehre, weiter an Isarkanal entlang <u>bis zur Floßgasse</u>, → alternativ auf Hauptweg bleiben, nach 190 m zweigt links hoch der Pfad von WW 8 ab, von dort geradeaus noch 240 m zum Ghs Mühle).* **Nach 230 m** *(kurz nach der Floßgasse)* links auf steilem Pfad **20 m** zum Ghs Mühle aufsteigen, durch den Biergarten zum Asphaltweg gehen *(Rücksicht auf Gäste!!),* diesem kurz nach links folgen und am Asphaltwegedreieck links fahren.

**8** **km 6,7**/552 m Vom Schotterweg *(kurz nach Asphaltende)* rechts hoch auf den Pfad abzweigen. **Nach 160 m** am Pistendreieck links bergauf und **nach weiteren 160 m** vom Haupt-Trail links auf unscheinbaren Waldpfad abzweigen *(am Ende der Flachpassage, kleine gelbe Pfeilmarkierung, → alterna-*

## Anfahrt

**Auto:** Von München nach Grünwald.

### Fahrt zum Startplatz

In Grünwald an der Kreuzung in der Ortsmitte geradeaus weiter in Ri. „Bad Tölz" bleiben und beim Ortsende am Friedhof *(bei km 10,1)* rechts auf den ersten Parkplatz am Wald abzweigen.

*Die Tour beginnt auf dem ersten Parkplatz, am Abzweig des Schotter-Waldweges (Trimm-Parcours-Weg, zwei rote Pfosten) in Nähe der großen Info-Tafel.*

### Alternative Startorte

Stadion an der Grünwalder Straße in München-Giesing *(von dort mit dem Bike auf der Hochufer-Route nach Grünwald, siehe z. B. Tour 7),* Waldparkplatz Mühltal bei Straßlach *(von dort mit dem Bike zu WW 8 der Tour beim Ghs Mühle abfahren oder zu 23/31 bei Frundsbergerhöhe),* Waldparkplatz an Grünwalder Brücke

*tiv zur Umfahrung der folgenden etwas unwegsamen Passagen noch 70 m geradeaus zum Forstweg, diesem links/geradeaus folgen, nach 660 m nach der Abfahrt links auf Waldweg abzweigen und 190 m zu WW 9).*

**9** **km 7,7**/565 m Am höchsten Punkt des Pfades *(führt nun als Waldweg wieder kurz bergab, Route der o. g. Variante)* links hoch auf die Pfadspur abzweigen. **Nach 50 m** dem Pfad nach rechts über die Kuppe bergauf folgen *(links bergab sehr steile Schotterpfadrutsche, führt nach 80 m zum Isaruferweg).*

**10** **km 8,3**/550 m Nach steiler Abfahrt geradeaus wieder leicht bergauf bleiben *(links Abzweig zum Isaruferweg, WW 6)*. **Nach ca. 100 m** dem nun steil bergauf führenden Wurzel-Trail folgen *(verläuft später wieder im Flußtal; rechts geht's 80 m zu Forstweg).*

**11** **km 9,8**/552 m Man mündet an den Forstweg zum Georgenstein *(nach kurzer Wurzel-Trail-Auffahrt, WW 4/5)* und folgt ihm rechts bergauf.

**12** **km 10,1**/570 m An der Wegekreuzung *(Römerweg, WW 5)* geradeaus bergauf zum Hochufer.

**13** **km 10,6**/622 m Durchfahrt Frundsbergerhöhe: Man mündet am breiten Hochufer-Schotterweg *(Mühlweg)* und fährt rechts. **Nach 240 m** *(am Beginn der Asphaltierung, beim ersten Haus)* rechts aufs schmale Waldweglein abzweigen. **Nach 90 m** vom Haupt-Trail rechts bergab auf Hohlpfad abzweigen (→ **alternativ** *auf Haupt-Trail bergab, bald durch Links-/Rechtskehre, 290 m zur Waldsenke)*. **Nach 140 m** Steilabfahrt mündet man wieder an Haupt-Trail und fährt rechts bergab. **Nach 50 m** mündet man in Waldsenke, rechts auf Weg bergab.

**14** **km 11,5**/564 m Man mündet am Isarleiten-Forstweg und fährt rechts bergauf. **Nach 140 m** an der Wegekreuzung *(Römerweg, siehe WW 5/12)* geradeaus auf steilem Waldweg bergauf. **Nach 220 m** am Wegende links auf steiler Pfadspur bergab. **Nach 20 m** mündet man an Karrenweg und fährt weiter bergab *(bald auf rechten Zweig)*. **Nach 90 m** Abfahrt mündet man an ein Waldweglein und folgt ihm nach rechts leicht bergauf. **Nach 330 m** auf dem Hauptweglein bleiben *(→ **alternativ** rechts auf Trail an feuchter Waldsenke vorbei)* und **nach 40 m** rechts/geradeaus bergauf halten.

**15** **km 12,5**/562 m Vom Trail links auf die Waldpiste abzweigen *(WW 3)*. **Nach 140 m** in der Linkskehre rechts bergab auf Pfad abzweigen.

**16** **km 13,4**/544 m Beim E-Werk-Gebäude geradeaus auf den breiten Forstweg *(Richt. Grünwald)*.

**17** **km 14,5**/567 m Rechts aufs schmale Hangweglein zum Hochufer abzweigen. **Nach 160 m** Auffahrt dem Hochuferweg nach rechts folgen.

---

### Variationen

Leichter:

**1. Die extremsten Trails auslassen oder durch entsprechende Forstpisten oder leichtere Trails ersetzen:** Dieser Grünwalder Römerschanzen-Trail versucht, so gut wie alle Trail-Pisten auf der rechten Isarseite und an den Hochufersteilhängen zwischen Grünwald und Mühltal in einer Tour zu vereinen. Durch die kreuz und quer geführte Route kann man leicht auch die extremsten Trails auslassen und sich so etwas leichtere Fahrten bilden. Die unbequemsten Pisten verlaufen zwischen WW 8 und 11 *(siehe WW-Hinweise, z. B. bei WW 8).*

Für Cracks:

**2. Erweiterung mit weiteren Trails im Isartal und links der Isar sowie dem Birg-Trail bei Hohenschäftlarn:** Zur Steigerung des Schwierigkeitsgrades kann man die beim Marienklausensteg beginnenden Trails des Isartals, die Trails auf der linken Isarseite über das Brunnhaus sowie den Birg-Trail bei Hohenschäftlarn dazunehmen und sich so einen gigantischen Monster-Isartal-Trail basteln *(siehe Touren 13, 21, 30 und 31).*

Eventuell:

**3. Wanderweg zum Georgenstein evtl. umfahren:** Wer das neue, völlig überflüssige Bike-Verbot auf dieser Route scheut, umfährt sie auf dem höhergelegenen, ebenfalls in der Tour enthaltenen Georgensteiner Hangweg oder ganz am Hochufer *(siehe Hinweis bei WW 34).*

---

**36** **Grünwalder Römerschanzen-Trail**    **33,8** km · **3:13** Std · **590** Hm

# 36 Grünwalder Römerschanzen-Trail   33,8 km · 3:13 Std · 590 Hm

**18** **km 15,1**/592 m  In der engen Linkskehre rechts bergab auf den Pfad abzweigen (gelbe Pfeilmarkierung, → **alternativ** bereits 200 m zuvor am Marterl rechts ab auf Pfad durch die tiefe Waldsenke zum Hochufer-Trail). **Nach 130 m** mündet man am Hochufer-Trail und fährt links (bald ein breiterer Weg).

**19** **km 15,6**/608 m  Nach der steilen Auffahrt (links eine Sitzbank, WW 1) noch **ca. 100 m** geradeaus, dann links auf den Weg abzweigen (quert bald eine kleine Senke, → **alternativ** geradeaus auf dem bereits bekannten Hochufer-Trail bis zu WW 20). **Nach 210 m** an der Wegekreuzung rechts abzweigen.

**20** **km 16,3**/610 m  Am Schotterwegedreieck (direkt unter der HS-Leitung) geradeaus weiter auf dem Hochuferweg bleiben (später schmälerer Weg und Trail). **Nach 430 m** geradeaus weiter auf dem Hochufer-Trail bleiben (links verläuft Forstwegkehre).

**21** **km 16,9**/614 m  Durchfahrt bei Römerschanze: Auf dem Trail eine Erdmulde queren, **nach 40 m** der Linkskehre folgen (rechts die Gräben/Wälle der Schanze). **Nach 120 m** dem Trail durch die Linkskehre folgen (rechts bergab zweigt ein Schotterweg ab). **Nach 70 m** mündet man an der Info-Tafel („Die Römerschanze bei Grünwald", Sitzbänke) und folgt nun weiter dem Hochufer-Trail (wird bald zu einem breiteren Weg, nach ca. 140 m als **„Fuchsweg"** beschildert, wendet sich dann etwas vom Hochufer ab).

**22** **km 17,5**/618 m  Vom Fuchsweg rechts auf den Waldweg abzweigen (bald schmälerer Trail. **Info:** Ca. 50 m zuvor zweigt rechts Wegspur zu Hohlweglein ab, weitere Trail-Abfahrtsmöglichkeit ins Isartal zu WW 14). **Nach 440 m** mündet man am breiten Schotterweg (Mühlweg) und fährt rechts/geradeaus.

**23** **km 18,4**/624 m  Durchfahrt Frundsbergerhöhe: Dem beginnenden Asphaltweg an den Häusern vorbei folgen („Weg im Esterholz", WW 13). **Nach 80 m** (kurz nachdem links die „Frundsbergstraße" abzweigte) rechts auf den Waldpfad abzweigen. **Nach 30 m** linkem Pfadzweig und stets diesem Haupt-Trail folgen (bei km 18,9 Waldweg queren).

**24** **km 19,2**/627 m  Man mündet an Forstweg und fährt rechts. **Nach 100 m** links auf den Waldweg abzweigen (→ **alternativ** noch 240 m geradeaus, am Hochufer links 550 m zum Marterl und noch 120 m weiter am Hochufer bis zur Pfadabfahrt von WW 25).

**25** **km 19,7**/636 m  Den Forstweg queren und nach rechts auf schmalem Pfad weiter (direkt an Waldhangkante entlang). **Nach 290 m** mündet man am Hochufer-Trail (o. g. Variante) und fährt links auf Waldpfad bergab (führt gleich durch Linkskehre vor der Kuppe bergab, bald eine steile, kaum erkennbare Waldpfadspur). **Nach 200 m** Steilstabfahrt mündet man an einem Weglein und folgt ihm rechts bergab (bald kurz steil hinab zum breiten Forstweg).

*– Fortsetzung –*

| | | | |
|---|---|---|---|
| 17,1 | Römerschanze | 616 | |
| 17,3 | Fuchsweg | 617 | |
| 18,2 | Mühlweg | 621 | |
| | (Abzweig Römerweg) | | |
| 18,4 | Frundsbergerhöhe | 624 | 1:51 |
| | (Abzweig auf Wald-Trail) | | |
| 19,2 | Forstweg | 627 | |
| 19,3 | Abzweig | 627 | |
| | auf Waldweg | | |
| 19,7 | Querung Forstweg | 636 | |
| | (auf den Hangkanten-Trail) | | |
| 20,0 | Wald-Trail-Downhill | 639 | |
| 20,3 | Querung Forstweg | 575 | 2:04 |
| | (auf den Mühltal-Trail) | | |
| 20,8 | Ghs Zur Mühle | 557 | 2:07 |
| 21,2 | Abzweig Schotterweg | 572 | |
| | (nähe Kapelle) | | |
| 23,1 | nähe Fahrstraße | 651 | 2:20 |
| | und Golfplatz bei Hailafing | | |
| | (links auf Hochufer-Waldweg) | | |
| 24,7 | Parkplatz Mühltal | 633 | |
| | (nähe Straßlach) | | |
| 26,0 | Frundsbergerhöhe | 625 | 2:30 |
| | (Abzweig auf Wald-Trail) | | |
| 26,6 | Wald-Trail-Downhill | 611 | |
| 27,1 | Querung des | 564 | |
| | Isarleiten-Forstweges | | |
| 27,4 | Isar-Trail | 548 | |
| 27,5 | Forstweg (Römerweg) | 552 | 2:38 |
| 27,9 | beim Georgenstein | 548 | |

**26** **km 20,3**/575 m  Nach der Trail-Abfahrt den o. g. Forstweg queren und gegenüber auf schmalem Hohlweglein weiter bergab. **Nach 110 m** am Pistendreieck leicht links/geradeaus bergab.

**27** **km 20,5**/552 m  <u>Durchfahrt Mühltal</u>: Man mündet an einen Schotterweg und folgt ihm links/geradeaus *(bald ein Asphaltweg)*. **Nach 240 m** geradeaus bergauf *(am „Ghs Zur Mühle" vorbei)*. **Nach 120 m** an der Asphaltverzweigung links *(bald an Kapelle vorbei bergauf)*. **Nach 260 m** rechts auf den Schotterweg abzweigen und diesem <u>gleich wieder links am Zaun entlang</u> stets leicht bergauf bis zum Hochufer folgen *(→ **alternativ** für eine kürzere Route auf Asphaltsträßchen bleiben und 810 m bergauf bis zum Parkplatz Mühltal bei Straßlach zu WW 29)*.

**28** **km 23,1**/651 m  Nach der Auffahrt links auf den Waldweg abzweigen *(kurz vor Schranke und Fahrstraße nähe Golfplatz bei Hailafing)*.

**29** **km 24,7**/633 m  Man mündet an ein Asphaltsträßchen *(am P Mühltal bei Straßlach)*, fährt **30 m** rechts und zweigt wieder links auf den Schotterweg ab. **Nach 90 m** geradeaus auf den etwas schlechteren Weg abzweigen *(an Waldrand lang)*.

**30** **km 25,2**/629 m  Man mündet an eine Schotterwegkehre und fährt geradeaus Ri. *„RS München, Grünwald"* *(links geht's bald bergab ins Mühltal)*.

**31** **km 26,0**/625 m  <u>Durchfahrt bei Frundsbergerhöhe</u>: Ca. 20 m <u>vor</u> Beginn der Asphaltierung *(und der rechts abzweigenden „Hugo-Hofmann-Straße")* links auf den grasigen Wald-Trail abzweigen. **Nach 100 m** einen Wald-Trail queren *(eben gefahrene Route zum Hochufer bzw. Mühltal, siehe WW 23/24)*. **Nach 140 m** *(nach einer Linkskehre)* rechts auf den Trail abzweigen. **Nach 30 m** ganz leicht rechts halten *(<u>bald kleine Senke queren</u>, → **alternativ** in der Senke links bergab auf den Hohlweg, nach 120 m mündet man im Waldtälchen an eine Wegkehre und fährt rechts bergab noch 310 m, bis in der Waldsenke von rechts der u. g. Trail der Haupttour mündet)*. **Nach 140 m** rechts auf den Waldpfad abzweigen *(evt. ist noch ein Holzpfeil am Boden ausgelegt)*. **Nach 60 m** links auf den Trail abzweigen *(führt in einem Waldgräblein bergab)*. **Nach 120 m** mündet man an die Kehre eines Wegleins/Trails und folgt ihm links/geradeaus bergab. **Nach 190 m** Abfahrt mündet man in einer Waldsenke an einen Weg und folgt ihm rechts bergab (WW 13/14).

**32** **km 27,1**/564 m  Den Isarleiten-Forstweg queren und weiter auf Waldpfad bergab *(nach 110 m über zwei kurze Steilrampen, nach der Graslichtung im Wäldchen dann rechts auf Isar-Trail zum Forstweg)*.

**33** **km 27,5**/552 m  Man mündet an den Forstweg zum Georgenstein *(nach kurzer Wurzel-Trail-Auffahrt, WW 11)* und folgt ihm links bergab.

| | | | |
|---|---|---|---|
| 28,4 | Wanderweg Georgenstein | 546 | |
| 28,7 | Abzweig Wald-Trail | 544 | |
| 29,0 | Schotterweg *(nähe E-Werk-Gebäude)* | 541 | 2:48 |
| 29,1 | Isarufer-Trail | 541 | |
| 30,5 | Wiesengelände *(Abzweig nach Grünwald-Eierwiese, evt. Ausweichroute)* | 539 | |
| 31,2 | Unterquerung Grünwalder Brücke | **538** | |
| 31,5 | Wegekreuzung nähe Waldparkplatz *(auf steilen Trail zum Hochufer)* | 558 | 3:00 |
| 31,6 | Hochuferstraße | 585 | |
| 31,7 | Schloßhotel Grünwald | 583 | |
| 32,3 | Grünwald-Eierwiese | 589 | |
| 32,7 | Georg-Pröbst-Pfad | 593 | |
| 33,2 | Waldrand-Trail | 605 | |
| 33,7 | Radweg *(an der Fahrstraße Grünwald-Straßlach)* | 605 | |
| 33,8 | Parkplatz *(nähe Friedhof)* | 605 | 3:13 |

# 36  Grünwalder Römerschanzen-Trail          **33,8** km · **3:13** Std · **590** Hm

# 36   Grünwalder Römerschanzen-Trail    33,8 km · 3:13 Std · 590 Hm

**34**   **km 27,8**/548 m   <u>Durchfahrt beim Georgenstein:</u> Vom Forstweg rechts hoch auf den Waldweg abzweigen *(ca. 60 m <u>vor</u> dem Wendeplatz/Wegende beim Georgenstein. **Bei km 28,4** am Pistendreieck bei den Holzgeländern bzw. Holzstegen links halten).*

**35**   **km 28,7**/544 m   Vom Haupt-Trail <u>nur leicht links</u> durch die kleine Bodensenke auf den Waldpfad abzweigen und diesem folgen *(<u>nicht</u> ganz links zur Isar hin, → **alternativ** geradeaus 320 m zum E-Werk-Gebäude, dort links auf Schotterweg zur Isar, <u>oder</u> → **alternativ** für Abkürzung am o. g. E-Werk-Gebäude geradeaus auf Forstweg, nach 400 m oder nach weiteren 740 m rechts auf einen der Wege zum Hochufer).*

**36**   **km 28,9**/543 m   Man mündet an Schotterwegkehre und fährt links. **Nach 50 m** am Wegende *(Betonplattform bei Isar)* links über Steinböschung kurz steil hinab zum Isarufer-Trail und auf diesem <u>rechts flußabwärts bis zur Grünwalder Brücke</u> *(**Achtung:** Dort durch Brückenneubau Veränderungen möglich. Trail unter Brücke und während der Bauzeit evt. nicht passierbar. Dann **bei km 30,5** am kleinen Grasgelände vom Isar-Trail rechts ab und **nach Alt.-WW/Tour 33** auf kürzerer Route direkt zu WW 38 der Tour nach Grünwald-Eierwiese fahren, dort dann rechts weiter nach der Haupttour zum Ausgangspunkt).*

**37**   **km 31,2**/538 m   <u>Durchfahrt Grünwalder Brücke:</u> Die Brücke unterqueren und bergauf. **Nach 50 m** rechts auf dem <u>zweiten</u>, steilen Hohlpfad *ca. 10 m* zum Plateau schieben, dort dem Weglein links bergab folgen *(bald übers 2. Plateau)*. **Nach 100 m** geradeaus auf den Waldweg *(rechts von der Wiese, bald leicht bergauf)*. **Nach 120 m** durch die Sperre, den Schotterweg queren und **nach 20 m** dem zweiten Schotterweg links bergauf folgen. **Nach 40 m** an der Wegekreuzung rechts auf das steile Weglein zum Grünwalder Hochufer abzweigen *(nach ca. 90 m der Linkskehre folgen; → **alternativ** an o. g. Wegekreuzung geradeaus und auf weniger steilem Weg zum Hochufer, dort rechts 170 m zu WW 38).*

**38**   **km 31,6**/585 m   <u>Ortsdurchfahrt Grünwald:</u> Am Hochufer rechts auf Asphaltstraße. **Nach 90 m** mündet man an die **„Schloßstraße"** *(am „Schloßhotel Grünwald")* und fährt rechts/geradeaus *(bald die „Rathausstraße")*. **Nach 200 m** der Querstraße nach rechts folgen *(„Dr.-Max-Straße")*. **Nach 120 m** mündet man an der Fahrstraße *(„Emil-Geis-Str.")* und fährt links. **Nach 160 m** *(an großer Kreuzung in der Ortsmitte)* rechts Ri. **„Bad Tölz, Straßlach, ..."** und **nach 50 m** *(beim Kiosk)* rechts in die Seitenstraße abzweigen *(„Auf der Eierwiese")*. **Nach 320 m** geradeaus bleiben *(rechts zweigt „Brunnwartsweg" ab)*. **Nach 100 m** *(**km 32,6** in der Linkskehre am Wohnheim)* rechts hoch auf Wiesenpfad abzweigen *(„Georg-Pröbst-Weg")*. **Bei km 33,2** *(kurz vor Waldrand)* links auf Wegspur/Pfad abzweigen am Waldrand zum Friedhof *(**km 33,8**)*.

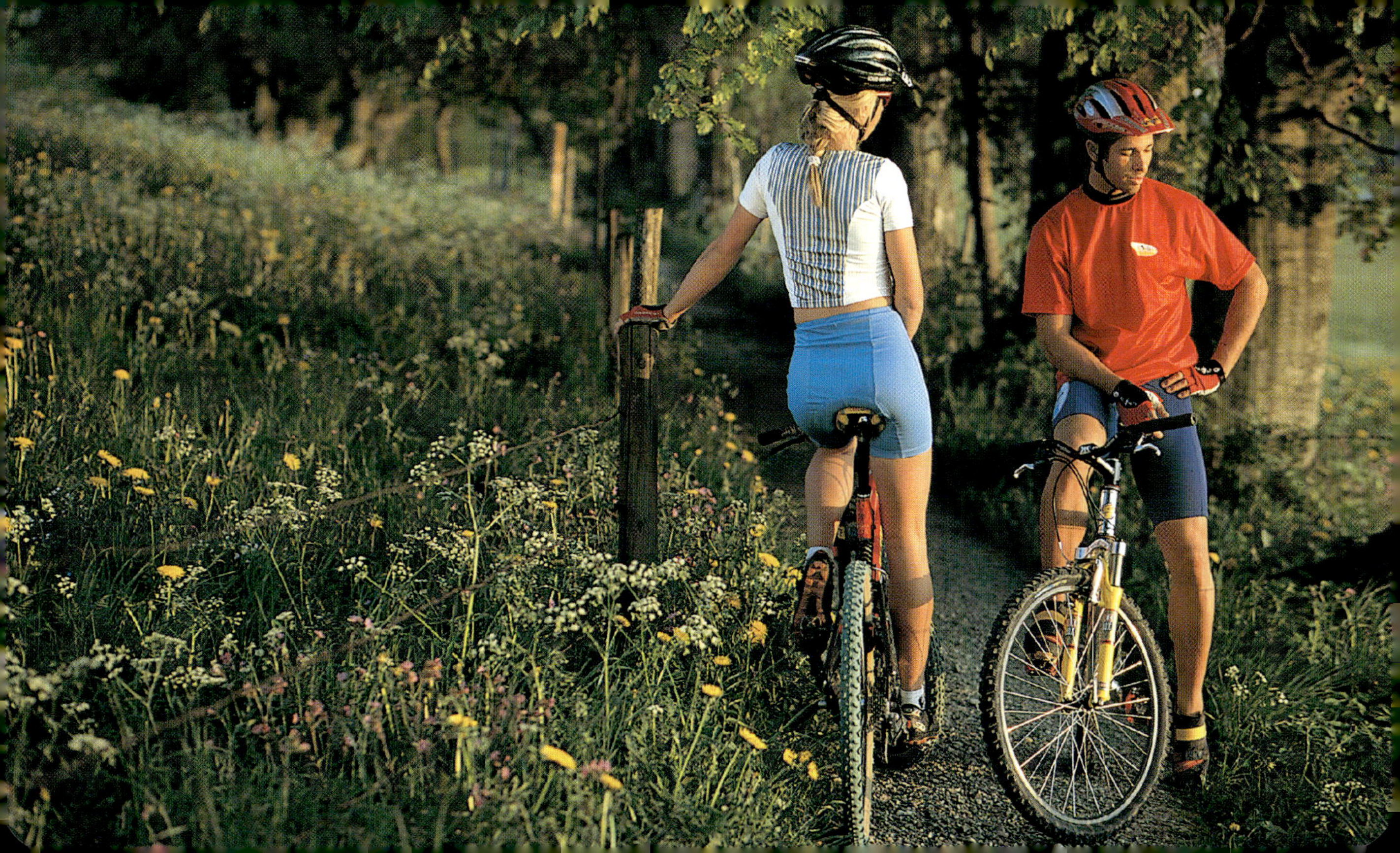

# 37 Münchner Isar-Trainingstour 2

**49,0** km · **3:50** Std · **704** Hm

### Mittelschwere Tour!

Typische Isar-Trainings-Tour, hier rechtsseitig flußaufwärts in ständigem Wechsel zwischen flotten Schotterpisten und den besten Trails mit der Schäftlarner Birg-Route, dann linksseitig wieder flußabwärts.

**V**om 60er-Stadion geht es am Hochufer über Harlaching zum Biergarten Menterschwaige. Ein steiles Hangweglein leitet bald ins Isartal. Nach kurzer Fahrt auf dem Schotterweg zweigt das Dammweglein ab, das bald zu einem stets am Steilhang verlaufenden Trail wird. Bei den Felsen wechselt man zum Hauptweg und fährt am Ende, kurz vor dem Waldparkplatz, auf der Steilpiste zum Grünwalder Hochufer. Über Eierwiese und Georg-Pröbst-Weg gelangt man zum Hochufer-Trail, später auf dem Georgensteiner Hangweg zum Römerweg, wo die Auffahrt zu Mühlweg und Frundsbergerhöhe beginnt. **A**uf Wald-Trails quert man zum Hochufer, rutscht auf steiler Waldpiste ins Mühltal und fährt auf weiteren Wald-Trails und dem Isaruferweg zum Gasthaus Mühle. Am Kanal geht's weiter nach Dürnstein, dort über die Isar und auf dem Trail flußabwärts. Eine Forstwegauffahrt führt nach Hohenschäftlarn, man absolviert den tollen Birg-Trail, nach erneuter Abfahrt ins Isartal den Wald-Trail am Steilhang und fährt weiter zur Grünwalder Brücke. Dort folgen alle Isartal-Trails übers Brunnhaus zur Großhesseloher Brücke, bevor es über Marienklause zum Hochufer geht.

| | | | |
|---|---|---|---|
| 0,0 | **München** *Stadion an der Grünwalder Straße* | 535 | |
| 0,2 | Hochufer-Asphaltweg | 532 | |
| 2,0 | Harlaching *(Ghs Harlachinger Einkehr)* | 545 | |
| 3,9 | Hochufer-Radweg *(Biergarten Menterschwaige)* | 556 | |
| 4,3 | Abzweig auf Trail ins Isartal | 558 | 0:15 |
| 4,7 | Haupt-Schotterweg im Isartal *(unterhalb Großhesseloher Brücke)* | 533 | |
| 5,2 | Abzweig auf Dammweglein | 532 | |
| 5,9 | Steilhang-Trail *(Querung Asphaltweg)* | 543 | |
| 6,7 | Haupt-Schotterweg *(nähe Felsen)* | 532 | |
| 7,5 | Wegedreieck | 551 | |
| 9,1 | Wegekreuzung *(nähe Waldparkplatz und Grünwalder Brücke)* | 558 | 0:40 |
| 9,4 | Schloßhotel Grünwald | 583 | |
| 9,9 | Grünwald-Eierwiese | 589 | |
| 10,3 | Georg-Pröbst-Pfad | 593 | |
| 10,8 | Wald-Trail | 605 | |
| 11,4 | Hochufer-Trail | 608 | |
| 11,7 | Abzweig ins Isartal *(nähe HS-Leitung)* | 610 | 0:55 |
| 11,9 | Abzweig auf Georgensteiner Hangweg | 577 | |
| 13,3 | Römerweg | 564 | 1:04 |
| 13,4 | Wegekreuzung | 570 | |
| 13,9 | Mühlweg *(am Hochufer)* | 622 | 1:10 |
| 14,1 | Frundsbergerhöhe | 624 | |
| 14,6 | Wald-Trail | 625 | |
| 15,0 | Forstweg | 627 | |
| 15,3 | Hochuferweg | 630 | |
| 15,9 | Marterl | 638 | 1:20 |
| 16,0 | Wald-Trail-Downhill | 639 | |
| 16,3 | Forstweg *(nähe Mühltal)* | 575 | 1:25 |
| 17,1 | Abzweig auf Waldweg | 567 | |
| 17,3 | Wald-Trail | 565 | |
| 17,9 | Isaruferweg | 546 | 1:36 |
| 19,6 | Ghs Zur Mühle | 557 | 1:43 |

*– Fortsetzung siehe Wegweiser-Seiten –*

## Erlebniswert

*Bike-Spaß:* ★★★★☆ ④
*Landschaft:* ★★★☆☆☆

Äußerst abwechslungsreich im Wechsel von guten, breiten Trainingspisten und den interessanten Trails angelegte Bike-Runde an den Hochufern entlang und durch das Münchner Isartal.

## Schwierigkeitsgrad

*Kondition:* ●●●○○○
*Fahrtechnik:* ●●●○○○ ❸

Hauptschwierigkeit dieser Tour sind neben einigen Auffahrten die diversen, teils auch etwas schwierigeren Hochufer- und Isartal-Trails.

## Fahrbahnen

| Asphalt | Schotter+Pisten | Trails+Trials |
|---|---|---|
| 13,6 km | 13,1/3,0 km | 11,5/7,8 km |

öff. Verkehr: 2,6 km   Mautverkehr: 0,0 km

## Schiebe-/Tragestrecken

Je nach Fahrkönnen evt. wenige Meter auf den Trails

## Rast

Ghs Harlachinger Einkehr, Biergarten Menterschwaige, Gasthäuser in Grünwald, Ghs Zur Mühle, Ghs Zum Bruckenfischer, Ghs Brückenwirt

## Karten

BTK Ammersee-Starnberger See   M 1:50.000
KOMPASS Nr. 180   M 1:50.000

---

**37   Münchner Isar-Trainingstour 2**   49,0 km · 3:50 Std · 704 Hm

# 37 Münchner Isar-Trainingstour 2 — 49,0 km · 3:50 Std · 704 Hm

## Wegweiser

**1** **km 0**/535 m  Dem Asphalt-Hochuferweg *(„Harlachinger Straße")* in Richtung Harlaching folgen.

**2** **km 2,0**/545 m  Durchfahrt M-Harlaching: Man mündet am Radweg *(an der „Karolingerallee")* und folgt ihm rechts/geradeaus Ri. **„RS Wolfratshausen, Grünwald"** *(am Ghs „Harlachinger Einkehr" vorbei)*. **Nach 90 m** die Fahrstraße queren und geradeaus in die **„Lindenstraße"** *(an Betonpollern vorbei)*. **Nach 90 m** rechts abzweigen *(„Hochleite"-Straße, in Ri. „RS ...")*. **Nach 500 m** in der Linkskehre geradeaus auf den Hochufer-Radweg Ri. **„RS Wolfratshausen, Grünwald"** abzweigen und diesem stets am Isarhochufer entlang folgen *(später am Biergarten Menterschwaige vorbei)*.

**3** **km 4,3**/558 m  Vom Radweg rechts ab *(ca. 430 m nach dem Biergarten, kurz über die Wiese)* und aufs schmale Weglein hinab ins Isartal *(über Stufen)*. **Nach 370 m** Abfahrt im Isartal dem Schotterweg flußaufwärts folgen *(unter Großh. Brücke durch)*.

**4** **km 5,2**/532 m  Vom Hauptweg *(vor Kurzabfahrt)* links/geradeaus aufs Dammweglein abzweigen. **Nach 270 m** dem Pfad leicht bergauf folgen.

**5** **km 5,9**/543 m  Einen steilen Asphaltweg *(führt zum Hochufer)* queren und weiter auf dem Trail.

**6** **km 6,7**/534 m  Kurz vor Felspassage mit Holzgeländer *(sumpfig!)* rechts 20 m zum Hauptweg abzweigen und diesem nach links folgen. **Bei km 7,5** am Wegedreieck rechts wieder leicht bergab und weiter stets dem Hauptweg folgen.

**7** **km 9,1**/558 m  Ortsdurchfahrt Grünwald: An der Wegekreuzung *(nähe Wald-Park.)* geradeaus aufs steile Weglein zum Hochufer *(nach 90 m der Linkskehre folgen)*. **Nach 140 m** Auffahrt rechts auf die Hochuferstraße. **Nach 90 m** mündet man an die **„Schloßstraße"** *(am „Schloßhotel Grünwald")* und fährt rechts/geradeaus *(bald die „Rathausstraße")*. **Nach 200 m** der Querstraße nach rechts folgen *(„Dr.-Max-Straße")*. **Nach 120 m** mündet man an der Fahrstraße *(„Emil-Geis-Str.")* und fährt links. **Nach 160 m** *(an Kreuzung in Ortsmitte)* rechts Ri. **„Bad Tölz, Straßlach, ..."** und **nach 50 m** *(beim Kiosk)* rechts in die Seitenstraße abzweigen *(„Auf der Eierwiese")*. **Nach 320 m** geradeaus bleiben *(rechts zweigt „Brunnwartsweg" ab,* → **alt.** für Variante zum Hochufer-Trail rechts ab, nach 170 m auf Hochufer-Schotterweg weiter, nach 570 m beim Marterl rechts bergab auf Pfad durch Senke und auf Hochufer-Trail 870 m zu WW 9)*. **Nach 100 m** *(km 10,3 in Linkskehre am Wohnheim)* rechts hoch auf Wiesenpfad abzweigen *(„Georg-Pröbst-Weg",* → **alt.** für Variante zum Hochufer-Trail auf flachen Weg, nach 610 m in Rechtskehre links bergab auf Pfad, durch Waldgraben 130 m zum Hochufer-Trail und links 650 m zu WW 9)*.

## Anfahrt

**Auto:** In München zum Stadion an der Grünwalder Straße *(60er-Stadion)* in München-Giesing.

### Fahrt zum Startplatz

An der großen Kreuzung am Stadion an der Grünwalder Straße in München-Giesing Ri. *„Bad Tölz, Grünwald"* auf die *„Grünwalder Straße"* und nach ca. 200 m rechts in die kleine, am Stadion entlangführende *„Volckmerstraße"* abzweigen. Nach 180 m auf dem kleinen Parkplatz am Harlachinger Hochufer-Asphaltweg hinterm Stadion parken.

*Die Tour beginnt am Parkplatz hinterm Stadion an dem Hochufer-Asphaltweg (als „Harlachinger Straße" beschildert).*

### Alternative Startorte

Marienklausensteg im Isartal *(nähe Tierpark Hellabrunn, von dort Auffahrt auf Asphalt-Fußweg zu WW 2 der Tour am Hochufer)*, Grünwald, Frundsbergerhöhe, Waldparkplatz Mühltal bei Straßlach, Dürnstein/Bruckenfischer bzw. Kloster Schäftlarn, Hohenschäftlarn

**8  km 10,8/605 m** Kurz vor Waldrand geradeaus bleiben *(bald ein Wurzel-Trail, stets nähe Waldhangkante entlang)*. **Nach 390 m** weiter geradeaus bleiben (→ **alternativ** rechts über Stufen Senke queren und 210 m zum Hochufer-Trail, dort links 320 m zu WW 9). **Nach 100 m** mündet man an Weg, rechts *(kleine Waldsenke queren)*, **nach 110 m** am Hochufer links.

**9  km 11,7/610 m** Vom Hochufer-Trail rechts bergab auf steilen Schotterweg ins Isartal abzweigen *(kurz vor HS-Leitung/Aussichtspunkt)*. **Nach 190 m** links/geradeaus auf den Wald-Trail abzweigen *(in der Rechtskehre, Hangweg zum Georgenstein)*.

**10  km 12,5/562 m** An der Verzweigung auf dem linken Pfad halten. **Nach 200 m** an der Verzweigung links bergab *(bald ein Hohlpfad)*. **Nach 160 m** *(nach der feuchten Waldsenke)* mündet man an ein Weglein und folgt ihm links/geradeaus bergauf.

**11  km 13,3/564 m** Man mündet wieder an einen breiten Forstweg und folgt ihm links bergauf bis zum Hochufer *(Römerweg, nach 50 m Wegekreuzung)*.

**12  km 13,9/622 m** Durchfahrt Frundsbergerhöhe: Man mündet am breiten Hochufer-Schotterweg *(Mühlweg)* und fährt rechts. **Nach 240 m** dem beginnenden Asphaltweg an den Häusern vorbei folgen *("Weg im Esterholz")*. **Nach 80 m** *(kurz nachdem links die "Frundsbergstraße" abzweigte)* rechts auf den Waldpfad abzweigen. **Nach 30 m** dem linken Pfadzweig und nun stets diesem Haupt-Trail folgen *(bei km 14,6 quert man einen Waldweg)*.

**13  km 15,0/627 m** Man mündet an einem Forstweg und fährt rechts. **Nach 340 m** mündet man am Hochuferweglein und folgt ihm nach links.

**14  km 15,9/638 m** Am Schotterdreieck *(bei Marterl)* geradeaus/rechts weiter auf dem Hochuferweg *(bald ein Trail)*. **Nach 120 m** geradeaus auf dem Waldpfad bergab *(gleich durch Linkskehre vor der Kuppe bergab, bald steile, kaum erkennbare Waldpfadspur)*. **Nach 200 m** Steilstabfahrt mündet man an ein Weglein und folgt ihm rechts bergab *(bald kurz steil hinab zum breiten Forstweg)*.

**15  km 16,3/575 m** Nach der Trail-Abfahrt mündet man an o. g. Forstweg und fährt rechts bergab *(nach 200 m Abfahrt den links Ri. "Zum Mühltal" abzweigenden Trail liegen lassen, → **alternativ** für frühere Einfahrt in den Trail links ab, siehe WW 9-10/Tour 21)*.

**16  km 17,1/567 m** Nach einer Abfahrt vom Forstweg links auf Waldweg abzweigen. **Nach 190 m** *(am höchsten Punkt nach kurzer Auffahrt, wenn die Piste als schmälerer Pfad wieder bergab führt)* rechts hoch auf die Waldpfadspur abzweigen. **Nach 50 m** dem Pfad nach rechts über die Kuppe bergauf folgen *(links bergab eine steile Schotterpfadrutsche)*.

## Variationen

Auch probieren:

*1. Vielfältigste Kombinations- und Variationsmöglichkeiten mit allen anderen Touren und Trails des Isartals und des Isarhochufers:* Die beschriebene Haupttour ist – genau wie Tour 33 – nur eine beispielhafte Zusammenstellung einer für meine Bedürfnisse typischen Isar-Trainingstour mit häufigem Wechsel von Spaß bringenden Trails und konditionsfördernden Forst- oder Radwegpisten. Natürlich kann sich jeder aus diesem Tourenvorschlag und aus der Vielzahl der anderen Isar-Touren und -Trails seine ganz persönliche Lieblings-Isar-Bike-Route zusammenstellen *(siehe auch Touren 7, 10, 12, 13, 20, 21, 24, 30, 31, 32, 33, 35 und 36)*.

*2. Kombinationsmöglichkeiten mit den Touren im Perlacher und Grünwalder Forst:* Über die o. g. Variationsmöglichkeiten hinaus lassen sich natürlich auch bestens die diversen Routen durch Perlacher und Grünwalder Forst zu all diesen Isartouren kombinieren *(siehe auch Touren 2, 6, 6a, 6b, 9, 12 und 24)*.

**Münchner Isar-Trainingstour 2** — **49,0** km · **3:50** Std · **704** Hm

# 37 Münchner Isar-Trainingstour 2     49,0 km · 3:50 Std · 704 Hm

**17**   *km 17,9/550 m*   Nach einer steilen Abfahrt in der Waldsenke links auf die Pfadspur zur nahen Isar abzweigen. *Nach 50 m* mündet man am Isaruferweg und folgt ihm links flußaufwärts.

**18**   *km 19,1/548 m*   Weiter dem Hauptweg durch eine leichte Linkskehre folgen *(vom Isarufer weg)*.

**19**   *km 19,6/557 m*   <u>Durchfahrt Mühltal</u>: Am Gasthaus „Zur Mühle" dem Asphaltsträßchen geradeaus bergauf folgen. *Nach 120 m* an der Asphaltverzweigung geradeaus bleiben *(auf rechten Zweig, führt stets direkt am Isarwerkkanal entlang)*.

**20**   *km 22,3/569 m*   <u>Durchfahrt Dürnstein/Bruckenfischer</u>: Man mündet an der Fahrstraße und folgt ihr rechts über Kanal- und Isarbrücke *(bald am „Ghs Bruckenfischer" vorbei)*. *Nach 340 m* rechts zum Parkplatz abzweigen, diesen überqueren, *nach 40 m* links durch die Schranke auf das Weglein und <u>diesem Trail nun immer isarabwärts folgen</u> *(nach 250 m an der Verzweigung geradeaus auf dem linken Trail bleiben. Später bei km 23,4 und km 24,2 die jeweils links abzweigenden Pfade <u>liegen lassen</u>)*.

**21**   *km 26,4/550 m*   Ein Bächlein queren *(Isarzufluß, rechts an der Mündung über die Steine trockenen Fußes möglich)*. *Nach 310 m* links hoch auf den Schotterpfad abzweigen *(**Info:** Geradeaus weiterfahren <u>sinnlos</u>, der Trail ist bald verfallen und unwegsam!)*.

**22**   *km 26,8/561 m*   Man mündet am Forstweg und folgt ihm nach links *(→ alternativ ohne die Schleife über Hohenschäftlarn und den Birg-Trail gleich nach 20 m rechts hoch aufs steile Waldweglein abzweigen und weiter nach WW 30)*. *Nach 140 m* an einem Wegedreieck geradeaus bergauf fahren *(in Richtung Hohenschäftlarn, gelbe Pfeilmarkierung)*.

**23**   *km 28,4/628 m*   Nach der Auffahrt am Forstwegedreieck geradeaus weiter bergauf bleiben.

**24**   *km 28,7/641 m*   <u>Durchfahrt bei Hohenschäftlarn</u>: Man mündet an eine Forstwegkehre *(Wendeplatz)* und fährt links bergauf Ri. *„Fußweg nach Kloster Schäftlarn"* (<u>nicht</u> ganz links auf den Waldweg in Ri. „Zur Birg", das wäre eine Abkürzung zu WW 28, 350 m zum Pfadabzweig bei der Birg). *Nach 600 m* *(km 29,3 kurz vor Fahrstraße zum Kloster Schäftlarn)* links auf den Waldpfad *in o. g. Ri.* abzweigen *(→ alternativ für Abkürzung 40 m zuvor bei Hecke/Häusern links auf Waldweg abzweigen und <u>entweder</u> nach 40 m rechts ab aufs Karrenweglein und 120 m bergauf, bis rechts Pfad von WW 25 mündet, <u>oder</u> nach 40 m geradeaus weiter auf o. g. Waldweg noch 410 m fahren, bis rechts der Wurzel-Trail von WW 26 mündet)*. *Nach 170 m* links auf den fast flachen Waldpfad abzweigen *(ca. 90 m bevor das nun etwas breitere Weglein über Stufen bergab führt)*. *Nach 150 m* an der Verzweigung dem linken Pfad folgen *(führt später durch Linkskehre und dann kurz steil bergauf)*.

---

*– Fortsetzung –*

| | | | |
|---|---|---|---|
| 22,3 | Dürnstein/Bruckenfi. *(rechts über Kanal- und Isarbrücke)* | 569 | 1:50 |
| 24,2 | Isar-Trail | 558 | |
| 26,8 | Forstweg *(links in Richtung Hohenschäftlarn)* | 561 | 2:07 |
| 27,0 | Wegedreieck *(Auffahrt in Richtung Hohenschäftlarn)* | 563 | |
| 28,4 | nähe Hohenschäftlarn *(Wendeplatz bei der Tafel „Die Birg")* | 641 | 2:19 |
| 29,3 | Abzweig auf Fußweg Schäftlarn | 651 | |
| 29,5 | Abzweig Birg-Trail | 641 | |
| 30,0 | Birg-Trail | **667** | |
| 31,5 | Birg *(Abzweig auf Waldhang-Trail)* | 643 | 2:33 |
| 32,4 | Querung Forstweg *(auf den Trail in den Waldtalgraben)* | 590 | 2:39 |
| 32,5 | Trail *(im Waldtalgraben)* | 575 | |
| 32,7 | Forstweg | 574 | |
| 33,5 | Wegedreieck *(von der Auffahrt nach Hohenschäftlarn bereits bekannte Route)* | 563 | 2:42 |

**25** *km 29,8/657 m* Man mündet an einem Querpfad (o. g. Variante, siehe Hinweis WW 24) und fährt rechts bald bergauf über den kleinen Waldsattel.

**26** *km 30,2/650 m* Man mündet an ein Weglein (nach Abfahrt auf Wurzel-Trail) und fährt rechts. **Nach 110 m** an der Verzweigung dem rechten Pfad folgen (weiter an der Steilhangkante entlang).

**27** *km 31,0/642 m* Wenn rechts an der Hangkante ein Steilpfad bergab führt, <u>links</u> auf den schmalen, flachen Pfad abzweigen (wird bald zu breiterem Weg; → **alternativ** für Abkürzung hier gleich rechts bergab 220 m bis Mündung am Forstweg an WW 29).

**28** *km 31,5/643 m* <u>Durchfahrt bei der Birg</u>: Kurz vor den Schanzen/Wällen der Birg rechts bergab auf Hangpfad abzweigen. **Bei km 32,2** durch die Pfad-Linkskehre steil in den Waldgraben und dann auf steiler Waldpiste zu Forstweg abfahren.

**29** *km 32,4/590 m* Man mündet an o. g. Forstweg und fährt gegenüber auf dem Pfad weiter bergab. **Nach 140 m** Abfahrt mündet man im Waldtalgraben an weiteren Pfad und fährt rechts (auf einen der Pfadzweige, nach 180 m wieder ein Forstweg).

**30** *km 33,5/563 m* Am Wegedreieck rechts bergab. **Nach 120 m** links hoch aufs steile Waldweglein abzweigen (WW 22 nähe Mündung Isar-Trail).

**31** *km 34,9/568 m* Man mündet nach der steilen Abfahrt wieder am Forstweg, folgt ihm nach links leicht bergauf und **nach 90 m** am Wegedreieck rechts in Ri. *„Buchenhain"* (Weg führt bald steil bergab, links bergauf geht's nach Baierbrunn).

**32** *km 36,8/544 m* Die Schranke/Sperren beim großen E-Werk-Gebäude passieren und weiter dem Schotterweg folgen (bald kurz bergauf).

**33** *km 37,8/558 m* Nach dem Garagengebäude leicht rechts/geradeaus bergab auf den Schotterweg abzweigen (Radverbotsschild). **Nach 90 m** die Asphaltstraße queren und geradeaus auf dem schmalen Waldweglein weiter bergab. **Nach 160 m** mündet man am Asphaltsträßchen nähe Isar und folgt ihm links/geradeaus flußabwärts.

**34** *km 38,7/540 m* An der Verzweigung (kurz vor dem Ghs Brückenwirt) dem linken Asphaltsträßchen leicht bergauf folgen (bald oberhalb Ghs vorbei).

**35** *km 39,0/554 m* Die Fahrstraße queren (rechts die Grünwalder Brücke) und geradeaus auf dem Schotterweg bergauf in Ri. *„Höllriegelskreuth"*. **Nach 60 m** Auffahrt (in Linkskehre) rechts auf den Wald-Trail abzweigen. **Nach 220 m** weiter auf diesem Weglein bleiben (führt kurz steil bergauf, rechts ein Pfadabzweig zum u. g. Weg). **Nach 160 m** mündet man an breiteren Weg und fährt links.

| | | | |
|---|---|---|---|
| 33,6 | Abzweig Wald-Trail | 561 | 2:43 |
| | (bei Mündung Isar-Trail | | |
| | vom ersten Teil der Tour) | | |
| 34,0 | Wald-Trail | 592 | |
| 34,9 | Forstweg | 568 | |
| 35,0 | Wegedreieck | 571 | |
| | (unterhalb von Baierbrunn) | | |
| 36,8 | E-Werk | 544 | 2:58 |
| | (nähe Klettergarten) | | |
| 38,0 | Isartal-Asphaltstraße | 541 | |
| 38,7 | Asphalt-Verzweigung | 540 | |
| | (nähe Ghs Brückenwirt) | | |
| 39,0 | Grünwalder Brücke | 554 | 3:16 |
| | (Querung der Fahrstraße, | | |
| | auf die Isartal-Trails) | | |
| 42,7 | beim Brunnhaus | 534 | |
| 43,7 | nähe Kiosk | 533 | 3:51 |
| | (unter der Großhesse- | | |
| | loher Brücke, rechts über | | |
| | die Kanalbrücke) | | |
| 45,9 | Marienklausensteg | 525 | 3:40 |
| | (auf den Asphalt-Fußweg | | |
| | zum Hochufer) | | |
| 46,3 | Harlaching | 546 | |
| | (am Beginn des Hochufer- | | |
| | Radwegs zum Biergarten | | |
| | Menterschwaige) | | |
| 47,0 | Hochufer-Asphaltweg | 545 | |
| | (Ghs Harlachinger Einkehr) | | |
| 49,0 | München (Stadion) | 535 | 3:50 |

# 37 Münchner Isar-Trainingstour 2     **49,0** km · **3:50** Std · **704** Hm

# 37 Münchner Isar-Trainingstour 2
**49,0** km · **3:50** Std · **704** Hm

**36** **km 40,0**/550 m Man mündet an eine Asphaltkehre und fährt rechts/geradeaus leicht bergab. *Nach 220 m* mündet man am Asphaltweg nähe Isar und fährt links/geradeaus Ri. *„RS München"*.

**37** **km 40,8**/537 m Den links abzweigenden Pfad liegen lassen *(am Zaunende, unwegsamer Trail)* und *erst nach 170 m* vom Asphaltweg links auf den Pfad abzweigen *(links weiterer Zaun/Grasgelände)*. Diesem Trail nun stets etwa in eingeschlagener Richtung isarabwärts folgen *(nach 160 m links über eine Betonmauer abzweigen; bei km 41,5 mündet man an einen weiteren Trail und folgt ihm nach links)*.

**38** **km 41,8**/535 m Man mündet nach kurzer Abfahrt an weiteren Trail und fährt links. *Nach 40 m (wenn Trail leicht bergauf zur Geländestufe führt, eine → alternative Route zum Brunnhaus, 800 m zu WW 39)* leicht rechts weiter auf flachem Wald-Trail halten. *Nach 260 m* dem Pfad nach rechts und stets weiter folgen *(bald nahe am Isar-Schotterweg vorbei)*.

**39** **km 42,7**/534 m Durchfahrt beim Brunnhaus: Man mündet man an ein Weglein *(nach Überquerung des alten Betonbachbrückleins)* und fährt rechts leicht bergauf. *Nach 320 m* mündet man am Asphaltweg *(kurz nach Gebäuden, links hoch geht's zur Waldwirtschaft Großhesselohe)* und folgt ihm rechts bergab. *Nach 60 m* Abfahrt *(kurz vor Asphaltsträßchen)* links ab wieder auf Wald-Trail.

**40** **km 43,5**/536 m Durchfahrt beim Kiosk an der Großhesseloher Brücke: An einer Verzweigung auf den rechten Pfad geradeaus leicht bergab. *Nach 80 m* an der Pfadekreuzung rechts *(geradeaus zum Kiosk nicht benutzen!)*. *Nach 40 m* mündet man am Isar-Schotterweg und fährt links *(bald am Kiosk vorbei)*. *Nach 130 m* rechts über die Kanalbrücke abzweigen *nach 30 m* dem querenden Schotterweg nach links folgen. *Nach 80 m* links auf Pfad abzweigen *(direkt an Kanal entlang, → alternativ auf Hauptweg 2,0 km zur Marienklause, WW 42)*.

**41** **km 44,6**/529 m Man mündet an einen Asphaltweg und fährt rechts. *Nach 70 m* dem querenden Schotterweg nach links folgen *(bei Holzhütte)*.

**42** **km 45,9**/525 m Durchfahrt Marienklausensteg: Rechts über den Steg abzweigen *(Fuß-/Radweg-Schild)*. *Nach 130 m* geradeaus auf den Schotterweg und *nach 60 m* auf Asphalt-Fußweg zum Hochufer *(nach 70 m Auffahrt links hoch abzweigen)*.

**43** **km 46,3**/546 m Durchfahrt M-Harlaching: Am Hochufer *(an Sperre)* ca. 30 m rechts zum Asphaltsträßchen, diesem geradeaus folgen und *nach 30 m* leicht links auf die Pflasterstraße abzweigen *(„Über der Klause")*. *Nach 250 m* der Querstraße nach links folgen *(Lindenstraße)*. *Nach 320 m (in Rechtskehre)* geradeaus *(an Betonpollern vorbei)* und auf dem Hochuferweg zum Stadion *(km 49,0)*.

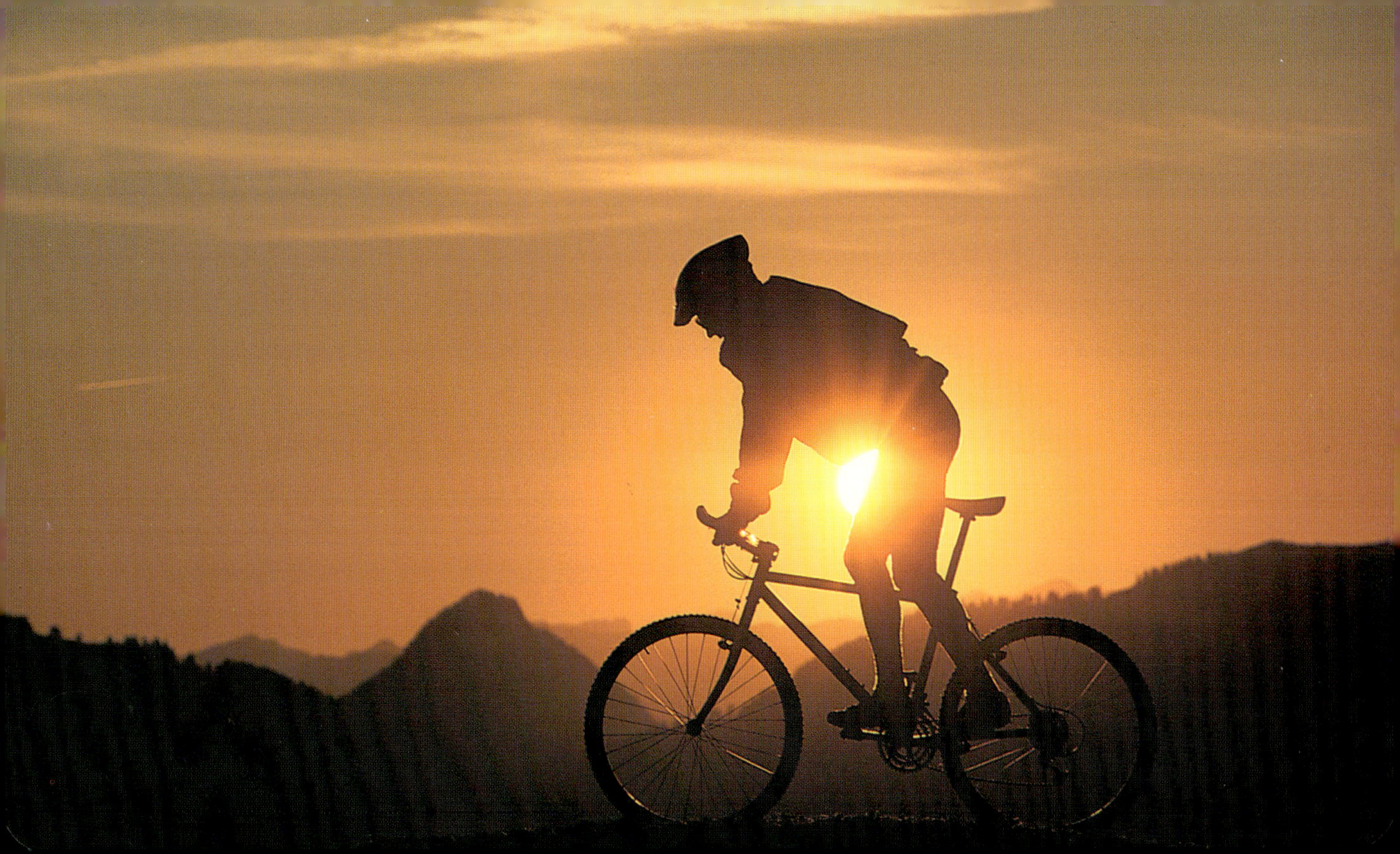

# 38 Münchner Kirchsee-Tour

**84,0** km · **5:12** Std · **721** Hm

## Mittelschwere Tour!

Phantastischer Münchner Bike-Marathon auf den besten Routen
des Alpenvorlandes zum schönsten Badesee im Tölzer Land,
dem unmittelbar vor der nahen Bergkulisse gelegenen Kirchsee.

**V**om 60er-Stadion in Giesing nimmt man den Radweg am FC-Bayern-Gelände vorbei zum Perlacher Forst, der auf dem Oberbiberger Asphaltweg, wahlweise auf Bike-Pisten oder Trails, rasch durchquert wird. Ein kurzer Traum-Trail führt ins schattige Gleißental, das sich als idyllische Bike-Route zum Deininger Weiher zieht. Durchs Frauenholz gelangt man zu den Thanninger Weihern und passiert sie auf besten Bike-Trails. Im Anschluß folgt eine weitere schöne Bike-Fahrt durch Wälder und Auen und am Ende noch etwas Asphalt bis Dietramszell. **D**ort stehen dann diverse Routen und Trail-Optionen durch den Zeller Wald zur Wahl und man fährt auf den Forstwegen über die Kirche Maria Elend zu den Ufern des Kirchsees. Die Hauptbadeplätze erreicht man auf Wunsch mit kurzem Abstecher, bevor es weiter auf Forstpisten durch dichte Wälder zum Hackensee geht. Nach Querung des Teufelsgrabens wartet noch eine kurze Steilauffahrt, dann nimmt man den fast geraden, überwiegend leicht abschüssigen Kurs über Lochen, Baiernrain, Großeichenhausen, Altkirchen und mitten durch den Deisenhofener Forst zurück in den Perlacher Forst und nach München.

| km | Ort | Hm | Zeit |
|---|---|---|---|
| 0,0 | **München** | **535** | |
| | *Stadion an der* | | |
| | *Grünwalder Straße* | | |
| 2,7 | Säbener Platz | 552 | 0:10 |
| 7,6 | Kiosk Nußbaum-Ranch | 578 | |
| 8,8 | Deisenhofen | 586 | 0:33 |
| | *(nähe Whs Kugler Alm)* | | |
| 12,4 | Gleißental | 585 | |
| 19,6 | Deininger Weiher | 613 | 1:13 |
| 20,6 | Deininger Filz | 617 | 1:17 |
| 21,9 | Frauenholz-Wald | 653 | |
| 23,6 | Aufhofen | 652 | |
| 25,4 | Thanning | 638 | 1:34 |
| 26,9 | Thanninger Weiher | 649 | |
| 29,7 | Thalweber | 658 | |
| 23,5 | bei Föggenbeuern | 693 | 2:05 |
| 35,3 | St.-Leonhard-Kirche | 692 | 2:11 |
| 36,2 | Ried | 718 | 2:16 |
| 38,0 | Kloster Dietramszell | 678 | 2:22 |
| 39,1 | Kirche Maria Elend | 712 | |
| 39,5 | Zeller Wald *(Ri. Tölz)* | 735 | |
| 40,2 | Forstwegkehre | 709 | 2:33 |
| | *(nähe Trischberg)* | | |
| 40,9 | Wegekreuzung | 716 | |
| 41,8 | Wegedreieck | 709 | 2:45 |
| | *(Abzweig Kogl-Route)* | | |
| 42,5 | Wegedreieck | 734 | |
| | *(am Schindelberg)* | | |
| 43,1 | Abzweig Waldweg | 725 | 2:48 |
| 44,5 | Kirchsee | 700 | 2:54 |
| 46,2 | Wampenmoos | 721 | |
| 46,9 | nähe Schwarzes Kreuz | **762** | |
| 47,9 | Querung Fahrweg | 735 | 3:12 |
| | *(Pelletsmühl-Dietramszell)* | | |
| 49,1 | Waldweiher | 684 | |
| 50,0 | beim Hackensee | 692 | 3:20 |
| 52,2 | Teufelsgraben | 675 | |
| 54,3 | nähe Dietenhausen | 720 | |
| 56,7 | Lochen | 722 | 3:45 |
| 58,8 | Baiernrain | 702 | |
| 62,4 | bei Gumpertsham | 675 | |
| 64,8 | Großeichenhausen | 662 | |
| 66,4 | Altkirchen | 652 | 4:15 |
| 69,1 | Deisenhofener Forst | 617 | |
| 73,4 | S-Bhf Deisenhofen | 597 | 4:37 |
| 75,3 | Whs Kugler Alm | 585 | 4:43 |
| 76,4 | Kiosk Nußbaum-Ranch | 578 | |
| 81,4 | Säbener Platz | 552 | 5:03 |
| 84,0 | München *(Stadion)* | **535** | 5:12 |

*– Alt.-Routen 1-4 siehe Wegweiser-Seiten –*

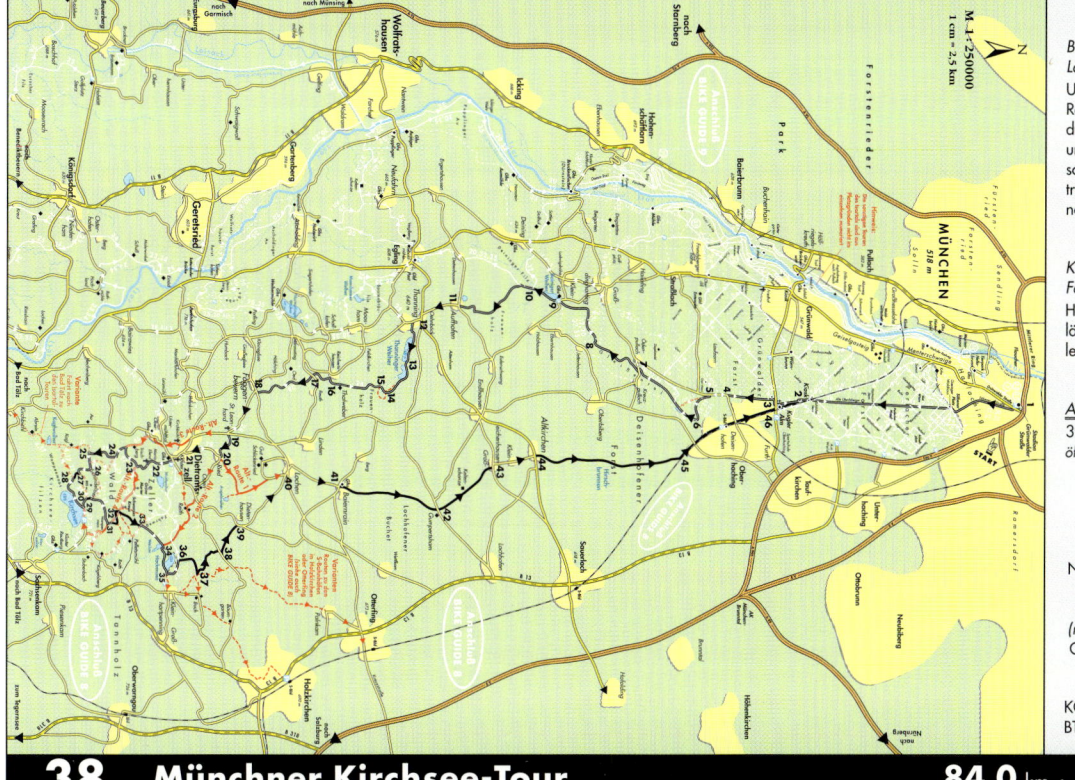

## Erlebniswert

*Bike-Spaß:* ★★★☆☆
*Landschaft:* ★★★★☆  ④

Ungewöhnlich vielfältige und weitläufige Route mit herrlichsten Bike-Passagen durchs Gleißental, am Deininger Weiher und den Thanninger Weihern vorbei sowie durch den Zeller Wald zu dem traumhaft vor der Alpenkulisse gelegenen Kirchsee. Beste Bademöglichkeiten.

## Schwierigkeitsgrad

Kondition: ●●●●○○
Fahrtechnik: ●●○○○○  ❸

Hauptschwierigkeit ist die Marathonlänge dieser Tour, ansonsten eine problemlose Fahrt mit nur wenigen Trails.

## Fahrbahnen

| Asphalt | Schotter+Pisten | Trails+Trials |
|---|---|---|
| 39,2 km | 40,1/2,7 km | 1,0/1,0 km |

öff. Verkehr: 17,2 km  Mautverkehr: 0,0 km

## Schiebe-/Tragestrecken
keine

## Rast
Nußbaum-Ranch *(Kiosk)*, Whs Kugler Alm in Deisenhofen, Klostergasthof Dietramszell, Ghs Kloster Reutberg *(nur mit Abstecher vom Kirchsee aus)*, Gasthäuser in Lochen und Baiernrain

## Karten
KOMPASS Nr. 180   M 1:50.000
BTK München u. Umgeb. M 1:100.000

---

**38  Münchner Kirchsee-Tour**   84,0 km · 5:12 Std · 721 Hm

# 38 Münchner Kirchsee-Tour

**84,0** km · **5:12** Std · **721** Hm

## Wegweiser

**1** **km 0**/535 m <u>Ortsdurchfahrt München</u> (bis zum Perlacher Forst): Vom Hochuferweg („Harlachinger Straße", am kleinen P hinter dem Grünwalder Stadion) der **„Volckmerstraße"** am Stadion entlang zur Grünwalder Straße folgen. **Nach 180 m** rechts auf den Radweg (an Grünwalder Straße entlang). **Nach 150 m** links über den <u>zweiten</u> Fuß-/Radwegüber-gang und geradeaus weiter auf dem Radweg (Ecke Wettersteinplatz/nähe U-Bahn). **Nach 80 m** (am U-Bahn-Lift) rechts auf den Radweg (an „Säbe-ner Straße" lang, später am FC-Bayern-Gelände vorbei). **Bei km 2,0** (Kreuzung „Säbener-/Naupliastraße") geradeaus weiter auf dem Radweg. **Nach 460 m** (Radwegende) der **„Oberbiberger Straße"** nach rechts folgen. **Nach 190 m** (am „Säbener Platz" bei den Tennisplätzen, nähe Giesinger Waldhaus) links Ri. **„RS Deisenhofen, Perlacher Forst"** auf den As-phaltweg in den Perlacher Forst abzweigen und <u>diesem Hauptweg stets durch den Forst folgen.</u>

**2** **km 7,6**/578 m Beim Kiosk „Nußbaum-Ranch" (nach Bahnunterführung und kurzer Auffahrt durch die Linkskehre) weiter dem Asphaltweg folgen. **Nach 250 m** geradeaus bleiben (rechts zweigt „Taufkirch-ner Weg" nach Wörnbrunn ab, evtl. links auf schöne Pfadabkürzung). **Nach 80 m** Linkskehre folgen (Ri. „RS" weiter auf Asphaltweg) und **nach 90 m** rechts auf den Schotterweg abzweigen (Fuß-/Radweg).

**3** **km 8,8**/586 m <u>Durchfahrt bei Deisenhofen:</u> Am Asphalt-Radwegedreieck rechts Ri. **„Grünwald"** (nach Straßenbrücke, an Brunnen/Marterl nähe Kugler Alm, → **alternativ** links erreichbar, 220 m). **Nach 150 m** links auf den Schotterweg Ri. **„Oberbiberg"** ab-zweigen. <u>Nun stets geradeaus</u> (bald Asphaltstraße an Häusern lang, **bei km 10,0** geradeaus auf Schotterweg).

**4** **km 10,6**/599 m Man mündet an eine Asphalt-straße (nähe Deisenhofen/Laufzorn) und fährt gera-deaus in Ri. **„Großdingharting, Ödenpullach"**.

**5** **km 11,2**/604 m Von der Straße links auf einen Schotterweg und <u>sofort</u> wieder rechts auf Wald-weg abzweigen. **Nach 330 m** an Verzweigung dem <u>linken</u> Weg folgen (kurz nach Info-Tafel „Kel-tenschanze", → **alternativ** für andere Trail-Einfahrt ins Gleißental geradeaus auf den rechten Wegzweig, siehe Alt.-WW 1/Tour 12). **Nach 410 m** (an der HS-Schneise) auf dem linken Hauptweg bleiben (führt in den Wald). **Nach 110 m** geradeaus/rechts auf einen schmäleren Weg abzweigen, **nach 30 m** einen Weg queren und geradeaus auf dem bald holprigen Hohlweglein hinab ins Gleißental.

**6** **km 12,4**/585 m Im Gleißental dem breiten Weg geradeaus/rechts taleinwärts folgen. **Nach 40 m** an der Verzweigung auf dem rechten, flachen Weg bleiben. <u>Diesem stets taleinwärts folgen</u> (bei km 13,2 mündet rechts Hangpfad der o. g. Variante).

## Anfahrt

**Auto:** In München zum Stadion an der Grünwalder Straße (60er-Stadion) in München-Giesing.

### Fahrt zum Startplatz

An der großen Kreuzung am Stadion an der Grünwalder Straße in München-Giesing Ri. „Bad Tölz, Grünwald" auf die „Grünwalder Straße" und nach ca. 200 m rechts in die kleine, am Stadion entlangführende „Volckmerstraße" ab-zweigen. Nach 180 m auf dem kleinen Parkplatz am Harlachinger Hochufer-Asphaltweg hinterm Stadion parken.

*Die Tour beginnt am Parkplatz hinterm Stadion an dem Hochufer-Asphaltweg (als „Harlachinger Straße" beschildert).*

### Alternative Startorte

Säbener Platz (am Abzweig in den Perla-cher Forst, km 2,7 der Tour, siehe WW 1), Oberhaching-Deisenhofen (Kugler Alm), Deininger Weiher, Aufhofen, Thanning, Dietramszell, Kirchsee, Kleinhartpenning (P nähe Hackensee), Lochen, Baiernrain, Groß-/Kleineichenhausen, Altkirchen

**7** **km 15,2**/612 m  Man mündet *(nach kurzer Steilauffahrt)* an die Asphaltstraße bei Ödenpullach und folgt ihr links bergab in Ri. *„Wanderweg Gleissental-Deininger Weiher"*. **Nach 70 m** Abfahrt rechts bergab wieder auf den Forstweg **in o. g. Ri.** abzweigen *(weiter stets durchs Gleißental, ab km 16,8 eine schmälere, sehr holprige Waldpiste)*.

**8** **km 17,2**/614 m  Man mündet wieder an einen breiten Forstweg und fährt rechts leicht bergab Ri. *„Wanderweg Gleissental-Deininger Weiher"* **Nach 130 m** *(in der Rechtskehre)* links/geradeaus durch die Schranke auf den Weg **in o. g. Ri.** abzweigen *(führt stets weiter durchs Gleißental)*.

**9** **km 19,5**/618 m  <u>Durchfahrt am Ghs Deininger Weiher</u>: Die Fahrstraße queren, auf den Parkplatz abfahren und **nach 110 m** *(am Gasthaus)* links auf den Schotterweg *(an „P für Fahrräder" vorbei)*. **Nach 60 m** aufs rechte Schotterweglein Ri. *„Deining"* *(zunächst am Holzzaun, dann stets oberhalb des Badesees entlang, → **alternativ** außerhalb des Badebetriebs evt. unten direkt am See lang, <u>Schrittempo, Fußweg!!</u>)*.

**10** **km 20,6**/617 m  An der Wegekreuzung geradeaus *(beim Wiesengelände, rechts geht's nach Deining)*. **Nach 510 m** an der Verzweigung dem linken Weg bergauf folgen *(→ **alternativ** auf den rechten Zweig nach den Touren 32/35 über Dettenhausen nach Egling für andere Route zum Kirchsee, siehe Tour 28)*.

**11** **km 23,6**/652 m  <u>Ortsdurchfahrt Aufhofen</u>: Im Ort geradeaus Ri. *„Thanning"* bleiben *(„Hauptstraße", man quert die „Eulenschwanger Straße")*.

**12** **km 24,9**/646 m  <u>Ortsdurchfahrt Oehnböck u. Thanning</u>: Man mündet an die Fahrstraße und folgt ihr nach links *(Ri. „RS", am Bushalt)*. **Nach 180 m** rechts bergab Ri. *„Thanning"* und **nach 330 m** links abzweigen *(in „Weiherweg")*. **Nach 370 m** *(nach Linkskehre)* rechts auf Schotterweg zu den Thanninger Weihern abzweigen *(später ein Trail)*.

**13** **km 26,9**/649 m  Am Wegedreieck *(zwischen den Thanninger Weihern, nach der Graspiste)* geradeaus weiter auf dem schmalen Weglein *(später wieder ein Pfad)*. **Nach 690 m** mündet man an einem breiteren Weg und folgt ihm geradeaus. **Nach 430 m** an der Verzweigung auf den rechten Weg.

**14** **km 28,2**/656 m  Vom *(steiler bergauf führenden)* Hauptweg rechts auf schmalen Waldweg abzweigen. **Nach 110 m** mündet man an Graspfadspur *(an Wiesengelände)* und folgt ihr links/geradeaus.

**15** **km 28,7**/652 m  Man mündet wieder an einen Forstweg *(Feldkirchner Weg)*, folgt ihm links bergauf und zweigt gleich **nach 20 m** rechts ab.

**16** **km 29,9**/659 m  <u>Durchfahrt bei Thalweber und Reichertshausen</u>: Man mündet *(nähe Thalweber)*

### Variationen

Schwerer:

*1. Vom Säbener Platz die zahlreichen Trails oder Schotterpisten des Perlacher Forstes bis zum Kiosk Nußbaum-Ranch fahren:* Statt des in erster Linie zur schnellen Durchquerung des Forstes enthaltenen, jedoch etwas langweiligen asphaltierten Oberbiberger Hauptweges kann man auch die zahlreichen Trails oder schöneren Schotterpisten anderer Perlacher Forst-Routen fahren *(siehe auch Touren 2, 6, 6a, 6b, 9 und 24)*.

Leichter:

*2. Weitere leichte Fahrten durch den Perlacher Forst:* Eine schönere Zufahrt zu WW 2/Kiosk Nußbaum-Ranch ist z. B. die Route vom Säbener Platz auf Sulz- und Bahnweg und am Ende ein Stück auf dem Rechberg-Trail *(siehe Alt.-WW 5/Tour 12)*. Als Variante dazu auf Geiselgasteig-, Perlach-Asphalt-, Rechberg-Weg-/Trail fahren *(siehe Alt.-WW 6/Tour 12, an Bavaria-Filmgelände vorbei)*.

*3. Kürzere Tour ohne Fahrt zum Kirchsee, von Ried bei Dietramszell durch den Forst direkt nach Lochen:* Für eine Abkürzung kann man auf die Route über Dietramszell und Zeller Wald zum Kirchsee sowie über Hackensee verzichten und von WW 20 in Ried aus durch den Forst direkt nach Lochen fahren. Dort dann weiter nach WW 41 der Haupttour über Baiernrain, Gumpertsham etc. und am Ende durch den Deisenhofener Forst zurück nach München *(siehe Hinweis bei WW 20 sowie Alt.-WW 1)*.

**38**  **Münchner Kirchsee-Tour**  **84,0** km · **5:12** Std · **721** Hm

# 38 Münchner Kirchsee-Tour    84,0 km · 5:12 Std · 721 Hm

an einen Asphaltweg und folgt ihm rechts/geradeaus. **Nach 480 m** der Rechtskehre folgen und **nach 100 m** am Asphaltdreieck links.

**17 Km 31,1/670 m** Die Fahrtstraße queren und geradeaus auf dem Forstweg weiter **(bei km 32,4** mündet man am Kreuz/Marterl an eine Schotterwegkehre und fährt geradeaus auf dem flachen Weg weiter).

**18 Km 33,5/693 m** Durchfahrt bei Fögenbeuern: Man mündet an die Fahrtstraße, fährt rechts und zweigt **gleich nach 20 m** (kurz vor Ort) links auf das Asphaltsträßchen in Ri. **„Dietramszell"** ab.

**19 Km 35,3/692 m** Eine Fahrtstraße queren (kurz nach Sankt-Leonhard-Kirche) und geradeaus auf den bald geschotterten Feldweg nach Ried (→ **alternativ** für Route über Dietramszeller Kirchbichl, Obermühlthal und Trischberg zum Zeller Wald rechts, siehe Alt.-WW 3).

**20 Km 36,2/718 m** Durchfahrt Ried: Man mündet im Ort an einer Asphaltstraße (an allem Bauernhaus) und fährt rechts bis Dietramszell (→ **alternativ** für Kurztour ohne Kirchsee-Fahrt links nach Alt.-WW 1 durch den Forst bis Lochen zu WW 40, oder → **alternativ** für Route über Reith zum Hackensee siehe Alt.-WW 2).

**21 Km 37,3/708 m** Ortsdurchfahrt Schönegg und Dietramszell: An einer Asphaltkreuzung im Ort geradeaus (in die „Rieder Straße"). **Nach 230 m**

---

mündet man an eine Querstraße und fährt rechts bergab. **Nach 30 m** mündet man an der Fahrtstraße und folgt ihr links bergab bis zum Kloster. **Nach 480 m (km 38,0** am Kloster) links auf die Straße Ri. **„RS Kloster Reutberg, Kirchsee, Sachsenkam"** (in Ri. **„Holzkirchen, Pfarrheim"** abzweigen und **nach 30 m** (am Ghs „Schloßschenke") links. **Nach 80 m** rechts auf den Schotterweg in Ri. **„Pfarrheim"** abzweigen **(„Am Weiherfeld")** und diesem **nach 30 m** bergauf folgen (links ein P).

**22 Km 38,6/705 m** An der Verzweigung rechts. **Nach 180 m** dem linken Wegzweig bergab folgen (rechts „privat" zu Gebäude). **Nach 320 m** an der Wegkreuzung (kurz nach Kirche Maria Elend) geradeaus bergauf in Ri. **„Kirchsee, Bad Tölz"**.

**23 Km 39,4/735 m** Vom Forstweg rechts auf den Waldweg in Ri. **„Bad Tölz"** abzweigen (an Wiese entlang, → **alternativ** für schöne Trail-Route über die S-Bahn fahren (siehe Hinweis bei WW 35 sowie BIKE GUIDE 8). Eine ähnliche Route später ab WW 37 über Buch fahren, alternativ dazu über Pähnkom zum S-Bahnhof Otterfing siehe Hinweis WW 37). Auch probieren:

**6. Statt über Ried, Kloster und Kirche Maria Elend andere Route über Dietramszeller Kirchbichl, Obermühlthal und Trischberg-Hof in Ri. Zeller Wald fahren:** An WW 19 (Sankt-Leonhard-Kirche) rechts auf der Fahrtstraße nach Ri. **„Bad Tölz"** halten. **Nach 260 m** an der Verzweigung dem rechten Weg folgen. **Nach 150 m** an weiterer Wegkreuzung links fahren.

**24 Km 40,9/716 m** An der Wegkreuzung rechts zum Kirchsee siehe Alt.-Route 4). **Nach 220 m** am Pistendreieck (im Wald) bergab fahren. **Bei Km 40,2** mündet man an einer Forstwegkehre und fährt links bergauf in Ri. **„Bad Tölz, Kirchsee"**.

---

**4. Von Lochen über Ostern, Reith und auf tollem Wald-Trail-Downhill direkt hinab zum Hackensee:** Ebenfalls in WW 20 in Lochen kann man diese etwas abkürzende Route mit sehr reizvollen Wald-Trail-Downhills zum Hackensee fahren. Dort dann weiter nach WW 35/Hauptpour nach München oder den Abstecher auf einer der vielen Forstpisten oder Trails durch den Zeller Wald zum Kirchsee unternehmen (siehe Hinweis bei WW 20 sowie Alt.-WW 2, Tour 27 und ggf. Touren in BIKE GUIDE 8).

**5. Vom Hackensee über Kleinkarpenning in S-Bahn in Holzkirchen und mit der Bahn zurück nach München:** Wer am Ende nach langer Bodepouse im Kirchsee in Zeit- oder Konditionsnot ist, kann an WW 35 beim Hackensee nach Kleinkarpenning und über Buch nach Baumgarten nach Holzkirchen zur S-Bahn fahren (siehe Hinweis bei WW 35 sowie BIKE GUIDE 8).

**25**  **km 41,8**/709 m  Am Wegedreieck nach der Abfahrt links in Ri. *„Kirchsee"* (→ *alternativ für Route über Kogl rechts bergab, siehe WW 4-7/Tour 27*).

**26**  **km 42,6**/734 m  An der Verzweigung rechts Ri. *„Kirchsee"* (→ *alternativ geradeaus auf Weg „S5" für schöne Route um den Schindelberg zum Kirchsee*) und **nach 30 m** an der Kreuzung rechts halten.

**27**  **km 43,1**/725 m  In der zweiten Senke vom Forstweg rechts auf den Waldweg abzweigen *(→ alternativ auf Hauptweg 1,3 km zu WW 29)*. **Nach 120 m** an der Verzweigung dem rechten Weg folgen.

**28**  **km 43,4**/705 m  Man mündet an einen Forstweg und fährt links *(später am Kirchsee entlang)*.

**29**  **km 44,5**/700 m  Durchfahrt am Kirchsee: Man mündet an einen breiten Schotterweg und folgt ihm links leicht bergauf Ri. *„Dietramszell"* (*bei der Hütte, → alternativ für Badepause rechts, nach ca. 80 m folgen rechts die ersten, ruhigeren Badeplätze, nach weiteren ca. 500 m die belebteren Badeplätze an der Asphaltstraße nach Reutberg bei den Parkplätzen, dann evt. nach WW 7-14/Tour 27 zum Hackensee*).

**30**  **km 44,8**/710 m  An der Wiese rechts hoch auf steilen Forstweg abzweigen. **Nach 180 m** Auffahrt an Wegekreuzung rechts *(geradeaus mündet Weg vom Schindelberg, siehe Hinweis bei WW 26)*.

**31**  **km 46,2**/721 m  Am Forstwegedreieck *(an der Wampenmoos-Wiese)* links hoch auf den Weg in Ri. *„nach Dietramszell D3"* abzweigen.

**32**  **km 46,9**/762 m  Nach Auffahrt *(und kurzer Flachpassage)* rechts auf den bald abschüssigen Forstweg abzweigen. **Nach 130 m** an Wegekreuzung rechts bergab. **Nach 130 m** der Linkskehre folgen *(bald kurz bergauf, rechts zweigt ein Grasweg ab)*.

**33**  **km 47,9**/735 m  Man mündet an den Schotter-Fahrweg *(Dietramszell-Pelletsmühl, frei auch für Autoverkehr)*, fährt links und zweigt **nach 30 m** wieder rechts auf den Forstweg zum Hackensee ab.

**34**  **km 49,1**/684 m  Dem Hauptweg durch Rechtskehre folgen *(an Waldweiher, bald über Bachbrücke)*.

**35**  **km 50,0**/692 m  Durchfahrt beim Hackensee: Kurz nach dem Hackensee links auf den Forstweg abzweigen (→ *alternativ evt. bergauf über Kleinhartpenning zur S-Bahn Holzkirchen: 710 m bergauf bis zur Kreuzung/Bauminsel im Ort und links nach Tour aus BIKE GUIDE 8 über Buch/Baumgarten bis Holzkirchen*).

**36**  **km 50,7**/682 m  Am Forstwegedreieck rechts abzweigen *(nach 530 m der Rechtskehre folgen)*.

**37**  **km 51,7**/683 m  An der 5-Wegekreuzung links auf den ersten Weg abzweigen *(ca. 30 m weiter*

Dort weiter nach WW 23 der Haupttour bis zum Kirchsee *(siehe Hinweis bei WW 19 sowie Alt.-WW 3, nur auf dem HP!)*.

**7. Beste Kirchsee-Bike-Route von der Kirche Maria Elend auf den Trails der Wanderwege D3/S3 über Grüne Marter und Schwarzes Kreuz:** Diese in der Zeller Wald-Tour enthaltene Route ist die schönste Fahrt zum Kirchsee. Nach der Kirche Maria Elend bleibt man auf dem Haupt-Forstweg bis zur Grünen Marter und zweigt nach kurzer Abfahrt vom Holzmarterl rechts auf das Waldweglein des Wanderweges D3 ab. Auf herrlichen Trial-Bike-Pisten geht's hinab bis zur Wampenmoos-Wiese und auf Forstweg Richtung Stubenbach, bevor man wieder rechts der S3-Trail zum Kirchsee abzweigt *(siehe Hinweis bei WW 23 sowie Alt.-WW 4, nur auf dem HP!)*.

**8. Route über Kogl zum Kirchsee:** Zur Abwechslung eine weitere Route über den Bauernhof Kogl zum Kirchsee *(siehe Hinweis bei WW 25 sowie WW 4-7/Tour 27)*.

**9. Schindelberg-Route zum Kirchsee:** Etwas schwerere, sehr schöne Bike-Route als Alternative zum Forst- und Waldweg der Hauptroute. An WW 26 geradeaus und auf der schmalen Waldpiste des Wanderweges S5 nähe Schindelberg vorbei bis zum Kirchsee fahren *(siehe Hinweis bei WW 26, die Route ist in umgekehrter Richtung in Tour 27 enthalten)*.

**10. Auf Haupt-Forstweg zum Kirchsee:** Statt auf Waldweg an WW 27 weiter auf breitem Haupt-Forstweg bis zum See bleiben *(siehe Hinweis bei WW 27)*.

**38  Münchner Kirchsee-Tour**  **84,0** km · **5:12** Std · **721** Hm

# 38 Münchner Kirchsee-Tour

**84,0** km · **5:12** Std · **721** Hm

*zwei Wegabzweige, → alternativ dort links bergauf für Route über Buch nach Holzkirchen oder links bergab über Palnkam nach Otterfing, jeweils zur S-Bahn. Bei km 52,2 durchs Wiesengelände, dann steil bergauf).*

**38** **km 52,8**/708 m  Man mündet an der Fahrstraße, folgt ihr nach rechts und zweigt **nach 180 m** links auf den Schotterweg in Ri. *„Dietenhausen"* ab.

**39** **km 54,1**/727 m  Durchfahrt bei Dietenhausen: Man mündet an eine Asphaltstraßenkehre, fährt rechts und zweigt **nach 230 m** links auf das Asphaltsträßchen in Ri. *„Lochen"* ab.

**40** **km 56,7**/722 m  Ortsdurchfahrt Lochen: Beim Ortsbeginn geradeaus bleiben *(links mündet Sträßchen aus Ri. „Schlickenried", Variante von Ried, siehe Hinweis WW 20).* **Nach 140 m** mündet man an eine Straße, folgt ihr links/geradeaus und zweigt **nach 120 m** *(am Maibaum nähe Kirche)* rechts Ri. *„Linden"* ab *(„Lindener Straße")*. **Nach 50 m** auf den rechten Asphaltzweig Ri. *„Baiernrain"* *(„Birschlingweg")* und bald ortsauswärts nach Baiernrain.

**41** **km 58,8**/702 m  Ortsdurchfahrt Baiernrain: Man mündet an Straße *(vor Ort)* und fährt rechts/geradeaus. **Nach 50 m** *(am Ghs)* Fahrstraße queren und geradeaus *(„Lehrer-Vogl-Weg")*. **Nach 230 m** am Asphaltdreieck rechts und **nach 50 m** an der Kreuzung geradeaus *(„Argetweg", am Dorfweiher)*.

**42** **km 62,4**/675 m  Die Fahrstraße queren *(bei „Gumpertsham")* und geradeaus weiter auf Schotterweg.

**43** **km 64,8**/662 m  Durchfahrt Großeichenhausen: Man mündet an einer Straße, fährt links und **nach 100 m** an der Asphaltkreuzung rechts Ri. *„Altkirchen"* *(an Maibaum/Kapelle, auf die „Eichenhausener Straße", führt später durch Kleineichenhausen)*.

**44** **km 66,4**/652 m  Ortsdurchfahrt Altkirchen: Die *„Hauptstraße"* queren und geradeaus bleiben *(in den **„Stadtweg"**, ab km 67,3 Schotterweg, **stets auf diesem Hauptweg durch den Deisenhofener Forst**)*.

**45** **km 71,4**/599 m  Ortsdurchfahrt Oberhaching-Deisenhofen: Man mündet am Bahngleis und fährt links *(nach 180 m Asphalt)*. **Nach 670 m** die Fahrstraße queren und geradeaus Ri. *„Bahnhof"* *(auf „Sauerlacher Straße")*. **Bei km 72,6** geradeaus bleiben *(bei Bahnübergang, links Abzweig „Stefanienstraße" Ri. „Wanderweg Gleißental, Deininger Weiher")*. **Nach 350 m** auf den Fuß-/Radweg wechseln. **Bei km 73,2** geradeaus über den Bhf-P. **Nach 210 m** am P-Ende links an der Fußgängerunterführung vorbei und **nach 30 m** rechts auf den Fuß-/Radweg. **Bei km 73,7** ein kurzes Stück auf der Straße weiter *(„Ödenpullacher Straße")*, dann die *„Laufzorner Straße"* queren *(rechts ein Bahnübergang)* und wieder auf den Fuß-/Radweg bis zum Whs Kugler Alm *(stets am Bahngleis)*.

---

### Alternativ-Route 1

Tour ohne Kirchsee-Fahrt, von Ried bei Dietramszell durch den Forst nach Lochen:

| | | |
|---|---|---|
| 36,2 | Ried | 718 2:16 |
| 36,9 | Waldrand | 722 |
| 37,8 | Kreuzung im Forst | 735 |
| 38,7 | Asphaltsträßchen | 726 |
| | *(nähe Schlickenried)* | |
| 39,4 | Lochen | 722 2:27 |
| → weiter nach der Haupttour | | |

### Alternativ-Route 2

Von Ried über Osten, Reith und auf tollem Wald-Trail-Downhill direkt zum Hackensee:

| | | |
|---|---|---|
| 36,2 | Ried | 718 2:16 |
| 37,5 | Osten | 719 |
| 38,4 | Reith | 716 2:25 |
| 39,0 | Waldweg/Trail | 733 |
| 39,9 | Querung Forstweg | 716 |
| 40,2 | Waldweiher | 684 3:36 |
| | *(nähe Hackensee)* | |
| → weiter nach der Haupttour | | |

### Alternativ-Route 3

Von der St.-Leonhard-Kirche über den Dietramszeller Kirchbichl, Obermühlthal und den Trischberg-Hof in den Zeller Wald:

| | | |
|---|---|---|
| 33,3 | St.-Leonhard-Kirche | 692 2:11 |
| 36,6 | Dietramszell/Schönegg | 709 2:17 |
| 37,2 | nähe Kirchbichl | 708 |
| 37,4 | Wiesen-Trail | 698 |
| 37,6 | Querung Fahrstraße | 667 |

**46 km 75,3/585 m** <u>Durchfahrt beim Whs Kugler Alm</u>: Auf der Asphaltstraße am Wirtshaus vorbei. **Bei km 76,0** (links zweigt der mit „RS" beschilderte Schotterweg vom Beginn der Tour ab) weiter auf dem Asphaltweg bleiben und <u>auf der bekannten Anfahrtsroute stets durch den Perlacher Forst zurück</u> (bald Schotterweg, später am Kiosk vorbei, wieder auf Asphaltweg durch Bahnunterführung, durch den Forst zum Giesinger Waldhaus und an der Säbener Straße zurück bis zum Grünwalder Stadion, km 84,0).

### Alternativ-Wegweiser 1
*Für Route ohne Kirchsee-Fahrt, <u>von Ried durch den Forst nach Lochen</u> (Gesamttour: 67,0 km/3:54 Std/427 Hm):*

**20 km 36,2/718 m** <u>Durchfahrt Ried</u>: Man mündet im Ort an einer Asphaltstraße (an altem Bauernhaus), fährt links und zweigt **nach 70 m** links auf den Schotterweg ab (mittlerer Weg, an Hof vorbei).

**21 km 37,0/722 m** Am Waldrand dem mittleren Weg durch die leichte Linkskehre bergauf und <u>dann stets den roten Markierungen folgen</u> (nach **170 m** linken Wegabzweig <u>liegen lassen</u>, nach **260 m** an der Verzweigung dem rechten, flachen Weg folgen).

**22 km 37,8/735 m** An der Wegekreuzung links (nach der roten Pfeilmarkierung links am Baum, rechts gehts zum Augel-Waldweiher, Abstecher ca. 700 m).

**23 km 38,7/726 m** Man mündet an ein Asphaltsträßchen und folgt ihm rechts/geradeaus.

**24 km 39,4/722 m** <u>Ortsdurchfahrt Lochen</u>: Am Asphaltdreieck beim Ortsbeginn links/geradeaus weiter zur Ortsmitte → ***weiter nach WW 40 der Haupttour*** (rechts mündet Sträßchen von Dietenhausen).

### Alternativ-Wegweiser 2
*Für eine <u>Route von Ried über Osten und Reith, mit schönem Wald-Trail-Downhill direkt zum Hackensee</u>:*

**20 km 36,2/718 m** <u>Durchfahrt Ried</u>: Man mündet im Ort an einer Asphaltstraße (an altem Bauernhaus) und folgt ihr nach links bald ortsauswärts.

**21 km 37,9/702 m** Nach einer Abfahrt mündet man an der Fahrstraße, folgt ihr nach links und zweigt **nach 100 m** rechts auf das Asphaltsträßchen nach Reith ab (Sackgasse).

**22 km 38,4/716 m** <u>Durchfahrt Reith</u>: Am Bauernhof links auf den leicht bergauf führenden Schotterweg abzweigen (bald durch die Unterführung der Scheunenzufahrt und weiter auf Schotter-Feldweg).

**23 km 38,8/733 m** Beim Stadel der Rechtskehre folgen. **Nach 270 m** (direkt vor einem weiteren Stadel) – weiter siehe **Wegweiser auf dem Höhenprofil** –

| | | | |
|---|---|---|---|
| 38,0 | Obermühlthal | 665 | 2:23 |
| 38,9 | Trischberg-Hof | 720 | |
| 39,3 | Zeller Wald | 709 | 2:30 |
| | *(Forstwegkehre, Mündung* | | |
| | *des Weges von Maria Elend)* | | |
| | → *weiter nach der Haupttour* | | |

### Alternativ-Route 4
Eine etwas schwerere, aber auch die beste Bike-Route von Dietramszell durch den Zeller Wald zum Kirchsee. Von Maria Elend auf dem Forstweg zur Grünen Marter und dann auf den Wanderwegen D3/S3 über das Schwarze Kreuz und Wampenmoos:

| | | | |
|---|---|---|---|
| 39,4 | Zeller Wald | 735 | 2:30 |
| | *(Wegabzweig Ri. Tölz, kurz* | | |
| | *nach der Kirche Maria Elend)* | | |
| 39,6 | Wegedreieck | 763 | |
| 39,8 | Wegabzweig | 769 | |
| 40,2 | Grüne Marter | **798** | 2:36 |
| 40,2 | Abzweig D3-Trail | 795 | |
| 41,0 | Schwarzes Kreuz | 758 | 2:39 |
| 41,8 | Wegedreieck | 721 | 2:43 |
| | *(am Wampenmoos,* | | |
| | *in Richtung Stubenbach)* | | |
| 42,3 | Abzweig S3-Trail | 716 | 2:45 |
| 42,9 | Asphaltstraße | 706 | |
| 43,3 | Kirchsee | 699 | 2:49 |
| | *(Hauptbadeplätze/P)* | | |
| 43,9 | Kirchsee | 700 | 2:52 |
| | *(Forstweg in Zeller Wald)* | | |
| | → *weiter nach der Haupttour* | | |

**38 Münchner Kirchsee-Tour** — **84,0** km · **5:12** Std · **721** Hm

# 39 Tölzer Benediktenwand-Rundfahrt

**70,6** km · **4:58** Std · **850** Hm

## Mittelschwere Tour!

Große, sehr vielfältige Bike-Runde um das Benediktenwand-Massiv und am Walchensee vorbei, auf einer relativ flachen Route durch das Alpenvorland und die schönen Flußtäler von Isar und Jachen.

**V**om Parkplatz der Tölzer Blombergbahn fährt man über Sauersberg und die Wackersberger Hochfläche sowie unweit der Waldherralm vorbei ins Isartal. Schotter-Radwege leiten durch idyllische Flußauen und später direkt am Wasser entlang gemächlich südwärts zur Einfahrt ins Jachental hinter Lenggries. Auf einer Forstpiste und teils auf der Straße sowie durch die Reichenau wird das ausgedehnte Tal mit seinen schmucken Bauernhöfen bis zum Hauptort Jachenau-Dorf durchquert. **D**ort folgen erste steilere Auffahrten über Berg bis zur Fieberkapelle auf einem Waldsattel, von dem ein Asphaltsträßchen hinab nach Sachenbach am Walchensee leitet. Eine traumhafte Uferfahrt führt nach Urfeld und auf der B 11 geht es kurz hinauf zum Kesselbergsattel. Die alte Piste dient als Downhill ins Vorland an den Kochelsee, der wieder schöne Uferfahrten bietet. Auf traumhaften Loisach-Trails quert man das sehr idyllische Rohrseemoos und erreicht später das Alpenwarmbad bei Gschwendt. Diverse reizvolle Bike-Pisten, einschließlich des herrlichen Steinbach-Trails, leiten nun stets am Fuß der Berge über Schönau, Raumsau und den Stallauer Weiher zurück zur Blombergbahn.

| km | Ort | Höhe | Zeit |
|---|---|---|---|
| 0,0 | **Bad Tölz** | 840 | |
| | *P Blombergbahn* | | |
| 0,8 | Sauersberg | 711 | |
| 3,2 | bei Pestkapelle | 709 | |
| 3,9 | Lehen | 723 | 0:16 |
| 4,6 | Schnait | 723 | |
| 6,4 | Arzbach *(nä. Alpenbad)* | 676 | 0:27 |
| 7,0 | Isarsteg *(bei Obergrieß)* | 666 | 0:30 |
| 7,1 | Isartal-Radweg | 665 | |
| 10,4 | bei Lenggries | 673 | 0:41 |
| 13,6 | Bretonenbrücke | 690 | 0:54 |
| 14,9 | Langeneck | 692 | |
| 16,5 | Leger | 698 | |
| 19,5 | Wegekreuzung | 723 | 1:18 |
| 20,5 | Fahrstraße Jachental | 713 | 1:21 |
| 25,1 | Jachenauer Tal | 728 | 1:35 |
| | *(nähe Petern/Ort)* | | |
| 25,6 | Reichenautal | 736 | |
| 29,5 | Lainbachtal | 842 | 2:03 |
| 32,0 | Jachenau-Dorf | 770 | 2:13 |
| 33,3 | Berg | 832 | |
| 34,9 | Fieberkapelle | **885** | |
| 37,2 | Sachenbach | 803 | 2:37 |
| 39,8 | Urfeld a. Walchensee | 802 | 2:48 |
| 40,7 | Kesselbergsattel | 859 | |
| 44,3 | Kochelsee | 605 | |
| 45,5 | Kochel | 623 | |
| 46,5 | Kochelsee *(trimini-Bad)* | 604 | 3:17 |
| 48,3 | Rohrseemoos | 599 | |
| 50,7 | nähe Brunnenbach | 600 | |
| 55,2 | Gschwendt *(Alpenbad)* | 650 | 3:47 |
| 57,9 | Hofstätt | 653 | |
| 58,2 | Steinbachbrücke | 656 | 3:59 |
| | *(nähe Obersteinbach)* | | |
| 58,5 | Steinbach-Trail | 645 | |
| 59,1 | Querung B 11/B 472 | 633 | |
| 61,0 | Fahrstraße | 596 | 4:10 |
| 61,5 | *(tiefster Punkt)* | **594** | |
| 62,0 | Achmühl | 599 | 4:13 |
| 63,3 | Schönau | 619 | |
| 64,5 | Stallauer Bachtal | 616 | |
| 65,5 | Ramsau | 637 | 4:28 |
| 66,0 | Hub | 661 | |
| 67,4 | beim Wörnern-Hof | 711 | |
| 68,3 | Ghs Wiesweber | 715 | 4:48 |
| 68,6 | Stallauer Weiher | 712 | |
| 70,1 | Café Nirwana | 706 | |
| 70,6 | P Blombergbahn | 703 | 4:58 |

*– Alt.-Routen 1+2 siehe Wegweiser-Seiten –*

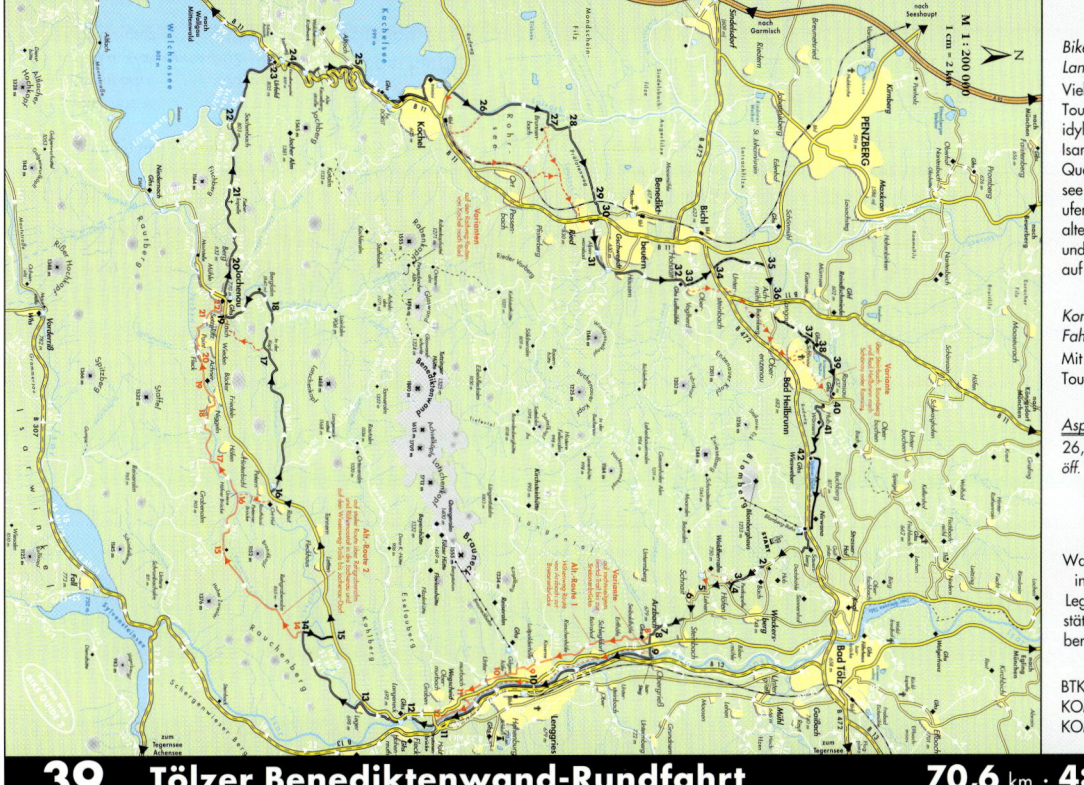

## Erlebniswert

*Bike-Spaß:* ★★★☆☆
*Landschaft:* ★★★★☆  ④-⑤

Vielfältige, äußerst abwechslungsreiche Tour mit genußvollen Fahrten auf den idyllischen Wegen und Pisten durchs Isartal und die Jachenau. Schöne Bike-Querung von Jachenau zum Walchensee und lange Passsage direkt am Seeufer entlang. Toller Downhill auf der alten Kesselbergstraße zum Kochelsee und eine traumhafte Alpenvorland-Route auf den Trails durch das Loisachmoos.

## Schwierigkeitsgrad

*Kondition:* ●●●●●○
*Fahrtechnik:* ●●○○○○  ❸

Mit Ausnahme der Marathonlänge der Tour keine besonderen Schwierigkeiten.

## Fahrbahnen

| *Asphalt* | *Schotter+Pisten* | *Trails+Trials* |
|---|---|---|
| 26,8 km | 24,5/5,3 km | 14,0/0,0 km |

*öff. Verkehr:* 18,8 km  *Mautverkehr:* 0,0 km

## Schiebe-/Tragestrecken

keine

## Rast

Waldherralm *(Abstecher)*, Gasthäuser in Arzbach, Lenggries, Langeneck, Leger, Jachenau, Urfeld, Kochel, Hofstätt, Schönau, Ramsau, Ghs Wiesweber *(Stallauer Weiher)*, Café Nirwana

## Karten

BTK Bad Tölz-Lenggries   M 1:50.000
KOMPASS Nr. 7            M 1:50.000
KOMPASS Nr. 182          M 1:50.000

---

**39 · Tölzer Benediktenwand-Rundfahrt · 70,6 km · 4:58 Std · 850 Hm**

# 39 Tölzer Benediktenwand-Rundfahrt

**70,6 km · 4:58 Std · 850 Hm**

## Anfahrt

**Auto:** Von München nach Grünwald und dort geradeaus stets der Staatsstraße 2072 weiter in Ri. „Bad Tölz" über Straßlach, Deining und Egling bis Bad Tölz (50 km, 0:55 Std).

**Bahn:** Von München/Starnberger Bhf. nach Bad Tölz und mit dem Bike durch den Ort und auf dem Radweg an der B 472 zur Blombergbahn.

*Die Tour beginnt etwa in der Mitte des Parkplatzes, auf Höhe der Einfahrt.*

### Alternative Startorte

P Waldherralm, Arzbach, Lenggries, Langeneck, Jachenau, Urfeld am Walchensee, Kochel, Benediktbeuern, Bad Heilbrunn (Ramsau), Stallauer Weiher

### Fahrt zum Startplatz

Den Ort Bad Tölz stets der Hauptstraße in Richtung B 13/B 472 durchqueren. Man mündet an der B 13/B 472 und folgt ihr nach rechts. Nach 1,2 km (am Abzweig nach Lenggries und zum Sylvensteinsee) geradeaus auf die B 472 in Ri. „Peißenberg, Kochel" bleiben. Nach 5,6 km links auf den großen, beschilderten Schoterparkplatz direkt an der Talstation der „Blomberg-Bahn" abzweigen.

## Wegweiser

1 **km 0/703 m** Links über den Parkplatz und dem Schoterweg in Ri. „Über Sauersberg, Bad Tölz, Waldherralm, Wackersberg" bald bergauf folgen. Nach 560 m am Wegedreieck rechts Ri. „Bad Tölz" (an Marterl/Gatter, bald bergab). Nach 220 m Mündung an Asphaltsträßchen, rechts fahren.

2 **km 1,9/700 m** Am „Lehrbienenstand" rechts ab auf Forstweg Ri. „Zur Pestkapelle, Waldherralm".

3 **km 2,8/706 m** Dem Hauptweg Ri. „Zur Pestkapelle" folgen (rechts ein Wiesenpradabzweig Ri. „Zur Waldherralm". → *alternativ* rechts ab, 900 m zu Whs, dort auf Schoterweg 140 m bergab und am Parkplatz weiter auf Asphaltstraße 370 m zu in WW 5/Lehen).

4 **km 3,2/709 m** Man mündet (kurz nach der Pestkapelle) an ein Asphaltsträßchen und fährt rechts Ri. „Waldherralm, ..." „nach 300 m weiter auf dem Sträßchen Ri. „nach Lehen", rechts mündet Feldweg).

5 **km 3,9/723 m** Durchfahrt Lehen: Man mündet an eine Querstraße und fährt links Ri. „Steinbach" (rechts mündet o. g. Variante über die Waldherralm).

6 **km 4,6/710 m** Durchfahrt Schnait: Am Asphaltdreieck der Linkskehre folgen. Nach 550 m mündet man an eine Straße und fährt rechts. Nach 140 m rechts auf den Schoterweg Ri. „Arzbach, Arzbach," abzweigen (bald über Bachbrücke). Nach 100 m die Asphaltstraße queren und geradeaus auf den schmalen Schoterpfad (durch die Wiesen).

7 **km 5,8/685 m** Durchfahrt Lain: Am Kapellchen geradeaus auf Schoterweg weiter, nach 50 m Asphaltweg queren, nach 110 m (in Rechtskehre bei Bauernhof) geradeaus/links auf Pfad abzweigen.

8 **km 6,1/686 m** Durchfahrt Arzbach: Am ersten Haus dem Schoterweg folgen. Nach 90 m das Asphaltsträßchen queren und geradeaus übers Bauernhofgelände (am großen Baum vorbei). Nach 30 m mündet man (durch Öffnung in Hecke) an eine Asphaltstraße und fährt links (bei Haus Nr. „9"). Nach 50 m in der Linkskehre rechts bergauf auf den Asphaltpfad abzweigen. Nach 120 m mündet man an eine Straße und folgt ihr nach links ← *alternativ* für Höhenweg-Route zu WW 11/Bretonenbrücke geradeaus über Brücke Ri. „Höhenweg Lenggries", siehe Alt.-WW 1). Nach 180 m (km 6,6 an Arzbachbrücke) die Fahrstraße queren und geradeaus auf den Dammpfad Ri. „Isarufweg Lenggries, Obergries, Tölz" (am Arzbach entlang).

9 **km 7,0/666 m** An der Arzbachbrücke geradeaus bleiben (→ *alternativ* für Route über Schleglendorf zur Bretonenbrücke rechts ab in Ri. „Isarwanderweg Lenggries", siehe WW 3-7/Tour 1, Fußgängerweg!).

*Nach 60 m* rechts ab über den Isarsteg Ri. *"RS Lenggries, Leger"* und danach dem Isartal-Radweg nach links *in o. g. Ri.* stets isaraufwärts bis Lenggries folgen *(bei km 8,5 kurz auf Fahrstraße über Steinbachbrücke, dann weiter auf Schotter-Radweg).*

10. **km 10,5**/673 m Durchfahrt bei Lenggries: Die Isarbrücke *(Fahrstraße)* unterqueren und weiter stets auf dem Radweg isaraufwärts *(bei km 11,7 ist in Ri. "Isaruferweg Wegscheid, Fleck" beschildert).*

11. **km 13,5**/683 m Auf dem Asphalt-Radweg geradeaus bergauf bleiben *(nach B 13-Unterführung, rechts über Parkbucht ist Ri. "Fleck, ..., Ghs Papyrer" beschildert,* → **alternativ** *für Route über Sylvenstein, Schronbachtal ins Jachenautal siehe WW 2-8/Tour 19).* *Nach ca. 40 m* Auffahrt rechts auf dem Radweg über die Bretonenbrücke. *Nach 270 m* rechts bergab auf das Asphaltweglein in Ri. *"Isaruferweg n. Lenggries, Langeneck, Leger ..."* abzweigen. *Nach 30 m* Abfahrt am Fuß-/Radwegedreieck *(km 13,8 Mündung der Alt.-Route 1 über Schlegldorf)* rechts auf das Schotter-Fuß-/Radweglein und die Brücke unterqueren.

12. **km 14,8**/692 m Durchfahrt Langeneck: An der Fahrstraße *(Sägewerksgelände)* links auf dem Pfad weiter in Ri. *"Leger, Jachenau, Ghf Langeneck"* *(bald wieder breiterer Fuß-/Radweg, führt nähe Ghf Langeneck vorbei, später links über eine Jachenbrücke).*

13. **km 16,4**/692 m Durchfahrt Leger: Man mündet an eine Aphaltstraße *(am "Gästehaus Café Landerermühle", rechts Jachenbrücke/Fahrstraße)* und fährt links Ri. *"Rad- u. Fußweg Jachenau"*. Nach 160 m *(nach Überquerung einer Bachbrücke)* rechts ab auf den bald geschotterten Weg in Ri. *"Jachenau"*. **Nach 200 m** *(in Linkskehre vor Schranke)* rechts auf den Schotterweg abzweigen. **Bei km 17,9** *(in Linkskehre)* vom neuen Weg rechts/geradeaus auf etwas schmäleren Schotterweg abzweigen.

14. **km 19,4**/723 m An der Wegekreuzung rechts *(später über Jachenbrücke zur Fahrstraße,* → **alternativ** *für extrem steile Route über Rehgrabenalm, Röhrmoostal, Untere Höfnerbrücke und auf Wiesenweg zu WW 19 links bergauf Ri. "Rad- u. Fußweg Jachenau, Radweg Jachenau, Sylvensteinsee nur Bike...", siehe Alt.-WW 2).*

15. **km 20,4**/713 m Man mündet an der Fahrstraße und folgt ihr links bergauf ins Jachenauer Tal.

16. **km 25,0**/729 m Von der Fahrstraße rechts auf Forstweg Ri. *"Benediktenwand, Reichenautal, Jachenau"* abzweigen *(→ alternativ für Wiesenweg-Route zu WW 19 ca. 300 m zuvor links auf Asphaltweg Ri. "Am Orth, Wiesenweg Jachenau" abzweigen, nach 340 m an Verzweigung auf den rechten Schotterweg, nach 490 m nach der Peterner Brücke rechts aufs Schotterweglein in Ri. "Großer Rundweg Höfen, Jachenau" abzweigen und 510 m bis zu WW 16/Alt.-Route 2).*

### Variationen

Schwerer:

*1. Über Röhrmoostal/Rehgrabenalm ins Jachenauer Tal und dort auf der schönen Trail-Route des Wiesenweges durch die Weiler nach Jachenau-Dorf:* Alternativ zur beschriebenen leichteren Route auf der Fahrstraße kann man diese schönere, aber extrem steile Fahrt mit Steigungen von um die 20 % ins Jachenauer Tal absolvieren. Dazu an der Wegekreuzung an WW 14 links auf dem bald schon sehr steilen Forstweg bergauf, später auf der Höhe an der Rehgrabenalm vorbei und durchs Röhrmoostal, am Ende wieder steil hinab zur Unteren Höfner Brücke im Jachenauer Tal. Über die Brücke in Richtung Höfen und dann links bald auf der Wiesenweg-Route mit vielen schönen Weglein und Pfaden durch die zahlreichen Weiler des Tals bis in die Ortsmitte von Jachenau-Dorf *(siehe Hinweis bei WW 14 sowie Alt.-WW 2, nur auf dem HPI).* Alternativ kann man vor der Unteren Höfner Brücke rechts abzweigen und auf dem neuen Weglein am Jachen entlang und über die Peterner Brücke zu WW 16 der durchs Reichenautal bis nach Jachenau-Dorf führenden Haupttour queren *(siehe auch WW 19-20/Tour 16).*

*2. Ähnlich wie Variante 1, jedoch von der Bretonenbrücke über Sylvenstein und Schronbachtal ins Jachenauer Tal:* Schöne Erweiterungsmöglichkeit von der Bretonenbrücke nähe Lenggries weiter isartalaufwärts in Richtung Sylvenstein

**39** Tölzer Benediktenwand-Rundfahrt · **70,6** km · **4:58** Std · **850** Hm

# 39 Tölzer Benediktenwand-Rundfahrt · 70,6 km · 4:58 Std · 850 Hm

*Nach 600 m* an Verzweigung links Ri. *„Großer Rundweg Reichenautal, Jachenau"* (bergauf geht's Ri. „Benediktenwand"). *Nach 540 m* auf Hauptweg bleiben (nähe Blockhütte, rechts hoch Wegabzweig).

**17** *km 28,2/819 m* Am Wiesengelände auf Weg Ri. *„Jachenau"* bleiben (über Weiderost). *Nach 70 m* am Wegedreieck rechts Ri. *„Jachenau-Dorf"*.

**18** *km 29,5/842 m* Man mündet an den Querweg im Lainbachtal und fährt links nach Jachenau.

**19** *km 31,5/768 m* Ortsdurchfahrt Jachenau: Man mündet an der Fahrstraße und folgt ihr rechts zur Ortsmitte (nach 240 m mündet links Pfad der Wiesenweg-Route/Alt.-Route 2). *Nach 470 m* im Dorf (am „Ghf Post") der Linkskehre folgen und *nach 70 m* rechts auf das Sträßchen in Ri. *„Ortsteil Berg, Rundweg ..., Sachenbach, Urfeld"* abzweigen.

**20** *km 33,4/832 m* Durchfahrt Berg: Am letzten Haus geradeaus in Ri. *„Sachenbach, Urfeld am Walchensee, Jochberg"* und ortsauswärts (bald Schotterweg). *Nach 500 m* auf den rechten Wegzweig bergauf in Ri. *„Sachenbach, Urfeld am Walchensee (Radweg), ..."*.

**21** *km 35,2/872 m* Man mündet am Asphaltsträßchen (Waldsattel) und folgt ihm rechts/geradeaus bald hinab nach Sachenbach am Walchensee.

**22** *km 37,2/803 m* Durchfahrt Sachenbach: Kurz nach „Sachenbach" geradeaus auf Asphaltweg Ri. *„Urfeld"* bleiben (stets am Walchenseeufer lang, links Schotterwegabzweig Ri. „Fußweg Niedernach").

**23** *km 39,8/802 m* Durchfahrt Urfeld: Man mündet an B 11 (am „Hotel Post"), folgt ihr rechts bergauf.

**24** *km 40,7/859 m* Am Kesselbergsattel (kurz nach Abzweig des Reitwegs zum Herzogstand, am Bushalt) von der B 11 links bergab auf den Schotterweg Ri. *„Kochel a. See über Alte Kesselbergstraße, Walchenseekraftwerk"* abzweigen (bald an kleinem P vorbei, *nach gut 600 m* Abfahrt mündet man an Kehre der B 11, fährt links an der Straße *150 m* leicht bergab und zweigt wieder auf den alten Schotterweg ab. → *Alternativ* vom Kesselbergsattel auch Downhill auf der B 11 nach Kochel, ca. 4,5 km bis zu WW 25).

**25** *km 43,0/625 m* Ortsdurchfahrt Kochel: Man mündet an der B 11 und folgt ihr links bergab. *Nach 200 m* links auf den Fußweg wechseln (führt an der B 11, später direkt am Kochelsee entlang, am „Hotel Rest. Grauer Bär" vorbei). *Bei km 44,5* (bei der Firma „Dorst") wieder auf die B 11. *Nach 140 m* links auf den Fuß-/Radweg abzweigen (später nach der Auffahrt am Gehsteig weiterfahren). *Bei km 45,5* links in die *„Bayerlandstraße"* abzweigen. *Nach 270 m* rechts bergab auf den Asphaltpfad abzweigen (zum Seeufer, dort rechts

und von dort durchs Schronbachtal und dann entweder über die Grabenalm direkt zur Wiesenweg-Route oder über die Untere Höfner Brücke ins Jachenautal fahren *(siehe Hinweis bei WW 11 sowie WW 2-8/Tour 19).*

**3. Von Jachenau über die Kotalm zum Kochelsee:** Erschwerung der normalen Tour mit dieser Bergüberquerung von WW 19 in Jachenau aus *(siehe auch Tour 19/BIKE GUIDE 1).*

**4. Erweiterung von Sachenbach am Walchensee auf dem Seeufer-Trail nach Niedernach und über den Altlachberg, Gasthof Einsiedl, Zwergern und Walchensee-Ort bis nach Urfeld:** Schöne, aussichtsreiche Erweiterung rund um den Walchensee auf der o. g. Route von WW 22 bei Sachenbach aus *(siehe Tour 29 oder Tour 3/BIKE GUIDE 1).*

**5. Abstecher von Urfeld bzw. vom Kesselbergsattel auf den Herzogstand:** An WW 24 auf dem Kesselbergsattel links abzweigen und auf abschnittweise sehr steiler Route bis zum Herzogstandhaus. Anschließend zurück zum Kesselbergsattel oder über Pionierweg, Höhenweg und Walchensee-Kraftwerk zum Kochelsee *(siehe auch Tour 36/BIKE GUIDE 1).*

**6. Vom Alpenwarmbad bei Gschwendt aus eine Erweiterungsschleife über Kohlstatthütte, Eibelsfleckalm und das Lainbachtal fahren:** Schöne Erweiterung auf der o. g. Route durch die Waldberge am Fuße der Benediktenwand *(siehe auch Tour 18 bzw. Alt.-Route/Tour 18).*

auf den Schotterweg, bald an Kiosk vorbei und stets am Ufer entlang. **Bei km 46,5** *(trimini-Bad)* mündet man an eine Asphaltstraße, fährt links und zweigt gleich **nach 20 m** wieder links auf den Schotter-Fußweg ab *(kurz vor der Schranke/P)*. **Nach 380 m** mündet man wieder an der Asphaltstraße und folgt ihr nach links. **Bei km 47,2** *(an der Loisachkanalbrücke)* die Fahrstraße queren und schräg links gegenüber auf den Weg in Ri. **„Loisach-Rundweg, Brunnenbach, Benediktbeuern"** fahren *(wird später zum Pfad direkt an Loisach entlang)*.

**26** **km 48,3**/599 m Nach Überquerung des kleinen Bachstegs mündet man an einen Querpfad und folgt ihm nach links **in o. g. Ri.**

**27** **km 50,7**/600 m Am Wegedreieck *(nähe Brunnenbach)* geradeaus in Ri. **„RS Benediktbeuern, Bichl, Bad Tölz"** bleiben.

**28** **km 51,3**/599 m Dem Weg nach rechts **in o. g. Ri.** über die Lainbachbrücke folgen *(Prälatenweg)*.

**29** **km 53,5**/618 m An der Wegekreuzung geradeaus auf den Asphaltweg *(durch Bahnunterführung)* Ri. **„RS Ried, Kochel a. See, Benediktbeuern"**.

**30** **km 54,1**/629 m Durchfahrt bei Ried: Man mündet an eine Querstraße und fährt rechts in Ri. **„Ried, Kochel a. See"**. **Nach 30 m** die B 11 queren und auf dem jenseitigen Radweg nach rechts *(in Ri. „Innsbruck, Kochel a. See")*. **Nach 230 m** *(direkt nach der Lainbachbrücke)* links auf den Pfad abzweigen *(diesem stets am Lainbachgraben entlang leicht bergauf zum Alpenwarmbad Gschwendt folgen)*.

**31** **km 55,2**/650 m Durchfahrt Alpenwarmbad, Gschwendt, Häusern: Man mündet am Asphaltweg und folgt ihm geradeaus *(am Alpenwarmbad vorbei, bald Ri. „Benediktenwand, Tutzinger Hütte, ..."* beschildert, → **alternativ** links über die Brücke und rechts auf Schotterweg nach Gschwendt)*. **Nach 100 m** links auf den Fußweg Ri. **„Rundweg 7 Mariabrunn, ..."** abzweigen. **Nach 230 m** am Wegedreieck rechts bergauf. **Nach 300 m** mündet man am Forstweg *(ins Lainbachtal)* und fährt links über die Brücke. **Nach 100 m** *(bei Gschwendt, links mündet o. g. Variante)* rechts in die **„Häusernstraße"** abzweigen. **Nach 360 m** *(am „Reit-Verein Benediktbeuern")* rechts auf den Schotterweg *(„Windpässelweg")* und **nach 50 m** links auf den Feldweg abzweigen. **Bei km 56,9** mündet man an einer Asphaltstraße, fährt rechts in Ri. **„Waldcafé Schreiner"** und zweigt **nach 40 m** links auf den Schotterweg ab *(„Hinterholzweg")*.

**32** **km 57,9**/653 m Durchfahrt Hofstätt: Man mündet an eine Asphaltwegkehre und fährt geradeaus *(rechts geht's ins Steinbachtal)*. **Nach 70 m** an der Asphaltkreuzung *(beim „Ghf Ludlmühle")* rechts.

---

**7. Vom Alpenwarmbad bei Gschwendt aus auf der Bergroute über Kohlstatt- und Brandenberghütte, Sattelalm, Hint. Felleralm, Lexenhütte, nähe Lehenbauernalm vorbei und über die Waldherralm zur Blombergbahn:** Bestens geeignete Kombination für einen eventuellen schwereren Abschluß der Tour *(siehe auch Tour 18 mit Alt.-Route sowie Alt.-Route 2/Tour 3 in umgekehrter Richtung)*.

Auch probieren:

**8. Höhenweg-Route von Arzbach zur Bretonenbrücke bei Wegscheid:** Wer die als Fußgängerwege beschilderten Trails nähe Isar zwischen Arzbach, Lenggries und Wegscheid scheut, kann an WW 8 in Arzbach auch direkt auf die Höhenweg-Route nach Wegscheid steuern und nach dem Alternativ-Wegweiser zu WW 29 der Haupttour fahren *(siehe Hinweis bei WW 8 sowie Alt.-WW 1)*.

**9. Im Jachenauer Tal über Ort, Peterner Brücke und Untere Höfner Brücke zur Wiesenweg-Route:** Wer statt durch das Reichenautal lieber die vielleicht etwas reizvolleren Trails zur Wiesenweg-Route bis nach Jachenau-Dorf fahren möchte, zweigt bei WW 16 links nach Ort ab und fährt ab der Unteren Höfner Brücke weiter nach WW 16-22/Alt.-Route 2 zum Wiesenweg *(siehe Hinweis bei WW 16 und Alt.-WW 2, nur auf dem HPI)*.

**10. Weitere Routen durchs Loisachtal:** Ab Kochelsee gibt es neben der Hauptroute noch eine Vielzahl anderer Tourenmöglichkeiten zur Tölzer Blombergbahn *(siehe Touren 11, 14, 23, 25, 26, 34)*.

---

**39** **Tölzer Benediktenwand-Rundfahrt** **70,6** km · **4:58** Std · **850** Hm

# 39 Tölzer Benediktenwand-Rundfahrt

**70,6** km · **4:58** Std · **850** Hm

**33** **km 58,2**/656 m Links auf den Schotterweg abzweigen *(kurz vor Steinbachbrücke, → alternativ für Route ohne Trails über Obersteinbach/Bad Heilbrunn nach Ramsau siehe WW 3-9/Tour 11)* und **nach 20 m** rechts auf den Waldpfad. **Nach 330 m** den Waldweg queren und weiter auf dem Pfad. **Nach 260 m** mündet man an einen Weg und fährt geradeaus. **Nach 50 m** in der Linkskehre geradeaus/rechts aufs Waldweglein abzweigen. **Nach 210 m** mündet man an Weg und bleibt geradeaus.

**34** **km 59,1**/633 m Die Fahrstraße (B 11/B 472, an Parkbucht) queren, auf der anderen Straßenseite rechts zur Brücke hinfahren und direkt vor der Brücke links auf den Waldpfad abzweigen. <u>Diesem Pfad in eingeschlagener Richtung stets loisachabwärts folgen</u> *(dabei diverse Wege queren)*.

**35** **km 61,0**/596 m Man mündet *(kurz nach 2. Drehkreuz)* an der Fahrstraße und folgt ihr nach rechts.

**36** **km 62,0**/599 m <u>Durchfahrt Achmühl/Langau:</u> An der Straßenkreuzung bei Achmühl geradeaus bergauf Ri. *„Bad Heilbrunn"* (B 11 queren). **Nach 360 m** links hoch auf das Asphaltsträßchen in Ri. *„Schönau, Café Kolb"* abzweigen.

**37** **km 63,3**/619 m <u>Durchfahrt Schönau:</u> Am Schönau-Hof geradeaus in Ri. *„Ramsau, Schönauer Weiher"* bleiben *(später am Café Kolb vorbei)*.

**38** **km 63,9**/622 m In der Rechtskehre *(nähe Schönauer Weiher, kurz nach dem Café Kolb)* links auf den Schotterweg in Ri. *„Ramsau"* abzweigen.

**39** **km 64,5**/616 m Man mündet an einen Schotterweg *(kurz nach Überquerung der Bachbrücke)* und folgt ihm nach rechts in Ri. *„Ramsau"*.

**40** **km 65,5**/637 m <u>Durchfahrt Ramsau:</u> Im Ort am Straßendreieck *(ca. 100 m nach dem Ghs Ramsau)* rechts auf die Straße Ri. *„RS Bad Heilbrunn, Beneditkbeuern"*. **Nach 340 m** links hoch auf steilen Asphaltweg Ri. *„Hub"* abzweigen. **Nach 100 m** Auffahrt im Weiler Hub <u>rechts</u> *(bald Schotterweg, stets diesem Hauptweg bald bergauf folgen, später Ri. „Wörnern, Buchberg, Wiesweber, Bad Tölz" beschildert, ab km 66,9 Asphalt, am Wörnern-Hof vorbei)*.

**41** **km 67,3**/711 m Nach dem Hof auf Asphaltweg bergab Ri. *„Stallauer Weiher, Ghs Wiesweber"* bleiben *(links Schotterwegabzweig zum Buchberg)*.

**42** **km 68,2**/716 m <u>Durchfahrt Ghs Wiesweber u. Stallauer Weiher:</u> Man mündet am Radweg *(an der B 472)*, fährt links und zweigt **nach 130 m** links auf den Schotterweg ab *(am „Ghs Wiesweber" → alternativ auf Radweg 1,9 km zum P Blombergbahn)*. **Nach 60 m** *(hinter dem Ghs)* auf den Schotterweg und <u>bald stets am Stallauer Weiher entlang</u> *(bei km 69,2 Asphaltweg durch den Campingplatz folgen)*.

---

**Alternativ-Route 1**

Von Arzbach auf der Höhenweg-Route über Lenggries und Wegscheid durch das Isartal zur Bretonenbrücke bei Wegscheid:

| | | |
|---|---|---|
| 6,4 | Arzbach *(nähe Alpenbad)* | 676 0:27 |
| 6,6 | Ghs Zur Schweiz | 681 |
| 6,8 | Höhenweg *(Seiboldhöfe)* | 678 0:30 |
| 7,3 | Ertlhöfe | 669 |
| 7,7 | nähe Bairahof | 676 |
| 9,1 | Ehamgraber-Hof | 692 |
| 9,2 | Kaserne | 693 |
| 9,7 | bei Lenggries | 694 0:40 |
| 10,3 | Abzweig Höhenweg West | 696 |
| 10,9 | Untermurbach | 691 |
| 12,0 | Wegscheid *(Querung zum Isaruferweg)* | 687 0:50 |
| 13,0 | Wegscheid | 688 |
| 13,4 | an Bretonenbrücke *(Fuß-/Radwegedreieck, links unter der Brücke durch)* → weiter nach der Haupttour | 684 0:55 |

**43** **km 69,9**/715 m Am Asphaltdreieck geradeaus Ri. *"Bad Tölz, Café Nirwana"*. **Nach 230 m** am *"Café Nirwana"* vorbei und **nach 30 m** *(in Rechtskehre)* geradeaus auf Schotterweg abzweigen. **Nach 310 m** *(am neuen Gebäude)* rechts auf den Asphaltweg zum P Blombergbahn *(km 70,6)*.

### Alternativ-Wegweiser 1
*Für die <u>Höhenweg-Route von Arzbach zur Bretonenbrücke</u> (Gesamttour dann: 70,2 km/4:58 Std/868 Hm):*

**8** **km 6,1**/686 m <u>Durchfahrt Arzbach</u>: ... **Nach 120 m** mündet man an ein Asphaltsträßchen und fährt geradeaus über die Brücke Ri. *"Höhenweg Lenggries"*. **Nach 30 m** *(nach der Brücke)* geradeaus auf den Asphaltweg **in o. g. Ri. Nach 60 m** rechts auf den Wiesenpfad abzweigen *(kurz vor Gebäude, Pfad führt bald bergauf)*. **Nach 150 m** an der Kreuzung *(am "Ghs Zur Schweiz")* geradeaus auf den Schotterweg **in o. g. Ri.** und nun immer <u>Ri. *"Höhenweg"* oder *"RS Wegscheid, Leger"*</u>.

**9** **km 9,7**/694 m <u>Durchfahrt Luitpolderhöfe und Gilgenhöfe</u>: Am Asphaltdreieck *(ca. 190 m nach dem Schild "Luitpolderhöfe")* rechts fahren, gleich **nach 20 m** links halten, **nach 50 m** auf Schotterweg weiter, **nach 110 m** links abzweigen *(über den Hof der Tennishalle, bald am Ghs "Lahnerstub'n" vorbei, dann weiter auf Asphalt)*. **Nach 200 m** mündet man an eine Straße *(führt rechts zur Brauneck-Bahn)* und folgt ihr <u>links</u> Ri. *"RS Wegscheid, Leger"*. **Nach 180 m** rechts auf den Asphaltweg Ri. *"Höhenweg West Wegscheid, Kotalm, Brauneck, RS Wegscheid, Leger"* abzweigen.

**10** **km 11,0**/691 m <u>Durchfahrt Untermurbach</u>: An der Asphaltkreuzung *(nach kurzer Abfahrt, an dem Sägewerk)* geradeaus wieder bergauf in Ri. *"RS Wegscheid, Leger"* bleiben. **Nach 140 m** an der Asphaltverzweigung links **in o. g. Ri.** halten.

**11** **km 12,0**/687 m <u>1. Durchfahrt Wegscheid</u>: Am Asphaltdreieck *(nach steiler Abfahrt)* links Ri. *"zum Isaruferweg, RS Wegscheid, Leger"*. **Nach 80 m** mündet man an der Fahrstraße, folgt ihr nach rechts **in o. g. Ri.** und zweigt **nach 80 m** links auf den Asphaltweg in Ri. *"Isaruferweg"* ab. **Nach 110 m** an Verzweigung rechts *(bald Schotterweg)*. **Nach 120 m (km 12,4)** rechts auf den querenden Asphaltweg in Ri. *"Bretonenbrücke, Leger"*.

**12** **km 13,1**/688 m <u>2. Durchfahrt Wegscheid</u>: In einer Rechtskehre *(in der Neubausiedlung)* links Ri. *"Bretonenbrücke, Fleck, Lenggries, Langeneck, Leger"* abzweigen *(Schotterweg, evt. schon Asphalt)*. **Nach 60 m** über Bachbrücke auf Fußgängerweg. **Nach 280 m** *(am Fuß-/Radwegedreieck an Bretonenbrücke)* links ab → *weiter nach WW 11/Haupttour*.
– *Alt.-WW 2 siehe auf dem Höhenprofil* –

### Alternativ-Route 2
Schwerere, extremst steile Auffahrt über Rehgrabenalm und das Röhrmoostal in die Jachenau und auf der Wiesenweg-Route über Niggeln/Fleck nach Jachenau-Dorf:

| | | | |
|---|---|---|---|
| 19,5 | Wegekreuzung | 723 | 1:18 |
| | *(im Jachental)* | | |
| 20,8 | Rehgrabenalm | 865 | |
| 22,0 | Röhrmoostal | 855 | |
| 23,2 | Mündung an Forstweg | 874 | 1:45 |
| | *(bergab ins Jachenauer Tal)* | | |
| 25,0 | Untere Höfner Brücke | 731 | 1:48 |
| | *(geradeaus zur Wiesenweg-Route nach Jachenau-Dorf, <u>alternativ</u> rechts und über die Peterner Brücke, Rauthäusl und Ort-Hof zu WW 16 der Haupttour nähe Petern/Ort)* | | |
| 26,0 | nähe Höfen | 732 | |
| 26,2 | Wegekreuzung | 740 | 1:52 |
| | *(Abzweig Grabenalm)* | | |
| 27,1 | Wiesenweg-Trail | 737 | |
| 28,3 | Niggeln | 741 | |
| 28,9 | Achner | 747 | |
| 29,6 | Fleck | 754 | |
| 30,3 | Point | 758 | |
| 30,8 | Setzplatz | 763 | |
| 31,0 | Abzweig Bachweg | 766 | |
| 31,5 | Fahrstraße | 770 | |
| 31,8 | Jachenau-Dorf | 770 | 2:22 |
| | *(Abzweig nach Berg)* | | |
| | → *weiter nach der Haupttour* | | |

**39** **Tölzer Benediktenwand-Rundfahrt**    **70,6** km · **4:58** Std · **850** Hm

# 40 Tölzer Fockenstein-Rundfahrt

**86,6** km · **6:06** Std · **1397** Hm

## Mittelschwere bis schwere Tour!

Echte Marathon-Bike-Runde um die Tegernseer Berge mit Fahrten durch die schönsten Tal- und Almlandschaften und einer herrlichen Panoramaroute mit vielen Seeblicken hoch überm Tegernseer Tal.

**V**om Tölzer Freibad Eichmühle geht es über den schönen Gaißacher Hügel in die Attenloher Filzen und durch das einsame, waldige Gaißachtal nach Marienstein. Ein steiles Asphaltsträßchen führt hoch zum Panorama-Golfplatz Margarethenhof. Bald folgt eine echte Traumfahrt mit vielen Tegernsee-Panoramen über den Golfplatz Rohbogen zu einem der besten, jedenfalls bestgelegensten Restaurants dieses Tals, dem Wiesseer Freihaus Brenner hoch über dem Tegernsee. Nach einer Höhenwegfahrt geht's am Gasthaus Sonnenbichl vorbei hinab ins Söllbachtal, das auf idyllischer Route zur Almfläche der Schwarzen Tenn leitet. **N**ach flottem Forstweg-Downhill zur Weißach führt der schöne Weißachtal-Radweg bis Glashütte, wo auf alter Piste die Überquerung des Achenpasses ansteht. Ab Stuben bleibt nur die Bundesstraße, die sich aber durch reizvolle Berglandschaften über Kaiserwacht zum Sylvensteinsee schlängelt. Dort zweigt bald die Forstroute über Schronbach- und Röhrmoostal zur Bretonenbrücke bei Lenggries ab. Der gemütliche Isartal-Radweg führt flußabwärts nach Tölz, wo nochmals schöne Bike-Trails über Waldfriedhof und Röcklkapelle zum Freibad leiten.

| km | Ort | Hm | Zeit |
|---|---|---|---|
| 0,0 | **Bad Tölz** | 840 | |
| | *Städt. Freibad Eichmühle* | | |
| 0,8 | Bahnhof | 683 | |
| 2,6 | Gaißach | 740 | 0:13 |
| 3,3 | Reut | 697 | |
| 4,1 | Attenloher Filzen | 674 | |
| 6,8 | Gaißachtal | 690 | 0:28 |
| 12,6 | Marienstein | 806 | 1:00 |
| 13,4 | Golfplatz Margareth. | 867 | |
| 15,0 | Steinbergsiedlung | 781 | 1:11 |
| 16,4 | Holz | 785 | 1:18 |
| 18,6 | Golfplatz Rohbogen | 806 | |
| | *(bei Bad Wiessee)* | | |
| 19,7 | Breitenbachtal | 831 | |
| 20,9 | Freihaus Brenner | 823 | 1:41 |
| 22,5 | Ghs Sonnenbichl | 836 | |
| 23,2 | Bad Wiessee | 768 | 1:52 |
| 24,3 | Söllbachtal | 793 | |
| 31,4 | *(höchster Punkt)* | **1040** | |
| 31,8 | Schwarzentennalm | 1027 | 2:41 |
| 35,8 | Weißachtal | 830 | 2:50 |
| | *(B 307/P Winterstube)* | | |
| 39,2 | nähe Bayerwald | 864 | |
| 39,8 | Weißachtal-Radweg | 868 | |
| 41,8 | Glashütte | 895 | 3:19 |
| 42,9 | Forstweg | 966 | |
| 43,2 | Achenpaß/Stuben | 940 | 3:28 |
| 45,8 | Kaiserwacht (B 307) | 835 | 3:33 |
| 52,9 | Sylvensteinsee | 766 | 3:51 |
| 55,2 | nähe Schronbachalm | 810 | |
| 58,8 | Waldsattel | 958 | |
| 59,8 | Abzweig Röhrmoostal | 874 | 4:26 |
| 62,1 | Rehgrabenalm | 865 | |
| 63,5 | Jachental | 723 | 4:40 |
| 66,3 | Leger | 699 | |
| 68,1 | Langeneck | 692 | |
| 69,3 | Bretonenbrücke | 690 | 5:01 |
| 69,2 | Isartal-Radweg | 683 | |
| 72,4 | bei Lenggries | 674 | 5:13 |
| 75,8 | Isarsteg *(bei Obergrieß)* | 665 | 5:24 |
| 82,3 | Bad Tölz | 642 | 5:45 |
| 82,9 | beim Isarsteg | **640** | |
| 84,1 | Waldfriedhof | 659 | 5:50 |
| 85,6 | Röckl-Kapelle | 711 | |
| 86,6 | Freibad Eichmühle | 685 | 6:06 |

### Alternativ-Route

Von Bad Wiessee über Weißachdammweg, Rottach-Egern und Kreuth ins Weißachtal.

*– siehe auf Wegweiser-Seiten –*

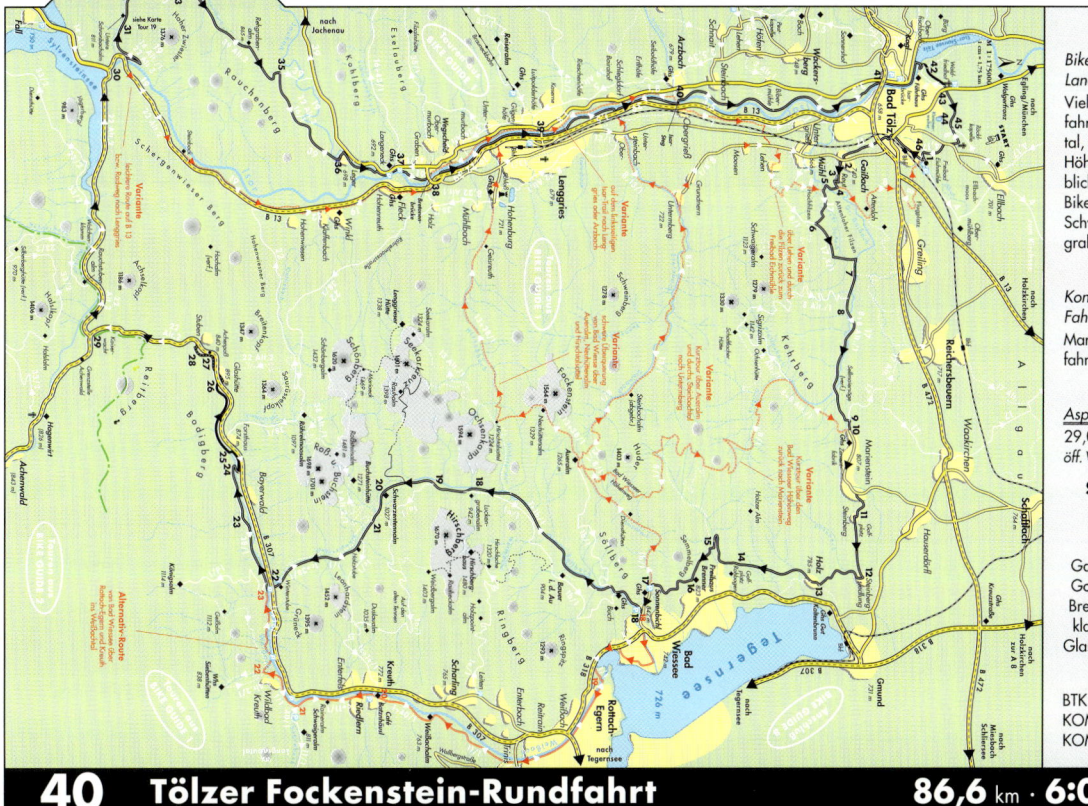

## Erlebniswert

*Bike-Spaß:* ★★★☆☆
*Landschaft:* ★★★★★☆   ④-⑤

Vielfältige, abwechslungsreiche Rundfahrt. Idyllische Route durchs Gaißachtal, herrliche Panoramafahrten auf den Höhenwegen bei Wiessee mit Traumblicken über den Tegernsee. Reizvolle Bike-Routen durch die Almtälchen von Schwarzer Tenn, Röhrmoos- und Rehgrabenalm. Genußvolle Isartal-Fahrt.

## Schwierigkeitsgrad

*Kondition:* ●●●●●○
*Fahrtechnik:* ●●○○○○   ❸-❹

Marathon-Tour mit einigen steilen Auffahrten sowie diversen Trails und Pisten.

## Fahrbahnen

| *Asphalt* | *Schotter+Pisten* | *Trails+Trials* |
|---|---|---|
| 29,0 km | 45,0/6,8 km | 5,0/0,8 km |

*öff. Verkehr:* 17,7 km   *Mautverkehr:* 0,0 km

## Schiebe-/Tragestrecken
keine

## Rast

Gasthäuser in Tölz und Marienstein, Golfplatz Margarethenhof, Freihaus Brenner, Ghs Sonnenbichl, Söllbachklause, Schwarzentennalm, Ghser in Glashütte, Leger, Langeneck, Lenggries

## Karten

| | |
|---|---|
| BTK Bad Tölz-Lenggries | M 1:50.000 |
| KOMPASS Nr. 8 | M 1:50.000 |
| KOMPASS Nr. 182 | M 1:50.000 |

**40  Tölzer Fockenstein-Rundfahrt   86,6 km · 6:06 Std · 1397 Hm**

# 40 Tölzer Fockenstein-Rundfahrt

**86,6** km · **6:06** Std · **1397** Hm

## Wegweiser

**1** **km 0**/685 m  Ortsdurchfahrt Tölz: Vom Freibad-Eingang zurück zum Bahnhof fahren. **Nach 790 m** am Bahnhof links in die *„Landrat-Wiedemann-Straße"* abzweigen. **Nach 240 m** der Querstraße links Ri. *„Fall, Lenggries, Miesbach, Tegernsee"* folgen *(auf den Bürgersteig wechseln)*. **Nach 60 m** durch die Unterführung, **nach 20 m** mündet man dann an der *„Kolpingstraße"* und folgt ihr nach rechts bergauf *(wird später zur „Gaißacher Straße")*. **Bei km 1,7** die Fahrstraße (B 472/B 13) queren und auf der *„Gaißacher Straße"* (*„Winet"*) bergauf in Ri. *„RS Gaißach, Lenggries"* (Sackgasse). **Nach 150 m** am Asphalteende geradeaus auf dem Schotter-Fußweglein weiter bergauf *(bei km 2,2 am Wegedreieck bei dem Marterl/Bäumen links/geradeaus bleiben und weiter nach Gaißach).*

**2** **km 2,6**/740 m  Ortsdurchfahrt Gaißach: Man mündet bei der Kirche *(am Bauernhof)* und fährt links in Ri. *„RS Mühle, Lenggries"*. **Nach 80 m** mündet man an eine Straße und folgt ihr rechts bergab *in o. g. Ri.* **Nach 60 m** Abfahrt links bergab auf Asphaltweg Ri. *„Reut"* abzweigen.

**3** **km 3,1**/704 m  Durchfahrt Reut: An der Asphaltkreuzung geradeaus bergab bleiben. **Nach 210 m** an der Asphaltkreuzung *(bei letzten Gebäuden von Reut)* rechts bergab auf den Betonweg.

**4** **km 3,6**/681 m  Am Wegedreieck in den Filzen *(am Stadel mit dem Jesuskreuz)* rechts fahren.

**5** **km 4,1**/674 m  An einem weiteren Wegedreieck links auf den mit *„G 3"* markierten Weg durch die Attenloher Filzen abzweigen *(am Stadel, in Gegen-Ri. ist nach „Gaißach-Dorf" beschildert).*

**6** **km 5,0**/678 m  An einem Wegedreieck links leicht bergauf fahren *(nach 520 m am Marterl weiter auf Hauptweg bergauf bleiben, Hinweisschild auf Durchfahrtverbot in der Streuwiese, nach 260 m Auffahrt im Wald geradeaus weiter auf dem flachen, bald wieder abschüssigen Hauptweg bleiben, bei km 6,5 dem Hauptweg durch eine enge Rechtskehre folgen).*

**7** **km 6,8**/690 m  Man mündet an eine Asphaltkehre und fährt geradeaus auf den Schotterweg Ri. *„Rundweg Gaißachtal, Reichersbeuern"* *(links führt Asphaltweg über Gaißachbrücke nach Greiling).*

**8** **km 7,8**/715 m  An der Verzweigung dem linken Weg *(Hauptweg)* in Ri. *„Romanstüberl, Rundweg Gaißachtal, Reichersbeuern"* folgen *(bald über eine Gaißachbrücke und dann stets diesem Hauptweg in o. g. Ri. durch das Gaißachtälchen folgen).*

**9** **km 10,8**/802 m  Nach kurzer Steilauffahrt mündet man an einem Forstweg und fährt rechts Ri. *„Marienstein"* *(links geht's in Ri. „Reichersbeuern").*

## Anfahrt

**Auto:** Von München nach Grünwald und dort geradeaus stets auf der Staatsstraße 2072 weiter in Ri. *„Bad Tölz"* über Straßlach, Deining und Egling bis nach Bad Tölz *(45 km, 0:50 Std).*

**Bahn:** Von München/Starnberger Bhf. nach Bad Tölz, mit dem Bike vom Bahnhof zum nahen Freibad Eichmühle.

## Fahrt zum Startplatz

Den Ort Bad Tölz stets auf der Hauptstraße in Richtung B 13/B 472 durchqueren und im Verlauf links Ri. *„Bahnhof, Schwimmbad"* abzweigen. *Nach ca. 400 m* am Bahnhof vorbei, *nach weiteren 800 m* auf den Parkplätzen am *„Städt. Freibad Eichmühle"* parken.

*Die Tour beginnt* direkt vor dem Eingang des *„Städt. Freibad Eichmühle".*

## Alternative Startorte

Marienstein, Bad Wiessee am Tegernsee, Weißachtal, Sylvensteinsee/Fall, Langeneck, Lenggries, Bad Tölz am Waldfriedhof oder an der Isarbrücke

**10** ***km 11,1**/795 m* Durchfahrt Marienstein: Man mündet an eine Asphaltkehre und fährt geradeaus *(stets dieser Straße folgen, später an Ghs "Romanstüberl" und Kalkwerk vorbei und durch den Ort)*. **Bei km 12,6** im Ort rechts auf die Straße Ri. ***"Margarethenhof, Golf- und Country Club"*** abzweigen *(Schild steht ca. 50 m entfernt am linken Straßenrand)* und der Straße bald steil bergauf folgen.

**11** ***km 13,4**/867 m* Durchfahrt Golfplatz: Nach der Auffahrt geradeaus auf flachem Asphaltsträßchen bleiben *(rechts ist Ri. "P/Reception" beschildert)*. **Nach 210 m** mündet man am Pflasterweg und fährt links bergab *(mitten durch den Golfplatz)*.

**12** ***km 15,0**/781 m* Durchfahrt Steinbergsiedlung: Am Asphaltdreieck *(bei den ersten Häusern der Siedlung)* rechts in Ri. ***"Schneiderhäusl, Holz, ..."*** (**bei km 15,5** bei Schneiderhäusl weiter stets auf dem "Hainznhöhe Weg" bleiben, **bei km 15,8** der Linkskehre in Ri. ***"Bad Wiessee über Holz"*** folgen, **bei km 16,1** an Asphaltdreieck/Stadel links bergab nach Holz).

**13** ***km 16,4**/785 m* Durchfahrt Holz: Man mündet nach der Abfahrt an ein Quersträßchen und fährt rechts in Ri. ***"Bad Wiessee über Jägerwinkel, Fußweg Bad Wiessee über Ortsteil Holz"***. **Nach 160 m** an der Verzweigung rechts/geradeaus *(in den **"Schwoagaweg"**, linker Zweig "Holzer Straße",* → ***alternativ** evt. für leichtere Route über Bad Wiessee ohne die Höhenwege auf linken Wegzweig und bald zum Tegernsee-Radweg abfahren)*. **Bei km 17,1** an der Kreuzung geradeaus auf Schotterweg Ri. ***"Bad Wiessee, Jägerwinkel, Holzeralm"***. **Nach 330 m** an Verzweigung links auf Fuß-/Radweg.

**14** ***km 18,6**/806 m* Durchfahrt am Golfplatz Rohbogen bei Wiessee: Man mündet am Golfplatz an einen Asphaltweg und fährt rechts Ri. ***"Breitenbachtal, Holzeralm"***. **Nach 280 m** rechts hoch auf das Weglein Ri. ***"Holzeralm, Bad Wiesseer Höhenstraße, Aueralm, ..."*** abzweigen *(bald Schotterweglein)*. **Nach 290 m** links auf das flache Weglein Ri. ***"Breitenbachtal"*** abzweigen *(geradeaus bergauf geht's Ri. "Holzeralm")*. **Nach 420 m** mündet man an einen Weg und fährt links bergab Ri. ***"Höhenweg Sonnenbichl, ..."*** ins Bachtal.

**15** ***km 19,7**/831 m* Man mündet am Forstweg im Breitenbachtal und fährt links/geradeaus talabwärts Ri. ***"Höhenweg zum Freihaus u. Prinzenruh-Sonnenbichl, ..."***. **Nach 200 m** rechts über die Bachbrücke auf den Asphaltweg Ri. ***"Zeiselbachtal-Sonnenbichl, Höhenweg zum Freihaus ..."*** abzweigen und diesem steil bergauf folgen.

**16** ***km 20,9**/823 m* Durchfahrt Freihaus Brenner: Am Parkplatz rechts auf den Asphaltweg in Ri. ***"Höhenweg Freihaus-Prinzenruh, Sonnenbichl"*** abzweigen. **Nach 80 m** an der Asphaltkreuzung

---

### Variationen

Schwerer:

***1. Von Sonnenbichl bei Bad Wiessee durchs Zeiselbach zur Aueralm und über Neuhüttenalm und den Hirschtalsattel ins Lenggries Isartal:*** An WW 17, nach der steilen Abfahrt auf dem vom Freihaus Brenner kommenden Höhenweg, noch vor der Brücke zum Parkplatz nähe Ghs Sonnenbichl rechts ins Zeiselbachtal abzweigen und auf der Route von Tour 38/BIKE GUIDE 1 mit später extrem steiler Auffahrt zur Aueralm und über Neuhüttenalm und den Hirschtalsattel sowie durch das Hirschtal hinab bis nach Hohenburg bei Lenggries. Dort stets geradeaus bleiben und bis zur Mündung am Isartal-Radweg durchfahren und diesem stets flußabwärts weiter nach der Haupttour zurück nach Bad Tölz folgen *(siehe auch WW 2-9/Tour 38/BIKE GUIDE 1)*.

***2. Kombination der Tölzer Fockenstein-Rundfahrt mit der Tölzer Benediktenwand-Rundfahrt zu einem Super-Bike-Marathon:*** Herrliche Kombination zum Super-Bike-Marathon durch die Tegernseer Berge und Walchenseeberge. An WW 34 bergab bis zur Unteren Höfner Brücke im Jachenautal bleiben und dort geradeaus weiter zur Wiesenweg-Route durchs Jachenauer Tal und auf dieser bis nach Jachenau-Dorf *(siehe auch WW 15-22/Alt.-Route 2/Tour 39)*. In der Ortsmitte von Jachenau-Dorf weiter nach WW 19/Tour 39 über Berg nach Sachenbach am Walchensee und über

# 40 Tölzer Fockenstein-Rundfahrt

**86,6 km · 6:06 Std · 1397 Hm**

geradeaus *in o. g. Ri.* (bei km 21,2 am Asphaltdreieck bei den Gebäuden links, bei km 21,8 an der Verzweigung rechts bergauf stets in Ri. „Sonnenbichl, ...").

**17 Km 22,4 /832 m** Durchfahrt Sonnenbichl: Nach steiler Asphaltabfahrt mündet man an Schotterweg, fährt geradeaus in Ri. „Sonnenbichl, Söllbachtal" (über die Zeiselbachbrücke und Parkplatz). *Nach 150 m* am Ghs Sonnenbichl vorbei und auf der Asphaltstraße bergab nach Bad Wiessee.

**18 Km 23,2 /768 m** Durchfahrt Bad Wiessee: Man mündet nach steiler Abfahrt an der „Söllbachtalstraße" und folgt ihr rechts taleinwärts in Ri. „Schwarze Tenn, Söllbachtal, Bauer i. d. Au, ..." (bald an P vorbei auf asphaltierten Forstweg, ← *alternativ* für Route durch Wiessee und über Rottach-Egern ins Weißachtal siehe Alt.-WW). *Bei km 24,9* auf rechten Schotterwegzweig Ri. „Schwarze Tenn, ..." und diesem stets *in o. g. Ri.* durchs Söllbachtal folgen (bei km 26,5/942 m nahe Luckengrabenbahn weiter dem Haupt-Forstweg bald steil bergauf folgen).

**19 Km 30,3 /1022 m** An der Verzweigung (nach Steilauffahrt und Gatter) geradeaus auf rechten, flachen Weg Ri. „Roß- + Buchstein, Schwarze Tenn, ...".

**20 Km 31,8 /1027 m** Am Alm-Wirtshäuschen der Schwarzen Tenn vorbei (steht direkt am Wegrand) und weiter dem Haupt-Forstweg folgen.

**21 Km 32,5 /1014 m** Auf dem Hauptweg geradeaus bleiben und bald bergab ins Weißachtal fahren (rechts Abzweig in Ri. „Roß- + Buchsteinhütte, Fußweg Klamm" → *alternativ* für schöne, idyllischere Trail-Abfahrt auf dem schmalen Wanderweg in Ri. Bachtel rechts ab auf den Forstweg und nach 50 m links bergab auf den Fußweg abzweigen. Er mündet nach 2,7 km wieder am Hauptweg. *Nicht am Wochenende!!*).

**22 Km 35,8 /830 m** Die Forststraße (B 307) queren und geradeaus auf den Schotterweg in Ri. „RS Kreuth-Bayerwald..." (über den Parkplatz). *Nach 80 m* über die Weißachbrücke und *nach 10 m* geradeaus in Ri. „Fuß- u. Radweg nach Bayerwald, ..." bleiben (links mündet ein schmales Weglein aus Ri. „RS Kreuth, ...", die Alt.-Route über Rottach-Egern). *Nach 220 m* am Forstwegedreieck geradeaus bergab Ri. „Fußweg nach Bayerwald" + „RS" bleiben (links hoch geht's Ri. „Königsalm, ...").

**23 Km 37,7 /849 m** Vom Forstweg rechts auf den Pfad in Ri. „RS Bayerwald, Glashütte, Fußweg Bayerwald" abzweigen (bald über ein Bachbrückerl, dann geht's kurz etwas im Wald bergauf). *Nach 170 m* mündet man wieder an einer Forstwegkehre und fährt geradeaus in Ri. „RS".

**24 Km 39,0 /861 m** Der Rechtskehre Ri. „RS" + „Bayerwald" folgen, bald über die Holzbrücke und danach weiter auf dem Forstweg, am Wege-

Leichter:

**3. Statt über Söllbachtal und Schwarzentenn durch Bad Wiessee, über Abwinkl/Ringsee zum Weißachdamm-weg und über Rottach-Egern, Trinis,**

Als weitere Variante kann man bei o. g. Route von WW 41/Tour 39 aus (kurz nach dem Wörner-Hof) den Buchberg überqueren und über den Golfplatz Strasser-Hof nach Oberfischbach fahren (siehe Tour 34 in umgekehrter Richtung).

Auf dem Radweg bis zum Isarsteg, diesen links überqueren und nach WW 41-46 der Hauptour über den Waldfriedhof und die Röcki-Kapelle zum Städtischen Freibad Eichmühle.

Alternativ bei dieser Route nicht zur Blombergbahn fahren, sondern von WW 40 in Ramsau über Bach, Oberbuchen und Kellershof nach Fischbach und dort über den Lechen-Hof nach Burg buchfleiten bis nach Oberfischbach bei Bad Tölz siehe WW 20-27/Tour 34 sowie WW 10-13/Tour 34). Dort nach Überquerung der Bachbrücke links auf dem Sträßchen hinab zur Fahrstraße, dieser nach links folgen und im Verlauf rechts auf den Isartal-Radweg abzweigen.

Urfeld, Kesselbergsattel, Kochelsee und Parkplatz der Blombergbahn in Bad Tölz. Von der Blombergbahn dann auf dem Radweg nach Bad Tölz, dort zum Isartal-Radweg und an der Isarbrücke fahren und nach WW 41-46 zurück zum Städtischen Freibad Eichmühle.

dreieck links bergauf Ri. *„RS" + „Glashütte"* und oben *(nähe B 307)* weiter auf dem Asphaltweg *(bald am Stadel vorbei wieder auf Schotterweg).*

**25** **km 39,8**/*861 m* In einer Rechtskehre links über die Brücke Ri. *„RS"* abzweigen.

**26** **km 41,4**/*907 m* Durchfahrt in Glashütte: Man mündet an einen Forstweg, fährt rechts bergab, mündet **nach 210 m** an der B 307, folgt ihr links bergauf und zweigt **nach 110 m** rechts auf den Asphaltweg ab *(bald Schotterweg).* **Nach 110 m** *(und Überquerung der Großweißbachbrücke)* mündet man an einem Asphaltsträßchen und folgt ihm nach links *(bald durch eine B 307-Unterführung und bergauf in Richtung Achenpaß, später Schotterweg).*

**27** **km 42,5**/*933 m* Man mündet *(bei einem Blockhaus, kurz vor dem Achenpaß)* an der Fahrstraße und zweigt gleich wieder links hoch auf den Schotterweg in Ri. *„Fußweg nach Stuben"* ab.

**28** **km 42,9**/*966 m* Man mündet an einen Forstweg und folgt ihm rechts in Ri. *„Stuben".* **Nach 130 m** *(nach der Rechtskehre auf der Abfahrt)* links auf den Weg in Ri. *„Stuben"* abzweigen. **Nach 100 m** mündet man an einen Schotterweg und fährt links. **Nach 70 m** *(am Bushalt)* rechts hinab zur Fahrstraße und dieser dann links bergab folgen *(B 307, rechts ca. 50 m entfernt der „Achenpaß").*

**29** **km 45,8**/*835 m* Nach der Abfahrt *(bei der Kaiserwacht)* rechts auf die B 307 in Ri. *„Bad Tölz, Sylvenstein, Fall, Lenggries, ..."* abzweigen.

**30** **km 53,0**/*766 m* Am Sylvensteinstaudamm der Vorfahrtsstraße *(B 13)* durch die Rechtskehre Ri. *„Bad Tölz, Lenggries"* bald bergab in Richtung Lenggries folgen. **Nach 620 m** Abfahrt *(vor „Isar"-Brücke)* links auf steilen Asphaltweg Ri. *„Schronbachtal, Rad- u. Fußweg bis Jachenau, ..."* abzweigen (→ *alternativ* für leichte Fahrt bis Lenggries zu WW 38 auf B 13 bleiben, nach 3,3 km auf Radweg wechseln, **neuer Radweg zweigt evt. auf Damm ab!**).

**31** **km 55,2**/*810 m* Im Gelände der Schronbachalm weiter auf dem Hauptweg bergauf bleiben *(links ein Wegabzweig zum Almgebäude hin).*

**32** **km 57,7**/*881 m* Am Forstwegedreieck rechts bergauf in Ri. *„Forststraße Höfen, Jachenau, Röhrmoostal, Leger"* fahren.

**33** **km 58,8**/*958 m* Weiter dem Haupt-Forstweg über den Sattel und bald bergab in Ri. *„Höfen, Jachenau, Röhrmoos-Tal, Leger"* folgen.

**34** **km 59,8**/*874 m* Auf der Abfahrt *(kurz vor einem Weiderost/kleinem Stadel)* rechts auf den flachen Weg in Ri. *„Röhrmoostal, Leger"* abzweigen *(geradeaus bergab in Ri. „Höfen, Jachenau" gelangt*

**Weißachalm, Kreuth und Raineralm ins Weißachtal:** Für eine etwas leichtere Route an WW 18 in Bad Wiessee links kurz durch den Ort und auf dem Fußweg am Söllbach entlang Richtung Tegernsee. Über Abwinkl und Ringsee bis zum Weißbachdammweg in Rottach-Egern und nun stets flußaufwärts über Trinis, Weißachalm, Kreuth, Raineralm und nähe Wildbad Kreuth vorbei ins Weißachtal zu WW 22 der Tour *(siehe Alt.-WW, nur auf der HP!).*

Alternativ kann man auch noch die Fahrt übers Freihaus Brenner und Ghs Sonnenbichl auslassen und bereits an WW 14 beim Golfplatz Rohbogen links hinab nach Bad Wiesse abzweigen und durch den Ort zu o. g. Route fahren *(siehe auch Tegernsee-Touren/BIKE GUIDE 8).*

**4. Vom Sylvensteinsee auf B 13 bzw. dem neuen Radweg nach Lenggries:** Etwas leichtere Route auf der B 13 bzw. auf Radweg stets an der Bundesstraße entlang anstelle der allerdings schöneren Fahrt über Schronbach- und Röhrmoostal sowie Leger und Langeneck zur Bretonenbrücke *(siehe Hinweis bei WW 30).*

Auch probieren:

**5. Von der Bretonenbrücke über Wegscheid und auf den linksseitigen Trails der Isarwanderwege nach Lenggries oder Arzbach:** Auf der linken Isarseite verlaufen die etwas reizvolleren Bike-Routen als Alternativen zu dem rechtsseitigen Isartal-Radweg, jedoch weitgehend als reine Fußgängerwege beschilderte Pisten *(siehe Hinweis bei WW 38).*

# 40 Tölzer Fockenstein-Rundfahrt 86,6 km · 6:06 Std · 1397 Hm

man in die Jachenau). **Bei km 61,0** weiter auf dem Hauptweg in Ri. *„Leger"* bleiben (bei km 62,1 führt der Weg direkt an der Rehgrabenalm vorbei und fällt dann bald sehr steil ins Tal des Jachen ab).

**35** **km 63,5**/723 m  An der Wegekreuzung im Tal rechts Ri. *„Leger, Rad- u. Fußweg Leger, Wegscheid, Lenggries"* abzweigen. Nun stets diesem Hauptweg in eingeschlagener Richtung folgen.

**36** **km 66,3**/699 m  Durchfahrt Leger: Man mündet an einen Asphaltweg und fährt links über die Bachbrücke. **Nach 160 m** (kurz vor der Fahrstraße, am „Café Landerermühle") rechts auf den Asphaltweg Ri. *„Rad- u. Fußweg Jachenau"* abzweigen (als Sackgasse beschildert, nach 160 m auf dem weiterführenden Schotterweg durchs Sägewerksgelände, nach kurzer Abfahrt in der Rechtskehre auf den linken Fuß-/Radweg in Ri. *„Wegscheid-Lenggries"* abzweigen, dieser führt bei km 67,6 über eine Jachenbrücke).

**37** **km 68,1**/692 m  Durchfahrt Langeneck: Kurz nach Überquerung der Schwarzenbachbrücke (am Sägewerksgelände) rechts auf den Schotterweg Ri. *„Nach Lenggries"* abzweigen (über den Holzlagerplatz, nach 70 m ein Fuß-/Radweg-Schild, nach 160 m dem Hauptweg durch die Rechtskehre folgen).

**38** **km 69,1**/684 m  Durchfahrt an Bretonenbrücke: Am Fuß-/Radwegedreieck (kurz nach Unterquerung

der Bretonenbrücke) links auf dem Asphaltweglein **30 m** hinauf zur Straße und dem Radweg links über die Bretonenbücke folgen (→ **alternativ** für schöne Trail-Route auf linker Isarseite über Wegscheid nach Lenggries zu WW 39 oder nach Arzbach zu WW 40 an dem o. g. Fuß-/Radwegedreieck rechts auf den Fußgängerweg, nach 340 m in Wegscheid rechts auf die Asphaltstraße Ri. „Ghs Zum Stocker". Nach 1,0 km rechts/geradeaus auf Fußgängerweg Ri. „Lenggries" abzweigen. Bei km 72,2 – kurz nach den Tennisplätzen in Lenggries, alternativ unter der Brücke durch und weiter links der Isar bis Arzbach zu WW 40 – geradeaus über die Treppe zur Fahrstraße aufsteigen und rechts über die Isarbrücke. Nach der Brücke rechts auf der Straße bergab, über die B 13 und nach rechts auf den Schotter-Radweg isarabwärts weiter nach WW 39, bald unter der Isarbrücke durch. Info: Diese Isar-Route ist als Fußgängerweg beschildert, Radfahrer sollen – wie in der Haupttour beschrieben – den beschilderten Radweg auf der rechten Isarseite benutzen!).
**Nach 270 m** (kurz nach der Info-Tafel „Bretonische Partnergemeinden von Lenggries") links bergab auf den Asphalt-Fuß-/Radweg in Ri. *„Lenggries, Bad Tölz"* abzweigen (bald durch die B 13-Unterführung, später dann ein Schotterweg, diesem Radweg nun stets isarabwärts bis nach Lenggries folgen).

**39** **km 72,4**/674 m  Durchfahrt an der Lenggrieser Isarbrücke: Bei Lenggries weiter geradeaus auf dem Radweg isarabwärts (Isarbrücke unterqueren).

## Alternativ-Route

Von Bad Wiessee über Weißachdammweg, Rottach-Egern und Kreuth ins Weißachtal:

| km | Ort | Hm | Std |
|---|---|---|---|
| 23,2 | Bad Wiessee | 768 | 1:52 |
| | (Abzweig ins Söllbachtal) | | |
| 23,6 | Söllbachbrücke | 752 | |
| | (an der B 318, Abzweig auf den Söllbachdammweg) | | |
| 24,4 | Mündung an Ringbergstraße | 734 | 1:57 |
| | (Ortsteil Abwinkl) | | |
| 24,5 | Abzweig auf Ringseeweg | 731 | |
| 25,5 | Ringsee (an B 318) | 733 | 2:02 |
| 26,3 | Abzweig auf Fußweg Rottach-Egern | 728 | |
| 26,8 | Weißachbrücke Rottach-Egern | 728 | 2:06 |
| | (auf dem Weißachdamm-Fußweg flußaufwärts) | | |
| 29,9 | Querung der Wallbergstraße | 748 | 2:18 |
| 30,2 | Trinis | 750 | |
| 32,4 | Weißachalm | 763 | |
| 34,0 | Kreuth | 775 | 2:41 |
| 35,4 | Raineralm | 783 | |
| 36,2 | nähe Schwaigeralm | 793 | 2:49 |
| 37,6 | Hofbauernweißach-brücke (Abzweig nach Siebenhütten) | 805 | 2:55 |
| 39,9 | nähe P Winterstube | 831 | 3:07 |
| | → weiter nach der Haupttour | | |

**40** ***km 75,8**/663 m* Durchfahrt am Isarsteg nähe Obergrieß/Arzbach: Am Isarsteg rechts hoch auf den asphaltierten Fuß-/Radweg in Ri. ***„RS Bad Tölz, Wolfratshausen"*** abzweigen und den Steg überqueren. ***Nach 90 m*** *(am Radwegedreieck nach dem Steg, nähe Arzbach)* rechts auf den Schotterweg ***in o. g. Ri.*** und diesem Haupt-Radweg nun stets flußabwärts nach Bad Tölz folgen.

**41** ***km 81,6**/644 m* Durchfahrt Bad Tölz: Am Ende des Schotter-Radweges geradeaus bleiben *(jetzt weiter auf dem Gehsteig an der Fahrstraße entlang)*. ***Nach 510 m*** rechts kurz bergab und wieder auf dem Isar-Radweg weiter stets flußabwärts *(bald Isarbrücke unterqueren)*. ***Bei km 82,9*** vom Isar-Radweg links bergauf in Ri. ***„RS Ellbach, Sachsenkam, Dietramszell"*** abzweigen, den Isarsteg überqueren, danach am Asphaltdreieck rechts in Ri. ***„Waldfriedhof, ..., RS Ellbach, ..."*** und bald der Linkskehre bergauf ***in o. g. Ri.*** folgen.

**42** ***km 83,4**/657 m* Am Asphaltdreieck *(am Marterl bei den Birken)* rechts in Ri. ***„RS Ellbach, ..."***.

**43** ***km 84,1**/659 m* Durchfahrt am Waldfriedhof: Beim Friedhof *(kurz vor Mündung an der Fahrstraße)* von der *„Stadtwaldstraße"* links auf den Fuß- und Radweg abzweigen *(führt direkt an der Friedhofsmauer entlang)*. ***Nach 110 m*** die Fahrstraße queren und gegenüber auf dem steilen Asphaltweg bergauf in Ri. ***„Über Klammerweiher zur Stadt, ..., RS Ellbach, ..."*** *(„Faistweg")* fahren.

**44** ***km 85,0**/687 m* Am Dreieck der Schotterweglein geradeaus in Ri. ***„Gnadenkapelle Maria Elend"*** bleiben *(rechts geht's über den Klammerweiher nach Bad Tölz)*.

**45** ***km 85,3**/695 m* Vom Radweg rechts hoch auf den Pfad in Ri. ***„Röckl-Kapelle, Freibad Eichmühle, Bahnhof"*** abzweigen. ***Nach 320 m*** *(an der Röckl-Kapelle)* der Rechtskehre folgen. ***Nach 160 m*** mündet man an der Fahrstraße, fährt rechts und zweigt ***nach 150 m*** links auf den Asphaltweg Ri. ***„Freibad Eichmühle, Bahnhof"*** ab *(bald bergab, wird später zum Schotterweg)*.

**46** ***km 86,4**/682 m* Durchfahrt Tölz/Eichmühle: Nach der Abfahrt über die Ellbachbrücke, gleich links auf den Schotterweg abzweigen, hinauf zur Asphaltstraße und links zum Freibad ***(km 86,6)***.

*– Alt.-WW siehe auf dem Höhenprofil –*

**40** Tölzer Fockenstein-Rundfahrt  **86,6** km · **6:06** Std · **1397** Hm

# Die MOSER BIKE GUIDE-Reihe:

| Band 1 | **FOR OFFROAD USE ONLY** | 50 Touren: | *Tegernsee/Schliersee/Walchensee* |
|--------|--------------------------|------------|-----------------------------------|
| Band 2 | **OFF AND AWAY** | 50 Touren: | *Karwendel/Wetterstein/Werdenfels* |
| *Band 3* | | *40 Touren:* | *Gardasee (nicht mehr lieferbar, siehe jetzt Bände 11/12)* |
| Band 4 | **OFF LIMITS** | 50 Touren: | *Chiemgauer Alpen/Berchtesgaden* |
| Band 5 | **BLOW OFF STEAM** | 50 Touren: | *Lechtaler Alpen/Mieminger Kette/Füssen/Außerfern* |
| Band 6 | **MOVE OFF** | 50 Touren: | *Allgäuer Alpen* |
| Band 7 | **GENUSSTOUREN** | 40 Touren: | *Oberbayern 1: Münchener Süden* |
| *Band 8* | **GENUSSTOUREN** | 40 Touren: | *Oberbayern 2: Münchener Südosten* |
| *Band 9* | *GENUSSTOUREN* | *40 Touren:* | *Oberbayern 3: Münchener Südwesten (in Vorbereitung)* |
| Band 10 | *GENUSSTOUREN* | *40 Touren:* | *Allgäu (geplant)* |
| Band 11 | **TAKE OFF** | 50 Touren: | *Gardasee 1: Region Gardasee Nord und Ost* |
| Band 12 | **TAKE OFF** | 50 Touren: | *Gardasee 2: Region Gardasee West* |

### Weitere Bände sind in Vorbereitung oder in Planung

Hinweise zu den MOSER BIKE GUIDES bitte an: Elmar Moser, Edelweißstraße 11, 81541 München, Tel 089/692 01 60, Fax 089/692 55 35